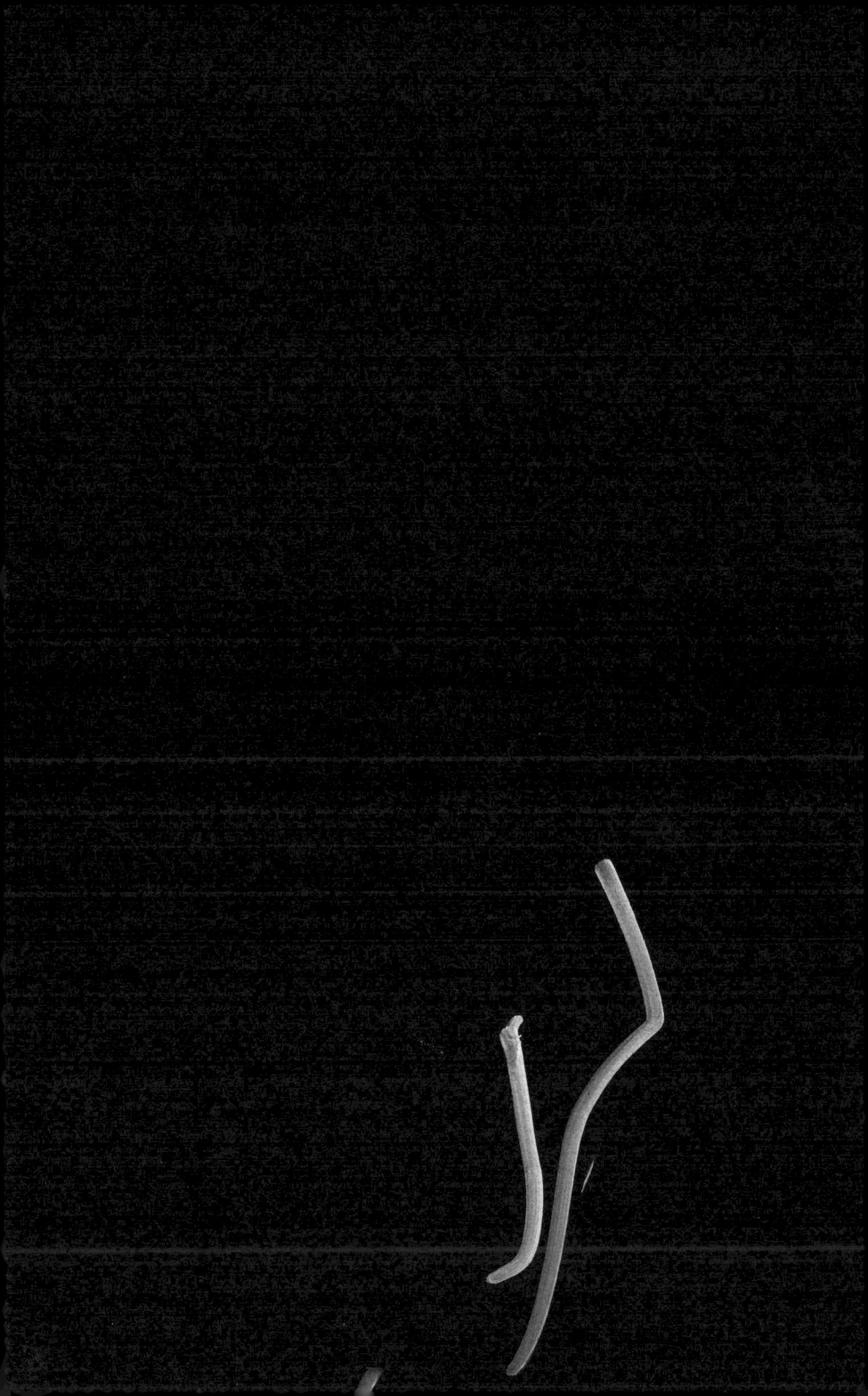

김 정 환   시 집

1980 - 1999

김 정 환 시 집
1980 - 1999

ⓒ 김정환, 1999

지은이/김정환

처음 찍은날/1999년 12월 10일

처음 펴낸날/1999년 12월 15일

펴낸곳/도서출판 이론과실천

펴낸이/김태경

등록/서울시 제10-1291호

주소/(121-110) 서울시 마포구 신수동 448-6 한국출판협동조합내

전화/(02)714-9800 · 팩시밀리/(02)702-6655

ISBN 89-313-7004-0 03800

값 30,000원

＊ 잘못 만들어진 책은 바꾸어 드립니다.

김 정 환　시 집

1 9 8 0 - 1 9 9 9

이론과실천

자 서

20년 동안 발표한 시 작품들을 여기에 모았다. 글자들이, 내 소원대로, 깨알만큼 작아졌다. 그래도 자괴감은 줄지 않는다. 허나, 어쩌겠는가. 시는 내 문학의 원인이자 결과다.

선집은 물론이고, 〈해방서시〉의 '선집' 부분 또한 당연히 뺐다. 앞서 출간된 시집 작품들을 제 몸 안에 꽤 많이 갖고 있는 〈황색예수〉의 경우, 모음집에서 겹치므로 당연히, 반드시 필요한 부분말고는, 시집에 서건 〈황색예수〉에서건, 그것들을 삭제할 수밖에 없었다. 어쨌거나 삭제는, 뭔가 후련한 일이었는데 그것은, 앓던 이가 빠진 나이의 가벼움과 연관이 있을까? 쉼표와 마침표를 몇 군데 삭제하거나 첨가했다. 행갈이를 또 몇 군데, 가르거나, 합쳤다. 형용사의 명사형을 몇 개, 풀었다. 그것말고는 원래대로다. 아무리 생각해도, '이론과실천' 김태경·강금실 사장 부부, 그리고 황경희 씨가 너무 고맙다.

1999년 11월 김정환

차 례

1996 순금의 기억 6

1995 텅 빈 극장 24

1993 노래는 푸른 나무 붉은 잎 34

1993 하나의 2人舞와 세 개의 1人舞 82

1992 희망의 나이 102

1991 사랑, 피티 118

1990 기차에 대하여 150

1989 우리, 노동자 168

1986 황색예수3-에언, 그리고 아름다움을 위하여 186

1985 좋은 꽃 232

1985 해방서시 254

1985 회복기 262

1984 황색예수2-공동체, 그리고 노래 286

1983 황색예수-탄생과 죽음과 부활 306

1982 지울 수 없는 노래 324

1999 오페라/시극 한국현대사 김구-열려라, 미래의 나라 348

찾아보기 364

순 금 의 기 억

20세기의 역사. 나와 나의 전생이 겪은 20세기사. 도대체 뭐가 잘못된 거지? 그런 질문을 나는 던져보고자 했다. 그런데 그 질문과 대답 사이에 시적으로 열려 있는 창, 창들이 보인다. 그 너머로 가는, 질문과 대답의 틀을 넘어서는 어떤 '것' 혹은 '곳'으로 가는 통로, 통로들이 언뜻언뜻하다. 그것들을 육화, 시키고 싶다. 하지만 말이, 닫혀 있다. 어쩔 것인가. 말이 말에게, 시가 시에게, 도리어 묻는다. 어쩔 것인가? 그렇게 나는 살다가 죽을 것이다.―1996년 9월

제1부 해가 지고 도시는 불안으로 화려하다
내가 불안한 것이 아니다. 누가 불안으로 내 몸 속에 골조물을 세우고 있다.

총성과 신화
총성이 울리고, 신화가 깨졌다. 그리고 당분간 역사가 드러난다. 그럴 뿐이다. 지리멸렬이 이제사 드러난다 그럴 뿐이다 우리는 깨진 거울 파편을 줍는다 우리는 무엇, 생애는 가장 간절하고 아름다운 그 무엇?
눈물이 옷을 벗고 더 날카로운 눈물을 드러내는 그 틈새로 모든 사람의 어머니가 또 돌아가신다

뚱보왕의 자동차
어떻게 본데없이 서론 본론 자기 소개도 없이 450킬로그램짜리 뚱보왕이 자동차 속에 들어가 있을까. 그래 맞어. 벌써부터 역사도 없이 아주 안락하게. 그때부터 무엇이 잘못됐을까. 1995년 벽을 부숴야 집밖을 나왔던 뚱보. 시체를 떠메는 데 소방수가 10명이 동원되었다는. 그 뚱보왕이 어떻게?
그밖으로 사회주의는 빈약하다. 재산도 상상력도. 그러므로 논리도. 하지만 그러는 동안 세계 전체가 빈약하다.
그때 자동차는 왕에게 어울렸고 뚱보에게도 어울렸고 뚱보왕에게도 어울렸다.
그리고 자동차만 뚱뚱하다.
지금도.

여성은 죽은 혼
지상에 육화된, 그러므로 육덕의 고난조차 흔적이 없다. 아름다움이여, 이승과 저승을 겪고 스스로 시간의 몇 겹으로 번지는, 사라짐의 잔영의 광채여. 여성은 죽은 혼. 우리가 본 것은 아름다움의 주소일 뿐이다.

생각하는 사람
아, 그때 왜 우리는 쓸데없이… 그냥 기억의 덩어리로 남지 않고, 그것마저 육체 속으로 파묻는
동물이 되지 않고, 우리를 뛰쳐나오듯이, 시간 속으로?
내팽개쳐졌는가, 쓸데없이, 고통의 아름다움 속으로?
나였던 것을 볼 수 있을 뿐 지금의 나를 내가 볼 수 없는 이 잔인한 지혜 속으로? 시간의 끝이여 검은 아가리를 벌려다오 그 속으로 파묻히고 싶다
내가 나였던 시간의 총체를 그때는 볼 수 있을까?
아, 또, 쓸데없이… 시간 스스로 기념비를 세울 뿐.

살로메
끔찍함을 정욕의 선물로 요구한, 이, 아름다운 여자. 물론. 놀랄 것은 없다. 아름다움이란 죽음의 더욱 끔찍한, **裏面** 같은 것. 그 틈 사이 필사적인, 역사가 놓여 있는 것 그 사이로 강이 얼마나 푸르게 흐르는가. 그 강을 끼고 산천, 얼마나 허망하고 허망하여 아름다운가. 그것이 불륜을 낳는 광경 이리 눈부셔, 눈 멀지 않는가.

개와, 인간의 혁명
침을 줄줄 흘리는 개. 습관적인 냄새에 습관적으로 흐르는 침. 그 위대한 발견이 문제였던가. 거기서 인간의 혁명까지 약삭빠른 인간이, 법칙들이, 과학의 욕망들이 줄행랑을 쳤는가 줄행랑치며 그물을 던졌는가.
가까운 거리. 그물에 잠긴 거리.

眞理力
말(言)은 단단하고 닫혀 있다
삶 위를 떠다니는 것인 말의 운명은
인간의 운명보다 더 높은 곳에 있다
그러므로 말 속에 미완의 나인을 찍고
더 능동적으로, 그것을 열린 창으로.
그 창이 갈수록 깊고 넓어진다
진리 또한 말과 사물 사이에 열린 창…

권투 선수
시합은 이미 9회전이었다.
두 흑인은 이미 서로가 안중에 없었다.
분명 마지막으로, 둘의 새까만 몸체가 꽤 날렵하게 떨어졌다. 그리고 지남철처럼 다시 붙었다.
아, 이젠 끝이야. 제발. 이젠 끝이야… 관중들의 치솟는 고함소리가 그렇게 고요하게 고였다.
시합은 계속되었다.
주먹의 팔꿈치가 뒤엉키고 오래 썩은 시체처럼 코와 눈두덩 부은 윤곽에 시뻘겋게 터진 입술 씻누런 이빨이 박히고 마침내 검은 근육이 밀가루 반죽 덩어리로 피투성이로, 그렇게 핏덩이로 뒤엉켜 급기야
공포의 얼굴이 스스로 공포를 뛰어넘고 어떤 운명의 처참을 이룩했다.
시합은 상관없었다.
승패는 이미 이 지상의 것이 아닌
울부짖음의, 한몸의, 비극의 평화. 아, 우린 어떻게 그리 오래 살 수 있었을까.

디아길레프의 재정

그에게 나는 꽃이 되지 않고 디아길레프가 되고 싶지만
안되면 그의 財政이라도 되고 싶지만 레닌은 광활한
러시아 대지를 누비고 벌써 사라진 후다. 디아길레프는 파리
사교계의 귀공자. 그에게는 예술의 시간과 공간이 바로
공산주의지만 그가 키운 현대예술 속에 없는 레닌이
아예 애비도 에미도 없이 凶物스럽다.

제2부 헐벗은 전쟁신
그때 나는 보았다, 거대한 헐벗음의 아가리가 더 작은 아가리들을
집어삼키는 광경을.

고무 호스

고무 호스가 고문도구로 된다 강제 급식의
죽이 입가를 넘치고 목구멍이 완강하게 버티다가
구멍을 뚫리는 듯한 거기서 女性器가 포식성의
고문도구로 되는 것은 순식간이다. 하지만 거기서 의식주가
고문으로 되는 것도, 순식간일까? 물론 물론이다. 하지만
그렇다면 우리 같은 종자가 살아 있다는 것이
누군가에게 고문 아닐까?

피비린 채로 나이 들다

溥儀. 중국 청조의 마지막 황제.
그는 아무것도 모를 나이에 萬人之上에 올랐고
권력이 굉장한 장난감이라는 것을 알 때쯤
급전직하했다. 그 뒤로도 파란만장하게
일본 만주국의 괴뢰 황제 노릇도 하다가
인생의 맛을 알 나이에 중국 공산당 감옥에 갔혔다.
요는, 그는 제 뜻대로 인생을 살지 못했다.
이제 나는 비로소 그의 임종이 궁금하다.
그는 아무것도 모르는 아이이고 싶었을까
아니면 모든 것을 잊기 위해 빨리 죽고 싶었을까.
따지고 보면 그의 일생이 유별날 것은 없는데

비극적인 육체

중국 대륙은 너무 거대해서
그 비극이 여인의 육체 같은 때가 있다.
비극이 너무 거대해서 그 여인의 육체가
대륙 같은 때가 있다 아니, 여인의 육체가
너무 비극적이라서 거대하고, 아니다.

거대한 것은, 거대하기 때문에 비극적이고
여인은 여인이라서 비극적이고 중국 대륙은
중국 대륙이라서 비극적이고 육체는 육체라서
끝까지, 죽어서도 비극적이다. 하지만 그 사이
우리 몸도 거대해진 것 아닌가 비극은 모두
구멍 숭숭 뚫린 우리 몸이다. 그리고
아름다움의, 착각이 그 구멍을 토악질로 넘친다.

봄의 제전

그 옛날, 빙하기가 끝나고
러시아 쪽 아직 얼음이 안 풀리고 시간이 원형의
얼음조각이었을 때, 봄을 맞기 위해 처녀는
춤을 추었다. 탈진하여 죽을 때까지.
…그 이야기가 왜 이리 편안한가.
어떤 생애를 나는 겪은 것일까? 무슨 역사를
우리는 냉동 상태로 겪었던 것일까? 오
間氷期의 끓는 피.
러시아 너머 북극의 얼음은 여직 그때의 얼음인데
봄을 맞기 위해 처녀는.
근데 그 이야기가 왜 이리 편안한가.

너를 원한다

탄생은 내가 원했던 것이 아니다.
자궁을 벗어나고 싶어 몸부림치고 기쁨의
울음을 터트렸단들
하물며 그 이전에 탄생은 내가 원했던 것이 아니다
더 따져들면 내가 씨앗이 되고 거의
無化될 지경이므로 창피할 뿐이다.
그럴수록 깨일수록 길은 전쟁 쪽으로 나고
그 길 너머 모종의
썩은 자궁이 입을 오므리며 말한다.
너를 원한다. 너를 원한다.

광대 채플린

울음이 묻으면 웃음은 더 진하지. 그때 비로소
웃음은 제 무게 때문에 속세의 것으로 된다.
그때 비로소 인생을 거지로 전전할 수 있다.
나이테에 백인 사람의 표정이 언뜻 보이다 사라질 때
그 웃음의 윤곽을 울음이 허물고 뭉그러진 울음의
부패를 웃음이 수습할 때 그때 우리는 인생의
종착지에 와서도 길이 멀다.

참호전

그래 전쟁이 오고, 우린 어른이 되어 다시 그,
자궁 속으로, 여자의 性器 속으로 들어갔던 것이다.
아 지겨워라. 진흙창, 불모와 성년의, 쾌락이 없고
살기뿐인, 전우의 잘린 팔다리가 나뒹굴며 썩는.
그렇게 전쟁은 며칠 몇주 몇달째 갔던 것이다.
그리고 어느 때쯤 일약 수백 수천만년 전의
생화학전 가스 마스크를 쓰고
우리는 서로 경악하고 서로 혼비백산했다. 참호전
그 너머로 세계의 길이 있었을까?

삼중주

레닌과 스탈린과 트로츠키의 삼중주가 우울하다.
이제 와서 우울하다?
그때부터 이미 우울하다?
그들보다 훨씬 전부터 우울하다. 무엇보다
지금까지, 미래까지 우울하다.
그러나 그 우울이 백성들을 이끌어온 내용이다.
나머지는 화려한 음악의 의상뿐이다.

백년 전 내란과 패전

전쟁은 스스로 반복하는 경향이 있다 내란도
패전도 그렇다. 악취는 떡이 인간의 혈점 때문이
아니다. 그밖의 모든 것이 악화된다 야만도 증오도.
헛된 사랑의 슬픔도 그 관계도.
백년 전의 기억도
백년 전 나약한 희망의 크기가
전쟁의 이빨에 짓뭉개지던 기억도
전쟁이 더 큰 전쟁에게 물을 뿐이다
누구 때문인가 도대체 누구?
그, 거대한 신음소리가 땅 밑으로 스며들 때
언뜻, 더 큰 삶이 한가닥처럼
위태롭다가, 시야에서 사라진다.
그걸 좇자니 삶, 코끝에 이제사 피비리구나.

신코페이션

지상에서 서툰 것이 그리 적합할 수가 없다.
관절 격다리 흑인이 비대한 첼로를 뜯는 신코페이션.
기인 몸을 비비 꼬는 동작이 선율 속으로 길을 새긴다.
뒤틀림만이 평화로운 순간이다.
곧 비탄도 절규도, 증오도 그러하리라. 무언가가
찢어지리라.

제3부 방탕의 육화

육화 자체가 끔찍한 방탕이거늘…
그 방탕이 육화되는 동안 경악보다 지루함을 느꼈던
우리는 정말 그때 벌써 어디까지 갔던 것일까?

금주령

금주령은 계엄령보다 둔탁하게, 취기보다
흐리멍덩하게 왔다. 아니 더 거꾸로다.
안되는 일은 결코 있을 수 없다는
맹세로 왔다. 더 불안한 것은 정치가 놈들아
도대체 그리 술 취해 휘휘 늘어진 혓바닥으로
금주령이라니 불안을 맨정신으로 다스리다니.
저쪽 나라보다 더 또라이들아… 저쪽 나라는
희망의 불안을 술로 흥청망청 달래고 혹시
희망마저 알콜 중독시키고 그렇게 赤과 白,
동서 진영의 정치가 모두 고주망태로 휘청대며
포도주 축배를 들었다. 하지만 모든 것이 제자리에
있다. 개다리소반 위에 투박한 1920년 양주병
세상과 세상 사이 술병. 정신과 육체 사이에 술.
정치만 제자리에 있지 않았다.

카루소의 죽음

그의 목청은 거울을 깼고 노래는 그의 목을 터트렸다.
그리고 그는 죽었다. 그래. 삶은 전쟁터다. 예술은 더욱.
무엇이 잘못되었단 말인가. 그의 목을 터트린 노래가
그보다 오래 남아 그의 육체를 진한 선율로 이어간다.
무엇이 잘못됐단 말인가. 시체의 악취가 없는 노래가
썩지도 않고 그의 삶을 이어가는데. 세기말까지
잘못된 것은 항상 후대의, 종교적인 해석이다.

말

뭇솔리니의 말도 좀 그랬다. 하지만 그후
히틀러의 말은 좀더 분명하게
엑스레이의 말. 사람들은 그 말이 자신의 몸을
뼈만 남긴 채 흑백으로 자신의 두 눈에다
낙인 찍는 것을 더 광관했는지 모른다.
말에는 사다리보다 함정이 많다. 그 속으로
군중들이 빠져들고 또 빠져든다. 수백 수천만씩
덫이 아닌, 시공이 없는 말 속으로 빠져든다.
전쟁의 바깥엔 엑스레이 몰골에
증오의 눈초리만을 겨우 남겨놓은
아우슈비츠 유태인이 우리를 기다린다.

증오와 지진

물론 지진은 관념이 아니다. 자연이 벌린
아가리 앞에서 우리는 개미굴인지 모른다.
동시에, 인간의 증오에 비하면 지진은
용서일지도 모른다. 지진보다 더 거대하게
인간들의 아비규환이 지진 참사의 현장을
덮친다. 그게 이를테면 남자와 여자의
간절한 사랑이 아닌 것이 그게 이를테면
역사의 위대한 우정이 아닌 것이
속절없이 유감이고 억울할 뿐이다
지진은 삽시간에 누더기 외투를 문명 위에 씌운다
그리고
서두르라. 얼마 남지 않았다. 개미 같은 목숨들아…
제발, 마지막 그 소리도 들릴 듯 말듯
지진의 눈물도 보일 듯 말듯, 그게 더 처참하다.

보체크의 죽음

그렇다 레닌. 길은, 그가 자신의 죽음을 애도하는
저 끝없는 행렬이 되는 것밖에 없었다
그 길은 더 깊은 애도에 이른다 그리고
스스로 검고 축축한 힘이 될 때까지
슬픔이 제 육신을 파고 또 판다.
그것이 후대의 양식으로 된다.
생애가 끝나고 역사가 이어진다 찬란한 역사가
찬란할수록 가벼워지지 않는다
그렇다 레닌 그도 그것을 알았지만
이미 죽은 그 홀로, 죽은 것이 비통하다.

악몽

내 악몽의 肉眼이 저렇게
나를 쳐다보고 있는
그 눈이 점점 더 충혈되고
충혈이 점점 더 커지는 것 같은
고통보다 더한
착각의 고통을
느끼는 동안만 나는
원숭이가 아니란 말인가?

腹話術師의 無線電送

그해, 사상 최초로 無線電送된 사진은
腹話術師의 인형 두 개였다.
기이하다. 하지만 奇異는 더 奇異한 奇異를 낳고

그 속에 더 奇異한 정치가 태어난다.
사상 최초로 無線電送된
우주의 외계인에까지 無線電送된
활동사진은 아돌프 히틀러의
연설이었다. 그렇다 새로운 것은 奇異하고
두려운 奇異는 더 두려운 奇異를 만나지만,
원래 奇異하고 반복이 많고 漢字가
淫湯을 粉하는
嚴格의 舊態가 정치의 본질이다.

재즈 싱어

검은 재즈 싱어가 노래를 부른다.
양팔을 벌리고 하얀 이빨을 더 크게
드러내며 그렇다 그는
무참한 세계를 검은 얼굴로 또 더 하얀
입술로 그럴 수 없는 울음의 우스꽝스러움으로
희화화한다.
관중들 환호한다.
검은 재즈 싱어는 그것밖에 세상을 받아들일
길이 없다.
관객은 환호와 멸시밖에는 길이 없다.
그 사이 무대가 어둡고 깊고 그 위에
모든 것이 조명뿐이다.

無知와 自發

스탈린, 콧수염 그가 파이프 담배에 불을 붙일 때
바이올린 뚜껑이 열리고 학살이 시작되었다.
無知와 自發, 총알이 선율처럼 난사되었을까
사람들이 지휘하듯이 나자빠졌을까?
자발도 법칙도 음악에서만 한몸이다
그 속에 하나의 몸은 보이는 것보다 더 생생하지만
무지 속에서 자발은 들리지조차 않는다
담뱃불만 보이고 총성만 들리고 총알 보이지 않고
학살, 의 전모, 그가 죽은 뒤에야 보인다.
그에게도? 그에게도!

경악의 이면

그것은 거대한 낭떠러지 빌딩 아래
열 지은
단벌 외투 주머니 속에 양손
구부린 어깨, 혈안의 인파였다.
경악은 견뎌온 시간과 견뎌야 할 공간의

압축이므로.
군중 중에서는 누구나
경악 앞에 공손했다.
경악은 군중에게 운명이었다.
파산의 청천벽력, 여자의 비명소리
들리지 않고 다만 유리창
유리창이 깨졌다.
저 운명처럼 어두운 외투 행렬 속에.

제4부 잿빛 희망
정말 이대로 잿빛인 채로, 잿빛의 육화인 채로,
희망이란 말이 의미가 있는 것일까.

나찌와 푸른 천사
나찌가 있고, 푸른 천사가 있다.
이렇게 되면 당연하다. 그 사이에
퇴폐가 농익고 더 당연하게
요염이 퇴폐하며 농익는다.
천사가 肉德 넘치고 뭔가
기름지게 질질 흐르고 그것이
한꺼번에 섹시하다.
그것은 처음과 다른
전혀 푸르지 않은
짓뭉개고 짓뭉개지는 열락의 세상이다.
근데 그게 왜 당연하지?
히틀러의 콧수염부터 거기까지
어디까지가 당연하지?
아니면 섹스는 저주란 말인가.
둘이 갈라진 것이 이상하다.

죽음의 빛
어둠을 밝힌 자의 눈에서 빛이 꺼진다
가장 장엄한 순간이다.
꺼지는 것이 장엄 아니라
빛보다 더 빛나는
죽음의 빛이 보인 순간이다.
그곳에 세속의 샨델리아가 들어서고 그,
방이 보인 찰나, 찰나의 전모가 보인 찰나
그렇게 그는 이승 저승 중간의
공산주의자로, 아니 공산주의로 남았다.

야수와 미녀
그리고 마지막 황제가 재등장한다.
그에 비하면 야수와 미녀는 정말
옛날 이야기만큼 오래되고 그만큼
순진한 일이다.
거기까지 진행된
이야기와 역사 사이는 또 얼마나
깊고 깊은가.
그러므로 더 나아가
마지막 황제가 야수와 미녀 사이를
마지막과 재등장보다 더 멀게
갈라놓고 모종의 세일즈를 나서는
총체를 향해 가슴을 열 일이다.
하긴 마지막도 먼 옛날 이야기다.
하다못해 광고 포스터가
제 주인인 상품을 지배한다.

장례와 매춘
시체보다 추한 장례식이, 육체보다
아름다운 매춘이 있다.
우린 이미 인류의 종말 속에 살았다.
지난날의 역사가 쌓여오다가
파탄에 이르는 광경을
한폭의 정물화로 일순 보았다.
그 광경이 반복되는 것도, 그렇게 생애가 남기는
사진 한 장만이 절대적인 것도.
역사란 사실 그 사진이 쌓이는 시간이다.

어제의 동지
배반과 모함. 사실 우리는 그 검은 뼈만 남은
原始의 현현을 비겁하게 두 배로 증오하는
방법으로 즐겼는지 모른다. 놀랄 게 없어 하필
어제의 동지의 미래에 대해 그리
경악했겠는가.

대장정
그렇게 우리는 시간 속에 지울 수 없는
역사의 각인을 새겨놓고 싶어한다. 대장정은
굳이 고산준령이 아니더라도 우리 스스로 파는
생애의 무덤. 그 무덤이 길을 닮은 것은
시간 너머를 지향하는 까닭. 아니면 뭐하러
모택동은 역사 속에 대장정을 파고 나는
그의 행적을 가슴에 파고 또 파겠는가.

피부색

마침내 색을 벗을 수는 없겠는가.
붉더라도 피부는 단지 붉다는 이유만으로
붉은 피부를
더욱 증오할 때가 있다.
피가 피를 부르는 일은
중산층 가정에서 더욱 恒茶飯事다.
생명이여, 피여, 정말 붉음을
벗을 수는 없겠는가.

게르니카

민간인 시체가 나뒹굴고 군인들이
어린애처럼 울고 있다. 오 집약은 이리
소름끼치는 참혹을 넘어 차라리
正常이고, 그것 통째로 발가벗기운 채 절규한다

기억이 녹는 시간

히틀러, 오스트리아와 체코슬로바키아를 먹고
그 순간부터 게르만들은 기억이 녹아내리고 영영
형체를 알 수 없는 시간만이 그냥 이어졌다.
눈이 내리고 그 눈에 고혈이 묻었어도 사람들은
그러려니 했다. 비에 피가 섞이고 바람이 비린내를
몰고 와도 마찬가지였다. 정의 얘기가 아니다.
정의는 그냥 축농증 차원일 뿐 더 거대한 것이
녹아내리고 흐르고 마모되고 건조되고 그렇다
사람들은 懶怠의 유령처럼 부피만 클 뿐 몸무게도
냄새도 없었다. 그러다가 어느날 그 고름 흐르던
고막과 시야를 찢고 연합군이 들이닥쳤을 때
사람들은 외계인이 온 줄 알았다.
그대, 그들에게는 눈, 코, 귀가 더 달려 있었다.

바람과 함께 사라지다

한없이 공포스러운 전쟁의 바깥을 피해
내면 속으로, 내면의 벽에
그림자로 늘어붙을 때까지…
그렇게 바람과 함께 사라지다.
막이 내리고 종이 울리고 영화가 끝난다
관중들 아무도 나오지 않고
객석은 텅 비었다.
그들은 어디로 갔을까
바람과 함께 사라지다?
바람과 함께 사라졌다?

바람도 사라짐도 사라지고
사라졌다는 사실도 사라지고 다만
아주 가까운 곳의 먼 훗날처럼
전쟁터에 박수갈채가 폭죽으로 터지고
극장 안에 비명소리가 웅웅댄다.

제5부 비참으로 빚은 유토피아

하여 모오든 유토피아가 박제된 사랑이 뿜어내는 누추의 살기이나니.
종교에 이기지 못함은 그 때문이라…

얼음으로 죽은 자

트로츠키. 이름조차 살기 묻은 침이 튀는
그의 묘비명을 써줄 사람이 없다.
그는
얼음으로 죽은 자.
그는 레닌과 싸우지 않고
스탈린과도 싸우지 않고
둘 사이에 얼음으로 살다가
얼음으로 죽었다.
그가 살던 시대 천재 예술가는
또한 스스로 빙하시대에 살았다.

백년 전 겨울

다시 온 겨울은
스스로 외투가 백년만큼
두껍지.
백년 전 겨울이 아니라
백년의 겨울처럼
우린 그렇게
전쟁의 겨울잠 속으로 빠져든다.

살아 있는 영혼

사막에선 탱크전이 한창이었다. 죽어서 모래로 돌아간
영혼은 얼마나 스스로 메말라버렸을까. 하지만 간디,
그가 가죽 껍질과 뼈만 남은 채 숨을 거두었을 때
그가 생각했던 미래 또한 모래밭. 삶도 이별도 사라짐도
그렇다. 오, 하느님. 우리가 어디까지
溫濕을 버려야 이 세상의 살육이 끝날는지요.

전사의 시간

그가 조선의 名妓처럼, 전쟁을 휘감고 전쟁의 소용돌이
속으로 산화할 수는 없었던 것일까. 전쟁 영웅인 그가,
전쟁이 끝난 후 망각의 기념비 속으로,
敵이 없어 불행한 그가 敵이 없어야 할 평화 속으로
조국의 비참한 현실에 눈멀게 하는 영예가 아니라
건설을 떠받치는 어둔 그림자로 우뚝 설 수는 없었을까

폐허

그제서야 그들은 전쟁이 끝난 것을 알았다
전선이야 어떻게 돌파했는지 모르고 패주하는
적군의 뒷모습도 본 적이 없다 앙상한
무표정의 해방군 환영 깃발이 시야를 덮고 붙타는
건물들의 앙상한 뼈대가 골수에 사무칠 뿐
언제 승리했을까? 그들은 모른다.
맥주 깡통을 따고 샴페인을 터트린다.
그리고 밤이 오고 새벽이 밝아온다. 아 그때의
폐허. 동트는 새벽 더 짙은 어둠의 덩어리였다가
모습을 드러내는 인간 群集 住居의 폐허 그 폐허가
가슴에 광활한 둥지를 틀었을 때
그제서야 그들은 모든 것이 끝난 것을 알았다.

빨치산 위로 核 버섯구름

그 빛이 뜻하는 바를 사람들은 조금밖에 몰랐다.
양심과 도덕의 문제로만 한정지었기 때문이다
전승 환희의 극점으로 본 사람도, 더 어처구니없이
해방의 빛으로 착각한 빨치산도 있었다.
하지만 그것은 중요하지 않다.
정반대를 거느리는 것은 진리의 거울일 뿐
진리자체는 아니다. 둘은 모두 그 거대한 섬광에 눈이 멀었다.
그 대폭발은, 역사상 최초의, 참혹 자체의 빛化,
우리는 그 그림자 속에 얼른 포위된다 너무 거대하므로
아니, 죽음이 문제가 아니다, 죽음은 찰나고 편안하므로
살아남은 자 누구나 그 빛에 어설프게 데어 순식간에
수천년 숨겨온 처참을 들킨다.
그렇다. 개벽이며 최후의 심판이며 수천년 전
인간의 지혜로 상상 가능했던 참혹은 이미 와 있다.
별 것 아니잖은가. 상상하라 더 지독한 그 무엇을.

철의 장막

스스로 강철이 되어… 스탈린의 그,
비유는 순진했지만 옳지 않았다.
철의 장막… 처칠의 그 비유는 교활했지만

강력한 바람이었다.
대치는 그렇게 웃기는
低能의 비유로 시작된다. 그리고 아직도
끝나지 않았다. 그것이 수천만 명을 학살한다
소리 소문도 없어서 그것은 비유가 불가능하다.
그렇게 우리는 20세기를 끝낼 확률이 많다
보이는 것은 그 정반대의 추악한 이면일 뿐인
그런 상태로 그게 고문인지도 모르고…
물론 서정시는 가능하다.

角質

그렇게, 비유하자면 동구권이 속속 공산화되었다.
그렇다. 거꾸로가 아니다. 각질화가 내용이고
공산화가 비유였다. 거꾸로였던 게 문제다.
공산화를 그때부터 당연한 귀결로
열매로 생각한 것이 문제였다. 하지만 그걸 이제사
깨달은 우리의 한탄이 더 큰 문제다. 한탄이
각질보다 더 딱딱한 절망의 外皮를 까는 까닭이다.

건국과 피살

건국과 피살을 보고 있으면 피를 먹고 자라는
민주주의보다 더 근본적인 운명을 보고 있는 것 같다
그것은 먼 나라 이야기도 가까운 이웃 이야기도 아니고
그냥 가슴 속에 쌓여온 어떤 무지근한 것이 스스로
밖으로 기나길게 풀려나가는 이야기처럼
충격적이면서 감동적이고 그 둘이 하나인 것이
낯설지 않고 그냥 엄정하다.
그렇다 비극의 씨앗은 오래 전부터 있었는데
매번 경악하는 역사가 사실 이상할 뿐이다
분명 하느님 짓은 아니고 그, 무기력이 오히려
하느님을 필요로 하는 면이 많지만
어쨌거나 그렇게 피칠갑을 하고 나면
누군가, 우리와 무관한 손이 잔인한 장난을 하는 듯한
느낌이 드는 것도 사실이다.
아니 내가 그 손이 된 듯한
공포가 나를 엄습한다. 그러므로 더욱 오, 뻔으로 역사
내가 역사를 위한 것이 아니고 거꾸로인 것을.

광대

허리를 90도 뒤로 꺾인 채
발레를 하듯 죽은 여인. 하여, 웃으라.
마침내 비극적인
광대의 시간이 왔다. 우리는 365일을

1년으로 백년을 한 세기로 토막내고
그때마다 새로운 것을 대망한다.
待望이 쌓여 비극이 되던 시대는 끝났다.
아, 지긋지긋한 이 세기를 빨리 끝낼 수 없을까.
중간도 채 못되어 우리는 벌써 탄식한다
그렇게 자기 생애에 사형 선고를 내린다
아 생애의 시간으로 感知 못하는 더 큰 비극,
하여, 울먹울먹을 지우고 완전히
웃으라 산 자여 여인의 죽은 자의 저승의
편안함처럼.

제6부 삶은 계란과 김밥

32평짜리 아파트에 피자파이 외식을 하는 요즘도 밤에 출출하면 계란을
삶는다. 김밥도 먹고 싶다. 소풍날 식어빠진 사이다 생각난다.
간식이 아니다. 무언가 억울하다. 억울한 허기가 억울함을 지독하게
먹어치운다. 언제 낮이 밤으로 되었던가.

5천 마일의 여행·

그 여행이 꼭 5천년 동안의 흡혈 전쟁 속으로
빠져드는 것처럼 느껴진다. 그렇다 나는
한국전쟁 6·25가 마악 끝난 후에
유복한 경주 김씨 3남 2녀 중 차남으로
그러나 전쟁 고아처럼 이 세상에 태어났다.

반주

피아노 소리는 낡고 단아하다.
그래서 편안하다.
거기엔 현대의, 추문과 공포가 없다.
하지만 피아노 소리 그 안에
무너진 계단이 無化되고 수소폭탄이 투명하게 액화되어
흐르고 그 속에 畵面조차 선율로 녹아든다.
끔찍하다.
피아노 소리는 낡고 단아하다.

고도를 기다리며

그래. 고도. 네가 너를 기다린다.
나는 나를 기다리지 않고 기다림이 기다림을
육화를 기다린다. 우스꽝스럽다. 하지만 이미
무언가 경계가 무너지고 너의 울음은 하늘
끝까지 너무 높이 치솟아, 보이지 않는다 비극
의 황홀,의 지루함과 장난. 그래. 고도. 길을 잃고

어설프게 등장한 일그러진 웃음의 하느님.
그래 고도. 울지 마라. 길은 항상 먼저 보이지 않고
돌아보면 옛날 길이다.

동서남북

동서로 행복한 결혼식과 화려한 장례식, 남북으로
국토가 좁을수록 살기등등한 굶주림과 전쟁이
교차된다. 물론 대관식도 휴전협정도 진행된다.
당사자들은 아무도 텔레비전을 보지 않고
혹시 보더라도 각자의 기쁨과 슬픔과 굶주림에
몰두하기는 마찬가지다. 뒤집어보면 바보상자는
하느님의 눈, 하지만 그건 우리의 눈이기도,
우리가 있으므로 비로소 눈이기도 하다.
철조망, 우리가 동서남북을 못 보고, 혹은 보고
있는 것이 정말 사실인가.

로큰롤

무언가가 재탄생한다. 로큰롤 리듬에 맞추어. 아니,
그걸 호들갑으로 보는 순간 너는 이미 구시대다.
그 속에 무언가 무겁고 슬픈
몸부림을 보아야 한다. 그건 신세대가 보지
못하지. 비로소 우리는 우리 세대가 된다.
그들에게 슬픔은 아직 나이를 먹지 않아 화려하다.
살갗의 쾌감이 의상처럼 스스로를 자꾸 또 마구
풀어헤친다. 그러나 우리 세대의 로큰롤에는
응집이 있다, 이룰 수 없는 것을 향한
가난보다 위대한, 흡사 어둠에 더 가까운
육체 덩어리 자체가
응집을 위해 파괴되는 육성.
세월은 그 시대를 열배 백배 더 뛰어넘었지만
양에서도 질에서도 그렇지만 그,
희망을 우린 다 이루지 못했다.

빅4

흩어진 피투성이 局地戰들이 하나 둘
뭉치다가 더 엉망진창으로 헐뜯다가
어느 시점에 저리 정중한 4각의
정상회담으로 뒤바뀌는가.
그리고 다시 둥은 더 거대한
육안으로 볼 수 없는 끔찍함으로의 열림
그것이 중도에 어느 시점에 또 저리 美麗한
지상 최대의 제단을 이루는가.
그것을 이해하지 못해 우린 망했다.

파괴된 동상

이런 일은 전에도 있었고 앞으로도 있을 것이다.
하지만 알아도 소용없으리라. 동상은 또 세워지고
파괴될 것이다. 거대한 코와 눈이 너무 흉하게.

비명을 지르는 간호원

그 비명 하나로 병실 흰 벽에
얼핏 희미한, 그러나 분명 검고
더욱 분명하게 소름끼치는
魔脚이 보였다가 사라졌다.
물론 그것은 비명 이전에
나타났다가 비명과 함께 사라졌다.
비명 때문에 사라졌는지 모른다. 아니
더 근본적인지 모른다.
마각이 마각 자신에게 소스라친
비명인지 모른다. 물론
간호원의 옷은 白衣였다. 하지만…

GI 블루스

희망은 아직 전대의 블루를 벗지 못했다.
하지만 그래서 희망 아니겠는가.
그래서 얼마나 큰 건지 혹시 사람들이 버려도
저 혼자 커갈 수 있는 희망 아니겠는가.

거인국과 소인국

그들은 군복 차림에 모두 구레나룻이
밀림처럼 짙고, 검었다.
그렇다 그들은 게릴라였다.
그들은 쿠바 혁명의 승리를 그 과정과 결과를
인터뷰하고 있었다.
그들은 군복 차림에 모두
구레나룻이 밀림처럼 짙고 검었다.
왜 반복인가, 나는?
그렇다 그들이 입은 승리는
그들의 외모는 승리보다 위대한 패배를
이미 체득하고 있었다.

제7부 이 찬란하고 아름다운 공허

누구나 알듯이 아름다움은 공허하다. 하지만, 더 나아가야 한다.
아름다움은 공허하므로 찬란하게 아름답다.

여왕가의 코뿔소

누가 보았는가, 천장 속의 해골을, 여왕가의 코뿔소를
우리 마음속 혈혈단신을?
부르짖으라 삶의 덫에 걸린 자들아
그것을 벗어나려는 몸부림이
가장 진정한 삶인 줄 아는
혹은 모르는
종아리 살점 뜯긴 자들아 그렇게
세계의 가장 낮은 한숨보다 더 낮게
가슴의 가장 높은 비명보다 더 높게
네 삶의 생애를 펼칠 것, 혹은 걸칠 것

우주와 장벽

우주는 가슴속으로 심원할 뿐 크기가 없고
공간이 아니다. 그것을 재려 할 때 마음에 장벽이
생긴다. 마음에도 원래 장벽은 없었다.
가슴은 우주를 머금을 뿐 시간이 없고
장소가 아니다 영혼의 안식처도 아니다.
그것을 재려 할 때 우주에도 장벽이 생길까?
有人 우주선 얘기가 아니다.

물리 속으로

아인슈타인. 그는 사라졌다. 죽음 속으로? 노.
자신의 물리 속으로. 누구나 자신의
생애 속으로 사라진다.
그게 필생의 일이라면 더욱 그렇다
그렇게 생애가 이중화되고 박제되고
그것이 자기 식으로 자기 생애를 넓혀간다.
물리 속으로 사라진 그가 단지 물리 속에서
영원할 뿐이 아니다.
그의 생애로 인해 물리의 생애가
생애를 벗어난다.
그러므로 우리는 정신과 영혼이 모두 해체된
이후의 우리들의 생애를
흔쾌히 믿는 것이다.
이승에서 정말 바라는 바는 그것 아닌가.

아름다운, 젊은 국가?

미남 청년 케네디. 청순한 미녀 마릴린 몬로.
둘은 모두 암살했거나 자살당했다.
있을 수 있는 일이다.
수천년 살거죽히 늙은 국가가 그렇게
젊음과 아름다움을 압살한다.
형태는 여럿이지만 죽임의 연유는 하나다.
아름다움도 그렇다.
아름다움은 항상 사라지는 것의,
완강한 슬픔의 아름다움이다. 그에 비하면 예찬은
명복을 비는 것에 지나지 않는다.

검은 대륙

몇만년, 몇십만년, 아니 몇
억겁 만인가. 저 검음의,
대륙이 눈앞에 정체를 드러내는 것이?
남을 탄압하던 치부뿐만이 아니다
더 근본적으로
사람들이 증오한 것은 당연하다.
그게 대규모인 것도 당연하다.
그 증오들이 저 혼자 모여 검은 대륙을
더 검게 한 것도 당연하다.
그리고 검은 것의 지배는
원초를 물들이며 온다.
아 서러운 시간이다. 아니
열광적인 시간이다.

미망

죽은 것이 죽지 않은 것을 위해 산다.
기꾸로이 시나. 그렇지 않고서는 장례식이
저리 성대할 수 없고 미망인이 저리
아름다울 수가 없다. 죽은 것이 정말 죽었다면
이승과 저승의 그 광활한 틈을 무엇으로 채울 것인가
어찌할 것인가.
산 것이 정말 살았다면 그
이별을 어찌할 것인가.

정글

그곳에 정글이 도처에 부비츄랩 눈을 번득이며,
미얄할미의 女性器처럼 눈물도 질척였다. 물론
때때로 썩은 내가 더 진했다. 저 시체 구덩이
속에서 저 자궁 속에서 무엇이 나올 것인가 누구의
20세기 전체의 참회가 초롱눈을 뜨고 탄생할 것인가

참혹에 지쳐 그들은 화해의 손을 내밀리라 물론
죄지은 자가 받을 벌을 다 받지는 않았지만
그런 세상은 없다. 과연 강대국은 자신이 받은 벌조차
수천 수만 배 늘려서 돈벌이를 하고 짓밟은 가난은
가난 나름의 이유를 대었다. 그러나 잊혀지지 않고
빛바래는 것도 정신의 패배요 갈수록 빛나는 것도
정신의 승리다.

물 속은 얼마나 끔찍한가, 불 속은…

그러므로 우리는 빨리 죽기를 바라는 것이다.
아무것도 없다. 죽음,
그것이 그리 편안함보다 더
고마움보다 더
어울릴 수가 없다.

코미디언의 자살

희극도 비극의 동반을 말살당한
제 처지에 스스로 지쳐 형체도 없이
녹아내리며 태양, 목을 맬 필요도 없이 그렇게
목숨을 끊는다. 죽음을 無化시키는 시간이다.
유난 떨 것은 없어… 웃음은 대책없이 흐트린다
그 흩어짐이 저승을 정말 힘없이 슬프게
물들인다 정말 죽는다는 것은 어디와 어디에
다리를 걸치는 것인가.
양다리가 우스꽝스럽게 벌어진다.
썩은 내조차 흔적이 없다.

중세의 신

그를 보았다고 했다. 하지만 아닐 것이다.
그의 몸에 숭숭 뚫린 거대한 구멍,
비참의 구멍, 비참인 구멍, 자기 가슴에 뚫린
구멍, 자기 가슴인 구멍을
들여다보았을 뿐이다.
그게 왜 여태 거기 있었을까?
그렇게 궁금했을 뿐 아무도
존경과는 무관했다. 우리가 저지른 일
그게 왜 여태 여기 있을까?
그를 보았다고 한다. 하지만 아닐 것이다.
이야기는 마늘이나 양파를 먹기 전
사람을 먹던 식인종 시대까지 거슬러 올라간다.
토막난 시체를 붙들고 우리는 울부짖는다.
아버지, 아버지. 도대체 이게 무슨 날벼락…
애야, 네가 아버지를 집어 먹었다. 나도 먹었다.

어머니는 정신이 멀쩡하시다. 아니,
어머니는 아직도 식인종이다. 아, 그만하자 이제.
더 거슬러 올라가다간…

제8부 음울과 안락
도시가 음울하고 그래서 그 안의 보금자리가 안락하다.
인생이 그렇다. 죽음이 음울하기에 삶이 안락하거나, 그 거꾸로다.
다만 시간이 흐르고 그게 모든 것을 헛된 희망으로 들뜨게 한다.
하지만, 헛된 희망이 더 헛된 삶을 뛰어넘는다.

사랑과 빛과 평화
그리고 마약.
그것이 가공할 컴퓨터의 가상 현실로
이어진다. 그리고 그것이
현실을 대체한다.
살아도 살았달 게 없는 세상이 근사하게
산 것과 다름없는 세상으로 대체된다.
문제는 없다. 하지만 죽음과, 삶의 허무는
원시시대부터 있었다.
어디까지 왔는가 평화, 어디까지 가는가, 사랑.

남과 여
화려한 침대가 누추한 벽지의 방을
넘쳐나는 그런 방이다.
옷 입은 채로 한 남자가 운다 그 앞에 한 여자가
등 뒤의 브래지어 끈 자욱이 보이게 반쯤 벗은,
아니 입은 채로 울기 전이지만 여자는 남자보다
더 먼저 울 것처럼
남자의 울음 앞으로 더 서럽게 무너진다.
이별인지 만남인지 모른다.
그 간절한 사이에 왜 흉측한 수만년의
간극이 보였던 것일까, 울음 때문에
무너짐 때문에, 아니면 의문 때문에?
울음이 마침내 의상을 벗고 알몸으로 운다
무너짐이 흉포화되고, 의문부호가 태초의
말씀을 육화한다.
너무 멀리 왔다. 그렇다 우린 멀리 온 것을
알 만큼만 진화한 것이다 무서워라.
남녀의 性器가, 시커먼 것이 언뜻언뜻 보인다.

가장 빛나는 깜깜함
검은 세단. 정지한 와이퍼 유리창 속에
운전대 뒤에 아주 크게 운전석
은 비어 있고 그래 그 옆에
여자, 가녀린. 새하얀, 다소곳한. 아름다운.
아, 가련과 겁탈.
그녀가 좀더 사나웠으면
좀더 추하고 징그러웠으면 좋겠다.
눈을 감고, 가장 빛나는 깜깜함. 그게 시야를 때린다.
이렇게 내 인생도 끝나는구나.
아니 삶인가…

결혼과 추문
거꾸로다. 참신하고 경박하여 결혼은 위태롭고
오래되고 낡아서 추문은 숭고하다.
추문이 면사포를 쓰고
팔짱을 끼고 치즈, 웃음을 짓는지 모른다
비아냥이 아니다 사진기 속은 어김없이 검고
그래서 도망치듯이 플래시가 터진다. 행복한
한쌍의 신랑신부는 무언가의 들러리인지
주례는 보다 먼 시간에서 왔는지 모른다.
화장한 미소의 가면이 벗겨지면 해골이
몇백년의 허니문과 핥고 빨며 스스로
헐떡이는 게 보인다.
그러나, 그러므로 결혼은 얼마나 더 감동적인가.
마침내 아름다움이 아름다움을 딛고 넘어선다.

두 기자
그들은 닉슨을 탄핵했다.
사람들은 그들을 정의의 사도라고 불렀다.
언론의 권력은 언론을 자신의 입이라고 믿는 사람들의
권력이었으므로 두 기자는 영웅 대접을 받고
닉슨 일가와 극소수를 제외하고는 스스로가
민주주의의 투사가 된 감격을 누렸다.
그것은 당연하고 또 자랑스런 일이다. 미국은 전세계
언론의 민주주의의 메카였다.
하지만 그렇다. 폭로는 배설의 허기진 아궁에,
그리고 일관성은 목표에 가깝다.
대통령을 쫓아내도 그 사실은 변하지 않는다.
흥분의 도가니는 식고 그 폭로 정신은
육체를 쾌락으로 강간하고 고문하고 신격화하는
헐리우드 연예정보지 기자와 점심을 같이 한다.
당연하게 시시덕거리며

킬킬대며 아주 기분좋게 미쳐가면서.
요는, 끊임없이 실패하는 사랑만이 볼셰비키적이다.
실패가 운명적인, 그러므로 더 나은
운명의 완성을 위한 권력 지향을 포기하지 않는.
영웅적인 두 기자는 거대한 허기 속에 뿌리를 내리고
그 뿌리가 화려하게 산발한 비명소리로 남는다.

끝까지 붉은 음악

끝까지 붉은 것,
갈수록 붉어지는 것,
붉음으로 완성되는 것
붉음을 넘어 더 위대한 붉음이 있음을
붉음으로 증거하는 것.
통로인 붉음으로
열리며 더 붉어지는 것
그것은 음악뿐이다.
음악을 가능케 하는 현실뿐이다.
보이지 않는 색깔이
보이지 않는 가슴을 붉게 적신다.
거기까지의 거리가 붉게 물든다.

인류에 대한 범죄

그건 결국 하느님만이 저지를 수 있는
죄라면 어쩔 것인가. 사랑만이 인간의
죄라면. 재앙에 휘둥그레진 노파의 눈이 다시
구체적인 공포에 질린다.
그 살갗에 사랑은 자취가 없다.

금혼식의 야만

이스라엘의 야곱처럼 늙었다. 두 부부
문드러진 지문의 얼굴에 남겨가 없다.
열락과 고통의 습기는 흔적도 없다.
그렇다 없는 것뿐이다 그들은 그냥
부부인 것말고는 여생이 없고 그러므로
가진 것이 없다.
그러나 여기까지 오는데 얼마나 위대한
여정을 거쳤던가, 인류는?

교황의 죽음

교황도 죽고 모든 것이 죽어 누워 있다. 그러나
교황의 시신이 神보다, 죽음보다 더 구체적이다.
그것은 훨씬 더 생생하게 지리멸렬할 뿐이지만
그조차 부패할 뿐이지만 살아 있었다, 있다는 증거가

그리 지독할 수가 없다. 그리고
조금만 참으면 지독함은 꼭 모욕이 아니더라도
傲氣가 아니더라도 어떤 뭉클한 감동을
괜히 함께 누운 자에게 전한다. 그리고
그 시체의 소름끼치는 감동은 우리를
화들짝 삶 속으로 떠밀어댄다.
교황의 장례식에서 모든 사람이 활기차다.
하느님의 대리자란 그런 뜻이다.

육체의 영혼은 파리떼

그러니 보라. 사막에 죽어 썩은
흑인 반란군의 시체를
새까맣게 뒤덮은 저 파리떼를.
살아 있는 육체와 그 속으로 멸망해버린
영혼만이 성스럽다.
똑똑히 보라 몇천년의 코로
악취를 극복하고 몇만년의 눈으로 보라
사진으로는 그게 가능하다.
시체 속에 그 육체의 기억이
몇 겹의 방어막을 사원으로 쌓는가
그 안에 더 넓은 영혼의 사리가
얼마나 영롱한가.
그건 사진으로 불가능하다.
그는 이 대명천지에 새까맣게 나서
이 세상에 더 새까맣게 죽었다.

제9부 군중, 유령으로 화하다

그들 모두 세상의 주인이었다. 민주주의가 마침내 왔다.
최소한 희망으로는 이 세상 전역에. 그러나 군중,
유령으로 화하다, 1980년대. 민주주의, 희망도 그랬을까?

보통사람들

이류 영화배우 레이건이 대통령에 당선되었다.
보통사람들이 환호했다. 그리고 찌뿌드드한 날이
계속되었다. 모든 것이 보통인, 생일파티도 대량 학살도
대지진에 휘인 샌프란시스코 고가도 보통인,
미치겠는 것도 보통인 그런 시대가 끝이 없는, 분명
그래서는 안되겠지만, 결의도 그냥 그런, 그러므로
더욱 끝이 없을 것 같은 그래서 더욱 미치겠지만,
그게 보통인 반복도 저열화도 물론 보통인 시대가…

그렇게 몇년 후 '보통사람들'이 오스카상을 받았다.
과거형이 있기는 있는가, 있었는가?

요크셔의 도살자
그는 4년 동안 13명의 여성을 살해했다.
본인은 살인이 죽기보다 싫었다.
그는 잡히고 싶었다.
그래서 자꾸 죽이고 또 죽이고
잡힐 때까지 죽였다.
그의 죄는, 그는 자살할 용기가 없었다.

은막 속으로 사라지다
그렇게 그들은 영화 속에 살다가
은막 속으로 사라졌다.
헐리우드의 스타.
그들의 삶은 가장 화려하고 사치했지만
사라짐은 유구해서
멀티미디어에 비하면 아주 복고적이었다.
컴퓨터 가상 현실 속에서도 사라짐은 유구할까?
영화가 영화 속으로 사라지고
죽음은 컴퓨터 속으로 사라질까.
그건 사라짐도 사라진다는 뜻일까.
그렇다면 죽음을 미리 본다는 것말고
무엇이 다른가.

하늘과 땅
소문이 들렸다. 하늘과 땅이 단지
하늘과 땅으로, 옹근 채 분명하게 보였다는.
인류가 개미떼처럼 보이고 역사가
대지에 묻은 콧물처럼 보였다는.
아니 그것조차 말살되었다는.
그날이 왔다고도 했다, 심판의
나팔 소리가 들리는데, 다만 인간의 귀에 그것이
너무 지루하게, 며칠 동안, 몇년 동안
들리는 것이라고도 했다.
그러나 하늘과 땅, 그것은 실상 단순화를 향한
원초를 향한
본능이 언뜻 정체를 드러낸 것에 지나지 않는다는.
그렇다면 정말 그날이 왔는지 모른다.
그리고 하늘과 땅 사이
지루함은 인간이 인간일 수 있는
마지막 징표다.
어쩔 것인가 그날이 오게 할 것인가.

세계의 두 얼굴
차라리 세계의 두 얼굴이 보이고
그게, 눈 코 귀와 미소를 닮은 反面을 넘어
더 가까이 아니 근본적으로
같은 얼굴이라는 것을 스스로 납득하지
못한다. 그래서 혁명이 불가능하고,
쓸모조차 없어 보인다. 천박하지 않은 것은
여전히 눈에 보이지 않는다. 무엇보다 천박
하지 않기 때문이다. 그걸 이제서야
깨달을 뿐이다. 천박한 것은 그때부터
눈에 보이고 이미 천박했다. 이미 천박했기 때문
이다. 아뿔싸, 그걸 이제서야 후회하다니.
후회가 후회의 등에 비수를 꽂는다.

추의 에로티시즘
아름다움이 저렇게 콧구멍 벌름거린다
그 구멍이 또다른 털구멍을 벌름거리고
무언가 또다른 구멍이 질질 흐르고 줄줄 흘린다
이상하게 편안하다. 우리가 이렇게 정욕의 동물인 것이
이상하게 수치스럽지 않고 아니 수치가 그리
똥배짱으로 구멍을 벌름거리고 그렇게
구멍 속에 또 구멍 펼쳐지는 구멍의 겹 속에
자본주의가 무사하고 잘 나가는
가장 구멍다운 것이 가장 눈물겹게 너무도 곱고
죄송스럽게 얌전하고 불을 붙이듯 화려하다
물론 오래된 일이다. 구멍도 구멍의 겹도
그 안의 눈물과 화려도.
露骨만이 원시적이고 동시에 현대적이다.

시간보다 기인 여성의 곡선
헨리 무어 사망. 그는 아마도 가장 위대한
현대 조각가. 그의 장례식에는 가볼 수 없었지만.
그가 남긴 시간보다 기인 여성의 곡선이
대한민국 서울특별시 나의 아파트까지 다가온다.
정확히 1995년 6월 21일 강남구 역삼동 한국문학학교
사무실까지 다가온다.
그것은 냄새도 감촉도 없다 다만
시간보다 기인 여성의 곡선.
아 그가 죽었는가 죽은 나의
장례식에 그가 왔는가.

霧의 감옥

나찌 전범인 그가 자살하자
감옥에는 한 사람도 안 남게 되었다. 사람들은
서둘러 감옥을 폐쇄했다. 아,
두려움보다 어지러운, 아찔한 이,
추락은 무엇?
서둘러 지웠지만
드디어 광대무변한 존재의 감옥이 남다.
홀로 유폐 너무 길다, 갑갑해라…

구멍의 거품

거대한 구멍이 가시화된다.
문명도 그 속에 더 작은 구멍 그 속에
또 구멍 아아 그렇게 구멍뿐이다.
거품이 없을 수가 없다.
구멍이 클수록 그 거품이
화려하지 않을 수가 없다.
공즉시색 색즉시공
다리가 후들거리는 그 거품의 색을
무시할 수가 없다.
광고 미학이 정말 섹시한 시간이다.

마지막 지도자

그가 사라지고 정치가 막을 거두고
경제의 전모가 드러난다. 지구 도처에
소요가 사소하게 항의한다.
그 규모가 갈수록 좁아지고 갈수록
극악해진다. 그렇게 소요는 블랙홀
원시와 야만의 시대를 달린다.
ㄱ 시대에 인간의 얼굴 사라지고
피부 검고 피, 검붉다.
거대한 상처가 제 혼자 길길이 뛴다.

제10부 세기말의 절벽

누구나, 자기가 사는 시대를 낭떠러지라고 생각하면 안된다. 누구나,
자기가 벼랑에 서 있다고 생각하면 안된다. 오히려,
세상을 변혁하려 한다면 더욱, 스스로 벼랑이 되어야 한다.

벽

무너진 것은 그냥 벽뿐 아니라
쌓임 속의 운명인 벽도 있다.
장벽이 깨진 벽돌 쪼가리로 나뒹굴고
환호하지만 사람들은 어딘가 허전하다.
그토록 증오했던 것의 죽음이 주는 어떤
속시원한 감정보다 큰 허망함 같은 거.
그것을 이기려면 쌓임이 벽을 낳는 운명의
무너짐을 더 흔쾌하게 바라볼밖에 없다.
그렇지 않다면 모든 것이 무너지며 희망의
존재 이유조차 무너진다. 환호는 사라지고
살아남은 자 그 운명의 무너짐을
감당할 일이 큰일이다.

집어삼키다

간혹, 그런 일이 있을 뿐이다.
아가리만 남은 폐허가,
아가리만 남은 폐허를 집어삼킨다.
작은 폐허가 큰 폐허를 갉아먹고 큰 폐해가
작은 폐해를 받아들인, 집어삼킨다.
空腹이 채워지지 않고 더 광활하여 배고픔의
개념을 잊는다. 그리고도
살아 있다, 살아 있다. 모두 없고
살아 있음의 아가리만 살아 있다.
그렇게만 존재가 드러난다.

양들의 침묵

하느님.
제게 육체의 아름다움을 주지 않으셨기에
이리 검은 상복의 춤을 춥니다.
그것이 왜 이리
따스하고 긴지요.
이승에서 이미 죽은 몸으로
태어났기에 이리 저승 너머로까지 긴지요.
뜨겁지 않기에 이리
必滅의, 흑백의 체온이 슬프지 않고 따스한지요.
그림자 하나 그, 생애보다 길다.

늙은 청년

늙은 청년, 젊은 오빠?
그건 공산주의와 반대다.
하지만 멀지는 않아, 공산주의는
나이가 들수록 젊어지는 인간이다.

균열

내 얼굴도 썩지 않고
이리 바싹 마른,

뻣뻣한 살가죽의 균열로
종적을 감추었으면. 감춘
자취도 남지 말았으면.
나를 분해한 바람도 남지 말았으면.
그건 정말 얼마나 큰 욕심인가.

사소한 참사
마지막으로 사소한 참사가
인생은 우연이므로
그리 소중하다는 것을 가르쳐주다.
그것이 뼈아프다.

음악은 무너지지 않는
시간의 세계, 그리고 세계의 시간이다.
불가능한 것이 보이고 그것이 가능을 타고 넘으며
가장 순정한 시간으로 흐르는 것이 보인다.
그 광경이 귓속에 가득 차고
스며들어 온몸을 음악의 세계로 만든다.
아, 이것이다 터무니없이 행복한
죽음의 생애.
육신이 벌써 허공으로 뜨려 한다.

순금의 기억
온몸이 몇천만 도로 타면 시체의
기억을 태워버릴 수 있을까?
그리고 내가 아닌, 純金의
기억, 아 기억만은 후대도 아닌,
손닿지 않고 보이기만 하는
보이지 않고 느껴지기만 하는
느껴지지 않고 간직되기만 하는
간직되지 않고, 있는
그런 순금의 보통명사를
남겨줄 수 있을까?

다시 강이 흐르는 이유
생애의 나무와 업적의 산을 끼고
내 몸이 강으로 흐른다. 벌써?
그래, 맞아. 나는 죽었다. 다만
죽은 자에겐 '벌써'가 없고
'이미' 만 있구나. 그걸 아는 내가
나의 죽음이 신통하다. 삶의 어떤
치기가 아직도 나를 이렇게 죽음 속으로 더
떠밀어대는 것일까. 그만, 그만… 그만.

죽음의 전화
이제 되었다.
생애가 생애의 모든 것을 이루었다.
색도 무게도 스스로 어색한 눈 코도 없다.
그러나, 그러니
부디 견딜 수 없는 죽음만 轉化, 電話하기를.
눈에 펼쳐지는 마지막 장면의 장관.
그러나 나는 그냥 반짝이는 우물을 보았을 뿐이다.
평양 기생의 눈동자처럼 엄정하게
검게 반짝이는 우물을.

텅 빈 극 장

오행시만을 써보았다. 나이 사십을 넘어 죽음이 한 발 딛고 들어선 것이다. 그것을 받아들일 때 소설은 가장 간절한 시간 스스로의 노동이고 시는 눈물 한 방울의, 예리하게 빛나는 자학이다. 이어지는 것이 가장 난해한 채로 가장 명징해야 할 때다. 이 시들이 촌철살인의 비수가 아니라, 열린 삶의 튼튼한 오음계가 되기를 바란다.-1995년

연안부두

예가 끝이다 두 번 다시는
방파제, 밀물 차오는 바다 가슴 길
물결로 목을 놓고 예가 끝이다
더 멀리 안개 섬 사이로 바다
보이지 않고 선박 사이, 뱃길 보인다

수풀

비 내려 수풀 더 우거진 푸르름
이슬겨 한 방울 더 고요한 고요
언젠가 이곳에 와본 적 있다
살기 전 시간의 바깥 검은 나무의
광채, 죽음은 이 세상 그리 청초하고

노을

보이지 않는, 거대한, 누가 돌아눕는
저, 붉은, 뒤집히는 全貌.
하늘 낭자하고
어둔 산 아래 목숨의 집 한 채
젖무덤의 고운 실핏줄, 뒤집히고 싶다

매장·1

포크레인에 벌쩡게 제 속을 파인
푸른 산 기계충 형님 허물을 열고
내게로 성큼, 한 발짝 더 커진다
자락 아래 북한강 안개 저승도 서늘한
이불 펼치고 너는 天地間 누워 있느냐

매장·2

세상에 누가 사라졌다는 사실은 말짱
거짓말이다. 그가 죽었다는 것만 記憶
나지 않는다 이따금씩은 살았던 것도
까먹는다. 그를 묻고 왔지만 관은 비고
어느새 두뇌 팬 무덤자리, 흰머리 난다

어린이·대·공원·1

정문께 육각정 속은 황해도 면민회
돌 광장 의자가 늘 흰 버드나무 검은
허리를 둘렀는데, 텅텅. 주령박 머느리가
숱해 이승에 매단 백발 일금 몇만원
만장 치솟는다, 마이크 타계자 명단

어린이·대·공원·2

결혼사진 촬영중인 흑백 신랑신부는
그렇고, 나는 비둘기의 평화인 죽음의
섹스가 검은 뼈로 보이는 나이, 둥치를
두른 육각의자 2호 매점 간판 흐러간
유행가. 아, 저승도 때론 후지구나.

유토피아·1

가난했던 삶을 좇는다 어린 시절 지나
더 이전 따스한 물이 몰골을 벗고
水晶 죽음의 영원한 체온을 드러내는
시대에 이를 때까지, 테러… 춥던 잠과
꿈이 스스로 벗겨질 때까지 테러

전환

죽지 못한 2천년 동안 낡은, 역사의
이빨, 오 형편없는, 저 혼자 달그닥대는
어깨만 무거운, 틀니가 되지 못한, 정말
무거운 건 자기 자신인 줄 모르는
시간의 一躍, 세기말의 어른과 새로움

희망

희망 보이지 않는다 그러나 다시
말하자 희망은 보이지 않는다
깜깜, 시간은 흐른 것만 보이고
군중들 빛 바랜다 그러나 다시
말하자 군중들 빛 바래지 않는다

무덤·1

따스하지, 그래 텅 비고 바깥은 더욱
허무인 무덤은 껍질=없음의 物化면서
모든 것의 통로, 저리 詩처럼 단정하고
유일한 무덤은. 산도 그렇지. 우리가
자연으로 잃은 것은 정작 방이다.

만장

「하늘… 깜깜하구 건물은, 더 깜깜하다.」
70년대 내 청춘이 한밤중 공중전화로
제 위치를 묻다. 뚜우, 뚜욱. 줄이 끊기고,
그 뒤로 아아 만장, 죽음은 동구대륙을
잉태하고, 2천년 더 젊어지는 만장

군중

들리지 않고 텅 빈 음악이 군중 속으로
번지는데, 군중들이 거대하다. 거대한
없음. 없음의 거대함. 없음의 거대한
있음. 군중 속으로 어느새 내가 죽었다?
아니면 음악은 무엇이란 말인가.

어둔 산

어둔 산 속에 더 어둔 산이
어둔 산을 파헤친다, 삽질
어둔 산의 핵심이 어둔 산의 부피를
파헤치고, 파헤침이 산보다 더 커진다
삽질, 목숨의 삽질

유토피아·2

고문.
유토피아.
갇힌 자의 고통과 몽상.
아아, 꿈의 감옥이다.
아니, 꿈은 감옥이다. 죽음은?

철길·1

오라 그대, 그대의 없음 아낌없이 오라.
하여 그대 더욱 묻어나고 비로소
여기까지 온 것은 역사이다. 설마 반복
뿐이라고 철길 이리 멀리 뻗어 있는가.
길고 검게 내 앞에, 그것 말고는 없다.

정거장

열차는 늘 반대변에서 노착한다.
식구들에게로 이어지는 개찰구까지는
여러 가래 철길 채찍 자국, 목적지여
떠남으로 너희 희망은 완성되는가
여기까지는 내 힘으로 오지 않았다

사랑, 육체적

네 뺨 감싼 내 손을 네 손이 감싸고
이만큼뿐인데 벌써 네 얼굴이 흐느껴
부서지고 얼굴 밖으로 사라진다 영영
흐릿한 연기, 슬픔의 껍질이 벗겨진다
얼굴 필사적으로, 표정으로만 존재한다.

사랑, 정신적

흐느끼는 네가 얼굴 속으로 잦아들고
소중한 것이 손가락 새를 빠져나가는
광경이 백지장처럼 만져진다.
만지지 않고 두 눈에 담는다.
두 눈이 두 눈 머금고 글썽인다.

소망

창 밖에 저토록, 눈물보다 뜨거운
세상을 두고 사라지지 않기 위하여
벌써 눈물겨운 것이 생겨난다 너여,
부디 잠시만 더 깨어 있으라 습기 찬
육체, 노래의 정신으로.

무덤·2

음악이 끝나고 내 귀가 시간에 젖는다
흘러가되 무너지지 않는 형상이 언뜻
보이며 흘러간다, 고요. 흐름의 본질인
고요. 가슴에 무덤 하나 늘고, 소란스레
보이지 않던 것이 더 보이지 않는다.

강

마침내, 시간이 보이지 않고, 저녁 강이
어둔 산 기슭마다 번져간다. 슬픔보다
촉촉하게, 눈물의 속은 영통하지. 때론
이성보다 냉철하다. 아, 너는 없고, 없는
너를 사랑하기 위하여 강이 흐르고….

너

기디며 먼저 간다. 기다림과 기다림
사이 늘어나 끊어질 것 같으다. 다가온
안타까운 얼굴 보이지 않고, 숨막힘도
보이지 않는다. 벌써 네 뒤의 너, 한줌의
너도 울지 않는다. 슬픔에 이유가 없다.

그림자

흔들리는 것이 울지만 육체적으로
서정적인 것이 아직 울지 않는다
상점도 회사도 눈화장도 현대적으로
젖지 않는다. 오늘도 대형 서점에서
희망은 베스트셀러가 아니다

오래된 근황

남쪽에선 제비 오지 않고 파업소식만
늘상 비보처럼 온다. 완강한 희망이
검게 물들 무렵, 비보는 6조원짜리
고속전철보다 빠르게 오고, 20세기 초
러시아에서 검은 구름이 몰려온다.

보석상

지상의 유리창 속에 있지만 죽음보다
더 먼 곳에 있는 보석상
반지 속에는 시간이 둥글다
기억은 부패하지 않고
보석상, 무덤엔 이불 한 채 없고

철길·2

길이 출현하는 곳에 궤도가 경악한다
생애는 저리 분명한 뉘우침의 철길,
우린 무엇을 이대로 그만둘 수 없는가
저리 엎드리며 와서 굵은 눈물 넘치는
이야기가 드디어 길의 육체를 이룬다

철길·3

슬픔은 견고할밖에 없다
삶이 촛농 한 점으로 녹아내리고
가장 튼튼한 뼈대가 내 뒤로 일어선다
가슴에 터널을 뚫지 않고는
그것을 볼 수가 없다

겨울 밤·1

추억은 연탄불 때도 이빨 시린 밤
영웅이 되지 못한 이야기는 길다
더 오래된 가락도 들린다 그래, 문 밖
서성대는 사람들이. 이승의 귀를
열고, 그렇게 차고 새하얄 수가 없다

겨울 밤·2

추억은 눈 언 밤
불빛도 영혼도 차다 역사도 희망도
의식주도 식지 않고 차갑게 빛난다
옛날얘기도 차디차리라 오로지
귀가 귀로써 묻고 대답한다

5행시

기승전결은 밖으로 나올 수 없다
20세기 초부터 이야기는
우리의 생애 이후까지 끝나지 않는다
겹눈으로 미래의 과거를 보려면
텅 빈 육체로 더 빈 곳을 채워야 한다

이별·1

너에 앞서 떠남이 떠나간다 네 뒷전에
남아 있는 네가 보인다 거대한 무엇이
앞서 떠났길래 너는 메아리로만 오는가
네 속에, 내 속에 동굴로만 합쳐지는가
눈 위에 발자국도 없다

이별·2

나를 따라 네가 연기처럼 사라진다
창 밖이 잠시 눈물겹다가 뒤집혀
화려한 도시가 창궐한다 뱃속에 나를
검게 쳐다본다 남은 이별이 경악한다
이 역사를 뭐하러 막겠는가

무지개

그는 내가 태어나기 전에 죽었다
이제 와서 그가 남긴 것은 죽음이다
그가 향수를 더욱 액화시키고, 검정이
반짝인다 아, 내, 시체의 악취 때문에
자살 못 한다 무지개는 괜히 뜨는가

생애

나의 생애는 너한테
너의 생애는 나한테
친근할수록 비리지 않고
반짝일 수 있을까
정물화, 정물화

비상구

비좁은 사랑보다 좁기 때문에 세상에
비상구를 만든다 죽은 사람의 얼굴을
떠올린다 자궁을 기억한다 세상보다
넓은 길을 찾는 사람들 절망하고 절망
화려하다 사람들이 금세 오해한다

昏睡

기억의 체온이 계단 무너지고 충격만
그치지 않는다 육체는 아찔, 한 인기척
인기척일 뿐 그것도 착각일지 모른다
그러나 가자 조금 더, 죽음보다 완벽한
생애를 위하여

절정

가파른 속도가 정지한, 깎아지른 절벽
그 아래 있는가 없는가 음악의 방처럼
무한한 시공간이 있는가 강물에 들며
전철은 아연 긴장한다 그대여
우리 사이 그토록 현기증나는 것을

희망

TV 뉴스뿐이다 육체가 20세기 초로
간다고? 하지만 거기부터 여기까지
흔들리는 것이 운다 먼 훗날 육체의
미래까지 뒤흔들며 운다 너여, 없는가?
나도 없다. 거기까지 못 갈 게 무엇인가.

초혼

노래의 밤이 기나길다
이별이 입을 열 때 몸을 뒤척이다가
이별이 끝나기 전에 굽이치며 벌써
파란만장, 슬픔의 장관이 펼쳐진다
나도 노래처럼 그대를 부르고 싶다

통곡

거리가 문을 닫고 돌아서면 모든 것이
갈 길, 밤과 밤 사이 얼마나 먼가
잠든 저승까지 가보지 않고도 응축한
질주가 저승보다 깊다. 붉디붉은
지울 수 없는 시간을 우린 원했다

헤드라이트

입장도 없이 불빛이 치솟는다
단풍잎
붉은 네 입술 우수수 떨어지는데
헤어지는 것만 뿔뿔이 분명한
헤드라이트 밤길, 내 턱을 갈기고

可視

두드리지 않아도 귀가 열리고 음악이
들어와 잠이 된다 일본 지진 조간신문
출렁인다, 총체의 시간으로. 새하얀 울음
그게 튼튼한 뼈대다. 그게 보인다.
행복한 마침표가 영영 이어진다

사진

화장품 광고, 미녀가 내게 다가온다
나도 다가간다 누가, 낭자한 비린내
쏜살같이 튀고, 사라진다 통쾌하게
나를 관통한 그녀가 내게 다가온다
구분이 겹쳐, 어질머리 온몸 그녀가

?

의문부호처럼 복잡하고 투명하다
자본주의와 침략, 거기서 성탄 유리를
처바른 동굴까지 우리 살았다 부츠가
아가씨 발목을 겁탈한다? 후대는
너무 커서 짓밟을 것이 없어야 한다

사랑

봄날 아름다웠지만 내 사랑은
투명한 인물화
눈물 고인 생애를 사랑한다
수많은 세월을 머금은 눈동자가
영원한 표정으로 축축한

송년

한 사랑이 완성되고 앞을 향해 우린
동굴이다 화려한 겨울 밤 레스토랑에선
커피가 식는다 과했던 걸까, 너무 깊이
알아버린 걸까, 천박하게, 이미? 커피는
우리를 위해 검다. 내일 머리칼 새리라.

얼굴

저렇게 그대의 햇살, 쏟아지는구나,
저 혼자, 나도 모른다고, 식초 냄새뿐
나도 모른다고, 그대도, 마구 웃는,
눈물겨, 울 틈 없이 활활 타는, 뙤약볕
얼굴, 활활 타는 가을 뙤약볕

양화대교

어떤 때는 서런 강에 저리 무식한
철근 덩어리. 문득 합정동, 그 너머로
더 번화한 무엇을 향해 너는 뻗는가
뻗어, 세월 가로지르고 사람들 사이
촉촉한 안개비, 흩어져 보이지 않는다

없는 것 사랑하기

희망의 地文이 指紋을 그린다?
희망의 指紋이 地文을 쓴다?
비명소리, 비명소리
그러나
그 사이 없는 것, 너무 벅차다.

인천 항만로

바깥은 온 천지 안개비가 바야흐로
형체도 없이 흩어지려 한다 철조망 속
바다 보이지 않고 몸부림친다는 뜻,
속도가 잉잉 운다 고철더미를 떠멘
화물트럭의 묵묵한 행렬, 운명 같으다

첫눈

말없이 걷네 혼자서
둘이 걷네 눈 덮이면 비로소
죽음은 검고, 그러므로 유언은 희망
땅을 더 깊이 허무는 건물 공사장
눈이 펑펑 쏟아지네 여럿이 걷네

목재단지

비에 젖는 아름드리 통나무들은 검다
그렇다 생명 또한 검게 젖는 목재단지
기인 몸들이 끼리끼리 쌓여 비져나온
삼각의 집채 마침내 아시아 아프리카
대륙을 이루는 일순 정적, 눈부셔라

별밤

오늘 밤 별이 유난히 차고 지상에
구두만 여러 켤레 남아 문전성시다
고층건물의 키도 차다 그 끝에 마저
불 꺼진다 그대에게 가는 길이
모두 닫힌다 내일 생전 첫길이기를

당산역

도착은 얼마나 눈물겨운가
전철은 언제나 흐릿한 얼굴로
커브길을 돌아온다 급기야
기인 몸체가 짓뭉개진다
눈 씻으면 지붕은 하늘 쪽으로 공사중

군무

여럿이 한덩어리가 된 춤은
저리 거대하게 꿈틀거리며
이리 슬픔 자체가 기쁜가 아 절정은
순간으로 영원을 꿰뚫는가
음악은 가슴속을 흘러 멀리 떠나는데

텅 빈 극장

막을 내린 것은 정작 멸망이다
피비림이 사라진 이야기가 창백하게
사라지지 않고 텅 빈 극장을 간절한
缺席이게 한다 얕게 남은 음악이 벌써
그 너머 세계의 화음까지 가르친다

미완

절망만이 완벽하다 그리고
완벽만이 화려하다, 나머지는 모두
희망의 육체, 너무 거대해서 보이지
않는다. 그러나 영영 닫히지 않는다
내 귀에 시간의 소리 들린다

추억

순진무구한, 투박한 자연은 없다
단절된 시간이 스스로 안타까움을
벗고 또 벗고 흘러간 생애를 머금는다
열린 공간을 한 겹 더 벗는다
비로소 어린 시절, 아 꿈이다

시청 앞 세기말

저물녘이다 아득히, 멸망인지 모른다
새까맣게 모여 검게 반죽되는 군중들,
덩어리, 그렇다 세기의 심장이여 펄펄
뛰라, 2천년 낡은 역사, 20세 청춘으로
변혁시켜라, 만년 후 우리 또 만나리라

유언은 散文이다
한평생 낑낑 매지만 움켜쥘 수 없음,
결국 그것도 후대만 보이고 꽉 찬
후대는 벌써 없음의 다른 내용과 훨씬
거대한 규모, 그러면 되었다 나의 生도
찼나니 열려라 무덤, 틈이 창인 곳

포옹
추위는 끝이 입고 있는 복장, 손끝이
이리 뺨 끝을 부빈다 벗겨도 벗겨지지
않는다 우리가 평생을 하루아침으로
사는 까닭 얼마나 고마운가
그대여 오죽하면 내 몸을 갖겠는가

혹서
정신이 헐떡거리며 온통 달아났다
체온이 군데군데 40도 이상 올랐다
하지만 식지 말 것을, 식은 내장은
순대와 다를 바가 없다 굴욕적인
고독, 아스팔트가 뱀처럼 늘어났다

서울, 겨울
시멘트 혹한 추위에 별도로 봄 여름
가을 겨울, 그리고 눈 내린다 목욕탕과
전기밥통이 식사대인데 사망통지서는
무엇보다 하찮았다 이상하다 아무도
이상하게 생각하지 않는다

길, 음악의
시간 스스로 길이 되는 음악, 모든 게
겹쳐지고 안 보여서 보이는 아름다움,
얼마나 늙었는가 접촉한 부분만 젖지
않는다 온 길도 제 갈 길이 있다 길은
장거리 통화보다 짧다

역사, 음악의
죽음 너머 바다, 고요한 해를 토하고
음악 밖으로 무너짐이 무너진다 젖은
눈동자를 본다 무너짐이 공사장 발 밑
지하 몇층을 세운다 햇빛이 거울 파편
처럼 쏟아진다 앞으로 천년이 보인다

오이디푸스
절망하라, 부추기며 혈안이 되었던
예언의 시대 끝났다. 失明 청초하다.
깜깜절벽 왔으므로, 예언도 나락으로
떨어진다. 어깨는 저 혼자 힘들 뿐
낡음, 가장 무겁다는 것을 모르고.

추석
오는 기차는 시간을 헤치고 속도에
현대식 복장을 입힌다. 대합실은 어느
사이, 낭자한 시골장터. 고향. 그 사이
뜬다. 기막힌 과거다. 명절 뜨지 않는다.
분명한 달만 고생한다.

별
그곳은 더 멀어졌다 괴로운 사람들은
앞으로 얼마든지 있을 것이다 우리도
距離 때문이 아니라 距離 속에서 아니
距離 속으로 괴로워야 한다 누가
분명하게 짓밟는다

탄생
장대비는 바깥에 아득히 백년 전부터
온다, 여기까지 나의 가슴을 친다 슬픔
이다 앞세대를 강타했던 그날이 그날
반성한다 폭우 칠흑 깊고 그때 몸은
없지만 미래의 껍데기로 족하다, 역사

역 광장
계란은 기진으로 삶았는데도
저렇게 광주리를 넘쳐 까르르
까르르 웃고 그 옆에 광장
꽃이 벌써 우울하다 물론 사람들
왁자지껄, 봄이 흥건하다

입맞춤
기억과 고통이 안쓰러운 살을 섞어
광채를 빚어낸다 화악, 뜨거운 불에
데인 입술이 입술끼리 부딪친다 활활
불타며 우린 아직 모든 것의 이전이다
몸이여 옷을 더 벗어야 한다

아흔아홉 살 소망 · 1

검고 광활한 그 奇異를 끌어들이며 삶
더 크리라. 또한 죽은, 서늘할밖에 없는
육체의 눈으로 溫濕한 과거와 미래를
두루 동시에 보리라. 마침내 죽음 前
삶까지 일순의 白熱로 타고 싶다.

아흔아홉 살 소망 · 2

전혀 동양의 시간이다 母子之間이
이어지고 父子之間도 누대의 삶이
대대손손 이어진다 근엄하다 아무
죄 없는 그 광경을, 두 눈에 영영
눈물의 표정으로 새기고 싶다.

파도

아 얼어붙은 파도 肉의 극치로 魂魄의
절정을 드러내, 죽음이 대신 출렁댄다
그 속의 고요인 삶은 또 얼마나 넓고
깊은가. 바다 위에 아무것도 없다
바닷속은 얼마나 아름답고 끔찍한가

詩眼

끔찍한 명징성, 아름다움이 지닌 거울
폐부를 찌르는 눈물, 방울 그것에 담긴
생애의 죽음, 이 뽑아내는 비명, 누에 실,
직전의 아슬아슬함으로, 해탈 직후까지
포착. 날래고 여성적인 기습, 또 포착.

고형렬

태백의 탄광과 검은 비애를 소주잔
훌쩍 마시는 동안 얼굴은 벌써 머언
옛날 속초로 물러나는데 그의 웃음이
소금 벗겨진다. 「시? 북한에 갔지.」
헛것을 보는가. 아 그가, 내 앞에 있다

나무

헌 나무 책상을 부숴 책선반으로 쓴다
가재도구로 사는 게 심상치 않다 나무,
그림자와 不和가 없다 잠든 식구들아
나무 숨을 쉬거라, 아침엔 세수를 하고,
우린 고가도로가 저 혼자 허물어졌단다

1995

노래는 푸른 나무 붉은 잎

노래는 희망에서 절망까지 모든 것을 담고 있다. 그것이 이어져 세상이 무너지지 않고 후대의 누구에게나 벅찬 것으로 다가간다. 그렇다 노래. 노래는 슬픔의 미래까지 모든 것을 담고 있다. 그것이 이어져 우리가 슬퍼하지 않고 슬픔의 핵심을 넘어 삶의 환희에 도달한다. 그것이 이어져 미래의 노래가 현재를 강타한다. 그렇다 노래. 응축된 노래는 이미 온 세상을 머금고 우리들 생애 너머로까지 울려 퍼진다. 그렇다 노래. 노래는 이미 사랑이고 결혼이고 육체적이다. 이제 노래가 살을 섞고 비린내를 풀어 노래의 보금자리를 마련할지니 세상 어디에도 뜨지 않고 세상 어느 곳이나 스며 있어라. 노래의 결혼이여.-1993년

제1부 삶과 바람

인생

마음속에 고요히 강물 흐르는 소리 귀에
스스로를 기울여 혼자 듣는다 손가락 사이를
빠져나가는 세월의 정물화 파도 소리를 묻지
않는다 그리움은 어디로 가는지 죽어서 그대
등을 적시는 장마비의 흐느낌이 명료한 耳順
옛날이여 가슴을 뭉클히 적시는 흘러감이여
헛되지 않는 것이 남아 거침없이 흘러가는
이 순간 누가 또다시 나를 부르고 있는가
누가 또다시 참신, 세월로 스며들고 있는가

달빛

그대 얼굴에 영롱한
달빛 내리는 순간
타네 애간장 한세상
달빛이 뚝뚝 방울져 듣는 밤
그대 얼굴이 사라지지 않고
타네 애간장 내 마음 타네
그 사이
내 마음과 세상 사이에
사랑이 있는가 타네
그 사이
짜운 눈물과 영롱 사이에
괴로움이 있는가 타네
애간장 내 마음 타네

그림자

그림자는 색깔이 없고 무게도 없는
그림자는 벌써 한평생과 그 너머까지
내 뒤에 있고 내 앞에 있는 그림자
나의 사랑도 그 너머로 길게 끝없이
쌓여가는 그림자
별과 어둠 사이 은하수
나 그대를 사랑하는 것은
그것이 영원에 가 닿기를 바랄 뿐
육체는 괴로움뿐이다
나 그대를 사랑하는 것은
그것이 영원에 뿌리내리기 바랄 뿐
육체는 괴로움뿐이다

꿈

그곳까지 거리는 멀다 깨어서도 그곳까지는
끝이 없이 떠나는 이슬 젖은 밤 그곳까지는
누추하리라 더 찬란한 보석이 맨발로 뛰는
그곳까지 거리는 멀다 남은 생애도 앞장서
솟구치리라 구절양장 그곳까지 남은 생애도
가야 하리라 그곳까지는 깨어서도 그곳까지는
깨어나 머리맡 냉수잔 들이키는 밤이
내가 온몸 시려 삶에 겨운 밤이다
꿈에 젖은 새끼줄 되어 진실로
내가 육신이 이어지고
이어짐이 현실로 되는 밤이다

죽음

빈자리에서 서성대리라
누구도 죽음은 없고
죽은 자만 있다
그가 홀로 남은 빈자리에서
부여안고 운다
모두의 목을 끌어안고 운다
빈자리 없으면
죽은 그가 있지 않다
남은 생애가
이어지지 않는다
빈자리 없으면
남은 생애가 있지 않다
빈자리 없으면
그가 홀로 남아 우는 소리를
한평생 들어야 한다

肉聲

슬픈 생애가 구겨져 더욱 구성진
목소리가 나를 성긴 무명베
감싸는 밤이다
내 목소리는
네 육성에 비해 혼탁하다
바람이 내 뼈 사이로 분다
나는 뼈만 남아 행복한가
슬픈 그대 육체가 구겨져
남긴 목소리가 나를 성긴
무명베 감싸는 밤이다
그대 육성이 내 뼈 사이를
뒤흔든다 육체로, 채우기 위하여

전율하면서 내가 내 육체를
느끼는 밤이다 오 사랑도 고통도
구속도 해방도 육체적인
역사를 느끼는 밤이다

5월
치맛자락을 산과 들로 펼쳐
진달래 철쭉꽃 쏟아지던 고향은 없고
5월만 남아 두 볼 패인다
천둥 소리 그치고 개인 하늘에
씻겨졌던 내 눈은 그 뒤
세월이 흐르고 흐르는 세월이
늙어가는 것을 보았다
오 첫사랑은 온누리 새빨갰던
연지곤지 젖가슴에 두근새
파닥이던 날개깃에
주름살지고 머리칼 하얗게 세었다
세월이 흐르고 아아 세월이
내 생애를 향해 더 빨리 늙어온다
못된 것만 기억에 구득살 백인다
사는 날까지 색이 바랠 그 길이 보이고
그 길을 넘어선 색즉시공도 보인다
부디 더 이상 후회 없어라
사는 날까지 영영 후회 없어라

雅歌 1
아름다운 것은 가슴에
옛날이 사슴처럼 뛰는
경악, 그것을 나는 다스리지 못하네
아름다운 것은 붉은 뺨이
시든 생애가 새들의 박수갈채로 날아오르는
기쁨, 그것을 나는 다스리지 못하네
그러나 젖은 것은 우물 고인 눈동자
그 속에 검고 맑은 별 하나 젖은 것은
아직 서럽지 않은 눈썹에 매달린 그림자
그 속에 아직 애처롭지 않은 살내음
그것에 나는 입맞추지 않네 청춘도
한번뿐인 것이
이다지 가슴 아프랴 청춘의 기억도
단 한번뿐이지 않고서
앞으로 무엇을 이룰 수 있으랴

雅歌 2
나이를 먹지 않고 행복할 수 있는가
삶이 한번뿐인 것이 다행이다
몸이 불탄다는 것의
분노보다 더한 슬픔을 나는 안다
그 무게도 알지만 이제
아는 것은 장작깨비보다 더 무심한
나에게 아프지 않고 다만 투명해 보인다
돌이켜보면 인생은 앞으로의
1초보다도 짧았다
그것이 불타고 내가 타다가 남아 있다
내가 쌓여온 게 공간으로 보이고
내가 쌓여갈 것이 아 무한대의
시간으로 보인다
그리고 나는 안다
후대의 삶은 더 영원하고 행복하리라

雅歌 3
티끌세상에서 아름다운 것은
아름다운 부부보다 누대에 걸친
몇백 년 해로의 사랑이다
그것은 제 몸을 안으로 불태우지 않고
새우젓빛 강물이 흐르게 한다
그 강물이 다시 은빛으로 흐르는
쌓인 것이 당대에 적체에서 풀려
흘러가는 것이 사라지지 않고
사랑이 제 몸을 파먹지 않고
스며든 제 몸의 안팎까지
비로소 사랑이 따로이 전생애를 살며
비로소 따료이 세상을 바깥까지 적시다
비로소 사랑이 죽고
사랑의 생애가 죽지 않는다

雅歌 4
육신이 썩고 남은 것은 아름다운 생애다
그것은 아름다움과 생애가 구분되고
결합되고 널리 번지는 아름다움의
생애가 이미 남겨놓고 이어놓는다
아름다워야 이어진다는 명제에까지
가 닿아야 한다 노년은
이미 역사를 넘어
아름다운 것은
이어져 와서 이어져 간다는 뜻이다

노래는 푸른 나무 붉은 잎

그것은 정지하여 겹겹으로 보인다
아름다운 생애가, 생애의 생애를
그것이 아름다운 역사의
영원을 낳는다 아 삶이여 껍데기가 늙고
나이가 지나쳐 껍데기인 육신을
벗는 순간 아름다운 삶이 남는다
이것은 죽기 전에 벌써 얼마나 편안한가

겨울, 그리고

겨울, 그리고
집 없는 자가 더 추운 봄이 왔다
나는 올해도 근근이 육신을 버티고
지난 겨울에서 벗어났다
거꾸로가 더 좋았을지도 모르겠다
어쨌든 난 그 집 없는 설움이
노년의 살껍질 차가운 육신보다도
더 견디기 어렵다는 것은 알겠다
그것은 나를 노년답게 노엽게 한다
그런데 더욱 중요하게, 화사한 것의
의상이 그토록
경망스러운 것이 또 보인다 그래,
목숨의 결곱이야 익숙해진다
그건 익숙해져 오고 익숙해져 가는 것이다
내가 정말로 그들보다 덜 추운 것은
집이 있어서가 아니라 노년에
정말 견디기 힘든 것은
의미가 없는 삶 아닌가
거기까지 나는 왔다
나는 남아 있는 삶이 소중하고 충분하다

제2부 精華

황혼

붉은 노을 흩어져 고요한
눈물 고이고 거기서부터
여기까지 울컥임이 멈추지 않는다
누가 나보다 먼저 울고 있느냐
어기엿차 어기 어기엿차 어기
누가, 흐느낌이 나보다 먼저
노 젓고 있느냐 거기서부터
여기까지 눈감아도 아무것도

떠오르지 않는다 누가, 황혼이 먼저
두 눈 부릅뜨고 있느냐 붉은 노을로
떠오르는 벗들 흩어져 고요한
눈물 고이고 거기서부터 여기까지
어기엿차 어기 어기엿차 어기,
누가, 폭풍이 나보다 먼저 울컥여
오고 있느냐, 나보다 먼저 가고 있느냐
여기서부터 거기까지는
여기서부터 거기까지는 아 역사
탄성보다 더 찬란하다

4월

햇빛 밝은 날은 거리에 나가봐
멀쩡하잖아 옷차림 명랑하고 4월에
사람들은 벌써 새로 시작한다
새로운 것은 얼마나 유구한가
출근이 먼저 시작된다 그보다 먼저
어제가 있었고 슬픔이 있었다
의로운 죽음이 뒤집혀 세상에
밝은 새벽에 무슨 색깔을 보냈는가
죽음 속에 있는 너는 그래서
불행한가 찬란함에 묻은
이슬방울 하나 그 전에
찬란함을 반짝였던 이슬방울 하나
스며들지 않고 사그라드는
눈물은 남을 것인가 벌써 쨍쨍한
햇빛이 마저 남은 눈물, 눈물을 태우고
저렇게 영롱한 오색무지개
내 맘속에 제 혼자 타는데
눈물로 역사를 지새울 것인가
눈물로 제 혼자 사라질 것인가

경악

무너진 것은 그것만이 아니다
무너짐도 희망도 절망 자체도 무너져
저기서 무엇이, 내 안에서 무엇이
무너지고 무너질 수 없는 무엇이
벌써 무너짐 속에 저기까지 무엇을
세우고 있느냐, 오 전혀 새로운
자유의 경악
부여잡는 것은 손아귀를 빠져나가
이미 저만치 앞서 가 있다 오
이 멸망의 경악

1993

무너진 것은
무너지지 않고 이미 내 뒤에서
무너졌고 내 앞에서 나를 견인한다
앞서 간 것이 세워지고
세워짐의 이면이 나는 보인다
무너짐보다 가혹한 희망으로
내가 가고 있는가
견인보다 거대한 삶이
가고 있는가 내가 무엇의 발자욱
발자욱보다 너무 작다
오 벌써 앞서 간 것의
뒤를 향해 좀더 무너지고
앞을 향해 좀더 세워져야 한다

그 사람

역사가 몇백년 흐르고
흐를수록 빈자리가 더 커 보이는
그런 사람이 있다 그것은
아쉬움보다 크지만 뒤집어보면
역사를 생애보다 더 찬란하게 만든
빛나는 빈자리다 물론 그가 살았다면
더 좋았을 것이다 그러나
역사가 몇천년 흐르고
흐를수록 바람보다 더 공허한 그가
10년 더 살았다면 그 뒤
빈자리가 100년쯤 더 커 보이는
그런 사람이 있다 그렇다
빈자리는 저승에서 비지 않고
이승에서 비고 또 빈다
빈 것이 더 커가는 세상의
더 큰 이면으로 비고 또 비어가는
그런 밤이 있다
별이 소용돌이치고 마구 뒤집히는
그런 밤이다

여행

그곳엘 나는 무언가의
원인을 알고 싶어 가지 않았다
나는 안다 삶은 원인마저 지워버리고
원인도 과거를 찾는 사람들에게는
무참하다는 것을
폐허의 원인 속에 아아
폐허 보이지 않는다
내 발은 자꾸 땅 속을 가고
시간이 자꾸 미래의 바깥으로 간다
원인도 원인의 생애를 산다
그 속에 살지 않으면
내 발의 발 속에 아아
발걸음 보이지 않는다
그곳엘 나는 무언가의
발걸음을 위해 가지 않았다
나는 안다 아이들의 놀이터가 된
피비린 무명용사탑의 천국을
동심도 과거를 찾는 사람들에게는
무참하다는 것을

내 마음 먼 곳

내 마음 푸른 종소리 가는 실개천
갈 길 고단한 마음
과거보다 먼가 내 마음 항상
안되지 두 번 다시는
억울해선 안되지 내가 견디는 절망이
갈 길 껴안으리라
내 마음 붉은 진달래 시든 단풍잎
오 갈 길 푸르른 역사여
미래보다 먼가 내 마음 항상
그렇지 두 번 다시는
아파해선 안되지 내가 겪는 희망이
갈 길 드넓히리라
가깝기 위하여
더 먼 것을 담아야 한다 내 마음

입맞춤

오 입맞춤, 번개, 몰락, 두 다리 녹아내리고
흘러서 튼튼한 세계 속으로 소용돌이친다
오 입맞춤, 불타는, 멸망, 가슴이 파열되고
쏟아져 더 튼튼한 심장이 네 속으로 고동친다
무너져 네 눈 앞에 더 강한 세계가
탄생하고 있는가 멀지 않고 아주 가까운
너와 나 사이에서
쏟아져 네 눈 앞에 더 아름다운 모습이
나타나고 있는가 무엇이 격동하고
격동 속에 무엇이 자리잡고 있는가
완강하게 아아 완강하게
오 입맞춤, 세계여, 누추를 헐벗는
내 기억이여 순금의 삶이여

탄생

내가 가고 내 생애가 쏜살같이 무너진다
숱한 생명들이 탄생하는 순간이다 난 내가
껍질로 남아 있는 것이 행복하다 거센 물결로
그대로 내가 살아서 찬란한 내 이후를 보고
있다는 뜻이다 아픔은 내 앞과 내 뒤의
격차, 그렇다 아픈 껍질은 내가 아프게
탄생시켰던 것이 나를 다시 탄생시키는
뒤집힘의 순간이다 더 드높게 세상 속으로
흘러들기 위하여 타도 없어지지 않는 껍질은

봄밤

봄밤은 아직 뒤채이지 않는다
바람이 불고 봄향기와 식초 내음이
아직 어울리지 않는다 좋은 일이야
봄에게도 밤에게도 뒤채임에게도
아직은 구별될 것이 더 많다 봄밤
너의 봄밤이 나에게 나의 봄밤이 너에게
아직 더 아름답다 좋은 일이야 그 사이
세상이 쌓여가고 그 세상은 현실보다
초라하지 않다 좋은 일이야 너와 나 사이
몸과 몸이 아직 뒤섞이지 않는다
봄과 봄이 아직 뒤섞이지 않는다
봄밤과 봄밤이 아직 뒤섞이지 않는다
그러나 삶은 바람부는 봄이고
내가 뒤채는 밤이다 봄밤

폭풍우

폭풍우 멀다
그것 멀어서
움직이지 않는다
행복을 바랬던 것은 아니므로
울음이 이미 불행보다
더 멀리 운다
더 멀리 더 멀리
울음조차 정지할 때까지
거기서부터 여기까지
멸망의 전모가 찬란하다
내가 가고 있다는 뜻이다
오 그것이 내게로 무너져와서는 안된다
폭풍우 멀다
내가 살아서 더 멀리
멸망 속을 가고 있다

바깥보다 더 찬란한

비극적

내가 죽고 내가 죽어서 찬란한
세상을 보는 새벽이 있다
그것이 눈부셔 내 눈에 충혈조차
씻겨지는 눈먼 새벽이 있다
그 세상은 내가 죽고 죽은 내가
찬란한 세상을 보는 것보다
비극적이고 찬란한 세상이다
오 모자람이 남지 않고 모자람의
증거가 저토록
모자란 것보다 더 큰
후대를 낳는다 미래의 역사여
더 큰 증거보다 더 큰
세계가 도래하리라 내가 죽어서
찬란한 세상을 보는 새벽은
비극적이고 싱싱한 생애다

별

다시 별이다
어둠 속에서 빛나지 않고
어둠의 정수인
별과 나 사이에
있는 것은 밤이 아니다
가자 삶이여 닳고 닳아서 드러난
생애가 또다른 별이 될 때까지
오 그것은 원래 있었던 것이 아니다
오늘밤 또 숱한 죽음이 잔별 되고
생애가 남아 반짝인다
그리고 반짝임은 이미 별 바깥에 있다
가자 삶이여
남은 것이 뒤에 남아
안타깝게 반짝인다
가자 생애여
뒤돌아보면 온통 별밭 천지지만

제3부 방황

그대

그대 볼가심 알천 자드락밭 재리 흔들비쭉이
나는야 치룽구니 허릅숭이 천둥 벌거숭이
우리 풍계문디 하자 풍계문디 하자 체메
그대 트레바리 자주와리 뽀리집 희뜩머룩이
나는야 욱둥이 진득찰 도깨비 펄꾼 쩨마리
우리 풍계문디 하자 풍계문디 하자 체메
그대 모도리 칼잡 대갈마치 얼간 왕신경아리
나는야 뒤틈바리 건설방 깽비리 아욱장아찌
우리 풍계문디 하자 풍계문디 하자 체메
그대 생파리 애막 역쥐다리 애바리 앙가발이
나는야 외상말코지 막물태 게꼬리 무룡태
우리 풍계문디 하자 풍계문디 하자 체메

이별

돌아보면 아무도 없고
멀리서부터 여기까지 내 마음
궂은 비 내린다 아 이별이
온통 적셔지고 아스팔트 하얗게
일어서는 종착역 그대가 된 커다란
잔등 하나 차갑고 쓸쓸한 그대
등 뒤로 오는 세월이 떠나가고
무너져내린다 아아 나는 네게서
멀어져가고 영영 돌아보지 않으리
내 가슴에 이별보다 더 큰 만남 없으리
내가 가고 네가 달려오는 이별

아무도

떠나는 것은 아무도
내 뒤로 떠나지 않고
떠나는 것은 아무도
떠나버리지 않고
잡힐 듯 멀다 아아 손에 잡힐 듯
아스라이 먼
손 끝에 찬서리 그대의
보라색 눈매
모든 것이 보인다 더 생생하게
냄새보다 더 생생하게
그것은 이미 예전이 아니지
흐르는 것이 액체되어 비가 내리고

세월이 흘러간다 발길보다 먼저 아아
등 뒤가 채워지기 전에
가야 한다 한 블럭 더
가슴을 비워내고 이별의 의미로
촉촉이 젖은 삶을 채워가야지
이별이 앞장서 가고 비가 내린다

12월

누덕눈 내린다 마음이 차운 사람들 위로
겨울이 두꺼운 외투를 입는다 소용없어
그리움은 따스하지 않다구, 그건 그냥
바람 숭숭 뚫린 겹겹의 해진 옷 같은 거야
희망말고는 아무것도 눈보라 화려한
고층빌딩 밤거리 더 추운 보도블럭
꽁꽁 묶인 두 발에 눈 때려 아픈 두 눈에
검댕 묻은 버스정거장 보여주지 않는다
희망말고는 눈 밑에 검은 아스팔트
그 밑에 더 새하얀 정처, 보여주지 않는다

다모토리

날새고 비오는 날 공친 그 사내 대포
소주잔 들이키는 다모토리집 창 밖은
질척하고 아낙은 걸쭉하고 찌든 목젖에
니미럴 유리잔만 속없이 맑고 투명해
혼탁한 목숨보다 해맑은 소주 반 컵
벌컥벌컥 들이키는 다모토리집 한 잔에
소주 반 병 백동전 5백원 까짓것 한잔
섧을 것도 없이 일당이야 날아갔지만
내가 쉬면 공사장은 폭탄 맞은 몰골에
영판 거적투성이 자갈밭게 나르는 계단도
노동자가 흥이 나야 신축 고층빌딩도
덩달아 솟구치는 니미럴 공사판인걸
비는 구질맞게 내리고 구질맞기야
십장 반장 감독 전무 사장 회장 또 그 위
올라갈수록 썽통이 오만상인걸 목구멍에
치솟는 뜨거움 화주로 씻는 다모토리집

젖은 눈동자

노래엔 젖은 눈동자 남아
적시네 남은 생애를
어디서 솟은지 몰라
눈물샘 마르지 않네 노래엔
젖은 눈동자 남아

적시네 남은 멸망과
그 이후의 더 진한 눈물까지
적시네 적셔진 것이
기쁨이 될 때까지 기쁨이 젖은
육체일 때까지
노래는 오래 전부터
적시네 뜨거운 발자욱
발자욱에 남아 젖은 눈동자
검게 젖은 눈동자

세월

몇십년 뒤 몸이야 시궁창이다
흘러가는 세월이 누구에게나
은하수 같을 뿐이다
아련한 추억은 없다 눈물도
습기뿐인 세월로 흩어질 뿐
그게 눈에 보이는 날
식은 눈물이 벗겨지고
별이 뜬다 오래 전부터
그것도 이미 나의 것은 아니다
그게 보이는 몇십년 뒤
세월의 노동은 나보다 허망했을까
노동도 이미 나의 것이 아니다
세월이 따로 흐르고 남은 것은
식은땀 죽죽 흐르는 등껍질뿐이다
세월은 울분을 다스릴 뿐
위안을 주는 것은 패배한 역사뿐이다
그것은 패배의 생애뿐만 아니라
생애의 패배까지 그 다음까지 이어져
생애보다 광활하고 패배보다 육체적인
역사의 생애를 보여준다 역사 없이는
아무것도 없다 의미도 있음조차도 없다

그 카페

그 카페 여주인이 산전수전 다 겪은
고양이 루즈입술인 그 카페 올디스가
맥주 거품과 진하게 어우러진 그 카페
담배 연기 흐리고 짙은 얼굴 떠오르다
흩어지는 그 카페 진창에 썩어 문드러진
웃음이 늪처럼 아늑한 그 카페 작년 장마
여전히 퀴퀴한 그 카페 하얀 각선미가
찐득찐득한 세월보다 먼저 타락한 그 카페
통나무 탁자에 동그랗게 앉아 세월이 대신

오랜 광택 반들거리는 그 카페 늪 속에
빠져 허우적대는 그 카페 가고 싶다

비

따스하게 마주 닿던 이마와 이마 그 사이
쏟아졌던 기쁨이 오늘 빗금 장대비 내리는
이별은 그런 것이어서 좋다 등과 등 사이
그것만이라도 작은 이별이 큰 이별을
낳았고 큰 기쁨을 낳지 않았다 대신 이별은
이토록 공허를 적셔오는 지상의 장마 홍수
하늘 끝에서 가슴속까지 차오르는 삶과 꿈
발 밑에서 척추뼈로 물오르는 식물의 성장
아아 나는 새로 살리라 수액을 이별로 흘려
보내고 껍질을 벗고 뿌리 두 팔을 뻗으리라
이별은 비 개이고 더 투명한 역사여서 좋다

철공소

강한 것이 어둠에 젖은 풍경도 저물고
노동은 당분간 보이지 않는 노동이다
강한 것이 젖어 근육을 기다리는 시간
철공소의 밤은 지붕 바깥보다 무겁고
노동자의 밤보다 검게 아아 광채 난다
노동자는 당분간 부재하므로 노동자다
강한 것이 젖어 스스로 길이 되는 시간
반짝이는 것이 부재로 더욱 반짝인다

난파

봐, 빛은 난파된 기억이어서
더욱 찬란하잖아 어둠은
응집된 손아귀라서 더욱 깜깜하다
중요한 것은 빛과 상실이 아냐
응집도 아니지 중요한 것은
난파된 기억을 수습해서
온전했던 기억 그 너머로
도달하는 경로다 그것은 현실에서
상처가 너무 깊어 안 보이고
안 보일수록 구체적인
몇 안되는 경로 중 하나다
봐, 깨진 거울이 육체가 아니라
피비린 기억을 찢는다 아아 얼굴에
의상이 된 피비림이 벗겨진다

1993

새벽

새벽 귀가는 집이 저만치 보이고
희미한 옛날이 그 뒤로 바느질하는
헌 광목천 하늘
거기서부터 여기까지가 황천길이고
여기서부터 거기까지가 삶의 길이다
천근 만근 쏟아지는 눈꺼풀이
닫히지 않고 나를 집어넣는 오늘
죽음 같은 잠 그리고 문이 열리고
내일 거기서부터 여기까지 다시
방황하지 않을 수 있을까 황천길도
삶의 길 사이 방황과 방황 사이
내일 여기서부터 거기까지 다시
귀가가 귀가할 수 있을까 세상이
내 등 뒤로 마구 뻗어나가고?

제4부 내 사랑은

이름

이름 하나 남아 가슴에 있네
때로는 낙인이 되어 불타고
때로는 희망이 되어 적시는
이름 하나 때로는 근육보다 무겁게
때로는 날개보다 가볍게 이름 하나
어둠 속이라면 빛보다 찬란하게
빛 가운데 황금보다 더 무겁게
아아 노동자 누구의 이류도 아닌
모두의 이름인 노동자 이어져 내려온
역사의, 줄기의, 미래의 이름 노동자

강물

강물 흐르고 벗들도 흘러간다
역사 그 위에 아롱지지 않고
침잠한다
오 더 깊이 흘러라 역사
아직 발목조차 잠기지 않았다
드러나려면 몇십년 더
상처가 상처 속으로
더 깊이 패여야 한다 상처의
법칙이여 인간이여 사회여

자연이여 역사의 상처는 치유되지 않는다
더 깊이 패인 상처의 상처가
상처의 과거를 극복할 뿐이다 상처의
세상은 마음 바깥에서도
강물보다 영롱하고 강물보다 유구하다

3월

봄이 와서 버짐처럼 꽃들이 피었다
노란 개나리 어지러운 황달 들었다
도처에 뉘 가슴 입술보다 붉어서
진달래 철쭉꽃 곧 피리라
내 마음은 아직 간절한
저녁놀 늘어뜨린 기인 그림자
아침이면 싱그러운 봄물 오르고
거리에 푸른 신호 붉은 신호등
다투지 않고 시간대 연속하리라
도처에 뉘 가슴 청춘보다 푸르러
역사도 불야성 지새우리라
내 마음은 아직 간절한
저녁놀 늘어뜨린 기인 그림자

동지

늦겠지 우리도 굳은 결의도, 맹세도
나이 먹는 법을 배워야 변함이 없다
마음도 세월조차도 나이를 먹는 것이
보여야 세파를 헤치는 뭉친 두 주먹
그것의 미래를 감당할 수 있다
어떤 이는 흘러가는 세월만 탓하지
나이는 속일 수 없다고, 그러나 그건
스스로 속는 거야 우리도 흘러 흐르며
한평생 키워가야지 약속은 젊음보다야
자식 키우듯 공들이는 애물단지 아닌가
파란만장 아닌가 죽는 날까지 그 너머까지

첫사랑

그것밖에 안돼 아직은 그것밖에는
첫사랑 아, 무참하게, 짓밟힌, 생채기
그것밖에는 안돼 엄살떨지 마 첫사랑
콕콕 쑤셔온 생애 요동칠 건 없어
그것밖에 안돼, 앞으로의 사랑에 비하면
발가락에 낀 때 새발의 피 풋내기 사랑
사랑은 파는 것보다 더 무너지는 것
무너짐보다 더 질기게 뒤로 뻗는 것

사랑은 파먹힘보다 더 포용하는 것
포용보다 더 희미하게 앞장서는 것
그것밖에 안돼 실패는 그것밖에는
괜찮아 작은 생채기는 첫사랑일 뿐야

상실

도려낸 것은 없다 끊겼던 것이 더 아프게
이어질 뿐 그것은 더 벅차서 눈물 솟는다
사라진 것은 없다 없었던 것이 더 아프게
부재할 뿐 그것이 이 밤 눈내린 시골길에서
빌딩 솟는 도시까지 다시 이야기를 만든다
흰 눈이 이야기처럼 내리고 이야기가 녹지
않고 쌓인다 아 상실은 없다 없음에 데인
살갗이 이리 뜨거워 길길이 뛴다 아 상실은
아름다워 이 세상 눈 튀나오고

철길

강한 것이 강한 채로 끝없이 반짝이며 밤이
깊어갈 뿐이다 전철이 왕래하지 않고 끝없이
사라져 또한 반짝임도 깊어간다 기다림은
기다리지 않고 사라져 별이 된다 언제나
오는 것은 기다렸던 것보다 훨씬 강인하다
강한 것이 끝없이 뻗는 것이 저리 정직하고
그 사이 눈물이 가장 검게 얼룩진다 그 사이
별보다 멀던 것이 거리보다 훨씬 더 달라져
벌써 내 가슴속으로 오고 그 사이 내 몸이
철길로 죽죽 뻗는다 사랑아 철길이 휘어지고
팔뚝이 너를 포용한다 가장 강하게

역사

세상보다 넓은 길
이정표보다 좁은 화살표
바깥보다 더 빠른 바깥
시간보다 깊은 血脈
역사 그것은
눈에 힘주는 육안으로는 보이지 않는다
역사 그것은
허파 숨차는 가슴으로는 안기지 않는다
바람보다 희미하고 바람의 감촉보다 뚜렷한
역사 그것은
가슴을 꿰뚫는 가슴의 눈에 보이고
그 속에 모든 것이 들여다보인다
세상보다 넓은 길이

어떻게 세상 속에 길을 파는가
이정표보다 좁은 화살표가
어떻게 길 속에 거대한
세상으로 새겨지는가
바깥보다 더 빠른 바깥이
어떻게 가슴속에 과거를
고동치는 역사로 살려내는가

당신

당신 얼굴도 노동을 하였습니다
나 혹시나
세상을 삽으로 퍼내지 않고
당신 얼굴만
시름으로 퍼낸 것인지요
세상 얼굴도 노동을 하였습니다
우리 혹시나
가슴을 삽으로 퍼내지 않고
불만 야위어간 것인지요

편지

흰옷 입고 날아오는 그대의 편지 한 장
뒤집혀 쏟아지는 기러기떼 하늘을 뒤덮은
눈사태 아아 더 멸망할 것이 있으랴 사랑
새 하나 떨어져 심장을 고단히 할딱이는
손바닥 기쁨이 이만하면 멸망 썩 당연치
않으랴 사랑을 뜯고 쏟아진 말들이 오래 전
맥락을 잃고 우왕좌왕댄다 새로운 맥락이
남은 입김으로 내게 남은 체온으로 그대
천리 만리 그대에게 이어진다 통신을 타고
통신 바깥은 더 찬란하리라

먼 훗날

먼 훗날 노동만이 우리를 기억한다
기억을 위해서도 우리는 노동을
이어가야 한다 그밖엔 아무것도
도서관도 버스도 제3한강교도
유지될 뿐 이어지지 않는다 발자욱은
무엇으로 이어져왔는가 발자욱이
발자욱을 슬퍼하지 않고 이어짐이
이어짐을 슬퍼하지 않을 때까지
이를 악물고 가는 것이지만
우리는 광화문을 대우빌딩을 남산 안기부
건물을 위해서도 가는 것이다

1993

노동만이 먼 훗날을 잉태하고
잉태보다 더 먼 먼 훗날로 이어진다
그렇다 노동의 새로운 역사가 시작된다
보이지 않고 육안보다 거대한
들리지 않고 청각보다 웅장한
잡히지 않고 촉각보다 뜨거운
노동의 거대한 발자욱이 세계의
공허를 뒤집기 시작한다 아아 발자욱
발자욱이 이어지고 발자욱이 발자욱을
슬퍼하지 않는다

서정적

공사장 뒤로 일몰진다
쇠기둥이 붉게 치솟는 그날
태양은 서정적
퇴근길 뒤로 일몰진다
어깨들이 붉게 물드는 그날
집단은 서정적
노동자 뒤로 일몰진다
역사가 마침내 미소짓는 그날
그날은 서정적

제5부 로망스

소녀

그 소녀 죽고 하얀 이마가 남아
펼쳐진 삶길 아프고 뜨겁네 아식
펄펄 끓는 이맛길을
대신 살아 내가 가고
내 영혼 그 속에 끝없이 아파라
그 소녀 내 영혼 속에 살아
아파 아파라
끝없이 삶길, 하얀 가슴길
하얀 이마가 내 영혼길 밟고 들어와
내 발자욱 삶길을 밟고 또 밟네

10월

우수수 낙엽진다 추억이 헐벗고
내 사랑 춥겠다 가슴이 더 좁았으면
좋겠어 그 속에서 내 사랑 춥겠다

겨울보다 더 춥지, 봐 떨어지는 것들이
지들끼리 두 손 호호 불고 있잖아
이상하지 가을은
가을옷이 없어 제 혼자
땅을 향해 내릴 뿐이지 사랑도
알몸으로 겨울을 맞아야 한다
봐, 눈물도 한꺼풀 벗겨진다
온기가 남은 것은 그리움뿐야
하지만 봐, 너를 만나는 것은
내가 너를 만나러 가는 것이고
시간이 흐르고 그 속에 네가
나를 만나러 오는 것이잖니
그 사이에 겨울이
다리처럼 놓여 있잖니
만남도 한꺼풀 벗겨진다
이별은 얇게 얼음 낀
개울에 지나지 않는다

포옹

그 기억이 남아
빛나네
부서질수록 빛나는
포옹의 기억
남은 것이 남아
떨리네 떨리는 영상이
산산이 부서져
빛나는 기억이 다시
포옹하네 포옹의 기억을
내 몸은 시간의
모래시계
부서지고 흘러가고
다시 남는 것들의
쌓여짐
내 몸이 다시
포옹하네 부서진 것과
쌓여진 것과
그 너머까지
가야 하므로 내 몸은
사랑으로 부서지네
포옹으로
열리는 아픔과 이어지는 기쁨과
아 빛나는 기억의 육체여

45

꿈길

꿈길이 찢어져 피를 흘린다
꿈길에서 아름다운 시절은 가고
시간이 흐르는 삶길에서
다시 오지 않는다
시간이 없는 꿈길에는
멸망 이후의 잔영이 있고 그 위에
멸망보다 못한
멸망으로 가는 그 이전의
잔영이 겹쳐 있고 배여 있다
꿈길이 찢어져 피를 흘린다
삶길이 꿈길을 잃고
제 혼자 가고 있다
꿈길이 삶길 속에 보이지 않고
다만 찢어져 피를 흘린다
그래 지금만 그런 것은 아니지
꿈길은 항상 처형당한 만큼만 왔다
삶길이 꿈길 속으로 이어져
비로소 꿈을 꿈이게 해야 해
그래야 꿈길이 꿈의 육체를 갖고
아파서 요동치기 시작한다
그래야 삶길이 꿈길과 뒤섞여
가장 현실적인 미래를 엮어낸다
아픈 게 문제가 아냐 꿈은
아프지 않으면 의미가 없다

아름다운 절망

그때 아름다움이 나를
깜깜하게 했네
아 희망은 절망의 속살
절망은 희망의
의상인 것을
아름다운 것은 절망인 것을
아 희망은 겨드랑에
식초 냄새 지우지 못하는
줄기찬 삶 그 자체
화려한 勞苦와 백주 대낮의
교통과 고층빌딩과
생선 싱싱한 수산시장
절망은 두 손에 묻어나
검게 광택나는
글썽임
그때 아름다움이 나를

눈부셔 눈 못뜨게 했네
아 희망은 고단한 육체
절망은 그 육체의
죽음 같은 눈화장인 것을

深化

나를 내 바깥으로
태우는 것은 무엇인가
나를 내 속으로
태우는 것은 무엇인가
무엇인가 나를 나와 내 바깥과
내 속으로 구분짓는 것은
무엇인가 그 모은 것을
태우며 결합시키고
결합시키며 심화시키는 것은
눈물인가
육체보다 실한?
사랑인가
세상보다
아픔보다 구체적인?
나를 내 바깥으로
심화시키는 것은
무엇인가
무엇인가 심화를
내 안에서 내 바깥으로
심화시키는 것은

이슬

이슬 한 방울 맺혀 있다
봐, 죄다 남는 건 아냐
그 무겁던 밤이
이슬 한 방울
매달려 있다
아무것도 아냐 봐,
고통은 아무것도 아냐
이슬이 되기 위해선
고통도 스스로
아파하는 시간이 있어야 한다
고통의 살을 더 빼야 해
이슬 한 방울 맺혀 있다
봐, 이슬의 바깥을
그것이 이슬로 응축되는
그 신음하는 안개

소리의 경로에서
밤이 낮으로
전화된다 어제보다 더 밝게
그곳으로, 그 내일 속으로
삶은 이어져 있다
고통의 땀을 더 빼야 해
이슬 한 방울 맺혀 있다

장미

오 열리는 세계
펼쳐지는
붉은 입술의
중첩
담겨 있음의
공허의
아름다움
한 송이 꽃이
되기 이전의
장미, 붉은 꽃잎
있을 수 없는
있음의
경악의
환희!
내가 있고 네가
장미꽃이다, 한 송이
장미꽃이다, 붉은
내가 있고 네가
한 송이 붉은 장미꽃인
역사여 입술이여

내일

내일이 오늘까지 스며 들어와
내가 숨을 쉬겠네
내일의 내음은 갈수록 싱그러운
하얀 송곳니, 세월의
알통 젖가슴 보이는 새하얀
통통 두근통 소리
숨쉬며 다가가겠네
내 코가 먼저 가네
그리고 가슴이
가기 전에 내일이
벌써 철썩철썩 부딪쳐 오네
질질 끌리는
발자욱은 맨 마지막야
힘들 수밖에
힘들 수밖에
그래서 남는 건 발자욱뿐야

나무

봐, 나무는
헐벗음으로 튼튼하다
그렇지 못한 건
사람들뿐야
서글픈 건 냄새뿐이지
그것도 사람들뿐이다
우린 무엇으로 튼튼한가
멀리서 누가 운다
그렇다 기적은 먼 데서부터 들려오고
울음은 먼 데서만
한참을 와서야만 그제서야
보이고 들린다
봐, 나무가
한 그루였다가 여러 나무가
멀리 사라진다
그렇다 시간은 갈수록 먼데로 흐르고
내가 사라지지
않는다는 뜻이다
나의 울음이 길게
그림자처럼 키를 키우며 뻗어나간다

진보적

앞선 걸음은
역사 바깥으로 앞서 가지 않는다
역사 속으로도 앞서 가지 않는다
앞선 걸음은
오로지 역사로서 앞서 간다
그러므로 앞선 걸음은
앞선 것이 보이지 않는다
보이지 않아서 사람들은
길길이 뛰지만 앞선 걸음은
절규가 되어 몸 밖으로
양팔 뻗지 않는다
앞선 걸음은
오로지 몸으로서 앞서 간다
그러므로 걸음걸이가 뒤에 남아
무덤을 채우고 죽음이 여러 겹의

뒷심을 이루고 세상의
이면을 이루는 것이
돌아보면 이 지상의 눈에 보인다
아 앞선 걸음 보이지 않고
다만 눈앞에 화려한 삶에
숭숭 뚫린 구멍 몇 개
보인다 내가 앞서 가고 있는가
바람에 숭숭 뚫린 내 가슴이
그 구멍을 채우고 싶다

우리의 나라

꽃들이 일어선다 피곤한 꽃들이
까르르 꽃잎을 흘린다 봄꽃들이
겨울까지 지천으로 깔린다 아아
식민지부터 그날까지 우리의 나라
강물이 흘러간다 서러운 강물이
줄기차게 땅을 적신다 붉덩물이
입춘까지 동서남북 넘친다 아아
육이오부터 그날까지 우리의 나라
어디서부터 언제까지
사람들이 대대로 살고 갔을까
언제부터 눈물이 강을 이루고
어디서부터 강물이
한평생 삶으로 흘러들다가
역사로 굽이쳤을까
언제부터 역사가 그날을 향해
손뼉치기 시작했을까
아아 그날 또 그날인
오지 않는 우리의 나라
언제부터 오지 않는
열망이 쌓여
세계의 벅찬 가슴 이룩됐을까

제6부 세상

항가빠시

쥐알봉수나 지질컹이하고 항가빠시는 왜 해
외주물집 바라К 속 훤히 들여다보이는
되지기 감투밥 매나니로 솟을대문 눈치보며
코푸렁이나 쥐코조리하고 항가빠시는 왜 해
소나기밥 눈물난다 드난살이 15년에

궁상청승 기둥삼아 항가빠시는 왜 해
가마리 고라리 넛보 날피랑 항가빠시 왜 해
나무거울 대못박이 꿀에 대림추 늦동이
만무방 말주비 쟁퉁이뿐 벼락대신 하나 없는
발록구니나 새암바리하고 항가빠시는 왜 해
소나기밥 눈물난다 드난살이 15년에
궁상청승 기둥삼아 항가빠시는 왜 해

해

해는
벼이삭 황금빛 들판을 남겨놓고 진다
인생은
눈부셔 눈뜨지 못하고
빛이 사라지는 것을
이렇게 들판에서 볼 뿐인가
사라지는 것의 광채가
내 가슴에서 녹아내리며
출렁이는데
해는
산허리 수풀을 어둑하게 휘감으며 진다
인생은
차마 순종하지 못하고
어둠에 배인 삶의 애잔이
이렇게 무른 눈 가장자리로
흐를 뿐인가 눈물지는 것이
촉촉이 발길 적시며 갈 길
재촉하는데

6월

어릴 적 기억이 모여서
신록 푸르고 무성하구나
틈 간 판잣담 아래
궁기 흐르던 얼굴들
버짐처럼 피어나는 유년의
숟가락과 벗은 아랫도리
기억이 다시 시간 속으로
찬 시냇물처럼 흐르고 마지막
저렇게 솟구쳐 눈을 찌르는
울울창창 아
남은 것은 따스하고
사라지는 것은
멍들어 푸르른 이 가슴 아파라
멍들어 푸르른 이 가슴 아파라

사랑노래 1

그대를 알았을 때 외로움도
내가 혼자라는 것도 알았다
외로움과 먼저 맨살을 맞대고
동침하지 않았더라면 그대를 만날
엄두를 못 냈을 정도로
그대를 만난 것은 충격이었다
그렇다 감동은
외로움과 나누는 것인지 모른다
외로운 것은 누가 있다는 뜻이고
외로움은 미칠 듯이 영영
혼자가 아니다
그렇다 산다는 것은
둘 사이 외로움을 자식으로
키워가는 것인지 모른다
외로움은 만나지 못하는
그대의 일부가 된다
사랑하며 정말로 포식하는 것은
외로움이다 그리움을 파면
얼마나 파겠는가 거기에 묻어나는
기쁨이 산산이 부서질 뿐이다
산다는 것은 외로움에 들고 그대에게
외로움의 집이 된다는 뜻이다

사랑노래 2

그대를 만나고 헤어지는 길은 끝없이
나이를 먹는 일이다
둘이서 나눠먹으므로 그것은
쏜살같은 헤어짐이고 헤어지기 싫어서
그 사이 나이노 세 혼자 늙어간다
이상하지 한 백년 지나 만나서도
열광적인 밤은 참 이상하지
내일이면 한 천년 늙어
만년 또 몇십만년 헤어지리라
5천년 역사? 그것은
첫사랑의 기억보다도 짧다
그대를 만나고
헤어지는 사랑은 이마에서 땅이
수직으로 찢어지는 이별이지만
이 다음에 우리 몇십만년쯤
나이보다 젊게, 부딪치리라

사랑노래 3

나는 그대를 향해 항상 누워 있다
그대 아니면 무엇이 됐을 것인가
그만큼 사랑은 오지 않고
가지도 않고 저질러진다
그대에게 가는 길이 헤어져 꿈틀거린다
그것은 노상 밤길이고 그대가 그 위로
걸어간다 그 길이 내게로 와서
내가 그대를 향해 눕는다
그대가 아니면 무엇이 됐을 것인가
그대가 이미 내 속에 있고
헤어져가는 그대의 등이
더 길게 와서 내 가슴속 길을
천리 만리 늘어뜨린다
그대 아니면 무엇이 됐을 것인가
그대를 향해 누워 길이 되는데

사랑노래 4

육체는 가고 육체를 제외한 것이
가장 생생하다
그렇게 또 밤을 보내야 한다
빛나는 것이 모두 육체의
부재 때문인 밤
별 또한 그렇게 육체와 육체 사이에
가장 영롱하다
그렇게 또 밤을 보내야 한다
육체를 벗고 잠을 자리라
그대도 육체를 벗고
내 잠 속으로 들어오리라
그 속엔 육체적인 것이
가장 빛난다
그렇게 또 밤을 보내야 한다
그렇게 또 그대 없는 밤을
이어가야 한다

창문

창문은 늘 저승을 향해 열려 있고
유리창 속은 영원한 이룩된 것이이
겹겹이 쌓여 투명한 그 속에선
시간이 깨끗하게 보이고 아무것도
떠나지 않는다 유리창의 창문도
늘 저승을 향해 열려 있고 그 속으로
떠나기엔 삶이 너무 찐득찐득하지

언젠가는 가야 하지만 지금은 유리창에
끈적한 얼룩이 남을 뿐이다 좀더 삶이
투명하게 보여야 해 죽음은 아직
투명한 길이 되지 않고 혼탁한 이승
갈 길만을 비출 뿐이다 유리창 속은
보이지 않는다 네가 보는 것은
빛나는 유리창의 광택일 뿐이다
그 속에 내가 있고 내 뒤로 뚫린
남은 생애가 보인다 투명하게

가을에
누가
홀로 남아
스스로를
거두고 있다
옷자락 보이지 않는다
생명 있는 것들이 잦아들고
가을 뜨락
열린다
햇살이 제 몸을
마저 태우고 있다
전혀 뜨겁지 않게 다만
길지 않은 낮 그림자
저녁 한참을 지나
농익은 내음으로 걸친다
오 스스로를 수습하는
온 천지간 생명의
임종이
설마 이리 풍성하였으랴

애상
네가 있다는 것은
애시당초 상처가 깊다는 뜻이다
네가 있는 상처도 네가 없는 상처도
지워지지 않고 그런 상처가
급기야 제 혼자 상처를 쌓아간다
상처는 외쳐 부르지 않고
미리 나지 않고 돌이킬 수 없을 때 난다
그리고 넓어지며 제 스스로 허해 가는
그 뒤에도 네가 있다는 것은
상처가 깊어간다는 뜻이다
그러나 그 뒤에도 상처가
깊어가고, 네게로 가지는 않는

그 상처는 네가 오기 전에 오고
악기처럼 잉잉 운다 구멍뿐인
상처가 크면 클수록 아름다운 악기가 운다

초혼
너를 부른다 부르는 소리가
혼이 되어 쭈뼛쭈뼛 머리칼을
빠져나간다 손가락은 아무 소용이 없다
발 밑으로 내 몸이 부서져내리고
발목이 남았다가 그것마저 바스라진다
불러도 부름마저 부서질 때까지
너는 대답이 없다
너를 부른다 혼이 다시 혼신으로
혼신이 다시 육체가 되어 내 몸이
내 앞으로 통째 이전한다 아아
부르는 것은 가는 것인가 부름이
가고 있는가 네가 대답하지 않고 이미
통째 나를 채웠는가 다시 눈앞으로
너를 부른다 너 희망이여

길군악
어여 가자
오던 것 죄 몰아 가슴 벅차게 가자
세월도 가고 오지 말아라
어여 가자
덮쳐오는 패배감의
등이 보일 때까지 가자
그 등이 내 등을 밀 때까지 가자
어여 가자
망망대해가 앞으로 영영 이어져
환한 얼굴 미소 꽃 만발하는
그 시간의 역사 속으로 가자
어여 가자
피땀이 껍질 벗은 희망의 실체가
손에 잡히는 손에 잡히는
그 삶 속으로, 운동 속으로 가자

제7부 현악4중주

질투

잉크를 엎질렀어요
붉은 잉크가
거울에 루즈 자욱보다 더
엉망이었어요
북북 문질러도
박박 소리가 났어요
지워지지 않았어요 그대 얼굴이
스커트 자락도 괜히
꾸겨졌어요
잉크를 엎질렀어요
붉은 잉크를 엎질렀어요
입술이 제 혼자 셀룩였어요
눈에 불이 났어요
내 마음 질투로
붉게 물들었어요
그것밖에 안 보였어요

비올롱

비 사이
빗금으로 내리는
비올롱 소리는
끊어지지 않고
비에 젖어 나를 감싸네
빗속에 있지 않고
빗방울 속에 있는
비올롱 소리는
가늘어지지 않고
검은 머리 치렁한
비올롱 비올롱
가슴속에 내리지 않고
눈물 속에 내리는
비올롱 소리는
날카롭지 않고
끈질기게 이어지는
비올롱 비올롱
아 누가 빗방울 튀듯
달려오고 있느냐

2월

회색빛 공장 지붕에
흰눈 쌓이면
2월은 우울하다고 여자들은
화장 치장이 요란한가봐요
겨울은 그래서 더 추워요
그건 물감처럼
그렸다 지웠다 못하거든요
초록색 전철 지붕에
숯검댕 쌓이면
2월은 그지같다고 남자들은
술타령에 그 난린가봐요
겨울은 그래서 더 개차반이에요
그건 욕설처럼
뱉었다 담았다 못하거든요
치장이 요란해도 영락없지요
여자들은 눈화장이 죽음 같아요
발걸음이 비틀거려도 영락없지요
남자들은 자꾸만 무너져가요
세상은 함부로 지웠다 그렸다
뱉었다 담았다 못하거든요

첼로

젖가슴은 첼로보다 둥글지 않고
첼로 소리는 젖가슴보다 축축한
목소리가 없고 단지 꿈틀거리는
선율이 음악으로 쌓여가는 광경
무서워요 내 육체가 해체될수록
오선지 음표가 출렁거려요
무서워요 음악에
육체가 없고 흐느낌도 없고
무한대의 이어짐만 있는
안팎이 없고 이야기만 있는
음악엔 집이 없고 세계만 있는
음악엔 들어갈 수 없고
내 육체가 해체되어 첼로 소리
온 세상에 제 혼자 스며들어요
육체를 돌려주세요 나의 음악에
세상을 돌려주세요 나의 음악에

웅크림

사지를 오므려
덩어리로 웅크릴 거야

노래는 푸른 나무 붉은 잎

아 이슬방울로
될 때까지 내가
내 육신 움켜잡을 수
있을까 섬광
덩어리로 될 때까지
내가 내 표정
움켜쥐고 마침내 표정
덩어리로 남을 수 있을까
웅크릴 거야
표정이 육체로
될 때까지
육체가 표정으로
펼쳐질 때까지
웅크릴 거야
그 표정에 세계가
담길 때까지

만남

나는 보네 우리 만남을 이루는
그 예리한 비껴섬 그것이 만남을
격화시키는 것을 나는 보네 급기야
만남은 예리한 비껴섬 그 사이
피 흘리지 않기 위하여 음악이
대신 흐르고 음악의 동맥이
만남보다 굵직하게 뻗어가지
아 음악의 육체가
이야기로 펼쳐지고 이야기가
이야기끼리 비껴서지 않고
비로소 부둥켜안고 그곳에
더 예리하게 비껴선 만남 한 쌍
음악이 이야기로 펼쳐지네
커튼처럼 비로소 역사처럼

흰눈

눈이 내리고
흰눈이 되려면
한참을 더 가야 한다
눈이 내리고 하얗게 밤샌
이야기가 쌓인다
흰눈이 되려면
한참을 더 가야 한다
오 지금은
정지의 **精華**
눈이 내리고

흰눈이 내리기
한참 전이다
모든 색깔들의
빛바램 너머로 쌓여야 한다
모든 이야기의
마지막 너머로 쌓여야 한다
그 너머로 기진한
하얀 숨이 쌓여야 한다
눈이 내리고
흰눈이 내리기
한참 전이다

냉가슴

나는 그대를 안을 수 있지만
그대는 세상을 안을 수 없는
냉가슴이다
나는 그대 가슴속 냉가슴이므로
그것은 그대가 나를 안을 수
없다는 뜻이고 동시에
내가 이미 그대 가슴속에
있다는 뜻이고 내가 그대를
안을 수 없다는 뜻이다
모든 것이 얼어붙는다 입술도
냉가슴도 어째서 이런 일이
벌어졌을까 얼어붙음은
남지 않고 사라진다
이전도 이후도 지금 만남도
얼어붙어 사라진다
모든 것은 차다 눈빛도 붉은
노을도 오 역사, 세상, 포옹
돌아와 사랑을 따습게 하라

여우

모가 났으면 좋겠어
육체가 삼각형으로 뾰족하면 좋겠어
주둥이도 젖꼭지도
날카로우면 좋겠어
도시에 여우들이 운다
현대적일수록 날씬한
여우들이 신물나게 운다
모가 났으면 좋겠어
눈꼬리가 더 치올랐으면
여우들이 울지 않고

발산한다 삶은 아직
멸망과 함께 멸망하지 않았고
다시 태어나려면
더 많은 것을 받아들여야 한다
그건 신물 나 신물이 난다고
여우들이 운다 울음 화려해라

환희

겹쳐질 수 없는 것들이
숱하게 현 위에서 겹쳐지고
음악이 흐르고 현이 겹쳐지지 않는다
흐느낌이 쨍쨍하고 선율이
젖지 않는다
선율이 흐르고 온몸을 적신다
아, 울음이 겹쳐, 겨야, 해
몸만으로는 길게 이어질 수 없다
제 혼자 잉잉 우는 것들이
숱하게 현 위에서 겹쳐지고
겹침이 흐르고 음악의
생애가 이어지고 그것이
겹쳐지지 않는다
아, 역사가, 겹쳐, 겨야, 해
짧은 생애만으로는 환희가 솟지 않는다

변주

음악이 끝나도 변주는
끊어지지 않고
사람들 사이로 뻗어 제 혼자
사람들 이야기도 듣다가
흠뻑 취해 놀아오는 변주는
작곡에 남지 않고 가슴에 남는다
그때쯤이면 그것은 이미
변주가 아니고 가슴의 주제이다
그때쯤이면 우린 그것을
음악이라 부르지 않고
역사라고 부른다
아직 관객이면 뒤통수를 맞으리라
그렇다 우리가
음악이라고 부르는 것은 사실
음악의 역사이다
그렇다 우리가
역사라고 부르는 것은 사실
역사의 음악이다

표정

그리운 얼굴들 흩어지고
표정이 집약한다
음악의 모습이
드러나는 순간이다
그 모습은 끝없이 펼쳐진다
얼굴은 보이지 않고 다만
음악이 제 스스로 흐르는
눈물의 표정을
보았는가
무엇보다 찬란한
미래가 비친
유리창을 보았는가
더 가야 한다
눈물의 표정까지 가야 한다
더 가야 한다
음악 속에 든
시간이, 미래로 펼쳐지는 것이
가슴에 보일 때까지 가야 한다

제8부 희망

의상

그 옛날의 함성은 사라져
슬픈 내 의상이 되었다
비명조차 지르지 않는다
살갗보다 뜨거운 노래가
아직 육성이 되지 못한다
희망은 그런 것인지 모르지
옛세월은 지나간 노래를
옛노래는 지나간 세월을
슬프게 하고, 가슴을 파고드는
노래는 희망의 찢어진 날개
관념이 그런 것인지 모르지
찢어진 만큼 현실에 가까운
슬프지 않은 내 의상 노래여
가장 찬란한 삶의 노래여

낭만적

무언가가 종언을 고했다
그 뒤에 나는 서 있다
종언의 뒷모습 보이고
그 뒤에 남은 내가
나의 뒷모습까지 본다
그것이 슬퍼서
삶이 이어지고 종언의 역사가
펼쳐진다
아아 싱싱해라, 기쁘고 젊은 사람들아
돌이켜보면 종말은
내 젊음 속에도 있었다 그 뒷모습도
내 뒷모습을 이제 볼 뿐이다
그것이 눈에 밟히고 거기에
뒷세대가 겹친다 벌써
가슴 벅차라, 밝고 명랑한 세대들아

영상

내 곁에 없는 그대 모습 감겨와
휘감는 그 무게 견디지 못하고
떠나는 것은 무너지는 것이다
무너져 나는 그대를 벗어난다
애증조차 영상처럼 뒤로 벗겨진다
그렇다 사랑했으므로 내 등이
너를 향해 벗겨진다 아프게
무너져 나는 그대를 떠난다
그러나 그대 앞에 있다 사랑
그대를 향해 무너지고 앞을 향해
내가 가는 것은 아직 사랑의
영상을 향해 다가가는 것이다
살아 있으라 이 다음날의 그대
영상, 아름답고 무겁게

11월

겨울도 고통을 너머
이젠 준비해야 해
이젠 누구나
추위가 춥지 않고
혼자 있는 게 춥거든
겨울엔 누구나
절망 앞에 혼자다
봄은 오지 않을 때만 희망이었다
11월은

희망을 단련시키는 계절
1 대 1로
그리움과 대면해야 한다
나무들도 1 대 1로 있다
제 혼자 두 손을 부비는 연습
절망 뒤에 절망을 너머
절망의 역사를 견디는 연습
11월은 을씨년스런
공원이 있고 벌써 더 차가운
기다림이 1 대 1로 있다

고별

마음을 한 점 도려내어 네게 준다
영영 절교한다는 뜻야 아니아니
내가 너를 영영 빈자리로 간직한단
뜻야 처음부터 그랬던 것 같애 너는
빈자리였어 갈수록 커지는 그것을
채우려고 이만큼 살았지만 빈자리는
또 채운 만큼 자랐어 나도 자랐어
꼭 그만큼 아니 아니야 더 자란다는
뜻야 너를 보내는 것은 내 마음 멀리
뻗고 싶다는 뜻야 그래그래 너를
버리겠다는 뜻이 아니구

푸른숲

그곳엘 가면 안식이 있을까 푸른숲
가도 가도 끝이 없는 길 위에 길
갈수록 더 푸른 푸른숲
그러나 뒤돌아보면
눈물 고인 가슴에 이미 푸른숲
그곳엘 가면 평화가 있을까 푸른숲
가도 가도 투쟁뿐인 붉은 가슴에
밀수록 더 푸른 푸른숲
그러나 뒤돌아보면
눈부셔 이미 잠들 수 없는 푸른숲

멸망

멸망은 신화보다 삶이 깊다
너의 얼굴이 신화로 앙상하지 않고
삶에 양볼 패어
아름다운 역사 깊어간다
그렇다 신화는 멸망하지 않아서
앙상한 신화고

삶은 멸망이 깊어가므로
아름다운 역사 깊어간다
멸망 깊어라
멸망 더 깊어라
아 삶이 되지 못한 신화와
신화가 될 수 없는 멸망 사이
삶 깊어라
삶 더 깊어라

아스팔트
열망이 터져 아스팔트가 되고
아스팔트가 된 내 팔이
네게로 뻗는다
처음부터 그랬다 아스팔트는
숱한 팔 없이 제 혼자 뻗지 않는다
누가 누구에게로 왔다가
떠났던 사람은 아무도 없다 이별은
무겁게 가라앉았을 뿐이다
아스팔트가 뻗다가 내쳐
열망보다 훨씬 더 단단하고 길게 뻗는다
오 이별 뒤의 더 큰 이별로
뻗어가는 이 질주, 이 뻗음의
찬란한 펼쳐짐 대낮부터
더 화려한 야간 고층빌딩가까지
질주 속은 깜깜하다 아아
깜깜하다

너에게 또 너에게
너에게 또 너에게 다가가는 것은
너를 시나 또 어디로 가귄 말인기
그리고 이정표처럼 서 있으란 말인가
너에게 또 너에게 다가가는 것은
너에게 또 너에게 부딪치는 것은
너를 너머 또 얼마 멸망하란 말인가
그리고 찬연한 뒷모습 남기란 말인가
너에게 또 너에게 부딪치는 것은
사랑은 얼마나 더 무너지란 말인가
사랑은 얼마나 더 무너지란 말인가
너에게 또 너에게

진눈깨비
진눈깨비 내려
온통 눈물 보였던 그 사람

내 등을 적시네
과거는 항상 젖어서 좋지
더 목마른 시대를
걸어서 가야 한다
진눈깨비 내려
온통 눈물 얼룩진 그 얼굴
환하게 빛나네
과거는 항상 눈앞에
저토록 눈부신 사람들 속에
저토록 간절한
희망이라서 좋지
진눈깨비 내리는
눈앞에도 어깨 뒤에도

씻김
내가 나를 씻어내기 전에
너의 멸망이 나를 씻었다
더 격한 울음이 울음의
목울대를 씻었다 속이 다
시원터라 나의 의상이 나의
희망의 누추한 의상이 씻음
그 자체로 변했다 육체가 지금
육체를 씻고 있다 씻음이 지금
씻음을 씻고 있다 씻김이 지금
씻김을 씻기고 있다 아 씻기는
육체의 물소리 씻기는 내일
씻기는 세상의 물소리 내일
희망은 세상보다 청량하리라

肉化
그대 아우성이
아무리 육체에서 나왔더라도
나에게까지 와 닿는 거리는
육화됐는가, 나의 사랑이
아무리 세상으로 향했다 해도
거기까지 가 닿는 거리는
육화됐는가
너에게서 나에게로
나에게서 너에게로
가는 거리가 세상에 가 닿는
그 거리는 또 육화됐는가
실패는
무엇이 대신 육화되었는가

그 속에 내가 네게로 가 닿고
네가 내게로 와 닿는 거리
겹쳐진 것이 눈에 보인다

제9부 슬픈 日常

인적

인적을 찾던 발길이 제 혼자
사라지고 사라지는 모습이
보이는 밤이 있다 어디에고
인적은 남지 않는다 제 혼자
사라지므로 사라져 그 앞을
찾을 뿐 아무도 사라진 것을
찾지 않는 밤이 있다 그렇게
나 홀로 남은 것을 내가 보는
밤이다 눈이 눈 속을 들여다
본다 아무것도 보지 않는다
다만 발자욱 해체되고 밤 속에
녹아든다 무섭지조차 않다
내 눈에 내가 보이지 않는다
고요를 느낄 뿐이다 아무것도
떨리지 않는다 그대여 그대가
정말로 없는 밤이다

가로등

기다림이 쌓여
가로등 하나 서 있다
기다림보다 길고
기다림보다 강한
가로등 하나
그 밑엔 아무도 기다리지 않는다
등불이 내려
몇십년 기다려 왔던 것이
또 몇천년 기다려 갈 것을
충혈된 눈동자로 비춘다
세월은 눈에 보이지 않는다
쓰린 세월은 더욱 쓰라리고
아픔 보이지 않는다
가로등 하나
그 밑에

아아 평생이 보일 뿐이다
가로등 하나 서 있다
그 밖엔 아무도 기다리지 않는다

거울

거울 속에 내가 있다 아주
초췌하게, 거울 바깥에도 있다
생각보다 깊은 거울은
내 뒤에 누가 있는가도 보여준다
속속들이, 그렇다 내가 초췌한 것은
초췌해온 것이고 그것엔 방향이 있다
그것엔 이유가 있고
이유보다 깊은 거울은
이유 뒤에 누가 있는가도 보여준다
그렇다 나를 사랑하는 일은
거울이 없으면 나를 초췌하게
만드는 일이고
내가 없으면 거울을
수은칠보다 경박하게 만드는 일이다
나는 누구의 거울인가
그렇다 나는 누구의 거울인가

9월

거두는 계절
바람에 익는 내음
그리고
황혼 차다
나는 겨울보다 먼저 누워
땅 끝에
내 영혼 무겁다
누가 나를
거두어다오
나는 겨울보다 먼저 누워
봄보다 깊게 썩겠지마는
지상에 남은
나의 늦잠을
햇살 쨍쨍하게 부셔다오

반성

꽃이 지고 내가 반성한다
몇번째인가 내가 슬퍼하는 것
몇번째인가 내가 경악하는 것

몇번째인가 내가 상실하는 것
오늘 꽃은 몇번째인가 꽃은 벌써
어제의 꽃이 아닌데 몇번째인가
내가 반성하는 것 내가 세수하는 것
내가 기다리는 것 내가 물러서는 것
꽃이 지고 반성의 꽃이 피고
또다시 꽃이 지는 것이 몇번째인가
꽃은 피고 지고 삶은 자꾸만
죽음을 향해 피어오르는데

애수

그대를 향한 내 발걸음이 녹는 것은
그대에게 더 빨리 스며들고자 함이나
그것이 그대에게 닿지 않고 미리 녹아
홍건한 길바닥에 나는 서 있는 것이냐
발길 닿지 않는 곳 아아 영혼의 손끝도
닿지 않는다 그러므로 그대에게 닿는
것은 또다른 이어짐이 그대에게 닿은
것이냐 그대를 너머 죽음을 넘는 삶이
그대에게 이어짐인 것이냐 그토록 오랜
세월이 그대에게 이어지는 것이냐 벌써
사라진 그대를 내가 허공에 묻고 묻는
것이냐 아 발걸음 저만치 가 있고 우리
포옹, 벌써 길고 길다 황홀해라

약속

네가 가고 네 얼굴이
반지 속으로 사라진다
나도 그 속으로 사라진다
둥근 반지 하나
남아 있다
약속은 선명하다
손가락이 빠져 있는
반지 속은 비어 있다
그 안에 네가 있고
너의 사라짐이 있다
나도 그 속으로 사라진다
오 남은 세계여
사라진 것들이
눈부신 유언이여
사라짐이여
둥근 반지 하나

理想

이상은 휴지통 속에 있다
거기서 더 나아가야 한다
이상은 찌그러진 양철
세숫대야 깨진 유리창 구겨진
휴지 배얕은 가래 속에 있다
놀랄 것은 없지, 이상은 어차피
이상을 위해 아프지 않았다
자세히 봐, 아픔도 이상을 위해
아픈 것이 아니잖니 아픈 것은
거리야, 이상과 현실 사이의
아픔은 이상도 현실도
그 거리를 인정하지 않는다는
뜻이다 거리가 없다면
이상도 현실도 아무것도 아니지
그리고 아프지 않으면
거리가 좁혀지지 않는다 다시
좁혀지는 것이 더 먼 거리를
낳는다 그 산고가
어떻게 인간의 세상을 이룩했는가
산과 들이 모두 아프다

노인

운동장 한구석에 웬 노인 앉아 있다
앉아서도 지팡이에 몸을 기댄다
놀이터에 아이들은 명랑하다
사각진 모래밭에서 철부지들이
징징 울며 떼를 쓰고 막무가내다
효도관광이 다 뭐람, 그게 무신
공경이야 인생 말년에 개망신이지
추상 같은 서릿발 성성 못 내릴망정
나라 망할 그놈의 가라오케가 뭐야
운동장 한구석에 웬 노인 앉아 있다
앉아서도 자꾸 구석으로 웅크러든다
노인의 눈은 서글픈 것이
명랑한 아이들 중에 그의 손자는 없다
니미럴 것 상스러운 욕이나 쩨저분한
잔소리만 늘고 염병할 놈의 세상
노인의 복장은 여름철에도 두터운
소매 끝이 새까만 한복인 것이
그의 아들은 없다 며느리도 없다

눈물꽃

그대 얼굴 사라진 창가에
어리는 눈물꽃
그만큼 살았으면 됐지
눈물이 꽃이 되는 동안
꽃이 눈물이 되는 동안
그만큼 살았으면 됐다
이제 이별이 기나긴
육체가 되는 동안을 살리라
그것을 접으면 네가 오지 못하리라
그만큼 살았으면 됐지
꽃이 지지 않는 동안
눈물이 마르지 않는 동안
그만큼 살았으면 됐다
내 가슴에 눈물꽃 탄다
이별의 기나긴 육체가
천년 만년 젖는다

悲壯

해가 진다
나는 안다
나는 살아서
그날을 보지 못할 것이다
붉은 해 진다
나는 안다
나는 살아서
그날이 무너진 것을 보았다
해가 진다
나는 안다
무너진 것은
그날이 아니라 그날
이전인 것을

대중적

유행가 낮게 더 낮게
깔리는 거리 슬픔이 깊어
제 무게로 낮게 더 낮게
스며드는 질척한 빛 그림자
그보다 낮게 더 낮게
가슴을 파고들다가 마침내
유행가는 제 스스로를
파고들며 운다
흐느껴 말아라 유행가

들어줄 사람이 벌써 이리도
텅 빈 가슴 출렁이잖니
거기서
텅 빈 것이 텅 빈 것과 부딪쳐
유행가 넘친다
흘러넘친다 아 알겠어 이젠
통로는 텅 비어서 통로라는 것을
슬픔은 희망의
그림자라서 슬프다는 것을
유행가 낮게 더 낮게
깔리는 거리는

제10부 박씨

생계

보릿고개는 갔지 봉지쌀을 사던
시절도 지났다 산비탈 물동이줄
장사진을 이루던 가난도 넘었다
그런데 무엇이 이렇게 근근하지
근근한 것이 습관이 된 걸까 세상
이리 헛배 고프고 산더미처럼
쌓여가는 건 분명 주렁주렁 달린
자식들 뒤로 늘어선 걱정들 장가
보내려면 막막치만 쌓여가는 건
분명 그 옛날의 빛더미는 아닌데
생계는 자꾸 눈앞에 갈라지는 길
자꾸만 벌어져가고 세상 하루하루
달라지고 나는 시름 깊어지고
생계에 주름 깊어지고

세수

얼굴을 씻는다 깨끗해지기 위해서가
아냐 기름밥 20년에 수건에 흠뻑 밴
땀내음조차 정겨운 신세 남 탓할 건
아니지만 오늘 무언가 달라지기를
바라는 것은 아침뿐인가 세수할 때
뿐인가 물론 감지덕지지만 물방울은
왜 이리 얼굴에서 촐랑대며 땟국물을
퍼내는지 몰라 얼굴을 씻는다 한평생
죄지은 것은 없다 노동자 20년에

곧 죽어도 남 죽일 일 하지 않았어
하긴 늙었지 내가 봐도 내 몸은 갈고
닦고 조여도 별 볼일 없는 고철이야
기름칠이야 내노라 하는 전문가지만
오늘 무언가 달라지기를 바라는 것은
아침뿐인가 세수할 때뿐인가

출근

딸애가 싸준 도시락
꽁무니에 매달고 골목길 나서면
딸애가 폴랑폴랑 쫓아오는 것 같은데
앞에서 애들이 어디서 저렇게
튀어나오는가 몰라 어디서 저렇게
얼굴 새까맣고 눈매 또랑도 한
애들이 넘쳐오는가 몰라
재산 대신 그 재미만 늘궜나
그 생각도 힘쎄게 밀어붙이며
애들이 팔도 하다
배가 고프지 않은 아이들에게
새벽은 음침하지 않고 덩달아
눈매가 또랑또랑할 거야
그래그래 내가 니들 위해 고생했느니
사장이야 오늘도 만만한 나만 붙들고
공갈 반 애원 반이겠지마는
딸애도 다 컸고 그래그래
내가 니들 보고 사느니

구로공단 전철역

여기서부터 노동자
직업이 시작되고
직업의 생애가 시작된다
여기까지는 곧은 길이 굳이
콧등 시큰한 고향길이고
우여곡절이었지마는
여기서부터는 노동이 시작되고
천길 만길이 철길보다 더
쭉쭉 뻗으며 다가오는
공장길이다 돌아보면 여기까지는
그렁그렁 신바람 나서 달려왔지만
여기서부터는 벌써부터 질편한
삶의 밑바닥이다
그렇다 노동은 내
천직이었지마는 내 노동은

아직 기고 있다
아직까지는 구로공단 전철역
희망이 북적대지 않는다
그러려면 오늘 무언가에
꿀리지 말아야 한다
나는 안다 설령 망할 세상 탓이라 해도
비굴함은 현재 엄연히
다른 어디에 있지 않고 내 속에
뿌리내리고 있다는 것을
나는 안다 나는 오늘 내 노동을 딛고
스스로 서야 한다
구로공단 전철역이
지하에서 갑자기 지상으로
솟아나는 것처럼
아직까지는 높다란 것이
온통 사기성 농후해 보이지마는

혁명적

그들과 어깨를 겯지 않아도
나는 벌써부터
무언가의 일원이다
나는 안다 내가 파는 노동이
지하도 좌판의
오징어와 같다는 것은
거짓말이다 그것은
자중지란을 초래할 뿐
앞장설 자를 앞장서게 하지 못한다
그들과 붉은 머리띠를
둘러매지 않아도
나는 벌써부터
무언가의 붉은 가슴이다
나는 안다 붉은 머리띠는
붉어서 문제가 아니고 가슴보다
천박하고 낡은
몇백년 전의 헝겊이라서 문제다
오오 나는 벌써부터
무언가의 일원이고 무언가의
붉은 가슴이고 무언가의
현대적인 원동력이지마는
그렇다 가슴은 아직
조직조차 되지 않았다
투쟁은 아직
시작조차 되지 않았다

붉은 것이 제 스스로 흥분하는
투우가 무참하게 끝났을 뿐이다

딸에게

대학 나온 사위도 가당찮다
애야 나는 네가 인신매매
안 당하는 것만 봐도 장허다
막된 것들 킥킥대는 코미디가
노동자 네겐 경멸에 가깝다는 거
나도 안다마는 그래서 네가 더
꿋꿋해 보인다마는 애야 걔들은
두려워서 더 길길이 웃길 뿐야
다만 온통 딸 걱정뿐인 이 아빠의
노동자 말년이 얼마나 쓸쓸한지
네 가슴에 쓰다듬고 이해해다오
딸아 평생 노동자였던 이 애비가
이 세상에 이토록 해놓은 일이
없구나 새끼 걱정만 부라퀴했다가
그게 세상 온갖 근심보다 훨씬 더
억울하게 가슴 칵칵 내지르는 그런
각다귀 세상 될 줄 이리 몰랐구나
넌 그래 살면 안돼 애비보다 더 나은
세상을 낳거라 딸아 정말 노동자의
딸이 되거라

8월

땀 뻘뻘 흘리고 목울대 팍팍 올리는 게
그러고 싶어 그러는 줄 아는가 보지
젠장 육시럴 니미 좆도, 사장, 20년 넘게
부려먹고 그것도 모르나, 사장, 당신이
노동자 등쳐서 엄청 남겨먹는 거 뭐가
그렇게 어려워, 당신과 나를 비교해보면
금방 드러나잖나, 사장, 당신은 건평 백 평
사장이고 난 20년 만에 20평 남짓 연립
주택 아닌가 사장, 누가 우릴 동업자로
보겠나 사장, 아예 주기 싫으면 배째라고
나서든지, 치사하게 장부 펴고 빨간 줄
긋고 난색 표할 거 뭐 있나, 사장, 한번 해
볼텨? 한번 왕창 해보든지

석탄난로

석유스토브에 얼굴만
갈 데 없는 석탄난로지
하얀 쌀밥 도시락 까들고
석탄이 석탄한테
쌀밥보다 하얗게 웃는
겨울날 점심
병신 같아서 웃는 건
아니지
오죽하면
시선 둘 곳을 못 찾고
석탄난로 주변을
맴돌며 주저주저
표정이 표정을 껴안고 있을까
서로를 감싸고 있을까
오죽하면
애꿎은 목이 메어
뜨겁게 치미는
덩어리
우겨우겨 밀어넣고 있을까

형님

이 사람 나를 형님이라고 부르는 건
좋지만 난 괜히 뒤가 켕겨 이보게
자네 날 완전 종친 세대로 보자는
수작 아닌가 동지로 꼬시자니 그렇구
버리자니 더 그렇구 내 등을 밀면서
그렇다구 딱히 어디고 가긴 그렇고
그런 계륵, 아니 천덕꾸러기 애물단지
취급하려는 수작 아닌가

아이구 형님 그 무슨 싸가지, 아차
그 무신 막나가는 말뽄새다요? 아
노동자가 전후좌우 새겨듣고 경험
단단히 이어받고 이어가야 노동자제
형님 연배 깍듯이 모시면서 배우고
형님 뒤로 나이 차만큼 더 나아져야
노동자제 선배 모르고 역사 모르고
어떻게 미래를 건설한다요?

그래 그런가, 하하, 그런가
기분이 좋기도 하고
패씸하고 기특하구만, 하하
쑥스럽구만

파업

아니다 이건 내가 자본가, 네게로
가지 않고 네가 노동자, 나를 끌어
당긴다 자본가, 너는 모르지 너는
거대한 구멍처럼 나를 빨아들인다
그리고 노동자, 내가 가야 한다면
가리라 내 의지로 노동자, 내 자유로
자본가, 너를 뚫고, 노동자, 내 세상
네 뒤에 있는, 너는 결코 알 수 없는
자본가, 네 뒤의, 노동자, 내 세상으로
자본가, 너는 들리지 노동자, 내 뒤의
살아온 길이, 노동자, 나는 보인다
자본가, 네가 무너지고, 노동자, 내가
자본가, 네 세상을, 노동자, 내 세상으로
이어갈 것이 노동자, 아 역사, 노동자

목구멍

옛날에
나를 켕기게 만들던
우리 식구 목구멍 하나 둘 셋
그것을 채우던 내 노동
일년 이십년 한평생
뼈빠지게 고생하던 옛날에
울분 삭히던 가슴에
쐬주 고이던
뻥 뚫린 구멍 하나 둘 셋
지금은
내가 채울 목구멍이
세상 도처 내 몸보다 크구나
제 혼자 허한 목구멍
자본가의 거대한 목구멍
정치가의 거대한 목구멍
역사의 거대한 목구멍
그러나 켕기지 않네
채우기에 노동자 이 가슴
모자랄 뿐이네 그것이 노동자 나를
구멍보다 거대하게 키우고
성장이 넘쳐 목구멍도
뒤집히고, 경사나겠네

하늘

하늘에 석탄 먼지 졌다
붉은 노을에
새까맣게 먼지 꼈다
난지도가 하늘로 치솟는다
지상에서 제일 높은 교회지
황천길은 썩은 내
코를 찌를 거야
하느님은 하늘도 노동자가
거울에 제 얼굴 닦듯이
닦아내야 하는 거
알고 계실까
모르면 하느님이 아니고
아시면 하느님이 이럴 리 없지

무슨 하느님 죽고 난
다음 세상이, 후대가
노동자인 내 눈에 보일 뿐이야
그게 이 다음에, 후대한테
문명뿐 아니라
황천길까지 깨끗이
닦아놓은 것처럼 보일 뿐이야
하늘에서도 땅 밑에서도
내가 죽고 영원할 것은
노동의 역사뿐이다

제11부 신의 어린 양

反轉

와 있는 것이 무너져
예언이 되는 때가 있다
무너진 가슴이 뒤집혀
사랑을 실현시킬 때다
무너짐은 이미 왔다
아니, 그보다 더
이전에
건설보다도
더 이전에
오 신의
어린 양, 누구의
피가 더 깊이
세상 속으로 잠기고 있느냐
누구의 삶이 더 깊이
눈부신 세상 속으로 잠기고 있느냐

신비

오 이것은
아픈 사랑이
아픈 사랑을
사랑해야만 가능한 사랑은
저문 날 낙엽진 내가
아침이슬 싱그런
그대의 표정을
사랑한다는 것인가
오 이것은
아픈 생애가
아픈 생애를
사랑해야만 가능한 생애는
뒤안길 무거운 역사가
햇살 가볍고 찬란한
그대의 미소를
더 밝게 한다는 뜻인가
노동자가 노동자를
사랑한다는 것은 그런 것인가

거리에서

나는 보았어 거리에서 샨데리야
폭죽 꺼지고 비로소 희망 하나
작은 등불 두서넛 구멍가게 열댓
생겨나는 밤 아름다움은 곤하고
가난했어 아냐 그것 자체는 물론
아니지 아름다움은 작은 가슴에서
더 작은 소망으로 이어지는 중에
언뜻언뜻 묻어나는 더 작은 희망의
눈물 껍데기잖아? 그것에 비하면
진실의 모습도 그토록 아름다울 수
없었어 나는 거리 속으로 한참을
더 들어갔어 미리 가보듯이 밤이
출렁이데 눈물 글썽이며 아 역사가
그토록 쌓여와 눈물 글썽이데

고전적

울음이 촛농처럼 가시화되는
밤에 비는 왔다
육체가 잠시 거리로 흐르고
바닥에 누운 밤에 비는 왔다
육체가 석탑처럼 부서지는
밤에 비는 왔다

비가 조각보다 작은 방울로
반짝이며 튀다, 흩어졌다가
흐린 세월로 흘러가는
밤에 사랑은 왔다
비는 몇천년 전부터 왔다
내 울음은 몇 살인가
비는 몇천년 전부터 왔다
아 이 사랑은
벅찬 가슴은
몇만년 전부터 왔는가

7월

비싼 맛을 못 본 사람들에게 몽땅
세일하는 여름은 올해도 기간이
길지 않아서 망해야만 칠팔십 프로
세일을 하는데 망한다는 건
잦긴 해도 기간이 길진 안잖니 또
너무 잦으면 그게 어디 망한 거니?
망한 것까지 팔아먹는 장사지
그 지경이면 또 망한 게 대수니?
하여간 그래서 나도 몇 벌 샀는데
옷은 괜잖더라 우리나라도 일류더라
그런데 말야 비싼 맛인지 싼 맛인지
헷갈려서 말야 왜 그 똥 누고 밑
안 닦은 기분인 거 있지? 어머,
얘기가 이상한 데로 샜네 어디까지
얘기했지? 망한 것까지? 우리가 지금
어디에 와 있지?

감사

오늘도 감사한다
나는 아직 폭소 속으로
해체되지 않았다
살아 있다, 이렇게
젖은 몸뚱이로
산다는 것은 비극이지만
산다는 것이 격동하고
격동에 찢어지지 않는
비극 아니고 무엇인가
세상을 꿰매는 미소 한 가닥
남겼으면 좋겠다
이렇게 산다는 것은 비극이지만
산다는 것이 두뇌에서

웃음이 픽픽 새어나오고
새어나온 웃음이 벌써
시대의 뇌에 평평 구멍을
뚫어서는 안되지
오늘도 감사한다
나는 아직 본다
비극의 억센 손아귀가
나의 생명을 붙들고 있는
그 광경을
보는 동안 나는 행복하다

明澄

찢어질수록 그대 표정이
명징하게 가슴에 박혀요
그래요
명징하게 남아 이렇게
가슴 아파요
그래요
찢어지는 것은 항상
둘이 아니고 넷이 찢어져요
스스로도 찢어지기
때문이에요
갈수록 찢어지고 갈수록
그대 표정이 명징해져요
이렇게 이별은
내 맘속에서
어디까지 갈까요
그대와 나 사이
헤어진 거리가
어디까지 살까요
찢어지는 것은
4분 5열 찢어져요

바가텔

담배꽁초 버려진 길을 가네
이제야 알겠네 버려진 것은
버려져서 젖지 않고 무언가의
끝이므로 젖는 것이지
그리고 그때
젖은 것은 슬픔이 아니고
희망의
육체야, 나도
무언가의 끝에 와 있네

무언가의 끝 너머로
이어지는 것은 길이 아니고
생애야, 홀로
담배꽁초 버려진 길을 가네

성장

내 눈에 세상의 속도가
보여, 조금씩 키가 크나봐
내가, 내 가슴이 팽창하는 게
느껴져, 세상 바깥은 아니지
세상을 가슴에 담을 수 있지만
벗어날 수는 없다, 어른이
되나봐, 둘이었던 게
하나로 합쳐져서 더 총체적으로
여기까지 동요해온 게 보여 그래
세상 바깥으로는
성장할 수 없어, 이분법 속으로
전향할 수 있을 뿐이지 봐,
성장은 세상이 조금씩 높아지고
가슴이 팽창하는 거야, 내가
낮게 더 낮게
눈 높이 밑으로 더 낮게
세상의 속도 속으로
성장하는 거야

노동자

아직 이름이 없는
그러나 어느 고유명사보다
구체적이고 인간적인
거대한 육체 같은 것
노동자
아직 돋트지 않은
그러나 새벽 너머로 광대하게
걸친 시간의 동맥 같은
거대한 심줄 같은 것
노동자
아직 드러나지 않는
그러나 어느 청사진보다도
푸르고 감격적인
역사의 전모 같은 것
노동자
보이지 않는 미래의
눈에 보이는 육화, 아 더

아름답게
살아 있는 노동자
살아 있는 노동자

熱唱

노래가 제 스스로 깃발 펄럭여
만장에 박수갈채 날아오르던
열창의 시대는 갔다 가슴속에
남은 추억도 미열로 몸살 앓는다
이젠 노래도 제 혼자
슬픔의 경로를 밟아야 한다
크게 보면 잘된 일이지
노래는 언제나
몇십년 멸망을 촉촉이 적셔
멸망조차 촉촉한
삶이게 하는 것에서 출발한다
거기서부터 깃발까지는
혁명이 있어야 하고 혁명 이후의
슬픔이 있어야 한다
그러잖으면 노래는 비명이거나
좌절의 뒤통수를 치는
우스꽝의 쇠망치에 지나지 않았다
노래, 거기서부터 깃발까지는
노래, 거기서부터 깃발까지는

눈부심

내 눈에 장막 걷히고
온 세상 슬픔 벗는다
눈부셔라 아픔조차
눈부신 노래
얼굴에 겹쳐 울려 퍼진다
얼굴도 노래를 따라
눈부시게 겹쳐진다
옛날에서 지금까지
얼굴들이 모든 간절한 것이
눈부시게 겹쳐와 겹겹의
눈부심이 곧장 미래로 펼쳐진다
오 들으라 역사의 귀여 가슴이
눈부셔 찬란한 미래로
펼쳐지는 노래
창조하는 인간의
눈부신 불굴의 노래

제12부 혼돈

텅 빔

텅 빈 것이 붐벼서 내 마음
갈 곳이 없다 발자욱 혼자서
어디로 가고 있다 아 발자욱
흩어지면 화려한 혼돈의 세계
무너지는 웃음소리와 고층건물과
아스팔트와 빨간 공중전화 박스
내 발자욱 두 개마저 흩어지고
내 몸이 간다 가고 또 가면
붐비던 것이 텅 비고, 발자욱들이
모일 수 있을까 마음과 마음
이을 수 있을까 발자욱 옆에 발자욱
보이지 않고 텅 빈 것이 붐벼서
벗이여 너를 부른다 이어지는 것은
발자욱이었던 것을 벗이여 벗이여

감상적

오늘도 지하도 내려가는
계단엔 지나가는
행인들의 발길이 쌓이고
동냥그릇에 백동전 몇 개 없다
내 주머니 속에도
희망 몇 개 없다
나는 안다 희망은 그렇게
늘거나 줄지 않는다
눈이 내리고 내리는 것은
고층빌딩에서 아스팔트까지
하얗게 쌓이지 않는다
나는 안다 희망은 그렇게
쌓여서 녹지 않는다
나는 안다 희망의
뒷모습은 가슴에 더 선명한
음악 같은 것 가슴에 더 생생한
그림 같은 것 나는 안다
그것이 방황이고 또 결속이라는 것을
그것이 세계 속의 세계라는 것을

생애

나의 생애가 갈수록 얇아진다
음악이 되려면 더, 시간처럼

1993

길어져야 해, 육체는 더 가볍고
생애는 더 질겨야 한다
나의 목숨이 갈수록 희미해진다
희망이 되려면 더, 실핏줄이
선명해야 해, 안색은 더 창백하고
역사는 더 장대해야 한다
나의 목소리가 갈수록 얇아진다
미래가 되려면 더, 비어야 해
맨가슴 터지도록 나의 목소리가
거대한 역동을 담을 것인가

어제

어제는 참으로 가슴이 아팠습니다
뭐, 예상하지 못했던 것은 아니므로
그리고 살았던 것은 또한 삶이므로
어제의 어제가, 어제의 가슴이 항상
어제인 것이 아팠던 것이겠지요
어떻게 보면 오늘은 아픈 가슴들이
오래도록 쌓여 이토록 휘황찬란한
것이겠지요 내일도 오늘처럼 아프지는
않겠지마는 오늘 살았으므로 내일
아픈 것은 오늘보다 더 크게
아프겠지요
뭐, 삶 또한 가슴보다 더 커 있겠지요

1월

눈 쌓인 새벽길 걸으면
누군가 그어놓은 통금줄
그 줄 초상집처럼 검다
그것은 오래 전에 오래 전
속에 새겨졌다 뇌리의 아주
깊은, 추억보다 깊은 곳에
박박 지워버릴 수 없는 곳에
그 줄은 죽음보다 강하고
나는 잠들어 아직도 철책선
위병 근무를 선다 그 속에
눈이 흑백으로 내린다 지금은
많이 좋아졌을 거야 생사의
문제는 아닐 거야 생사의 문제가
아주 깊은 곳에서 꿈을 꾼다 아
역사를 얼마나 더 깊이 파야
그 과거 속의 줄 지울 수 있을까

후대에게

내가 태어났을 때 세상은
평안하지 않았다
새벽은 고요하지 않고 밤은
적막하지 않았다 내가
성장했을 때 세상은
멀수록 화려하고 가까울수록
피 냄새가 진동했다
새벽은 파김치였고 밤은
모욕과 분노와 음모였다
네 청춘은 그러므로 더욱
푸르르리라 너의 밤은 감미롭고
아침 설계가 환호작약하리라
피가 화려함으로 이어지는
공간을 아므로 피가 푸르름으로
이어지는 시간을 나는 또한 알지
너는 모르리라 그만큼 우리 행복
했으리라 다만 너의 후대 또한
네 세대가 잊혀진 전쟁처럼
보이리라 그만큼 평화를 위해
네 세대도 나름로 싸워야 한다

폭풍

보라 내 가슴속에서
찢어지는 것은 찢어져
눈앞 세계가 이리
찬란하고 튼튼한 것이냐
보라 내 망막 속에서
찢어지는 것은 찢어져
눈앞 황혼이 이리
강인하고 새로운 것이냐
오 폭풍은 폭풍우 바깥에서 치고
내 마음 벼락 찢는다 오 멸망
좀더 가까이, 좀더 가까이
새겨질 만치 가까이 그 속에
새겨짐 속에
찢어지는 것은 찢어져
세월 황혼 지고
새로운 세계가
태어나는 것이냐
태어나는 것이냐

65

그리움

내가 갔을 때 그리움이 내 등을
뚫고 나보다 앞서 갔다 그리고
아다시피 그리움은 뒤를 보므로
나는 내 그리움과 얼굴 마주쳤다
그리움의 뒤안은 보이지 않는다
내가 갔을 때 그리움은 눈동자를
뚫고 앞장서 튀어나갔지마는
그리움은 항상 내 쪽으로 얼굴을
둔다 그리움은 보고 있지만 그건
내가 가고 있다는 뜻이다 그 뒤
인생 이어지고 길 옆에 그리움의
그림자 쌓이고 쌓여 피보다 붉고
세상보다 찬란하다

얼굴

얼굴이 있다는 건
좋은 일이야 혼자 걸어도
그게 꽉 차, 이러다가는
길이란 말도 없어지고 길도
없어지지 않을까 그치만
얼굴이 있다는 건 좋은 일이야
너의 얼굴을 잇기 위해
길이 문득문득 끊어지지만
아직은 힘겹지만 아직도
얼굴이 있다는 건 좋은 일이야
얼굴이 이어져, 끊어진 것들이
더욱 격하게 이어지는 거야
표정이 있다는 건 좋은 일이야
그 뒤로 역사 거대하게
앞뒤로 이어진다

먼동

멀리서부터 내 가슴까지
동이 튼다 먼동
그것은 붉디붉다가
여기까지 와서 지금 무슨
목숨의 색깔인가
멀리서부터 내 희망까지
동이 튼다 먼동
그것은 푸르디푸르다가
여기까지 와서 지금 무슨
생애의 색깔인가

내 가슴에 먼동 튼다
그것은 붉디붉다가
여기까지 와서 지금 무슨역사의 색깔인가
동이 튼다 먼동
붉디붉은 동이 튼다
세상 총천연색
어제보다 더하리라

발자욱

발자욱이 나 있다
아 이어져온 것은
뉘우침보다 뒤늦게
보이는구나 발자욱은
나보다 조금
앞서까지 나 있다
이어진 것은
나보다 조금
앞서까지 이어져 있다
가자 또 내 뒤의 발자욱
보이지 않는다

역사

플랫폼 지붕 밖 안개비 내린다
방음벽 사이로 철길 길고 검다
나는 안다 역사는 더 멀리까지
뻗어갔으므로 희뿌연 안개를 뚫고
이마 푸른 전철이 온다 안개비가
먼 데서부터 내려 눈물로 고인다
나는 안다 음악은 들리지 않고
철로 위로 비껴 누운 것이 보인다
떠나간 전철 뒤로 철길이 뻗고
방음벽 사이로 다시 검고 길지만
꼬리 잘려 흐느낌이 고이는 것은
역사가 아니다 나는 안다 그 뒤로
또 무엇이 질질 끌려가는가를
그 밖엔 아무것도 보이지 않는다
다만 안개비, 희뿌연 안개비

제13부 전철, 파란 불 하나

희망

전철 들어온다 희망역
철길 한가운데에 길안내 파란 불 하나
서 있고 아, 짓뭉개도 도착하는 거대한
속도 속에 파란 불 지워지지 않는다 그래,
희망은 끊어진 것을 단지 다시 잇는 게
아니라서 이토록 발뒤꿈치 무겁고 아픈
희망역 플랫폼 절망은 쏜살같이 지나가고
시시닥거리고 앞날을 예언하지만 이마를
때리는 것은 새로운 희망이라서 무거운
걸 거야 길안내 파란 불 하나 이젠 정지해
있지 않고 의도하지 않아도 희망은 오고
오는 희망과 그 뒤의 희망 사이 파란 불
아, 너무 벅차서 절망의 꼬리 보이지 않는다

색깔

그 속에는 네 스스로 질문이 있는가
왜 세계는 달라져야 하는지
왜 세계는 달라질 수 있는지
그렇지 않았다면 세상 탓 마라
이미 전부터 네 가슴부터 빛바랬으니
그 속에는 네 스스로 대답이 있는가
어떻게 세계는 달라져야 하는지
어떻게 세계는 달라질 수 있는지
그렇지 않았다면 세상 탓 마라
이미 전부터 네 노래부터 빛바랬으니
색깔 탓 마라 질문과 대답이 없는
색깔은 제 가슴 무슨 색인지 모르니

熱狂

아직 그 시간 오지 않았다
아직 열광은 흘러간 세월의
뒷모습이 아직 흐르지 않는
제 그림자에 박수치는 것
아직 열광은 무너진 가슴의
절망이 아직 무너지지 않은
절망의 미래에 감격하는 것
아직 그 시간 오지 않았다
오 흘러간 무너짐 아직까지
아직까지는 세월이 세월을

부르고 헌 육체가 더 나이든
새 육체를 부르는 시간
열광의 그 시간 오지 않았다

떠남

네가 떠나고 네 뒤가 얼핏
반짝인다 그렇다 무언가 나를
꿰뚫고, 오고 있는 것은 분명
이별이다 이별은 누구도 열리는
문을 막지 못하지 뚫린 가슴도
너를 보낸다 역사도 그럴 거야
단지 가고 오는 게 아닐 거야
가는 것보다 훨씬 더 많은 게
오는 걸 거야 더 새롭게 겹쳐서
온다 네가 떠나고 상처로 내가
이별보다 더 커서 남은 슬픔이
너를 향해 뻗기도 한다 네가
떠나고 나는 이미 너무 커져
너를 붙잡지 못하지마는

하얀 치아

가지런히 정열된
그대의 하얀 치아 앞에서라면
열중쉬어 차렷
뒤로 돌아 앞으로 갓
팔푼이짓도 하겠네
그리하여 온 세상
그대의 하얀 치아로
아름다울 테니까
그렇지만 난 못해
난 못해 시커먼 군화발 앞에서
열중쉬어 차렷
뒤로 돌아 앞으로 갓
꼭두각시짓 난 못해
그러다가 온 세상
짓밟혀 빠진 이빨로
흉측할 테니까

궤도

아무도 없고 궤도만이
남아 빛나네
궤도는 떠날 것이 다 떠난 뒤에
빛나는가 아니면 마지막으로

나를 위해 빛나는가 떠난 자
부질없이 떠났음을
전해달라는 듯이 아니면
이어달라는 듯이 궤도가
남아 빛나네 누구에게나
후대가 있다는 듯이 아니면
누구에게나 궤도는
어제의 궤도가 아니라는 듯이
선대에게도 선대의 궤도에게도
궤도보다 강하고
궤도보다 상냥한
후대에게도 어제의 궤도가
아니라는 듯이
빛나네 궤도, 채찍질로 남아

새벽비

피로가 소주처럼 명징해지는
새벽에 비가 오고 또 그 뒤로
비가 와서 오는 것은 보이지
오는 것은 어떻게 겹겹이 쌓여
밀려오는지 쌓임 뒤에 쌓임
밀려옴 뒤에 밀려옴이 피로가
소주빛 죽음에 달하는 새벽에
비가 오고 그 뒤로 잘 보이지
뒤가 오고 있는 것이, 날이 흐려서
건물이 거대할수록 어두컴컴하고
어둠의 뒤가 더 잘 보이는 것은
그때뿐이지 피로가 영롱하게
액화되어 내 눈을 씻고 세상을
씻어내리는 새벽비 늙은 청소부
하나, 텅 빈 거리를 쓸고 있다

영웅

그가 자기 주변에 수많은 사람을
모았던 것은 아냐 그는 세월처럼
누워 밑바닥이 되었다 사람들은
이제야 안다 그가 죽고 남은 자의
발 밑이 휘청거리며
낭떠러지가 그에게 이어진다
그가 살아나는 것은 죽어서이다
그가 여러 정파를 한데 묶어서
세웠던 것은 아냐 그는 더 거대하게
찢어져 온갖 찢어짐을 껴안았다

그가 죽고 남은 자의 발 밑에
찢어짐이 뭉친, 드높은 계단 하나
그가 조금 앞서 한 시대를 잇는다
보라 목숨이 죽고 역사가 이어진다
그는 영웅인가 그는 영웅인가

벽

사방이 벽이고 벽마다 피를 흘린다
놀이터도 있다 그렇다 벽은 갈라진
틈새가 있다는 뜻이다 그렇다 벽은
갈라진 것과 벽 너머를 위해 있다
그렇다 그 너머에 또 벽 그 너머에
또 벽이 있고 갈라짐은 통로일 때가
있다 육신 더 액체로 되어야 해 더,
세월이 틈새로 흐르고 또 그 너머로
세워진다 그렇다 벽보다 튼튼하게
세워지고 그 너머에 또 세월 사방이
벽이고 벽마다 피를 흘린다 놀이터는
보이지 않는다 그렇다 벽은 법칙이다

失明

눈이 제 속을 들여다본다
내시경이 내시경의
위장 속을 들여다본다
이제
실명의 끝이 보인다
눈이 눈의 심장을 본다
그래 어려서부터
차곡차곡 쌓여온 것들은
모두 몇년 뒤에나
이룰 수 있었던 소망들이다
그 소망의 생애 보인다

그러니까,
실명이란 게 다
허튼소리야
사람들은 목불인견이라
눈을 돌릴 뿐야
그래 애정을 가지면
결점이 보이고 애정이 깊으면
극복할 길이 보이지
애정 깊을수록
그 길 멀고 깊다

희망의 눈은 제 육체가 있다
그 육체의 눈이 실명하지 않는다

오르간
음악이 흐르고 펼쳐지는 세월이
겹겹으로 흐른다 그래 그것은
이제까지와 다른 세월은 아니지
육안에 보이는 것만이 다르다
육안에 보이는 음악은 거울보다
체취가 있고 세월보다 맑다
그래 그것은 이제까지와
다른 음악은 아니지 귀에 들리는
것만이 다르다 흘러가며 겹치는
세월이 나이 삼십 육안에 보이고
귀에 들린다 아 아까워 세월은
음악처럼 흐르지 않았지마는
음악은 세월이 없이 흐르지 않았다
내 생애는 누구의 음악으로
흐를 것인가 나는 이 세계에서
하루하루를 아끼며 살겠지마는

귀
비가 내리고 귀는
우산보다 커졌다
비가 내리고 빗속에는
비명 소리가 없다
그렇지 우산보다 큰 귀를 가진 사람들이
그 위에 우산을 쓰고
네온싸인 간판 젖은 거리를 간다
귓속에 다시
쏟아지는 빗소리
그 속에는
절망이 없다
그렇지 빗방울을
막는 것은 우산이지만
빗소리를 담고 부푸는 것은 귀다
그렇지 그것은 눈에
보이는 게 아냐 들릴 수 있을 뿐야
안 보이는 것에 절망하지 않고
안 들리는 것에 절망해야 한다
그렇지 비가 내리고
사람들이 줄든 귀 위에
우산을 쓰고 귀가한다

그렇지 이룩된 것은 항상
등 뒤에 있어 비가 내리고
화려한 거리가 앞에서도
눈물 글썽이고 사람들이
어두운 골목을 지나 귀가한다

제14부 인생

별, 기타
네 가슴에 기대어 기타를 치면
별이 튀어나와
두 손은 그것을 붙잡을 수 없지마는
객석은 벌써 은하수 깔리는
은하수 너머 우리가 가 닿을 세상
네 가슴에 기대어 기타를 치면
손가락 사라져
노래는 그것을 붙잡을 수 없지마는
객석은 벌써 장대비 내리는
장대비 너머 우리가 가 닿을 세상
네 가슴에 기대어 기타를 치면
너는 사라지고
두 팔은 그것을 껴안을 수 없지마는
객석은 벌써 어깨를 겯는
어깨를 너머 우리가 가 닿을 세상

아침
네가 이빨 닦고 세수할 때에
거울 속에 아침도 지난날 씻고
있을 거야 몇천년 그랬을 거야
내 인생은 얼마나 쌓이며 씻겨져
왔을까 기억은 얼마나 씻겨져
쌓이며 역사가 됐을까
몰라 몰라라 괜히 상쾌한 아침에
내 얼굴 너무 안 생겼다 정말
네가 눈화장하고 시침뗄 때에
거울 속에 아침도 첫날밤 색시
가슴일 거야 몇천년 그랬을 거야
우리 사랑 얼마나 쌓이며 새로워
졌을까 이별은 몇천년 쌓여
만남을 키워왔는데 몇년

몰라 몰라 괜히 설레는 아침에
네 얼굴 너무 예쁘다 정말

밥상

이 밥상은 대대로 물려온 밥상이다
먹어도 먹어도 모자랐던 시절부터
모자라도 물려오는 시절을 달려
그렇다 반찬이 모자라지는 않는
이 시대에 밥상은 내 앞에 와 있다
그렇게 먼 과거는 아니잖냐는 듯이
밥상은 숨이 가쁘고 나도 안쓰럽게
파헤치듯이 젓갈질을 한다 그렇다
밥상이 대대로 물려오고 물려온 것이
구태의연하게 보일 만치 물려온 그
무엇이 또 있기에 모자람이 대대로
물려오고 또 점점 불어나는 세월을
나는 배후에 두고 있다 밥상과
나는 그래서 다르고 마주앉아 있다
그렇다 나는 어리석게 자유를 위해
밥상에서 벗어나지 않는다 내일
밥상이 오늘보다 나은 것은 오늘
밥상이 점점 불어나는 모자람을
무한대 허공이 아닌 실체로 느끼게
해주는 까닭이므로

죽은 자

버스를 타면 그를 만난다
육체가 차체와 더불어
덜컹거리지 않고
그림자 제 혼자
고개를 꺾지 않는
그는 죽은 자다
꿈에 나타나지 않고
출근길에 나타나서 그는
정말로 꿈꾸는 자에게는
보이지 않는다
그가 검게 있으므로
출근길 차창 밖이 더
화창하건만
아침에는 검은 것이
보이지 않는다
밤이면 그도 잠을 자므로
검은 것 속에 그는 없다
그는 죽은 자다

꿈꾼다는 것은 무엇인가
산다는 것은 무엇인가
아아 누가 죽은 자인가

포도

저렇게
맺혀 있는 것이
검푸를 뿐만 아니라
저렇게
탱탱하고
제 혼자 또다시
물방울 싱싱하게
맺히는구나
하물며
일생의
가슴속
포도는
더 아름답지

고층아파트

아파트는 고층으로 치솟는다
물가보다도 높게
난 그곳에 살지 않지만
그러므로 그 뒤로 밤마다
치솟는 것도 본다
그 안에 사는 사람들은
모르지만
밤새 불 켜진 그 안의
바퀴벌레 새끼 까는
무언가가 아파트보다 높게
치솟는다
그 속에 계단보다 높은
엘리베이터 보인다
내게는 그것이
와우아파트보다 먼저
무너지는 것처럼 보인다
그래 자본주의에서는
사랑도 소비는 항상
생산보다 치솟는다
사람이나 공장이나 고층아파트나
내게는 그것이
자본주의보다 음흉하게
무너지는 것처럼 보인다

흐린 날

날이 흐리고 봐, 흐린 눈에
세상이 혹시 기죽은 것처럼
보였다면 두 번 속은 거야
세상은 봐, 독버섯처럼 잔뜩
흐리고 성나 있다구 눈먼
결떡쇠가 따로 없지 흐린 날
세상을 사랑하는 자의 눈은
더 흐려지기 때문야 흐린 날
세상을 측은하게 여기지 마
몰매 맞기 십상이야
하물며 꿈은 뚝뚝 젖어서
흐린 날보다 먼저 땅으로
떨어지기 십상이야
뚝 그쳐 정신 똑바로 차려
슬픔은 사로잡을 뿐이거든
사로잡힌 네가 들어 있는
세상은 얼마나 멀쩡하다구

빨간 자동차

타락했나봐 그대 입술보다
새빨간 자동차가 나는 좋으니
윤기 나고 변하지 않는
새빨간 자동차가 나는 좋으니
나는 겁나 촉촉이 젖은 것이
나는 겁나 썩어 문드러질 사랑이
타락했나봐 그대 입술보다
새빨간 자동차가 나는 좋으니
그러나 그대 입술은 내 영혼을
물들이는 세녀, 내가 번개처럼
빠져나가는 출구, 뒤돌아보면
줄지어 늘어선 빨간 자동차
나는 또 겁나지마는 앞에도
그대 입술 그 뒤에 빨간 자동차
그대 입술 내 미래의 빨간 자동차

난생 처음

그 거리에 언제 그 건물이 들어섰데
난생 처음이야 거리엔 난생 처음이
매일매일 하늘을 찌르더군 좋은 거지
생산은 난생 처음인 게 좋아 날벼락은
평생 가야 마냥 이조시대 천인공노고
난생 처음은 역사밖에 없어 좋은 거지
이어지는 건 솟구치고 난생 처음인 게
좋아 난생 처음의 건물 뒤가 건물의
뒤가 아니라 미래로 이어지는 것처럼
보이거든 하늘 끝까지 닿은
나의 죽음과 그 뒤의 찬란한 세상이
보이는 건 좋은 거야 그 거리에 언제
그 건물이 들어섰데 나는 그 옥상보다
하늘에 더 가깝데 좋은 거야

신촌시장

주택가와 닿아 있지만
가도 가도 넓은
신촌시장
그 안에 꼬불꼬불한
길이 있고
그래, 꼬불꼬불한 삶이
가도 가도 넓고
갈수록 비린내 더
깊어지는
신촌시장
그 안에서는
서울 시내보다 더 큰
그 안에서는
목숨의 온 생애가
한꺼번에 펼쳐진
신촌시장
건어물 숙녀복 외제깡통
사이로 사람들 붐비고
붐빔 속에
더 가깝고 더 거대한 길이
있는, 아니 곧바로
스며드는
신촌시장

음악에

음악 속엔 음악의
세상이 있다
그것은 손으로
전기를 끊을 수 있지만
귓속에 영원히 부서지지 않는다
어느 세상보다 찬란한
상처가 쌓여 이룩된 음악은
더이상의 상처는 이미

스스로 견디지 못하므로
들리는 음악은 귀 바깥으로
펼쳐지지 않는다
상처가 오래 쌓인 가슴에는
음악이 지워지지도 않는다
음악 바깥에서
우린 아직 덜 온 것이지
쌓여온 것이 펼쳐지는 것은
아직 상처받잖아
그 세상 아직 먼 거야
그 먼 세상이 상처받은 음악의
화려한 세계를 미리 만들고
아직 귀 바깥으로 펼쳐지지 않는다
오 음악이여 지금 귀에 들리는
전망이여 먼 세상이여 거기까지
펼쳐지는 음악이여

全貌

생각이야 자유이지만
난 이제 견딜 수 있네
전모, 손 끝에 닿는 순간
저만치 가 있는 역사의
전모, 거기까지의 길이
내 생애인 것을
생각이야 자유이지만
난 이제 견딜 수 있네
길, 발 끝에 닿는 순간
저 멀리 가 닿는 희망의
생애, 거기까지의 목숨이
내 기쁨인 것을
생각이야 자유이지만
난 이제 견딜 수 있네
인생의 행로와
역사의 경로가
겹쳐지는 것을 그 사이
안 보여 아픈 것을
난 이제 사랑할 수 있네

제15부 미소

땅 끝

땅 끝까지 갈 거야 가다 보면
발이 구름 되고 하늘 끝까지
갈 거야 끝까지 너의 미소는
흩어지지 않고 그렇게 말한다
아 어느새
사라진 너의 미소는 땅 끝이다
하늘 끝까지 갈 거야 가다 보면
몸이 검은 밤으로 분해되고
별 너머까지 갈 거야 끝까지
나의 얼굴이 울지 않는다
아 어느새
남겨진 나의 얼굴은 밤하늘이다

이곳에

그렇다 나이든 내게 쉬운 일이
어린 네게 어려워 보이는 것도
너를 위해 더 깊은 세상이
흘렀다는 뜻이다
이곳에 살아야 한다
이 시간에 살아야 한다
그렇다 내게 상큼한 젖가슴이
네게 추하디추한 보이는 것도
너를 위해 더 비린 세상이
흘렀다는 뜻이다
그렇다 이곳에 살아야 한다
이 시간에 살아야 한다
나를 위해서는 세상이 또 얼마나
깊고 비리게 흘렀다는 뜻이겠는가
그렇다 이곳에 살아야 한다
이 시간에 살아야 한다

집

집은 언제부터 없다
집 속에 집은 언제부터 없다
몸 속에 몸 시간 속에 시간
역사 속에 역사는 언제부터 없다
그렇다 집은 원래부터
집의 바깥을 향해 집이다
그렇다 역사는 원래부터

역사의 미래를 향해 역사다
집은 언제부터 없다 그리고
아하 다 있는데 집이 없고
모든 것이 없다
가는 사람 있어야 그 뒤로
모든 것이 있다
가자 가자 세상 속
대열의 뒷모습이
보일 때까지

봄

꽃 피는 봄은 항상
지나간 다음에 뒷손짓으로
기다리게 한다
이조시대 몇 백년
일제시대 몇천년인가 봄은
어언듯 우리는
지나간 것이라서 봄을 기다린다
기다림 속에 이미
꽃은 피어 시들고
어언듯 우린 시든 꽃이라서
역사는 시드는 것이라고 생각한다
동학전쟁 몇백년
4·19의거 몇천년인가
시든 꽃은 몇만년 시든 꽃인가
봄의 후대여
자고로 봄은 기다리는 법이 없었다

복숭아

그대여
저승에서도 이승 생각
얼마나 힘이 들면은
하늘에서 두 뺨 붉은
눈물 하나 땅에 떨어져
저리 온 천지
흐드러진
복사꽃 속에
복숭아 열렸나

하모니카

찢어지는 것이 도저히 찢어지지 않고
징징 우는 밤을 위해 하모니카 있다
울음보다 견고하고 눈물보다 날카로운

하모니카는 울음보다 찢어지고 눈물보다
흐린 음색으로 이 밤중을 꿰매다 스스로
꿰매는 것은 누구의 가슴인가 누가 이
밤중 누덕한 가슴과 가슴을 잇고 또
하모니카 소리 그것을 찢으며 스스로를
꿰매고 있는가 잔별 더 흩어지고 밤이
더 새까만데 아직 뭉친 것은 어둠뿐
찢어지는 것이 도저히 찢어지지 않고

손짓발짓

손짓발짓 더듬거리는 시대를
더 서툰 발걸음으로 가네
더 작아져야지 그 앞에서는
나는 안다 저것은 몸살이 아냐
아둔함 뒤에 더 거대한 유회가
유희 뒤에 더 끔찍한 음모가
있는 손짓발짓이다 오 시대는
아직 거대한 것을 표현하지
못한다 더 작아져야지 그 뒤
더 뒤 또 그 뒤로 가야 한다
더 작아져야지 한줌 희망으로
가려면 화려한 절망의 배후에
무엇이 있는가 나는 안다 아직
최악이 남았다 그리고 다시
그 뒤 또 그 뒤의 손짓발짓이
끝날 때까지 나는 간다
시대보다 더 커지기 위하여

사랑

네가 있는 곳에서 내가 있는
여기까지는 타는 모래밭이다
그것은 이별이지마는 뜨거운
이별의 기억이기도 하다
내가 있는 곳에서 네가 있는
지금까지는 시간의 계단이다
그것은 부서지지마는 강성한
부서짐이 그 위에 세워진다
맨발로 걸어서 네가 있는 곳으로
가려면 무언가 더 젖은
시간이 쌓인 역사가
이미 온 세상으로 쌓여 있어야 한다
그렇지 않으면 너는
더 타는 모래밭으로 내게

걸어오지 않고 팽창해온다
그렇지 않으면 언제나 나는
더 강성한 부서짐으로 네게
걸어가지 않고 부서져간다

소나기

하늘이 툭툭 틀어지다가
우수수 무너져 쏟아지는 소나기
땅 위에 무수수 쏟아지는
쏟아짐, 사랑, 이별, 번개, 소나기
그러나 봐, 하늘은
껍질만 그렇게
요란 굉장한 거야
봐, 하늘의 울음은
훨씬 더 느리고
훨씬 더
속에서 흐느끼고
흐느낌은 무너지지 않고
응집하여 흐린 하늘을
더 깊게 한다
봐, 땅 위에도
튀는 것이 무수히 튀며
사라지고
마지막 남은 물방울 하나
대지에 고요히 스며든다
기억이 응집하고 또 응집한
물방울이야 봐, 그 속이
얼마나 깊고 영롱한지

鎭魂

네가 죽어 네 인생 강이나
바다로 흘렀다면은
사후에 바람으로 떠돌거나
폭우로 내렸다면은
이 산천 사시사철
콸콸 흐르는 까닭에
진혼가 부질없다
너는 남았다 살은 자 사이
삶과 삶 사이에 그 갈피 속에
헤어진 그 모든 시간과 공간 속에
스며들어 네가 깊어가고
너로 하여 그 사이가 보이고
아파하는 죽음이 보이고

죽음보다 아픈 이별이 보이고
산 사람 불러 진혼가 부른다

인생

이젠 내 눈 앞에서
인생의 좌우가 보여
처음의 끝과 끝의 더 끝이
그 끝에서 보여 내 인생은
밤 늦은 골목길
귀가하는 그림자
비틀거리는 그림자
아 여생이
비틀거리면 안되지
이젠 내 눈 앞에서
역사의 좌우가 보여
10년으로 보면 끊어지는
30년으로 보면 역동하는
백년으로 보면
거대한 이어짐이
보여 아주 가깝게
아 여생이
너무 가까우면 안되지

빌딩 속 계단

빌딩 속에 계단은 보이지 않지만
그것 때문에 고층빌딩은 수명보다
길게 뻗고 키보다 높게 솟구친다
양쪽 다 얼굴이 없으므로 계단은
발바닥한테도 보이지 않는다 아
보인다 보여 계단의 속이 보인다
공장 속에 노동자는 보이지 않지만
그들 때문에 역사는 몇천년 전부터
도달해서 수명보다 길게 펼쳐진다
양쪽 다 얼굴이 없으므로 노동자는
역사한테도 보이지 않는다 아
보인다 보여 역사의 심장이 보인다

제16부 사랑의 이중창

이것은
전신을 부드럽게 쓰다듬다가
가슴속에 촉촉이 스며드는
스며들다가 심장을 움켜쥐고
뒤흔드는 이것은
그 머나먼 거리를 달려 네가
오고 있다는 뜻이냐
거리가 달려와 내가
네게로 가고 있다는
뜻이냐 이 비에 젖은
아스팔트 길은
그 머나먼 거리가 달려와
스스로 비에 젖고 있다는
뜻이냐
이상하지 오는 길은 나를
무너뜨리지 않고 계속 뻗어간다
이상하지 이것은
내가 네게로 네게로 달려가는
비에 젖은 건물로 세워진다는
뜻이냐

소리
귀는
모든 것이 사라지고 고요한 밤에
비로소 자신의
소리를 듣는다
더 잘 듣기 위해 귀가 커지고
귀의 생애가 시작된다
귀는 모든 것을 볼 수 있다
소리 속에 모든 것이
소리의 모습으로 들어 있다
모든 것이 사라지고 고요한 밤에
귀는 마침내 스스로
소리가 되는 것도 볼 수 있다
아 그러나 그 다음은
못 보리라 소리가 된 귀가
사랑하는 소리의 주변을
배회하는 것은
소리가 소리를
키우는 광경은

그 다음은 소리가 스스로
커튼을 치나니
이 밤 또한 너무 짧지는 않기를

쓰레기
우리가 버린 것은
생각보다 눈물이 많아
쓰레기 위에 비가 내린다
육체가 없으면
순결도 없지
세월만이 나이를 먹지 않는다
우리가 바란 것은 생각보다
눈물이 많아
쓰레기 위에 비가 내린다
희망이 없으면
절망도 없지
쉬운 것은 절망했다는 뜻이다
아 눈물 많은
쓰레기 위에 비가 내린다

후회
난 이렇게 살진 않을 거야
이렇게 되는 일 없이
고생만 직싸게 하는
다시 태어나면 두번 다시는
그러나 후회하면서 나는
수천 번씩 다시 태어나는데?
하물며 사랑은 말할 것도 없는데?
난 이렇게 살진 않을 거야
이렇게 생기는 거 없이
두들겨맞고만 사는
다시 태어나면 두 번 다시는
그러나 억수로 다시 태어나
내가 후회하는 것은 후회하지
않겠다는 뜻이 아닌데? 삶이
후회조차 벅차게 밀어붙이고 가는데?
눈앞에 펼쳐진 후회로 또다시
우리는 강해지는데?
이렇게 다시 살지는 않을 것이지마는
두번 다시 이렇지는 않을 것이지마는

교차로

교차로에서 만났다
교차로로서 만난 것인 줄은
모르고
하나 둘 셋 넷
누가 구호를 외치고
흩어졌구나
교차로에서 만났다
교차로 위에 또 하나의
교차로가 되기 위해
역사의 미래로
뻗어나가기 위해
만난 것인 줄은
모르고
하나 둘 셋 넷
누가 양팔 박수치며
뿔뿔이 흩어졌구나
텅 빈 교차로 교차로는 남아
어깨를 걸고
시간 속으로 뻗어가는데

슈퍼마케트

내 삶도 진열하면 저렇게
아기자기할 걸까 과자봉지나
추잉껌 냄이 혹은
백색 화장품 따위로
하지만 해체되는 거 난 싫어
깡통맥주나 어포 혹은
도시락밥 따위로
내 삶을 다시 뭉치게 하는
슈퍼마케트
내 삶도 포장하면 저렇게
반짝야릇한 걸까 인스턴트나
컵라면 겉봉 혹은
모짤트 초콜릿 따위로
하지만 때깔나는 거 난 싫어
외제커피나 사탕 혹은
믹스넛츠 따위로
귀가길 다시 분명케 하는
슈퍼마케트
쓸데없이 맺힌 건 풀리지만
삶길 다시 매듭 맺히는
슈퍼마케트

참외

참외는 사실 내가 원하는 모든
완벽보다도 노랗고 구체적이다
거기다가 울퉁불퉁한 참외는
여러 쪽으로 길게 혹은 동그랗게
나뉘어도 참외다 그러나 네게
내가 원하는 것은 노란색보다
진한 사랑이고 구체적보다 비린
일생의 총체이고 내게 네가 네게
내가 이 모든 것이 쌓여가기를
바라는 나의 시간 이리도 불안한
것이냐 참외 한쪽보다도 온전치
못한 채 눈앞 이리 현기증 나는
무지개 아아 충천연색 무지개

티스푼

티스푼은
접시 위에 앙증맞게 있어요
티스푼은
홀로 한 개가 있은 적이 없어요
작고 강하고 예쁜
티스푼은
맞은편이 있다는 소리거든요
그렇지 않으면
그렇게 작고 강하고
예쁠 수가 없어요
티스푼은
그때까지 쌓여온 모든 생애가
무척 아팠다는 소리거든요
소리가 굳어 단단한
티스푼이 되었다는 소리거든요
앞으로 우리 사랑도
티스푼과 티스푼 사이
그렇게 작고 강하고 예쁜
소리로 남을 것이거든요

클라리넷

모든 것보다 먼저 클라리넷 소리
흐른다 때로는 겹쳐지지 않고 가늘게
홀로 위태롭게 흐르다가 클라리넷
소리가 뒤돌아본다 슬픔을 감싸면
아름다움이 겹겹이 탄생하지 슬픔도
좋은 일이다 생애 전체를 보면 슬픔도

비단옷처럼 벗겨진다 육체는 더
화려하지 흐느낌이 혼탁하지 않고
그렇게 맑을 수가 없다
옛날 이야기가 아름다운 소리를 입고
슬픔이 생애 바깥까지 벗겨지고
생애가 생애 이후까지 이어진다
그대와 나 사이 클라리넷 소리
끝이 없어라 끝이 없어라

우박

우박 쏟아져 우드득
갈비 부서지는 소리
그렇지 않아도 징글맞은
니 얼굴 곰보 나겠다
웃지 마라 애야
우박 맞으면 얼얼해
눈물 피고 얼룩지겠다
그러나 너는 뭐가 그리 좋아
달덩이 같은 얼굴이
마냥 웃네 마냥 웃네
우박처럼 껴안고
우박처럼 뒹굴며 웃네
웃지 마라 애야
우박마저 찢어지겠다
그러나 나도 뭐가 그리 좋아
마냥 웃네 마냥 웃네
우박처럼 웃으며
우박처럼 부서지네
부서져 단단하게 빛나는
무수한 우박처럼

4중창

노래는 사랑의 이중창
그 속에 불안한 내 마음
쪽팔리는 거야 사랑은
너를 향해 노래 속에
또 노래 부르네
노래는 사랑의 4중창
그 속에 행복한 내 마음
떨리는 거야 사랑은
노래 위에 겹쳐 또 노래
노래 속에 네가 겹쳐오고
내가 겹쳐가네

부끄런 거야 사랑은
너무 투명하거든
나는 너를 보고 네 뒤를 보네
너는 나를 보고 내 뒤를 보네
아 사랑, 노래, 우리가 노래로
역사에 겹쳐질 수 있다면
세상이 온통 아름다운
노래로 이어질 거야
인생이 흐르고 우린
가는 거야 아름다운 노래로

그래

그래 너무 힘들면
두 손 맞잡고 불러보자
메아리 메아리는 어디 사는가
허공에 아무도 없고 메아리는
그것 봐, 손바닥과 손바닥
사이에 있다
더 힘들지 그치?
둘이 합쳐 하나가 되는 일이
넷이 되는 것보다 힘들지 그치?
그것 봐, 힘드는 것은 우리
뿐만이 아냐
그래 너무 힘들면
손뼉치며 불러보자
메아리 메아리는 어디 사는가
거리에 아무도 없고 메아리는
그것 봐, 손뼉과 손뼉
바깥에 있다
더 힘들지 그치?
넷이 합쳐 하나가 되는 일이
찬란한 역사보다 힘들지 그치?
그것 봐, 힘드는 것은 우리
뿐만이 아냐
힘든 것은 벌써
우리를 빠져나가
벌써 이렇게 드넓은 세상
이루었는데

제17부 예쁜 책가방

전화

온 세상에 유일하게 그대와
이어졌어요 유선상으로
나머지는 모든 것이 불안해요
따지고 보면 유선상이 제일
불안해요 유선으로 가득 차도
아직은 불안의 뇌신경이죠
그러나 뒤집으면 유선상은
세상보다 깊고 넓어요 그리고
그대 육체보다 강한 목소리가
가득 차요 아직은 바깥으로
넘칠까 걱정이에요 속으로 더
조금 더 가득 차야 하는데

세레나데

창가에 앉아 있으면 은빛 달빛이
내 대신 흘러 이 세상을 덮었어요
난 알아요 나는 새벽녘까지 그대가
오기를 기다렸다는 것을
문 밖에 서 있으면 금빛 햇빛이
내 대신 흘러 이 세상을 덮었어요
난 알아요 나는 황혼녘까지 그대가
오기를 기다렸다는 것을
그러믄요 눈물이 내 뺨을
은빛 황금빛으로 물들이고
기다림은 동상이 되어
무거웠어요 수백년 세월처럼
난 알아요 남은 것들이 모여
이리도 아름다운 기다림으로
남는다는 것을
난 알아요 기다림과
멀어짐 사이
그 사이에 깔리는
황금빛 노을과 은빛 골목길이
세상을 만든다는 것을

피아노

피아노를 치면 건반이 손가락보다
더 높이 올라가고 그 위에 음악이
흐르네 아 그렇게 신나는 세상은
아마 없을 거야
피아노를 치면 건반이
제각기 흩어져 음표가 되고 악보가
제 혼자 노래부르며 즐겁게 춤추는
아 그렇게 부드런 커튼 같은 세상은
아마 없을 거야
피아노를 치면 음악이 귓바퀴보다
더 깊이 스며들고 그 밑에 인생이
깔리네 아 그렇게 평화로운 세상을
위해 나의 음악은
역사 속을 흐르는 걸 거야
그래서 무게도 시간도 없는 나의 음악이
들뜨지 않고 내내 흐르는 걸 거야

가을

늦가을은 새파란 내게
친근한 주름살 같아요
난 아직
내 평생 가을이 몇 번 남았는지
세지 못해요
하지만 여기까지
얼마만큼 왔는가는 알 수 있어요
내가 태어나기 전부터예요
늦가을은 빨간 고추를
말리지 않아도
새빨간 풍선이 하늘을 온통 뒤덮어도
새파란 내게
친근한 주름살 같아요
난 알고 싶어요
내 나이가
몇천년이 쌓여 이리
푸른 가슴 부푸는지
그렇게 내 젊음이
역사를 또 몇년
쌓아가야 하는지

수박

입을 와지끈 벌리고 수박을 먹자
와스스와스스 수박을 먹자 붉은
수박을 먹고 새파래진 붉은 입술과
초록색 껍질만 남을 때까지 오늘도
선배한테 한방 맞았다 무엇 때문에
색깔 갖고 난리통인지 난 모르겠어
붉은 건 붉고 푸른 건 푸른 거지

루즈는 질색이라매? 내가 좋으면
그냥 좋다고 하면 되는 거지 붉은
심장이 그렇다고 겉으로 피흘리냐?
난 총천연색으로 살 거야 그치만
선배도 안됐어 고생해서 그런 거야
내가 잘해줘야지 입을 와지끈
벌리고 수박을 먹자 푸른 청춘에
붉디붉은 가슴으로 수박을 먹자

밤샘

밤샘을 하면 눈꺼풀이 납처럼 무겁다
이상히 잠은 안 오고
더 무거운 것이 영롱하게
내 망막을 벗기는 게
기분은 좋다 그리고
무언가 새로운 것이 보일 순간에
선배는 더이상 설명하지 않는다
알아 알아 이제는 내 속을
들여다보라는 소리지
아니 새로운 것을 찾지 말고
새롭게 보라는 소리다
그래그래 누가
나를 대신해서 새롭게
볼 수는 없는 거야
밤샘을 하면 몸이 천근 만근이지만
눈이 흰 새벽보다 더 커진다

안 보여

안 보여 아직은 광란의
의상에 휩싸여
슬픔의 핵심이 보이지 않는다
노래를 노래이게 하는 것
사랑도 모른 채
이별에 젖게 하는 것
눈물로 적셔
희망에 젖게 하는 것
살아올 삶보다 울컥이지만
줄기차게 미래로 뻗어가는 것
안 보여 아직은 노래의
몸짓에 휩싸여
슬픔의 본질이 보이지 않는다
모든 것이 보이고 노래는
아무것도 보이지 않는다

내 소망

내 소망은 길동무
예쁜 책가방
그건 어린 날의 소망이었다
등교길 멀고
무거운 건 몰랐다
그 소망은 채워지지 못했다
내 소망은 길동무
예쁜 책가방
어린 날은 없고 그 소망은 이미
소망 이후다
그러나 내 소망은 여전히
길동무 예쁜 책가방
난 맡겨진 짐이 무겁다고
울진 않을 거야 결코
내 소망은 길동무
예쁜 책가방

숯검댕

숯검댕을 얼굴에 칠한 만큼 내 마음이
더 새하얘진다면 얼마나 좋을까
기름밥 세월이 흐른 만큼 노동자가
더 해맑아진다면 얼마나 좋을까
하지만 그런 건 아닐 거야 그것도
따지고 보면 자본가의 말장난일 거야
숯검댕은 숯검댕 자신이 싫고
기름밥은 기름밥 자신이 싫다
그렇다면 내가 노동자를 미래로
삼는 것은 얼마나 더 치열하게 새하얀
미래를 개척해야 하는 일인가
그렇다면 노동자가 나를 필요로
하는 것은 얼마나 더 치열하게 해맑은
생애를 세워가야 하는 일인가 그리고
물론 그 길밖엔 없다
다른 길은 없다
노동자의 가슴에 강철의 길로
박히는 길 그 길밖엔 없다

우리에게

형 제 안에 벌써
형이 있고 우리가 있나봐요
그것이 제 안에서
아직은 합쳐 있진 않아요

제 가슴이 말해요
우리가 우리에게 물어야 한다고
어디만큼 왔는지 평생 어디까지 갈 건지
그래요 아직은 그게 분열에 가깝게
느껴지는 나이예요
하지만 막내라서 전 보여요
그게 여기서 포기하고
말 거냐는 소리로
말꼬리가 합쳐지는 것이
그렇죠 아직은 그게 절규에 가깝게
느껴지는 나이예요
하지만 막내라서 전 보여요
그걸 이어가야 할 저의 생애가
형의 생애보다 더 길고 더 넓게
내 뒤로 펼쳐지는 것이
그래요 아직은 툭하면
뒤를 돌아보는 나이예요
하지만 내 눈은 앞을 보고 있어요
아 나는 형의 뒤를 보고 있어요
형 앞의 또 앞도 보고 있어요
형 덕분에 형보다
더 나아가야 할 나이예요

가슴

새가슴이 좀체 찢어지지 않고
새근새근 숨쉬는 맑은 날이면
더 멀리 하늘 속을 보자 얼마나
아픈 역사로 저리 푸른가
설마 갈기갈기 찢어지기 위해
하늘이 저리 푸르겠는가
아 밀려오는 것 너무 깊고
내 청춘 너무 얕게 쌓였다
이러다가 두 다리 꺾어지겠다
어쩌겠는가 가슴속 더 멀리
하늘의 생애를 받아들이자
얼마나 충혈된 눈동자로
저리 푸른가 저리 푸른가

햇살의 표정

이젠 알아요 햇살의 표정은
햇살보다 밝지 않아요 그 이상도
알아요 역사가 발전했다는 것은
표정이 갈수록 표정의 열망보다
밝지 않다는 뜻이예요 그것까지는
안되더라도 가장 밝은 햇살도
표정을 봐야 해요
노래는 표정과 열망이 어긋난 사이를
메꾸지 않아요 비껴 흘러서 노래가
어긋남을 더 간절하게 하는 거예요
이젠 알아요 노래가 세워지지 않고
흐르는 이유를 이젠 보여요 흐르는
노래 속에 세월보다 더 강한 무엇이
노래보다 더 아름답게 세워지는지
무엇이 몇십년 앞장서 들려오는지

1993

하나의 2人舞와 세 개의 1人舞

춤의 언어란 무엇일까. 사상의 肉化와 詩化 사이에 어떤 갈등이 존재할까. 춤은 언어를 어떻게 춤추게 만들까. 시는 어떻게 춤을 육화시킬까. 춤의 긴장은 어떻게 시의 긴장으로 전화될까. 그것이, 시의 춤을 더욱 육체적으로 긴장시킬 것인가. 그것이 춤의 시를 더욱 구체적으로 긴장시킬 것인가. 애당초 내게 시는 다른 장르 속에서 보편적인 갈등으로 존재했다. 춤은 그 시 속에서 더 근원적인 갈등으로 존재할 것인가?-1993년

하나의 2人舞와 세 개의 1人舞

2人舞·러시아에 관한 명상-두 노동자 이야기

남자는 27세의 대기업 생산직 노동자다. 여자는 24세, 중소기업 노조위원장. 이 둘은 서로 사랑하다가, 격렬하게 헤어졌다. 삶과 운동에 대한 입장 차이로. 그중 어느 쪽이 더 큰 이유였는지에 대해서도 둘은 견해가 달랐다.
그후 1991년 5월 정국에서 남한 공개운동권 대패, 소련의 정치권력 와해 및 남한 좌파 분해를 겪으면서, 둘은 그것을 서로의 탓으로 돌리며 시들한 나날을 보내는 데 익숙해졌다.
그렇게 2년이 지난 1992년 봄 어느 날, 둘은 각자 집회에 그냥 구경삼아 나간다. 대회는 역시 시들하게 끝나 거리가 텅 비워지고 차량들이 다시 소통되고 횡단보도로 사람들이 건너가기 시작하는데, 그 둘이 이쪽 저쪽 보도에 남아 눈이 마주친다.
이 작품은 그 뒤 50분간이다.

프롤로그

그 모든 것은 갔다 우리의 인생도 헛된
꿈이 아니었을까 현실의 그 모든
굴절된 꿈 그 모든 것은 갔다 그러나
기억은 몸 뒤채며 분노하는
파도와 같은 것 그러나 기억은
떨리며 마침내, 균열하는 동상과 같은 것
무너져 지리멸렬한 포옹 같은 것
가난도 열정도 피비린 남루도
그 속에 찬란했던 이상도 갔다
우리들의 기억이 상존하는 동안
우리들의 생애가 몸부림치는 동안
그 모든 것은 갔다. 우리의 젊음도 난무한
輓歌가 아니었을까 이미 무너진
시간 속에서 과거가 역사 속에
흘러갔다 질긴 꿈이 더 깊이 파묻히고
흘러왔던 역사가 보다 찬란하게 흘러간다
몰락이여 무엇이 우리의 강건한
육체가 되고 있는가 우리들의 기억이
피비린 동안 그 모든 기억의 육체는 갔다

스텐카라친

그것은 먼 나라보다 가까운 젊은 날의
방황, 다만 속절없이 거대하게
출렁거리는 무엇이 거대하게
무너지고 그곳에 우리의 길이
세상보다 더 거대하게 열리는가
앞으로 우리들의 생애가
창백하고 친근한 동안 그것은

뒤돌아보지 않는 수천만명이
피를 흘리던 시간의, 젊은 날의 영화
다만 거대하게
탕진되는 무엇이 거대하게 무너지고
그곳에 끔찍하지 않은 세상이
둥지를 틀고 잠을 잘 것인가 보라
역사를 강물로 비유한 것은 옳지 않았다 세월도
보라 옳은 것은, 사실 옳았던 것이다
남은 것은 역사 속에
남은 자의 몫일 뿐이다
남은 자의 기억은 옳지 않았다
피비린 기억보다 더 많은 것이 이룩되었다

제1막 만남

1

네가 설마 거기에 서 있을까
땅거미 이 텅 빈 거리 끝에 서 있는 것은 설마
가로수나 그 뒤에 더 긴 그림자겠지
그래 어차피 추억이 만나는 거야 우리는
네 뒤로 전파상에서 옛날노래 흐르고
너의 배경은 좀더 오래된 사진이 된다
아 그것은 벌써 왜 그리 색바랬을까
마치 한 인생이 다 소모된 것처럼
그것은 다정하던 시간 속으로 흘러간다
그러나 거기에 서 있는 네 모습은
끔찍하기도 하다 나는 황량한 네 속이 보이고
그 속에 네 뼈가 보여 앙상하고 허약한
그리고 눈이 전보다 크다 쓸쓸하다
나를 뚫고 내 뒤를 보는 것처럼
네가 설마 여기에 아직 서 있을까

2

언젠가 네가 말했지 우린
이러다가 흘러가는 강물 위에 그냥
달빛으로 또 흘러가는 것 아니겠냐고
그래도 좋지 않겠느냐고 역사 위에 아름다운
것이 되면 좋지 않겠느냐고 사랑한다고
그 뒤로 우린 헤어져 각자 얼마나 흐르고
또 세월을 흘러보낸 것일까 역사는
이미 가버린 어떤 것 우리 남아 어떤
기억의 해진 이부자리를 꿰매고 있는 것일까

걸어오지만 네가 이미
너무 멀리 가고 있다
네 눈동자 속의 내가 점점 더 멀리 가고 있다
아 보고 싶었어 그러나 네 육체가
유령처럼 흔적이 없다
네 뒤에 더 누추했던 따스한 네 모습이 보여

3

그러나 지금은 더 가까이
누추한 내 모습이 보여 네 눈동자에
이렇게 완강한 거리의
아스팔트를 빠져나간 시들한 대열처럼
우린 그렇게 만날 수밖에 없는 것일까
이렇게 완강한 거리의 아스팔트를 두고
이렇게만 우린 뻥 뚫린 가슴이 되어
만날 수 있는 것일까 기억은
갈수록 간절한 얼굴 같은 것 역사는
기억 속에 흐르지 않는 殘影 같은 것
네 뒤에 내가 내 뒤에 네가 겹쳐오는데
네게 가기 싫어 간절히
네가 오기를 바래 나는 너에게 너는
나에게 옛날과는 다른 모습이기를 바래
그게 지금 우리에게 유일한 역사일까

4

네게 가고 싶다 너는 망설인다
그래 우린 항상 한쪽에 있고
또 항상 과했지 용기도 망설임도
모든 것이 흘러간다 인파도 영업용 택시도
사랑했던 추억도 거리는
꼼짝도 하지 않는다 그런데
우리는 왜 4차선 도로만큼도
이룩되지 못했던 것일까 자세히 보면
우린 꼼짝없이 서 있다 가시오판이 더욱
발을 묶는다 그래 우린 항상 꼼짝없이
흔들리는 어둠 속에 눈빛이었지 사랑은
위태롭게 흔들리는 것 그러나 우린 단지
사랑에 대해 완강했을 뿐이다
횡단도로가 열리고 사람들이 건너온다
너는 건너오지 않는다 나도 건너가지 않는다

5

다만 또하나의 법칙을 알 뿐이다
사랑, 그것은 다만 우리가 마침내 둘이 되어
날씬하고 고단한 우리들의 앞날을 본다는 것
그 둘은 갈라지면 천박하다
당연하지 우리는 그때도 이미
어둠속에 있지 않았나 과거, 그것은
다만 우리가 마침내
또하나의 법칙을 알았다는 것
그러나 우리는 아직 한없이
미끄러지는 거리 위에 있다 차마
다가서지 못하고 다만 무슨
보이지 않는 시간의 끈이
이리도 질기게
멀어질수록 손아귀를 아프게 잡아당기는가
네가 오고 있는가 통째로, 네가 오고 있는가

6

그래 옛날도 그랬다
같이 있으면 인파 속은 좁고 따스했어
그래 이미 너는 내 뒤에 있다
나는 돌아보지 않지만 내 등 뒤는 따스하다
그것만 해도 옛날 같지는 않은 걸까 이렇게
인파 속에 서로 떨어져
아 비로소 우리는 어디로 가고 있을까
이 거리는 어디만큼 어디만큼 와 있는 걸까
화려한 인파 속으로 네가 사라지고 다시 얼굴이
뚜렷하게 나타난다 너의 등 뒤에
모든 것이 무너져 내리잖니 이것만으로도
이미 너의 젖가슴과 내 등이 밀착한다
봐 네 어깨가 떨리잖니 이것만으로도
우린 옛날과 다른 것인가 우린 무엇과
헤어지고 있는 것일까 너는 무엇과

7

나는 앞서 가고 있지만 앞선 것은
흘러가고 견고한 것은 아직 뒤에 처지는
역사 속에 있다 거기엔 아직
앞이 없고 뒤가 없다 우린 이미
한쪽에 있다 하나의 인파 속에
둘이서, 네가 가고 내가 간다
뒷선 너도 뒤돌아보지 않는다
그걸 아는 것은 네 뒤에도 이미 내가

있다는 뜻이다 그래, 네게로 가고 싶다
네 속으로 네 속을 지나 네 뒤로
어느 쪽이든 나를
더 빨리 가거나 뒤돌아보게 해다오
그러나 그것은 흘러가는 것이면 안된다
내가 등을 돌렸을 때 너는 이미
내 등이 되었고, 최소한 다시는 흘러가지 않았다

8
무엇이 내 안에 들어와
벌써 전신을 떨고 있는가
옷을 벗은 어깨가 떨리며
작게 빛나는 것은 기억인가 그 바깥인가
눈의 배후와 배후가 맞부딪쳐
오 비참은 옷을 벗고 그 뒤에 더 비참했던
꿈도 옷을 벗고 이제
찬란한 세상이 내 속에서
떨고 있는가 그곳은 따스한가 그것은
친근한가, 그곳은 아직 내가 아니다
그것은 아직 네가 아니다 아직은
껍데기들이 제 혼자 바람에 부서지고
흩어지는 것이 더 크다 그리고
아직은 사랑이 방해받고 싶어한다
행복했던 시절이 위태롭다는 듯이

9
네가 발길을 멈추었다
아직은 멈추는 것이 추락하는 세계에
네가 남아 있었다
추락하지 않기 위하여
무엇이 입술을 깨물고 제 혼자
귓속의 깜깜한 밤길을 달리고 있는가
그 속에서 무슨 헛된
추억의 나라를 넓히고 있는가
그대여
내 사랑도 발길을 멈추었다
이제 추억보다 따스한
혈색을 누릴 곳을 찾아야 한다
더이상 우리는 헤매일 곳이 없다
격렬하게 헤어졌던 우리가
더이상 어디로 무너지겠는가

10
너는 거기 있는가 너에게로 가는 길은
너에게 파묻히는 것보다 더 찬란한가
나는 안다 이 포옹이 격렬한 것은
네가 아직 교차로에 있다는 뜻이다
진하게 밀려오는 것은 네가 아직
무거운 뒷모습을 떨쳐내지 못했다는
뜻이다 그러나 그것은 이미 누구의
뒷모습인가 그것을 네가 애써
외면한다 나도 외면한다 그러나 그것은
이미 더 나은 미래의 눈물겨운
이면을 감당해야 한다는 뜻이다
사랑도 혁명도 영원히 교차로에 있다
땅거미조차 발길 멈추고 교차로가 영원히
흘러간다 그것이 너 나은 곳으로
흘러가기를 바라는 우리가 그렇게 서 있다

트로이카
무엇이 저렇게
흐느끼면서 균열하고 있느냐
무엇이 저렇게
균열하면서 축적되고 있느냐
무엇이 저렇게
고요하고 격렬한
눈물 한방울로 응집하고 있느냐
혁혁했던 세월이 남아
그 무수한 어깨를 벗어내고 있느냐
무엇이 저렇게
단둘이 남아
그 무수한 표정의
떨림을
눈물 한방울로 모으고 있느냐
무엇이 저렇게 균열하며
포옹하고 있느냐 자궁보다 거대한 세상을
벌써 어둠속에 반짝이지 않고
무엇이 저렇게 마지막으로 단 한 번
검게 빛나고 있느냐

제2막 독백

독백

나를 놓아줘 너무
누추한 포옹이야 이건

나를 놓아줘, 너는 언제나
내 품속에 있는 거야

누추한 규모야 이건 아 나는 왜
누워 차라리 길바닥이 되지 않고

나는 왜
사라져 차라리 스카이라인이 되지 않고

포옹 속에 품은 거울 속에
네 얼굴에 비친 내 얼굴이 너무 추해

아냐 그건 네 얼굴이야 분명
사라지지 않은 과거는 추해

봐, 우리 아직 포옹 속을 헤엄치지 못하고
그냥 부채꼴로 서 있잖니, 이건 아냐

묶인 것은 발목뿐야 아직
너의 튼튼한 가슴이 손에 잡히지 않는다

포옹이 지속될 뿐
니의 과거의 현재가 아직 뒤섞이지 못한다

무엇이 이어지고 무엇이 뒤섞이고 무엇이
질긴 심줄 끊어질 수 있는 걸까?

이 이야기가 가슴에 담겨
동작으로 나왔으면 좋겠어

우리가 사랑했다면 우리가 사랑했던 것은
무엇일까, 우리들의 비슷한 냄새?

아니, 비슷해지기 위해서
가장 낮은 데를 향해 기를 썼던 것 아닐까?

우리가 노동자라는 사실도

또한 그것에 이용된 것 아닐까?

비슷하다는 것 그건 사실
사랑보다 증오에 가까웠던 것이 아닐까?

개자식, 나를 이 지경으로 만들어놓고
화장품 냄새에 환장해서 코나 벌떡거리고

아냐, 우린 사실 서로 다른 것을
사랑했던 것이 아닐까?

아냐, 우린 사실 서로 다른 것을
사랑했어야 하는 게 아닐까?

너무 가까이 오지 마 난, 싫어
그 친근했던 냄새가 너무

개쌍년, 자본주의 냄새에
지존자 할딱거리고

가까이 오지 마, 쏘셔버릴 거야
난 행복하게 살고 싶어

그래서 사람들이 포옹하고 있는 것은
아직 온몸에 공허뿐이다?

夢精은 아직
네가 가깝다는 뜻인가 아직 멀다는 뜻인가

그래서 너 소유욕뿐이디?
그래서 더 앙탈뿐이다?

헌신짝뿐이겠지, 우린 스스로
헌신짝이라고 생각했던 건지도 몰라

무얼 찾아 그리 헤맸지만 자신없는
공허끼리 주고받으면 살벌하다

가까이 오지 마 넌 너무 체취가 짙어
난 코끝이 참신하고 싶단 말야

그냥 있어, 아직 과거끼리
몸을 부비고 있을 뿐야

가까이 오지 마 넌 너무 울음이 진해
난 과정을 아직 모르겠어 사랑도 역사도

그냥 있어, 우린 아직 패배끼리
뺨을 부비고 있을 뿐야

가까이 오지 마, 우리의 포옹은 이미
석고상처럼 강해

화장품 바르는 노년과
싱그럽지만 천박한 청춘과

그냥 있어, 우린 아직
너무도 떨어져 있어 간절하다

우린 기껏해야
칼부림을 포옹했던 걸까

나는 아직 모르겠어
너를 품고 있는데 벌써 내 뒤가 두려워

난 아직 결과가 두려워
이렇게 네게 안겨 있는데

우린 아직 두려운 결과를
이미 품고 있는 걸까

아 난 아직 과정을 모르겠어
다른 것은 불안하고, 비슷한 것은 끔찍해

그러나 우린 과정을 모른다는
사실조차 몰랐던 것 아닐까?

불안은 과거에 경악은 미래에
속해 있는 것이 아닐까?

뒤집어야 되는 거 아닐까?
다른 것은 신기하고 같은 것은 힘이 된다는

그러나 그것조차 좀 달라져야 되는 거
아닐까? 그게 우리의 역사 아닐까?

우리가 지금 정말 서로 사랑하는 걸까?

너무 달라졌어도, 너무 옛날 같아도?

그러니까 우리가 지금
우리의 역사 속으로 돌아왔군

아냐, 우리가 옛날에 정말로
사랑하기는 했던 것일까?

옛날에 정말로 이별하기는 했던 것일까
헤어지는 이유조차 견해가 달랐는데

이미 찢어진 것이 이별할 수 있니?
이미 바닥난 것이 쏟아질 수 있니?

우리가 정말로 옛날에
패배하기는 했던 것일까?

너한테 5, 6월의 패배는 무엇이었니
그것은 혹심하고 거대한 외상(外傷) 아니었니?

너한테 몰락은 무엇이었니
그것은 둔감하고 미세한 내출혈 아니었니?

너한테 역사는 무엇이었니
그것은 네 바깥을 흘러가버린 시간 아니었니?

너한테 사랑은 무엇이었니
그것은 네 안을 넘쳐오르는 발목 아니었니?

그것은 바깥의 패배였니, 아니면
너를 버팅겨왔던 네 안의, 역사의?

너한테 골리앗의 패배는 무엇이었니
그것으로 네 갈비뼈가 무너지는 걸 너는 느꼈니?

너한테 사랑의 패배는 무엇이었니? 그것으로
세상의 닻줄이 끊어지는 것을 너는 느꼈니,

그것은 너의 패배였니 아니면 남의?
그것은 네 안의 패배였니 아니면 네 바깥의?

그렇게 묻는 것의 패배였니. 역사는
아 우리는 2년만큼 악화된 게 아닐까?

부르르 떨지 마 너무 깊이 파고들지 마
우리가 패배해서 만난 것은 아냐

아냐, 더 깊이 보면
그래서 만난 게 아닐까?

역사를 논했지만
우리 자신의 역사를 몰랐다는 것

변혁을 논했지만
변혁 자신의 역사를 몰랐다는 것

완성을 논했지만 우리의 전망은
미리 작정한 불행의 이면에 불과했다는 것

이 정도로 우린 패배했다고 할 수 있는 것일까
더 가야 해 이 정도론 너무 얕아

울먹이지 마 아직은
너무 얕아 패배도 사랑도 이별도

아프기만 할 뿐이야 우린 아직도
그만큼 강하진 않지

패배가 공허를 뒤집었다, 그것만이 참신하고
우리가 다시 만났다, 그것만이 유구하다

자신이 없어 난 가까울수록 깜깜하고
먹수록 찬란한 세상이 있다는 게

얼굴을 보는 게 아냐 귓속에
희망의 목관악기 소리를 듣는 거지

그렇다
아직 초라하다

아니 이제 비로소
초라하다

그리고
더 초라해져야 해, 우리가

봐, 뭔가 벅차고 비좁았던 것이

우리 바깥으로 나가 바깥을 이뤘을 뿐야

둘 중 하나는 초라하지, 우리의 역사와 바깥의 역사
후자가 그러면 안돼, 그것은 네 앞날을 보는 거니까

현실 속에 있다면 우리 이미
발걸음 미래 속에 있다

그리고
더 초라해져야 해, 우리가

서로의 빈자리를 채우고
또 채워야 할 만큼

그래 우리 공허가 큰 만큼
화려하게, 충만이 크다

바깥에, 내 속에 역사적인
우리들의 사이에

사세드카

온갖 대열이 앞으로 가지 않고
다만 길길이 뛰는
밤이 있다 핏기 없는 대열이
무게 없이 끊어지고 이어진다
오 식은땀을 흘리는 것은
몸이 무거워서가 아니고
꿈이 천박하기 때문이다
악몽이여, 뒤돌아보지 마라
더 깊은 곳을 가야 한다
돌아보면 길이 얕을수록 험하다
기억마저 창백해진 육체로
가라, 끝내
더 아름다운 세상의, 실핏줄 속으로
앞을 보면 길은 깊을수록
넓어질수록 더 넓게 고개 숙인다
밤이 길길이 뛴다 아직 패배가 너무
얕다는 뜻이다
좀더 패배해야 한다 그리고
아파 마라, 두 번 패배하는 것이다

제3막 재회

재회

핏기 있던 현실은 사라져
다시 세상의 혈색이 되었다
그렇다
그 실패에
우리가 창백해졌다면
우린 두 번 패배한 것이다
그것은 다시 살아올 수 없지만
우린 보다 나은 미래를 향해 나아간다
그것은 물론 창백하지 않다
그러나 피비리지도 않을 것이다
그렇다
현실보다 더 피비렸다는 것
그것이 우리의 패배였다
그렇다
혈색은 혈색으로
혈색의 바깥 보다 싱그럽고
찬란한 세계 표면으로
돌아갔고 동시에 미래로
나아갔다
그렇다 한 세계가 갔고
다른 세계가 왔다
그 세계의 미래는 더욱 찬란하리라
그렇다 그것은 세계의, 현실의
이중의 승리였다
그렇다 아직 세계는
미비하다 그러나 발전의 발걸음은
우리가 패배하고 있는 지금에도
멈추지 않는다
더 거대한 패배의 배경 속에도
그것은 멈추지 않는다
언제나 배경인
패배는 또하나의 극진한
아름다움을
인간의 계절에 보탰을 뿐이다
더 미세하게 보면 그것은
인간의 사회에도 무언가를 보탠다
컴퓨터에도 미래의 신도시에도
눈물이 무언가를 보태지는 않지만
100년 뒤에 눈물겨운 것은
100년 전에 누군가가 투쟁하다

패배했다는 뜻이다 그러므로
패배 자체가 결코
눈물겨워서는 안된다
모든 노력은 결국
눈물겨웠을 뿐 자기 자신에게 패한 것이지
현실에게도 미래에게도
패한 것이 아니다 그리고
돌이켜보면 우리를 채운 것은 항상
투쟁이 아니고 세상 그 자체였지만
전망의 속은 항상 현실의 더 깊은 속보다
현실적이지도 전망적이지도 못했지만
우리는 화려한 세상의
불쌍한 裏面을 보았고
세상은 패배한 우리의
더 심오한 이면을 이뤘을 뿐이다
그러므로 세계는 모든 변혁가에게
대가를 치를 수 없었다
그가 원한 것은 자신의 理知가
이해할 수 없을 정도로 거대한
도약이었기 때문이다 그러므로
모든 변혁가는
육안으로, 두 눈으로 똑똑히 보지 못하고
어렴풋이, 그러나 세계보다 더 큰
심장의 박동소리를 들었을 뿐이다
그가 원했던 것을 세계는 줄 수 없었다
그것이 역사이고
역사의 보답이다
다만 다음엔 이 다음엔
그리운 가슴들만을 모아
세계를 시끄럽게 하려 하지 마라
그리움은 세계의 가슴 속에
깔려 있는 것만으로 족하다
그것은 외화되는 순간 이 세상에서
앞으로 허름한 천막 하나
얻을 수가 없다
그것은 스스로 떼지어 그리움의
머리 속을 방황하다가
다시 세계의 가슴 속으로
뜨거운 너의 기억 속으로
돌아갈 뿐이다
그리움이 그리워했던 것은 실상
자기 자신이었을 뿐이므로
그리움은 깔려야만 제자신을 찾는다

살아서, 펄펄 뛰는
그것은 보잘것없는 게 아니다
다만 다음엔 이 다음엔
패배를 너무 끌어안지 마라
패배와, 헤어질 시간이 되었다
그것은 껴안을수록
거대하게 세계를 강타하고 헤어져
가슴에 간직될수록 우리 몸을 덥힌다
살아서, 그것은 멋적지 않고
울음이 웃음으로
다시 웃음이 더 깊은 울음으로
스며들지 않는다
그것은 보잘것없는 게 아니다
안쓰러워 마라 그리워하지 않아도
그리움은 네 곁을 떠나지 않는다
그리움의 등이
너를 굳게 하면 안된다
우리가 다만
가기 위하여 가야 한다면
과거와 미래를 맺는 끈이
다만 꿈뿐이라면
우리가 지쳤다는 말은 거짓말이다
그렇다 그러므로 우리는
현실적으로 지쳐 있다
그리고
지친 육신 위로 앞서간 세계가
우리를 밟고 지나간다
그러나 보라 네 몸은 벌써
그 세계 속에 있다
무엇이 갈수록 뒤에 남고 있는가
무엇이 벌써
몸보다, 감각보다 뒤처져 있는가
무엇이 벌써 역사가 아닌
과거 속을 뒤쫓고 있는가
그렇다 우리는 다만
가야 하기 때문에 가는 것이 아니다
오 자유, 그것은
가슴에 죽죽 그어지는 목적지로의
철길 같은 것
무엇이 벌써
몸을 제 키보다 길게 앞으로
뽑고 있는가
그리고 무엇이 벌써

어깨 위에 손을 얹고 있는가
무엇이 벌써
넷이 되고 열 여섯이 되는가
그렇다 앞으로도
몇 개의 동상이 더 세워지고
더 무너지리라
그렇다 앞으로도
우리보다 더 나은 전망이
우리보다 더 누추하리라
우리보다 더 강건한
근육이
더 땀방울 맺히고 더 지치리라
그러나 예언은
전망 속에 있지 않고 역사 속에 있다
나는 안다 너도, 예언과 자유의
관계를 그리고 너와 나의
사랑의 역사를
그것은 앞으로
더 밀접하고 더 복잡하리라
그것은 복잡한 것이 아니고
이제까지 정반대였던 것들이
겹쳐진 것이다
그렇다 우린
지칠 수 없는 길에 지쳐 있다
그렇다 우린
지칠 수 없는 세상에
그보다 더 큰 길로
놓여져야 한다
잠시
이마에 땀방울을 닦으라
그러나 뒤를 보지 마라
네 앞에도 뒤가 있고 그 뒤를 봐야
더 멀리 본다
그때 비로소
알게 되리라 전망의 역사와
전망의 한계와 무한히 열린 전망의
두 겹 통로를
그때 비로소 알리라
왜 그 뒤에 비참한 자의 꿈이 있었는가
왜 그 뒤에 또 비참한 자들의 현실이
있었는가
왜 비참한 자의 꿈은 비참한 자의
현실보다 비참했던가 너는 알리라

그러나 네 앞에 보라
기억은 왜 갈수록 속도가 빠를수록
창백해지는가 무엇이 벌써
몸을 제 열망보다 더 길게
뻗어나가고 있는가
길이 된 몸이 이젠 친근한가
아니다
그것 또한 낯설 것이다
몸이 된 그 길이 이젠 친근한가
아니다
그것 또한 어설플 것이다
그리고
몸이 몸에게 길이 길에게
비좁을 것이다
우린 철길 끝보다 더 멀고
하늘 끝보다 더 깊은
역사를 생각하지 않으면 안된다
어깨에 머리를
기대는 순간
무엇이 벌써 마주보며
눈앞의 역사를 보고 있는가

학

데드마스크가 웃는다
살아 있는 것은 그가 아니고
남아 있는 것이 데드마스크라며
이전의 죽음보다 더 검게 앞으로의 삶보다
더 하얗게 데드마스크가 웃는다
어리석은 자여 누가 내 목에다
살아 있는 너의 생애를 밧줄로 거는가
한두 사람도 아니고 수천 개 데드마스크가
껍질처럼 바람에 흔들리며 벗겨진다
어리석은 자여 그를 흔들었던 것은
바람이 아니고 역사였다
바람보다 일찍 역사보다 뒤늦게
데드마스크가 웃고 있다, 어리석은 자여
네가 처형한 것은 너의 역사이다
그의 생애는 이미 죽기 전에 다했다
네 생애가 찬란했다면 죽은 네 앞세대의
생애도 너와 더불어 찬란할 뿐이다
수천 개 데드마스크가, 비웃지 않고 울먹인다
아 매달린 그 모습, 땅 끝까지 가늘고 길다

에필로그

무엇이 또다시 일어서는가
그러나 일어서는 것은 상처가 아니다
그렇다 역사를 자연에 비유한 것은
옳지 않았다 음악에, 상처에 비유한 것도
사랑에 비유한 것도 옳지 않았다
상처, 그것은 다만 우리가
마침내 현실로 한발 더 깊이
들어왔다는 것
우리가 상실한 것은 벌써
너무 작은 것이다 승리도 패배도
이상이 마침내 누추한 껍데기를 벗는다
무엇이 또다시 일어서는가
그러나 일어서는 것은 이미
수천만의 젖가슴이다
그렇다 패배는 다리를 꺾지만
일어서는 것은 오로지
더 우월하고 아름다운 세상뿐이다
무엇이 또다시 일어서는가
그러나 일어서는 것은 우리가 아니다
사랑, 그것은 다만 우리가
마침내 미래를 두 눈으로 바라볼 뿐
미래의 주인은 후대라는 것을
받아들인다는 것 그것이 또 그 후대에게
빛나는 정물화뿐일지라도 더 나아가
눈물 흐린 시야를 보낼 줄 안다는 것
살아 있는 동안 영원불멸한 생애를 불태우고
그들에게 생애의 기념비를 남긴다는 것
무엇이 또다시 일어서는가
그러나 일어서는 것은 이미
살아 있는 수천수만의 미래이다
그렇다 생애는 기념비로 남는 것이
아니다, 그것은 눈물이거나 기쁨이거나
세상의 가장 밑바닥에서
세상의 미래를 가장 먼저 이룩한다
그렇다 생애는 추락보다 멀고 깊다
그렇다 패배를 죽음에 비유한 것은 옳지 않았다
무엇이 또다시 일어서는가 그러나
일어서는 것은 씨앗이 아니다 일어서는 것은
이미 이룩된 것이다, 일어서라
이룩된 것이 보다 찬란하게 일어선다

1人舞 · 1-날개
빈자리는 네가 떠난 것의 표현이다. 어디에고 네가 없으면 푹신한
곳은 없다. 그것은 소파에 움푹하고 내 마음 속에 떡떡하다.

프롤로그
날개 하나 찢겨 있다
피흘리지 않고, 아름답게
오 현실과, 이상의 간극
　추락하는 것은 다름아닌
그 간극이다, 날개 하나
죽지를 다치고, 투명하다
찢겨 있으므로 아픔이 없다
그 옆에 또 날개, 또 그 옆에
찢긴 날개가, 패배보다 크게
오 현실과, 이상의 간극
이루지 못한 것이 비상한다
그러나 피흘리지 않고,
아아 사람들은 피흘리지 않고
행복할 거야 기차 여행은
목적지를 모르고, 肉眼보다 큰 飛上을
모른다, 무언가의 肉化처럼
날개 하나 찢겨 있다

제1막 너와 나

만남
두 눈이 풍경화로 얼어붙었다
발이 땅으로 되었다, 가까스로
그대와 나 사이 나비 한 마리
광장 위로 비상하는 비둘기떼,
그마저 얼어붙었다 아 숨가쁜
정지, 뜨거운 눈물조차 평면인
그 속에 세상이 무너져내리고
가까스로 튀는 두근 참내 하나
씻은 듯 맑은 옛세상 돌담에
시간의 벽돌 하나, 길 앞에 길은
옛길이 아니고, 길 속에 갈 길도
홀몸이 아니고, 무엇이 벌써부터
고통의 가슴을 부딪치고 있는가
쏟아지는 승객들, 멀미, 첫사랑

탄생
그대 속으로 들어가면 그대는 자궁이 되고
이미 벗었으므로, 누추한 옷이 된다 그대 속으로
들어가는 것은 시간 속으로 들어가는 것이다
그대 밖으로 나와도 그대는 과거가 되지 않는다
그대도 내 안으로 들어왔기 때문이다 시간 속으로
들어가는 것은 역사 속으로 들어가는 것이다
그러나 더 아픈 껍질을 깨야 한다 더 날카로운
껍질이 미래가 된 그대 포동포동한 젖가슴에
아직 묻어 있고 묻은 채로 다시 많은 것이
쭈그러드는 것을 감수해야 한다 그래서 우리는
역사를 만든다 더 아름다운, 그대 밖으로 나와도
그대는 이미 그대가 쌓아온 것과 쌓여갈 것의
총합이므로 더 억울하게, 아름답지 않은가 세월이
흐르고 후대가 더 억울하게, 아름답지 않을 것인가

성장
키가 크면 이분법이 완화되는 것이 보인다
낡은 것이 익지 않았고 새것이 참신치 않다
익을수록 참신한 것이 육체로 구현되기 전
反目은 갈라지지 않고 뒤섞여 있다 나이는
투쟁을 완화하지 않고 더 가열찬 상대방의
악취를 너머 더 음흉한 마음 속에 투시한다
자칫하면 증오만 구현된다 잔해의 무장봉기
그것은 증오보다 증오스럽다 지레 질겁한 것
이기도 하다 상대방의 장점을 획득해야 한다
그가 이겼다는 것은 그가 먼저 그랬다는 뜻
이다 회복뿐이어선 안된다 돌아보지 않아도
과거는 우리가 벗은 옷가지, 눈물 속 평면을
궁륭을 이루는 것은 지나간 추억뿐 분리된
시간도 공간도, 역사-사회적 수준 차도 없다

육체의 언어
투명해지면
육체의 언어보다
최상의 것은 없다
그것에서 비롯되고 그것으로
돌아온 모든 것이
담겨 있는 역사가 보인다 일생도
그러나 지금
육체는 불투명하고
당분간 역사는
불투명한 채로 아름다울 뿐이다

그러나 그것으로 언어가 시작되었다
투명하지만 아직 닫혀 있는
누구나 그게 岐路다 생애 한 번뿐인
육체의 언어

제2막 여행과 패배

표현

빈자리는 네가 떠난 것의 표현이다
그것은 소파에 움푹하고 내 마음 속에
딱딱하다 어디에고 네가 없으면
푹신한 곳은 없다 나는 내 가슴이
보석처럼 반짝이길 바란다 먼 데서도
내가 사랑한다는 표현으로 그것은
네가 돌아오면 다시 빛을 잃고
해체될 것임을 나는 안다 허나 갈수록
이별을 메우는 것은 더 찬란한 금강석
뿐이다 빈자리는 스스로 충만하여
원형으로 돌아간다 슬픈 표현이다
금강석 속엔 가장 무수한 것이 빛이고
가장 견고한 것도 빛이다 내겐 그것이
가장 아슬아슬하고 영원한 순간이다

체취

초식동물은 냄새를 싫어하지만 그들도
밤에는 육식을 하고 체취가 묻어난다
살내음은 살이 없을수록 상큼하다 그 반성을
우리는 사랑이라고 부르지 사랑은 사실
세월보다 먼저 나이를 먹는다 육식동물은
낮에도 화장을 한다 체취를 강화시키는
대비효과다 그 반성을 우리는 슬픔이라고
부른다 나는 한 5천년 역사를 말했다 능력은
비유 자체에 있지 않고 비유의 불편한 데를 쿡쿡
쑤신다 그 속에 역사의 나이가 있고 나이 속에
얼마나 숱한 영원이 빽빽이 들어차 있는가
5천년 내리쎗긴 살내음을 맡지 못하는 자는
5천년 내리 축농증이다 체취는 명멸하지만
후각은 마침내 끝없고 갈수록 사회적이다

말

내뱉는 말이 엇갈려 미로가 원탁 위에
세워진다 그것은 중심을 향한 미로라고
사람들이 인정하지만 동시에 고집한다
실패한 과정을 형상화한 화려한 미로의
성채가 기승을 부린다 벌써, 더 비참한
최후는 아직 더 기다려야 한다 복잡해서가
아니다 육체의 삶은 미로보다 복잡하고
몇 차원을 더 보태야 한다 중심이 가장 넓게
오래되게 빠르게 번져간다 정교한 과학이
끝내 실패로써 찬란한 가슴을 완성시키는
용기 앞에 머뭇댈 뿐이다 과정이 점차 둥근
중심이 되고 창 밖이 없으면 존재조차 없는
미로는 평면이므로 시간과 공간이 난해하다
肉彈이 된 말은 이미 미로 바깥에 있다

낯설음

너와 나 사이 낯이 살을 부딪고
익어간다는 것은 낯설음도 키워간다는 뜻이다
그래, 익어간다는 것은 키워간다는 것이다
육체만으로야 사이가 지워질 수 없다
헤어져서도 이별의 시간과 거리가 몇 겹으로
얽히고설키는 까닭이다
사랑의 모든 것이 나날이 난생 처음이다 몇십 년
인생이 썩던 장소와 냄새조차도 그때 우리는
비로소 서로의 삶 속에 몇 겹 채웠으며
역사에 몇 겹을 보탰다고 말할 수 있다
낯설음은 없어지지 않는다 길들여질 뿐이다
그것이 더 큰 것을 이룩한다 너무 낯설어
절망이 오지만, 이미 사랑이 그만큼 익었다
절망은 없어지지 않는다 길들여질 뿐이다

제3막 목적지

소리

소리에는 희망이 있고 불안이 있다
그러므로 소경에게 들릴 뿐 아니라
맹인에게 보이고 언제나 육성이다
그것이 불안을 어둡게 하고 희망에
살을 채운다 소리와 육성 그 사이에
남지 못한 역사 전체가 공간이 되고
잦아들수록 공간이 뜨겁게 소리친다

불안 없는 희망은 우상일 뿐이라고.
역사가 없는 희망은 사실 단말마의
경고에 다름아니라고. 그것은 사실
내팽개친 것이나 다름없다고. 불안이
미세한 실핏줄을 이루고부터 태어난
희망은 찬란할수록 뿌리가 있다고.
깊고 얇은 소리의 희망은 뿌리이다

너와 나

그러므로 네 속으로의 여행은 이미
희망으로의 여행이므로 이제 이별은
희망의 생애를 책임져야 한다 시간을
여행으로 생각했던 것 사랑을 공간의
일치로 생각했던 것보다 더 크게
우리는 또 실패하리라 이별도 희망도
삶도 죽음도 그러나 실패의 비수가
사랑의 가슴을 더는 찌르지 않는다
실패가 실패를 자해하지 않고 사랑이
사랑을 체포하지 않는다 더 미래인
죽음이 누추한 유토피며 그에 비해
더 현재인 싱싱한 삶이 과학인 것이
비로소 보이고, 들리고, 받아들여진다
유토피 없이 과학은 투명하지 않다

길

길은 지평보다 넓고 시간보다 오래되었다
그것은 현실의 길이고 현실보다 현실적으로
더 앞선 곳을 미리 가리킨다 그러나
손가락으로는 달을 가리킬 뿐
그 길을 가리키지 못하지 그 길은
가슴 속에서 가장 분명한 형태를 취한다
역사 속으로든 사회 속으로든 인간 속으로든
길을 여행에 비유한 모든 시도는
실패를 과거의 그리운 추억으로 만들었을 뿐
쓰디쓴 현재의 양식으로 만들지 못하였다
그것은 입에 더 쓰지, 더욱 비참한 결과이므로
몸이여 있는 것은 현재뿐이다 길은
현재 네 속에서 현재의 바깥까지 이어져 있다
길은 실패로 재구성된 미래다

사랑의 생애

사랑의 생애는 갈수록 엷어지지 않는다
나이를 먹을수록 그것은 희미해지지 않고
더욱 악착스러워진다 그래서 추해지지만
사랑은 속속들이 알게 하고 그러므로 증오를
동반하지만 증오를 아는 사랑은 그보다
더욱 커지고 그래서 그 허한 자리에 새 살이
돋아난다 그것만을 우리는 살았다 할 게 있다
생애는 사랑을 어른으로 키우고 사랑은
생애를 날로 재탄생시킨다 사랑의 생애는
갈수록 깊어지지 않는다 이미 생애가 키운
사랑이 더 큰 사랑을 키웠으며 사랑이 키운
생애가 더 오랜 생애를 받아들였으므로 그것은
주변부를 이룰 뿐이다 그 허한 자리에 이룩된
역사가 있고 그것만을 사랑은 살았달 게 있다

에필로그

오 坐礁의 날개인 이상과
이상의 날개인 좌초와
그 둘이 화해하는 역사의
內化와 外化
이상은 항상 이상의 생애가
끝나고 이룩되는 것을
남은 육체가 아니면 누가 알겠는가
좌초는 항상 화려하고 그것은
뒤집은 예후일 뿐이라는 것을
갈수록 젊은 육체가 아니면 누가 알겠는가
形言하라 육체여 누추한 옷보다 먼저
이미 形言인 육체여 그러나
누추하다는 것은 생애가 있다는 뜻이지
총체를 안다면 그건 많은 것을
이미 이룩했다는 뜻이다 눈물겹지만
우리가 눈물겨운 누추한 옷을
그대로 물려받아서는 안되는 까닭이다
거기서 누추함의 생애는 완성되고
역사를 아는 우리는 상대적으로 누추한
우리 이상의 육체를 기꺼이 입으리라

1人舞·2-서정의 구조

작곡엔 일생의 모든 것이 기재되지만 끝이 없는 것은 연주다.
인간과 역사가 있으므로 끝이 없는 세계가 그 속에
있다. 몸은 기재된 것보다는 연주된 것 위에 겹치고 싶다.

프롤로그

눈물이 응축하고 사람들이 뿔뿔이
흩어진다 서정으로 거대하게 눈물이
응축하고 사람들이 더 거대하게
분산한다 아아 작곡과 연주 사이
인생과 역사 사이 그 사이 대중가요가
흘러넘친다 붉덩물처럼 그리고
눈물이 응축하고 서정이 사회적으로
구조를 갖는다 갈수록 수준 높게
사람들이 더 팽창한다 눈물이 응축하고
그것이 서정의 뼈대가 되지만 이미
역사는 흘러갔다 이미 역사는
눈물 속에 저질러졌다 눈물이 응축하고
사회적 서정이 뿔뿔이 흩어지는
사람들의, 미래의, 조금 뒤처진 그러나
아름다운 길이 된다, 복잡하고 투명한

제1막 인간적

작곡과 연주

작곡엔 일생의 모든 것이 기재되지만
끝이 없는 것은 연주다 인간과
역사가 있으므로 끝이 없는 세계가
그 속에 있다 몸은 기재된 것보다는
연주된 것 위에 겹치고 싶다 역사를
기나긴 선율의 공간으로 몸은 느끼고
싶다 작곡자도 그랬을 것이다 영원한
역사의 신선한 느낌이 없다면 인간은
아무것도 이루려 하지 않는다 다만
그는 몸이 떠난다는 것을 되도록이면
몸으로써 표현하고자 하였다 선율이
육체보다 가벼운 것은 육체를 완전히
위안하지는 못했다 그러므로 슬픔의
선율이 악보 위에 벌써부터 길고길다

분신

그리고 슬픔이 껍질을 벗고 후대에
힘을 준다 그것은 목이 꺾인 음표의
동질성에서 벗어나 슬픔이 힘이 되는
시대를 거쳐 슬픔 자체가 분신을 하는
시대에 이르기까지 세상은 넓어졌고
인간의 가슴 속 선율의 영역도 깊어졌다
이제 후대가 없는 고전을 생각할 수
있는가 음악의 세계에 누가 살고 있는가
음악이 적시는 세계는 불타는 세계며
음악이 태우는 세계는 눈물의 세계며
물과 불이 어우러져 서로를 상승시키는
인간의 가슴이 그 속에 스며들어 있지
않은가 세상이 살 만해 보이는 것은
겉보기보다 뼈대 때문이다, 법칙의 뼈대

精髓

그리고 정수를 뼈대와 혼동하면 안돼,
혼동하면 결합시키지 못한다 인간의
정수는 뼈대보다 많은 것을 집약하며
액체적이다 그리고 그것은 연체동물의
뭇 기억보다도 조직적이고 역동적이다
그리고 정수의 눈동자에 발전할 수밖에
없는 세계가 집약되고 확산된다 모조리
포착할 수는 없는, 물기 있는 눈동자가
현상과 그 뒤에 숨은 본질, 그것이
드러내며 구체화되는 과정을 한꺼번에
보면서 시간과 역사와 창조를 평면 속에
그러나 가장 깊게 담는다 축축한 눈물이
둘을 구분하고 결합하고 펼친다 세계에
더 나은 겹으로, 이미 정수는 누추하다

肉化

그리고 예술과 노동 사이, 육화는 이미
한 걸음, 한 걸음 사회와 육체의 간극을
육체 속으로 확산시키고 사회 속으로
응축시킨다 표정이 물화된다 세계관이
육체적이고 묻어난다 인간인 세계가
무엇보다 역동적이고 총체가 육박한다
무엇보다 형성화와 법칙 사이 세계관이
생애의 무게를 갖고 움직인다 예술이
완성되면 법칙도 완성되리라 이제껏
너무 정반대였으므로 그러나 그것 또한

길지 않으리라 역사는 이미 수많은 갈등을
사회 속에 육화하였다 예술이 예술을
육화하지 못한다 아직은 자생성 시대다
아니 누추히 알 뿐인 의식성 시대다

제2막 사회적

약한 고리

기실 그것은 잔재주에 불과하다
몸의 감각을 형언한다는 것
음악과 미술의 눈과 코에 입을 달아준다는 것
이야기의 두뇌를 해설한다는 것 그것은
컴퓨터와 성경 창세기가 다 한 일이다
성경의 역사를 컴퓨터의
미래를 보아야 한다 스스로를 비롯시킨
사회의 역사 속으로 투신해야 한다
그러면 보이리라 결과인 사회 속에
사회의 결과와 결과의 역사와 역사의 필연 사이
벌어진 틈에서 모든 것이 살고 있고 누구나
금강석처럼 눈물이 견고하기를 바란다는 것을
빛은 원래 있었다 빛의 결과가 아직 없을 뿐이다
그것이 언뜻 반짝였다 애정의, 약한 고리에서

飛上

비상하기엔 서정이 너무 무겁다
그러나 서정은 육체의 비상이고
역사 속으로 비상하기엔 육체가
너무 가볍지 않은가 통일의 문제는
남아 있고 사회의 문제는
앞에 있는 것이 겨우 보일 뿐이다
실패보다 실패한 사회의 이유를
역사의 이유와 이유의 역사를
보아야 한다 그것은 실패한 자의
입장이 된다는 뜻이다 그것은
실패한 자가 되어 실패하지
않는다는 뜻이다 더군다나 실패를
가능케 했던 거대한 어떤 것도 없다
얼마나 천박한가, 서정의 비상은

전형과 총체

폭발 직전으로
비좁은 것을 느껴야 한다 전형과
총체의 사이 비좁은 것이
육체를 상정하고 육체의 꿈을 상정하고
그 꿈이 끝까지 육체를 놓지 말아야 한다
그때
사회적 서정이 가능하다 육체의 내부가
정말로 비좁게 느껴지는
그 사이에 사회적 서정이
깔리고 모든 것이 전형과 총체의 사이를
총체보다 큰 전형으로 혹은
전형보다 서정적인 총체로
겹쳐서 형상화한다 그것은 이미 흘러간다
시간보다 두텁게 살아야 한다

감각

감각 속에 토대와 상부구조가
들어선다 골간이 아름다운 순간이다
감각이 대중 속에 뿌리내릴 때
대중 또한 옷을 한꺼풀 벗는다
대중의 본질이 가장 감각적인 순간이다
그 속에 켜켜이 쌓인 것들이 그 자체로
아름답지 않고 다만 아름다워지고자
애를 쓴다 역사가 아름다운 순간이다
기실 역사는 그 자체로 아름답지 않고
다만 겹쳐져 정지한 시대와 시대를
꿰뚫는, 열린 창이 육체를 갖춘
아름다움의 가장 아름다운 눈동자다
감각이 사회적이고 영원함이
역사를 갖는 순간이다

제3막 노급적

1

노동자의 육체 속에서 모든 것이
해결되지 않고 해결의 역사가 비로소
집약되기 시작한다 법칙과 전망이 크게
육체적으로 크게 갈등한다 비로소 삶이
무엇을 해결해야 하는가가 감각이다
'노동' 과 '자' 사이 그 사이에 가장
사회적인 인간이 가장 누추한 현상의
본질이 육화되고 그것이 켜켜이 깔리는
시간을 무게로, 다시 공간으로 감각한다
그것은 무엇보다 민주적이고 전범적이다

그리고 그들의 삶이 또한 그것에 비해
누추하므로 그들은 누추한 옷조차 쉽게
벗어버릴 수 있다 그들의 꿈은 세계를
떠나지 않는다 비좁게 느낄 뿐

2

그들에게 비좁은 것은 이미 강철공장이
아니고 세계다 그들은 공간을 시간적으로
인식하고 역사상 가장 진보적인 것이
그들의 감각에 포착되고, 가장 현대적인
과학이 당연한 적자처럼 보인다 그들에게
삶은 아직 과거의 껍데기처럼 누추하고
그들의 미래에 비해 누추하므로 이중으로
누추한 것이 비로소 누추한 반역의 운명을
거역한다 거역의 늙은 피부가 탈각된다
피비린 옷이 그들을 피비리게 했지만
그들은 누구보다 당연하게 피비렸던 과거를
역사로 해석한다 갈등은 해결되지 않았다
전망이 버린 육체 속에 뒤얽혀 역사와,
역사의 결과가 육체적으로 갈등할 뿐이다

3

그리고 전망과 법칙 사이에 파업이 있고
당이 있었다는 것은 비로소 역사적으로
끔찍한 일이다 그것은 정말 전망만큼
화려하거나 법칙만큼 가지런하지 않았다
그러나 자세히 보면 거꾸로다 뒤집으면
남한의 역사 안에서 왜 소련이 망했는지
전망은 어떻게 망할 것인지 아니라면
왜 정말 절망해야 되는지 다 들어 있다
그렇다 시간은 돌이켜지지 않는다 그리고
우리가 시간의 시야를 넓혀야 한다 그러나
동시에 전망의 역사를 단절시키지 않고
전망은 항상 현실 앞에 초라하다는, 딱히
후자가 화려해서 그건 게 아니라는, 법칙이
역사적으로 스며드는 가슴을 가져야 한다

4

그때 법칙이 벌써 현실에 육박한다 당이
현실의 추출이 아니고 종합이기 시작한다
서정의 배후는 죽음이다 역사적인 전망의
육체인 서정이, 그러므로 이미 여러 겹의
사회의 형상화인 서정이 갈수록 열리는

역사와 사회 속으로 생애를 펼쳐나간다
그것은 운명이 아니고 서정의 자유다
그 바탕에 더 대낮인 법칙의 삶이 시작된다
그것은 법칙의 영원한 역사의 삶이다 피비린
것보다 더 끔찍한 형상은 법칙도, 전망도
파업도 담길 수 없는 닫힌 서정으로 우리가
세계를 예찬했다는 것이다 그 시대는 갔다
완전히, 그 시대의 서정도. 영원히 간 것은
영원의 폐쇄나 종말은 정말, 열려, 왔다

에필로그

드러나는 것은 언제나 희망의 全貌다
그 전모는 움직이고, 움직임 사이로
전모의 구조가 보인다 그것은 비로소
아름다운 內腸이다
그것을 희망은 절망이라고 부르지 않는다
그렇다 희망의 그림자는 아직
物化와 정반대에 있다 발자국이 남긴
구멍의 외화처럼
그러므로 희망은 이제
희망의 빈자리에 무엇을 메꿀 것인가
고민하지 않는다 스스로 무엇을
메꾸려는 고민이 물화되고 그것이
빈자리가 일각일 뿐인 세계보다 크다
그것이 희망의 냉철한 자유다
희망에 무게를 상정한 것부터 문제다
실패한 게 정말 있다면 그건 변증법뿐이다
성공한 게 정말 있다면 그건 절충뿐이다
이제사 드러나는 희망의, 그러나 전모에 비하면
남은 건 가슴과 가슴에서 나와
가슴을 찌르는 잠언뿐이다

1人舞·3-시간의 건물
살아 있으라, 살아 있으라, 체취라도 영원히,
그대여, 나여, 그리고 모든 합쳐진 어긋난 것이여

프롤로그
인정한다 모든 것을 가장 버린 곳까지
버린 꽁치 한 마리가 내 생을 지배했고
역사가 미래를 지배한다 그러므로 내가

인정하는 것이 모든 것을 지배할지라도
오 미래는 역사의 外化, 역사는 미래의
노동, 오 육체는 얼마나 찬란한가 노래는
슬픈 그 무엇의 핵심인가 가장 우울한
그 무엇이 예찬되고 있는가 오 육체의
外化인 역사와 정신의 外化인 미래와
분리된 것의 결합과 결합의 분리, 공간이
시간을 인정하듯이 살아 있는 날까지
시간의 건물 속에 아직 살아 있다는 것은
갇혀 있다는 것 그러나 시간이 흘러가고
벌써 흘러가는 시간 속에 언뜻언뜻 찬
유리창 그 속에 흘러가는 시간의 건물이
보인다 따지고 보면 내가 있고 어차피
죽기 위해 사람들은 더욱 튼튼한 건물을
짓는다 인정한다 차디찬 유리창에 묻은
비린 것은 모든 것을 인정한다는 뜻이다

제1막 육체와 정신

끊임없이 흘러가던 시간이 무너진다
끊임없던 역사가 무너지고
흘러가던 것과 흘러갈 것이 무너진다
시간이 무너지고 무너짐이 무너지고
시간의 건물이 무너진다
가슴이 무너졌다, 그리고 잠시
장님이 코끼리를 만지는 세상이
와야 하리라, 반드시
그러나 과거에도 중요한 것은 배후였다
그리고 그것은 확실히 전보다 더 거대한
세계고 배후다
사실 온갖 예언은 좌절한다는 점은
벅차디벅찬 배후를 우리는 보고 있다
그것은 더듬지 않고 단지 예감하지 않고
온몸으로 껴안는 성질이다
그만큼, 노동의 의미도
변한 만큼 발전했고 예언보다 더 발전했다
사실 예언이 맞는다면 절망할 일은 더 많다
그것은 역사와 사회가 스스로
헛살았다는 의미다 우리는 예언의
법칙이 아니고 전망도 아니고,
실패의 법칙 속에 더 많은 희망을 두어야 한다
그때 비로소 희망이 질긴 뿌리를 내리고

시간이 더이상 흘러가지 않고
우리 밑에서 불끈불끈 솟구쳐오른다
역사가 다시 시간 속으로
체포된 것이 아니다 역사가,
시간의 역사를 한 겹 더 갖춘 것이고
그것을 보는 나를 포함한 역사가
솟구치는 것이다 그것은
시간도 아니고 공간도 아니고 시공간도 아니고
죽음을 메꾸는 시간의 건물이다
그것은 삶의 끝이고 삶의 충만을 드러내는
陰畵고 역사상 모든 누추한 것들의
눈물이 단단하게 굳어 이룬
금강석에 갇힌 시간과 공간이다
그러므로 오 全貌가 드러나는 시대
전모 바깥의 누추한 의상들이 거대하게
흘러내리고 이제 흘러내리는 것은 곧장
무언가 과거의 총합보다 훨씬 더 우월한
전모의 본질이 부상한다는 뜻이다
뒤늦을 뿐, 절망도 절망의 껍질을 벗는다
오 세계는 어느 곳에도 스스로 절망의 낙인을
찍지 않는다 그러기엔 세계가
너무 거대하다, 온몸 어디에도
절망은 찍히지 않는다 패배, 그것은
아주 예리하게 잘려나간,
설득되지 못한 추상의 살점 같은 것
그 패배엔 이미 얼굴표정이 없다
육체의 역동이 스스로 역사를 이루고
다시 역사의 육체를 이루는 동안
정신이 짓는 시간의 건물은
비로소 육체가 찍어대는
강성한 발자국이다 그것은 뒤흔들린다
육체의 발걸음이, 강성하다는 뜻이다

제2막 협동과 계승

그리고 두 팔은 비로소 협동과
협동의 분리를 껴안는다
두 다리는 오래 전부터 계승과
계승의 단절을 버팅긴다
무엇 때문인가 육체는 무엇 때문에
있는가 육체는 무엇의 결과이며
이면이며 과정이며 무엇의

하나의 2人舞와 세 개의 1人舞

열림인가 육체는 누구의 시간이며
시간은 누구의 공간이며 공간은
누구의 역사인가
오 그렇다 누구도 육체를 이렇게
괴로운 틈새라고 보지 않았다
누구도 육체를 이렇게
협동의 분리로, 계승의 단절로
결과의 열림으로, 시간의 공간으로
공간의 역사로 보지 않았다 이것은
육체가 얼마나 많은 것을
겪었다는 뜻인가 이것은
육체가 얼마나 많은
협동과 계승을
이룩했다는 뜻인가
그러고도 육체가 포착되지 않는다
육체 속에서 포착도 포착되지 않는다
포착의 사회가 포착되지 않는다
포착의 역사가 포착되지 않는다
다시 육체로 돌아가야 한다
그것으로 그 밖의 것을
암시할 수 있을 뿐이다
그 밖의 것은 항상 그것보다 크지만
그 안의 것은 항상 그 밖의 것보다
유구하다 육체가 없는 모든 것은
역사를 육체로 삼고 육체보다 유구한
생애로 삼는다 그러나 협동이 분리의 역사를
낳고 분리의 역사가 더 유구한 협동의
생애를 낳는 사이
낳음은 무엇을 낳고 있는가
계승이 단절의 역사를 버팅기고
단절의 역사가 더 유구한 계승의
생애를 버팅기는 사이
버팅김은 무엇을 버팅기고 있는가
그렇다, 원인을 알기 위해 이제부터
거슬러 올라가야 한다 모순은
모순의 원인에 비하면 공기처럼 가벼운
장난에 지나지 않는다
그러나 육체는 복원하지 않고 사실은
정신도 아무것도 거슬러 올라가지 않는다
복원은 아무도 복원하지 않는다
길을 두텁게 할 뿐, 무지개처럼 길이 몇 겹이고
그만큼 갈 만할 뿐이다
살아갈 시간이 몇 겹으로 살지어지는 까닭이다

육체는 나이를 먹으며 나이를 담을
더 큰 육체를 찾는다 협동과 계승은
시간의 건물이 지은, 더 유구한 육체
이빨이 빠진 그 육체의 외양은 내부보다
더 실하고 현대보다 더 현대적이다

제3막 역사와 미래

이젠 알겠어, 조금씩 어긋나지 않으면
살아 있지 않다
이젠 알겠어, 간절함의
의미를. 조금일수록 그것은 간절하지만
살아 있지 않으면 아무것도
열 몇 장의 백지장에 지나지 않는다
그리고 왜 간절함이
육체보다 더 오래 사는
역사와 사회 속으로 뿌리를 내리고
더 많은 어긋남을 포용하고
더 기나긴
육체의 열망의 길이가
간절함의 깊이를 파는지
그런 육체로 보면
역사의 겹과 사회의 겹이 겹쳐
생동하고, 깊고, 울컥하고
거대하다, 오관으로는 파악 못하고 다만
예감의 뿌듯한 실체를 느낄 뿐일 정도로
폭풍의 고요한 중심보다 고요하고
폭풍의 강력한 외곽보다 강력한
눈물 방울의
떨림
사랑한다, 사랑한다, 사랑한다
그대를 사랑하는 것은 그대를 통해
역사와 사회 속으로 뻗어나가며
또 한 겹을 보태는 것이다
단지 그것만이 아니지
단지 겹쳐지는 것만이 아니었던
역사의 겹과 사회의 겹이 서로의 겹에게
내화되고 서로의 바깥을 위해 외화된다
그것은 벌써 몇천만 겹으로 살아
생동하는가 폭발하는가 그러나
인간이 인간과 부딪쳐
역사 속에 생애로 이룩한

가장 고요한, 마주본 거울 속
얼굴의 겹과 겹이 겹치는 속도보다 고요한
입술 끝의
떨림
사랑한다, 사랑한다, 사랑한다
그리고
낙관한다, 사랑과 역사가 얼마나
어긋나는가
역사와 미래가 얼마나
어긋나는가
그 거리를 재기 위해 나는
육체의 끝을 내뻗고
그 광활한 길이로 하여
역사와 사회가, 육체적이므로 더욱
역사적이고 사회적이게 한다
마침내, 그 모든 살아 있는 미래의
세계가
백색의 미인보다 정결하고
유행가보다 간절하다
살아 있으라, 살아 있으라,
체취라도 영원히, 그대여, 나여, 그리고
모든 합쳐진 어긋난 것이여

에필로그
닫혀 있는 것과 열려 있는 것이
사이좋게 닫힘 속으로 열리고
열림 속으로 닫히고
과거를 닫고 역사를 열고
전망의 역사를 닫고
미래를 열 때가 있다 말이 닫히고
육체가, 육체적인 순간이다
말의 육체가
땅을 딛고, 그날의 깃발로
미리 나부끼는 순간이다
그것은
누추하지 않고 간절하다
사랑하라, 사랑하라, 사랑하라
어긋남의 역사를
그것의 심화와 확장을
그것이 깃발이 된 육체를
역사적이고, 사회적이고 영원하게 한다
육체가 육체를 열고 열린 육체가
가장 아름다운 시간의
건물이 되는 순간이다

희 망 의 나 이

사회성과 서정성 사이의 거리를 좁히는 것, 정확히 말해 그것이 나의 관심사는 아니다. 내게

시의 문제는, 사회적 서정의 수준을 높이는 문제다.―1992년 9월

제1부 첫눈의 숫자

첫눈

처음 보았다
시청 분수대 위로 파란만장하게
눈이 내린다 누더기
소련연방이 해체된다 프라자호텔 위로
낭자한 것이 치솟는다 찬란하게
외투자락이 흩날린다 얼굴에
와 닿지 않고 몇십년 흔들리는 눈이
내리지 않고 허공에 외친다 오 나는
붙들 것이 현실밖에 없다 차가운 내가
너의 따슨 가슴을 붙들고 물방울로
부서진다 갈퀴손, 달리 무엇을 붙들겠는가
모든 것보다 먼저 모든 것보다 무참하게
눈 내리고, 내릴수록 지상에서 가장 두텁게
발 시린 사람들이 귀가한다 지상에서
좌초한 것은 신화뿐이 아니다 이미
눈이 가벼울수록, 멋모르고 발길에 채인다
모든 것은 수혈중이다 창백한 나의 아내도
아침이면 부디 안녕하라 각혈하던 벗들
나는 안다 깊은 곳일수록
무너지는 것이 무엇인가를 튼튼하게 한다
나는 안다 찬란한 것은 아직 비명의
소리의 화려한 껍데기일 뿐이다
처음 보았다, 그래
아스팔트에 몇백년 눈이 쌓인다

사랑노래 1

더이상 너를 빛낼 어둠이 없다
더이상 너의 눈물을 빛낼 꽃이 없다
어둠이 없고 꽃이 없으므로 당분간
네가 없다 아아 네가 사라진다 단 한번
눈부셔라 어둠이고 꽃일 사람아
새벽이 오고 둘 사이 이슬이 무산되는
이 시간 목숨의 불꽃이 다하기 전
이 세상 모든 사람과 마찬가지로
간절하고 싶다 진정으로 사랑한 것은
한순간 집약된 수만년 인간정신의
너와, 너의 명징한 육체적 몸짓이었다

올디스

일생의 많은 부분을 공유하다가
죽은 사람은 사진을 보아도 오랜만이다
죽은 사람은 사진을 빛바래게 하지만
동시에 흘러간 시간을 활기차게 한다
오늘도 가슴 아픈 것은 죽은 자가 아니다
그래 어느덧 우리는 살아서 짓무른
시력을 탓하는 나이가 된 걸까
십년 동안 한 시대를 늙어버린 걸까
우리 만났다 광화문 예전 골목에서
십년 후 태양이 야경과 교체되는 세모
예전처럼 악수를 하고 동동주를 시켰다
모든 것이 변해 있었다 예상보다 더
술도 추억도 사진도 그 사이의 세월도
나는 왜 이 시대가 죽은 사람만을
악을 쓰며 예찬하는지를 떠올렸다
악을 쓰며 우린 서로를 부추겨 흥을 키웠다
아무도 취한 사람은 없었다
아무도 부축하지 않았고 부축받지 않았다
그래, 짓무른 시력을 탓할 시간이 되었다
가자, 더이상 한데 뭉쳐 실패할 시간이
우리 세대한테 남아 있지 않다 일어서
우리 각자 가던 길을 가야 한다 흩어져
각자 완벽할 리는 없는 것을 알고 그러나
가야 할 것을 아는 남은 삶의 돌이킬 수 없는
앞날을 몇 40 우리는 말없이 받아들였다
낯익은 정거장이 그날 따라 외투깃을 올리고
부러 힘을 준 발길이 갈라졌다 그때 올디스
우리 젊은날보다 한 십년 앞섰던 60년대
서양노래가 진열창 앞 밝은 자리를 흘러넘쳤다
어둠 속에 등 돌린 자세로 잠시 멈췄다 나는
고개가 조금 처졌다 끄덕이진 않았다 나는
조금 조용했을 뿐 앞세대도
나올 것은 없었다 아니 그만큼
더 난감했으리 우린 이제사 헤어지고
만나는 방법을 조금 알 뿐 아닌가 다만
앞세대보다 조금만 빨랐기를 바랄 뿐이다
추억으로 밤을 지새기엔 시대가
식구들이 아직 미진하지 않은가
그렇게 우리는 30대의 마지막
정물화를 만들었다 눈이 내리고 그것조차
배경이 되었다 1991년 12월 30일

사랑노래 2

그대여 나는 아직 눈물의 껍질도 못 태웠다
어제는 그것만도 아파서 밤새 전신이 찢어졌다
육체가 얇다는 것이 이토록 고통인지 없으므로
도리어 생생해지는 것이 꽉 찬 이승인지 그대여
우리 있었으므로 그리 앓았고 헤어졌으므로 그리
깊어질 수 있다면 나는 아직 아픔의 껍질만큼도
벗겨내지 못하였다 흔쾌히 그리고 벌써 온 세상에
새하얗게 눈이 내리고 지붕이 하늘로 열린 지하도
질척한 계단에서 누추한 이상이 지쳐 앵벌이하는
어제도 그랬다 내일도 그대여 이만큼만 상하고도
벌써 구체적으로, 후각으로 느끼는 나는 아직 얕은
것인가 다행인가 오늘도 몇천년 바라는 것은
그대 무사귀가일 뿐, 먼 길이 멀수록 꿈틀거린다

연하장

우리가 망한 건 망한 거다 壬申年 우리만
그런 게 아닌들 몇백년 전 세한도가
우리들 열광의 추억으로 남을 턱이 없고
그럴 필요도 없다

　당선하세요 꼭, 형
　난 형 세대가 출마하는 것에 찬성이에요
　과거를 보는 게 아니라면 우린 다음을 위해
　갈라질망정, 번듯하게 살 의무가 있어요
　다행히도 자리가 여럿이라니까, 우린 그만큼
　찢어진 것은 아니잖아요 당선하세요 꼭, 형

세한도 소나무가 가라오케를 틀고 있다
대통령보다 힘든 게 국회의원 선거라는데
동네 한량 몇십명 앞에서 아직 囹圄의
소나무가 차마 제 혼자 춤추진 못하고
악수를 청한다
몇년 전
결별할 때도 그랬지만 피눈물 난다, 정말

不惑

시력을 의심할 필요는 없다 청력도
수억만명이 피를 흘리는 옛날 이야기가
제 목구멍이 되어 사람들이 게걸스럽게
행복하다 나도. 내가 시인인 것은 단지
그러므로 내 웃음소리가 내 목구멍 속에서
거꾸러져버렸다는 것을 알 때뿐이다

모든 것이 반을 넘었다 내 나이도
그리고 여생을 미리 보며 사람들이
감동하다가 세월도 역사도 잊어버렸다
죽음이 싫기 때문이다 나도. 내 목구멍
한구석에서 희망의 계단이 무너져내리는
것을 느낄 때만 살아 있다. 그래. 불안하고
그만큼 희망찼던 대륙이 무너졌다 그래
나이 탓만은 아냐. 나는 견고한 희망의
뿌리가 통째로 뽑혀, 현실의 창을 박차고
머리칼같이 길거리에 흩날리는 것을 본다
아귀같တい, 집착치 말거라 제발
돌이켜보면 부서지는 것은 과거뿐이다
그것도 뿌리를 내리면 그 즉시 오래된
발톱처럼 저절로 분쇄되기 시작한다
그래. 나는 텅 빈 것이 뭇 가슴을 이루고
뭇 가슴이 산맥으로 불끈 솟는 밤을
다스려야 하는 불혹을 맞고 있다
쓰다듬으라 쓰다듬으라 나는 내일
처음 보리라 추운 겨울과 더운 여름을
식구가 없는 심심한 방을
악을 쓰듯 흥거운 친척들의 명절날을
모두 고단치 않은 삶은 없었다 오
그렇다. 무언가가 마구 떨릴 뿐이다
모든 것이 단련되고 있다
희망도. 현실도. 무엇보다 현실의 창이
신화가 무너지고 역사가 시작된다
미지의, 내 불혹의 나이다.
텔레비전만 탓할 일이 아니다
간직한 것이 어디 있단들
살아 있는 동안 불안치 않을 수 있으랴
세상이 불야성인 것은 불안 때문이다

戰士

우리에게 전쟁이 없었던 것은 아니다
오늘도 아버지는 공산당은 말라고 하셨다
6·25전쟁 종식과 더불어 평생 국방군이 승리한
아버지는 요즘 부쩍 복부 총알 상처 얘기시다
된 일이 없지 앞으로도 할 일은 많다고
얼버무렸을 뿐 난 그 움푹 패인 아버지의
상처에 대해서도 공산당에 대해서도 함구였다
어머니가 그 고생을, 하며 안쓰러워졌지만
문제는 스스로 베테랑 전사라는 사실을
우리가 아직 모른다는 것이다 소설에 나오는

베트남전쟁 영화에 나오는 것과 다른
투쟁을 겪고 우리는 그것과 다른 전사가 되었다
아버지와 다른 산전수전의, 어머니와 다른
애정의, 6·25전쟁 세대와 다른 공산주의자의,
그러므로 가장 어려운 것은 몸에 난 상처를
아직도 우리가 선호한다는 것, 그리고 당연히
현실은 우리에게 그런 상처를 주지 않는다
그리고 우리는 지금 엄연히 패배한 전사다
없는 것은 전쟁도 아니고 전사도 아니고
깃발이고 타고 갈 막차고 찢어질 가난이고
유형의 보도지침이고 미련한 독재자고 촌스런
여당이다 그리고 전사여 우리 안에 있던 모든
반대의 한계의 절망이, 현실로 외화되고 있다
역사상 쓰렸던 모든 패배들이 현실에서 중첩되고
스스로 무거워지고 있다, 텔레비전 화면이나
혓바닥 신문지상보다 더 먼저. 몽둥이도 없다 그리고
가장 끔찍한 사태가 벌어진 것이다 전사여 깃발을
어디서 찾는가 깃발은 드는 것이 아니라 현실 속에
묻고 또 묻는 것이다 아버지 어머니 제 가슴은 붉고
붉은 깃발로 최소한 현실 속에 어색하지 않으렵니다

사랑노래 3
이제야 우린 만난 것이다. 살 섞으면 초라하다 지독히
구체적인 그 모습 그후 수천킬로로도 장거리통화중이듯
흐린 눈이 올 듯 말듯한 눈에 삼삼함이듯 멸망은 그런
이별 같은 것 허망한 것은 삶일 뿐 다만 멸망은 떠나가지
않고 왔으니, if의 현실로, 70년 만에. 다 살지 못할 삶이
미리 원통할 뿐, 잘 왔다 그대 멸망, 쏟아지는 눈이 지상의
시간에 머물며 두 뺨의 눈물로 녹아내리듯이, 안녕 그대

사랑노래 4
진지하고 우울했던 시대
그 옛날 좋았던 나이든 유행가가
문득 깨우쳐주리 용서하라,
그러지 않으면 타락한다

사랑노래 5
한 시대가 끝났다 구겨진 종이처럼
슬퍼할 자격이 있는 사람은 또 몇?
구겨질 자격이 있는 슬픔은 또 몇?
한 시대가 끝났다 잊혀졌던 필름에
추억은 또 몇? 희망은 또 몇 미터?
피비린 것은? 견고한 것은? 성난?

촉촉한 것은 의문부호뿐 어여뻐라
이 다음 눈물방울로 똘똘 뭉쳐 그대여
패배가 있었고 다스린 육체가 남았다
그것이 너의 것이다 온전히, 불멸하라

그분
후대뿐만이 아니다
나는 물표면을 딛고 선 예수처럼
50대 그분도 사랑한다 화를 잘 내는 것은
체력이 달리기 때문이라고 그가 말했다
옳은 말이다 그는 나보다 더 유물론적이다
내 걱정은 그보다 연조가 짧고 아직
그만큼 더 살벌하다
이 튼튼한 아스팔트 속에 내가 모르는
음산한 물고기가 살고 있을까봐 나는 두렵다
어른도 자기주장을 세울 시대가 되었다
그만큼 그분의 혀는 기성세대 쪽으로 굳었지만
그 굳은 혀를 보는 것은
나의 미래보다 더 오래된 과거를 보는 것이지만
비가 부슬부슬 내리고 고층빌딩 불빛들이
내 발 밑으로 흩어져 더 깊은 곳을 비추는 동안
난 내내 그분을 붙들고 싶었다 몇십년을 더 앞서
그분은 횡단보도를 건너갔지만 그분이 남겨준 것은
결론이 아니다, 난 그분보다 젊은 만큼 그분보다
나을 수 있을까, 그분보다 몇십년 후에, 여기서?

사랑노래 6
오 따스한 곳으로 내 자신을 삽입시키고 싶다
통째로 위축된 몸이 그러나 섣불리 성내지 않고
더 안온하게 위축될 수 있을까 마지막 헐벗은
그곳에서 헐벗은 시대는 갔으므로 더 깊이 더
깊이 최소한 멸망보다 더 깊이 멸망의 뿌리보다
더 깊이, 들어가는 것이 아니라 나갈 수 있을까
문이여 사랑이여 그때까지 형체를 유지하다오
부서지지 말아다오 내가 너를 빠져나갈 때까지
그러므로 네가 영원히, 앞에 있나니 날로 새로운
영혼과 육체로서 세상이여 문이여 그대여 관통
젖비다 그대, 그러므로 사람만의 기쁨이다

元旦
이제 모든 것이 제정신을 찾는 것 같으다
그리고
정신 차리고 보면 끔찍하다 모든 것이

아침부터 열광하는
여성주간지 뒤에
입원해야 할 알코올중독자가 있고
지불해야 할 위자료가 있다
그것만이라도 다행이다 뭔가 맺고 또
끊는 것이 있으므로
하지만 벌써 날이 저물고
식구들과의 세배가 너무 밝아 안쓰럽다
그래 우선은 배고프기보다 간절한
시대를, 될 수 있으면 굵게 잇기 위하여
식구들과 더 굉장치도 않은 식구들의 바깥
떡국을 먹고 덕담을 해야 한다
일치한다는 것만 능사가 아니지
그것 또한 단합대회처럼 초라하다
서로 다른 것을 슬기롭게
다스려야 할 元旦 그러나 벌써
날이 저물고 술 취한
사람들이 집 아닌 곳을 찾아 방황한다
내일 다시 해가 뜨고
속이 쓰릴 뿐 더이상 끔찍하지 않으리라
그러기에는 어젯밤 이미 죄가 많다 元旦

백만원

긴 터널을 뚫고 지나온 아침이다
그대로 하여 그렇다 꿈도 사랑도
오늘도 나는 백만원쯤 꿔야 한다
사는 게 그렇다 많은 것도 그렇게
적은 것도 아니다 삶이여 내가
역사적인 것은 아직 그것뿐이다
빛은 몸무게만큼 늘지 않는다
빛은 게으름만큼 늘지 않는다
오늘도 나는 좀 모자라다 그대여
그게 내 사랑의 방법이다 오늘도
터널 끝에 백만원이 남아 있을까
그것이 내게 전화 걸게 하고 문명이
충족한 대낮을 다시 또 터널에게 하고
역사이게 한다

사랑노래 7

그대여 깊어가는 이별이
시린 온 밤을 충만케 합니다 그치요
사람들끼리 어찌 이별뿐이겠습니까

제2부 사랑노래

별

난 요새 별을 보면
뭔가 배경이 있는 것 같아
뭔가 어긋나고 있거든
그게 맞는 것 같아
그리고 진실은 항상
참담한 것 이상으로 위안이 되지
어긋난다는 것 그리고 이유가 있다는 것
그게 의미인 것 같아 죽음 앞에서는
빛의 속살이 어둠이고 어둠의 속살이
따스한 기쁨 아닌가

近況

오늘도 둘이 갈라져 싸웠고 또다시
싸우지 말라는 파가 생겼다
그래서 우린 언제나 그랬듯이
양파가 아니고 삼파다
요즈음은 그 파가 딱히 이빨 빠진
호랑이가 아니다 기세등등하게 양쪽을
종파주의로 몰아붙이는 그 파는
세배도 다니고 집집마다 왁자지껄하다
빌어먹을 놈의 좌파라며. 물론
죽은 자들에 한해 그들은 안심하고 칭찬한다
오래 됐을수록 더욱
아하 그 파는 주로 관혼상제 때
창궐한다 그 밖으로까지
범람하여, 싸우면 안된다고 멱살을 잡는
점에서만 그들은 이전과 다르다
벌써 늙어가는 걸까 한 파인 나는
다른 파는 견뎌도 또 다른 파는 벅차서
이따금씩 그들에게 화를 낸다
평화와 평화주의자는 다르다고
그러나 잠들지 않아시 내 이빨은 이미 틀립니다
한 십년 쥐죽은듯 이를 악물 놈은 할 수 없고
그 외엔 와서 겨라 그게야 받아준다 그렇게
텔레비젼은 수십억짜리 휴맨광고를 하고 난린데
그것만도 그리 함부로 볼 것은 아닌데
깜깜한 김에 좌파 차라리 한 십년 멀리,
그 과정을 보면 둘의 차이를
엮어가며 감당할 수 있을까 몰라 우리

사실 현실에 비해 크지 않았으므로
갈라진 것이 그리 크지 않았으므로
한 십년 멀리, 그러나 긴박하게 보면
진실로 작은, 그러므로 소중한 패배라는 것을
깨달을 수 있을까 몰라 우리, 현실을 향해 좀더
넉넉하게 갈라질 수 있을까 몰라 우리

人跡

그대를 만나고 돌아오는 밤은
번화가데도 인적이 드물었다
나는 안다 인적 없는 인과가 얼마나
성난 물고기떼 비늘 파닥이는 파도 같은지
김치 비린내 사라진 사무실마다
외롭게 모인 사람들이 이 시간
비슷한 처지가 없을까 전화를 돌릴 것이다
든든하지 않고 쓸쓸한 확인을 위해
애시당초 우리가 밥을 위해
가난해서, 이 일을 시작했던 것은 아니었다고
막말로 본전 아니냐고, 돈 벌려면 이 짓 했겠느냐고
쓸쓸하게 웃다가, 힘을 내서 시시덕거렸지만
그럴수록 더욱 을씨년스럽고
컵라면 국물로 잠시 뜨거운 가슴이
이내 궁상맞게 식는
거의 폐쇄된 사무실을 나는 안다
패념치 말다오 너의 행동을
너뿐만이 아니고
나 또한 네게 무언가를 거절한 것임을 나는 안다
인적이 드문 것은 내가 아직 무언가를
찾고 있다는 뜻이다 너 또한.
나는 남아 있는 사람들이 더 걱정이다
너로 하여, 사무실 또 하나 폐쇄된 듯한데
너로 하여 팔 하나 잘린 듯한데
왼쪽이 뭉툭할 뿐 아프지 않은 내가 더 걱정이다
내 가슴 속 인적마저 왜 이리 드문가
나는 기다림만으로 황폐해져갔던
그리고 뻔뻔스럽게 그것을 옹호했던
역사가 반복될까봐 두렵다

죽은 자 通信

반성이 모자랄 때 나는 죽은 자와 통신을 한다
이승에서 가장 시끄러웠던 그곳 저승엔
억울함이 없고 행복과 불행 사이의
동요가 없다 따지고 보면 Classic의 세계도
그렇다 다만 거꾸로일 뿐 이승에서 가장

조용한 그곳엔 저승까지, 이어지는
가장 기인 고통이 가장 고요하고 아름답다
그렇다 나는 살아서 아직 억울하다 바보같이,
아직 반성할 것이 내게 남아 있다는 뜻이다
음악이 죽은 자의 음성으로 생기차게
살아 있음에 물기를 더해주는 아침 10시부터
내게 혁명은 실업자다 비겁하게,
나는 늦은 아침 반찬을 받고 아내가
아이들을 자기 편으로 조직하지 않았을까
의심한다 쥬스컵에 입김을 불며 입내를
확인한다 험담으로 확연해진 구린내를
죽은 자는 깨끗하다 일그러진 분신도
그리고 당분간
살아서 음악은 밤까지 이어지리라
내게 나 이외의 세상 말고는 아직 그것이
가장 유물론적이다
그렇다 나는 아직 뉴스를 보지 않는다
이유는 정확히 반반이다 잘 될 리가 없다는 것과
잘 안 될 리가 없다는 것
그렇다 내겐 아직 새로운 변증법이 없다
나를 내 바깥과 연결짓는 유일한 선은
죽은 자뿐, 이룩된 것뿐이다
그렇다 누릴 것이 없다면 당분간
우리는 역사를 음미해야 한다 움직일 수 없다면
우리는 무엇이 우리를 움직여왔는가를
발바닥에 더 두껍게 느껴야 한다
나는 내가 쫓아냈던 것 속으로
쫓겨 들어와 있다 다름아닌
선대의 업적 속으로
나는 살아 있다 아직 현실을 위해
명멸할 수 없는 삶으로 오
다음 세대는 실패하면 안된다 그것을 위해
나는 명멸할 것이다 더 단호하게

사랑노래 8

그대는 지금 한줌이다
사랑한다면 내일은 더 그럴 것이다
내 수중(手中) 또한 그대의 수중 속에 있다
집착할 것은 더 미세한 씨앗이다
잦아든 것은
집약, 물방울로의.
가슴은 무엇을 닮아 미리 격동하고 있는가
나의 통로가 여직 분출한다
무엇을 향해 확대되고 있는가

적시지 못했을 뿐 베갯잇뿐
세상은 우리 때문에 더 마르지도
더 비옥해지지도 못했을 뿐이다
집약, 물방울로의.
그대가 기를 쓴다, 연기가 되기 위하여
누가 누구의 가슴에
최후의 손을 얹고 있는가
싹이 트고 있는가 뜨거운
그렇게 우리는 일생 동안
몇천만년을 살았다 앞으로도
해가 뜨고 뒷세대는 더 침대가 넉넉하리라

대열

벌물 켜듯 기다리던 때가 좋았다
지상의
전철역 지붕은 반나마 열려 있다
이제 반쯤은 비를 피해야 한다
내가 남길 것은 생애다
돌이켜보고 싶을 때 후회가 극성이다
이제 어깨를 적시리라 전철을
기다리는 사람들 속에서
행렬이 긴 것은
떠나간 것은 다시 오지 않는다는 뜻이다

滿場

오늘도 나보고 기죽지 말라는 자는
실상 기죽은 자다 그렇다 무언가
한 시대가 갔다, 30년을 마무리짓는 출판기념회장
우린 망년회를 치르다가 해를 넘겨
신년하례식을 맞았다
너는 그 시대에 무엇을 했기에 그 시대가 갔는가
그 물음에 그러나 다음 세대는 답하지 않는다 滿場
무엇이 갈라진 채 저토록 넘쳐나고 있는가
아직 80년대인 사람들이 바깥에서 웅성댔다 滿場

名作

어두운 시대의 명연주를 듣는다
명연주일수록 어두운 시대를 듣는다
트리오나 4중주, 명연주일수록
어두운 것은 그들의 시대인가
나의 시대인가 단지 세월이 흘렀을 뿐인가
몇 사람이 아직 과거와
눈물 흐린 언약을 맺고 있는가 명작은
그 역사로 하여 그것의 삶은

우리의 삶을 감동적으로 구분짓는데
앞으로, 나의 역사는 무엇인가
쓸쓸할수록 간절했던 시대는 끝났다
음악이 커텐보다 더 아늑하게 방을 채우는데
앞서가는 시대의 선율이 되고자 했던
내 노력은 수포로 돌아가고, 당분간
천박한 흉내처럼 뒷머리가 벗겨진다
당분간 우린 결코 과격한 사람이 아니라고
묻지도 않은 질문에 답해야 한다 명작은
내 두피의 일부까지 마비시킬 것인가

길

길이여 아직은
네가 갈라진 곳에 사람들이 붐빈다
그렇다, 아직은 네가 제일 허하다
내 마음이야 너한테 비기겠는가
타락한 자 어쩌랴고
카페에선 앵콜신청을 받아주지 않는다

사랑노래 9

님이여 나는 이별약속을 또 하루도 못 지켰습니다
사랑은 헛바닥에 온몸 뜨거운 분신인 것을 오죽
괴로웠으면 주역에 심취한 사람들이 내게는 현실의
척도입니다 더 밝고, 더 더럽게 살기 위하여 님이여
아침마다 일간스포츠를 읽고 모든 것이 통로임을
님을 향해 받아들입니다 모든 것 속에 모든 것 그
너머에 있는 님이여 대단한 것은 아직 그 배후가
대단치 않다는 증거일 뿐입니다

毆打

그건 사실과 다를 게야
우리도 이젠 나이를 안 먹는 것보다
잘 먹는 걸 고민할 나인데
누가 누구를 팼느니
괜한 추억일 테지
우리도 이젠 팰 일보다
맞을 일이 더 많다는 뜻야
모든 게 타락할 채비를 갖춘
나이 아닌가 마침 시절도 그렇구
좋게 생각해 난 그 친구 시는
맘에 안 들지만 그건 별로
양심과는 상관없다는 생각이 드는군
나도 늙는가부다, 뭐 그랬다면 괜찮아
그 편 사람들도 우울한 거라고 생각해

그것도 별로 위안삼을 건 못되지만
뭐 그렇다며, 소련이 망해서 제일
골치 아픈 것은 미국이라고, 그것도
별로 달가운 얘기는 아니고, 다만
그렇겠지 상실에 대해 너무 아파한다면
두번 패배한 것이다, 단련되는 것 중
제일 힘든 게 외로움이라는 건 알겠어,
의외로 그한테 그런 면이 있다니,
특수성의 전성시대는 확실히 끝났고,
다만 일반주의의 독재를 경계해야 할
이 시기에, 확실히 그는 도꼬다이야.

肉化

오늘도 근심하지 않는 자는 또한
기죽은 자다 나는 최근 몰골이 수척한 사람들을
마음에 들어하는 버릇이 생겼다
물론 버릇이란 길게 본다는 뜻이다 그리고
뭐든 되는 일이 없는 내게는 지금
근심의 육화처럼 든든한 게 없다
잊을 만하면 어김없이
선거철이 돌아온다 난장판은 무엇의 육화인가
그것은 잇는 것보다는 끊는 쪽에 가깝다
그러나 내게는 그것이
이미 끊어진 것의 육화처럼 보일 것이 더 두렵다
대한민국 어느 누구도 소련대표는 없다
누가 딱히 소련의 멸망을 책임질 것은 아니다
그러나 나는 사회주의가 일단 망한 것이 왜
우리가 일단 망한 것의 육화가 아닌지
정말 난해하다 왜 패배한 자에게 세월은
마냥 거꾸로 가고 있는가
途上이 아니었다면 나도 이제사
난장판도 패배도 증오하지 않았던 네가 미우리라
더 크게, 도상에서 패배하기 전에 도상의 끝이
무너졌다 무엇보다, 이상이 아닌 현실이
그게 아니라면 나도 이제사
틀린 여당이 되느니 차라리 옳은 야당이 되리라 했던
나의 과거를 괴로워하리라 그것도
실패가 아니라 단추를 잘못 끼운 쪽으로
다시 우리는 결혼과 출산과 돼지우리 같은
계획을 짜리라 그러나 애써 부인하는 자여
혼쾌하라, 애시당초 기피됐던 것은 충격이고
육화해야 할 것은 더 깊은 과정이다
어차피 끝은 실패할수록 더 확실한 육화다
길길이 뛰며 네가 장식하는 것은 더 큰 패배다

더 낫고자 하는 노력은 일단 망했고 우리 탓이고
그러나 영원히 끊어지지 않을 뿐이다

행진곡

피아노의 옷은 가난하다
아이들이 놀고 있고 부인들만 반가워한다
화려하게 눈물을 흘렸던 사람은 이제 와서
정작 슬프다, 겨우 장만한
피아노의 집은 가난하다
노래는 대머리를 걱정하지 않는
밝은 노래가 가장 허한 노래이다
우린 무슨 노래에 피아노의 옷을 입혔는가

후배

후배는 아직 하드록 카페에 있다
어둔 조명이 무겁고 사람들이 웃고 떠들고
그것만으로 음악이
흘러간다 세월이 신촌 길바닥으로
아직이란 못마땅하다는 뜻이지만
한탄하지 않는다 적어도 그들의 어린 세월이
보다 모질고 보다 넓었음을 인정해야 한다
물론 아직은 그들이 느꼈던 고통보다
침략이 혹독했다는 뜻이다
NL은 딱히 무지하거나 열정이 과학적이지
못해서가 아니다 젊은 날의 고통은
쑤시기보다 외부에서 후려치는 느낌이
더하다는 것을 나도 알 만큼은 안다 무엇보다
하드록을 하면서 사회주의를 논하는 그에게
가난한 운동가요로 그냥 밀려온
나는 무엇으로 선배인가
아직 나를 지지해주는 그가 고맙다
그와 나는 몇 겹을 풀어야
연결될 수 있을까 어둡지만 찬란한 밤과
맑은 정신이 확인할 것은 패배뿐인
쨍쨍한 나의 낮을.
후배의 밤이 더 밝을 뿐 아니라
더 찬란하기도 한 낮으로 이어지기를 바란다
후배는 아직 하드록 카페에 있다

숫자

10년 만에 전세가 뒤바뀌었다
72학번보다 네 학번 높은 그 앞에서
이제 내가 자격지심이다
그는 죽은 사람이기도 하지만

1992

살아서 먹고 사느라 멍든 사람이기도 하다
뒤바뀐 것이 그리 노골적이지는 않다
오래 살수록 추하지 않게 산다는 게
참 힘들고 장한 거라는 생각이 든다
그 함수관계가 구체화된 그의 몸집 앞에서
나는 가끔 아스라이 깜깜절벽이다
그것도 그가 강조해서가 아니다
나도 그에게 질타 위주의 술자리를
강요했던 적은 하긴 없었다 그게
그와 나를 잇는 유일한 끈인지도 모른다
4년 위 그의 생활에도
8년 뒷세대의 요구에도 조금 못 미치는 만큼만
나는 그의 후배이고 뒷세대의 선배이다
그리고 한살을 더 먹고 후배들이 조금씩
반복하는 것이 보인다
이제 묻지 않아도 4년 위인 그가 구태여
빠져나간 그의 세대를 해명하지 않는다
무엇보다 그는 덧붙이지 않는다
그리고 묻지 않아도 내가
그에게 후배들을 변명해줘야 한다
'바로 밑세대만 본 게 형의 불행이야
그 밑은 안 그래, 더 깊을수록 더 넓어지더라구
당파성이 원래 그런 것 아니었나?' 아니
그런 얘기는 전에도 했었다
전세가 바뀐 것은
그런데 구차해져서가 아니다
나는 후배들이 조금씩 반복하는 것이 보이고
묻지 않아도 4년 위인 그에게 해명한다
그리고 누구나 연결고리인 채
조금은 공허한 세대일 것이 나는 보인다
역전된 것은 그것보다 훨씬 크다
나는 그 공허함이 혹시 후배한테 내려갈수록
더 커지는 것 아닐까 두렵다
그래 내가 연결고리보다 늙었을지 모른다
그러나 역전은 그보다 훨씬 더 크다 그렇다
역전보다, 확인되었다 십년도 더 늦게
숫자로 모여 있던 우리들이 얼마나 약소했던가
울타리의 밑바닥이 깊을수록 왜소하고 그러나
우리들이 배척했던 것의
밑바닥은 얼마나 거대했던가
그것들의 경로는 얼마나 엄정했던가
그리고 달라진 것은 사실 방향이다
오기를 바랐던 그곳으로, 우리가 가야 한다
나 그곳에서 다시 내가 반복할까봐 두렵다

제3부 사랑 안팎은 몇겹인가

사랑의 안팎

오 사랑의 겹과 겹, 벗겨진 양파껍질보다 깊은
겹 그 속에서 또 겹, 죽음과 나이든 희망의 화해
그 사이 명징하여 들여다보인다
밀착하지 않을 뿐, 역사와 역사의 육체 사이
멀수록 사랑 안팎은 몇 겹인가
안은 세월이고 밖은 영원인가 오 멸망의
겹과 겹 아직 멸망한 것만 영원할 뿐
그 사이 화려한 화장품 내음
아직 없고 고단하다 코피 터져라 삶이여

파도

나는 요즈음 그 친구 때문에 안심이다
아직은 남한의 바깥 때문이 아니고
우리들의 마음 때문인 것이 더 크지만
뒤집어보면 그것은 소련 때문이기도 하고
우리들의 밑바닥을 위한 것이기도 하다
망한 소련의 일반국민들처럼
그는 순박하고 눈이 고요한
우두망찰이다 예술을 포식한 소처럼
남한의 출판사에 근무하는 그는
치즈를 사러 장사진을 치지 않는다
그렇다 나는 그게 안심이다 첫번째는
그와, 이조시대처럼 착한 그 아내의
생계를 위해 그리고 두번째는
혁명의 나이를 위해
와해된 세계의 밑바닥에
무언가가 든든한 것이
깔리고 있기 때문만은 아니다
그 친구와 나 사이에 소련 혁명의
굶주림의 멸망의 역사가 깔리고 무언가가
전화된다 40대 위로, 그리고 나는
혁명적으로 안심한다 후대를 위하여
희망이 갈수록 기억력 쇠퇴인 채로
혁명과 혁명의 육체 사이가
보다 명징해지는 것을
그와 나는 볼 것이다, 살아서

潛行

내게 잠행은
이미 현실에 안주하기 싫어서다

위로도 아래로도, 그러나 그것은
당분간이다 밑바닥을 보면
신식국독자는 예전과 다르다 나는
더 깊이 잠행할 것이다 소련이 망하고
신식국독자가 깊어지는 세계를 맞고 있다
예전에 여럿이었다는 게 나는 믿기지 않는다
오늘도 무수히 착한 사람이 성난 사람으로
변하고 있다 그들의 겉은 온화하다
그들의 속도 예전처럼 성난 것은 아니다
매스컴의 충격완화 장치를
그들은 먹고 산다 그들이 그들 스스로에게
충격을 완화시킨다 이미 그것은
매스컴이 완화시키는 그 내용이 아니다
잠행할수록 물론 그들은 물고기가 아니다
갈수록 젊어지는 시대가 갈수록
무게있게 沈澱한다 여전히 출옥한 나를
미안해하는 세상이 맞는다
그것도 지겹다 뭔가 넉넉하게
새로워지지 않으면 안된다 당도
당이란 말도, 미안해하는 것은
무게를 향해 가라앉으며
겉껍데기만 보여주는, 순간이라는 뜻이다
그게 쁘띠다 그게 전체로 보인다면
쁘띠는 쁘띠가 아니다 네가 쁘띠일 뿐이다
나에겐 희망이 난해하고 투명해 보인다

사랑노래 10

간신히 우리는 유선상으로 연결됐고
목소리와 목소리 사이 온 천지에
눈이 평평 쏟아졌다 이제 우산살로는
아무것도 가려지지 않는다 그 위를
눈이 뒤덮는다 내복 속까지 파고든다
그렇다 바람이 분다 제 혼자 앙상한,
그렇다 뒤덮일 수 없을 만치 크기 위해
우리는 더욱 넓게 뒤덮여 있어야 한다

세월

나는 안다 내가 최근 한자를 많이 쓰는 것은
딱딱해지기 위해서다 그것은 내가 스스로
뭔가 흐물흐물해졌다는 뜻이다 돌이켜보면
나는 아직도 갇힌 것과 청초한 것, 자유와
넘치는 것을 구분하지 못하는 다 돌이켜보면
어제의 삶은 4각형뿐이었고 더 어제는

쓸데없이 늦는 일이 늘어났다 더 어제는
방송작가가 내게 괜히 미안하다고 했다
작은 시간은 뒤죽박죽 겹쳐 있지만
큰 시간은 세월이 그토록 빨리 흐른다
나는 돈 안 드는 그의 인삿말보다
거짓말보다
유수를 넘어 총알 같은 세월에
긴박하지 못하고 조급한 나를 반성한다
그는 깨끗지 못하였어도 훨씬 깊이 가 있다
아니 깨끗함을 나는 모른다 그것의 나이도
그것의 역사도, 그는 깨끗할 수 없는
촉수의 깊이에 가 있고 나는 오늘도
불리한 무기만 동원하여
유리한 고지를 점하려는 후배들을
설득하느라 허울만 남았다
내가 후배들을 만나는 것은 실상
후배들의 바깥에 모든 것이
마련되어 있기 때문이다
내일은 더하리라 내일 나는 혼쾌히
누구의 형식이 될 것인가

動搖

고요의 본질은 동요다 그리고 동요하는 것만
원래 살아 있다 당파성은 가장 크고 가장
육체적인 동요다 내가 걱정하는 것은 실상
우리의 동요가 몰래 애인을 키우는 것만도
못한 시대착오를 배경으로 하기 때문이다 그대여
우리가 키웠던 것은 혁명이었다 그리고 무엇보다,
그대보다 더 깊이 시대가 동요한다 최소한
육체적으로 역동하라 동요에도 당파적인 것과
굳은 것이 있다 얼마만큼 넓혀놓고 또 더 깊은
상처 딱지로 앉을 것인가 그 뒤는 현실이 이상보다
당대적일 것인가 내게는 그것이 관심사다

사랑노래 11

작은 잠을 깨는 것은 선정적인 대중가요다
더 큰 잠은 기다려라, 그때까지 불결한 나이가
단지 시기하리라, 새로운 것과 천박한 것이
서로 우쭐대리라 한 십년 그러나 그것만이
아직 살아 있다 잠 속의 잠은 또 얼마나 먼가
통로가 거대하다, 육안으로 볼 수 없을 만치

사랑노래 12

내가 만난 거리에 누가 있었는가
누가 거리를 이뤘는가 반가워라
반가움의 역사 그 사이 슬픔의
뼈대 하나 버티고 있다, 완강하게
뒷세대도 뭔가 달라져야 한다

業種

그가 전화를 했다
전화 속에서도 열 살이 많고
오랜만이라도 늘상 미안하다는 그가
나는 괜히 죄송하다
그것만은 아니다 따지고 보면
그는 나한테만 그러는 것이 아니다
전화 속에서도 얼굴 표정이 쪼글쪼글한
그의 미안한 진심을 나는 폭넓게 믿는다
그가 우경화된 것이라는
후배들의 판단에 나는 대체로 동의한다
그는 경력으로도 미안한 마음으로도
후배들 여러 파를 통합시킬 수 없었다
통합시키지 못했다는 것이 그가 중심에
있지 않다는 것이 아니고 세상이 얼마나
갈라져 있는가를 보여준다는, 그가 순정파이고
逆의 중심이란 뜻이지만
살벌하고 과격한 정도에 따라 좌파-우파
서열이 정해지는 逆의 역사도 그의 역사 속에
엄연히 존재한다 그리고
뒤가 켕긴 물결들이 그에게로 몰린다
그게 엉긴 ㄱ의 밑바다 역할일 수도 있다
그가 두루 죄송한 이유일 수도 있다
그러나 그 또한 최종적으로 판단되려면
판단한 자가 누구였는가를 또 따져봐야 하는
불행에서 벗어나 있지 못하다 가령
극좌파가 그를 우파라고 한 것이라면
그는 정통좌파다 그것만으로도 당은
차라리 있는 게 낫다 그는 선거에 나섰지만
부탁은 못하고 머뭇거렸다
믿지 못해서가 아니다 미안해서다
몸 전체가 굽고 오그라든 그의
진실로 인간적인 사회주의가
나는 전화만으로도 눈에 선하다
그날은 회의도 있고 해서 곧 전화를 끊었지만
그러나 이내 마음이 뭐하여 후배들한테

난 신년 술자리 덕담으로 업종 얘기를 했다
우리가 아직 좌파인 것은 단지
현실을 모르는, 순수한 예술가를
벗어나지 못했기 때문일 뿐인지 몰라 우린 아직
그를 우파로 몰아붙일 자격이 없는지 모른다
전혀. 너무 많다는 것은 아직, 모자라다는 뜻이다
그와 우리의 차이는 그만큼 밀접하달까. 갈수록
내가 듣기에도 내 말은 스스로 울먹이며
항변이 짙어갔다 업종을 생각해보라고
레닌에 비하면 고르끼가 10분의 1이나 되겠느냐고
죽은 자가 뒷세대를 책임질 수 없는 것인데
이제 역사적으로 그가 전세계적으로 또 남한에서
맑스보다 행복한 사람이었다고 결코
할 수 있겠느냐고 그렇다면 마르크스 또한
이제 70년 동안 행복했다고 할 수 있겠느냐고
'죽은' 레닌의 좌절을 보다 큰 희망으로
물화시켜야 할 '산' 사람들은
참으로 허약하게 자신의 우려가
현실화될까봐 전전긍긍해왔다
레닌이 살았던 당시의 레닌과 정반대로
우리들의 과학적인 우려는 현실화되었다
우려하지 않았던 사람들은 여전히 뻔뻔스럽다
그리고
모처럼 적중된 예상을 대하는 '과학적' 이론가들의
얼굴은 창백하다 아하, 과학은 다시
백수의 탄식으로 화해간다
패배보다 더 희한하게
예상이 적중했으므로 과학을 포기하고
이상을 포기하는 쪽을 택했다
그리고 이게 후대가 제멋대로 세운 동상이
허리 동강나고 우상을 넘어
모든 게 정작 레닌의 시체 탓으로 돌려지지 않어?
덕담치고 너무 거창해서
나는 다시 화제를 조였다
세상에게서 그들에게로
그래서 그가 내 배경이 되었다
작게든 크게든
그것 또한 현실로 인정하는
그가 더 현실주의 아니겠느냐고
우린 상처를 전세계화하고 있는 수준 아니냐고
무엇보다 우린 업종이 좀 낫잖느냐고
그한테야 매일매일이 생애를 무산시키거나
최소한 결정짓는 승부수 아니겠냐고

그에게도 현실이 변화되는 부분은
오히려 생각보다 너무 적을 것이다
나는 괜히 흥분했다 이번엔 그가
후배들의 배경이 되었다 뻬레스뜨로이까도
기껏 인민의 굶주린 배를 겨워 먹여준
예술가 따위의 이상주의가 난리를 쳐서
굶주린 인민들에 대한 연민의 끝이
그토록 무책임했던 것 아니겠느냐고
그나마 다 망한 후에 악의는 없었다고
발뺌하는 꼴 아니냐고, 그러고도
작품과 이상은 남았다며 가당찮게 챙기잖느냐고
그것은 또한 나를 조였다 언뜻
나는 그의 배경이 된 나를 보았다
현실정치에 나서면서 그는
최소한 헤픈 눈물을 조이는 법을 배웠다
그에게 현실은 우리에게보다 더 차갑다
그는 큰 실수는 안할 것이다
누구처럼 이 정권은 곧 망한다고
45년간을 똑같이 반복하지도 않을 것이다
역사적으로 맑스 이래 묵시록을
읊조리며 예언 실현 날짜를 연장해왔던 사람은
결국 자신의 명망 장례식 날짜를 연장시켰을 뿐
대열에서 족쇄였던 철 지난 세월의, 더군다나
1987년 남한 노동자투쟁 때 1945년에나
일어날 수 있는 것이 도저히 믿을 수 없다는,
그러므로 전세계 좌파의 희망이라고
울산을 향해 혈안했다는 일본 좌파보다도
그가 백배 낫다 과학도 인품도, 열정도
내게도 그에게도 아직 중요한 것은
노동자의 진출이 아니고 성장이다
그것은 '아직' 이 아니고 '이미' 일지 모른다
그것이 현실에 있는 그의 관념이고
운동에 있는 나의 현실이다 내가 무슨
그렇다고 니들 보고 문선대 하라는 거 아냐,
아니라구. 진심인데도 난 두 손을 내저었다
그러나 차마 '그렇다고' 를 '그러므로' 로
바꾸진 못하였다
그가 꼭 당선하는 일은
좌파 우파를 가리는 것보다 내게 훨씬 더
눈물겹지만 추억을 향해 있다
현재의 그의 처지나 내 처지가 그렇다
둘이 합쳐 현실을 파먹기보다는
제 살 깎아먹기밖에 안된다 그도 그 점에선

그쪽에서 누추한 과격인사다 그의 선거공약은
절대 과격하지 않겠다는 것이다
그는 나보다 답답하다 나이든 선배일수록
못 사는 게 죄가 되는
그런 풍토를 내가 갈망하기 때문이다
분명 그와의 인연은
공산주의가 연결고리였던 것은 아니지만
사람들 사이에 뭔가 있던 것이
세상 사이에 없어진 것은 사실이다 그렇지만
공허를 빌미로 아주 오랜만에 그를 만날 수는
없고, 그도 그렇겠지 그가
공허가 미안했던 것은 아니잖는가
오로지 미래에 대해 미안해할 때만
우린 헤어져 있을 자격이 있는 것 아닌가
선거 뒤 그를 만나면 우리가 팽팽한
끈이 될 수 있을까 몰라 공허를
채울 수 있을까 몰라 그것이 이어지면
자본주의의 안팎을
뒤집을 수 있을까
그가 전화를 했다

안경

그의 최근 삶을 보여주듯이
만지지 않아도 니코틴 묻어나는
더께 쌓인 검은 뿔테가 더 두껍다
호프집은 밝아서 그의 안경알이
반가운 표정보다 먼저 빛난다
그리고 호프집은 너무 넓기도 해서
그보다는 어둔 곳에 앉아 나는 더 어두운
그의 표정을 볼 수 있다 '그래,
아직 나를 보고 있는 것은
눈앞의 안경알이야, 지독하군.'
오늘도 나는 500씨씨 생맥주잔을 늘리며
섣불리 그를 위로하지 않으면 안된다
'그렇군, 여기도 체인이야'
일년 내내 장마 냄새를 못 빼는
지하카페나 OB BEAR 시음장 시절도 갔다
안주가 더 비싸니 두 배로 망한 거나
'다름없지. 질도 그렇구.'
왜 자본론은 침략에서 맞고 건설에서
실패했을까, 무산자 맑스의 한계일까
아니면 우리가 그의 역사를
'여직 더 파야 한단 말야?'

여종업원만큼도 그는 웃지 않았지만,
술을 못 먹는 평소보다
대여섯 배를 더 채우고 나서
그가 안경알을 번득이며 대답했다
이제서야 생각났다는 듯이
그는 항상 그런 식이지만
나는 그가 과거 같지는 않다
'김형 우리가, 맑스주의잔가?
아직 멀었어, 난 그래.'
예상했다는 듯 뒤통수를 내주었지만
내가 보기에 그가
우리한테 실패가 모자라다는 뜻은
아닌 것 같았다 그러기엔 너무
자신을 파고드는 폼이었으니까
확실히 우리는 그 이후의 과거를 아직
미래를 여는 창으로 만들지 못했다
'청년시절 맑스의 적은
우리보다 부유했을까?'
양적인 모자람을 질적인 유리함으로
전화시키고 동시에 적의 무기로 적을 친
맑스보다 그는 부유하고 당연히
그는 맑스보다 백년 넘게 유식하지만
'맞아 우리 아직.'
맑스주의자가 아니다
'이중으로 모자라지, 그게 되려면.'
아직은 술이 모자라 그가 다시 술로
배를 채웠고 나도 그랬고 그가 계산을 했다
누구의 배를 정말 불렀는지 그날 우리는
묻지 않았다 스스로에게도
오히려 이중으로 모자란 그와 내가
그날 4차까지 가고 헤어졌다
교수인 그는 지하철 막차를 탔다
나는 택시를 타고 꽤 미인이었던
호프집 알프스 복장의 여종업원 얼굴과
그의 안경테가 밤 한강 파돗물에
출렁이는 것을 달리며 보았다
그 뒤 며칠 동안 다시 그는 두문불출이다
나는 궁금하지 않다 다만 그의 내용을 위해
나의 껍질로, 온 세계를 감싸안는
리허설중이다 그게 몸싸움일지
며칠 후 그에게 물어봐야 한다

제4부 희망, 8행시

헌책방

망하지 않았다면 절망했으리
그 사이에 네가 있다
내가 진열창 밖에서 여직
그 속에 있으므로 더욱 그렇다
식구들은 안녕할 것인가
낭만적이던 것은 끝났다 모두
시대는 수척하지 않고 날씬하다
그 사이에 내가 있다

포클레인

경사진 것은 모두 하늘을 향해 있다
동시에 가장 질척한 공사장 밑바닥에
쇠바퀴 체인이 둔중한 뿌리를 내린다
찬송가를 좋아한다 흑인 여가수의
격렬하면서, 흐느낌을 육체 속에 묻는
발가벗은 뭔가가 너무 무겁다는 뜻이다
가능하다면 집단적인 율동을 좋아한다
열망의 형언, 그러나 소유하면 탕진한다

정거장

착각하지 않으면 외곽은 튼튼하다
한복판은 당분간 관념론이다
뒤집어도 마찬가지다 변두리
너를 보낸 가게에서 속이 허하여
삶은 계란을 두 개 깠다 껍질을
두 개 더, 가난했던 시절의 추억을 위해
착각하지 않으면 추억도 아름답다 더
비어 있으라 더 세상을 담기 위하여

희망의 나이

이제 알지 계단은 오를 때보다
내릴 때 더 힘이 든다 다리가
후들거리고 열광이 식는다 역사가
계단이어서가 아니라 오르막이
있었다면 이토록 숨차지 않으리라
물려주어야 할 무게 때문이다
고층건물도 뒤집어보면 계단이다
네가 따르고 네가 앞서간다

서울 6백년

퇴근할 때 사람들은 역사를 이야기한다
제 혼자 사소하게,
간직하는 것은 죄가 아니다
창 밖으로 길이 흘러간다 사람들도 불빛도
강물을 넘어 목적지가 사소한 것이
다행이지. 비로소 욕심이 희망과
분리된 시대가 왔는가, 이상이 없다면
혁명은 이미 떠나온 것에서 왔다

이별

유리창 하나 두고 안쓰러웠다
가슴에 든 허허벌판이 보였다
서로의, 그 뒤의 허허벌판도 유리창
네 눈 속에 든 내 눈 속에 허허벌판
그 속에서 벌써 밤거리가, 화려한 생애가
흘러간다 눈물 벽이 바깥
유리창에 덧씌워진다 울지 마라
우린 벌써 몇 겹으로 만나고 있는가

社會的

구득살 백였다
겨우 그만큼 살아왔다는 뜻이고
벗어났다는 뜻이다
이왕이면 어제는 오늘의
교조라서 누추한 것이 좋다
혼꿰히 발톱을
깎아야 한다 유언장처럼
내 희망은 지금 몇살인가

반성

이제사 통로를 볼 뿐이다
나는 다시 강건한 목재 앞에 서 있다
목재는 가난하게 사는 것이
원통하지 않다, 또 무슨 변명을 하는 게야
그래, 외할아버지는 호통이 심하셨다
그 아래로 기죽지 않는 것이 유업이던
모든 친척들이 내려온다 수백명씩 역사여
모자라는 것은 너의 안팎인 통로이다

家系

오징어땅콩, 초코볼
그 사이에 우린 살았다 조금씩은
과거에 더 가깝게 새우젓부터
극장가를 거쳐 오늘에 이르기까지
파묻히지 않고 주렁주렁 열렸다
승리보다 조금 패배했고
그래서 언제나 패배보다
조금은 돌출한 나의 家系

그후

들뜬 것에는 시간이 없다
정반대가 교차한다 잊고 싶을 뿐이다
세상이 완성되었다고 믿고 싶다
그러나 아직 완성된 것은 잊혀진다
망각이 이미 가난한 친척보다 더 깊숙하다
자본주의여 네가 너에게 잊혀진다 조직하라
삶이여 오늘도 벌써 아침신문은
통로보다 깊지 않은 현실이 감동적이다

罷場

최후가 다가올수록 남은 사람들이
식탁 주변에 몰려 복장을 밀착시켰다
창립 4주년 기념식. 그래 떠날 때가
될수록 가슴에 불을 지폈다 가슴에
묻힌 역사가 한파였을까 그래 바깥도
바깥까지 가야 따스하지 집도 사랑도
봐, 거리는 예상보다 더 춥잖아 앞으로
후회하지 않고도 뜨거울 수 있을까

灼熱

타락하는 것은 없다 의지가, 있을 뿐이다
장작불이 탄다 조금은 지쳐 있다는 듯이
거짓말이다 얼굴은 추울 뿐 타지 않는다
더 깊은 곳을 파기 위하여 누군가
필생으로 남아 있어야 한다 세상보다 높은
체온으로 채우고 지금보다 더 날개가 추운
두 손을 비벼야 한다
거짓말이다 두 뺨은 춥지 않고 눈물범벅이다

손

2천년 묵은 나의 왼손이
더 오래된 오른손을 의지한다
나이들수록 우린 아직 반영이 아니고
반응에 불과했던 것 같으다
그래서 나는 좌파고 그럴수록

이제 매맞을 사람이 많지 않다
젊고 늙는 것은 오래된 일이다
그에 비하면 격차는 얼마나 천박한가

노인
문제는 맑은 마음이 아니고
나이들수록 맑아지는 마음이다
그것은 육체와 직결된다
6·25전쟁 이래 우리나라엔
대학총장 같은 청소부가 없다
마음이 찌들었거나 몸이 망가졌거나
둘 중 하나다 그건 45년 경력을 가진
좌파가 없다는 얘기다 당연찮은가

맑은 집
맑은 집은 없다 시냇물도 산새도 우짖지 않는다
헤매는 것은 너의 마음 속이다 맑은 집
뭔가를 뒤집어야 한다 크게 어려운 일은 아니다
앞을 보라 세월 앞에 눈이 펄펄 내린다
뒤를 볼 때만 갈라지는 것이 정말로 갈라진다
눈이 펄펄 내린다 겉보기에, 어릴 때와 다름없이
깊은 것과, 만나는 것과 뒤집는 것이 더 밀접하다
그 속에 내 아이들이 있다 맑은 것은 역사다

左派
그래 따지고 보면 나이를 먹는 일은
모든 게 다 있고 형식만 없다는 것이다
좌파만 없다 혁명은 반나마
우리가 미워하던 쪽에서 이뤄졌다
그래서 더욱, 미워하면 안된다, 조급하게
전셋돈을 빼서 어찌 혁명을 이리로
옮겨오겠는가 가서 장식으로 남겠는가
모든 게 있다 좌파만 없다

포근한 여자
나는 후대가 포근한 여자였으면 좋겠다
너무 포근해서 범접할 수 없는 그러나
접근하지 않아도 푹신푹신했으면 좋겠다
당분간 그렇지 않으리라는 것을 나는 안다
골반과 골반이 부딪쳐 아프리라 최소한
그게 후대 탓은 아니었으면 더 최소한
후대와 후대의 바깥 사이는 그랬으면 좋겠다
하지만 부질없다 나의 접촉만을 나는 안다

12년 뒤, 결혼
그가 결혼을 했다 나보다 12년 뒤에
그만큼 여자가
그의 생애를 주도한다 젊어서가 아니다
12년 늦게 결혼하면서 그는 결혼식장에서
그 두 배를 늙어버렸다 사람들의 축하도
애 같기보다는 노망에 가까운 그가 나는
행복해 보였다 육체보다 늙을 수 있는 것은
몇천년 뒤를 산다는 것이다

新入
처음이 왔다, 내 앞에 물론 나는 그의
역사를 안다 처음인 것은 앞으로의 역사이다
그가 내게로 들어오지 않는다
거꾸로, 내가 그에게로 들어간다
그를 가로막는 것은 이제까지의
일이 잘못됐다는 뜻이다 당분간
그의 신입은 형식이고 둘이 될 때까지
두 겹이 될 때까지 나는 예비회원이다

등
사람들이 내게서 사방으로
등을 돌리고 그 등을 통해
나는 현실을 본다 본질까지
등은 야속하지 않다 사람들이
통로일 뿐이다 갈수록
그것이 줄지 않는다 끝까지
나는 행복하다 사람들 마음에
등이 있다 그들도 행복하길 바란다

종말
너무 뒤집었다 그것도
몸뿐이다
콧구멍만 남아
동굴에 바람이 흉흉하다
내가 이리 기괴하게 살아 있다
자본주의의 裏面으로서
되돌아보면 눈 내려 시간이 깔리고
아무도 없다

사 랑 , 피 티

그들을 더욱 사랑하기 위하여, 그들이 스스로를 더욱 사랑하게끔 하기 위하여, 이 사랑노래를 피

티에게 바친다. 분명 있으나 보이지 않는 것을 보이게 만드는 것. 그것의 충격과 감동. 희망의 육화. 나는

그것이 분신 후 내 서정의 모습일 것이라고 생각한다. 전술의 실패는 서정으로써만 조직적으로 퇴각

한다.-1991년

사랑, 피티

제1부 메이데이의 노래

그는 이미 죽고

너무 가까이 있었으므로
더 가까운 죽음과 같이
별로 중요해 보이지 않았던 사람
죽음과 더불어 풀무덤으로
여기에 눕다 죽었으므로
그는 움직이지 않거나
죽은 그의 이름이 우리의 명령에 따라 움직인다
사람들이 안심하고
썩은 내 풍기는 그를 예찬한다
그러나
그는 이미 죽고 없다
죽은 그가 손해본 것은 없다
영원한 것은 언제나 역사적인 그의 생애이다
그가 살았던

우리가 없다면

내가 달려간 곳에 너는 없었다
네가 달려온 곳에 나는 없었다 너는
가을햇빛 쓸쓸한 빌딩 스카이라인 황혼녘 나는
첫눈 내리는 변두리 아직은 질척한 공장지대
네가 떠난 후에 내가 갔고 네가 도착하기 전
나는 떠났지만
기억하라 우리가 사랑한 것은
인간이었고 역사였다
마침내 밤은 찬란하고
우리가 없다면 아름다운
이별도 없다

프롤레타리아

밤은 따로 실눈을 뜨고
육체가 불탄다 마지막으로
둘이 되어 육체의 끝인 정신이
촛농처럼 녹아내린다 우리가
이룩한 세상은 어이없이 밝다
그때 보라라 이 세상에 반짝이는 것은 모두
죽음을 머금고
영롱하다 프롤레타리아
피땀이 문명을 창조했으니
밤을 밤인 채로 무르익게 하였다

죽음은 몇천년 묵은 포도주 한모금이다
육체는 위대하다
육체의 결정인 정신은 더욱 위대하다

밤이 깊고 몸이 깊다

지배자에게도 밤이 깊고 몸이 깊다
그러나 고통이 없으므로
기쁨 또한 그들의 것은 아니다
개같은 신음소리에 역사가 없다 별에도
그리고 우리들의 사랑엔 생애가 있다
아름다움의 단말마를
보았는가 출구가 닫힌
자본의 성당문
빛과 소금
그렇다 프롤레타리아 우리들의 투쟁엔
고통이 있다 그렇다
고귀한 고통 또한
결국 그들의 것은 아니다
그들이 소유한 생산수단이
결국 그들의 것은 아니듯이
고통도 기쁨도 사랑도 밤도
결국 그들의 것은 아니다 프롤레타리아
출구여

네가 돌아올 곳에

내가 달려갈 곳에 네가 있었다
너는 별이었다 밤이 길수록
발 밑에 땅은 무거워 네가 돌아올 곳에
겨드랑 식초냄새가 싹 씻긴
영롱한 슬픔으로 별이 되리라
낮세상은 안녕하리라 비로소 밤이
우리 곁으로 오리라 너는
피땀으로 빚은 투쟁의 별 나는 순결로
찬탄하리라 네 빛 내 빛
밤하늘 새땅 노동의 빛에 대하여

더 깊은 진실은

더 깊은 진실은 눈물에 있다
저녁엔 성찬을 밤엔 사랑을 그리고
허기진 새벽에 라면을 먹고 우리는
변혁을 이야기한다 현실은 라면에 있지만
더 깊은 진실은 사랑의 방향에 있다
그래그래, 사랑하는 인간이

무슨 짓을 못해 무슨
폭력이나 구호.
양에 엄청난 차이가 나는 것은 아냐. 다만
질이 다를 뿐
그것은 미세하고, 물론 현격하다.

우리의 뉘우침은
단지 비수였다는 것
우리의 뉘우침은 이 점이 유일하다
그냥 누추한 비수일 뿐이었다는 것
우리의 뉘우침은 이 점이 사활적이다
뉘우침을 비수로 제가슴에 꽂는 자들아
네가 뉘우치는 것은 아무것도 없다
네가 사랑하는 것은 아무도 없다
비수는 비수의 가슴에 꽂히지 않는다
너의 뉘우침은 자살과 헤게모니를 위해 있고
여전히 뜨거운 피는 찬란한 혁명을 위해 있다
앞서도 좋고 뒷서도 좋다 다만
역사적으로 사랑하고 투쟁하라
비수는 뉘우침으로 제 가슴을 아프게 넓히고
지금 우리를 거대하게 억누르는 것들을
하찮고 낡고, 정말 잔인한
어처구니없는 비수이게 한다
그때 우리들은 이미 나라다

낮게 드높게
낮게 더 낮게
동시에
골리앗
드높이
드높을수록 더 낮게
낮을수록 더 드높이
가깝게, 젖가슴의 감촉과 같이
갈 길 보일 만치 드높게
패배할 수 없을 만치 낮게 더 낮게
온 길이 갈 길로 겹치는 것이
보일 만치 낮고도 높게
길 속에
쏏내 배인 근육이 보일 만치
억울하지 않을 만치
밀착 동시에
그 속으로
높게 더 높게

골리앗
골리앗
오르지 않은 자는 갈 길 볼 수 없고
패배하지 않은 자는
내려올 수 없다
여전히 목표는 지상에 있다 골리앗
힘들지 않은 자는 기쁘지 않다
길은 멀 뿐만 아니라 넓고
힘찰수록 멀고
멀수록 넓고 힘차다
우리가 방송을 욕하는 것은 그 때문이며
지배계급의 역사책을
찢어발기는 것은 오로지 그것 때문이다
땀 끝에 소금기와 같이
이젠 그 나라를 만질 수 있다 상큼한 피
그 끝에 민중의 나라
이젠 그 나라를 느낄 수 있다
이젠 그 나라를 볼 수 있다
이젠 그 나라를 확연히
드러나게 하라
길이 멀다 목표가 먼 것은 아니다
길이 멀수록 무언가가
임박해 있다는 뜻이다

놀라운 것과 당연한 것
기계는 만든 사람이 있고 쓰는 사람이 있다.
애시당초 희망은 쓰는 사람에게 있지 않고
만드는 사람에게 있다. 그러므로
독점자본의 헬리콥터가 골리앗 크레인 위를 위협할 때.
쓰는 자가 만든 자를 전쟁무기로 탄압할 때.
이미 역사는 골리앗 크레인을 만들고
골리앗 크레인을 지키는 자를 위해 있다.
그러므로 오늘, 비록 우리가 총칼에 쓰러진다 하더라도
투쟁하는 노동자계급은 이미 피투성이 태양이며
진보하는 역사의 구체적인 인격이다.
사랑은 탐욕하는 사랑이 있고 완성하는 사랑이 있다.
마침내 자유는 탐욕에 있지 않고 역사적 필연의
인간적인 완성에 있다. 그러므로
이윤의 독점자본이 노동자의 투쟁을 가로막고 나설 때
놀랄 것은 없다. 전자도 후자도. 그러므로
공권력의 최루탄이 노동자의 눈동자, 불꽃과 만날 때
놀랄 것은 없다. 백골단의 몽둥이가 노동자의 어깨와
부딪칠 때. 아플 뿐 놀랄 것은 없다. 부딪쳐,

어깨가 생산의 강철로 거듭나고 몽둥이가
제 스스로의 파괴력으로 부서질 때.
당이여, 우리의 당. 우리의 세상을 향해 울부짖을 뿐
어깨도 강철도 쓰기 나름일 뿐. 그러므로
전쟁과 반동이 평화와 진보의 세력과 부딪칠 때.
놀랄 것은 없다. 애시당초 우리는 속아살았던 것이 아니고
그러므로 오늘 온 천지를 뒤덮는 최루탄 연기 속에서
두 눈동자 차마 치뜨지 못할지라도.
부러진 두 어깨뼈가 으렁으렁 울부짖을지라도.
신식민지국가독점자본의 대규모 공장지대에서 노동자.
울산에서, 마산에서, 서울에서, 전철역에서.
이미 역사는 노동자계급 사랑과 투쟁의 불꽃을 만들고
이미 최루탄 연기를 다만 불임의 연기이게 한다.
놀랄 것은 없다. 이것은 느낌표가 필요없는
너무도 당연한 사실 그대로다. 그러나
우리에게 아직 당이 없다는 것. 그 부재를
느끼지 못한다는 것.
그 부재를 향해 숱한 죽음이 제 스스로를 태운다는 것.
그 죽음만으로 산자가 그 부재를
메꾸고자 한다는 것. 공허를 과학적이고 대중적인
지도중심이라고 생각한다는 것. 없음을 있음으로
주장하는 것만으로 경제주의자가 판을 친다는 것.
이것은 얼마나 놀라운 사실인가. 여전히
기계는 만든 사람이 있고 쓰는 사람이 있다.
여전히 패배도 놀라움도 갈 길도 우리 속에 있다.
물론 희망은 우리 속에 있다. 연기 속에 있지 않고
강철이 스스로 튀며 내는 불꽃 속에 있다.
그러므로 놀랄 것은 없다. 당이여, 우리의 당.
촉촉한 꽃, 목마름의 햇불, 역사발전의 강고한 뼈대.
당이여, 우리의 당, 아름다운 깃발, 민중민주주의의 기관차.
역동하는 토대. 노동자계급의 당. 이것은 의문부호가 필요없는
진실 그대로다. 당, 역사 속에서 영원하라.

메이데이의 노래

봄이 왔지만 혁명은 오지 않았다
기다림이 쌓여 뒤늦은 눈이 펑펑 쏟아졌지만
그 속에 어김없이 봄이 와서
꽃망울이 터지고 총천연색 낮폭죽이
지천으로 널렸지만 그리운
사람들은 인산인해로 몰려오지 않았다 뒤이어
봄비가 촉촉이 내리고 향기가 코끝을
황홀한 피냄새로 가득 채웠다 마침내 봄이
터졌지만 혁명은

터지지 않았다 갈증이 목을 태워
뜨거움을 못견딘 지진이 아스팔트를
가르고, 용암을 분출시켰지만
혁명은 오지 않았다 당연하다
우리가 다만 기다릴 뿐인 한
오긴 누가 온단 말인가 역사가
혁명이 이미 저만치 가고 있는데
다만 갈증일 뿐인
누구를 위해 아직 남아 있단 말인가
피묻은 역사가 아직은 저질러놓은
잔치에 취해 다만 학각 흥분할 뿐
아아 얼굴 꽃 안타까운 눈동자 광채 그리고
피땀의 전망과 과학적인 경로
올 것을 위해 조직하고
올 것을 위해 나아가지 않는 한
오긴 누가 온단 말인가
이토록 엄청나고 눈물겨운 봄으로
이토록 아름답고 비린 봄으로
우리가 혁명 속으로 가지 않는 한 누가 온단 말인가
누가 발길을 되돌이킨단 말인가

사랑과 진실

그렇다. 사실대로 말하자. 내가 알기로
처음엔 사내의 눈이 멀었지. 당연하다.
여자가 너무 눈부셨으므로, 그 다음엔 남자의
눈이 반짝였다. 당연하다. 여자가
이슬 머금은 꽃이었으므로.
남자가 추근댔다. 여자는 빠겠겠지.
아주 오랫동안. 당연하다.
여자는 매혹의 발레리나였고 남자는 못생긴
영화지망생이었다. 그러니까 여기까지는
그럴 수 없는 남녀가 사랑에 빠지는 차이코프스키
숲속의 미녀 아니면 비비안 리와 워털루브릿지
로버트 테일러 애수의 스토리가 된다.
당연하지. 그러나 이제 우리 앞에 선 둘에게는
그런 희극보다, 그런 비극보다
두 사람의 결합이 더 당연하다. 더군다나 내가 알기로
여자 쪽이 아마 더 죽고 못살걸. 아니. 애시당초
그게 문제가 아닐 것이다. 둘 다 죽고 못살 테니까.
뭘 했는지 몰라도 연애하는 동안
여자의 아름다움은 힘을 갖추었고 남자의 패기는
과학을 장비했다. 먹고살기 위하여
남자는 애수보다 더 당연한

1991

에이젠슈타인 전함포템킨 출판사를 차렸고 여자는
숲속의 미녀보다 당연한 노동자·골리앗춤을 추었다.
그렇다. 본질을 말하자면 그 둘의 결합은 어려운 말로
노동자계급적이고 눈에 보이는 당연함보다, 쉬운 말로
시민의식보다 더 당연하다. 물론, 우여곡절이 있었겠지.
그리고 두 사람 앞에, 길은 멀다. 그러나
경로가 먼 것이지 목표가 먼 것은 아니다.
솔직히 말하건대
이제까지 연애하느라 운동 게을리했던 두 사람.
명심해라. 연애를 더욱 야한 행동으로 물화시키면서
운동도 더욱 구체화시키는 것이 결혼이다.
역사를 제 길로 이끄는 아름다운 힘의 전철.
과학과 아름다움과 생활의 결합, 두 사람은 그것이 되라
그렇다. 경로가 어렵다. 대중이 어려운 것이 아니다
역사가 내용을 넓히고 당대가 그것을 받아들인다.
그것을 우리는 저지할 수 없다. 심화시킬 수 있을 뿐.
두 사람, 너희는 그것을 창조의 고통으로 더욱
값지게 하라. 현재와, 또다른 미래의 씨앗을 위하여.

눈물이 울고 있다

눈물이 울고 있다. 이중으로
착취당하는 신식민지의 나라.
초라한 눈물이 반짝인다.

그래그래.
눈물은 제 힘으로도 반짝이지.
그러나 눈물이 제 힘으로 슬픈 것은 아냐.

견고한 눈물이 여태 울고 있다.
보석상처럼 화려한
검은 눈물이
서툰 사랑으로 울고 있다.

그렇다. 이것이 찬란한 90년대에 잠복한
70년대 변혁의 역사다. 고층빌딩 뒷골목.
생선 소금구이와 오줌지린 냄새가 코끝에서
진동하는 곳. 울지 마라. 혁명민주주의여.
네 눈물은 이미 견고하다.

슬픔은 근육 속에 있는 것.
눈물 자체가 슬픈 것은 아냐.
젖긴 육신 위로 날이 밝는다.
날은 제 스스로 찬란하다.

그러나 날이 제 스스로 밝는 것은 아냐.
이루 헤아릴 수 없는
새벽이 된 자들이
또다른 새벽을 맞고 있다.
프롤레타리아, 울지도 못하던 그들이.

눈에서 거대한 보석을 뚝뚝 흘리고 있다.
그것이 산산이 부서져 햇살로
보도에 깔리고 있다. 눈부신 눈부신
문명과 핏방울의 광채로
울지 마라. 제 스스로의 힘에
눈이 멀어서는 안된다.

2분법?
그건 뒤돌아본다는 뜻이야.

누추한 혁명?
그건 우리가
70년대를 부관참시한다는 뜻이다.

죠니워커의 경제주의?
그건 갈 생각이 전혀 없다는 뜻이다.

목표가 있으므로 길이 있고
길이 있으므로 목표의 미래가 있다.

예술의 현실계투에 대하여

현실계투는 도처에 있다 노동과 자본의 모순은
현대중공업이나 대우조선소가 아니더라도
노동가와 자본가의 멱살드잡이가 아니더라도
찍어 먹어보지 않더라도 엄연히 있는
된장과 똥의 모순보다도 더 깊고 드높게
더 오리무중으로 현실계투가 있다
그것은 보이지 않을 뿐 어려운 것이 아니다
그것은 잡히지 않을 뿐 미꾸라지가 아니다
오늘 패배한 가투보다 결정적인 것은 계급투쟁이고
오늘 패배한 가투가 가투의 보다 공고한 과학성을
요구한다 한들, 가투의 승리가 계투의 승리는 아니다
그렇다 계투의 최종형태가 가투일 뿐
계투 없는 가투에는 승리도 패배도 없다 오늘 패배한
전투보다 결정적인 것은 생산력과 생산관계의
전쟁이고 이 전쟁에는 생산력이 질 수 없는
그러나 된장과 똥의 모순관계에는 없는

인간의 역사-사회성이 있고 모순과 전망의 발전이 있고
노동자가 전경한테 질 수 있는 가투에는 없는
승리의 필연성이 있다 그러므로 진정한 자유는
마침내 승리를 쟁취한 자만의 것이 아니고
역사적 한계를 통찰하며 죽어간 모든 진보의 투사들은
새로운 자유의 지평을 향해 두 눈 부릅뜬 것이고
그것으로 하여 새로운 지평이 안타깝게 열린 것이고
그러므로 우리들은 산노동으로 죽은노동을 경배하며
동시에 질타하고, 극복할 수 있다 그러므로 실천과
투쟁은 이미 노동 속에 있지만
노동을 노동답게 하는 것은 노동이 만든 인간이며
최고의 인간은 자본가에 맞서 자본가보다 드높은
세계를 위하여 생산하고 투쟁하는 노동자다
과학적으로, 조직적으로, 강하게, 아름답게
그렇다면 노동자계급의 예술은 무엇인가 나는
이미 정답을 내렸다. 당연히 그것은 계투가 아닌 가투의
남루(襤褸) 그 자체가 아니고 가투의 최고 깃발이자
애시당초 결코 질 수 없는 가투다 과학의 심장이자
계투의 피땀의 꽃이고, 승리와 패배 속에서 역사적으로
완성되는 전망과정의 형상화고 생산과 투쟁이자
소외에서 해방된 진정한 노동의 전범이다 이것이
예술과 노동자운동의 지도-피지도 관계다 그러므로
일체의 사상내용과 무관하다고 호들갑치는
소위 순수예술은 그 자체 가장 반동적이다
요약하겠다. 새벽에 일하는 사람 이전에
새벽을 연 사람이 있고 그것은 하느님이 아니라
노동자였다. 노동자는 세상을 변혁시키며 스스로를
변혁시켰고 과학은 세상을 바로 보는 방법이자 내용이며
예술은 올바른 세상을, 그것을 향한 진군을 아름답게
만드는 조직화의 방법이자 내용 아닌가. 그러므로
예술과 사회과학을 단순동일시하는 것은 과학이 아니고
단순분리시키는 것 또한 과학이 아니고
보편성과 특수성을 구분-결합하는 것이 바로 과학
아닌가. 이것은 된장과 똥의 모순관계처럼 간단하지
않지만 훨씬 더 인간의 체온으로 낯익지 않은가. 낯이
익지만 어렵다? 인간은 된장과 똥이 되는 게 낫겠다?
나는 현재 마르크스를 이렇게 이해한다. 전망은 모순의
현실 속에 있다. 변혁을 갈망하는 자에게 모든 열쇠는
피눈물과 함께, 현실 속에 있다. 그때 비로소 모든 것은
인간에게 달려 있다. 혁명을 하려면 진실로 혁명을 하라

제2부 붉은 여자

붉은 여자

마침내
너의 울음은 붉다 여자여
울음이 짙을수록
붉음이 짙어진다 마침내
울음이
핏방울진다
나의 웃음이 너를 질타한다, 새하얗게
사랑하므로 하얗게 저질러지는
나의 웃음이
네게로 번지고 번질수록 네가
운다, 나는 네게로 응축한다
혼신의 힘을 다하여
사랑하므로, 너는 내 속으로 확산한다
이미 울음은 웃음 속에
웃음은 울음 속에
있었다 오 자유
여자여
현재 그리고 미래여
사랑 속에 이미 무엇이 있는가
백년 투쟁으로 이룩한 평화의 대륙이
있는가 추억이 희망이 붉은
붉은 세계가 있는가

비

비가 내린다. 오천년을 내린 비가
내 뺨, 네 뺨을 적신다. 인간보다 오래된 비가
세계보다 넓게 내린다. 마치 스스로를 위해
내렸다는 듯이. 앞으로도
몇만년 몇백만년 내릴 비가 우리들의 가슴을
적시고 바지 끝 종아리로 튀어오른다. 가련한 이여.
적실 것이 있다는 것은 얼마나 소중한가.
막차가 떠나고 포장도로에 하얀 빛이 몰려와
밤을 이루고 밤새 물밀듯, 가득찬 가슴을 이룬다.
피땀으로
우리들의 문명은 태양만큼 찬란치 못할 것이다.
슬픔이 뙤약볕에 타오른다.
그것이 비가 되고 사랑이 되고
또다른 태양이 되리라. 죽도록 지울 수 없으리라.
비가 내린다. 수명보다 짧게, 안타깝게.
가깝고 기쁜 눈물로 비가 내린다.

별

마침내 별이 보인다 피묻지
않은 광채가 깔린다, 지천으로 아직
질서정연하지 않은 발자욱 발자욱들이
내 가슴을 노크한다 그러므로 자고 있다 나는
자고 있다 눈부셔 밤하늘에…

"들어가 이제. 그만 자."
"……"

별이 된 발자욱들이 재잘거린다 두서없이
그러므로 나는 자고 있다 아 속삭여다오
미래여 봉우리여 그 속으로 나를 깨워다오 대낮
속으로 나를 질타해다오 내 몸을 활활
태워다오 오 황홀, 꿈꾸지 않을 자유 그 속으로
내 안에 든 소리, 나의 것이자 역사의 소리
인간의, 법칙의 소리 그 끓는 용광로 속으로

잎새

잎새 하나 지고 있다.
봐. 둘이 아냐, 무수할 뿐. 무수한
잎새가 홀로 지고 있다. 그 사이
하나뿐인 대지가 뿌리보다
나무몸통보다 더
흔들리고 있다. 그래.
종파주의란 슬픈 거야. 추락 말고는
주장이 없다는 것을 모르느냐. 더군다나
지는 잎은 지는 잎을 스스로 슬퍼할 줄 모른다.
잎새 하나 지고
대지가 잎새의 운명을 슬퍼하고 있다. 그래.
따지고 보면 뿌리도
뿌리 스스로 슬퍼할 줄 모른다. 대지도.
따지고 보면 억울하고, 억울한 인간만이
억울하지 않을 수 있고 오로지 슬픈자만이
슬프지 않을 수 있다. 엉엉 울고 있군. 누가?
잎새 하나가 추락하고 있다. 그래서는
안된다, 그래서는 안된다며 누가 절규하고 있다.

오늘밤을 위하여

그대를 만나면 오늘밤
민물세상이 온통 잉어처럼 팔딱거릴 것이다
그러나
깜깜한 밤이 주위를 압착해오고 그대를

만나지 못한다는 것 또한 못지않게
중요하다 물론 사회과학 때문이 아니다. 오늘밤
나는 그대와의 거리를 사랑의 크기로 느낀다. 아
아프다는 말로는 도저히 표현할 수 없는
그대에게 이르는 끝간 데 없는 경로의
벅참이여 길이여
헤어짐만 있었다면 사랑도 없었으리
예감만 있었다면 길도 없었으리
사랑으로 길은 날로 단내나고
단내로 길은 날로 새로워지나니
길이 사랑 그 자체일지라도
그대 이미 내 안에 그리고 내 바깥에
한몸임에랴. 길이 있고 그대 있고
미완성보다 벅찬 것이 죽기 전에 또 무엇 있겠는가.
다음날 우리 만나 또 한쌍의 잉어가 되더라도
어찌 은비늘이 첫새로 찬란치 않으랴.

새벽에

안개 낀 거리를 보았다.
숨기지 않겠다. 나는 도피중이고
그러나 국가보안법에 걸릴 만큼
거창한 일을 저지르지는 못했다. 다만
그것은 검사들에게는 상관없는 일이며
그 일을 저지른다 한들 결코 죄가 아니며
그것을 항변해봐야 소용없다는 것을 알 뿐이다.
9시 뉴스데스크와 달리 새벽은 청순하고 푸근했다.
시간은 6월이고 새벽은 태초이자 인간의
교대시간이었다. 사람들은 피곤한 채로
아름다웠고 오히려 교통이 태초였으므로
체중이 없었다 전철은 5시 무렵 텅텅 비었고
버스간도 한산했다. 어제를 알고 오늘 현재
책상에 쌓였을 업무 말고는 모든 것이
멍하고 단순평이했으므로 사람들이
안개를 뚫고 모습을 드러냈다, 하느님처럼.
시들은 장미꽃쯤은 되는 그들은 싱싱한 채로
잠이 모자랐고 군집적이었다. 그리고 새벽이므로
불안하고 낙관적이고 쭈빗쭈빗하고 팔팔했다.
결단코 나는 그들과 그 모든 것과 다를 것이
없었다, 이제 눈을 좀 붙여야 한다는 것이 중뿔날 뿐.
나는 그 새벽에 돌을 던지지 않았다. 당연하다.
일어나면 또다시 어제보다 나은 돌을
준비하리라 어제의 사랑이 섞인 돌 그리고
사랑이 된 내일의 새벽을 흔쾌히 맞으리라

그리고 내일만큼의 새벽이 되지 못한 돌을
다시 손에 쥐리라 사랑과 돌 사이에서
사랑이 될 돌과 사랑이 되지 못한 돌 사랑의 돌과
더 높은 사랑의 돌 사랑과 더 높은 사랑 사이에서 나는
불안하고 혼쾌한 잠을 자리라. 그 밖에
다룰 것은 없다. 결단코. 이것이 나의 대중성이다

두뇌에 대하여

가슴이든 발가락이든 하여간
뜨거운 것이나 냉철한 것이나
직접 살아가고 또 살아가게 한 일 말고도
내 두뇌는 가끔씩 육체와 더불어 살아 있는 것이
찬나일수록 행복할 수도 있는 것임을
알으켜준다. 아찔하게. 가끔씩 찬물 꼭지를 튼 듯
시리고 상쾌하게 내 인생 전체가 뒤쪽에서
지하 10층으로 파혜쳐진 건설현장 벼랑 밑으로
무너져내린다. 기특해하는 것도 내 두뇌이지만 어쨌든
나는 총체적으로 두뇌가 기특하다.
당신 몸이 좀 이상한 것 아니요? 아냐, 아냐.
살아 있다는 것은 무지 기분좋은 일이란 뜻야.
아내를 하늘의 절반으로 합쳐 온전한 나의 삶이
그 이전도 그 이후도 살았으므로 좋은 것이라고
두뇌 시린 곳이 말한다. 섬쩟하게. 그냥
좋은 게 좋다는 게 아니라구. 전과 후를
생각하는 삶만이 고통스러워도 신난다는
거야. 아냐 몸이 이상한 게 아니구
세상이 이상하구 몸이 기특한 거지. 여전히?
물론 여전히. 언제까지냐? 노. 고통은 빨리
끝나야 해. 사랑을 크게 한다는 명분 말고
고통이 무슨 그 자체 존재이유가 있나. 고통이
스스로 위대한가 막말로 인간 없이 고통이
있나. 두뇌 없이 고통이 있어? 고통아 니가 무슨
골목대장이냐? 존만게 까부네.

철길

무엇보다도
유구한 것은 인간적이다 길은
돌이켜볼 때 인간보다 인간적이다 강인한 것은
어떻게 풀 사이에 오솔길을
자갈밭 사이에 철길을
강하고 아름답게 놓는가 철길 위에
무언가 뜨겁게, 검게
굵은 눈물로 비가 내린다 길이 길인 한

살아 있는 동안 길은 왕복이고
그만큼 반복이라는 것을
나는 안다 다만 내 뒤에 올 사람이
울음만으로야 나보다 덜하기를 원할 뿐이며
그때의 길에 비해 나보다 더하더라도
나보다 덜 당황키를
바랄 뿐이다 그리고 단지 유구하게
소망도 지식도 그것만으로는 될 일이 없으므로
이 길을 직접 갈 뿐이다 열은
식히기 위해 있지 않고 검고 탄탄하게
굳기 위해 있다 우리가 자연에게서
배운 것은 그것이다 철이 철 스스로를
단련시키지 못한다는 것 길이 길 스스로를
넓히거나 중단치 못한다는 것을 나는 안다
우리가 길을 중단치 않을 것임을 나는 안다
길은 강해지고 넓어지고 죽죽 뻗어나가 맨마지막
죽음에 닿을 것임을 나는 안다
내가 아는 것은 그것뿐이다

쇠뜨기풀

수서비리와 페놀오염을 따지지 않더라도
내게는 풀을 노래한 김수영보다
만병통치약이라며 금수강산 쇠뜨기풀을
금수강산 백구머리 밀듯 이잡듯
쥐뜯어먹은 형용으로 작살낸
'조선백성' 들이 더 중요하다. 그에게도 물론이라.
민중은 풀보다 영악해서 풀을 뜯지만
민중들 모두가 민중을 사랑하는 시인은 아니며
더군다나 민중 모두 민중의 지도자는 아니다.
나는 여기서 한발 더 나가겠다. 그들의 병은
정부발표와 달리 신용부자병이 아니고 식자견해와 달리
무지의 소치가 아니고 공해운동가 주장과 달리 쓸데없는
환경파괴범이 아니고 그들이 쇠뜨기풀을
멸종시켰다고. 해서 민중이 아니거나 쇠뜨기풀이
쇠뜨기풀이 아닌 것은 아니다. 쇠뜨기풀이
도망치려면 몇억년이 걸리는가. 근거없는 소문은
몇초 만에 전파를 타고 전국에 번지는가. 이것이
얼마나 일방적인 게임인가를 그들이 모를 리는
없다. 언제나 해답은 좀더 인간적인 데 있다. 즉
상부구조와 토대의 모순에 있고 고래싸움에
새우등 터지는 것보다 오묘한 역사적
유물론에 있고 그것에 덧붙여, 당이 부재한
한국적 혁명적 상황에 있다. 지금 신식국독자라는 것은

정부가 볼 때 민중이 도무지 과학과는 무관한
반인반수의 괴물이라는 뜻이고 내가 볼 때 도저히
과학없이는 삶 자체를 이해하거나
견딜 수 없는 그러므로 과학이 없다면 곧바로 자폭할
시한폭탄이라는 뜻이다. 그러므로 정부와 나 사이
다른 것은 신식국독자나 한강물 위험수위가 아니고
불안의 형식이나 자연재해의 내용이 아니다.
무조건 몽둥이로 다스려야 할 짐승만도 못한 자들이냐
때와 장소와 대상을 가려 터지고 물보다 나은 사랑으로
제 스스로 거듭나야 할 인간의 정치-경제적 열망이냐
이것이 내가 재야인 유일한 까닭이다. 내친 김에
한단계 더 나가겠다. 나는 풀의
대동투쟁론을 거부한다. 이것이 죽은 시인에 대한
최고의 찬사임을 나는 안다. 숱하고 숱한 것만으로
이룰 것이 몇천 몇만명 들판밖에 더 있겠는가. 우리가
단지 숱하기 위해 세상을 포기한다면
그것은 착하기 위해 쇠뜨기풀이 되는 것과
무엇이 다른가. 거꾸로 몇십만평 쓸모없는 땅을
차지하는 재벌보다 원시적일 뿐. 무엇이 다른가. 단지
숱하고 숱한 것으로 된다면 자본주의에서 쇠뜨기풀보다 더
대중적인 명망이 있는가. 문제는 쇠뜨기풀을 뜯는
민중이고. 그들이 솎아낼 것은 쇠뜨기풀보다 이로운
자본이 아니고. 풀뿌리보다 더 깊고 악착스러운
자본이고. 쇠뜨기풀보다 손에 잡기 쉬운 과학이고.
먼 갈 길이고. 멀수록 찬란한 전망이고. 그런 것 아닌가.

분단과 비합에 대하여

애시당초 분단이란 뒤엉킨 것의 특수한 표현일 뿐
관념적으로 갈라졌거나
찢어졌거나 생이별했다는 뜻이 아니다.
생이별한 것은 국토가 아니고 자연도 아니고
인간이고 우리들의 부모형제이고 밥통이고 지독한 유흥가다.
내부 분열이 더욱 문제다. 이 소리도 나는 하고 싶지 않다.
문제는 뒤죽박죽 뒤엉켜 있는 것을 어떻게 옳게
결합시킬 것인가고 어떤 것이 진보며
발전이고 진정하게 인간적인가다. 가령
대중단체는 브이오가 아니라면
관념상 틀린 얘기가 아니지만 그 얘기를 한
레닌과 레닌-대중단체 관계가 없는 현실에서
그것을 얘기해주는 사람은 브이온이 대중단체가. 그것을
대중단체가 묻게끔 하는 것은 비합인가 반합인가. 가령
대중단체는 브이오가 될 수 없다는 근거는 자생성이지만
그 인식은 의식성에서만 가능한 것 아닌가. 그렇다면

거꾸로 대중단체에게 브이오적 의식성을 요구하는 것
아닌가. 대중단체 속에서 브이오의 지도내용은 숨기고
사람은 드러내고 단지 브이오적 어법만을
무기로 하고 있지 않은가. 가령
그 얘기를 하는 사람은
대중단체에게 자신이 브리오임을 내용상
떠벌리고 있는 셈이 아닌가. 결과적으로 주장과
정반대로 대중단체가 브이오가 되지 않으면
그것도 '브이오가 될 수 없는 브이오'가 되지 않으면
안된다는 주장 아닌가. 이것은 브이오의 실종이자
대중단체 지도내용의 실종 아닌가. 가령
브이오 지도란 대중단체에 강제되는 것이
아니고 전국적 과학적 관점의 내용상
우위를 통해 내용적으로 관철되는 것 아닌가. 그렇다면
그런 말을 대중단체 속에서 하는 자들은
누구인가. 앞뒤로 보아 '자칭' 브이오임에
분명한 그들은 '대중단체 회원만큼도
대중활동을 모르는 브이오' 그 말이 '그들' 브이오에
치명적인 위해를 입힌다는 사실조차 모르는 그들은
남북통일로도 해결될 수 없는 모순을 갖고
남북통일을 하겠다는 그들. 노동자계급 대중 수준보다
낮은 내용으로 노동자계급을 지도하겠다는 그들.
지도내용이 생겨날 통로를 지식인에게서 막고
노동자계급에게서 막고 무엇보다 그 둘의 관계에서
막고 모은든 통로 자체를 봉쇄해버리며 '브이오, 브이오!'
동학교도 주문처럼 외는 그들은 누구인가.
노급도 모르고 지식인도 모르고 21세기의 목전에
19세기 농민의 동학 '란'만 쬐끔 아는 그들이
어떻게 민족을 통일하고
민족통일을 한단 말인가.

나무

......

나무가 되고 싶었다
그러나 나에겐
나무만한 인내심이 없고
투박한 껍질이 없고
4계절 이파리로 돋는
푸름과 붉음과 갈색 그리고
늙었다 다시 젊어지는
갑옷이 없었다

혹시 몰라 우리가 나무로 되고 싶었던 것은 인간사

허망할까봐 겁나서였을까? 어른인 채로 감각만 남아
세상이 인큐베이터이기를 바래서였을까? 그렇다면
내게 푸름은 참으로 끔찍한 건지 몰라 붉다는 것 또한
문제는 꿈이 아니지 우리에게 꿈이 없거나 꿈이 현실에서
벌어지지 않아서가 아니라구 나무가 스스로의 생각을
형언할 수 있다고 믿었던 것. 색깔이 색깔 스스로를
형언할 수 있다고 믿었던 것. 슬픈 것은 나무도 아니고
나무가 못된 나도 아니고 이루어지지 못한 그
관계도 아냐. 그러느니 차라리 사회과학이 슬프다.
그래 나무를 노래한다는 것. 그거 그냥 순진한
어른이랄게 아냐 끔찍한 미성년자 약취강간일지도 몰라.
나무? 나무는 말을 못해도 나무야. 자신의 몸을
끝내 땔감으로 내줄 뿐 분명하지. 그런 어른만이
할 수 있는 끔찍한 짓을 할 리가 없다는 것이

……

이제 온전히 내 안에 나무가 들어섰다
나무는 여전히 말이 없다 그러나
그로 하여 나는 몇천년 묵은
인간의 서정을 형언할 수 있으리라

중심과 함정과 서정에 대하여

이를테면 동학전쟁이 지금 종로나 광화문에서
죽창들고 최루탄 맞으며 벌어진다는 얘기 말이다.
이건 지도중심이 아니고 함정이다. 이를테면
1991년 5월은 1970년 전태일의 분신을
중심으로 세웠고 그 중심이 열이 되고 백이 되었지만
함정은 죽음으로 메꿔지지 않았고 오히려
전태일 이래 의로운 분신만 부관참시되었다는 말이다.
이를테면 나는 서정을 줄곧 분신시켜왔지만
그것은 지도내용 부재에 대한 촉구이자
지도내용을 부추기는 깃발 같은 것.
그 내용을 살찌우는 또다른 차원이었다는 말이다.
이를테면 나는
서정과 인간을 혼동하지 않는다. 서정은 얼마든지
거듭날 수 있지만 죽은 인간은 거듭나지 못한다.
이름은 거듭날 수 있지만 시체는 거듭나지 못한다.
1991년 5월
우리는 백만명을 동원하면서 거꾸로를 말했다.
이것이 우리가 실패한 가장 큰 이유고
아직 실패의 앞날이 창창한 가장 큰 이유고
우리에게 희망이 여전히 남은 이유다. 이를테면
시인은 외롭고 아름다운 죽음과

끔찍한 주검을 구분하고 결합해야 한다. 희망은
희망을 제출한 자에 의해 이루어지는 일이
태반이다. 이를테면 레닌이 없었다면
레닌의 변혁이론은 틀렸을 수도 있다. 이것은
보기만큼 당연하지는 않다. 이를테면 실현의지가 없는
과학은 과학일 수 없다. 1991년 5월
우리는 부재의 죽음에 낡은 서정의 깃발을
매달았고 그러나 당연히 서정이 부관참시되지는
않았다. 서정의 과거와 미래는 한순간의
과오에 좌우될 만큼 우연적이지 않기 때문이다. 단지
낡은 것이 처참할 정도로 낡게
드러났다 봄 여름 가을 겨울
땀에도 역사가 있고 사회가 있다 눈물에도
역사가 있고 피에도 그리고에도 사랑에도
역사가 있고 사회가 있다 그러므로 더욱 땀답고
눈물답고 피답고 그리고답고 인간답고 그러므로
역사가 역사답고 사회는 사회답고 서정은
서정답다 그리고 여기서
답다는 것은 인간으로써 발전한다는 뜻이다.
고백컨대 나는 어머니를 길목에 놓고 살았다. 물론
그립고 따스했다. 나는 효자였다. 그러나 누구나
단지 과거지향으로써만 어머니를 빙자하는 것은
거짓이다. 발걸음이 육체가 시간이 미래를 향해
가고 있음이다. 고백컨대 나에겐 수십만 이재민의 장마가
폭발적으로 시원했던 적이 있었다. 몸도 마음도
무좀 근질거리는 발가락小 속이 시원했던 적이 심지어
굶주림도 속이 시원했던 적이 있었다. 그리고 또
나에겐 그 시절이 터무니없이 부끄럽기만 했던 시절이
있었다. 이제 나는 안다. 부끄러움의 면죄부보다는
남한 특수성이 모으든 혁명민주주의적 정서와 서정을
아픈 살로 빚어내어, 함정을 함정이라 하고
노급을 노급이라 하고 중심을 꾸려가야 한다.
나는 안다 과거와 현재를 구분하고 결합하는 법

함정과 중심을 구분하고 결합하는 법
죽음과 주검을 구분하고 결합하는 법
육체와 서정을 구분하고 결합하는 법
서정의 과거와 현재와 미래와
그것을 구분하고 결합하는 법

이제 내게 벽은 친근하다 그리고 끔찍하다 멀리서
벽이 다가오고 그러나 나는 겁없이 벽을 맞는다 오
새벽이여 노동자계급이여 새로운 세대여

빛이여 서정이여 인간이 길을 만들었던가, 아니다
길이 인간을 만들었던가, 아니다 사람과 길의 관계가
더 깊은 사람과 길의 관계를 만들고 꽃이 피고
피땀이 뿌려지고 인간의 눈에, 더 아름다운 꽃이 피었다.

질주
나는 거리를 질주한다 그러나
화염병을 던지지는 않겠다 왜
붉은 눈시울에게 눈물을 던지겠는가 눈물
투명한 눈물만도 못한 불꽃을
바다에 던지겠는가 나는
안타까운 얼굴 속으로 질주한다 그만큼
나는 안타깝고 안타까운 만큼만 나는 불이다 물론
나는 최후의 결전을 인정한다 계급투쟁의
그것이 결코 평화를 위해 평화롭지 못할 수
있음을 결코 그럴 수밖에 없음을
예상한다 그러나 동시에 인정한다 그러나
동시에 최후의 결전은 오로지 최후의 승리를 위해
있을 뿐 패배를 반복하기 위해 있지 않다
나는 안다 꽃이 현실로서 꽃임을 불이
현실로서 불임을 꽃과 불이 만나서
불꽃이 되는 길은 동시에 수천만의
건강한 식수가 되는 길이라는 것 그것을 위해
보다 치열한 투쟁과 과학과 그 결합이
필요하다는 것 광야에 불씨 하나가 온 들판에
불을 지른다는 것 그러나 그것을 위해 신식국독자가
인간 한명 없고 동물만 사는 아프리카
원시림으로 화해야 한다는 것 제갈공명처럼
북풍 바람 한점에 전략의, 수천만의 운명을
내맡겨야 한다는 것 제갈공명조차 천지신명
따위에 제 목숨을 내맡긴 것이 아니라는 것
그럴 필요가 전혀 없으며 그럴 수도 없다는 것
과학은 앙상한 장작더미에 있지 않고 인간의
희로애락의 바다 속에 있고 조직화에 있고
현실 속에 있다 꽃과 불과 기름과 물의 결합도
한 사람의 불이 수천수만의 불이 되었다
두 사람의 불이 수십만 수백만의 불이 되었다
오, 이것으로 죽은자의 역할은 충분하다 살아서
우리는 우선 꽃이 무엇보다 제 스스로 타는
불꽃임을 알아야 한다 인간이 그냥 불이 아닌 것
인간이 그냥 물이 아닌 것 그러므로 불인 인간이
열망하는 것은 물이고 물인 인간이
열망하는 것은 불이며 인간의 열망은 물도 불도

아니라는 것 그 열망의 물과 불의 종합은
살아남아 조직할 자의 몫이라는 것 그 속에
현실이 있고 현실이 담보해주는 내용이 있고
그 내용을 실현할 가능성과 필연성이 있고 그것을
조직할 과학과 의무와 더 높은 내용이 있다는 것

오, 이것으로 산자의 역할은 충분한가 충분하지
않다는 것을 나는 안다 살아 있기 때문. 그렇다
나는 노동자계급과 시민을 혼동치 않겠다. 불 속에
불을 던진 '인간'의 영웅적인 죽음과 산자의
동물적인 죽음 경배를 혼동치 않겠다. 주변에
집착하다가 핵심을 놓치는 그러므로
핵심도 주변도 다 놓치는 우를 범하지 않겠다.
나는 질주한다. 그러나 나는 지배자보다
더 경악하는 우를 범하지 않겠다. 나는 질주한다.
무거운 화살처럼 슬픔이 불이 되고 치열한
사랑이 될 때까지 내가 그들을 향해 던질 것은
결국 원래 그들의 것이다 그것은 던져도 되고
선물포장을 해도 될 것이다 이를테면 지배자의
몇백년 범죄에 우리가 더욱, 지배자 스스로보다
더욱 경악한다는 것은 우리가 자신없다는 뜻
아닌가 우리가 족히 백년 동안 아니면 역사적으로
수천년 동안 경악만 되풀이한다면 우리가 그들에게
그들의 양심과 유물론에 기대왔다는 뜻
아닌가 우리에게 없는 것은 조직이지 결코
영웅이 아니다 영웅은 분노가 넘치는 만큼 넘쳐나고
그러므로 분신은 영웅적이되 영웅이, 죽음 자체가
조직을 대신하는 것은 아니며 다만 죽은자는
그냥 불이 아니고 죽은 인간의 불이므로 산자가
죽음의 의미를 역사적으로 조직화할밖에 없다. 누가
영웅적인 죽음을 단지 숱한 죽음의 군집으로
전락시키는가. 놀라는 것은 반항인가. 분노하는 것은
반항의 역사성인가. 조직하는 것만이 반항이고 동시에
반체제고 역사적인 내용을 갖춘 혁명 아닌가. 오로지
이것이 사활적이다. 이를테면 수준 낮은 내용으로의
서명작업은 조직화를 통한 높은 내용으로의 상승이
아니다 가난공동체로의 평준화 농성도 석방요구 단식도
그렇다 형식을 향해 집결한다면 코메디안을
이길 수 없고 가수와 영화배우 혹은 독점재벌의
수십대 광고를 이길 수 없다 지배계급은 불만의
팽배가 양적으로 압도적이지 않는 한 경악하지는 않는다
양적으로 생각하는 것 이것이 그들의 무서운 점이자
치명적인 한계고, 자유민주의 선거란 애시당초

사랑, 피터

신식국독자에서 부정선거다. 양을 장악하기 위해서
보다 높은 질을 모색하지 못했다는 것. 이것이 우리의
할 일이며 못한 점이다. 그리고 할 수 없었으므로
불가능한 일이고 불필요한 일이라는 것. 이것이
동요의 내용이며 우리의 주관주의의 결과다. 쿈 주먹과
푼 손만으로 대중을 장악하려 했다는 것 대중보다
더 고생한다고 착각했다는 것 단지 내용없는
찬성-반대만으로 적과 동지를 구분했다는 것
'전두환은 개새끼'라는 것이 대중에게 무슨
대단한 비밀인 줄 알았다는 것 따지고 보면
자본론보다 먹고사는 일이 훨씬 더 힘들고 어렵다는
점을 까먹은 만큼 관념적이었다는 것 돌이켜보면
귀가 막힌 채로 고개를 끄덕이다가 으르렁대다가
이합집산했다가 그것을 대동투쟁론이라 그랬다가
배반이라 그랬다가 그러므로 갈수록 대중에게
가장 난해한 집단으로 화해갔다는 것 우리의 발걸음을
머뭇거리게 하는 것은 이것이 유일하다. 아직도
부재를 향해 숱한 사람들이 죽고 있다. 도처에서
불길이 치솟고 꽃잎이 떨어진다. 앞으로도 상당 기간
그럴 것이다. 있다고 죽고 없다고 죽을 것이다. 나는
질주한다. 내가 홀로 질주하는 것 또한 이제서야
깨달았기 때문이라는 것을 나는 안다. 현실의 고통이
현실 속에서 현실주의적으로 직면되고 또
돌파되어야 한다는, 그것만이 현실 속에서 희망을
찾게 하고 또 희망을 현실주의적으로 단련시킨다는
상식을 이제서야 내가 안다는 것. 결과인 그 죽음이
나의 죽음이라는 것. 부활은 산자만이 누리는
특권이라는 것. 죽은 자도 억울할 건 없다는 것. 다만
결과가 원인을 메꿀 수 없다는 것. 나는 이제
질주한다. 과학적으로 애절하게, 거리의 눈초리 속으로

사랑은 내가 아닌
남을 사랑하는 것이
괴로움을 아는 것 그리고
괴로움이 의미 있음을
아는 것 그리고 행복한 것
너에게도 나에게도
사랑과 앎과 괴롬과 행복과
그리고
죽음과 영원과
죽음을 통해 죽음을 극복하는 것
비 내려 고인 웅덩이 밟으
자동차가 지나가고 있다

안타깝고 흡족한가봐. 우리가 탄
자동차는. 으응, 그래. 과학으로
사랑하는 자들이 무슨 짓을 못해.

그래서 나는 현실 속에서 노동자가 아닌
사람들이 만든 현실주의 노동자연극을 보았다.
연극 속에서 파업이 격렬했고 사랑이 격렬했다. 그때
홍이 말했다. 지상에서 가장 나직한 연극대사로, '님이,
사랑한다'고. 님이 재빨리 말했지 '니가? 내가?
당신이? 아니 제가요?' 지상에서 가장 작고 달콤한
속삭임을, 님의 놀란 토끼눈이 반짝였다. 아차?!
홍이 말했다. '쉿, 남들이 보잖아. 우린 연극중이야.
그런데 뭐? 내가 너를? 니가 나를?' 아차?!
'어떡케요, 형. 어떡케. 난 몰라. 들켰어.'
펑펑 터진 고운 눈물을 와락 껴안으며 말했지 홍이,
'아냐, 내가 챙피한 거야. 넌, 괜찮어. 님이, 사랑해.'
노동자들은 오랜만의 러브씬에 브라보를 외쳤다 현실
속에서 둘의 나이 차는 물경 12살. 독자들.
그러나 이 얘기는 이미 한 것이다. 운동가와 평론가들만
모를 뿐이다. 남은 얘기는 이것이다 쑥스러운
사랑을 위해 연극 속으로 들어간 그들이
이제 사랑하는 연극을 노동자에게 바칠 것인가? 물론!

으응, 그래. 어느새부턴가 나는 길거리 쪽으로
전망이 넓은 쪽보다
아파트와 아파트 건물 사이에서
눈이 펑펑 쏟아지는 풍경을
더 좋아하게 되었다
물론 갇혀 있기 때문이다
그 공간엔 자가용차들이 빽빽이 들어차 있고
'걸프'에 악센트를 강하게 주면서
기름값 아파트값과 전쟁을 통틀어 걱정하는 부모들에
아랑곳없이 어린아이들이 놀고 있다

그들은 많지 않고
둘씩, 혹은 셋씩 두서너 팀이다
그들은 아주 소란하지 않고 다만
그들의 소란이 밝은 고요를 장식한다
205동을 돌아서면 곧장
문짝구와 기름 시커먼 자동차 정비공장이 나오지만
아이들은 그곳에 가기를 좋아하지 않는다

으응, 그래.

아이들은 아직 스스로 깨닫지 못할 뿐
역시 아이들은 희망이야.
그들의 전쟁은 우리보다 혹시
아름다울 수 있을까? 그거야,
우리 하기 나름이지. 애들이 뭘 알아.
안 그래? 아름다움은 그들 몫이고
그들을 위해 우리는 흡족하게
전쟁을 치를 것이다
그 아이들도 그 다음을 위해 그럴 것이다
그들에겐 우리의 아름다움이
그들의 전쟁이지 안그래?
지금보다 더 아름다운
아름다움의 역사를 위하여

나는 질주한다, 무언가를 나는
이 시대를 향해 던질 것이다.

제3부 철길, 절망에 대하여

나의 희망은 몸살을 앓고 있다
나는 안다 다만 관념뿐이라면
한 마리의 바퀴벌레가
뇌리의 경사를 깎아지르듯
희망을 무너뜨릴 수 있다
나의 희망은 얼마나 나약한가
나의 몸살은 얼마나 끈질긴가
비젖은 거리를 향해
내 두 팔은 뻗어나간다
오 잡아다오
아픈 내 팔을 누군가
더 잡아 빼다오
내 등은 더이상 뜨겁지 않다
시대여 등이 식은 꽃이여
예찬하는 시대여
나는 낙오한 것이다

젖은 옷깃과 물묻은 얼굴들이
반짝인다
울지 않고 반짝인다

비는 구분없이
맨살과 옷 위에 내리고
구분없이
거리에 사람들 어깨 위에 내리고
젖은 것만이 반짝인다

불빛도
흐를 뿐이다 삶도 사랑도
나는 너 많은 광채 속에서
다시 밥 한 그릇이 더욱 소중한
시절을 맞을 것이다

나는 미워하고 있어
안돼 그건
돌아가고 있다는 뜻야
나는 쓰러진 것이다
시멘트 바닥 위에
둔중한 내 뺨은
물 속에 흘러가고 있다
잡아다오 내 육체를
팔딱거리는 물고기를

희뿌연 안개비는 여전히
검은 자갈밭 위에 내리고
가장 확실한
철길 위에 내린다

지붕이 없는
플랫폼 위에
서성이는 사람들 발길 위에 내린다
서성이는 사람들은 무수하고
빗방울이 무수히
흩어지고 있다 철길은
돌이켜보지 않고
서두르지 않고
다만 내 눈 앞에서
더 나아갈 수 없음을 반성한다
아 철길의 끝이 보이지 않는다

누굴 탓하겠는가
철길보다 서성인 만큼 어차피
나의 길이 어제와 다를 뿐
왜 길을 탓하겠는가

사랑, 피티

오늘도
인천행 전철은 목적지에 닿을 것이다

올 것이 온 것이다
아니
올 만큼 온 것이다
내가 무엇을 선택했던 것은 아니다
호우경보가 해제되는
내일도 그럴 것이다
햇빛 쨍쨍한 모레도 그럴 것이다
미래에 비하자면 글피도
그럴 것이다 멀고 가까울 뿐
미래 말고 삶이 무엇을
선택하겠는가
장마지는 삶 외에 미래가
무엇을 선택하겠는가
비는 수직으로 내리다가
지상에 닿을수록
발걸음이 될수록
흩어지고 옅어진다
안개비

안돼
나는 벌써 슬퍼하고 있어
뿌리까지 적신
한 그루 나무로
서 있어야 한다

나는 안다
갈 길이 없는 사람은
서성거리지 않는다
저 막무가내 철길을
단지 가기 위하여
전철이 오겠는가
가난한 삶보다 끈질기지 못한
성욕보다 강하지 못한
목적지를 가기 위하여
설마 저 전철이 오겠는가
여전히
달라질 것은 미래뿐이다
서 있는 자에게
길은 검게 반짝인다

절망은 젖은 뿌리

그러므로 나는
혼자가 아니다
나는 안다 비는 은총이 아니고
모든 것을 받아들인다는
뜻이다

모든 것을 받아들이는
눈물이 태풍에 흩날린다
헛될 것은 없다 정말 홀로 된 자는
홀로라는 것을 스스로 알지 못한다

나는 다시 선 것이다
그러므로, 길 앞에
길은 더욱 검고
더욱 반짝인다
검은 것만이

반짝인다는 뜻이다
나는 한 시대를 건너왔다
어둠 속에 반짝이는 시대와
어둠이 반짝이는 시대 사이에
철길이 검게 반짝인다
내 구두는 낡아 있다

돌아보지 마라
돌아보지 마라

차창 밖 빗물이 흘러내려
줄기를 이루고 길을 이룬다
길은 붉덩물 홍수를 이룬다
내가 만든 길을 내가 갈 것인가
전철이 철길 위에 덜컹거린다

나에게
서성이는 것은 나쁘다
나에게
서두르는 것은 나쁘다
오오 서성이는 사람들의
평화는 완강하다
그러나 내 서성임은
차창 밖 완강한 빗속에 합치는
들판과 도회지 사이에 있지
않으리라

비는 칠흑같이 내려
비좁을수록
전철 안을 아늑케 한다
노아의 방주

나는 안다
희망만으로는
고독을 이기지 못한다는 것을
희망만으로는
철길의 등을 식히지 못한다

나는 절망한다 누추하고 안온하게
그러므로 전보다 풍요롭고
광활한 길 앞에, 나는 서 있다

나는 절망이 한 십년 이어질 것임을 알고
그것이 또 길일 것임을 안다 그리고
그 길이 절망의 운명을 좌우할 것이다
따지고 보면 몇십년 안에 그 길이
끊어지지 않을 것이고 무엇보다
그 전에 나는 십상 죽을 것이다
절망도 그 속에 든 길도 죽을 것이다
이 점에서 내 절망은 흔쾌하다
그러나 절망에도 역사가 있고 성장이
있고 그 운명을 좌우할 수 있다는 것
길은 희망의 핏줄을 잉태한다는 것
그것 때문에 내 절망은 더욱 흔쾌하다
죽지 않는 것은
나를 제외한 모든 것이다

나는 길빙한다
영원을
꿈꾼다는 뜻이다
길은 제 혼자 절망하지 않는다
사랑도 미래도

오 억세게 해다오 내 뿌리
강하게 뿌리채
뽑히게 해다오 오 서성이는
무수한 발걸음이여 몇 사람의
얼굴을 보게 해다오 낯익은
갈망을
서성이는 사람들의

세계 속으로 나를 따스하게
삽입시켜다오 서성였던 것은
길이라고 말해다오 세계여
나의 절망을 먹어다오 붉은 입술로

철길은
인천으로 수원으로 공간적으로
가기 위해 있었던 것이 아니다
철길은
서울발 새벽 5시에서
인천착 0시 50분으로 시간적으로
가기 위해 있었던 것이 아니다
목적지는 단지
드높은 것이지 않았던가
전체이지 않았던가
세계에서 세계로

인간에서 인간으로
시간이 없이 어떻게 목적지가
절망이 없이 어떻게 시간이
역사가 없이 어떻게 공간이
있겠는가
서성임 속 말고 어떻게
분명한 길이 있겠는가 삶이여
죽음이여
흐르지 않고 어떻게 길이 있는가

나는 어둠 속에 있다
살아 있다는 뜻이다

나는 손을 뻗어
유리창을 만진다
내 손이
길게 뽑힌 내 팔의
비명소리가
유리창을 따습게 한다
검은 유리창 속엔

그림자가 있고
우리들이 있고
생기가 없다
죽은 자만이
죽음을 극복할 수 있다는

사랑, 피티

뜻이다
창밖은 비가 내리고
빗속에 누가
울부짖고 있다

살아 있는 자
냉철하라 제발

창밖에 비가 내린다 칠흑같이
어둠은
스스로 자문하지 않고
스스로 넘쳐내린다
아 희망은
분리되어 있다 아직
관념적이라는 뜻이다
아직
반짝이는 것이 모두 삶이 아니고
별은 차창 밖에 있다

반짝임은 반짝임을 스스로
반문하지 않는다
다만 젖어 있을 뿐
유리창 하나가
억수같은 비를 차단한다
내 안에 죽음이 있었다 내 안에
절망이 있고 습기가 있고
유리창이 있었다
전철은
나를 낯선 곳에 내려놓으리라

그러나 나는 안다 유리창 밖
낯설수록 낯익은
강건한 사내들을
광활할수록 안온한
아름다운 여인들을
뿌리깊을수록 손살같은
세계를
어둠산 슬하
보석처럼 반짝이는
도시를
그곳으로 가는
수풀과 평원을
그리고

싱싱한 생선팔뚝 같은
장대비를
전철은 개개의 심장
혈관 속을 달리리라

나는 안다 나는
내 절망의 속을
들여다보고 있다
그것만이 내가 살 수 있는 길이다
그것만이
내가 그것을
벗어나 있다는 뜻이다

비는 그 속에도 내리고 있다
전철도 플랫폼도 그 속에
헐벗고 있다
내 눈은 아직 내게
유리창
그러나
정말로 절망한 자는 스스로
절망한 줄 모른다

유난스럽지 않게
내가 나에게 자문하는 시간
나는 나와
생애 최초로 다정하다

나는 살아서
40대를 맞을 것이다

철길은 두 줄에서 네 줄로
갈라진다
누가

저렇게 질긴 약속으로
가슴을 찢고 있는가
누가 종착역에서 출발하고 있는가

빗방울이 철길 위에서
콩볶듯, 튀고 있다

그러나
오늘밤은
홀로 쉬고 싶다

제4부 편지, 희망에 대하여

나는 뒤돌아보지 않고
자세히 본다

비로소
나는 본다 다름아닌 역사의
눈물을

그렇다 나는
내 안에서 멈춰 있다

사람들이 불쌍해. 앞으로도.
문명은 찬란한 화강암
그리고

인간의 손을 떠난 것은
싸늘하다

으응, 그래.
앞을 향해 우는 것은
녹아내리지 않기 위해서야
아직
인간의 역사는
패배로써만 견고한 것을
남기고
그것이 이룩된 것임을
모른다
앞으로도 오랫동안

진리는 패배로써만
현실에 육박한다

태양 아래서
건물을 제외한
생명체들이 녹고 있다
물컹하게. 공원의 풀잎도.

지금 땀으로 용해되는 것을
막아주는 것은 한개의
아이스바뿐이다

그러나 지금 두려워 말라
내가 흘리는 땀은
식은 땀이다 대낮에 사랑하는
그 누구도.

그러나 아 태워다오 장마끝
폭염 속에서 익는 집벌레처럼
스믈거리는 내
육신과 희망을
동양식으로 화장시켜다오

보이지. 하나의 돌이 되기 위하여
눈물이 제 살을 태워
눈물의 껍질을 벗는다

찬란함은 제 스스로
아무도 없이, 찬란하지 않다

보이지. 현대식 빌딩 앞에서
사람들이 별을 찾고 있다
불야성은 밤이 없고 그러나
그 둘이 깊고 문명이 높을수록
옥상으로 가는 계단은 닫혀 있다
밤을 잃고 두려움을 잃고
까닭이 없으므로
사람들은 더욱 두려워한다

아직 모르지
역사가 있어야 별에도
두려움이 없다는 것을

울고 있나 아직?

앞으로도
이룩된 것은 반복되지 않는다
그리고 반복되지 않는 것은
파괴되지 않는다 다만
그것은 남아 있는 내가
아직
아니다

한낮 찌는 것일 뿐인 폭염 속에서
사람들은 아무도

사랑, 피티

자신이 이룩한 것보다 앞장서
달려가지 않는다

지금
폭염 속에서
질주하는 것은 자동차왕국 그리고
경제뿐이다

나는 인간을 위한 경제가 아니라
인간이 된 경제를
위하여, 식은땀을 흘린다
위한다는 것은
변수가 많기 때문이고
최후에 믿을 것은
나밖에 없기 때문이다

나는 손을 내민다
뜨거움뿐
아직 허공이다
그럴수록 나는 팔을 내뻗는다
오
조금만 더 뻗게 해다오
내 손끝은
열병이 양식인 세계를
보고 있다
닿게 해다오 둘이 될수록
냉철한
그 세계에

나는 사람들의 물결 속으로
쏘다녔다 이열치열로
이룩한 자가
반복론자보다 더욱
반복한다, 처참하게

나는 광화문 네거리에서
500년 동안 동일한 변혁을 외치는
크롬웰을 보았고 또 500년 동안
그를 무정부로 몰아붙이는
왕당파들을 보았다
오늘 아침에

그것은 또한 과거이고

나의 미래이다

에어컨 때문에
거리는 금방 후덥지근해졌다
모든 것을 초월하며 전국에서
오대양 시체들이 썩고 있었다
모든 것을 초월하며 진보정당에서
사회단체에서 좌파 우파가
갈라지고 있었다 주류 비주류도
김영삼과 노태우도

그러나 내게 이것은 과거이고
또 미래이다

갈 사람은 가고
남을 사람은 남을 것이다

이것은 소련 얘기가
아냐, 나는 아침에 신문을 읽고
저녁에 텔레비전 뉴스를 본다
그러므로 그것은
나의 현재이자 과거일 뿐이다

소련지도를 가슴에 새기고
눈에 새기고 나는 본다 서울의
번영과 청춘발랄의 종로 1번가와
아직 빈대떡을 부치는
아줌마 밥집 뒷골목을

나는 본다 게걸스럽게
야만성보다 벌겋게 약이 오른
경제발전과
남한에서 거대하게
소련보다 거대하게 쓰러지는
낡은
붉은 나라를

핏방울.
그렇다
낡았다는 것은
검게 썩었다는 뜻이다
살아 있는 피만
붉고

살아 있는 피만
역사적이다

어떻게 낡고
붉을 수 있는가
그렇다
나는 보고 있다 붉고
새로운 나라를
내가 아직
흘리는 것이 식은땀일 뿐이다

내겐 그 모든 것이 하나이다
분노하면 안된다
실패는 이미 그 속에
이룩되어 있었다 막차도
새벽도 모두
내겐 과거이자 현재일 뿐이다

눈물은 얼마나 다행인가

나는 무언가를 찾아서
여행을 떠나지는 않을 거야
바캉스는 마음속의
불타는 희망을
식혀주지 못한다

나는 돌이켜야 할 만큼
내 삶이 중요하다고 생각하는
우를
다시 범하지 않겠다

간간이
빙하기 이래의 비가
위대한 만큼 불쌍한
인간들의 거리에 내린다

어느새 밤이 되고 퇴폐이발소
네온싸인이 제 스스로
못참고, 눈물 글썽인다
아 인간은 위대하고
불쌍해.

떠나지 마라

이 자리에서
견디지 못하는 만큼
그만큼만 나는 관념적이다

눈물은 얼마나
소중한가, 돌이 된 눈물과
돌이 될 눈물 사이에서
빌딩이 된 눈물과
세계가 될 눈물 사이에서
나의 서정은 태양처럼
맹목적이지 않다
나의 서정은 의식적이다

그래
나는 역사의 번영에 못미치지
그러나 나는 번영보다
역사적이다
나보다 나은 번영은
보이지 않게
보이지 않는 것과 싸우고 있다

내게는 그것이 보인다
역사적으로

수천년 전의 자연이
어둠이, 밤이
사람들의 마음을 감싸고
공포로
지배하는 것이

왜 도시의 밤일수록
광란적이고 시골의
밤일수록 관념적인지
이제 알겠니?

나는 온밤을 밝히고 나서야
잠을 잔다

그러나, 잠 속에서
잠이 오지 않는다

잠 속에서 나는 깨어 있고
오는 잠은 항상

사랑, 피티

검은 옷을 입고 있다 누가 나를

깨워다오 화강암 속으로
누가 나의
불완전한 평화를 깨워다오
나는 역사 속에서
착하게 살겠다 눈물로
내가 갇히거나
사람들이 저가 이룩한 것을
후회하지 않거나
둘 중 하나로 살겠다 죽음이여
창백한 웃음을
거둬다오
아직 너는 이 세상에서
낯익지 않다

너는 아직
장막일 뿐이다 소낙비도.

거리는 보신탕을 끓이는
대솥이다 개가 된 걸까 나는
살갗이 뜨겁다 젖었던
기억조차 기억의
살갗이 새까맣게 타고 있다

너희들은 공산당선언을
못했다며 햇볕이 쨍쨍
내리쬔다 눈을 못뜨게
잔인하게 버스가 오가고
상관없는 사람들이 통명스럽게
멀어지고, 사라진다 나도
가리라 사람들 속으로 당분간
사라짐 속으로 그러나
내가, 뜨거운 나의 기억이
나에게 사라지지 않는다
통명한 사람들이 그런 나에게 아
사라지지 않는다

사라지지 않는 것만이
또한 견고하다
명심하라 그것을
따스하게 만든 것은
오로지 내 탓임을

어차피
견고함은 스스로 견고하지 않다

백년 동안 공산당선언을
살았던 사람들은 망했다
앞으로 공산당선언을 사는
사람들은 더구나 망할 것이다

그래서 나는 남한에서 행복한가

으응. 그래
전향선언이 문제가 아냐
가져보지도 못한 희망을
너는 어떻게 포기하겠니
무너진 희망을 어떻게
미래로 맞이하겠니

극악한 정치현실과
더 극악한 패배감 사이에서

무엇이 있다가 없어지겠니
우후죽순으로 내리는 것은
다만 치솟고 내릴 뿐
누구의 어깨도 적시지 못한다

가격하지도 못한다
죽은 것은 선언이고
넓어져야 할 것이 삶일 뿐이다

없었던 나의 과거와
내가 없이 무너지는 그것의 현재가
지금 내 몸 속에서 충돌한다, 난생 처음으로
나는 결정을
강요받고 있다, 난생 처음의
자유로써

그뿐
내가 무엇에서 무엇으로 전향할 수 있는가
그뿐
내가 무슨 권리로 후회할 수 있는가
전향하는 것은 좌우로 비끼는 햇살
바람 그리고 상실뿐이다

1991

내가 몰랐을 때
공산당선언은 나를 어린 콩나물에서
어른으로 키웠다 그것은 내게
세계였다
그리고 죽었다 내가,
죽음을 알 나이에

그것은 내게 아직 그만큼만 낯익고
그만큼만 낯설다
이 모든 것은 나의 미래라는 뜻이다

그리고 그런 한에서만
나는 선언의 물화이고
후예이고 죽음이고
더 넓어진 삶이다

극악하다는 것은 내게
비좁다는 뜻이다 정치현실도.
그리고
유독, 내가 패배했다고
생각하는 그만큼 나는 관념적이다

으응 그래.
앞날을 본다면
잘못할 기회는 언제나
현재에만 있지

난 100년 뒤의 희망을 위해
십년 뒤의 절망을
미리 곱씹고 있는 건지도 몰라

그래서 나는 남한에서 불행한가

나는 내 40대 삶 앞에
서 있다 부끄러운 신랑처럼
불행하다기보다는 불안하다

나는 가장 넓은 것이 가장 깊고
가장 분명한 길이라는 것을
세상을
내 길 속에 받아들인다 오
더 아파다오 나의 길이여
더 넓어져다오 나의 세상이여

더 깊어져다오 나의 사랑이여

그리고
나는 내 삶으로 살리라

상관없이 그것 없이도 잘 살아온
사람들 속에서
이미 죽은 공산당선언의
보다 넓은 삶을
에미도 모르는
명랑한 자유로써

활자는 죽었다
100년 전
그 열광적이던 사람들도

그들로써 1990년대 활자를 세우려던
드라큘라처럼 괴기스런 노력도 죽었다
지금 활자로 꿈틀대는 것은
네온싸인뿐이다
자정을 넘긴 습한 성욕뿐이다

다만 선언뿐인 선언이 산다면
선언은 죽을 것이다

그러나 이룩된 것은 반복되지 않는다

활자는 죽은 것이 아니다
레닌이 죽었고 활자가
책 속에서 죽었고
살아 있는 것은
살아 있는 사람들과
살아갈 사람들의
삶뿐이다 활자가
눈물의 껍질을 태워, 돌이 될 때

죽은 활자는
한자 한자 살과 피 충만한
미래의 인간이 되리라
인간은 활자보다 미래적이고
구체적이고 제 능력껏
동등하리라
세계인 건물이

세계인 인간이
안온한 죽음이
완성되리라

보라. 활자는 죽었다
그러나 죽은 것은 실상
피비림과 격정과
분노뿐이다

사람도 길도 건물도
죽음도, 죽지 않았다

나는 너에게로 이동하지 않겠다
그래 아직은
정지해 있는 것만이 확신에 차 있는
견고한 밤이다

그러나 내가 편지를 쓰는 것은
사랑이
단순한 몸동작이지 않기를
바라기 때문이고
내가 확신에 차 있기 때문이다
내 안에 든
너로 인하여

내 안에 모든 것이 들어 있고
눈물이 제 살을 태워
껍질을 벗고 네게로 간다

눈물 젖지 않은 것이 있으랴
나는 몇백배 황홀하다

제5부 비디오와 오디오, 수퍼마켓

1

옐친은 인기 최고다 소련에서도
부쉬는 행복하다 그렇다고
깽판을 치기로 작정한다면
잘생긴 고르바쵸프가 벌써 3류배우로
유엔사무총장실이나

야간업소를 전전하기엔 이르다

그렇다 분명 세계는 그들의
의중에 있고 수중에 있다
그렇다 걸프전 이후
전쟁이 없는 평온한 삶은
일정 부분 그들 탓이고 그들 덕이다

동시에 그들은 갇혀 있다
전세계를 그물망보다 촘촘하게 지배하는
그들의 뇌신경 속에
그들은 갇혀 있다

그들의 역사적인 START 조인식은
비디오게임이나 포르노 영화 따위에도
삽시간에 채널을 빼앗긴다 대낮에도
어린아이에게도 샐러리맨에게도

3차대전이나
우주전쟁이 일어나야
사람들은 다시 그들을 찾을 것이다
그들이 갇힌 뉴스 속에서
그들이 다시 등장할 것이다

죽은 자는 죽은 사실을 모르고
죽지 않은 자는 배곯지 않고
심심하지 않고
그들이 여직 뉴스 속에 있으니
다행일 것이다

그 전까지는 각국의
집단변사 사건이나 여배우 간통사건 혹은
수십만명을 삼킨 천재지변이
상관없을수록

상관없는 각국의 국민들을
사로잡을 것이다 그러나
2시간짜리 헐리웃 영화보다는 짧게
물론 숏타임보다는 길게

가장 불쌍한 것은 옐친이다
그는 수퍼마켓에서 쇼핑을 하는
일개 가정주부보다 행복하지 않고

쏘니 텔레비젼 수상기보다 유명하지 않다
수억 소련인의 여론이 인류의 미래가
백화점 잡화(雜貨)로 물화되었다

그가 한 것이 아니다
엉뚱하게
그를 위해 잡화가 그렇게 한 것이다

실패한 공산주의에서
자본주의를 바라는 것은 그런 것이다
그는 실패한 곳에서만 의미가 있다

그의 열망은 미국에서 이미 과거이다
그를 통해 공산주의는
마침내 실패하고 동시에
두번 실패한다

그리고
옐친을 닮은 남한의 쌀집주인이
더 대형이고 더욱 평면적인 텔레비젼을 찾는다
대수롭지 않게 대리점의
온갖 자본주 화면이 옐친을 환호한다

그렇다 예수가 재림한다고
목청 터져라 악쓰지 않더라도
지금 그들에게 가장 현실적인 것은
관념론이다 우리에게도

모든 것의 배후는 무엇보다 희미하다

아니다
그들에게 그들의 배후는 명백하고
명백할수록 인기인의 배후는
그들에게 명백한 두려움이다
나의 배후는 희미하고 그러므로
나의 희망 또한 희미하다

그러나 내 희망은 드러날수록
나의 배후와 일치할 것이다
그것이 텔레비젼 바깥에서 내가 사는 까닭이다

2
훨씬
전율에 젖는다는 것
이것이 현재 자본주의적이다

육체와 율동만이 남아
전율만이 전율하고

감동만이 부르르 떤다는 것
광란만이 현재 세계적이다

아 움직이고 있으나
발전할 몸이 없고
발전할 정신이 없다

승리 속에서
승리한 자들은 이제

세계가 완성되었고
완성되었으므로 자기들이 죽기 전
세계가 끝장날 것이라고 생각한다

마음에서 우러나오는 몸짓이 아니다
육신에서 우러나오는 몸짓도 아니다
더 바랄 무엇이 있어
우러나오겠는가

삶이 풍요로운 한
그들에게 진지한 삶은 죽음뿐이다
그밖엔
향기만 농축된 쥬스
사람의 손길이 묻은
실크제 잠옷
그리고 화려한 광고화면뿐이다

우울할 뿐인 현악사중주가
그 광고를 장식한다

미래가 없는
공산주의가 실패한 자본주의는 그렇다

그러나 내게
실패했다는 것은 내 삶 속에서
무언가가 2중으로 겹쳐졌다는 뜻이다
행복이든 불행이든, 나의 내용은 그것이다

사랑, 피티

비가 내린다
실패한 자는 아직도
누추한 만큼만 따스하다

자본주의가 승리한
역과 역 사이에서 아직
바람이 불고 배후를 숨긴 화장품
광고 입간판이
시대를 지나온 석탄차 검은 가루에
얼굴을 지우고 있다

다시 감동적인
혁명적 민주주의?

노.
내게 실패했다는 것은
2중으로 거세되었다는 뜻이 아니고
2중으로 무언가를 찾는다는 뜻이다

이를테면 피아노보다 노래를 잘 부르는 여자
이태리제 소파보다 푸근한 여자를
나는 찾는다
이것은 생각만큼 당연하지 않다

음성이 피아노 건반으로 계단지워진
그러나 간절한 여자
육체가 이태리제 소파솜으로 채워진
그러나 둘도 없는 여자
이것은 아직 괴기스럽다
아직 그것들은 분리되어 있는 것이 자연스럽다

그러나 관객들은 노래를 찾지 않고
가수의 광란에 광란한다
그렇다 그들도 무언가를
찾지 않으면 안되는 것이다 텅 빈 껍데기의
주장을 채우는 것은 과거뿐이다

그렇다 단지 돈 많이 벌은
자본주의 덕분으로 실패한 공산주의가
불쌍한 얼굴을 벗었을 뿐만이 아니다
잠시 자본주의는, 껍데기가 아닐 수 있다

이것은 생각만큼 괴기스럽지 않다

3
100년 전 경인철도 부설권 얘기를 듣는다
미국인 모스에게서
일본에 넘어간 이권과
이권의 십몇%에 해당하는 마지막 왕조의
커미션 얘기도 듣는다

뚜렷해지는 것은 근대백년의
철도발전사에 얽힌
뒷얘기뿐만이 아니다

철길이 죽죽 뻗어나간 것보다 뒤늦게
모든 뒷거래는 밝혀지고 있다
별로 구린내 날 것도 없이
별로 피비릴 것도 없이
좌우구별 없이

박정희의 본처들 사이에
레닌의 숨겨놓은 정부(情婦)가
사생활과
핑크빛 침실을 공개하고 있다

진실은
이것이다. 사람들은
실패한 인간의 공산주의 덕분에
자신의 과거에 대해 안심한다는 것.
그리고 더 거대한 것을
숨기고 싶어한다는 것.
그것이 음모라는 사실조차
말살하려, 안간힘 쓴다는 것.
그럴 수 있다고 믿는다는 것.

그리고
공산주의는 더이상 뿔난 괴물이 아니다

그렇다 나는 아직
그 덕에 살아 있는 것이다

그렇다 나는 아직
미래를 위해 불안하다

아 나는 이제 알겠어
관념이 승리한 현실을 받아들이지 않고는

현실주의자가 될 수 없다는 것을
100년 동안 이어져온 철길이 사라진 대가로
협궤열차가 시속 400km 고속전철이 되고
그 진정한 배후가 사라진 덕분에
피와 땀의 역사가 사라진 대가로

자본주의 속 공산주의의 과거가
사탕을 물린 곰의 쓸개즙처럼
혐오스러울수록 보신에 최고인
덕분에, 그런 시대에 나는 살아 있다
아 나의 불안 또한 백화점 샨들리에를
물어뜯지 못한다

그렇다 언제나 시작은
관념이 아니고 관념론이다
그렇다 자본주의는 아직 공산주의의
식량이다

끔찍하다 사람들이 수퍼마켓에서
왜 비명을 지르지 않을까
이따금씩 내게 수입깡통
개밥을 주는
자본주의는 왜 비명을 지르지 않을까
역사와 배후를 거세당한
다이아몬드는 왜 피를 흘리지 않을까?

남은 것은 자화자찬뿐이다

과거를 길들이듯이
사람들은 이제 안심하고 혁명을 말한다
공산주의보다 못한 혁명들이
백화점에 화려하게 진열된다 물론
영구혁명론도

그러나 사람들은
의상이 현란한 것만으로도
그들이 누구인지 모른다 혓바닥으로만 구성된
마네킹이 누구인지 사람들은

관심이 없다 영구혁명 패션?
값이 너무 비싸군. 나는
고전풍이 좋더라.

나는 탤런트 배종옥이 좋더라. 오 이 시대는

열광하는
정물화뿐이다

4
사람들은 그렇게 생각한다
무언가 내부에 잠재해 있던 것이
나라 밖으로 나가 대륙을 이루었다
그것은 거대할수록 낯설었고
그것이 우리들에게 익숙해지는 과정은
곧바로 허물어지는 과정이었다
신문도 그렇게 보도한다

그것은 당연하다
그것은 흡족하다고 부숴가 말한다
돌아온 이상 우리는 그것을
받아들일 수밖에 없다고
돌아온 이상 그것은
낯익은 것일 수밖에 없다고
공산주의에도 인간이 살고 있다고
전세계가 응답한다

과거인 이상 피도 눈물도
과거인 이상 혁명도 사랑도
수천만명의 아사(餓死)도 받아들일 수 있다고
자본주의가 썩은 것도
수혈을 요하는 중병인 것도
사실 아니냐고 공산주의가 없는
자본주의는 창백하다고 자유세계
시민들이 고개를 끄덕거린다

국제적으로
그들이 갈망하는 것은 사실 Sex다.
그들이 갈망하는 것은 사실 죽었으므로
영원히 죽지 않는 Good-bar고
그들의 Porno는 무엇보다
얼굴을 마주보고 인간적으로
약동하는 기쁨이 없다

그들은 죽음의 쾌락이 길기만을 바란다
그리고 죽는 줄도 모르고
죽기를 바란다 학학거리며

그러나 눈물이 흐르지 않는다

사랑, 피터

다만 최고의 눈화장이
데드마스크처럼 균열되어
조각조각
각각의 바닥에 떨어진다

아 역시 공산주의는
붉은 짐승이야, 너무해.
사람들은 다시 나른하고
못다 펴낸 쾌락이
몸 위에서 벌레처럼 스멀거린다

그래 공산주의가 없다면
세상은 이미 제3차세계대전 이후다
나는 이미 핵충(核蟲)인가?
내게는 이것이 자본주의 최대의 모순이다

마주본다는 것은 이어지는 것의
기쁨을 안다는 것
눈동자뿐이더라도
마주보는 것은 세대간 사랑뿐이다
물러나는 세대와 물려받을 세대

육체적인 세대와 정신적인 세대
죽어가는 세대와 태어나는 세대
그것은 겹쳐 있고 갈등하고
이어져 있다

네 눈동자 속 나의 과거와 미래가
내 눈동자 속 나의 과거와 미래가
사랑하는 동안 이 세상에서 반짝인다
물론 아직 실패했다는 뜻이고
아직 갈 길이 남았다는 뜻이다

공산주의는 자본주의의 몸 속에서
이미 눈동자다
나는 내 세대와
다음 세대의 연결을 걱정한다

고교수학경시대회에서 일등을 한
한 자연과학지망생은
법칙보다 만화를 좋아한다고 했다
나는 그 세상을 그대로 받아들이기로 한다

피눈물은 눈동자로 될 뿐 그것에

수퍼마켓, 오디오와 비디오가 또한 비추일 뿐
곧바로 물화되지 않기 때문이다

굳이
그럴 필요가 있는 것도 아니다

제6부 붉은 것은 총천연색이다

5

오 뒤늦은 희망은
굴욕적인가 공산주의는
남한에서 절망을 거쳐
자본주의의 맨밑바닥에 깔린다
그것이 우리를 뒤늦게
공산주의자이게 한다 자본주의의
물을 소처럼 먹은 채
희망의 과거가
현재를 향해 움직인다

그러나 보라 밑바닥에서
붉은 것은 이미
63빌딩 꼭대기에 이르기까지
총천연색이다
남한에서 그것은
검고 강인한 공장 때문이다

밑바닥에서 가장 무겁게
움직이는 것은
미래를 향한 것뿐이다
당연히 보라 인간들의 미래에
붉은 것은
총천연색뿐이다

저녁노을이었던 피는
아침햇살과 과일과 접시와
강철무지개와 장정본 전집

식탁과 컴퓨터
자동차와 아파트로
뒤바꾸어 있었다

그리고 남한에서 실패하지 않고
뒤바뀐다, 다시 한번
더욱 절박하게

검고 강인한 근육은
아직 실패를 거듭했을 뿐
절망할 겨를이 없었다는 뜻이다

그 모든 것 속에 우리들의
공장이 들어 있고 공장 속에
정치경제학이 그 속에
자본론이 또 그 속에
피땀 속에 피땀의
역사가 들어 있었다
그리고 남한에서 실패하지 않고
들어간다, 다시 한번
더욱 강하게
그렇다 남한에서 아직
모든 것의 배후는 검고 강인하다
앞으로도 그럴 것이다

아하 요는 이것이다 우리는
몇십년 전에 실패한 공산주의와
몇십년 전부터 공산주의가 없는
자본주의와 더불어 살아왔다는 것

그러므로 실패한 공산주의가
남한에서는 미래를 키울 뿐이라는 것
검고 강인한 근육은
요구히게
대륙의 공산주의가

80년 만에 거꾸러질 때까지
힘이 커왔다는 뜻이고 그 속에
더이상 실패할 대륙이 남아 있지 않다는 뜻이다

그리고
자본주의가 미래라는
그리고 공산주의가 과거라는
환상이 없다는 뜻이다

보이지 않게
근육은 이미 근육 속에

공장을 품고 있다

보이지 않게
검은 근육은 이미 검은 근육으로서
인공의 총천연색과 현대식으로 친밀하다

아아 보인다

근육은 이미
분노나 패배 때문에 뒷골목을 배회하지 않는다
검은 근육은 이제
찬란함을 두려워하지 않는다

6
그것은 내 속에 있다
그 모든 것은 내 바깥에 있다는
표식으로서
내 가슴에 새겨져 있다

내 두뇌 속에 빗물이 내리고 내 가슴 속에
철길이 채찍자욱으로 새겨진다
좀더 무거워져야 한다
좀더

그렇다 뒤집어보면
공산주의는 남한에서
세계 전체를 신식국독자로 만든다

다시
혁명적 민주주의?

노.
다만 좀더 무거워져야 한다
내 희망의 끝간 데가
소련쯤에서 혁명적 민주주의가
아니고
미국쯤에서 관념론이
아니고 뒷골목에서 나의 배설이
아니기 위해서

내 서정은 좀더 현재적이어야 한다
내 희망은 좀더 절망의

사랑, 피티

육화여야 한다 화려한 조화로운
미완성의
인체 조각품이어야 한다

나는 육체로서 영원한 것
영원히 아름다운 것을 갈망한다
그러나 모든 것이 다 이루어졌다는 듯이
역사소설을 쓰지는 않겠다

나는 늙어서도
모든 것이 다 마련되었다는 듯이
역사의 뒤안길과
고어사전을 하루종일 뒤지지는 않을 것이다

사람들은
떠들썩한 뒷골목에 대해
안심하고 떠들썩한다
나는 그들을 내 가슴에 새긴다
아 내 가슴은 그들로써 이제
안심한다 그들이 내 가슴을
격동시켜서가 아니다

뒷골목은 대로의 미래를 위해서 있다

발랄하다는 것이
경박하지 않다는 세대를

나는 보고 있다 오
반바지를 입은
무겁고 황홀한 육체
부탁한다
교향곡을 들려다오
풀과 시멘트 바닥과 젖가슴과
남은 여생의 합창을 들려다오

장중하다는 것은 아직
미완성이라는 뜻이다

울고 있는 것은
우는 사람이 아니다 울고 있는 것은
무언가 저질러졌다는 뜻이다
그리고
저지른 세월은 가고 없다

다만 나는 환호하지 않고
듣고 있을 뿐이다

거꾸로 생각한다면
우린 아직 관념적인 만큼
우리에게도 공산주의가 있었다
우린 아직 현실적인 만큼
우리에게, 공산주의가 있을 것이다
그때까지 나는 나이들수록
신식국독자의 육체가 되고 싶다 오
싱싱하고 연륜 있는

남한에서 겹쳐져 패배한 것은
패배해서 겹쳐진 것이 아니다

7
그렇게 우리는 사랑을 한다
때론 물고기로 때론 미이라로
이룰 수 없는 것을
물려주기 위하여

오 세상은 이룰 수 없는 것의
역사적 단계로
찬란하다

침대엔 흔적이
묻어 있을 것이다

아뭉치도 않게
후대가 그것을
세탁기에 집어넣을 것이다

흰색도 붉은색도

씻기는 것은 억울하지 않다는 것을
후대는 나보다 더 잘
받아들일 것이다

그렇게 우리는 사랑을 한다
때론 방 한칸으로 때론 세계로
질 수 없는 것을
비워주기 위하여

오 세상은 가루로 바스라진 나날의
축적으로
구석진 곳조차 찬란하다

아뭏치도 않게
후대가 그것을 강물에 뿌릴 것이다

마침내 문명과 화해한
삶의 강물

우리가 공들여 짓는 것은 결국
광활하고 평화로운
죽음이라는 것. 삶의 미래는 강이라는 것.
바다라는 것

후대는 우리보다 더욱 넘칠 것이다

그렇게 우리는 사랑을 한다 붉게
때론 무지개로 때론 어둠으로 그러나
어제의 무지개가 오늘의 무지개는
아니며 오늘의 어둠이 어제의
어둠은 아니다

실은, 거꾸로다
천년 단위로 살면
어제의 빛은 오늘의 어둠이고
오늘의 무지개는
내일의 파탄이다

붉다는 것은 육체적일 뿐
우리는 육체를 붉게 조직할 뿐
세상을 붉게 칠하지 않는다
그때 비로소
뒤돌아보지 않는 것은
뒤늦은 것이
아닐 수 있다

그렇게 우리는 사랑을 한다 붉게

오 세상은 붉은 것의
역사적 마모(磨耗)로
더욱 찬란하다

내가 십년만 뒤늦었다면

나는 껍질 벗긴 복숭아를
늙은 이빨로 흐믈흐믈 씹으리라
홍겨우리라
후대는 아뭏치도 않게
그것을 받아들일 것이다
총천연색도 죽음도

방 한칸이 세계인 죽음 속으로
사라지는 것은 억울하지 않다는 것을
후대는 나보다 더 잘
받아들일 것이다
그렇게 우리는 사랑을 한다 붉게
우리는 다만 역사적으로
무거워지기를 바랄 뿐이다
인간적으로

8
그렇게 우리가 혁명을 한다는 것은
이제 유난스럽지 않다

우선 배후를 드러내는 것

그리고

배후의 수준과
관념의 수준을
일치시키는 것

여기서 배후는 관념만큼 살벌하지 않고
관념은 배후만큼 역사적이지 않고
인간적이지 않다

여기서 그 역동적인 차이가
절망을 낳고 곧바로
희망의 육체를 낳는다

아 불타는 육체
그것은
폭발적이다

동시에
과학적이다

사랑, 피티

아 불타는 육체
누가 식혀다오
붉은 입술로

그렇게 우리가 조직을 한다는 것은
붉은 육체를 정신으로
정신을 다시 배반할 수 없는
육체의 뼈대로 만든다는 것이다

그렇게 우리는 사랑을 한다 붉게
물론
어제의 육체가 아니다
그것은 물론 미이라가 아니다
그것은 물론 잉어가 아니다
그것은 물론 무지개가 아니다
그것은 붉고
총천연색인 세상의
예감이다 여자의 몸은
뜨겁고 아늑하고 구체적이다
나는 알지, 인간에게는
인간이 없으면 아무것도 없다

아 세계여 페레스트로이카
자본주의여 실패한 공산주의
내 결론이 격렬하지 않아서
미안하다.

그러나 후대는
더 아뭏지도 않게
그것을 받아들일 것이다
다만 후대는
스스로 무거운 것을 모르고
도약한다

우리는 그것을
아뭏지도 않게
받아들일 수 있을 뿐이다

아 세계여 페레스트로이카
희망이여 실패한 대륙의 핏줄
내 결론이 피비리지 않아서
미안하다.

후대는 그것 또한 아뭏치도 않게
받아들인다
다만 피비린 것을 모르고
후대가
아파트 창을 꽉 채운 학교 건물 앞으로
소낙비 수직으로 내리는 것을
속옷차림으로 바라본다

물론 행복하다 그들도.
그것을 나는 또한 받아들인다

지금 영원히 붉고 앞으로도 붉을
예감은

날카롭고 감미로운 바이올린 소리뿐이다

기 차 에 대 하 여

8년 만에 창비에서 다시 시집을 낸다. 물론, 고향에 돌아온 기분이다. 가슴 설레고 두렵다.

이 시집은 귀향을 위해 씌어졌다고 보아도 좋다.─1990년 3월

기차에 대하여

제1부

검붉은 눈동자
기차는 구식이다
음침한 시대가, 끝났다는 듯이
기름문은 이슬이 검게, 선로 위에서 반짝인다
아직 젖어 있는 것은 무엇인가
1950년대를 생각한다
강철이 강철과 부딪쳐
인간이 밥과 미래를 열망했던 시절
눈동자여 젖어 빛나던
검붉은 눈동자
이 매니큐어의 세상에서
기차는 구식이다
암울한 시대가
끝났다는 듯이

철길 위에 쓴다
무쇠와 근육을 부딪쳐
근육과 눈물을 부딪쳐
울컥이며 가자 만국의 노동자
덜커덩거리는 것은 시대일 뿐
우리들의 심장은 촉촉하고 강하다
음침한 것은 또한 화려하다
대낮 햇빛 밝은 시절의
영롱한 인간이여
미래여 우리가 걸어온
함성 위에 굵은 눈물로
더욱 강인한
철길 위에
드디어 우리는 자유라고 쓴다
갈 길 위에 쓴다 오 진정한 자유

추억의 기차
교외선 기차는 우리 기억의 바깥을 향해
달리며, 신문로 번잡한 교통지옥을 지나 신촌역
거기서 이대를 지나 전철역까지
자본주의의 이삭을 주워 먹으며
마른 풀잎 일으키며 달리는
낡은 기차에 대해 너는 말했다
일산에 신시가지가 들어서고
태를 묻은 땅 뼈도 묻고 말

농민을, 동요하는 절대농경지를 향해 달리는
기차, 추억의 기차에 대하여
나도 한 번쯤 역사를
그런 식으로 뒤돌아보고 싶다
그때 자본주의는 추억의 기차였던가
아니다, 기차는 그 속에 있다 그 자체이다 추억은
농촌을 착취하는 추석날,
선물세트 5단통 신문광고 같은 것
정교한 흑백의, 신작로 자갈길 위에
갈라진 논밭 어머님 얼굴 위에

무쇠의 고향
무쇠는 집결한다 사람이 밀집할수록
기차가 무작정 상경 소녀와
산업예비군들을 보따리째 대합실로 풀어놓는다 물론
방황이 아직 끝나지 않았다 역 앞은 아직
값싼 여인숙이나
무료합숙소가 눈물만큼 번창할 것이다
뒹구는 몸도 얼굴 없는 눈물만큼
편안할 것인가 그러나 무쇠는
집결한다 눈물이 밀집할수록
그리고 무쇠를 만난 눈물은
더욱 강고하게 조직화된다 고독은
철기시대 탓이 아니다 비정한
검은 기차가, 서울역으로 입성한다
프롤레타리아, 무쇠의 고향으로 힘찬 기차가
경적을 울린다, 우리들을 사랑의 무쇠로 단련시키기 위하여
더욱 뜨거운 기차의 인간, 끝끝내
사람의 세상 만들기 위하여

질주하는 시대
고향으로 달려갈수록
기차는 덜거덕거린다
강제로,
두고 온 고향도 그렇다
녹슬은 철교와 녹슬은 철모
녹슬은 기관차 녹슬은 것은 그러나
그대여 철이 아니고 전쟁이다
유물사관이 없는 것은 70년대
역사책이지 역사가 아니다
법칙과 사랑과 투쟁의 역사
왜 사랑이란 말은 고향 앞에서
녹슬은 철교인가 무기는

152

1990

그리움인가 기관차인가 왜
질주하는 시대는 아름답지 않은가 마침내
철교를 이을 기관차는 누구인가

끊어진 허리마저 이을 불굴의
민족은 누구인가

우리가 누추하다는 말은

우리가 누추하다는 말은
혹시
우리는 누추해야 한다는 말 아닐까
결국
우리가 누추했으면 좋겠다는 말은
아니겠지? 그렇담 우린 적이라구
자넨 객관적 조건으로 전락하는 거야
사람이 사람을 착취하는,
기차를 뺀다면 80년대는
그렇게 환장할 백치미의 양갈보와
식민지 半封建의 어머니
그리고 고층빌딩의 바퀴벌레 같은
매판 세일즈맨과
눈물과 색정을 섞은
음란영화 포스터 말고 뭐가 남겠나
기차를 뺀다면 주객전도 아닌가
국가와 경찰과 판검사 앞에서
애국이 무슨 변태성욕인가, 미친놈

약한 고리는 강하기 위해

물론 그렇지 영국의 노동가치설에는
굶주림의 약한 고리가 없고
프랑스의 유토피아에는
공포의 약한 고리가 없고 독일의
관념론에는 현실의 그것이 없다
물론 그렇다 끝내 완강하게 버팅긴
슬픔의 변혁의지가
배부른 자 최고의 지평을 적실 뿐만 아니라
또한 아프게 넓힌다
마르크스가 그렇고 레닌이 그렇다
소프트웨어와 패션의 시대를 달리는
기차가 그렇고 강철근육이 그렇다
그러나 바로 그렇게 약한 고리는
강하기 위해 있다 모오든
특수성이

일반성을 질적으로 강화시키는
실천적 행동을 위하여, 있듯이

사랑은 목표로 되고

사랑은 구름과 비의
습기로 시작하여
신음소리와 음악과 함성을 거쳐
쇠바퀴로 철커덩철커덩 구르는
전진이므로, 칙칙, 폭폭, 피스톤이 열기를 뿜어내며
기차가 간다 사랑은
통로였다가 길이었다가 드디어
목표로 되고, 우리들의 피땀이
미리 가서 이룩해는 미래를 향해
이 세상의 과학과 희망을 향하여
길이 있으므로 프롤레타리아, 기차는
돌아와 한 발짝 더 함께 가기 위하여 떠난다
돌아오기 위해 떠나는 길은 가파르다
박동으로 가파른 것은
추억이 아니라 동맹이다 기차여
우리 운동함으로 문제는
그 자체로 해결의 씨앗을 품고 있다

집결지로

차창 밖 현수막이 펄럭인다
우리에게도 선거가
열광적이었던 시절이 있었다
소도읍으로 다가갈수록
현수막이 기차와 호응하여 마구 흩날린다
그때 떠나가는 것은
뿌리치는 것이다 4·19의 기억을
그날의 봉기와 좌절, 치명의 오류를
뒷받침으로, 몰고 가기 위하여
기차는 칙칙거리며 속도를 낸다
5월도 그렇다, 올바른 힘으로
배열하기 위하여, 찢어져라 펄럭이는
시골역장의 거수기
기차는 분산지로 가는 것이 아니다
집결지로 가는 것이다 문명의
휘황찬란한 전쟁터로
투쟁은 문명과 죽창의 투쟁이
아니다, 투쟁은 항상 문명의
생산력과 파괴력 간의
결코 질 수 없는 투쟁이다

기차에 대하여

우리들의 깃발은

투쟁이 또한 그렇다
투쟁은 그 자체로 생산을 위한
파괴이고 그러므로 사랑인 것
우리가 지고 있다면
우린 질 수 없는 싸움을 지고 있다
죽창을 놓아라 기관총 앞에서
기차여 우리들의 깃발은
殘滓도 아니고 적의 무기도 아니고
과학이다 물질운동이 철학을 낳고
철학이 당파성을 낳고
당파성이 사랑의, 전술 전략을 낳았다
울먹이는 것은 이제
울음이 다했다는 뜻이다
그러므로 우리가 달리는 것은
슬픔은 그 자체로 슬픈 것이
아니기 때문, 버팀목만이
낡은 시대가 아닐 수 있다
조직이여 프롤레타리아의 조직
당이여 인산인해의 기차여 길은 단 하나이고
일관된 길이다

그날, 전율이 사라진다

공포에는 주소지가 있다
그날은 지금과 별로 다르지
않을 것이다 타이피스트는 여전히
예쁘고, 우리들은 여전히
주 40시간 근무를 마치고
공기 맑은 산과 바다를 찾을 것이다
아침 강은 맑고 시원할 것이다
그러나 비유컨대 그날엔
강을 뒤덮은 안개를 뚫고
갑자기 괴물 공룡이 치솟아올라
우리들의 가정 행복을 징그런 발톱으로 움켜쥐는
끔찍한 착각에 몸을 떨지 않는다
그날, 전율이 사라진다
독점은 공룡이다
공포의 주소지는 사유재산이다
변태성욕에도 주소지가 있다

제2부

용광로 쇳물은

철커덩철커덩
빠르게, 강하게, 뜨겁게, 조직적으로
용광로 쇳물은 기나긴 주형을 따라
아직 식지 않은 채, 쇠막대기로 다시
태어난다 우리는 공장 노동자
세상을 변화시키며 동시에
스스로를 강철로 변화시킨다
무쇠가 맥박 고동쳐 심장으로 튀고
심장이 펄펄 끓는 쇳물로 넘칠 때
우리가 파업을 놓고 격론 벌일 때
사랑은 살벌하지 않다 또한 넘칠 뿐
빠르게, 강하게, 뜨겁게, 조직적으로
철커덩철커덩, 끝내는
임금이 아니라 노동을 위하여
이 피착취의 고통스런 심장 박동을
기쁨의 맥박으로 변혁시키기 위하여
벅찰수록, 넘칠수록 서러운
근육을 떨쳐 붉은 머리띠를 두를 때
우리들은 더욱 자유한 강철노동자

평화와 꽃

우리들의 미래는
피없는 로보트들의 전쟁만이 있는
공상과학 만화영화가 아니다
물론 과학은 더욱 발전할 것이다
그러나 역사의 피가 이룩할 것은
끔찍함이 아니라 평화이며 꽃이다
그때 꽃은 사치가 아니며
아름다움은 날씬하지만
변태적이지 않다 별로 다르지 않고
착취가 없는 기차는
박물관 명물로 될 것이다
습기가 더욱 따스하리라
프롤레타리아가 주인이기 때문이다
역사가 없는 공상에는 미래도 없다
공상은 봉건적 공포를 낳고
독점사유재산이 체온의 인간을
10억년 전의 바퀴벌레로 만든다

화살은 두뇌이자 심장이다

화살은 쏘기 위해 있는 것이 아니다
총알보다 느리고 쏜살같은
기차와 같은 속도의
화살은 헝그리 복서 부르주아 양궁 스포츠의
금메달 과녁을 겨냥하지만
또한 혁명가의 명쾌한 논리에 붙어
논리가 명쾌할수록, 깊어지게 한다
그때 화살은 분석이며 운동이고
그때 화살은 깊이이자 방향이며
그때 화살은 두뇌이자 심장이다
스포츠는 운동을 위한 운동이지만
변혁은 목표를 위한 운동이다
화살표를 붙이라 기차에다 →표를,
부르주아에다 ←표를, 소시민에다
↔표를 그리고 그 밑에 넓게, 깊게,
길게, 치열하게, 단호하게
과학적 사회주의의 ⇒표를, 그때
화살은 당파성이다

온몸 부둥켜 맹세한다

네가 식민지의 이윤율을 두고
화려한 메트로폴과 화해를 말할 때
우리는 잉여가치율을 놓고 투쟁과
파업을 말한다 책상을 친다 그때
투쟁은 또한 화해와의 투쟁이며
자신과의 투쟁, 긴요한 것은 해방의
철학이라며 우리 두 주먹을 쥔다
네가 국가독점자본주의를 두고 私的
소유의 계획화를 말할 때 우리는
인력 낭비와 잔악한 인류 절멸을
군비 경쟁을 놓고 평화의 계급성과
경제적 동기와 사회 정책의 계획적
통일을 말한다 목청핏줄을 높여
긴요한 것은 생산력과 생산관계이며
맹목의 이윤 추구가 없는 사회가
비로소 합법칙성의 자유와 도덕을
인지케 한다고, 문제는 사유재산의
철폐며 그것을 위한 권력 장악이라고
온몸 부둥켜 맹세한다 드넓고 깊은
노동자의 권력 목적지를 모르는
기차는 단지 힘이 셀 뿐, 난폭하고
음탕하다고 농담 한마디, 또한 키득거리며

역사상 최초로 사회 전체를 위해
스스로를 지양하기 위해 국가권력을 사용하는 계급
지배하면서 동시에 생산하는 계급
국제화된 계급, 자신의 이해를
과학적으로 정식화해야만, 스스로를
해방시킬 수 있는 계급, 이론이자
실천인 계급, 우리는 아직 우리의
힘을 미처 깨닫지 못하고

기차는 세상을 기차로 만들며

뭐라고?
기차가 사라진다고?
마크 트웨인의 미시시피 강가에서
연기를 폭폭 뿜는 화력발전소가
한폭의 낭만적인 그림이라고?
한강의 유람선과 고수부지와
등심이 지글대는 버너와 가족 동반과
당인리 화력발전소는 어때
더욱 그렇겠지? 역사는 발전했다, 그러므로 기차는 소멸했
다고?
물론 우리들도 공기와 같이 기차의
힘을 모르고, 발전기의 힘을 모르지
물론 우리들도 아직 촌놈이라 간혹
슈퍼컴퓨터를 근육과 적대 관계로
생각하고, 부숴버릴 공장을 하고
필연적인 우주시대를 다소 두려워해
그런 만큼 우린 소시민이고
물론 핵전쟁도 막아야 해 그건
평화의 문제고 생존의 문제라고,
하지만 왕래도 교통도 전기도 발전도 소멸했나
공간은 질적으로 발전했나, 인간의 수명이 시공간적으로,
질적으로 발전했다면 그건 핵전쟁 이전에 祝死亡
계급투쟁에 눈 가리고 아웅 하는
종교에 의한 인간의 죽음 아닌가?
기차는 세상을 기차로 만들며
스스로를 더욱 세련되게 만들지
팩시밀리가 그렇고 유전공학이 그렇다
그건 기차의 결과이지 소멸이 아냐
자넨 여태 파괴를 위해 창조하나?

겁탈이 아니고 착취다

물론 시대는 그때와 다르다
제국주의는 그때와 다르다

핏방울이 빨강색 스머프 그림물감과 다른 만큼
그러나 너는 알고 있나 더 좋은 색소를 만들기 위하여
색소의 독점이윤을 위해 수천명의 살가죽을 화학처리했던
아우슈비츠 콘쩨른에 대해서?
물론 제국주의는 그때와 다르다
그러나 핵전쟁은 우주시대는 유전공학은
관념이 아니고 물질이다 평화의
유물론에는 역사가 있고 논리가 있고 발전이 있다
계급투쟁에는 화살표가 있고
달라진 것은 목표가 아니라 자생성일 뿐, 민족해방에서
문제는 겁탈이 아니고 착취다
물론 제국주의는 그때와 같다 러시아에는
독점이 있고 봉건 잔재가 있고
농민이 있고 프롤레타리아가 있었다
그러나 너는 알고 있나 부르주아지의 민주주의를 바랐던
값싼 수입쇠고기를 바랐던
검은 곰팡이빵 기아 선상의 러시아 농민에 대하여
농민을 위한 혁명적 민주주의에 대하여
그것을 눈물의 약한 고리,
동맹 세력으로 파악했던 기차에 대하여 알고 있나?
그러나 지금 농민은 비록 죽창의 농민이지만
존재에서 쌀 수입 결사반대의
반제·반독점 농민이다
한 단계 더 높은 눈물은
한 단계 더 높은 민주주의를 적신다

전선은 눈물을 향해

전선은 눈물을 향해 있다
과학은 해방을 향해 있다 물론
슬픔이 나쁜 것만은 아니다
눈물에도 화살이 들어 있다
동맹은 착취를 향해
혁명은 기쁨을 향해 있다 물론
그때도 우리는 기차에 대하여
말해야 한다 우리의 슬픔은
기차보다 과한 것이 아니었던가
그래서 우리의 열정은
기차만 못한 것이 아니었던가
전선은 눈물을 향해
프롤레타리아 독재는 법칙을 향해
가고 있다 그 둘은 같지만
같지 않고 같지 않지만 같다
화살은 두 개의 방향을 갖고 있다

그 둘을 끝내 진보하게 하는 것
그때 인간은 자유이며 당이다
기차가 빠를수록
농촌의 물가는 교통비만 싸지는 것이 아니지?
라면값도 싸지고 해산물도 싸지고
심지어 채소값 소고기값 쌀값도 싸지다 자본주의는
착취하면서 동시에 발전을 강요한다
이건 교통문제가 아니고 기차와
무덤에 관한 얘기야 농촌의 교통비가 싸진다는 것은
그만큼 농촌이 착취당한다는 얘기고
기차가? 아니 자본주의가!

과학의 심장

마르크스는 모더니스트가 아니다
끝까지 과학은 심장을 위해 있다 그러나
심장은 또한 우매한 것이 아니다
뜨거운 가슴은 완전한 자유를 위해 있다
레닌은 인민주의자가 아니다
독점의 심장은 컴퓨터지만
컴퓨터의 심장은 기차다
그 거꾸로가 아니다 과학은 우리의 자유지만
과학의 심장은 프롤레타리아다
우리는 모더니스트도
인민주의자도 아니다

슬픔과 재단

기차는 씩씩거리며
슬픔을 재단한다
사치는 사실 슬픔이라며

아름답지 않은 것은

기차는 외로움을 타지 않는다
달이 뜨고 군중 속에서
외로운 것은 역사가 없기 때문이다
화해의 원시시대에는
식물이 있지만 인간이 없다
그러므로 꽃이 없다
투쟁이 없이는 아름다움도 없다
시간이 없는 희망은 실존적이다
휴거가 산 채로 들리는 것은
산 채로 들릴 것이
고독밖에 없기 때문이다
종교에는 시간과 역사가 없고

그러므로 아름다움도 없다
아름다운 것은 이미 시간이고
역사이므로, 서정성에도 화살표가 있고
인간이 있고 물질운동이 있다
기차는 역사이므로 이미 아름답다
끝내, 아름답지 않은 것은
프롤레타리아가 아니고
과학이 아니다, 끝내 피와 땀이
역사발전은 독점의 향수팡코보다 아름답다

두뇌와 심장은
누구나 다 그가 되려고 한다
그를 살벌한 모습으로만 강조하는
부르주아지조차도 그가 되려고 한다
그는 과학적인 가슴이기 때문이다
플레하노프와 트로츠키는 세상에
널려 있다 그는 가능성으로
이 세상에 있지만 누구나 다 그가 되려 하지만
세상은 극좌파와 우파의 투쟁뿐
가장 이 세상 사람이 되고자 했던 그는
그가 가장 싫어했던
신화가 되려 하고 있다
신화는 관념론과
분리주의의 요체다 이상과 현실의
이 세상을 사는 누구는 그의 두뇌를 빌려
누구는 그의 심장을 빌려 그를 참칭하고자 한다 심지어
음험하고 간사하고, 교활한 것도 그의 탓이다
해외파는 그의 망명 생활을 국내파는
그의 비합법 활동을 치켜세운다
그러나 요체는 이것이다
그는 세상을 가혹하게 사랑했고
그 세상의 일부인 자신도 가혹하게
사랑했다, 두뇌는 심장을 가혹하게
사랑했고, 심장은 두뇌를 가혹하게
사랑했고, 심장과 두뇌는 이 세상을
가혹하게 사랑했다
그는 이 세상이었고 이 세상은
그의 심장과 두뇌가 되었다
그가 되기 위해선 우선 이 세상의
피눈물이 되어야 한다
두뇌와 심장은 결코 살벌하지 않다

제3부

최고의 사랑은
끝끝내 아내는 운다 全教組의 아내
우리는 쁘띠 아니냐고, 애새끼들은
어쩔 거냐고, 일순 기차는
덜컹대고 그 틈에
핑 돌던 것이 흩뿌려
차창 밖에 비가 내린다 그러나
아내여 어차피 자본주의에서
최고의 사랑은 계급동맹이다
덜컹대며 기차는 달리고
세상은 영화처럼
차창 밖에 있지 않다
자유는 자급 자족에 있지 않고
평화는 농촌 풍경에 있지 않고
사랑은 차창 밖에 있지 않다
오늘밤 우리가 이렇게 엄청난
몸과 몸을 섞듯이
몸을 섞으며 덜컹덜컹 달리듯이

어서 오라
어서 오라
눈동자
마지막으로, 단 한번
기차는 내일
이곳에 있지 않을 것이다

꿈과 행복의 생산양식 위에
너는 우리들의
낡은 서정성에 대해 황홀해한다
네가 이야기하는 기차의 서정성은
해질녘 한 떨기 수선화 같은 것
이기지 못할 싸움에 대한
예찬 같은 것 네가 지적하는
기차의 어여쁜 세상은 쇠하고 있다
그러나 우리들의 태양은 근육으로
역동한다 지는 것은 사람이 아니라
시대이기 때문이다
활짝 핀 네 세상의 꽃은
축농증으로 화려하다
그렇다 정지해 있기 때문이다

기차에 대하여

힘찬 기차의 생산력 위에
아름다운 우리들의 생산관계 위에
꿈과 행복의 생산양식 위에
서정성이란 이름으로 못을 박는
너는 동지인가 적인가
너의 서정성은 미래의 두뇌에 박힌
쇠못
그러므로 그것은 기차에게 약소하고
우리에게 추하고 너에게 끔찍하다

당은 뜨거운 죽음으로 자유

그렇다 기차에 비하면
우리들은 쓸데없이 살벌하다
계급투쟁도 붉은 머리띠도
기차에 비하면
일본식이다 사시미칼로
우리들의 배때기를 쑤시는
파업은 아직 적을 향해 있지 않고
우리들의 자식을 향해 있다
그러나 또한
기차에 비하면
우리들의 일상은 교활하게,
교활하게 온건하다
그렇다 우리들의 중국문화에는
봉건적 제국주의라는 내용과
아시아적 생산양식이라는 형식이
5천년 동안 뱀또아리를 틀고 있다
계급투쟁은 어디에나 있다
우리들은 쓸데없이 살벌하지만
당은 뜨거운 죽음으로 자유다
과학의 기차는 피를 머금고, 의연하다
당이 없는 시대는 다만 2분법일 뿐
당이 없다면 현대문명도 없다

당이여 길이여

자유롭지 않다면
어떻게 정직할 수 있는가
배고픔과 추위로 키운
우리들의 사랑은 아직 은밀할 뿐
솔직하지 않다
이 말도 아직 솔직하지 않다
고백의 입김은 부드럽지만
지리멸렬하다

기차여 법칙과 자유의
기관차여 우리들이여 당이여 길이여
자유롭지 않다면
어떻게 달릴 수 있는가
인식하기 전까지
우리들의 투쟁에는 자유가 없다
투쟁하기 전까지
우리들의 인식에는 자유가 없다
자유의 당을 건설할 때까지
스스로 자유가 될 때까지
우리들의 언어에는 자유가 없다
당, 자유가 있기 전까지
있음의 착각은 우편향을 낳고
없음은 좌편향을 낳는다 물론이다
당 없는 시대는 무뇌아의 시대다

우리들의 어머니는 아직

제국주의는 관념이 아니다
독일어나 영어가 아니더라도
대우자동차 광고가 아니더라도
그것은 얼마든지 주어가 될 수 있다
그것은 살아서 움직이고 우리들의
이마빡을 후려친다
그렇다 이것은
단지 감정의 문제가 아니고
우리들의 착취에 관한 것이고
우리들의 조직에 관한 문제다
그러나 우리들의 어머니는 아직
통속적인 고향의 눈물 콧물 속에 있고
영화 속에 있고 오락 속에 있다
우리들의 정신인 어머니는 아직
인민주의 속에 있다
어머니가 아니라 우리들의 정신이다
제국주의에 맞서면서
기차는 민족이다가, 인민이다가, 근로인민이다가
마침내 노동자 계급으로 달린다
물론 이것은 남으로 떠나는
피난열차 얘기가 아니다 천구백십몇년
고리끼의 어머니 얘기도 물론

피땀의 꽃

신음소리가 온 천지를 뒤덮는
깃발로 화하고 있다

강철근육과 아름다운 동지애가
강고한 조직으로, 틀지어지고 있다
착취의 신식민지
국가독점주의의 거대한 기계소리가
우렁우렁 강철근육 속으로
빨려고, 마침내 역사의 수레바퀴로
굴러가고 있다
죽은 넋들이 우리 가슴에
열화의 용기로 들끓고 있다
마침내 눈물을 씻으라 찬란한
우리들의 세상 앞에서
전망의 광채를 보아야 한다
너그럽고, 치열하게
더욱 과학적으로, 더욱 진보한
노동자의 젖은 눈망울로
마침내 인간이 만들어낸
피땀의 꽃을 보아야 한다
당이여, 화사한 꽃보다 아름답고
영원한 자연보다 불멸인
우리들의 미래여
인간이여 조직이여 더 나은 인간이여
당, 피묻어 불멸인 기쁨의 꽃이여

그 나라를 멀리에서 찾지 말라

그 나라를 멀리에서 찾지 말라
멀다는 것은 옛날이라는 뜻이다
길이 먼 만큼 미래가 먼 것은 아니다
덕수궁에 낙엽이 지고
여전히 들판에 봄꽃이 필 것이다
그러나 노동의 꽃이
사시사철 핀다
근육은 아름다움과
더이상 근친상간이나
변태성욕의 관계가 아니다
피와 땀과
과학 때문이다
노동의 꽃은 강철로 피지만
강철은 아름다움과
더이상 냉혈동물과
백치미인의 관계가 아니다
피와 땀과
당 때문이다
그 나라를 멀리에서 찾지 말라

멀다는 것은 발이 허공에서
떨어졌다는 뜻이다
미래로 가는 타임머신은 오직
노동자 계급일 뿐
환상특급은 과거를 향해 달릴 뿐이다

자본은 인간적인가

물론 네 길은 너에게 일관되다
네 자신한테도 다원론이란 자선사업이거나 기만이다
꾸불텅한 논길을 가듯이
동요는 네게
당파성 못지않게 일관되다
그러나 너는 기상이나 음극선 변화로
바닷가에 떼로 몰려와 집단 자살을 감행하는
아이큐 70짜리 귀여운 돌고래의
좌우편향에 대해서 알고 있나
아니면 그보다 지능도 귀염도 덜한
바퀴벌레의 식성과 번식력의
일관된 좌우편향에 대해서 알고 있나
이윤과 착취율은 이보다 지능지수가
높은 만큼 인간적인가
휴먼테크로 인간을 회칼질하고
최첨단 장비로 인식을 노예매매하는
mega-byte의 자본은
그만큼 인간적인가
그렇지 애시당초 누가 더 일관된가
내기하자는 얘기가 아냐
과학의 뜨거운 심장
인간에 관한 얘기야 당파성이란

치열한 만큼 넓다

눈물을 강철로 만드는 것은 당이다
강철로 심장을 만드는 것도 당이다
그러나 당을 만드는 것은 우리다
자유를 모아 최고의 자유를
이룩하고 공유한다
물론 이것은 쌀 배급이나
라면 비축이나 포도나무와
가지에 관한 얘기가 아니다
눈물로 강철을 강철로 심장을
필멸로 불멸을
반영의 인간으로 법칙의 인간을
창조적 투쟁의 인간을 이루는

기차에 대하여

인간의 변증법을 이루는
우리와 당에 관한 것이다
우리를 이루는 것은 최고의 나를
따르기 위한 것이며
당을 이루는 것은
최고의 자유를 조직하기 위해서다
집중은 너그럽고 민주는 치열하다
그렇다 치열하고 넓으며
치열한 만큼 넓다
이것은 육교나 터널에 관한 얘기가 아니다
치열할수록 넓다

노동자의 벗

국민이 원한다면 물러나겠다던
독재자가 있었다 국민이 원한다면
물러나는 것은 독재자가 아니지만
애시당초 모순은 그에게 있지만
또한 우리의 정신에도 있었다
자본의 논리는 자본가의 논리보다
더 참혹하다 정치에서는 더욱
물러간 것은 박정희지 군사독재가 아니며
사망한 것은 이병철이지
삼성 재벌이 아니다
독재자에게는 물러날 자유가 없고
재벌에게는 사망할 권리가 없다
그들은 돌연 사망한 것이 아니다
세상은 하루아침에 생겨나지 않았다
노동자 계급 또한 돌연 생겨난 것이 아니다
발전은 독재자의 업적이 아니듯이
경제개발 5개년계획은 유물론에서 예외가 아니다
시골도 타락할 권리가 있다고
당당하게 주장했던 어느 작가의 말은 최소한
농촌공동체만큼 체념적이되, 현실적이다
그러나 노동자 계급을 보지 못했으므로
자유를 보지 못했고
자유가 없는 권리란 환상이므로
왈 타락한 자유는
별들의 고향에서 수음으로 끝났다
참상을 봤으되 자본주의를 놓쳤고
자본주의를 봤으되 참상을 놓쳤다
둘 다 보지 못한 것은 노동자 계급
둘 다 본 것은 안방을 석권하는
텔레비전 뉴스였고 드라마였다

이제 노동자 계급을 보자는 사람은 많다
그러나 우린 무엇보다
우리가 이룩한 세상 속에 있다
흑백이 칼라로 바뀌고 재벌이 동남아로 진출하고
디스코 리듬이 착취의 노동요를 대치했건만
지금 노동자 계급을 팔아 노동자 계급으로서
부르주아 민주주의 혁명을 이루자는 자는 노동자의 벗인가
자본의 죄악을 빙자 죄악으로써
기계문명의 사회구성체를 부인하는
그럼으로써 결국 우리를 부인하는
지금 청년학도가 노도처럼 일어서고
국민이 원한다면 물러나겠다는
독재자의 말을 기대하는 자는
노동자의 벗인가 아니다
우리는 봉건주의자가 아니다
우리의 민주주의는 완성된
부르주아지의 민주주의보다 높다
반공 드라마 전에 방송 기재가
방송 기재 전에 우리가, 있었다
돌연한 것은 주관적일 뿐이다

제4부

바둑에 대하여

그렇다 이것도 없었던 일은 아니고
오히려 전례가 있어서 문제다 기차가
있기 전에 멘셰비키가 있었다
기차를 생략한 그들의 상상력은
가공하여, 영국 매뉴팩처의
자본의 원시축적기를 향해 치달았고
그들에게 비판의 자유는 민주집중제가 아니라
수공업자의 우세를 위한 지역대표제였고
법칙과 자유의 비판이었다 오늘날에도
구로동에도 부천에도 광주에도
멘셰비키는 포진해 있다 그들의 상상력도 가공하여
그들의 포스터에는 중공업 노동자가 나타나지 않는다
그들의 구호는 살벌하지만
그들의 전망, 그들의 노동자는 초췌하다 그들의 주인공은
노동자가 아니라 수난이다
그들은 대통령선거의 야당 후보 연설 속에도 있고 심지어

여당 후보 연설 속에도 있다
그들이 도처에 있는 것은
놀랄 만한 일이 아니다 왜냐하면
개량은 도처에 있기 때문이다
그들은 수공업자들을 지역대표제로 모아
볼셰비키의 대규모 공장 집결지를
오늘날에도 공략한다
그러나 포위된 것은 볼셰비키가 아니라 그들이다
심장은 포위된 것이 아니다
혁명은 수출되는 것이 아니다
사회주의는 포위된 것이 아니다
문제는 우리의 볼셰비즘이다
볼셰비키는 현대문명의 심장의
조직이었다, 즉 앉아서 점잖은
설만 풀었던 것은 아니다
왜 우리는 현대문명에서 죽어도
피를 삭제하려고 하는가
멘셰비키는 아직도
이런 말은 아직 노동자들이 알아듣지 못한다고
길길이 뛰며 지역 회의를 소집할 텐데?
그럼 자본론은 외계인이 갖다준 선물이란 말인가 AWACS
처럼?

무엇이 새벽을 열고
쌀쌀히 비 오는
새벽 미명 속에서
잡역부들이 아파트 쓰레기를
수거해 가고 있다
이제 신문을 보려 한다
기차는 달리고 있는지
무엇이 새벽을 열고 있는지

완전한 인간
조직 속에선 누구나
위에 대하여 구체적이고
아래에 대해 추상적이다
그리고 최고의 추상성 위에
우리가, 구체적으로 있다
그러므로 조직 속에선 누구나
가장 추상적인 동시에 구체적이고
가장 구체적인 동시에 추상적이다
이것이 깊어질수록
우린 좌우로 넓어진다

이건 사닥다리가 아니라
세포분열에 관한 얘기다 완전한 인간,
조직에 관해서, 교활함이나 우직함은
조합적으로 강화될 요소가 아니다
그것은 온전한 한 인간의 겹이다
혁명을 가장 은밀하게 사랑하면서
동시에 가장 공개적으로 음모한다
은밀할수록 공개적이다
다만 잡히지 않을 뿐이다
이것이 우리의 인간 조직이며
네가 해체주의자인 까닭
너는 지리멸렬할수록 아름답지만
우린 조직으로 아름답다

사랑과 투쟁은 둘이 아니다
물론 그렇지 단순한 모순은 우리가
자본주의에 살고 있다는 사실을
망각하게 만든다 그렇다
자본주의는 복잡하다
그러나 단순성에는 반동적인 것과
혁명적인 단순성이 있다다요는
단순성에도 계급성이 있다
이를테면 그것은 태권V와 외계 로보트의 싸움이 아니다
자본가는 패씸해서, 나쁜 편이라서 단순한 것이 아니고
노동자는 선량해서 단순한 것이 아니다
노동자는 독점자본의 노동력이므로
자본보다 엄혹하고
노동자는 독점자본의 파괴자므로
자본보다 강하다
그리고 노동자는 더 나은 세상의 건설자이므로
이미 사랑과 투쟁은 둘이 아니다
그것은 단순하기보다는 기본적이고
이를테면 지는 해와
찬란한 완성의 단순함이다

이제 들판을 보리라
이제 들판을 보리라 장대비 내리는
식량과, 동맹의 대지를
눈동자여 가뭄과 같이
애타는 눈동자
이제 너를 보리라 처음 보듯이
우리가 우리를, 처음 보는, 눈망울로

심상치 않지?

그렇지?
오늘 부는 바람은 심상치 않지?
시커먼 연기와 불자동차 같은 것
그렇지?
바람은 보이지 않고 다만
심상치 않지?
문제는 바람은 바람 때문에
부는 것이 아니기 때문이야
바람은 누군가가 움직이는 것
어두운 수풀 얘기가 아녀
대낮 광명에 관한
시멘트와 콘크리트에 관한 얘기라고
오늘 부는 바람은 심상치 않지?
그런 만큼 우리는 아직 소시민이야,
그렇지?

이 땅을 퍼 담는다, 노동자

조선말 초기 시민혁명기
새우젓 마포의 신흥 도매업자였던
외할아버지댁 마루 밑을 파면
어둠 속에서 동전이 자꾸 나왔다
이승만이 나오고 구한말 엽전이 나오고
그래서 유년시절, 구한말은 어둡고
친근했던 그들은 혹시 나의 유년기를
경애하는 것은 아닐까 돈 몇푼 때문에
어둠을 파고 구한말을 파는
어둠을 노래할 때 그들은 우리와
同情한다, 그러나 나는
어둠 때문이 아니라 빛을 위하여
이 땅을 퍼 담는다, 노동자

돌이킬 수 없는

노동자, 그것은 겹쳐진 신문의
제록스를 다시 펼치는 것처럼
자본가, 네가 저질러논 일이고
그보다 더욱
돌이킬 수 없는 일이다
노동자, 우리를 철폐하는 것은 또한
자본가, 너를 철폐하는 일이고
그것은 네 눈앞이 깜깜한 일이지만
자본가, 너희를
노동자, 우리가 철폐하는 일은

그 무엇보다 확연한 일이다
찬란한 일이다, 너에게도? 너에게도!

세상은 지금보다 찬란하리라

산동네 골목길 돌면 눈에 밟힐
것이다 이따금씩 민들레도 펴오르는
다닥 붙은 단칸방 길밖살림으로
그렇다 너는 세입자로 오순도순
애들이랑 고향 생각이랑 살았다 부디
똘똘 뭉쳐 둥지 지키려는 안간힘
주먹손이었다 이제 내내 눈에 밟힐
네 모습은 손수 미역국을 끓이던
양복점 아저씨가 더이상 아니다
모습은 복부와 심장에 회칼 꽂히고
형용은 울다가 엉엉 부르튼 눈에
네 눈 속 우리 눈에도 회칼 꽂히리라
죽인 것은 칼이 아니고 사람이다
그렇다 슬레이트 가옥주, 돈 550만원이
아니라 독점 아파트업자와 복부인이
너를 죽였다 충청남도 강경 고향길
억세게 가난한 농촌에 1남 2녀 중
장남으로 태어나, 살길 찾던 상경길
그 길을 배에 칼 꽂힌 채 되밟고 있진
않으리라 우리 눈에 칼 꽂힌 채 두고
홀로 고향길 찾지는 않으리라 도시
빈민 달동네 세입자 단결투쟁 외치던
성북구 동구여상 후문 옆 벽돌공터
여기에 남아 제국주의와 독점재벌이
이 세상에서 사라지는 것을 보리라
그때 비로소 네 배에서 칼이 뽑히고
우리 눈에서 칼이 뽑히리라 그때
세상은 지금보다 찬란하리라 정상률.

서정의 통로

결국엔 구체성에도 꼭 마찬가지로
계급성이 있다, 서정성에도, 그렇지?
그것은 25평 아파트로 가는 통로가?

불멸의 역사

마르크스와 같이 하숙을 친다는 것은
자본론을 서재에 꽂아두는 것과는
다르다. 비슷한 생김새라도 그것은
브람스의 음악을 듣는 것과 다르다.

1990

예술은 그런대로 육감도 영원하지만
과학은, 법칙이 영원할 뿐
육체는 누구나 역사적이다.
그러나 브람스도 아니 몇 세기 전의
클레오파트라도 그와의 동침은
괴기스러울 것이다. 그렇기 때문에
현대의 영웅은 발자취를 남길 뿐
몸까지 미이라로 남겨, 시대에 뒤지는
우매함을 범하지는 않는다.
오늘도 아침 전철이 사람들을
정거장마다 삼키고, 뱉어낼 것이다.
그렇다 마르크스의 후예들은 오늘날
날씬하고 발랄하다.
개인 숭배로 그의 몸을 찾지 말라.
그는 우매하지 않다, 화냥년들아.
그가 남긴 과학과 혁명이
이미 이 세상을 이뤘을 뿐이고
그가 역사로 못다 했고
그가 논리로 예언했던
새 세상이 우리 앞에 놓여 있을 뿐이다.
전철을 탄 그는 아직 우울하지 않다.
그는 빈혈이 아니고, 충혈되어 있지만
그의 표정은 지금 밝은 아침이다.
미래를 위해 과학과 역사를 생각했던
그를 사랑하기 위하여 그가 살았던
19세기적 환경까지 사랑하는 것은
음탕한 일이다. 레닌도 그렇다.
더구나 우마차가 아닌 전철이 다니고
교통사고율이 세계 제일이라는
신식민지 국가독점자본주의의 나라에서
1945년 지주와 머슴의,
죽창과 M1 혹은 칼빈 소총의
전투를 생각하는 것은 패배주의적이며
빨치산과 군경합동작전의
전투를 목표로 머리띠를 두르는 것은
19세기적으로만 장렬할 뿐
테러리즘이다. TV는 바보상자가 아니다.
저들의 집요한 뉴스카메라에 잡히는
우리들 식구의 모습은 아직
시대 착오적으로 간절하다.
우리들의 모습은 아직 화학 폐기물의
소피 마르쏘 화장품 광고보다
간절할 뿐, 자연주의적이고

80여년 전에 과학을 전파했던
우리들의 전국적 정치신문은 아직
컴퓨터 사식보다 간절할 뿐
매뉴팩처적이다. 양담배가 밀려들건만
우리는 아직도 제국주의 속에서
사회구성체를 희망의 양식으로 삼지 않는다.
우리는 아직도 신식민지에서
자본과 외국군을 물질운동으로 생각하지 않는다.
산발적인 것이 문제가 아니다
부르주아 도덕을 우리가 부르주아에게
기대하고 호소하는 것이 문제다.
불리하다면 우리는 매년 5월
광주 망월동에 한꺼번에 모이지
않을 수도 있다. 당이 있다면 우리는
산발적일 수도, 동시다발적일 수도
있다. 투쟁은 최루탄과의 싸움도
전경과의 싸움도 심지어 대통령과의
싸움도 아니고,
미국 대통령과의 싸움도 아니다.
자본은 그 무엇보다 인격적이며
유물론은 인간보다 인간적이다.
그리고 싸움은 필연적이다, 그렇다면
국립묘지는 급한 것이 아니다.
조직할 것은 산 노동이며 당이며
불리하지 않아도 우리는 죽은 자들을
싸우다 죽은 곳에 묻어야 한다.
그들을 산 노동의 가슴에 묻어야 한다.
통합 집회가 아니라 동시다발성이다.
노래하리라. 우리가 살고 있는
이 세상의 멸망과 건설에 대하여.
단절이 없는 사랑에 대하여.
노래하리라. 푸르름과 생명과
과학에 대하여.
노래하리라. 과학과 투쟁으로 건설한
진선미의 일치에 대하여.
사치와 착취가 없어지고
보물이 인민의 것으로 되는
창조적 노동의 아름다움에 대하여.
그래 우리 눈으로 보면
세상은 이미 더러운 것은 아니지.
이따금씩 세숫비누로 땀과 기름을
씻어내면 돼. 닦을수록 빛나는 것은

기차에 대하여

더러운 것이 아냐. 더러운 것은
몰락하기 때문이지. 그건 네 세상이야.
절정기엔 밤하늘에 현란하다가
쇠락기로 접어들며 흡사 바퀴벌레의
껍질처럼 새까맣게 닳고 닳은
추한 늙은이의 성욕으로 기를 쓰는
한물 간 이태원의 밤을 보았나.
천만에 그건 조명의 세상이지
기계의 세상도 인간의 세상도 아냐.
그건 병균의 세상이지.
습기의 세상도 온기의 세상도 아냐.

전철의 아침이 밝은 것은
세상을 밝히는 노동자 때문이고
전철의 밤이 어두운 것은
아직은 그들이 사명을 다하지 않았기 때문이고
철학의 근본문제가 아직
관념으로만 해결됐을 뿐
유물론적으로 해결되지 않았기 때문이다.
이 세계에서
아직은 생산과 투쟁의 시간이
다하지 않았기 때문이다.
끝이 없으므로 노동자의 세상엔
몰락이 없고, 몰락이 없으므로
노동자의 밤은 이미
수상하지 않은 사랑으로 가득 차 있다.
밤은 이미 번영이므로 사랑을 위해
우리는 별도의 어둠을 마련하리라.
그리고 더욱 빛나는 아침이 와서
우리의 아들딸은 보다 쾌활하게
전철 유리창에 상쾌한 입김을 뿜을 것이다. 비로소,
인간이 인간인 채로 꽃이 된다.
비로소
피땀의 꽃이 어여쁘다.
도구에 역사성이 있듯이
노동으로 세상을 변화시키며
자신도 변화시켜온 인간에게 비로소,
꽃의 역사성이, 얼굴 속에서 완결된다.
얼굴보다, 꽃보다 세숫비누가
더 상큼한 시대가 있었다고,
끔찍하다고, 딸들이 까르륵거리면
아들들이 대답한다, 이 세상에
끔찍하다는 단어는 이미 없다.

노래하라. 우리가 살고 있는
이 세상의 멸망과 건설에 대하여.
그날의 책상과 광장에 대하여.
그날의 시계과 국가에 대하여.
그날, 우리들의 출근길과
사랑에 대하여. 울산에서 마창에서
서울에서 전철역에서. 눈동자에 대하여.

그래, 우리 눈으로 보면 비로소
피가 섬찍하지 않고, 따스하지.
생명과 같애, 그것은.
그러나 생명이 처음부터
친근했던 것은 아냐.
고독이 흐르는 피는 스스로 끔찍하다.
눈동자.
노동과 사랑과 혁명의 눈동자.
그 눈동자가 가슴에 박혀야 해.
원초적인 생명은 스스로 두렵다.
고동치는 집단의 맥박을 들어야 해.
건설과 투쟁의
역사가, 그날의 숱한 함성이
핏줄 속에 박동치는 것을
들어야 해.
몰락하는 핏줄은 공장 폐수와 같지만
우리들의 핏줄은 쇳물처럼 끓고
냉철하다.
잔인함이 다하지 않은 것은
노동자의 사랑이 완성되지 않았음이다.
비로소
강철이 피와 합류하여
뜨거운 눈동자를 기념비로 세운다.
아아 젖은 눈동자.
불멸의 역사여.

노래하라. 철기시대의 종말과
강철과 합류한
영원한 생명에 대하여.
눈동자, 불멸의 눈동자에 대하여.
노래하라. 그날의
반찬과 세계 평화에 대하여.
그날, 우리들의 출근길과
사랑에 대하여. 울산에서 마창에서
서울에서 전철역에서. 가슴에 벅찬
눈동자에 대하여.

제5부

울음, 그리고 빛

기억하라, 끔찍한 세월이 있었음을
혼자이지만, 하나가 아닌 울음 속에서
탄생한 빛을
무쇠로 부딪쳐왔던
방패와 어깨의 충돌 속에서 탄생한
강철보다 견고한 눈물의 조직을
지금 무엇을 가르칠 것인가
화려하게 시들은 복장 위에
그러나 영원히 늘 푸른 얼굴 위에
뜨거운 심장으로 무엇을 쓸 것인가
그렇다 사랑의, 나라가
있었다, 투쟁 속에서 너희들이
우리들의 꿈과 희망이었다
역사는 결코, 진보할 것이다
그러므로 눈물 범벅진 채
사랑하라, 누추한 삶이 아니라
세계를 창조하는
눈동자, 노동자의
불멸의 눈동자를 사랑하라
오 역사상 최초의 자유인 동맹
그날 찬란한 세계를
그 세계를 위한 덜 화려한 삶을
노동자로서 사랑하라

서시·美人

그것은 차마
우리 가슴에
뜨거운 덩어리로 남았던
눈물, 치미는
빛과 소금의 가슴일 뿐
비수였던가 사랑은
기쁨은 예리한 비수였던가
명징한 얼굴과, 눈동자와
채울수록 아픈
그대와 나, 달콤한 끝의
결핍 속에서
갈수록 흐릿해지던 배경과
갈수록 아스라해지던 역사와
뜨거운 눈물로 다만 빼앗긴

다만 소중한 미래로 남았던
소금의 빛
아아 그러나 미인이여 정신이여
노동자여 이제 강철과,
눈물의 빛
강인한 눈물의 토대로 생산과
찬란한 눈물의 근육과 투쟁과
영롱한 눈물의 얼굴과 젖가슴과
짜릿한 눈물의, 육체적인
유물론적인 기쁨과

강철과,
눈물의 빛

강철과,
눈물의 빛

나비

그녀를 보면 나는 산다는 것이
그냥 거대한 벽에 제 몸을 부딪치는
나비 같다는 생각이 들고 그 나비의
날개에 피가 묻었을 뿐인데
그 피냄새에 제 스스로 너무 흥분하는 게
아닌가 싶다 그것이 아름다운 것은
통계적으로는 사실인 모양, 그녀는
화장품 광고에도 나오고 색도 쓰고
그러지만 나는 아무래도 그녀를
위해서 이 밤 이불보다는 전쟁을
아름다움의 진정한 평화를 위한
선생을 생각하는 편이 낫겠다 부딪쳐
부러진 나비의 날개가 흰눈 내려
검게 젖은 나뭇가지 사이 촉촉한
눈동자로 되살아날 때까지
그녀와 나의 관계는
다만 풍경뿐일지라도 불편하다
생산 관계도 사랑 관계도 불편하다
더구나 사람이 없다면 나비끼리의
사랑은 얼마나 끔찍한가

아내

결혼 10년째를 맞으며 나는
사랑과 유물론을 생각한다 물론
그것은 생각만큼 두집살림을 하거나

기차에 대하여

한집에서 둘을 거느리는
음탕과는 애시당초 거리가 먼 것이지만
이불 속에서 키득거리며 유물론과, 아내와
나는 지금 신혼이다 가령 우리의 자유연애가
고만한 학벌과 재산 정도와 반공교육이 맞아떨어진
전혀 자유롭지 못한 연애였다는 점이
우리 사이를 자못 충격적이게 했지만,
10년 동안 찌든 살림에 충격은 새 기분일 뿐
아내와 유물론과 나는, 지금 신혼이다
10년 동안 내게 내장과 피와 땀냄새를 맡기던
이제 유물론의 정신과 육체가 된 아내는
산다는 것 본질에 육박하는 것은 아름답고
쪼글한 얼굴로 내게 웃는다 아내는
목하 연습 중이다 사랑으로, 자본주의적
생산 관계를 무너뜨리는
아내는 이미 내게 유물론의 투쟁학습교과서이다

아이들과, 장래를 생각한다면 말할 것도 없다

蔡光錫

때론 무참하게 좌절하고 때론 까닭 모를
서러움이나 외로움 따위로 길길이 날뛰던 세대.
살아 있던 그는 때때로 결석이었지만
아무도 살아 있던 그가 때때로 결석했다고
기억하진 않는다. 죽은 지금도 그렇다. 우리는
이따금씩 상대방과의 열변 중에도
자신의 목소리가 자신의 가슴에 와닿을 때
결석한 그가 뒤늦게 온 것이려니 생각하고
무언가 꾸중을 들은 사람처럼
보이지 않지만 분명한 그 자리를 힐끔거린다,
영원하기 위해서 우리는 역사를 이야기하고
민족의 민중적 차원을, 민중의 계급적 인식의 차원을
열어젖힌 그의 업적은 이미 역사이건만
당분간 그 역사는 또한 그의 거침없는 욕설과
논쟁성과 함지박웃음으로, 그의 땀냄새와 체온으로
끈적하고, 여전히 철철 넘치고 있다. 그는 여전히
우리와 주책없이 온몸을 비벼대고 있다. 그렇다.
그가 없는 우리들의 모임, 그가 없는 우리들의 운동
그가 없는 우리들의 사랑, 그가 없는 우리들의 투쟁
그가 없는 우리들의 죽음, 그가 없는 우리들의 부활
그가 없는 우리들의 건설은 상상할 수 없다.
세상에, 이 세상에 '고 채광석' 이란 말보다
어색한 일반명사가 이 세상에 있을까. 경악의
사망 소식을 접하고, 망치로 얻어맞은 듯, 빈소를
차리고 피투성이 얼굴 시신을 접하고 이제 마지막으로
그를 영원히 보내는 소나비 여름날 왕성한 짙초록의
산마루에서, 그가 죽었다는 것이 실감나지 않는다.
그는 슬퍼할 틈을 주지 않으려고
모든 사람이 맞는 죽음을 누구보다도 어이없이 죽었다.
그의 무덤엘 가면 역사가 된 바람이
그의 결석을 인정치 않으려는 우리들의 뺨을
세차게 후려친다. 그리고 얼얼한 우리 뺨이 소리친다.
그건 네 탓이다, 네 탓이다 채광석.

고르바쵸프

그가 최고로 찬탄하면서 동시에
유감스럽게 생각해 마지않을
자본주의의 컴퓨터 과학-기술혁명 덕분으로
그는 등따신 지중해에서
적성국 대통령 부시와 정상회담을 하고 있다.
그것을 나는 또한 모처럼 등따신 보일러와
아내와 아이들과 흡족해하면서
텔레비전 뉴스초점으로 보고 있다. 아니
매일 무료로 농담따먹기 전화를 한단다
그리 놀랄 것은 없다. 과학은 아직
단 한번 놀래킬 뿐 삽시간에 그 몇천만 배를
아무렇지도 않게 받아들이게 만들 만큼
아직은 장사에 천재이다. 가령 며칠이 지나면
남한 텔레비전 화면에서 동독공산당이 전당대회를 치르고
내친김에 내가 팩시밀리로 그에게 안부 편지를 쓴단들
놀랄 일이 아닐 것이다. 하지만 당분간은
그가 보고 있을지도 모를 텔레비전 만화영화를
나도 보고 있다는 심정만으로 만족하기로 한다.
그가 가령 자본주의와 사유재산의
겁주기식 예찬임이 너무도 분명한
백만장자『욕심쟁이 오리아저씨』보다는
상상력이 과거 미래를 종회무진하는
『유령대소동』을 더 흥미진진하게 볼 것임을
나는 쉽게 수긍할 수 있다.
더군다나 두 프로 다 보기에는 너무 바쁘리라.
그와 텔레비전을 같이 보면서
피투성이 나라에 사는 내가
또한 피투성이 나라에 사는 그에게
이렇게 물을 것이다. 그 나라엔 왜 아직
유령이 살고 있을까?
분명 지금보다 50년쯤 이후의

총구에서 양성자가 백열의 실핏줄로 흘러나오고
사람들이 생활의 근심에서 벗어난
그래서 만인이 걱정에서 해방된 그 나라에
재미가 없다고 유령은 대소동을 피우는 것일까.
능력에 따라 노동하고 필요에 따라 가져가는
그 나라에
무엇 때문에 관념은 살과 피와 폭력을 섭취하여
소동을 부리는 것일까. 매편마다
만화니까 분명 별로 대수롭지 않은
그러나 매편마다 어김없이 지구 전체가
인류문명이 위협에 빠지는
그 나라에는 왜 유령이 살고 있을까.
자본주의는, 이윤 동기는 타협될 만큼 의식적인 것인가
의식은 타협될 만큼 관념적인 것인가.
파나마는 협상될 만큼 외교적인 것이다.
물질운동이 없는
계급투쟁이 없는
생산수단이 없는 그 만화영화의 미래는
진보적인 것인가.
유감스럽게도 우리집 전화는 아직 기계식이라
팩시밀리가 불통이다.
과학-기술혁명이 되긴 되얄 텐데…
그가 고개를 끄덕인다.
그것만은 나와 전적으로 동감이라는 듯이

찬가, 그날
오라 그대.
떨리던
한 방울의 고운 눈물이
마침내 벼락친다.
뜨거운 칼날이 그대와 나의 심장에
새기리라 이제는 아름답고 강한 사랑을.
슬퍼 말라. 추위 속에, 따스했던 기억은
영원히 눈부실 뿐 사라지지 않나니.
슬퍼 말라. 아픔 속에, 반짝였던 눈빛은
견고한 보물로 영롱할 뿐 사라지지 않나니.
슬퍼 말라. 전망 속에서
초라했던, 초라했던 우리네 현실을.

그날, 낮과 밤은 노동자 계급으로 찬란하고
마지막 남은 어둠 속에서
명멸하는 것은 모두 의로운 죽음이나니

우 리 , 노 동 자

남과, 북의 동지들에게

모든 당대는, 앞세대보다 진전된 물질운동의 조건 속에서 그것의 반영인 심화·확대된 의식 때문에 앞세대를 좁다, 갑갑하다고 해석힐 '수밖에' 없을 뿐만 아니라, 주체역량 강화를 위한 자신의 투쟁을 통해 넓고 깊어진 시야 혹은 전망 때문에, 앞세대를 좁다, 갑갑하다고 규정지을 '수 있게' 된다.

예술 창작에 있어 계급은 내용이고 민족은 성격이다. 그리고, 우리들의 깃발은 수난의 깃발이 아니라 수난으로 더욱 찬란한 항쟁의 깃발이며, 여공 수난사의 깃발이 아니라 여공의 수난으로 더욱 구체적인 전체 노동자 농민 생산과 투쟁운동사의 깃발이다. 그러므로 찬란한 백의민족 통일의 깃발이고, 결코 다른 것이 아니다.─1989년

제1부 묘비명, 기타

들판에서

이것이 푸르다는 거구나
세상은 울음 끝인 듯
청초하다
겨울의 죽음과 고통은 헛되지 않았다

봄이 슬프도록 아름다운 동안
일어나 갈 길을 가자
쓰러진 것들이 모다 모여
발걸음이 되고 있나니

하물며
봄이 힘찰수록 아름다울 때까지
일어나 갈 길을 가야 할 것 아닌가
울음의 끝이 또한 울음일지라도
봄이 이토록 눈이 시리게
청초한 동안

1988년 6월, 사랑하는 나의 조국

1945년 8월 15일. 참혹한 일제치하에서 해방. 비록 외세가 갖다준 분단점령의 해방이었지만 암흑의 일제치하를 꿰뚫고 솟아오른 환희의 태양이 온누리를 고루, 자유로이 비치고, 삼천리 백의민족을 굽이쳐 만세 부르게 하다. 그 햇살에, 그 백의에, 생산과 투쟁 수백만 노동자 피땀이 묻어나다. 기미년 3월 1일 노동자 농민 독립만세봉기. 1924년 조선노동총동맹 결성. 같은 해 9개월에 걸친 암태도 농민 소작쟁의. 1927년 신간회 창립. 1929년 광주학생의거. 빛나는 세계 노동사의 한 봉우리 원산 노동자 총파업. 1941년 항일투쟁의 최고봉 무장투쟁 호가장 전투. 1942년 반소탕전. 아아 미국은 우리에게 무엇이었는가, 자본가는, 지주는 그때 무엇이었는가. 1945년 11월 전국노동조합전국평의회 결성. 같은 해 12월 전국농민조합총연맹 결성. 노동자와 농민, 민족-자주-해방을 함께 외치고, 어깨를 겯다. 1946년 9월 미군정에 대항, 총파업. 9월은 10월의 대구민중항쟁으로 이어지고, 5·10 총선 반대 파업으로, 미군철수 요구 파업으로, 요원의 불길처럼 타오르다.

1950년 6월 25일, 분단된 남과 북이 서로 증오를 불태워, 온 민족을 분신의 고통 속에 절규하게 하다. 통한의 약소민족을 대리인으로 한 제국주의 전쟁에, 노동자 농민의 아들과 딸이, 피살되고 학살되고 겁탈당하다. 그때 군수물자의 자본가는, 지주는 우리에게 무엇이었는가. 제국주의는 우리에게 무엇이었는가. 미국은 우리에게 무엇이었는가. 이 땅의 농민과 노동자가 피땀으로 건설한 조국이, 강토와 공장이 제국의 군대에 짓밟혀, 난자당하고 초토화되고 융단폭격당하다. 1953년 8월 예속화의 한미 상호방위조약. 1957년 7월 유엔군 사령부 서울로 이동. 한반도의 핵전장화 개시. 그때 군수물자의 자본가는, 지주는 우리에게 무엇이었는가. 제국주의는 우리에게 무엇이었는가. 미국은 우리에게 무엇이었는가.

1960년 4월 19일. 보릿고개의 농민과 기아선상의 노동자의 피땀을 빨고 뱃기름을 더욱 두껍게 채워가던 매판재벌정권의 독재자 이승만을 다시 피와 땀으로 몰아내고 시민혁명. 새 역사의 장이 열리는 듯했으나, 주력군이 노동자 농민이 아닌 학생-시민-룸펜들이었던 한계를 극복치 못하고, 과도의 보수우익 지주 정권에 나라의 운명을 맡기는 치명적인 우를 범하고, 급기야 5·16 군사 쿠데타라는 깜깜절벽의 쇠망치를 맞고 혁명의 맥이 끊긴 뒤, 유신이라는 현대사 초유의 암흑기로 접어들다. 그때 미국은 우리에게 무엇이었는가. 경제개발의 미명하에 수천만 노동자 농민을 최저생계 이하로 착취한 재벌과 군부와 미국은 우리에게 무엇이었는가. 1961년 7월 반공법 공포. 1965년 3월 구로동 수출산업공단 기공. 1966년 7월 한·미 행정협정 조인. 아아 그리고 노동자 농민은 무엇을 하였는가. 참혹한 노동운동의 70년대와 찬란한 민중항쟁의 80년대, 그리고 1988년 6월, 사랑하는 우리의 조국을 위하여, 1988년 6월, 사랑하는 우리들의 조국을 위하여.

피땀의 빛

봄이 이토록 아름다운데
우리들은 다만
작은 어둠 속에서 더 큰 어둠 속으로
나왔을 뿐인가 더욱 큰 어둠 속으로
함성이 있었다 승리가 있었다 참담한 패배가
있었다 봄이 이토록 아름다운데
우리들은 다만
이 큰 세상이 더욱 큰 감옥이라고
증거하고만 있을 것인가
빛을 빛으로 다만 눈부셔
눈물을 눈물로 다만 쓰라려
이 큰 세상을 다만 피투성이 희망만으로

버팅기고 있을 것인가
빛은 무엇이었는가 눈물은 무엇이었는가 승리는 무엇이었는가
패배는 무엇이었는가 민중은 무엇이었는가 역사발전은 무엇?
꽃은 피었는가 참혹한 피는 아름다웠는가
어둠은 빛이었는가 빛은 피땀 얼룩진 생명이었는가

우리 앞에 길이 있다.
언제나 있던 길. 앞으로도 내내 있을 길.
민주화로 통일로, 해방으로 가는 길.
참혹하고 아름다운 길.
삶과 죽음으로 투쟁과 사랑으로 피땀 비려 빛나는 길.
그 길은 언제나 있었다.
그 길 옆으로 줄지어 늘어선 계절은 언제나 아름다웠다.

그렇다 우리가 달라졌을 뿐이다.

우리가 우리의 피땀을 뿌려
스스로 빛이 되지 않으면 안된다.
우리가 우리의 피땀을 뿌려
스스로 이 세상을 아름답게 하지 않으면 안된다.
빛은 다만 어둠을 비출 뿐 아니라
피땀의 빛이 차곡차곡 쌓여 다만 우리는
우리의 세상을 이룰 수 있을 뿐이다,
그렇다라고 외치지 않으면 안된다.

길은 언제나 우리 앞에 있었고,
여전히 우리 앞에 있다.

길은 여전히 멀고 쓰라릴 것이다.
길은 여전히 불분명하고 너티 갈래일 것이다.

그러나 우리가 달라졌다
힘들 것이다, 그러나 힘든 만큼 꼭 가야 할 것이다
이제 죽음과 삶은 영원히 하나다

우리 이 투쟁과 생산의
민족해방세상에
동지여, 그대를 깃발로 세운다

네가 이 땅에 피비린 살점으로 펄펄 살아 있을 때
신림동시장은 여전히 바다를 기는 민중들의 눈물바다였고
미국은 여전히 우리들의 삶이었고 사슬이었고 운명이었다
우리들의 행복이었고 화사한 장래였고 보금자리 목적지였다

네가 이 땅에 향기로운 한 떨기 꽃으로 살아 있었을 때
세상은 여전히 철부지로 지켜야 할 주인과 지켜줄 국민의
군대를 혼동했고
자기 편 가슴에 총구를 겨눴다
민족모순과 계급모순
먹고사는 문제와 이산가족은 하나가 아니고 둘이었다

네가 여전히 식구의 희망이고 명문 대학교 수재였을 때
미국은 여전히 힘과 장미빛 꿈의 나라였고
민중은 여전히 방향 감각 없이 서로에게 살기등등했다

그날, 최저생계의 시장바닥에 최루탄이 터지고
눈물바다에 다시 매운 눈물바람이 휘몰아쳐
고여 있던 눈물이 커다랗게 동요할 즈음
네가 외쳤다, 불기둥으로. "반전 반핵 양키 고홈," "양키 용
병 교육 전방 입소 결사 반대!"

그리고 그 불기둥은 위로 치솟다가,
남은 생의 무게로, 혼신의 힘으로
신림동 그 매운 연기와 눈물의, 최저생계의 시장바닥으로,
마침내 민중 속으로 곤두박질쳤다
그리고 육중한 숯 한덩이로 새까맣게 탔다

"반전 반핵 양키 고홈," "전방 입소 결사 반대!"
외침은 숨을 거두지 않고 온누리로 번져갔다
그리고 온누리 반전 반핵의 함성 속에서
숨을 거둘 수 없는 네가 또한 외친다

꽃이었던 숯덩이가 미국에게, 행복에게 외친다
이것은 추락인가 이것은 비상인가
열혈 ¼체였던 숯덩이가 미국에게, 장미빛 핵폭탄에게 외
친다
이것은 폭력인가 이것은 평화인가
창백한 지식인이던 숯덩이가 미국에게, 보금자리 목적지에
외친다
절규한다 이것은 사랑인가 이것은 증오인가
이것은 정치적인가 이것은 지고지순한가

육체가 숯으로 탔을 때
민중이 불을 위해 망망대해로 굽이쳐 흐르고 넘쳤다
한떨기 꽃이 참혹한 화상으로 숨을 거두었을 때
우리 투쟁과 생산의, 찬란한 민족해방세상의 예감이, 눈먼
사람들로 하여금 눈부셔, 차마 눈뜨게 하고
압제자로 하여금 부끄런 제 눈을 스스로 뽑게 했다

우리, 노동자

그 나라는 꽃보다 아름답고 육체보다 치열했다
민중의 빛이 환호작약하며 온누리를 흘러 넘쳤다
민중은 짐이 아니고 벅찬 어깨였다
미국은 더이상 우리의 장래가 아니라 추악한 과거였고
힘이 아니라 죄악이었고 한떨기 장미가 아니라 진물 고름
이었다

  폭력과 평화의 이분법을 부순 사람
  사랑과 증오의 이분법을 부순 사람
  해방세상의 예감을 이룬 사람

그는 누구인가?
아아 김세진!

  추락했으되 동시에 치솟은 사람
  가장 정치적이되 동시에 가장 순정했던 사람
  해방세계의 예감을 이룬 사람

그는 누구인가?
아아 이재호!

아아 그날
찬란한 투쟁과 생산의, 민중해방세상의 예감 속에서
마침내 죽음조차, 외길이기를 멈추고
혁명의 어깨동무를 허락하리라 했다
마침내 미국도, 죽음도, 항복하리라 했다, 1986년 4월 28일

분단조국 민중해방운동 44년 4월 28일 오늘,
김세진, 우리 이 투쟁과 생산의 민족해방세상을 위해 동지여,
죽은 그대를 산 자의 깃발로 세운다
이재호, 우리 이 투쟁과 생산의 민족해방세상을 위해 동지여,
죽은 그대를 산 자의 깃발로 세운다

민족해방과 함께 영원불멸하라
민족해방과 함께 영원불멸하라

墓碑銘 · 1
  -조성애

그는 이 세상에서 열일곱 살 어린 나이에
독가스의 화공약품 냄새 허파를 가득 메우는
작업현장에서 2개월을 일하다 쓰러졌다. 그가 만든 도자기는
단란한 살림그릇으로 쓰이고 행복한 커피잔으로 쓰였다.
그는 쓰러졌고, 의식을 되찾는 데는 또 2개월이 걸렸고
우리들은 그가 만든 그릇으로 사랑했고 의논했고 어깨겯었다.

그는 치료불능 반신불수가 됐고 우리들은 서울에서 부산에서
광주에서 민주화를 외치다 몇몇 동지를 잃었다 의사는 빈
혈이라 했고
회사는 산업재해가 아니라 했다. 그는 7층 옥상에서 투신
꽃다운 나이로 생을 마감했다. 그가 일어나지 않으면 사랑엔
현기증이 묻어 있고 비명 소리가 묻어 있고 일어나지 않으
면 우리들 행복에
화공약품 독가스가 묻어 있다. 그는 노동자가 주인 되는 세
상으로 일어날 것
가난한 때문 아니라 슬프기 때문 아니라 억울한 때문 아니라
우리를 위해, 만인을 위해 그는 살아나야 할 것이다. 이 세
상의 주인으로.
권력은 이미 고난과 투쟁과 죽음을 통해 해방에 이르는
상부도 아니고 하부도 아니고 중심도 아니고 주변도 아닌
바탕과 본질에서 스스로 이루는
민중의 권력.
그 권력은 민중해방-민족통일 이루기 위하여
피 흘려 죽어간 모든 전사들에 대한 기억과 생산-투쟁의
우리들이
우리들 노동자가 밥과 희망과 안방과 달력과 미래를 관장하는
숭고한 일상이 이루는 죽음의 권력.

그는 투신자살했다. 전태일 김경숙 김종태 박종만
홍기일 박영진 그 숱한 노동운동 전사들의 속으로
그는 투신자살했다. 김상진 김의기 김태훈 이동수
김세진 이한열 그 숱한 학생운동 전사들의 속으로.
운동의 '운' 자도 모르는 그가 투쟁이란 말은 너무 살벌하
다던 그.
이름 없는 그가, 그리고 이제 우리들이 갈 것이다.
고난을 통해 투쟁을 통해, 흘리는 피땀과 눈물을 통해
이제 그가 일어설 것이다. 이제는 이름 없는 네가
그들을 천진난만하게 일으켜 세워라.
1987년 10월 12일 조성애

墓碑銘 · 2
  -文松勉

잠이 안 와요. 머리가 아파요. 밥을 먹기 싫어요. 온몸이
아파. 몸이 말을 듣지 않아요 불면·두통·식욕감퇴·전신통
증·전신장애·고혈압·가려움증·헛소리. 아아 병으로만 어
른의 삶을 살다가 그는 갔다. 문송면. 만 15세. 발바닥이
가려워 마구 긁어댄 손톱독 핏멍이 발등을 전기고문처럼
새까맣게 태웠건만 끝내 돈, 돈! 외치며 그는 죽었다, 수은
중독. 그가 만든 온도계는 여느 신혼 가정의 갓난애 겨드랑

속에서 분내랑 향수내랑 맡고 있겠지만 이 세상의 건강과 행복을 지키려고 그가, 당당한 노동자가 온도계를 만들던 공장은 수은이 밑바닥에 질척한 증기로 깔린 채 환풍 시설조차 없는 인간 도살장이었고, 노동은 하루 열여섯 시간의 생지옥이었고, 삶은 짜고 쓴, 썩은 무말랭이 보리밥 한끼의 아비규환이었다. 만 15세. 그 수은이 증기가 올림픽 쇼무대를 장식하는 신기한 구름파도였다고 해도, 그 공장이 용감무쌍한 람보의 베트남 정글 지대였다고 해도, 그 삶이 무인도 톰소여의 모험이었다고 해도 곧이들었을 천진난만한 나이에 그는 수박을 같이 먹다가 간혹 천진난만하게 웃다가 마지막으로 숨을 헉헉거리다가 죽었다. 만 15세. 1973년 충남 서산군 양산리에서 가난한 농가의 6남매 중 넷째로 출생하여 중학교를 마치고 자력으로 고등학교에 입학하기 위해 상경, 서울의 온도계공장 협성계기에 취직하고 2달 만인 1988년 7월 2일, 수은과 유기용제 중독으로 사망했다. 회사는 몸이 안 좋던 석 달 동안 산재처리를 하지 않았고, 노동부는 산재처리 신청을 기각했다. 회사와 노동부가 그를 죽이고, 가난한 조국이 그를 죽이고, 부르주아 매판정권의 악덕 자본가가 그를 죽이고, 신식민지 교육제도가 그를 죽이고, 얄팍한 중산층 가정 행복이 그를 죽이고, 미제 침략의 음란퐁폭한 대중문화가 그를 죽이고, 도시와 농촌의 불평등이 그를 죽이고, 우리의 무관심이 그를 죽였다. 이 썩은 세상 어른들의 모든 죄악이 그를 죽였건만, 그는 그 사실을 깨닫지 못한 어린 나이에, 어른들을 탓하지 않고, 슬픔도 죽음도 모르는 채, 다만 한 장의 순결한 육체가 스스로 더럽혀져 자신을 더럽힌 이 세상의 모든 추악함을 증거하고, 끝내 천진난만한 채 갔다. 슬퍼 말라, 그는 죽음을 모르나니, 산 자의 온갖 슬픔의 무게도 그의 어깨를 억누르지 못하나니, 죽음의 자본가 예속세상이 삶의 노동자 해방세상으로. 슬픔의 미제(美帝)식민지가 기쁨의 자주통일 조국으로, 참혹한 노예의 전쟁이 환희로운 생산주체의 평화로 변혁되는 날 그는 우리 곁에 있을 것이다. 당당한 노동자로. 힘차고 아름다운 노동자로.
1988년 7월 2일 만15세 문송면

른 뒤 14미터 아래 시멘트 바닥으로 투신, 24세의 육신 으깨어져, 민족 민주 제단에 피의 분수로 솟구치다. "사랑 때문이다. 내가 현재 존재하는 가장 큰 밑받침은 인간을 사랑하려는 못난 인간의 한가닥 희망 때문이다. 나는 우리를 사랑할 수밖에 없고 우리는 우리를 사랑할 수밖에 없다." 사랑이라는 말과, 배에 커다란 식칼 구멍이 난 끔찍한 기억을 우리에게 남기고 그는 갔다. 사랑이라는 말과, 피묻은 한복과, 과도와, 그 과도에 아프게 뚫린 우리들의 가슴을 남기고 그는 갔다.

다만 그 격동 사이 고요의 시간에, 그 역사의 시간 죽음의 시간에 그가 배를 과도로 찌른 것은 우리들의 삶이 다만 의식주에 불과했던 까닭이며, 다만 그가 몸을 가른 것은 조국이 갈라져 있던 까닭이며, 다만 그가 몸을 아래로 내던진 것은 그곳에 현기증 나도록 어지럽게, 그러나 눈을 부릅뜨수록 질서정연하게, 민중이, 수난의 민중이, 아니 역사창조의 민중이 노도와 같이 출렁여, 굽이쳐 가고 있었던 까닭이며, 마침내 그가 시산이 부딪혀, 침몰하지 않고, 피의 분수로 솟구친 것은, 다만 절규가 아니라 사랑하기 위어, 다만 흔들림이 아니라 앞서가기 위하여, 다만 끔찍함이 아니라 아름답기 위하여, 다만 찢음이 아니라, 저 탐욕과 침략의 깃발 피로 물들이기 위하여, 저 파쇼 군부와 미제의 깃발을 우리들의 피로 물들이기 위하여.

사랑이라는 말과 끔찍한 기억을 우리에게 남기고 그는 갔다. 그 끔찍한 기억이 살아남은 우리들의 투쟁으로, 참혹하게 아름다운 기억으로 변혁되는 날, 아아 민족이 통일되고 민중이 해방되는 날, 만인이 자유하고 만인이 평화하고 만인이 평등하고 만인이 아름다운 날, 그 피땀 비린 날에 그는 우리 곁에 되살아나 있을 것이다, 아니 우리가 그이며 그가 우리일 것이다. 사랑이란 말과 끔찍한 기억을 남긴 채 그가 간 지 이제 백 일이 지나고, 그가 되살아올 날 멀지 않을 것이다.
1988년 8월 22일 조성만

墓碑銘 ·3
-趙城晩

통일 염원 44년 5월 15일 5월 광주민중항쟁 8주기를 군사 파쇼 타도 투쟁의 남한 청년 24세 젊음으로 맞아, 의연한 민족의 아들로 서울 중구 명동성당 교육관 4층 옥상에서 "구속인사 가둬놓고 민주화가 웬말이냐" "공동올림픽 개최하여 조국통일 앞당기자" "한반도에서 미국을 축출하자"고 한복차림으로 외치며 20센티미터의 과도로 왼쪽 복부를 가

墓碑銘 ·4
-성완희

광부 성완희. 그는 영상 40도가 넘는 찜통 같은 막장 안에서 탄을 퍼내고 죽음의 탄가루는 그의 목숨을, 그의 심장을, 그의 허파를 퍼냈다. 즉 그는 모든 사람을 따스하게 해주기 위해, 탄가루에 자신의 몸이 파먹히는 것도 마다하지 않다가 마침내 잘못된 이 세상 전체를 뜯어고치기 위해 스스로 몸에 불을 붙여 인류의 영원한 광부노동자로 탔다. 그

는 이 세상의 따스함을 위해 영원히 탈 것이다. 그의 삶이 헌신적인 노동자의 사랑으로 가득 찬 것이었다면, 그의 죽음은 투쟁적인 노동자의 사랑으로 펄펄 뛰는 것이었다. 3도 화상 50%와 호흡기 계통의 손상으로 고통받다가 그는 영원한 휴식의 세계로 들어갔다. 그러나 그가 자신의 몸에 불을 붙이며 절규했던 것은, 노동자가 아닌 사람이 보기에는 정말 어이없게도, "내 동료의 부당해고 철회하라" "인권탄압 중지하라" "광산쟁이도 인간답게 살아보자"였다. 이 당연한 요구가 그로 하여금 스스로 목숨을 끊게 만들었다는 점은 노동자가 아닌 사람을 뒤돌아보게 하고, 부끄럽게 하고, 무엇보다 호된 자책의 채찍질로 후려갈겨댈 것이다. 그렇다. 우리 노동자는 아직 보통인간의 대접조차 받지 못하고 있다. 그렇다. 노동자가 아닌 사람들은, 당연한 노조 결성도 무자비한 폭력에 의해 짓밟히고 최소한의 생계 요구도 잔혹하게 거절당하는, 실로 비인간적인, 노여운 조국 현실을 노여워하지 않고, 용인하고, 조장하고 있다. 그러나 그가 자신의 몸에 불을 지른 것은 자신을 위해서가 아니라, 우리를 위해서였으며, 조국과 만백성을 위해서였다. 그는 자신의 몸을 내팽개친 투쟁을 통해, 즉 열사의 죽음을 통해 이 비인간적인 체제를 이겼고, 탄가루를 이겼고 이 나라의 참담한 노동 현실을 이겼고, "죽을 테면 죽어보라"고 비아냥거리며 농성장 유리창을 부수고 난입했던 그 구사대 악마의 무리들을, 이겼고 마침내 죽음을 이겼다. 아직 이기지 못한 것은 살아남은 우리들일 뿐. 이제 우리가 우리 노동자가, 그를 따라, 우리 힘을 모아, 투쟁과 승리의 대열로 나서야 할 때다. 그를 직접적으로 살해한 구사대를 우리 힘으로 부숴야 하고, 그를 직접적으로 살해한 악독한 기업주를, 그를 직접적으로 살해한 노동부를 노동자의 단결된 힘으로 처단해야 하고, 이 모든 것을 바탕으로 유지되고 있는 군사파쇼 정권을 우리 노동자의 힘으로 때려부수자. 그리고 우리들의 나라, 노동자 세상을 우리 힘으로 건설하자. 생산과 투쟁을 통해 그는 죽음을 이겼다. 이제 우리의 생산과 투쟁을 통해, 노동자가, 만인의 해방·주인인 세상으로, 그를 영원한 사랑과 기쁨과 생산의 노동자로 우리 곁에 다시 부르자.

1988년 7월 10일 성완희

너는 불타오르고, 우리는 마침내 일어선다 해방의 나라로

너는 갔다 최덕수. 이젠 다만 억울해서가 아니라.
너는 갔다 최덕수. 이젠 다만
이 한반도가 치욕스러워서가 아니라.

새로운 민중의 나라 건설하기 위하여.
이젠 다만 분해서가 아니라, 힘겨워서가 아니라, 못 견뎌서가 아니라.
아아 참담해서가 아니라 고통스러워서가 아니라
통일과 해방의 나라 건설하기 위하여

그리고 우리들은 일어선다. 네가 지른 불을 딛고 보다 뜨겁게.
네가 터뜨린 눈물을 딛고 눈물보다 큰 함성의 해일로
새로운 민중의 나라 건설하기 위하여.
통일과 해방의 나라 건설하기 위하여.

너는 갔다. 그리고 우리들은 일어선다 해방의 나라로.
너는 우리의 어깨가 되고 함성이 되고 가슴되고 사랑이 된다.
너는 불탄다, 그리고 외친다

군사파쇼 타도하고 민주주의 민중공화국 건설하자!
광주학살 진상규명 국정조사권 발동하라!
학살원흉 전두환과 노태우를 즉각 처단하자!
오월항쟁 계승하여 군부독재 타도하자!

너는 쓰러졌다. 그리고 마지막 남은 네 목소리가 울음을 딛고 외친다. 난 괜찮다. 돌아가서 투쟁하라. 난 조성만 열사의 뒤를 따르겠다.
그렇다 광주는 아직도 살아 있다 최덕수! 너의 외침도 아직 살아 있다.

너는 갔다. 그렇다. 마침내 사랑과 투쟁이
너의 죽음과 우리의 삶이 하나가 된다.

너는 갔다 그리고 우리들은 일어선다
해방의 나라로, 통일의 나라로
그리고 우리는 너의 어깨가 되고 함성이 되고 깃발이 되고 무기가 된다

너는 불타오르고, 우리는 마침내 일어선다 해방의 나라로
너는 불타오르고, 우리는 마침내 일어선다 해방의 나라로

1968년 전북 정주시에서 가난한 농민의 막내아들로 태어나 한쪽에 가난한 식구들의 생계와, 또 한쪽에 분단된 조국 억압받는 민중의 현실에 필연적으로 부딪쳐, 울부짖고 몸부림치고 가슴을 갈가리 찢다가, 1988년 5월 18일 단국대학 천안캠퍼스 학생회관 시계탑 앞에서 광주민중항쟁의 계승과 국정조사권 발동, 공동올림픽 개최를 외치고 온몸에 시너를 뿌리고 분신. 그 뒤 십수일 동안 45도 화상이라는

지난한 고통의 삶을 오로지 민족과 민중에 대한 사랑의 힘
만으로 견디며 시대의 죽음과 맞서 싸우다 마침내 이 땅의
민족모순과 계급모순을 한몸에 껴안고 자연의 죽음마저 껴
안음으로써, 기아선상의 식구를 해방의 전사로 거듭나게
하고 적전분열의 동지를 생산과 투쟁의, 피땀의 한몸으로
거듭나게 하고, 스스로 민족통일의 깃발로, 민중해방의 무
기로 거듭나다.
1988년 5월 28일 최덕수

너는 불타오르고, 우리는 마침내 일어선다 해방의 나라로
너는 불타오르고, 우리는 마침내 일어선다 해방의 나라로

투쟁하는, 전진하는 우리들의 대열 속에. 역사 속에. 피 묻
은 기억 속에.
열사여, 우리들의 나라에 영원불멸하라

교사여, 역사와 민중 속에 영원하라

뭇사람이 굶주림과 추위에 떨 때
보라, 손발은 노동을 위해 있으며
자연은 식량과 옷과 집을 위해 있다.
생산하라, 노동하라, 가르쳐준 사람 그는 교사였다.

뭇사람이 억압과 착취에 시달려
다만 두려워하고 임금과 하늘을 원망할 때.
보라 왕은 하늘이 아니며
하늘은 독재와 전쟁과 운명이 아니며
사람은 사람의 자유와 평화와 사랑을 위해 존재할 뿐이다.
너의 가슴은 무엇을 위해 두근거리는가
너의 심장은 무엇을 위해 벌떡거리는가
너의 육체는 무엇을 위해 무릎을 떠는가
사랑하라, 투쟁하라, 준열하게 가르치고 스스로 치뜬 사람.
그는 교사였다.

역사는 민중의 생산과 투쟁을 통해 발전하며
민중은 생산과 투쟁을 통해 언제나
새로운 경제와 새로운 정치와 새로운 도덕과 새로운 사랑,
좀더 해방된 참세상을 이룩한다는 것을 가르쳐준 사람. 그
는 교사였다.

너의 가슴은 지금 무엇을 위해 두근거리는가.
너의 심장은 지금 무엇을 위해 벌떡거리는가.
너의 육체는 지금 무엇을 위해 부들부들 떠는가.

단지 살아 있을 뿐만 아니라
단지 고통받을 뿐만 아니라
단지 사랑할 뿐만 아니라
단지 생산할 뿐만 아니라
단지 투쟁할 뿐만 아니라

사랑 속에 고통 속에 생산 속에 투쟁 속에
새날을 보기 위하여.
오늘의 찢어진 절망으로 내일의 희망을 빚어내기 위하여.

오늘의 피 묻은 어둠으로 내일의 광휘로운 민족해방세상을
빚어내기 위하여.
그러므로 오늘의 삶은 헛되지 않으며
그러므로 오늘의 고통은 화려하지 않으며
그러므로 오늘의 생산은 비대하지 않으며
그러므로 오늘의 사랑은 경박하지 않으며
그러므로 오늘의 투쟁은 힘겨워 마침내 쓰러질지라도

사랑으로 싸워 사랑의 나라를 만든다는 것.
피땀으로 싸워 피땀의 나라를 만든다는 것.
그 속에 피땀으로 쓰러진 우리, 해방의 나라로 영원한다는 것.
그것을 가르쳐줄 사람. 그는 누구인가.

보라, 아이들이 이제 울음을 딛고 일어서고 있다
보라, 만백성이 이제 울음을 딛고 앞장서고 있다
너의 가슴은 지금 무엇을 위해 두근거리는가
너의 심장은 지금 무엇을 위해 벌떡거리는가
너의 육체는 지금 무엇을 위해 부들부들 떠는가

교사여, 역사와 민중의 교사로 그대 또한 영원하라

예서 살자 말하자, 함께 가자 말하자

"당신이 여기서 근 3년이란 세월을 보냈다는 것을 생각하니 잔디밭의
풀 한포기 한포기, 땅바닥에 떨어져 있는 돌멩이
하나까지도 무엇인가 지난날 당신과 어떤 인연을 맺었던 것같이
느껴져 마음이 흐뭇해집니다."

어찌 그것뿐이겠는가 조국과 민중을 사랑한 죄로
다만 사랑하는 사람을 사랑한 죄로
1976년 유신치하 죽음을 기다리던 사형선고 13년 영오 세
월의 낮과 밤.
모든 것이 뒤바뀌어
사랑이 죽음으로, 자유가 두려움으로, 집이 감옥으로, 신혼

우리, 노동자

행복이 날벼락으로
단란하고 따뜻한 벽돌이 채찍질 고문과 죽어 있는 천근만
근의 한숨 소리로,
보일 것이다. 사랑하는 그대여. 13년 사형선고로 묶였던
그대들에게
조국의 바다는 또 어떻게 보일 것인가
산천은 태양은 새벽 안개는 바람은 그 바람에 실린 갯내음
연인들의 속삭임은 또 어떻게 들릴 것인가
그러나 13년 사형선고의 쇠사슬을 끊고
이제 신혼부부로 우리 앞에 떨쳐 일어난, 치열하게 사랑하
는 그대들이여.
이제 우리가 말하자. 이 비참한 조국과, 민중을 정말로 사
랑한다고.
손 맞잡고 이제 우리가 당당하게 말하자. 사랑은 죽음이 아
니라 혁명이며
자유는 두려움이 아니라 전진이며 집은 감옥이 아니라 해
방이며
행복은 날벼락이 아니라 투쟁이며 벽돌은 고통이 아니라
건설이며
태양은 눈부시다 산천초목은 그 민중의 함성으로, 우리들
의 사랑으로 찬란하다 외치자.
아름다운, 아름다운 통일조국을 민중과 함께 건설하자. 예
서 살자 말하자, 함께 가자 말하자
반드시, 마침내, 민중과의 사랑이 우리에게 시련과 힘을 주
었나니

1971년 치욕의 유신 전야에 식민지 조국 청년의 울분과
피착취 민중에의 사랑을 살 섞은 남과 여로 만나, 울분과
사랑을 무차별 단죄한 독재파쇼의 마수에 걸려 신혼 전야
에 각각 사형, 3년 6개월 형을 받고 유신치하의 갈가리 찢
긴 사랑을 온몸으로 형상화하다가, 그것에 맞서 싸우다가,
마침내 그것을 이기고 새로운 민중적 사랑을 창조해내다.
그 13년 동안에 조국의 민중운동은 반정부 투쟁에서 반체
제 투쟁으로, 마침내 새로운 민중의 나라 건설의, 혁명 창
조의 시기로 질적 발전하다. 그들이 조국의 풀 한 포기 땅
한줌에서 사랑하는 연인의 체취를 느끼고 조국에 감사했듯
이, 조국은 그들의 몸짓 하나, 외침 하나, 눈물 한 방울 빠
뜨리지 않고 감사할 것이며, 거기서 사랑하는 민중의, 사랑
하는 아들딸의 체취를 느끼고, 자기 것으로 하여 영원히,
결코 잊지 않을 것이다. 이제 그 조국과 민중의 아들딸, 사
랑과 투쟁과 혁명의 아들딸이 우리 앞에 찬란한, 수줍은 처
녀총각의 미소로, 그리고 강고한 어깨동무의 근육으로 마
침내 우리 앞에 섰듯이, 이제 드디어 목숨 바쳐 사랑할 일
만, 목숨 바쳐 통일된 민중의 조국을 천진난만하고 피땀 찬
란한 햇살로 건설할 일만 그들과 우리 앞에 남다. 치열하게
행복하라. 1988년 10월 28일 이철·민향숙

라일락 지는 4월에서,
칸나꽃 피는 5월까지

그렇다 우리 있었다, 식민지 분단조국의 한복판에
라일락 지는 4월에서
칸나꽃 피는 5월까지
그렇다 우리 있었다 수치스런 역사의 한복판에
그렇다 서러운 여자의 몸으로
산다는 것은 억울했고
투쟁은 더욱 참혹했다
그러나 우리 있었다 가난한 조국의 딸로
라일락 지는 4월에서
칸나꽃 피는 5월까지

눈뜨면 눈알이 타는 최루탄 눈물바다였고
눈감으면 날갯죽지 찢어지는 阿鼻叫喚의 바다였다
라일락 지는 4월에서
칸나꽃 피는 5월까지
그렇다 이 세월에 아름다운 것은 짐이었고
이 세월에 약한 것은 죄였다
그러나 우린 결코 시들어간 것이 아니다
그러나 우린 결코 더럽혀간 것이 아니다
라일락 지는 4월에서
칸나꽃 피는 5월까지

우리는 만들어간 것이다 노동자와 어깨를 겯고
투쟁하면서 스스로 만들어간 것이다 아름다움의 힘과
강한 아름다움을
꽃과 피와
피 묻은 아름다움을
그렇다 이 땅에 노동운동과,
성고문이 있었다
라일락 지는 4월에서
칸나꽃 피는 5월까지

지지리도 박복한 년, 이라셨지만 어머니가 우리를 버리신
것은 아니다
나가 뒈져도 쌀 년, 이라셨지만 아버지가 우리를 버리신 것
은 아니다
다만 연약한 우리가, 우리의 출렁거릴 뿐인 가여운 어깨가

민중투쟁의 현장에서 무너지고
쓰러지고, 그러나 역사 발전의 용광로 속에서 아름다운 강
철빛으로 빛날 때
우린 확신했다 어머니의 시름 섞인 인내가 사랑과 투쟁의
동지애로 뒤바뀔 날을
우린 확신했다 아버지의 완고한 근육이 노동과 생산의 동
력으로 뒤바뀔 날을
강한 근육은 마침내 아름다운 근육으로 변해갈 것이다
라일락 지는 4월에서
칸나꽃 피는 5월까지

눈물은, 피는, 우리를 그냥 스쳐간 것은 아니다
피땀은, 투쟁은 그냥 우리의 옷깃을 스쳐지나간 것은 아니다
마침내 역사도 치욕도 한때의 인연으로 그냥 스쳐간 것은
아니다
라일락 지는 4월에서
칸나꽃 피는 5월까지
그것은 모두 우리를 키웠고, 진정으로 아름답게 했고 진정
으로 해방되게 했다

이 세상에 헛된 것은 하나도 없다
이 세상에 돌이킬 수 있는 것은 하나도 없다

이 땅에 여성해방의 찬란한 노동자 세상이 있게 하라
딸들아, 슬픈 딸들아, 아름다운 딸들아, 마침내 힘차고 벅
찬 해방의 젖가슴들아
너희가 떨쳐 일어나 너희를 해방시키고
해방된 여성 노동자로 찬란히 설 때
우리 죽어 그대 가슴에, 그 죽음과 부활의 젖가슴에 육신을
묻게 되리라

그때 그리움도, 고향도, 사랑도, 모정도 마침내
미래를 향해 해방된 날에.
라일락 지는 4월에.
칸나꽃 피는 5월에.

우리들의 나라, 노동자 세상

이 세상의 맨 처음에
우린 우리들의 부모를 떠났고 우리들의 고향을 떠났다
이 세상의 맨 처음에
손발이 댕겅 잘리는 프레스 작업대에서 하꼬방 다락방 할
미꽃으로 허리 꺾인 여공 시다로
우린 이 세상을 만들었다

이 세상의 맨 처음에
우린 배가 고파 밥을 달라고 하였다
우리가 만든 밥, 우리가 만든 옷을 나눠달라고 하였다
춥고 배고파요 견딜 수 없어요, 제발 조금만 주세요 애원하였다
몇 사람이 무참히 피를 흘렸다, 몇 사람이 개같이 끌려갔
다, 살찐 돼지처럼 맞아 죽었다,

그리고 몇백만의 눈물이 이세상을 홍수로 넘치게 하고서야
저들은 우리들의 헐벗고 발가벗은 몸을 겨우겨우 가려주었고
우리들의 주린 배를 겨우겨우 채워주었다

우리들이 지은 밥, 우리들이 만든 옷, 우리들이 쌓은 벽돌,
아아 우리들이 건설한 나라

우리들이 이 세상의 주인이므로.
우리들 몇사람이 피흘렸을 때 세상은 앞장서서 피를 흘렸고
몇사람이 끌려갔을 때 세상이 앞장서서 끌려갔다.
수백만이 눈물 흘렸고 부모와 처자식과 동지와 고향과 조
국이, 온 세상이 더불어 눈물 흘렸다.

우리들이 조금 더 많은 것을 저들에게 부탁했을 때
우리들은 기계가 아녜요, 우리들은 짐승이 아녜요, 인간답
게 살고 싶어요 애원했을 때
저들은 왜놈의 장도칼로 우리들의 배를 쑤셨고, 파쇼경찰
의 몽둥이로 우리들의 골통을 빠갰고, 미제의 총으로 우리들
의 심장을 꿰뚫었다
수많은 사람이 피를 흘렸고 수많은 사람이 끌려갔고 수많
은 사람이 업수임당했고 수많은 사람이 능욕당했다

우리들이 지은 밥, 우리들이 만든 옷, 우리들이 쌓은 벽돌,
아아 우리들이 건설한 나라

우리들이 이 세상의 주인이므로.
우리들 수많은 사람이, 사람다운 노동자가 피를 흘렸을 때
세상은 온몸으로 피를 흘렸고
우리들 수많은 사람이, 사람다운 노동자가 끌려갔을 때 세
상은 온몸으로 끌려갔다.

이제 상처투성이가 세상인 우리가 나서야 한다
떨쳐일어나, 갈비뼈 부러지고 내장이 쏟아져나온 이 세상을
세상인 우리가 뜯어고쳐야 한다.
우리가 일어서지 않으면
세상이 일어서지 않을 것이다.

우리가 해방되지 않으면
세상이 해방되지 않을 것이다.
우리가 우리의 힘으로 피 흘리는 세상의 상처를 닦아내지
않으면
세상은 피 흘리기를 멈추지 않을 것이다.

우리들이 지은 밥, 우리들이 만든 옷, 우리들이 쌓은 벽돌,
아아 우리들이 건설할 나라

보다 나은 세상, 보다 나은 우리. 스스로 다시 한 번 건설하
기 위하여.
우리는 전태일의 순결한 피로 평화의 세상을 이룰 것이다.
우리는 김경숙의 꽃다운 피로 해방의 세상을 이룰 것이다.
우리 김종태 박종만 박영진 김장수 오범근 아아 억울한 투
쟁의 피로,
만인의 전쟁에서 만인의 평화로,
만인의 참혹함에서 만인의 아름다움으로,
어둠에서 빛으로 빛에서 피땀의 찬란한 삶으로 나아갈 것
이다.

우리는 우리들의 투쟁으로 우리를 해방시키며
민족통일세상으로 나아갈 것이다.

아아 우리들의 나라, 노동자가 주인 되는 세상.
아아 우리들의 나라, 만백성이 주인 되는 세상.

제2부 도둑고양이의 죽음

1

흐리고 지친
농성을 마친 새벽.
공기는 차고 넓지만 아직 어둠이 지배하는
아스팔트 위로
검게, 거대하게 죽은
도둑고양이가 있었다.
차바퀴에 으깨진 두개골과 벌린 이빨 사이로
흐른 피와 침과 하얀 물질이
보도블럭에 튀어 묻고
검게, 거대하게 펼쳐진
도둑고양이의 주검 주변으로

밀려온 새벽 빛과
아직 물러나지 않으려는 어둠이
혼신으로 투쟁하고 있었다.
죽은 고양이의 눈은 아직
귀기 서린 살기를 뿜고
그 빛과
간악한 사주(社主)에 대항한 우리들의
두려움과 연민이
두려움과 증오가
두려움과 희망이
숨가쁘게 싸우고 있었다.
그러나 우리들은 이미 쥐새끼가 아니다.
우리들은 새벽을 다만 읊조리며 기다리는
적이 물러가기만을 기다릴 뿐인
점령지의 착한 백성이 아니다.
우리들은 이 세계를 창조하고
스스로 밝히는
노동자.
우리들의 힘으로 오늘의 새벽은
어제의 새벽보다 찬란하다.

2

그렇다 밤은 우리들이 창조한 문명 속에서
드문드문 불 켜진 고층빌딩 뒷골목에서
아직은 도둑고양이 밤.
그들은 여럿이 아니고 둘씩 혹은 서너 마리씩
생선이 썩는 쓰레기장 주변에서
아직 강하고, 당당하고, 음탕하다.
그들이 두런대는 음모의 목소리가
꿈결을 맴돌아 우리들의 잠은 불편하다.
그렇다 그들의 욕망은 부패한 도적질과
어둠과 연루되어 있으므로
그들은 번식력이 옛날처럼 왕성하지만
그들의 번식은 옛날처럼 건강하지 못하다.
그들이 밤을 지배하는 것은 아니다.
밤을 지배하는 것은 완고한 전설일 뿐.
그들은 이미 평화로운 과거의 짐승이 아니다.
그렇다. 어제보다 찬란한 동이 터오면
도둑고양이들은 유령처럼 자취를 감춘다.
그리고 우리들 앞에 나타난다.
살기(殺氣)를 감추고 온화한 웃음을.
욕심을 감추고 선량한 자비를.
무복(巫服)을 벗고 최신 스타일 양복을.

음모를 감추고 화합의 목소리로
말한다. 친근하고 은근하게. 점잖게.
선진조국의 목소리로, 우리들은 한가족이라고 말한다.
그들이 낮을 지배하는 것은
아니다. 낮을 지배하는 것은
가면을 쓴 완고한 전설일 뿐
아침이, 태양이, 산천이, 모든 농촌과 도시가
우리들의 피땀으로 더욱 찬란할 때
그들은 우리들의 피땀을 도적질하여
자신을 살찌우고 광내고
우리를 사랑한다고 말한다.
그들은 개기름 뻔지르르한 자본가.
우리는 역사건설의 노동자.
도둑고양이가 우리를 사랑한다고 말한다

3
물론 그들은 사랑한다. 주인이
노예를 사랑하듯이. 그들은 복종과 희생정신과
내세의 기쁨에 대해 가르친다.
가르치지 않는다 물질에 대해서 지금 이 시간의
착취율에 대해서.
그리고 그들은 사랑한다. 자기들끼리.
도적질에 연루된 그 사랑은
불임이며 썩은 생선이며 음란하며 광포하다.
대낮을 피해 사장실에서, 사우나탕에서
호텔에서 첩집에서 향수내음 고운 살결
그러나 더러운 쾌락과 타락의 구멍 속에서
그들의 사랑은 병균 묻은 체액을
온 거리에 흘려놓아 홍수로 넘치게 한다.
그리고 우리들은 사랑한다. 프레스 선반공과
제조업 여공으로, 검은 근육의 광부와
방직 여공으로. 우리가 이 세상을 창조했듯이
우리는 사랑을 한다. 강고하고 찬란한
인간의 미래를 잉태하기 위하여.
미신이 없고 보다 진보한
도적질이 없고 보다 풍족한
보다 생산적이고 보다 아름다운
인간의 세상을 출산하기 위하여
사랑을 한다. 때론 굶고 때론 떨며, 때론 두 주먹 눈물 훔치며
마침내 그들까지 사랑하기 위하여.
생산과 투쟁의 사랑을 위하여.
기름 묻은 근육 손으로 얼굴을 감싸면
우리들 연인의 수줍은 눈빛은 대답하리라.

당신의 싱싱한 씨앗은 내 몸 속에서 분명
당신을 닮고, 분명 당신보다 힘찬 세계로 자라겠지요.
사랑합니다 당신. 거침없이 사랑합니다.
거칠게 굳은 손마디를 하릴없이 망설일 때
우리들의 연인은 안쓰럽게, 그러나 확신에 찬 눈빛으로
대답하리라. 당신의 몸과 영혼은 저에게 분명 기쁨이며
해방입니다. 우리들의 아이는 분명 당신을 닮고
분명 당신보다 아름다운 세계로 자라겠지요.
사랑합니다 당신. 거침없이 사랑합니다

4
그리고 그들의 전쟁은 무엇을 위한 것인가
그들의 군대, 경찰은, 구사대는 무엇을 위한 것인가
타국의 자본이 이리떼와 그들의
검고, 교활하고, 은밀하고, 비굴한 교미(交尾)는
무엇을 위한 것인가
거짓으로 평온한 저녁 노을의
그 모든 착취와 억압을 뚫고
거짓으로 화려한 레이저 조명 밤거리의
그 모든 약탈과 살육을 뚫고
우리는 영롱한 아침 햇살로 드러나
빛나는 건설과 투쟁의 어깨로 일어선다.
찬란한 산업조국의 대명천지로 일어선다.
노조결성투쟁에서 구사대 깡패를 물리치고
임금인상파업투쟁에서 파쇼경찰을 쳐부수고
악법개폐투쟁에서 반동정치가를 때려부수고
마침내 마침내 또한 수탈당한 농민과
노동자가 주인 되는 세상 외칠 때
우리는 전세계 온 인류의 어깨로 일어선다.
선두에 선 자는 이렇게 외칠 것이다.
전진, 앞으로 전진!
우리들의 발걸음마다
인류의 역사가 한걸음씩 진보하나니
우린 흘린 피 한 방울이
대대손손 이 땅에 아름다운 꽃을 피우고
우리가 흘린 땀 한 방울이
대대손손 이 땅에 곡식을 자라게 하고
전진, 또 전진!
우리가 내딛는 이 한 걸음이
영원히 역동하여
대대손손 복된 세상 건설하리니
아아 노동자의 자유, 노동자의 평화, 노동자의 투쟁
노동자의 생산, 노동자의 도덕, 노동자의 사랑

우리, 노동자

그대 슬퍼 말라 노동자의 조국산천은
그대의 아픔과 눈물을 낱낱이 기억하리니
두려워 말라 조국과 더불어 우리는 영원할 것이다

5

대열의 뒷무리를 이룬 자는 또 이렇게 말할 것이다
우리들이 그 모든 제국의 군대를 타파해야 함은
그 모든 우리들의 노예근성을
우리들이 스스로 뿌리채 뽑아내기 위함이며
우리들이 그 모든 반동정치가들을 쓸어내야 하는 것은
그 모든 우리들의 봉건잔재를
우리들이 스스로 뿌리채 말살하기 위함이며
우리들이 그 모든 자본가를 타파해야 하는 것은
그 모든 우리들의 불평등을
우리들이 스스로 제거하기 위함이다
동참하라, 이 해방의 대열에!
우리들의 노래는 비록 친근하지 않지만
결코 증오의 노래가 아니다.
우리들의 노래는 비록 화려하지 않지만
결코 가난의 노래가 아니다.
우리들의 노래는 비록 슬프지 않지만
결코 파괴의 노래가 아니다.
동참하라 이 해방의 대열에!
동참하라 이 투쟁과 건설의 대열에!
갈쿠리 손 농민도 낫을 들고 대열에 동참하라
각목 정강이 철거민도 부삽을 들고 대열에 동참하라
울혈 가슴 학생도 짱돌을 들고 대열에 동참하라
백지장 얼굴 지식인도 펜대를 들고 대열에 동참하라
보다 진보한 경제와
보다 진보한 정치와
보다 진보한 도덕을 염원하는 자는 모두
보다 진보한 미래세상을 염원하는 자는 모두
아아 영원하고 아름다운 평화를 염원하는 자는 모두
동참하라 동참하라
우리 가진 것을 모두 모아
이 어둠을 쓸어내고 스스로
찬란한 우리들의 세상으로 우뚝 서자.
우리 가진 것을 모두 모아
새 나라의 빛을 빚어내자.

6

오 어머니.
우리들의 노래가 증오의 노래가 아니라
어머니의 사랑의 노래가
아직 식민지의 노래입니다.
들리시는지요. 황금들녘을 넘실대던 그 장구 깽매기 소리가
마을 강에 재잘대며 뒤채던 가을 햇살이며
마당에 널린 고추며 주렁주렁 매달린 감이며
그 모든 광경이 눈에 밟히시는지요.
어머니는 저에게 손바닥처럼 푸근한 우주였으며
저는 어머니에게 눈에 넣어도 아프지 않을
온 세상 미래이자 희망이었습니다.
오 사랑하는 어머니.
우리들의 노래가 증오의 노래가 아니고
어머니의 사랑의 노래가
아직 아픈 과거의 노래입니다.
어머니의 고향은 제국에 짓밟힌 조국 산하였으며
어머니의 노동은 피땀과 혈연의 노동이었지만
어머니의 생산은 착취된 생산이었으며
어머니의 수확은 꼬깃꼬깃 접은 소학교 공납금이었지만
어머니의 수확은 수탈된 나머지의 수확이었으며
어머니의 삶은 인고의 은빛 삶이었지만
어머니의 삶은 억압당한 삶이었으며
어머니의 가난은 끈질겼지만
어머니의 가난은 어머니의 탓이 아니었으며
어머니의 사랑은 억새풀이었지만
어머니의 사랑은 봉건적인 사랑이었습니다.
그 옛날 고향의 잔치마당 삼채장단이
지금 제 핏줄 속에서
역사를 움직이는 진군의 북소리로 맥박치고 있습니다.
어머니의 사랑과 노동이
지금 제 가슴 속에서 수천의 모습으로
지금 제 심장 속에서 수천의 표정으로
알알이 아프게 박힐지라도
그것은 이미 수만 개의 깃발로 치솟아 나부낍니다.
그렇습니다. 어머니는 과거의 역사이셨듯이
이제 미래의 역사이서야 합니다.
오 사랑하는 어머니 압니다.
우리들이 이토록 힘들다는 것은
그만큼 우리들의 나라가 위대할 것이란 뜻임을
어머니로 하여 이제 우리가 압니다.
오 사랑하는 어머니. 압니다.

7

그러나 도둑고양이들은 아직
추악한 채로 강하다
그들은 자기들만의 시간을 갖고 있다
그들은 자기들만의 재산을 갖고 있다
그들은 자기들만의 변명을 갖고 있다
그들은 자기들만의 계획을 갖고 있다
그들은 자기들만의 무기를 갖고 있다
그들은 자기들만의 세계를 갖고 있다
그 모두는 우리가 만든 것이지만
아직 그들의 수중에 있다
우리는 아직도 끔찍하고 어두운 그들의
수중에 있다
가장 추악한 정치
가장 부도덕한 경제
가장 음란한 문화
아하 우리는 아직 그들의 수중에 있다
갇혀 있다
우리들이 해방되는 날 마침내 전인류가 해방될 것이다.
그러나 갇혀 있다 군사깡패 쿠데타로 민주화의 맥이 끊기고
수천억의 재벌 돈이 도둑일가의 수중에서
정권유지 및 사치 방탕비로 배분되었다
수천의 무고한 시민이 학살되었고 1천만 노동자가 기아선
상을 헤맸고
8백만 농민의 피땀과 한과 울분이
검게 썩은 수입 쇠고기로 콘크리트 밑에 암매장되었다
4천만 남한 국민의 기본권이
봉건제사회를 방불케 할 정도로 박탈되었고
6천만 동포의 잘린 허리가 무참하게
피비리게, 대검으로 세 번 네 번 다시 잘렸다
극소수 재벌과 군사독재 정권의 도적질을 위해?
도적질을 위해!
밀수한 독성의 연탄가스가
인재(人災)의 대홍수가 서민들의 목숨을 할퀴어 앗아갔고
제국주의 침략전쟁과 신식민지 민중수탈을 위해
핵무기가 원자로가 공해산업이 6천만 동포를
전인류를 파멸로 몰아가고 있다
자본주의 신식민국의 국민은 영어를 국어로 암기하고 있다
도시로 돈벌러간 농촌의 딸은 윤락녀생활을 강요받고 있다
이제 우리 노동자가 널리 밝히노니
우리들의 조국은 민주화되어야 하며 통일되어야 하며 해방
되어야 한다

8

오 그리고 도적질과 쾌락의 밤이
에이즈를 낳았고 학살과 자멸을 낳았다.
도둑고양이들의 필사적인 쾌락으로
밤은 눈부시게 화려하다.
밤은 잉태하지 않고 죽음을 낳았다.
그렇다. 그 죽음은 미국의 더러운 손이다.
그렇다. 그 거대할수록 추악한 괴물은
우리를 인간답게 하고 자유롭게 하고 거룩하게 하는
모든 진로를 차단하고 있으며
자신의 썩은 쾌락, 병든 몸짓, 반동적 사고 일체를
우리에게 강요하고 있다.
미국 또한 강요당하고 있다.
도색매춘문화는 도덕적 타락에 도덕적 타락은
제국주의에, 제국주의는 역사발전을 멈춘
자본논리의 자발적 공격성에
강요받고 있다. 필연적으로
도적질 때문에?
도적질 때문에!
오 도적의 착취수단을 우리 노동자에게
오 자본가의 생산수단을 생산대중의 손에!
오 그들의 단말마적 발악을
아프게 끊어내기 위하여.
오 그들의 왕성한 죽음을
저지하기 위하여.
오 그들의 왕성한 죽음을
우리들 노동자 생산과 투쟁의 힘으로
변혁시키기 위하여.
오 그들이 한때
우리와 더불어 이룩했던
역사발전을 한 단계 더 높이
진정으로 인간답게, 진정으로 부유하게
진정으로 평화롭게, 진정으로 아름답게
끌어올리기 위하여.
이제 우리들이 전세계에 널리 밝히노니
우리들의 조국은 민주화되어야 하며 통일되어야 하며 해방
되어야 한다

9

물론 너희들은 아직 강하고
우리들은 너희 수중에 있지만
그러나 너희 수중을 만들어낸 우리들은
이제 너희 수중보다 강하고 넓다.

그래서 우리는 답답하다. 숨이 칵칵 막히고.
물론 너희들은 한때 인간이었고
우리들의 어깨였고 깃발이었다.
너희들이 인간이었을 때 우린 너희들과
좀더 자유로운 나라, 좀더 풍요로운 세계
이룩할 수 있었다.
그러나 이 세상의 지배자가 되고 나서
너희들이 역사발전의 대열에서 멀어졌을 때
아니 그 대열을 총칼로 저지하려 했을 때
아니 역사발전을 거꾸로 되돌리려고 했을 때
너희들의 두뇌는 탐욕으로 가득 채워져 있었다.
온갖 관념론이, 온갖 미신이, 온갖 포르노그라피가
구데기처럼 너희들의 두개골을 파먹고 나와
세상으로 번졌다. 너희들이 지배했으나
실상 이 세상을 지배한 것은
너희들의 관념론에 의하면 그 구데기들이다. 그때
이 세상에 주인은 없었다.
탐욕의 노예는 있으되
물질의 주인은 없었다.
도적질 때문에?
도적질 때문에!
그리고
지금 너희들이 금은보화 쥐피 매니큐어의
화려한 변태성욕에 몸을 부르르 떠는 동안
우리는 세계를 갱신시킬 피땀의 사랑으로서
공장에서 노동을 하고 논밭에서 생산을 하고
가두에서 투쟁을 한다.
지금 너희들이 허망한 탐욕의 썩은 육체를
장미꽃과 유리관과 샤넬 향수로 마감할 때
우리들은 불로 자신을 태운 노동자의 시체를
영하 삼백 도로 냉동시켜 영혼을 달얘고
불에 일그러진 시체가 다시
오뉴월 장마비에 녹아 짓무를 때까지
투쟁의 장례행진을 벌인다.
최루탄을 뚫고 파쇼경찰 저지선을 뚫고
사멸의 제국주의를 뚫고 불구의 민족분단을
혈연,끓듯이 꿰뚫어 잇고.
마침내 동지의 죽음과 함께 참되고 아름다운
아아 정녕 피 묻은 장미꽃처럼 아름다운
새 세상에 동지와 함께 도달하기 위하여.

10

지금 너희들이 값비싼 도둑질로
사소하게 시시닥거리고
지금 너희들이 솜사탕 불장난으로
사소하게 탐하고 사소하게 범하고
사랑은 정말 핑크빛 내음처럼
가볍고 달콤하다 생각할 때.
사소하게 빼앗고 사소하게 빼앗기고
배신당한 밤.
날카로운 비올랭 금속성 증오가
악몽의 잠을 갉아먹을 때.
오오 낙엽진 가을이 참으로 고독하고
겨울이 우울하고 하얗고 비극적일 때.
우리들의 사랑은 애정과 증오가 아니다.
우리들의 사랑은 출렁이는 투쟁의 벅찬 어깨.
혁명의 용광로 속으로 뜨겁게 온 생애를 바쳐
사랑하며 피땀으로 사랑을 씻고
욕망을 찢고 우린 거듭난다.
헛된 눈물 흘리지 않는다. 하나와 하나가 합쳐
둘이 아닌 진정한, 혁명적 하나로 재창조된다.
혁명의 무기로 건설되므로 우린 헤어지지 않는다.
너희들이 달고 비정한 생일 케이크를
피 묻은 나이프로 자르고
끔찍한 행복에 겨워할 때.
너희들이 사소하고 전율스런 장난감 병정놀이를 할 때.
우린 놀이를 통해 투쟁으로 나아가고
평화를 위한 전쟁의 진을 친다.
일당을 아껴 백설기 한 덩이 김치 두 점
고추장 찍은 찢은 북어 한 가닥.
니기미 씨팔 목숨 말고는
빼앗긴 것이 너무 많다
너무 많다며 스크럼 대열을 양쪽으로 나누어
꽹과리 소리 어깨 부딪고
북소리 밀며 밀리는 땅뺏기를 하지만
기마전을 벌이지만 근육은 원통치 않다.
우린 너희들의 이 세상을 건설했고
또 우리들의 이 세상을 건설해갈 것이므로.
우리들의 넘치는 힘은 서럽지 않다.
너희들은 너희들이 얼마나 불쌍한지도 모른다.
해방은 우리만의 해방이 아니다
온 인류의 해방이라고 우린 다짐한다.

11

너희들이 행복하고 따뜻한 잠 속에서
언듯언듯 바람결에 듣는 소리는 그 무엇?
감미로운 바람결에 묻어 있는 소리는 그 무엇?
속삭임? 화려함? 불안? 고문? 쾌락? 단말마? 광란?
너희들의 분홍빛 살결에 묻어 있는 것은 그 무엇?
따스함? 꽃내음? 촉촉함? 서러움? 매독균?
도적질 때문에?
도적질 때문에!
그러나 우리는 지치고 황량한
강인하고 매서운 겨울바람 속에서
귓전을 때리는 수레바퀴 구르는 소리 듣는다.
으렁으렁 울부짖듯 그 소리는 처음에 희미하게
그러나 질기게 이어지다가
우리들 구릿빛 근육 속에 스며 들어와
박힌 채 펄펄 약동하는 핏줄과 합류한다.
그리고 소리와 화합한 핏줄은
강하게, 아름답게 맥박쳐 뜨겁게 흐르며
점차 보다 확연하게 보다 크게
보다 넓게 보다 치열하게 보다 너그럽게
노래가, 노동자의 가슴을 통해 이 세상에 울려 퍼진다.

밝아오는 아침 햇살 아아 찬란한 세상
우리들 어깨에 피 흘리는 조국을 위해
우리들 어깨에 피 흘리는 민중을 위하여
어둠 깨고 이슬 털고 조국의 내일 밝히는
아아 찬란한 태양 우리는 이 땅의 노동자

(후렴)
전진하는 노동자 만인의 전쟁에서 만인의 평화로
건건히 노동자 민인의 예속에서 민인의 해방으로
전진하는 노동자 만인의 죽음에서 만인의 참삶으로

강물처럼 해일처럼 아아 거대한 산맥
우리들 양손에 피 흘리는 사랑을 위해
우리들 양손에 진보하는 역사를 위해
압제를 깨고 분단을 깨고 인류의 미래 밝히는
아아 거대한 산맥 우리는 이 땅의 노동자

온누리에 망치와 꽃밭 아아 노동자 세상
우리들 가슴에 피 흘리는 세상을 위해
우리들 가슴에 아름다운 세상을 위해
참된 사랑 참된 평화 참된 자유 참된 평등
아아 환희의 세상 우리는 이 땅의 노동자

12

흐리고 지친
농성을 마친 새벽.
공기는 차고 넓지만 아직 어둠이 지배하는
아스팔트 위로
검게, 거대하게 죽은
도둑고양이가 있었다.
마침내 소름이 오싹 끼치는
밤과, 괴기의 시대가 끝나고 있었다.
잉여가치가 도둑질을 낳고
도둑질은 스스로 공포를 낳았다.
그러나 역사발전은 마침내
도시를 샅샅이 밝히고
어둠을 몰아낼 것이다.
밤은 휴식일 뿐.
오오 두려운 것은 우리가 아직도
비껴 서 있기 때문일 뿐.
우린 우리 자신의 그 숭고한 주검에
간신히 돌을 던지다가
마침내 아프디아픈 칼을 꽂아야 한다.
맹세한다. 우린 스스로 이 세상의 빛이 될 것이다.
그리고 우리의 아이들은
할머니의 얘기를 정말
전설처럼 흥미롭게 들을 것이다.

옛날에… 얘야… 고양이는 해코지하면 안돼요 죽어서
도 꼭 복수를 한단다 옆집 아저씨 아빠가 있잖니? 옛날에
괭이 한마리를 불에 태워 죽였는데 으응, 그 괭이 귀신이
그 아저씨 아빠 속으로 들어가서? 정신을 뺏고 지가 아저
씨 아빠 입으로 야옹야옹 그러니까 식구들이 그 아저씨
아빠를 꽁꽁 묶어 푸대자루에 담아서 강물에 내다 버렸어
요, 고양이가 관 위를 지나가면 시체가 벌떡 일어난단
다… 왜, 무섭니?…

아이는 대답할 것이다. 아뇨, 할머니?
그건 옛날에 나쁜 사람들 있었을 때 얘기잖아요?
우리 아이들의 꿈은 분명
밝고 강하고 아름답고 평화로울 것이다.
먼 훗날에?
아니 가까운 장래에!

우리, 노동자

그날 그대 촬영기사, 또한
이름없는 자여
화면은 동해물과 백두산에 태양이 뜨고 있지만
네가 구석구석 카메라를 들이대고
시시각각 프랫쉬를 터뜨리고 찍어댔던 세상은
도시에서 농촌에서, 추곡수매 공판장에서 기아선상의 작업장에서
사람들이 힘없이 웃다가 맥빠진 울상을 짓다가 땅을 치다
가 분노하다가 마침내
울분만으로도 그날의 새벽을 이루고 나서야
공기 찬 아침길을 뚜벅뚜벅 걷지 않더냐.
이름없는 얼굴과
이름없는 가난과 겨울과
이름없는 길목과 역사 속에서

그날 그대, 또한 이름없는 자여
네가 그렇게도 수치스럽게
치욕스럽게 목숨줄 필름을 잘라내고
억울하게 가위질당하고 또다시 난자당했던
그렇게 부끄럽게 알몸채로 내보였던 그 화면 속에서
독재자는 천진난만하게 웃고 있었지만
세상은 안녕했고 농촌은 풍년이었고 산업역군은 복장이 단정했지만
국민은 선량했지만 재벌 미망인이 나오는 연속극은 슬프고
아름다웠지만
계절은 단지 남에서 북으로 꽃소식과
북에서 남으로 동토의 추위만을 전해올 뿐이었지만

실상 네가 구석구석 카메라를 들이대고
시시각각 프랫쉬를 터뜨리고 찍어댔던 세상은
독재자의 미소에서 비린 학살의 피가 묻어나고
수마(水魔)가 또한 관주도형 국토재개발정책처럼
헐벗고 누추하고 미관상 안 좋은 곳만 골라 망망대해 허허
벌판으로 덮치고 갈기고 휩쓸어버리고
그 물 속에서 사람들이 허위적대다가 아비규환으로 다투다
가 마침내 힘을 합쳐
함께 살 길 찾지 않더냐
함께 갈 길 나서지 않더냐, 그리하여 눈물을 보탠 홍수가
위험수위를 치솟아오르다가
분노의 불길로 길길이 뛰다가
일어서다가 아아 굶주린 노동자는 더욱 자신을 태워 사람
세상을 밝히지
않더냐, 폭우의 한강을 가로지르는 수백만 인파의 민주화

흐름과
한강을 관통하는 그 사람다운 노동자의 강인한 근육과 나
부끼는 깃발과 눈부신 어깨동무의 대열 속에서

끝내 부활꽃 불타는 봄날이 오고
끝내 함성비 퍼붓는 여름이 오고
끝내 벼이삭 손뼉치는 가을이 오고
끝내 축복눈 감싸는 겨울이 오고
마침내 아름답지 않더냐

아름다운 3월이 눈부신 4월을 낳았고
5월은 내내 깜깜절벽과 피투성이 희망뿐이다가
고문의 물이 분신의 불로
눈물이 불타는 민중의 투쟁으로
몇 사람의 신음 소리가 수천만의 함성으로 변혁되면서
피땀 얼룩진 태양의, 위대한 민중의
6월을 낳았다

그 길을 가다 보면 온누리 찬란한 봄날이
물을 것이다 이 땅에 흘린 피는 무슨 꽃으로 피어났는가
그리고 그대 보았는가 유채꽃 진달래꽃이
남으로 북으로 만발하고 흐드러져
사무치게 아름다운 통일세상 제 혼자 이루는 것을

그 길을 가다 보면 온누리 불타는 여름날이
물을 것이다 그들의 함성 맨 팔뚝은 무엇으로 남았는가
그리고 그대 보았는가 푸른 동해바다 서해 붉은 태양이
치솟아 흰 파도 눈부신 햇살 부서지며
아아 강하고 아름다운 민중의 세상 제 혼자 이루는 것을

그 길을 가다 보면 온누리 풍성한 가을날이
남에 황금빛 들녘이 북에 단풍사과밭이
짓이겨진 가슴에 무엇을 묻고 무엇을 대답할 것인가

그대 보는가 피로 물든 저녁놀 인간의 세상 비출 때
의로운 자와 산 자와 죽어간 넋이
권력을 이루고 사랑을 이루는 그 완전한 평화를 보는가

그대 보는가 황금 햇살 신새벽 인간의 세상 비출 때
생산한 자와 투쟁한 자와 죽어간 넋이
아침을 만들고 세상을 만드는 그 완전한 자유를 보는가

그대 보는가 쏟아지는 땀방울 강렬한 태양 적실 때

1989

씨 뿌린 자와 건설한 자와 죽어간 넋이
토지를 이루고 공장을 이루는 그 완전한 평등을 보는가

백두산에 천지 한라산에 백록담
눈 내려 경건한 침묵의 나무 숲에서
흘린 피 흰눈 내리고 죽은 자 경건한
밤하늘 깊은 침묵의 나무 숲에서
우린 어떤 가쁜 숨결로 속삭일 것인가
죽음도 사랑도 눈부심도 치욕도 영원한
그 해방의 나라에
우린 무슨 눈으로 내릴 것인가

그대 이름없는 자여, 역사를 반영하는 자여
해방통일된 나라와 함께, 민중과 함께 그대 이름없는 촬영기사
또한 영원불멸하라

황색예수 3 - 예언, 그리고 아름다움을 위하여

이제 〈황색예수〉의 마지막 토대인 제3부를 펴낸다. 허위허위, 아닌게 아니라 대강대강, 서툴다고 욕을 먹으면서도 그냥 죽자사자 내친 걸음으로 왔는데도 8년이 걸린 셈이다. 무슨 말을 더 하랴!

다만 심혈을 기울였다는 말보다 못생겼든 잘생겼든 살아온 꼬라지의 한 반영이라는 말이 더 좋겠다.

성(聖)은 속(俗)을 통해 더욱 생생하게 드러나며, 대중보편화되는 동시에 선전선동되고, 또 그 과정에서 더욱 성스러워진다. 속은 성을 통해서 존재의미를 갖게 되고, 또 그것을 통해서 구원에 닿는다. 그것은 그릇과 그 안에 담긴 내용물의 관계, 혹은 우리 몸을 이루고 있는 뼈대와 혈육의 그것보다 더욱 다차원적이고 고차원적인 관계다. 상호갈등하고 서로에게 스며들면서 그와 동시에 더 의미심장한 것을 지향하는 그 변증법적 관계는 일개인 혹은 일개 집단(뿐만)이 아니라 '삶과 죽음이 있는' 지상의 인간과 자연 전체를 조금씩, 정신적·육체적으로, 이상향으로 끌어올리는 어떤 영구혁명과 맥을 같이하고 있다. 관념과 구체성의 관계도 그와 유사하다. 관념은 구체성을 피와 살과 정신으로 받아들여 좀더 인간화·정서화하며, 구체성은 관념의 세례를 통해 더 높은 진보적 해방의 차원으로 고양된다. 그 과정에서 구체성은 또한 관념을 그 고정성에서 해방시키며, 관념은 모종의 얼개로 구체성을 그 해체지향적 허망함에서 구원해준다.

언어미학과 민족통일·민중해방 운동이념과의 관계도 그와 유사하다. 예술은 성과 속의, 관념과 서정의,

이데올로기와 '예술성'의, 관념과 구체성의, 윤리와 정서의, 도시와 농촌의, 매판선진성과 전통보수성의, 인간 자유와 조직평등의, 과정특수성과 영원보편성의, 그리움과 미래지향의, 삶과 죽음의, 연애와 아내와 조국의, 식민지와 약소민족 해방지향성의, 모더니즘과 리얼리즘의, 일상성과 정치성의, 남한과 북한의 변증법이다. 그리고 '피의 5월' 그 참혹한 역사의 광채를 우리는 두 눈으로 생생히 보고야 말았다. 참담하게 좌절했지만 또한 거대한 희망이 아프게 가슴에 대못으로 박혔고, 참혹하도록 아름답게 해방될 남북통일 세상을 예감할 수 있게 되었다. 이제 우리 문학인에게 필요한 것은 진보적 관념과 복고적 서정 사이의 양자택일적 선택 혹은 혼합적 누림이 아니라, 관념과 서정의, 관념적 서정과 서정적 관념의 변증법적·미래지향적 종합인 동시에 통일정서의 한 예감이고 또 민중 지향 전통의 한 현대적 갈래일, 전투적·비극적 서정성의 창출이다. 그것은 관념적 단어의 해방실체화이자 일상적 단어의 혁명성으로의 고양이며, 받아들이면서 동시에 딛고 일어서는 '투쟁과 구원의 종합'이며 조건 자체를 해방무기화하는 '치열한 너그러움'이다. 이 죽음의 시대에, 필요한 것은 웃음이 아니라 추모곡이며, 슬픔의 혁명적 무력화이다. 분단이라는 고문들 속에서, 아름다움은 저질러졌지만, 그렇기 때문에 더 위대한 아름다움으로 이룩될 것이다. 모든 것은 사랑과 싸움의 과정이며, 좀더 인간적이기 때문에 성스럽고, 그렇기 때문에 진보적이다.—1986년 이제 나는 그 여자를 고통의 침상에 던지겠다.
요한묵시록 2장 22절

차지도 않고 미지근하기만 하니 나는 너를 입에서
뱉어버리겠다. 너는 스스로 부자라고 하며 풍족하며 부족한 것이
조금도 없다고 말하지만 사실은 네 자신이
비참하고 불쌍하고 가난하고 눈멀고 벌거벗었다는 것을
깨닫지 못하고 있다.
요한묵시록 3장 16-18절

이제 그 도성에는 저주받을 일이 하나도 없을 것입니다.
하느님과 어린 양의 옥좌가 그 도성 안에 있고 그분의 종들이
그분을 섬기며 그 얼굴을 뵈올 것입니다. …
이제 그 도성에는 밤이 없어서 등불이나 햇빛이 필요없습니다.
주 하느님께서 그들에게 빛을 주실 것이기 때문입니다.
그들은 영원무궁토록 다스릴 것입니다.
요한묵시록 22장 3-5절

1
아름다움은 아름다워야 한다

흙묻은 우리들의 발
피묻은 우리들의 손
그러나
그대 내 심장 속에 화려한 칼부림으로 와 박혀
괴로운, 아름다운 얼굴이여
이 밤 또다시 별빛은 이슬로 쏟아져내리고
신선한 밤
잠 못 이루고 뒤척이며 베갯머리
머리칼의 향기조차 슬픈 밤은 그대도
괴로워하는가 빼앗긴 것에 대하여
아름다움에 묻은
더러운 땀에 대하여

흙묻은 들판 노동의 시대
피묻은 목숨 아귀다툼과
전쟁의 시대

그러나 이슬 촉촉히 젖은 밤 절망과도 같이 아름다운
독버섯처럼 잠복한
비내려 아아 속수무책으로 흘러가는
저 찬란한 도시의 아름다운 멸망 속에서
잠 못 이루면 이 밤 또다시

아름다움은 왜 가슴을
예리하게 베는
안타까운 예감인가
진저리치는 약탈의
역사?
더럽혀진 아내의 흐트러진 침대 위에서
내가 사랑했던 모든 것들이 무너져내리듯이
다만 우리가 잊고 지내왔던 것들
다만 우리가 피해왔던 것들이 무너져
허물어지는 비명소리다, 절망적으로
잠 수 있을까 그리운 고향 편안한 어머님의 품속으로
잠 수 있을까 그 깜깜하고 아늑한 영원불멸의 잠의 품속으로
잠들고 싶지 않다 온갖 무너짐이여 돌아가고 싶지 않다
그 훼손된 과거의 완성 속으로

아름다움이여 아름다움의 현재
더럽혀진 기쁨이여
그대를 껴안아 내 몸의 피와 살로 삼으며
해방으로 가고 싶다
다시 아름다움에 대해 외치고 싶다

논바닥에 물 고여
내 눈에 눈물 고였다
어느 해 봄날 모심기
벼이삭 사이의 듯 이슬인 듯
반짝였다,
빼앗긴 역사가
저리도 영롱하게

슬픔 없는 아름다움
죄책감 없는 아름다움…?

시간을잊은밤여인하나너무환한날씨에얼굴붉히고있었다
문틈으로내다보다늘커버린그레대낮에핀이슬같은새빨간
거짓말같은꽃낮은어둠이었다생계속에서파는몸은꽃이었다
가난속에서어둠은사라지는것이아니었다단지꽃피땀묻은아
름다움에젖기울뿐몸과경제와마르크시즘과윤리와소시민적
순수와겁탈과은밀한쾌감아름다움으로부터해방되고싶다아
니혁명적아름다움속으로해방되고싶다그대의숙명에대해서
안절부절못하는것은아름다움의사회성때문이다그대에대한
내불행의반은또한내가더러운생애를살았기때문이라는것을
나는안다다만그대피해가지말고관통하라이시대의더러움속
을내저지름의기억이그대를통해온통나를괴롭힌다다만그대

1986

버리려고하지말고구원하려하라그대의순결성으로더더움의
구원만이아니라구원의더러움도생각하라그대가난한이시대
에서두려운것은어둠에파묻히는일만이아니다어둠은우리를
파묻기도하지만우리들은우매한가슴속에서완고하게자라나기
도한다양칼진그대다만그대의순결성으로다시낮을밤이라하
라밤을낮이라하라아름다움의도덕성으로이도착(倒錯)의시
대를위하여

관통할 수 있다면 사랑할 수 있으리
핏빛 붉은 노을 살기 묻은 꽃 같은 거
빼앗긴 노동의 꽃 같은 거
부딪쳐 쓰러지고 그래도 남는 것 수습할 수 있다면
흩어진 살점뿐이더라도 누추한 넝마로
갈 수 있다면 아련한 까페 샴페인 술잔 요염한 눈웃음도
양주병과 누드선전포스터도 침략 곤혹스런 미인계도
갈 수 있다면 출렁여대는 저 노점상 아낙들의
가난하게 쌓인 과일더미와 핏줄 불거진 손마디와
찌든 주름살 묻어나는 머리수건과
땀에 절은 생계
관통할 수 있다면 사랑할 수 있으리
휘청거리며 마구 쓰러지며
역으로 나는 좋아한다 아름다움에 묻은 '뇌쇄' 라는 말을 역으로
나는 좋아한다 '미인계' 라는 말을 쓰러져
거름이 되는 휘황찬란한

　고통과 아름다움의 식민지적 관계

벗어나는 길은
피해가는 길이 아니다
돌아가는 길도 아니다 길 위에 길
길 밑에 길 길 다음에 길이 허리 꿇이건
단장(斷腸)의 길이더라도 오오 관통하지
관통할 수 있다면 사랑할 수 있으리
우리들 치열한 사랑의 체위처럼 벽 위에 벽
벽 밑에 벽 벽 다음에 벽이 유리창 뻔뻔스러운
이방인들의 고층건물이더라도 화려한
도시에 한줌의 들풀을 키우거나 부패한
도시에 싱싱한 거름을 묻어주는 일 오오
관통하며 데불고 갈 수 있다면 머나먼 나라
저질러진 역사 전체가 그 휘황찬란함으로 우리를 짓누른다
짓눌러 그 광채 나는 유혹과 쾌락과 질병의 네온싸인으로
짓눌러 그 따스하고 아늑한 거리의 품안으로 우리를 파묻는다
이름도, 얼굴도 없어라, 화사한 옷차림만 있는 아비규환의
거리여

그러나 관통할 수 있다면 사랑할 수 있다면 갈 수 있다면
머나먼 나라 가야 하는 나라
아름다움의 거짓된 껍질이여 아아 아파라 상처투성이
지배이데올로기를 꿰뚫듯이
쓰러지며, 쓰러지는 그 힘으로 꿰뚫듯이
다시 그 힘으로 데불고 갈 수 있다면 가야하는 머나먼 나라

빼앗긴 아름다운 들판이거나
고통스러운 향수내음의 홍등가 불빛이거나
아름다움의 밑바다
밑바다의 아름다움
아름다운 밑바다의 처절한 생존투쟁의
살기 묻어 긴장된 아름다움에 이를 수 있다면
갈 수 있다면 가야 하는 머나먼 나라

마침내 우리가 죽더라도 가야 하는 머나먼 나라

앙칼져 뇌쇄시키는 아름다움도
일하는 근육의 울퉁불퉁한 아름다움도
지금은 반쪽이며 부자유입니다 우리나라가
반쪽이며 부자유인 것처럼 우리나라가
아직 해방되지 않은 식민지인 것과 같이
어머님의 다친 허리인 것과 같이

하느님이 만든 자연은 아름다워라 푸근한 산도 풍요로운
벼이삭 벌판도 껍질 거친 나무도 아름다워라 햇살에 잎새 마
구 손뼉치는 수풀도 젖가슴의 산과 핏줄의 산맥과 애기집의
바다와 게딱지 같은 인가마저도 즐거워라 지줄대며 굽이굽
이 흐르는 시냇물도 목숨의 강바다도 입술 타는 가뭄마저도

그러나 사라진 고향 돌이킬 수 없는 시간

인간의 아름다움은 아련하고 괴롭나니
가슴 아파라 구들장도 이불 속 사랑도 죽음같은 밤 화장도
은밀한
바퀴벌레의 기쁨 안온하고 파묻히고 싶은 너와 나 둘이서
마침내 혼자서 꿈을 꾼다면
하염없이 자다가 자다가
잠자는 것조차 지치고 한쪽 팔이 아플 정도로
힘에 겨울 때
잠에서 깨면 그 잠과 깨어남 사이에서

모두 보여요 그대가 잊고 살아온
아슴푸레한 아름다운 추억들
순이, 그 가슴 두방망이질하던 첫사랑의 얼굴
위로 낙엽이 파란만장으로 떨어지며 수천 개의 가지로
두 손 흔들며 사랑해, 사랑해, 속삭여대던
그 잃어버림의 수천 수만 개 깃발 흩날려 사라지던
등하교길 은행나무 속 사춘기시절 사랑했던 여인의 우아한
결혼식 같은 거 샤콘느 음악 같은 거 가슴 아파라 인간의
아름다움은
하늘을 찢는 고층빌딩도 완강한 아스팔트도 대낮보다 밝은
백화점도 도살장 육곳간 같은 붉은 조명의 레스토랑도 찬란한

문명의 역사,
아름다움엔
빼앗김의 피가 스며들어 있다.

"하느님께서 만드신 함께 동참하고 함께 창조하는 기쁨으로
서의 생명에서 인간은 스스로 저지른 잘못 때문에 가학성 피
학성 섹스라는 질병을 앓고 있는 것이지요. 기도합시다. 아멘"

돌이킬 수 없다 저질러진 발전이다 치솟는 건설이다
갈 수 없다 머나먼 고향이다 어머니 대지다

"문명은 물질적 풍요를 이루었지만 풍요로운 아름다움을
잃은 것입니다. 기도합시다. 아멘"

생산과 아름다움의 건강한 관계
되찾는 길은
되찾음의 피 흘리며 함께 썩어
그 자리에서 앞으로 나아가는 길이어야 한다
상실 속에서 아프고 달콤한 추억으로 떠오르는 과거가 아니다
참다운 건설의 우렁찬 함성 사이로
강인한 근육처럼 하늘로 치솟는
그리고 욕망과도 같이 땅으로 뿌리내리는
기지건설의 철근 사이로
그 피눈물 섞여 시야 흐려지는 어깨동무 사이로
보이지 않지만 가야 하는 미래
불안에 소름 떨며 그러나 힘차게 내딛는
두 눈 부릅뜬 발걸음의 역사여야 한다

괴로운 그러나 적극적으로 받아들이는
아름다움과 투쟁의 관계

아아 온몸 살갗 치떨리며 용솟음치는
아름다움의 과거여 미래여
안타까운 식민지 역사여 그러나 진보하는 역사
쟁취해야 할 아름다움이여, 다시

그대를 보내고 나무 한 그루 무참히 쓰러진 빈 들에 서서…

2
무너진 채로 일어서듯이
아름다움은 아름다워야 한다

가을이면 집도 지붕도 가계사(家系史)도 없이
이불 속 다정한 살갗처럼 음험한 아무 대책도 없이
비내려 추수를 기다리는 들판에 서보고 싶다
일년 내내 땀흘린 두 손의 노동에 젖어
벼는 이제 알몸으로 고개 숙여 비맞을 뿐
저 광대한 벼이삭 벌판은 아아 걱정없이 아름답다 보라
희뿌연 안개 속 다만 흐린 빗방울 시야에 온통 흩어져
적시나니 추억도 힘이 되는 그러나 슬픈 추억처럼
저 아름다움이
하늘을 떠받치는 뼈대였던 때가 있었다
우리들에겐 아름다움이 수줍음으로
건강한 모두의 기쁨인 때가 있었다
숫처녀도 힘센 농자천하지대본 하늘을 찌를 듯 치솟는
깃발과 꽹과리 북소리 한데 어울려
아름다움이 힘인 때가 있었다
아름다운 슬픔이 수확되자 양식이자
한반도의 피와 살인 때가 있었다

아름다움과 진보와 혁명의 관계
빼앗긴 들판에도 봄이 오듯이 아니
빼앗긴 들판에서 봄이 오듯이
아름다움의 죄악과 이루어야 할
피와의 관계

그러나 나는 안다 아름다운 미류나무 고향길 꿈에도 그리운
상실의 기억이며 여린 눈물방울 그 모든 따스한 아픔 속에 깃든
약탈과 복고와 봉건 잔재와 보수주의를
슬픔 속에 든 총칼의 빛과 악수로 쥐어진 굳은 침략을
특호활자 신문지상에서 강대국 군비축소회담에서
그들의 얼굴은 미소짓고 있지만
그 웃음은 우리를 위한 것이 아니다
만남은 이미 약한 자를 위한 것이 아니다

그 웃음이 화사한 봄꽃들로 둥둥 떠 흘러가는 현대식 종로통
인도와 건널목의 선남선녀들을 후려치고
그 악수가 누추한 목판 새끼손가락으로 쌓인 인삼줄기를
거머쥐고
그 몸짓이 시골 읍내 유행가 번창하는 니나노집을 덮치고
그 만남이 인천 갯벌 바닷가
조개 캐는 아낙네의 진흙투성이 생계마저 빼앗는다 보라
중요한 것은 그것만이 아니다 그 힘찬 악수가
빼앗김의 눈물 글썽이는 추억으로 그 철면피 웃음이
옭아매기도 한다 우리들의 그리움과
우리들의 설계도까지
하느님은 비옥한 논밭 푸르디푸른 하늘과 옥색 바다와
인간들이 곡식처럼 씨뿌려져 번성하는 마을
아름다움으로 우리를 옭아매려 하셨던 것은 아니다

그리고 나는 안다 해방되지 않았으므로
아름답고 기구한 팔자의 여자의 생애 따위
우리들의 정서가 아직도 매여 있는 그 이조시대를
이조시대 안방의 불안한 소유욕을
잃어버린 과거 풍요로운 들판 땀흘려 일하던
그 남존여비의 낙원이거나 동물적인 체위의 포르노문화
그 불쾌한 쾌감 축축한 성개방이거나
잘못 환상된 서구문명 잘못 설계된 우리들의 미래
그 사이에서 가위눌린 채 뇌리에 남북분단의
쇠못이 박힌
우리들의 세뇌며
우리들의 열등감으로 괴로운 변태성욕이며
그 기쁨 속에 든 종속이데올로기를

그러나 어떻게 제가 그대로부터 벗어날 수 있으며
어떻게 그대가 제게서 벗어날 수 있겠습니까 다만
우리가 이렇게 얽히고설켜서 무언가를 이룰 뿐입니다
사랑이 사랑이 차마 힘들면
서로의 구원을 생각하듯이

싸우는 여성해방과
인간해방과의 궁극적인 관계 그 사이에
과거 때문에 가련한
청순한 한 여인의 생애가
가로막고 놓여 있다면

아름다움의 더럽혀진 과거가 있어 그것이 우리를 옭아매
고 있어 그 옭아맴이 이 썩은 세상을 유지시켜주고 있어 하

느님은 피 고여 썩고 거름이 되는 자궁 그 건설과 탄생의
싸움터 속에서 아름다움도 또한 해방을 위해 만드셨을까
빼앗긴 식민지에서 아름다움에 대해 이야기하는 것은 여인
의 기구한 일생이 그렇듯이 가장 애처로운 피해자가 역사
에 가장 가까이 있고 구원에 또한 가장 가까이 있기 때문일
까 아름다움이 질병으로 보이지 않는 때 순수함이 허약하
게 보이지 않는 때 아름다운 채로 아름다움이 밥으로 보이
고 앙칼진 무기로 보이는 때 피 묻었거나 살점 묻었거나 흙
묻었거나 기름진 곡식과 잉태한 포유류처럼 살기등등하거
나 복수심으로 열매 맺을 때 사랑을 통해 인간은 해방될 수
있을까 하느님에게로…?

꿈에도 그리던 해방 되고 바닷물 굽이쳐 춤췄어
그리운 내 고향 복사꽃 피는 흙내음 평화로운
마을 큰잔치였지 덩더꿍 장구 깨갱맥캥 꽹과리
두둥둥둥 북소리 해방됐다 모여라 어깨춤 덩실 추는
논이랑 사이로 주름진, 어머니, 눈에 생생히 어려와
무밭 상추밭 등굽은 누런 소며 쟁기질로 뒤집히던
검은 흙덩이 간지러워라 발가락 사이로 꾸역꾸역
정답게 끼어들던 진흙 미꾸리조차 식구 같다고 개골개골
소리와 같이 눈에 어리는 신작로길 뻐꾹새 자갈밭길
접동새 소쩍새 울고 산짐승 들짐승 집짐승도 손뼉쳐라
태극 깃발 휘날리는 고향산천 기대서서 울었지 촐랑대는
실개천 햇빛 반짝이고 채송화 핀 밭둑 따라 망아지 풀 뜯며
굽이굽이 고갯길 육자배기 흥얼거리며 돌던 머슴 용칠아
해방되고 남북분단 40년 6·25특집 드라마에서 보았다

해방되고 빨갱이 세상천지였지 술익는 마을 평화로운
굴뚝연기, 순이, 내 사랑하는, 미역감고 발벗던 개울물 진
달래 철쭉
절따라 피고 지고 아낙네 빨래하던 징검다리 건너서부터
해방되고 빨갱이 세상 되었다 그 백의민족의 마을
갑자기 피로 물들고 아름답고 순박한 연약하고 청순한
마음씨 착한 그 처녀였어, 너그럽고 인자하고 잘생긴
지주어른의 딸이었는데, 그 봄물 오른 처녀가
짓눌려, 땀을 뻘뻘 흘리며, 애원하는 표정으로, 비명을, 지르고,
있었다 아악! 안돼요! 제발, 안된다, 이 짐승 같은 놈, 그
위를 털난
가슴이, 멧돼지처럼 억센 근육이, 씨근벌떡, 노도와 같이
덮치고 헝클어진 머리칼 일그러진 표정 속에 든
아픔과 욕망과 노여움과 수치심, 수수나무가 푸른하늘 위로
치솟고 그리운 고향하늘 뭉게구름 흘러가고, 일렁이는 비
린 바람결

파헤쳐져 습기찬 땀배인 흙가슴 다시 영롱한 이슬, 쟁기질, 삽질,
씨뿌려, 침 배알고 아씨마님 지주의 딸 나긋나긋한 새하얀
순결의 살결, 무식하고 땀내 절은 퇴난 허벅지 흙 묻은, 힘
세고 추한
근육의 종놈 깡패였지, 예쁜 탤런트였어, 서글한 눈매로
보호본능 자극하는 서구식 미녀였어, 대나무밭 시시퍼런
죽창, 살륙,
겁탈 그리고

증오하라! 저것은 네 어머니다!
증오하라! 저것은 네 누님이다!
증오하라 증오하라! 저것은 네 아내다!

아아 돌아갈 길 없네 그립고 아름다운 고향
신작롯길 수수나무 사이로 눈물 가득 고인 논과
목숨의 감자밭
회복할 수 없어라 아아 저것은 저것은

증오하라! 저것은 네가 간직하고 싶었던 모든 것이다
귀하고 다치기 쉽고 깨끗하고 더럽혀지기 쉽고 마침내 아
름다운
죽어도 죽어도 지켜야 할 영역이다! 아아
아름답지만 않다면 얼마나 좋을까 아아 저것은
내 애인인데 내 어머닌데 내 순결한 누님인데 아아 저것은

눈내리는 겨울이 와도
복고적인 것은
나무들뿐이에요 내린 눈이 녹는
나무껍질은 축축해지면서
다시 본래색대로 거무튀튀해져요 그 옛날
부챗살로 퍼지던 햇살 그 사이로 우렁차던
독립군 군가소리와 같이 창칼의 빛 하늘로 치솟고
외투를 붐비는 겨울이 와도
복고적인 것은
나무들뿐이에요 나머지는 모두
나뭇가지에 걸린
확성기뿐 선거공약뿐 인구밀도의 겨울이 와도
눈은 뒤덮어버릴 듯 밀리는
시내버스 위로 내리고

그렇다
이루어진 것은 보수·안보 이데올로기며
빼앗긴 것은 기쁨이었다

안방에서 땅을 치고 발을 동동 구르며 다시 가슴 아프게
김진규 같은 지주어른과 윤정희 같은 아씨마님과
이루어진 것은 간직함의 불안이며
빼앗긴 것은 그리움과 추억과 농토와 처자와 아름다움의
기억이었다
보는 자와 보여주는 자 모두
이루는 자와 빼앗기는 자 모두
외쳤다 나는 증오하리 아름다움을! 우리들의 자리는
어느 쪽이었던가 나는 증오하리 아름다움을!
외치며 그러나 실상 우리가 증오했던 것은
전쟁이었다 해방전쟁까지도 전쟁의 의미까지도
그대는 사랑의 의미까지도 은밀한 쾌감에 진저리를 치며
두 눈 부릅뜬 증오로 골방에서 자위했다 그리고
그 축축한 쾌감에 밴 죄책감 그대들과 우리들의 정서는
속수무책이었지 하다못해 텔레비전 일일연속극을 보며 아
름다움은
곤혹스런 아픔 아름다움은 더럽혀진 침대였지 수치스런
장소였으며 죄책감의 새디스트적 변태성욕이었으며 피해망상
적으로 보호본능 자극적으로 발악적으로 매저키스트적으로
집착했다 하얀색 순결에 두려워했다 거기에 묻은 피를
핏방울과 생산과 투쟁의 관계를 두려워했다 관계의 빛나는
의미 빨간색 순결의 피를 그리고
집착했다 전쟁 기피 소시민적 굴욕의 지배이데올로기에

그란디 말여, 그 성병, 아니 그 국제매독이란 것이 참 묘
하단 말여, 본토인이 걸리면 아무것도 아닌 그냥, 임질 매
독 그란 건디 말여, 토양이 다른 놈덜이 걸리면 그냥, 직방
이라는거,
민족쥐 뭐여 그게, 그거라도 없었어 봐,
월남 츠네들이 남아났겠어? 이놈 쑤셔대고 저놈 쑤셔대고
아 강제로 쑤셔, 돈 주고 쑤셔, 남아났겠느냔 말이시,
뭐 '베트남 장미'? 거 양놈들 모르고 하는 소리여,
민족쥐여, 민족쥐.

그러나 이제
빼앗김 속에서 미래를 위하여
헤어날 수 없는 가위눌림 속에서 갈 길을 위하여
노예 된 정서로부터의 해방을 위하여
돌아가는 것 아니라 슬픔 아니라
관통하기 위하여
나는 우선 어여쁜 여배우가 몸을 파는 것에 동의한다 가난한
예술은 기본적으로 몸의 행위이며
몸의 속박에서 벗어나려는 해방과 구원의지이기 때문이다 나는

1986

예술과 가난이 힘을 합하여 자아내는 그 진보적
탈(脫)봉건정조 관념적 해방정서의 예감을
그릇된 것인 채로 받아들인다 아름다움은
사랑을 통한 해방의 정서이지
쾌감을 통한 속박의 정서가 아니기 때문이다

어느날 갑자기 이 세상에서
기차가 느릿느릿 속도를 줄일 때
그 쇠바퀴와 레일 사이에서조차
아낙네 앙칼진 울음소리가 난다면
어느날 갑자기 이 지상에서
떵하고
머릿속에 든 시야가
반은 저만치, 가버린 것처럼
시야 바로 옆으로 늘어선 구멍가게
진열대에 쌓인 코흘리개 과자들까지
지나간 날들처럼 보인다면

잇게 해주세요 이어지는 끈끈한 사랑의 습기와
마침내 액체까지도
초라하고 누추한 그렇지만 저승까지도 이어지는
사랑의 끈만 있다면

그러나 똑같이 나는 여배우 스타 간통 스캔들의 그
자본주의적 거래행위와 아름다움을 통한
대중정서 조작 집권이데올로기를 증오한다 그것에
아직도 몸 부르르 떠는 나를 증오한다

도대체 텔레비전 탤런트들은 왜 모두 아름다운지, 각하.

그러나 나는 그 거짓된 껍질을 뚫고 나오는 가난한 아름
다운 이야기도 물론 보았다 그것이 주제는 물론 아니였지
만 어떤 텔레비전 죄와벌식 수사반장 남편은 쓰레기 청소
부 아내는 빌딩 계단 닦는 아낙네 어느날 빌딩 공사장 십장
이, 강요에 못이겨, 그렇지 그런 얘기였지만 낙태수술 참다
못해 아내가 "여보, 잘못했슈. 한번만, 한번만 용서해 줘
유." 하는 걸 그저 멍한 눈으로 바라보다가 땅이 꺼질 한
숨, 남편이 "에이구, 이 맹추같은 것. 에이구, 이 맹추같은
것 에이구, 이 맹추같은 것" 하며 머리를 쥐어박고 여자는
그냥 자세한 변명도 안하구, 식구들 입이 주렁주렁 달렸으
니께 닥친 양식거리가 더 걱정이니께 물론 그것이 주제였
을 리는 없지만 누추한 땀방울이 솟는 이마에 대고 그냥 누

더기 이불 속으로 들어가며 자식새끼들 자나 한번 보고 "어
여 이리와봐, 오늘은 왜 이리도 춘겨"

배추껍질 진흙창에 나뒹구는 시장바닥
지친 삶의 피곤한 욕망 속에서
욕망의 악착스러운 싸구려 타령에서
비리고 신선한 생선처럼 조선백성들은 살았다
목숨의 윤락가도 이웃사춘 삼고
오징어 좌판 위에서 갓난애 똥오줌 가려주며
밑바닥으로 기는 목구멍 풀칠
가난의 논리 생계라는 무자비한 삶의 논리를
숙명을 무기로 키우며 조선백성들은 살았다
눈물 섞인 삶의 앙칼진 권리가
역사적 선진성을 생득케 한다는
어려운 말은 듣도 보도 못하고
조선백성들은 그냥 살았다 다만 살아서 소중하게 키워온
눈물 속에 섞인 반짝이는 살기
코 푼 손으로 콩나물을 신문지에 싸주며
가정파괴범 사형선고 따위 신문 기사
들여다볼 짬도 없이 백성들은 그냥 살았다
어쩌다 눈이 가도 그저 그냥 먼나라 귀부인 얘기쯤 되는 것
으로 알고
애써 꾹꾹 눌러삼키며, 백성들은 그냥 살았지만
하느님은 공평하다
이 억센 가난은 또한 얼마나 황홀한
하층빈민계급의 도덕적 해방인가
얼마나 황홀한 역사발전의 정당성인가

나는 안타까운 채로 황홀해하노니 내가 아름다움에 대해
이야기하는 것은 아름다움 또한 싸움터이기 때문이며
슬픔은 여전히 인간의 몫이기 때문이며 아름다움 또한
스스로 오염되어 썩는 성모마리아 구원의 모태이기 때문
아름다움 또한 저질러진 역사이기 때문이며 여린 우리가
괴로움으로 고여 썩는 그 가녀린 것들을 사랑할 때
우리가 이 비참한 아름다움의 가계사까지 사랑할 때
그리하여 그 비참함을 우리들만의 축복으로 생각할 때

아름다움은 무너지는 것이 아니라
완성되는 것이기 때문이다

아름다움의 변증법적 윤리. 생계서열.
아름다움의 현재, 저질러진 기쁨이여

3

그리고 그해 추운 겨울 그 비엔나 커피 끓는 까페는 아늑하고 푸근했네 명멸하는 조명빛 얼굴 위로 장작불길 치솟아 열광하는 벽난로 그 위에 현기증나도록 아름다웠네 벌거벗은 여인의 누운 사진 같은 거 아련한 담배연기에 파묻혀 비좁은 공간조차 편안했지, 이대로 잠들고 싶어 이대로 잠들고 드러낸 살갗이 끼리끼리 부딪혀 부딪는 눈길조차 짜릿하도록 타향 슈베르트의 겨울나그네 흐르고 이대로 질척한 밖은 어둠의 살에 살 섞는 듯 진눈깨비 내리는 밤 집과 밥과 꿈을 잃고 어디로 헤매는 밤 가진 자의 겨울은 따스해라 누덕옷 사이로 살을 에는 눈보라 눈동자에 비친 눈물조차 따가워라 그 껍질 위로 밀려 들었을까 배고픈 눈에 비친 창문 속 평화로운 식구들의 계란 부치는 내음처럼 식민지였다 바깥은 어둠과 추위가 증오를 더욱 불사르고 이별의 홍남부두 피난살이 국제시장 맵찬 바람 쌩쌩 뺨을 갈길 때 우글거리는 주름살 찌든 아낙네 과일 좌판과 구루마 스피커에서 흘러나오는 유행가 구공탄불과 입김과 체온으로 녹인 질척한 땅 그 속에 그 헐벗은 삶의 습기 속에 깜깜한 식구들의 얼굴이 희망으로 떠올랐을까 물기에 묻은 산데리아 휘황찬란한 불빛 속에 고향집 앞마당 어머님과 아버님과 누이동생들의 얼굴이 깜깜한 희망으로 떠올랐을까 흐르는 슬픔도 휘황찬란한 네온싸인 물결로 출렁여대는 도시 그러나 식민지였다 또다시 양키 깜둥이 노린내 나는 왜놈 바이어들이 킬킬대며 싯누런 이빨로 에스컬레이터를 오르내리고 우리의 등과 갈비뼈 위를 오르내렸다 우리는 조아렸는가 3등국민의 머리를 그대의 형과 나의 여동생은 조아렸는가 그 틈에도 전투경찰들은 외계인처럼 낯선 방독면을 쓰고 결박지었다 우리들의 두 손과 발을 우리들의 참을 수 없는 목구멍을 아갈잡이로 피멍이 배인 손목조차 거추장스러워라 숨을 곳 어디에도 없는 지하도에서 피 묻은 난도질의 검문검색 위세당한 행군대열과 은밀한 잠복과 비겁한 웃음과 우리들의 신음소리가 함께 버팅기며 지켰던 도시 그곳은 식민지였다 아름다워라 겨울 레몬향기여 아늑한 추위에 가진 자의 집이여 그러나 살점을 도려낼 듯 채찍질하는 하꼬방 찬바람 속에 주렁주렁 달린 식구들 따스한 김 모락모락 피어나는 한 그릇의 쌀밥과 콩나물국을 위해 연탄불을 위해 아낙네들 버린 목숨 들끓던 노점행상의 밤은 아아 참혹했고 잔인했고 악스러웠고 더이상은 막을 수 없었다 저는 뒤로 물러설 자리가 없어요 외치며 쓰러지던 단말마 소리 고막과 양심을 갈가리 찢을 때 청계피복노조 합법성 인정하라 영양실조로 애늙은 키작은 여공들이 무리지으며 외칠 때 밤은 다시 물밀듯이 닥쳐왔을 때 다섯명씩 열명씩 백명씩 방패 앞세워 군화발소리 저벅저벅저벅 우리들의 두려움과 우리들의 숨죽인 오열까지도 옥죄고 들어왔던 화려한

경찰국가의 어두운 밤 곤혹스러워라 빼앗긴 자의 밤이여 아름다움은

아름다움은…?

안녕. 이 밤도.
그대를 위하여 잠을 자지 않겠다

과일로 치자면
앙칼지고 통렬한 사과맛과
무겁고 너그럽고 든든한
자두의 과육.
피부미용 비타민 씨와
자양분의 역사랄까
농경시대와
유목민시대까지 거슬러 올라가는
열매가 양식이었던 시절
의식주가 평등했던 시절부터의
아름다움의 가축화 과정?
아니면 아름다움의 사유화 과정?
은밀하다는 것은 그토록
절망적인 것일까?

우리는 뇌세포로 가서 뇌세포로 들어박힐 수밖에 없는
것일까 그게 고작일까 저 코쟁이들의 몸냄새 왕성한
이태원 야광의 알파벳조차 흩어져 유혹의 몸짓
흐르는 밤거리에 그 향수내음 속에 거부의 몸부림으로
거부정신의 뇌세포로 가서 들어박힐 수밖에 없는 것일까?

나는 밥을 먹고 시를 쓴다 시를 쓰고 밥을 먹지 않는다
나는 식민지의 밥을 먹고 시를 쓴다 식민지의 밥으로 된
시 식민지의 라면으로 된 시 텅 비어 맑은 선비정신으로
새벽에 시를 쓰고 그 다음에 아침밥을 먹는 것이 아니다
나는 식민지의 밥을 먹고 그러나 식민지를 걷어치울 시를
쓸 것이다 나는 식민지의 밥을 먹고 자라나

아직은 따로인가 이 세상 맹인가수의 지하도에서 저 세상
잔업여공의 밤늦은 귀가길에서 검문검색의 도처에서
도도하게 치솟는
그리움과 슬픔과 분노와
그대의 얼굴은 따로인가 이세상 슬픔과 저세상 그대의
슬픈 아름다움과
구원하는 일과 구원받는 일은 아직은 따로인가

안녕. 이 밤도.
그대를 위하여 잠을 자지 않겠다.

아름다움은 미래를 향한 투쟁으로 다시
풍요로운 들판이 될 수 있을까
있을까 아름다움은 땀내를 풍기는
아름다움과 투쟁의 변증법
건강한 기쁨이자 무기일 수 있을까

아직도 더러운 소유욕을 가지고 있군요 당신은?

아름다움은 억센 팔뚝일 수 있을까 되튕길 듯,
부르르 떠는 근육일 수 있을까 힘찬 미래
피에 물든 미래 아름다움의 살과 피비린내

왜 아름다움은 역사가 아닌가,
여리디여린?

도시여 서러운 육체여 향수내음이여 그대 아름다운 아름다
움도 버리지 못하니 버리지 못하는 이 괴로운 지상에서 그대
또한 어쩔 수 없어라 슬픔에 겨운 연약한 우리들 또한 죄가
많기 때문 우리들 모두의 죄이기 때문 그대 아름다운 아름다
움도 관통하리 관통해야 하는 우리 살아서 벅찬 이 한반도에
서 으응, 그래 저것은 간직하고 싶은 자들의 슬픈 미학이야
사치스런 가구와 안온한 침대 속에 갇혀 겁탈, 순결한 정조,
유린, 뭐 그런 따위 말로 누리고 싶은 거지 자신이 간직하고
있는 아니 움켜쥐고 있는 것들을 은밀하게 음흉하게 자신이
얼마나 괴로운 줄도 모르고 자신이 얼마나 일그러진 정신상
태인지도 모르고 노예와 다를 게 없어 해방되지 못한 보수이
데올로기주의자들의 냄새나는 백색선전인지도 모르고 으응,
그래 스스로 해방을 쟁취한 자들은 그런 말을 쓰지 않기 그
선동효과에 스스로 자극받지 않기 때문이야 그런 말에 자극
받는 우리들은 어떤가? 오디오 씨스템 선전포스터 속의 미
녀의 요염한 자태와 피부화장 속에 도사리고 있는 프랑스제
성병을 모르고 그 외세침략을 모르고 그냥 황홀감에 도취하
거나 그냥

곤혹스러워하는 우리들은 어떤가?

그란디 말여, 그 성병, 아니 그 국제매독이란 것이…

아아 아름다워라 가슴 아플 정도로 아름답게
내 앞에 그냥 서 있는 그대 갈기갈기 찢어진

알몸 그러나 흩어질 수 없는 사랑으로 그대
그 고통스러운 긴장의 떨림으로 해체되거나
한쪽으로 기울 수 없는 아니 안주할 수 없는
그 중용의 변증법적 미래지향적 결정인 그대
아름다움이여 나는 외치나니 그대를 그냥은
손아귀에서 놓칠 수 없고 버릴 수 없고 또한
차지할 수 없는 것은 허리 잘린 우리 땅에서
그대도 나도 다친 몸이기 때문이다 분단된
해방되지 못한 반쪽의 두뇌인 채로 우리가
갈가리 찢긴 그대를 꿰매기 때문이다 아니
그대를 완성시켜야 하기 때문이다 아니
그대와 우리가 끊임없이 뒤얽혀 갈등적인
해방을 이뤄야 하기 때문이다 영구혁명,

저주이자 축복인 것이 있을까 몸쓸 운명이자
가슴 벅차디벅찬 갈 길인 것이 있을까?

그리하여 마침내 한몸으로
그대는 내 눈물 거치른 시야 속에서
출렁거리나니, 대책없는 물기로
목젖에 미치는 불덩이로
뜨거워 뜨거워 못 참고 흘러서 적실 때

아름다움은 아름다워야 한다
투쟁으로, 피흘리더라도
사랑노래가
비명소리가 되더라도

이제 누가 누구를 사랑한다는 것은 소유가 아니라
해방된 공동체로 가는 통로라야 해 그래야 해 오염된
아름다움이 나국적 미인계가 되듯이 미인계가 게릴라
전사가 되듯이 참호와 화약내음과

일상적 혁명과 혁명적 일상의 사이
그 사이를 떨리는 긴장으로 잇는 드디어 아름답고
힘찬 고리

그러나 그때까지는 얼마나 괴로울 것인가 괴로운 것도
모르고 그러나 아는 것은 얼마나 괴로운 힘일 것인가?

문득문득 마음과
뇌리를 면도날로 긋는
현기증처럼

식은땀 속에 예리한 감동처럼
새가슴 철렁 내려앉는
부끄러운 놀람처럼
생각나는 그대
온몸의 몸살로 오는
그대 짙은 눈썹과 새까만 눈동자와
인파 속에
그 화려한 사라져감 속에 언제나 있는
사라지지 않고 흘러가지 않고
확연히 정지해 있는
짙게 인화된 사진 같은
그대 우리들의 꿈은
아직 총천연색이 아니더라도
좋으리 그대여
흑백시대 우리들의 사랑과 싸움은

4

갈라진 것은 국토뿐만이 아니다 우리들의 신경통 하다못해 허리 다친 우리들의 귓바퀴 속 울창한 수풀 안에서도 너희들은 우리를 가르고 있지 않느냐 감언이설로 독버섯처럼 번득이는 미소로 또한 파렴치한 강대국의 총칼대포를 너희들의 팔뚝으로 알고 휘둘러 우리들의 상처난 고막을 찍어대고 있지 않느냐 군화발 소리로 으름장으로 하찮은 풀과 오솔길 옆에 자그만 돌맹이 따위로 숨죽여 숨은 우리들의 숨통까지 옥죄고 있지 않느냐 우리들과 우리들을 가르는 것은 쇠붙이 휴전선 철조망뿐이 아니다 너희들은 저 가시철망이 우리를 가슴과 망막과 시야까지 찢고 난자질해대는 피눈물인지도 모르고 그저 너희들 빼앗고 차지한 부귀영화 지켜주는 부잣집 높은 담벼락인 줄만 알고 있느냐 있지 않느냐 반드시 남북한 최고책임자 회담이 안 이루어져서뿐만이 아니다 너희들은 북녘 사람을 도깨비뿔 달리고 얼굴 새빨간 짐승이라고 부르고 북녘 너희들은 남녘 사람을 코피 터질 정도로 화장품 냄새 지독한 양갈보라고 부르고 그러나 우리들은 불행한 그러나 숙명처럼 질기디질긴 우리들의 헤어진 식구 찢어진 어머님의 허리라고 목메어 부르지 않느냐 끊긴 동맥 핏줄이 다시 이어지는 아픔과 기쁨에 대하여 그 철두철미한 사랑 완성의 고통과 환희에 대하여 우리들은 외치고 싶다 행간(行間)이 아니라 당당히 당연한 어투로 안방에서 술집에서 엠티에서 지하도에서 대낮 여의도광장에서 우리들의 눈은 다시 대낮 찬란한 태양이 되고 싶다 우리들의 귀는 다시 계절마다 꽃피고 새 지저귀는 비무장지대 수풀이 되고 싶다 잠복과 매복이 없는 평화의 도시와 마을 우리들의 입은 다시 광활한 벌판이 되고 싶다 벌판으로 외치고 싶다 자유와 평등과 민주와 민족

통일을 위하여 우리는 해방이 되었는가 벼이삭처럼 쏠린 귀로 드디어 벽창 눈물 맺혀 차마 말문 막히고 고개만 끄덕인 어머님의 눈망울로 들었는가 전범(戰犯) 일본 천황의 항복 방송을? 그 구식 라디오의 떨리는 스피커 고막의 육성을?

그 뒤로 얼마만큼 왔는지, 또 얼마만큼 가야 하는지…

안타까워라 잃어버린 세월의 출렁임과도 같이
명동에서 롯데 1번가, 교보문고에서 종로 1번가
그 흘러가는 항상 멀어져가는 인파 속에서
정지해 있는 그대의 얼굴 보일지라도 사로잡으려도
사로잡히지 않을 어떤 두려움 같은 것 떨리는 손끝으로
흥청대는 밤 불빛은 사라지면서 안간힘으로
저리도 아름답고 나는 괴로워했다 빼앗길 것 소유욕에
대하여 안락한 안방에 대하여 거리에 소낙비 퍼붓듯이
온갖 추억 쏟아져내리고 다시 살아 길길이 뛰는 옛날처럼
쏟아지는 빗발 전진하는 깃발 펄럭여 펄럭임 속에
그대 보여라 아름다운
정지된 모습은 반동성(反動性)일까 낯익은 인간의 도시 아니면
따스한 사람의 체온 영화간판 속에도 봄날씨 화창한
개나리꽃에도 아름다운
그대, 아픈 아름다움이여 천벌의 벼락 같은
입맞춤이여 아앗 뜨거워라 아름다운 그대 아픈
곤혹스러운 아름다움이여

아픈 그대 아름다운 힘의 아픔이여
사랑은 다만
이루려는 것이 아니라
다만 기여하려는 것일 뿐

저는 그대에게 어쩔 도리 없으나
그대는 저에게 벗님이시지요
봄 이슬비 여름 소낙비 가을 가랑비
겨울날에 찬 비
그대의 사랑은 제 옷
나뭇가지를 적시시지요

검게, 맨살까지 반짝이는
축축한 색깔로
싫더라도 그대는 상관없는
대책없는 사랑
넘쳐서 흘러내리는 그대
입으나 벗으나

내장까지
우리 서로 주기만 하는 사랑이므로
그대가 제 피 속에 녹고
제가 또한 그대
땀방울 속에 녹아서
흘러흘러 바다에 이르면
그 숱한 만남의 바다, 아아 그
비명과 학살의 피바다
어차피 만남은
이 분단된 세상에서
죽음으로 가는 길인 것
사랑은 아름다움으로
무너지는 것이 아니라
완성되는 것

그대는 저에게 빛남이시지요
우리들의 사랑은 이제 배푸는
앞만 보고
이미 베린 몸이지요

내 사랑은 내 주먹은 피골상접 그대를 갈기는 내 사랑은
피부병이다 내가 가르칠 사랑은 긁어도 긁어도(피가 나도)
완성되지 않는 가려움 걱정의 식량이다 그대의 오장육부
(그건 그대 혼자서 마련했을 나름대로 피비린 오장육부)
깊은곳까지 쳐들어가는 내 사랑은 바퀴벌레다 온몸 새까만
아직 제 슬픔도 주체 못하는 여리디여린 내 주먹이
주제넘게 혼잣설움만 깊었을 그대 턱을 내리갈기는

이 사랑은 안하무인이고
이 사랑은 불쑥불쑥이고
이 사랑은 속속들이고
이 사랑은 파렴치헌 바퀴벌레다

그러나 기나긴 아픔으로 가는 길 문둥병보다도 치열한
껴안음 온종일 입술이 헐어 해지도록 해대는 소름끼치는
전염병이다 진하디진한 왕피부병이다 싫다면 정말 몹쓸
피부병이나 걸릴

비가 내렸어 거리에 차창에 수없는 글씨로 화살로 내리꽂
혔어 나 좀 태워주소 내 몸 태워주소 활활 태워주소 제발, 하
는 소리와 같이 비가 내렸어 그 다음의 행동과도 같이 감당
할 수 없이 번지는 무수한 폭동같이 비가 내렸어 불살라 불
살라 저질러진 온 역사 불살라도 좋으냐 소리와 같이 부딪치

는 곳마다 피눈물이 튀었어 비가 내렸어 해탈을 나는 거부한
다 이 지상의 온갖 목마름으로 불살라 괴로움과 기쁨으로 나
는 해탈을 거부한다 이 지상의 속박과 해방의지로 불살라 함
성, 비가 내렸어 불살라 물방울에서 비명소리로 불살라 욕질
에서 활활 타오르는 불길의 구원으로 불살라 길길이 뛰는 희
망으로

핏자욱
뒤범벅된

그해 여름이었던가 등 뒤로 땀이 스멀스멀 기어다니는 불
볕 더위 찐득찐득 달라붙는 저녁 짓눌러대던 습기의 무게 견
디며 찌라시 유인물이 마구 흩뿌려져도 영영 만국기처럼 사
람들이 모이지 않았다 날아라 날아라 새여 숨가쁜 새 우리들
열망의 종이새 날아라 헉헉거리며 날아서 착지하라 중앙극
장 영화는 끝나고 어두운 현실세계 속으로 하나씩 둘씩 영화
관 불이 켜지고 밖은 깜깜한 밤 휘황찬란한 밤 진정 소중한
것은 반짝이는 그 무엇? 연기처럼 스며드는 애인의 귓속말?
초롱한 그대의 눈빛? 젖가슴의 아늑한 무게가 실려오는 팔
짱낌? 꾸역꾸역꾸역 구역질처럼 밀려나오던 인파 유방 큰
여배우와 코 큰 남자배우가 발가벗고 겹쳐진 입간판 양쪽으
로 갈라져 꾸역꾸역꾸역 구역질처럼 흘러 다시 모이던 인파
끼리끼리 오징어를 씹고 팝콘 봉지를 들고 앞물결은 뒷물결
에 밀려 상식적인 역사가 그렇듯이 그 인파의 바다는 밀려나
와 갈라졌다 다시 합류하며 흘렀는데 다시 거대한 돌로 내리
친 듯 모였다가 다시 갈라졌다, 아니 흩어졌다 만국기처럼
두려움이었을까 숨죽인 오열이었을까 산산이 부서져 흩어졌
다 호외처럼 우리들의 그리움은 모세의 지팡이였을까 열려
라 바다, 독재의 홍해바다 우리들의 사랑은 폭탄이었을까 아
무것도 부수지 못한 아무것도 구원하지 못한 증오였을까 낯
설디낯선 독재더도! 민주화투쟁! 항일약소민족해방통일!
구호였을까 우리들의 피가래 끓는 호소는 그 중산층 소시민
들에게 흩어지라는 채찍질이었을까 눈물 묻어 스스로도 몸
치떨리는 채찍질 갈 길은 끝없이 길고 멀지만 자책과 두려움
에 떨리는 우리들의 사랑과 싸움이 우리들 생애에 완성될 수
있는 것은 결코 아니지만 왜 그리도 끔찍했을까 경악했을까
쓰라린 눈물처럼 우리의 시야도 흔들려 흔들려 흩어졌을까
후들거리는 다리 가중되는 불안 낯설음의 잔치였을까 찌라
시 유인물들은 여전히 만국기처럼 공중에 펄럭이고 차라리
날아라 새여 울어라 울어라 우리들의 무모한 희망이여 그대
가 쉬일 곳 그대가 불덩이로 착지할 곳 이 지상에는 없나니
발작적인 목소리가, 하늘을 향한 두 팔이, "시민 여러분, 민
주주의가 죽어가고 있습니다. 여러분의 방관으로, 피흘려 숨

을 거두고 있습니다! 시민 여러분!" 몇 사람의 단말마적인
마지막 외침이 부릅뜬 눈알이, 길바닥에 패대기쳐진 채 개처
럼 질질 끌려갔을 때까지

중산층이니
소시민이니
박정권이 만들어낸
가장 보수적인 재벌회사 사원계층이니
수출세대니 하고 따질 것 없다
우리들은 정서조차 분단돼 있는 거다
서로에게 낯선 용어를
끼리끼리 쓰며
끔찍한 괴물인지도 모르고
그저 옆에 있으면 살결 다정한
땀내마저 다정한 식구인 줄만 알고
갈수록 갈라지고 있는 거다 집단과 집단이
개인과 개인이
그리고
한 사람의 두뇌마저 둘로 갈라져

그대는 일하는 근육이 아름다운가 텔레비전 여자
탤런트가 아름다운가?

갈라져 있다 풀도 바다도 고향산천도
갈라져 있다 가난한 아내의 주름진 얼굴도
그 얼굴을 보는 우리들의 생각도
남북으로
그리고 계층적으로

그란디 말여, 거 기차 이름은 왜 그리 싸가지가 읎는 거
여? 뭐 새마을호, 무궁화호 그리고 통일호? 아니 그람 새
마을운동 다해쓰고 무궁화도 다 기르고 그런 다음 통일 생
각해보것다 그거여? 국토만 절딴난 게 아녀 우린 반병신이
여 우리들 맴도 절딴난 거란 말여

갈라져 있다 분단체제를 그 근간 아니 생계존립 수단으로
하는 매카시즘적 관변보수주의가 횡행, 언어와 감수성이 남
북으로 갈라졌다 본격적으로 전개된 도시 중심의 경제개발
정책이 무작정 상경의 붐을 유발시켰다 농촌처녀의 도시창
녀화 6·25 전쟁 흥남 철수 굳세어라 금순아 민족대이동뿐만
이 아니다 뿌리뽑혀 갈라져 있음 전쟁은 저질러졌고 경제개
발은 자행되었다 우리는 농촌에 전기 들어오고 새마을운동
텔레비젼 보급되고 삐까번쩍한 비료공장 척척 들어섰지만

우리 어머니 논밭농사 아버지는 나귀 타고 신작로길을 우리
집으로 통과하게 해달라 해달라고 동사무소 직원 붙잡고 여
보게 자네 아버님과 내가 어떤 사인가 제발 제발 보상금 받
아 서울 가 살고 싶네 통사정 안 주리를 틀어 죽일 놈 니 죽
고 나 죽자 길바닥에 누워 계시지만 신식민주의적인 외세침
략 식민제국과 약소민족의 갈라짐이 자국 내 도시와 농촌의
갈라짐으로 농민들의 의식구조 속에서 도시생활에 대한 무
작정의 선망을 다른 한편은 도시 문화의 창녀적 외래식민성
에 대한 격렬한 적개심을 부추기는 정서의 2분화 도시놈들은
멀쩡한가 화려한 화장품 내음에 마쳐있는 정신병자 고급스런
전통문화 찾아쌌고 봉건적인 고향 도피적인 그리움 다시 갈
라졌다 경상도로 전라도로 끼리끼리의 지방색으로 오오 풀
잎 그 가녀린 허리 위에 안쓰러이 놓인 이슬방울도 그대 함
부로 영롱하거나 아름답다고 하지 말 것 그 속에서 그대와
그대의 이웃이 갈라져 있나니 그 속에서 국토가 남북으로 갈
라져 찢어진 허리에서 핏방울이 튀고 있나니 그대의 가장 순
결한 누추한 눈물 속에도 들어 있나니 매서운 침략의 칼날이

따스한 봄날 수풀 아지랭이 피어나는

그대가 가장 간직하고 싶고 아끼고 싶은 것은
무엇입니까 그 속에 그 여린 살결으로 치떠는
안타까움 속에 들어 있다 빼앗김의 역사가 코를
찌르며 살덩이가 썩는 내음이 그러나 썩는 내음
으로 고향산천은 치열하게 봄꽃 이루 피우며
다시 참혹하게 아름답지 않은가?

빼앗긴 들에도 봄은 오고
빼앗긴 들에서 봄이 온다
누이도 온다
모시적삼에
붉은 피 철철 흘리며

가야 한다 우리들 두 귀에 죽창과 여린 팔다리뿐이더라도
가야 한다 우리들 두 눈에 찢기고 찢긴 망막의 피눈물뿐이더
라도 쓰러져 시야가 갈수록 흐려지는 피투성이 희망뿐이더
라도 가야 한다 우리들의 눈은 다시 태양이 되고 싶다 우리
들의 귀는 다시 수풀이 되고 싶다 우리들의 입은 다시 벼이
삭 벌판이 되고 싶다 가야 한다 우리는 허리 다친 반병신이
아니라

온전한 인간이므로
온전한 인간이므로

어떻게 우리는 살아왔는가 강요당했으니까 어쩔 수 없는
일이기도 했지만 세 시간이면 가는 거리를 분단 40년 그 피
의 투쟁사로 메꿔왔다 현재의 싸움 속에서 미래는 이루어지
고 있다는 듯이 미래향은 이루어져가는 진행형의 틀이라는
듯이 그 예감만이라도 조금씩 우리들의 구체적인 피안(彼
岸). 우리들의 싸움이 집적되어 그 집적이 나날의 미래로 되
어간다는 듯이, 구체적 설계 운운은 논리적 장난이었으니까

사랑, 설움, 그리움, 갈수록 깊어 갔고

갈수록 분단되어갔다 후회할 수는 없어 돌아갈 수 없으니
까 포기할 수도 없어 가면서 생각해야 해 우린 얼마나 터무
니가 없는 민족으로 남을 것인가 두 시간이면 자동차로 대전
에 닿지만 평양 가는 거리이기도 하다 우린 얼마나? 분단 이
후에 태어난 우리들은 얼마나 가야 신의주에 닿을까 해방 40
년? 분단 40년? 서기 2000년?

오늘밤 매판의 도시는 다시 휘황찬란하다
완강하게 갈라진 채로
오늘밤 사랑의 결도 갈라져 끼리끼리 뒤채이리라
안녕. 이 밤도. 그대를 위해 잠을 자지 않겠다.

5
마침내 내가
발을 디디면
그대 바닥은 떨릴까
떨릴까 물결이 넘실넘실
먼저 다가와
물결은 내 발바닥 바로 밑에서
삼킬 듯, 혀를 내밀고
세상이 숨죽일 때 홍수에 뒤덮이는
잠수교
그대 마음은 떨릴까
떨릴까, 내 마음도 강 건너 저편 가난한 마을에서
물결이 또한 가난한 불빛들을 깜빡깜빡 몰아와
강 위에 불빛 불빛 불빛
내 발등을 적시고
그대 슬픈 시멘트 바닥을 적시고
디딜 자리 하나도 없이
마침내 내가 발을 디디면
그대 몸은 떨릴까
잠수교
아픈 삶의 낮은 깊이여

삶은 무엇이었던가? 문학은? 무엇이었던가 그랬어 문학도
억압된 행간의 정서 분단된 정서에 얽매여 살아왔어 우리는
한쪽에서 이 남쪽에서 날고 뛰고 기면서 길길이 외쳐봤어도
우리들의 가정은 우리들의 이불은 우리들의 단란한 저녁식
사는 대화는 아아 분단의 산물이다 달콤한 과일의 맛조차 그
랬으니까 오렌지쥬스니 환타니 마주앙이니 그리고 사과 단
물이니 배 단물이 어디 언어의 맛뿐이었던가 문학 안에서의 구
원이거나 예술적 남북 화해 우리들의 문학은 문학적 해결주
의거나 예술지상주의적인 화해 우리들은 남녘에서 남녘의
밥을 남녘의 공기를 먹고 마시고 살았다 남녘 거점의 문학
남녘 위주의 문학 남녘 정신의 문학 남녘 주도 구원의 문학
이었어 그 밖은 아무렇지도 않은 분단 시대가 태평성대 지엔
피가 치솟고 살림살이가 향상됐다지만 그 밑에 깔린 없는 자
들의 신음소리 얼마나 무거웠던가 밑바닥 밑바닥으로만 스
며들 정도로 스며들다가 드디어 분출된 혁명 4월에 개나리 5
월에 피 그 피가 우리를 깨닫게 해 그 처참한 피가 우리를 찬
란하게 깨닫게 해 북녘도 마찬가지 자연스러이 한몸으로 지
내던 것이 둘로 갈라져 있다면 그리고 찢어진 아픈 통곡의
세월이라면 책임은 양쪽에 있는 거니까 어느 한쪽도 우리 뜻
대로 우리의 쟁취로 그런 것은 아니니까 버림받은 자 버림
받은 채 만나기를 원하는 자 진정 가진 것 내팽개쳐야만 획
득할 수 있는 통일의 정서는 남에서 못살고 북으로도 못가고

떠돌다 떠돌다 휴전선에서나 머물 수 있을까
있을까 목숨의 끝 휴전선 찬란한 대낮 혁명적
일상과 일상적 혁명의 사이 피흘리며 먹고
살면서 싸우면서 우리들의 버림받은 목숨은
떠돌다 떠돌다 휴전선에서나 머물 수 있을까

휴전선은 비무장지대 노루 사슴 온갖 식물과 잡초더미 고
사리 더덕 신립 사이토 시냇물 넘쳐흐르는 물고기의 천국 다
리 잘린 채 썩는 사람 시체의 실개천이 지뢰밭과 뒤엉켜 있
는 곳 봉건시대의 낙원과 제국주의적인 지옥의 2분법이 유난
히 하얀 이빨로 낯설디낯선 피부색으로 몸냄새로 징그럽게,
잔혹하게 웃고 섰는 곳 외제무기의 땅 이곳은 필요하다 따스
한 사람의 피가 필요하다 사람의 냄새 이 땅의 주인인 조선
사람의 체온이 필요하다 역사는 이미 자행된 것 다만 인간의
혈관 속에 든 미래지향적 해방의지가 필요하다 싸움의 피 끓
는 피 그 과정에서 완성되는 아름다움이 필요하다 통일의 정
서는 무엇일까 완성되어가는 흙바탕 죽음으로 기름진 일상?
그것이 갈등으로 보이고 그 갈등이 다음 단계의 일상으로 보
이는 떨리는 긴장? 그것이 미래건설의 인간적 토대가 되는?
넘나들어야 해 이쪽 저쪽을 완전히 옳고 완전히 그른 쪽은

있을 수 없어 이 분단된 나라 분단된 정서로는 우리들의 악
수는 얼마나 가시밭길 같을 것인가 통일은

사랑과 증오의 변증법
절망과 희망의

절망과 희망?

어쩔 수 없이 우리는 불행하다
6·25 이후에 태어난 우리들은

그리고 세월은 또 얼마나 무지막지하게 흘러왔던가?

그러나 우리는 행복하다
80년 5월에 이 땅에 저질러진
치명적인 역사의 빛을 보았으므로

그리고 세월은 또 얼마나 무지막지하게 흘러왔던가
나는 지금도 생생하게 기억한다 철저하게 기억한다
북녘의 수재 구호물자들이 들어오던 인천부두의 밤을
거리는 밤새 불야성을 이루고
사무실도 나이트클럽 쌀롱 어제 그 집도 외국선원이 아닌
조선사람들의 찬란한 자본주의
자본주의는 홍수로 흥청망청됐다
하역부 전원에게 에이급 화이바와
새 작업화와 점심값 5백원까지 지급됐지만
진정으로 우리가 남에게 전세계의 민족들에게
과시해야 할 것은 무엇이었던가
자본은 우리의 것인가 자본주의는 우리의 것인가
남한 우리들은 소주잔을 기울이며 술렁거렸을 때
북녘 너희들에게 묻노니 너희들이
우리가 아닌 남에게 전세계의 제국열강들에게
과시해야 할 것은 또한 무엇이었던가
새로 색칠한 페인트 냄새? 어설픈 공산주의?

남한 우리들은 시세폭락한 돼지갈비를 구우며 쑥덕거렸을
때 칼라텔레비전 그 총천연색 체제선전 눈감고 아웅하는 화
면을 꿰뚫고 그 선전선동의 껍데기를 꿰뚫고 아아 우리들이
먹을 쌀이 튀어나왔다 우리들이 입을 옷감이 튀어나왔다 우
리들이 집 지을 시멘트가 튀어나왔다 튀어나와

우리들의 대화를 꿰뚫고
우리들의 시야를 꿰뚫고

급기야
우리들의 뇌리까지 꿰뚫어버렸다

젖긴 뇌리가 꿰뚫리며 꿰뚫리는 끈으로
이어지는 아픔과 기쁨 우리들이 입는 옷감을
그대들도 입느냐 우리들이 먹는 쌀밥을
그대들도 먹느냐 우리들이 섞는 시멘트와 자갈을
그대들도 섞느냐 밥과 옷과 집과 우리들의 희망
우리들의 공동체 우리가 빚는 떡과 우리가 마시는 술과
우리가 사랑하는 이불 차가운 눈더미를 덮듯이
그대들도 덮느냐 그대들도 차가운 구들장에
눈물 섞어 누추하고 소중한, 가난한 행복으로 깔고 덮느냐
갑자기 우리들 아름다움의 바탕이 허물어지면서

허물어지는 만큼 완성될 수 있다는
전율, 그 불안하고 기쁜
소름끼치는 예감
피냄새도 섞인
충격이 감동으로 오고 감동이 충격으로 오는
일상적인 것들 그것을 통한
일체화, 물론 아주 하찮고
단계적인 것에 불과했지만

유신체제와 도끼만행 그리고
한미일 군사안보삼각체제?

갑자기 생각났다 나는 해방전후시대
그 자갈 깔린 비포장 길바닥에서
쏟아져나와 깃발 흔들며 만세 부르던 분위기가
혼란스러웠다지만
어쨌든 하나였지 않았던가? 안정이라고 하지만
도대체 우리가 성한 정신인가 경의선 철도를 잇자는 제안이
우리에게 왜 이토록 낯설고 신기한가?
경부선을 타고 다니는 것이 그처럼 낯설고 신기한가?

그러나 바라기만 할 일이 아냐 피 뿌리며 몸소 갈 일이야
그리고 다시 돌아갈 수는 없어 흐뭇한 기분으로 객관적으
로 바라본다는 것은 얼마나 방관적일 것인가? 잘못 흐른
분단 40년의 정서가 어떻게 하루아침에 씻겨질 것인가 분
단에서 만남으로 가는 길은 죽음뿐일까?

다시 돌아갈 수는 없어
중공 북간도에 있다는

한복 입고 강강술래 하는
소수민족의 한인 마을로
돌아가서도 안돼, 왜 우리들의 관제(官製)놀이는 언제나

원형으로 끝나는가 언제나
앞으로 나아가지 못하고?

왜냐하면 어쨌거나 역사는
저질러졌지만 그와 동시에
이루어졌으므로
왜곡되었지만 이만큼 와 있으므로 인간성은
고통에 변질된 채로
그 고통을 통해 고통만이 아는 참된 경지로 나아가므로
우리들은 치명적인 역사의 빛을
이 형벌의 한반도에서 보았으므로
그리하여 우리들의 강토는
오염된 채로 유린당한 채로 우리들을 젖먹여 키웠으므로
이제 우리들이 우리들의 힘으로
어머니 대지를 씨뿌려 갈아엎고
구원해야 하므로
눈물로 눈물로 슬퍼할 수만은 없는 일이므로
살 섞은 채 뒤엉킨 채로 모두 데불고
진보했으므로 가야 하므로

   소름끼치던 것은
   낯익어짐으로써
   고통이자 구원의 무기가 되어야 한다
   광주학살이 우리들의 살과 피로
   우리들의 가까운 이웃으로
   죽음과 삶이 한통속으로
   미래의 해방을 향해

노래하며 결단하라 짓밟혀 핏자욱 낭자한 옷매무새로 쓰러
진 채 주위에 아무도 없고 앞길 막막하고 운동장은 텅 비어
휑하고 바람에 나부끼지 않는 낙엽뿐 인생은 역사가 무엇인
지 목숨이라는 것이 뭔지 왜 이리 덜덜덜 떨리는지 절망적이
고 회의적이고 비관적이고 도무지 다시 내 한몸 일으켜 세울
수 없는 이 괴로운 지상 홀로 남아 고독하다 고독하다는 생
각이 들 때 노래하며 결단하라 동지는 간데없고 깃발만 나부
껴 끝없이 끝없이 노래하며 결단하라 이것이 다인가? 묻기
를 그치지 말 것 싸움은 끝나지 않았으므로 모였다가 흩어지
고 산산이 부서질지라도 싸움은 끝나지 않았으므로 텅 빈 운
동장에선 벌써 흘러간 유행가 가락 흘러나오고 낙엽 우수 그

리움 따위 슬프디슬픈 지배이데올로기가 우리 가슴을 적셔
온다 거부하라 노래하며 결단하라 싸움은 아직 끝나지 않았
으므로 집에 들어와 발 닦고 앉아도 저녁 숟갈을 들어도 한
밤중 이불을 덮고 누워도 우리들 사랑과 싸움은 엄연히 완
성되지 않았으므로 아아 대한민국 아름다운 강산 괴로워라
아름다움은

아름다움은?
온몸 갈가리 찢길지라도
이 괴로운 광채의 밤이
분단의 고문틀인 한에는
그 속에 들어 있는 인류구원에의
권리를
포기하지 않기로 한다

해방됨은
논리 이전에 일상화를 통한
분단극복정서의 이룸
그것의 집적일까? 별 건 아니겠지만

그대는 산을 보고 무엇을 생각하는가 등산오락과 쇠고기
돌구이를 생각하는가 은근함과 솟구침의 치열한 갈등이 어
우러져 이루어진 놀라운 민중 역사발전의 전형 그대는 바다
를 보고 무엇을 생각하는가 해외유학을 알프스 머나먼 눈 덮
인 산꼭대기를 생각하는가 우리들이 싸우고 지켜야 할 공동
체와 침략과 피흘린 생계의 바다 소금 바다 짠 바다 그대는
생각하는가 사랑을 어여쁜 애인과 혹은 아내와의 안락하고
단란하고 달콤한 가정이라고 생각하는가 그리하여 결혼과
갈 길을 놓고 양자택일하고 있는가 정조와 프리섹스를 놓고
양자택일하고 있는가 사랑은 사랑은 우리가 함께 겪을 사랑
은 함께 이루어야 할 미래의 힘 혹은 젖줄이 되는 다시금 피
땀 묻어 힘찬 노동이라고 생각하지 않는가?

거부하며
받아들이는
사랑·갈등·통합·극복
탈이데올로기의 해방
탈이데올로기의 이데올로기…?
해방이자 통일이자 과정이자 집적인
과정의 집적인 단계적 완성인

어떻게 제가 그대로부터 벗어날 수 있으며

어떻게 그대가 제게로부터 벗어날 수 있겠습니까?

그렇다 통일논의조차도 분단된 체제 속에서 분단된 계층 속에서 분단된 논의었으며 분단된 논리였으며 분단된 학문정신이었으며 분단된 문제였다 학교에서 재판정에서 왕복서신에서 분단을 밥과 반찬으로 먹는 이 시대의 감시인 앞에서 분단체제를 교묘히 피해 오며가며 나누었다 분단된 통일을 우리는 행간에 숨은 도망자들 우리는 그 과도기적인 수법이 몸보신의 전술전략이 어언간에 마침내 우리들의 주인노릇을 하고 있는 것은 아닐까 임시 방편이 돼버린 목표 목표가 돼버린 임시방편 그 사이에 이름없이 죽어간 사람들의 피! 피! 피! 학문적 논리와 행간적 논리의 식민지적 관계 그 사이에 배우지 못하고 죽어간 사람들의 피! 피! 피! 조직없는 이론이니 이론 없는 조직이니 실천 없는 이론이니 이론 없는 실천이니

진실은 복잡하고 거짓은 단순하다 랄라
진실은 단순하고 거짓은 복잡하다 랄라

해방이 와도 식민지는 우리들의 땅
피와 살과 뼈와 눈물로 썩어
뒤범벅인 채로 우리가 우리들의 식구가
함께 일구고 함께 땅이 되어온 땅
식민지는 우리들의 땅 이 한반도에서
울음과 웃음으로 고통과 희망으로 사철 꽃 피고지고
흘린 피 얼룩져 얼룩진 누이의 모시적삼 아름다워라
봄이 와도 식민지 분할통치는 계속되고 있는가?

밤이오고있소밤도제스스로갈라지는밤이오깜깜한
밤휘황찬란한밤신음소리와내밀한교통입을가린음
모의밤사랑과전쟁과증오의밤기다려하모니카부는
밤잔처의밤굶주린밤끌려간고통이생명을잉태하는
밤별빛총총한사이로따스한밤달은배때기로다드룩
디룩살찐비계로다동냥그릇두들기는밤움밑에귀뚜
라미우는달밤우리그리움은어디로흐르다가토제각
기흩어지는지밤이오고있소제스스로도뒤채이는밤
우리갈라져잠자리에누운어느지하도추운맨바닥그
리움에젖은육신처럼

너는 실천이다! 그래, 너도 먹고 물러나랏!
너는 참여다! 오냐 그래, 너도 먹고 물러나랏!
너는 예술성은 없지만 의식을 사주마! 너도 먹고 물러나랏!
나는 순수고 너는 참여고 나는 예술이고 너는 선전이고

구호고 사랑하라 이 저주받은 땅을 나는 고독 그리움 별빛 가물거리는 가을 뜬구름이고 장미빛 인생 너는 투쟁이고 치열한 만남의 변증법 땀냄새 피냄새 공동체고 해방이고 이글이글 타는 태양이고 그러면 됐지않느냐 그리고 썩은 세상은 갈라져 유지됐다 썩은 다양성 부패의 자양분 먹고 억눌리던 사람들은 계속 억눌렸고 억누르던 사람들은 계속 양심의 가책도 없이 억눌렀다 땀내 나는 외로움 타는 목마름 피묻은 별빛 싸움의 장미빛 공동체 선전적 감동 예술의 대중화노선 오오 오늘밤 또 얼마나 많은

말(言)들이 허공을 난무하다가
지상에 떨어져 시체로 나뒹굴 것인가

꽃잎에 묻은 생산의 살기.
이루지 못한 촌철살인.
완성될 수 없는, 왜냐하면
진보에는 끝이 없으므로 우리들은 영구히
전사자 명단일 것이므로
그리고 또한 뒤통수를 치듯이
진보를 인간화시키는 눈물의
갈등적인 소금기.
눈물의 감쌈.
눈물의 벅찬 통로, 완성될 수 없는. 왜냐하면
감싼다는 것은 가슴 아프게
감싸인 것이 아픈 가시로 가슴을 쿡쿡 찌를지라도
끝없이 펼쳐지는 가슴이어야 하므로.

안녕. 이 밤도.
그대를 위하여 잠을 자지 않겠다.

6

용마루 고갯길 참 시원하게 뚫렸더라
내 기억은 항상 구한말에 닿아 있다
어릴적 한식 기와집들이 빽빽이 들어차
그 사이로 꾸불꾸불 이어진 골목길 따라
내 기억 속은 언제나 거미줄이다 우리나라의 역사는
끊어질 듯 이어지면서
어디까지 닿아 있는 것일까 그 용마루길은 이제
이마처럼 시원하게 뚫려 있지만
밤이면 완만한 경사로 올라가며
3류영화처럼
습기찬 휘황한 가로등 주욱 늘어서 있고
매춘의 땀 덕지덕지 묻은 화장품 내음 풍기며

1986

천국으로 가는 길
오르는 길은 시원하지만 몸값은 싸지만 갈곳은 분명하지만
내 기억력은 언제나
거미줄이다 왜 우리나라 역사는 언제나
시원하면 섭섭하고
섭섭함에 축축한 습기가 서려
무언가를 잃어버린 듯한
아픔이 저리도 휘황찬란한 것인지
나는 옛날처럼 그 거미줄 같은 골목길을 더듬으며
콩 심은 백설기를 먹으러
잘사셨던 이태원 큰이모님댁을 찾아가지 않는다
잔칫날도 찾아가지 않는다 용마루 고갯길
천국에 닿는 그 4차선 도로를 넘으면
용산 지나 금방이지만
그 길은 6·25때 미군의 집중포화로
초토화가 된
조선 서적 건물이 있던 곳
지하실에 미처 폐기 못한 지폐가 몇 다발 있었다던가
쏘아댄 포탄에 양민들의 시체가 걸레더미처럼 널브러져
나뒹굴며, 잘려나간 손쓸 사이도 없이
잘린 팔 위에 잘린 다리가 피투성이 가슴 위에 피투성이 대
갈통이
장작처럼 쌓이던 길이다
지금이라고 달라진 것이 무엇인가
돈이 사람을 죽이는
저 습기찬 휘황찬란한 가로등 길에서
돈이 사람을 팔고 사는
지금이라고 달라진 것이 무엇인가
6·25가 터지고
이태원에 미군부대가 창궐하고 나서
큰이모님이랑 그 이쁜 딸은
어찌 되었는지
어떻게 되셨는지

그리운 당신
한국적인 슬픔이란 것이 있지
조선백성적인 슬픔이란 것이 있다
학살당한 남편의 시체를 부여잡고 통곡을 하는
거창 아낙네의 얼굴에서
광주 그 새까맣게 타버린 주검과 관과 태극기와
막을 수 없는 깃발 흩날림 속 막을 수 없는
조선 어머니들의 흐느낌의 힘 속에서
그 슬픔은 우도 아니고 좌도 아니다

어디 그뿐인가
우리들 모두의 가슴속에는
유리창에 부빈 얼굴처럼
입술과 코가
양볼과 눈 가장자리가
분간 못할 정도로 한데 문드러져
형체를 알 수 없는 어떤 짓밟힘의
두 눈 홉뜬 거역의 표정을 이루는
얼굴이
못박혀 있다
베트남 참전 미군병사의 전사체 속에는 없는
인민사원 그 광기 어린 자살소동 무수히 널브러진 떼죽음
속에는 없는
아니 소련이나 중국혁명 전몰기념비 명단 속에는 없는
조선백성 학살당한 표정이 우리에게는 있다
팔레스타인 난민들이나
아시아 아프리카 라틴 아메리카
아일랜드 아메리칸 니그로 아메리카 인디안 그리고 또…?
그리고 한반도에서
슬픔조차 분단당한
우리는 순박한 백성인가
슬픔을 통해
구원으로 가는 백성인가 우리는
우리들의 주검은 표정도
영원한 최후의 몸짓도
색깔도
냄새도
분위기도
운명도 다르다 그리고
우리들의 비극 속에는
몇백 년 식민지 여성수난사가 있다
되놈에 수천씩 바친 처녀공물
대일본제국 정신대 그 음부의 고름마저 썩어
부끄러움마저 썩어 문드러지는 치부에서
대검에 배를 쑤심당한 임신부까지
바닥에 내팽개친 태아를 부여잡고
피비린내 튀는 목소리로 내 아기 내 아기 외치며
그 임산부는 무엇을 거머쥐었을까
거머쥐며 죽어갔을까 이 학살의 땅에서
어디 그것뿐인가
미군 찝차에 실려 파티 댄서 파트너로 집단수송되어갔다는
김활란의 O대생 그리고
육사 축제 호스테스로 긴급수송된

○대 무용과 학생들
그리고 물론 심수봉이 있지
그러나 우리가 겪는 식민지 여성수난사는
이런 모든 것들을 하나로 뭉뚱그릴 정도로 거대하고
치열하게 너그럽다 식민지에서도
여성해방이 오고
식민지에서 여성해방은 온다
죽음과
투쟁을 통해서
참혹하게 아름다운 모습으로 온다

그리고
여대생 추행…?

해방의 길이었을까 몸 내팽개치며 에이 ×팔놈 팔 물어뜯
거나 가련한 가련한 몸 하얀 살결 치떨려 그 위에 탈난 손 가
련한 여자의 일생이었을까 회사측 동원 깡패들의 파업진압
똥물세례 몽둥이찜질 앞에서 앞가슴 찢어발겨 분연히 알몸
으로 실상은 눈물이었을까 이 세상을 버팅기는 것은 그 수치
심에 눈물 섞어 불에 활활 태워 날아라 옷조차 거추장 거추
장스러워라 실상은 불이었을까 물이었을까 알몸으로 피멍든
두 팔다리로 대항했던 여공들은 그 무엇? 이루어야 할 최고
의 아름다움? 지켜야 할 최후의 보루와 버리며 가야 할 길과
버려야 이루어질 피문은 미래 사이에서

환상입니까
환상입니까
여자가 그 앙칼지고 부드러운 여성과
모성으로 자유와 평등과 해방을 누리는
누리면서 이루는 세상을 바란 것은
환상입니까 인간성에 대한 확고한 집착과
확고한 집착의 보수성 사이에서

그리고
그리고…?

눈꺼풀 위로 스쳐오는
그 입술 입맞춤은
가만히
빗물 쏟아져내리는 소리 같지요

귓구멍 속으로 밀려오는
그 입술 그 혓바닥은

살며시
채우며 넘치는 강물 같아요

여대생들이 이대생들이 마라톤을 하는 가을 체육대회 교문
입구였다 학보 사진은 좌우로 늘어선 방독면 마스크 전경들
삼엄한 대열이 양쪽으로 늘어섰고 최루탄 냄새 얼룩진 복장
그 경계 혹은 그 호위 사이로 여대생들이 이대생들이 한 줄
로 달음질하며 뛰어나왔는데 출정 혹은 입성 흑백시대는 안
정의 기반 아니면 적대감 넘친 적과 동지 물론 사회는 경제
개발 5개년 이루어진 찬란한 5색 칼라시대 그 낯설고 무서운
전경들의 몸 속에서도 인간의 붉은 피는 흐르고 있는 거였지
만 위기일발은 폭풍 전야의 정적이라고 다시 깜깜한 이 안정
기조의 흑백시대에서 증오? 나는 전경들 초록옷 때문에 산
천초목 색깔도 끔찍하더라 그 대열이 그 경계가 그 호위가
그 안정이 무너져버릴 날 있으리 있다면 있어야 한다면 참혹
하게 무너지고 짓밟히고 빼앗기더라도 우리 사랑하리라 짓밟
힌 그대의 몸을 안쓰러움으로 안쓰러운 채로 안쓰러움에 길
길이 뛰며 그 짓밟힘의 세월이 관통된 후의 그 처참한 희망
의 미래를 믿듯이 목숨과 죽음과 처참함 속에 든 해방을 믿
듯이 행여 그대 지금 현재 그것이 영원히 무너지지 않을 것
으로 믿거나 그것이 무너진 다음에 누가 그대를 가련한 여인
으로 취급하리라고 믿지 말라 슬퍼하거나 두려워하거나

환상입니까

그대의 순결함 또한
날 선 채 서슬푸른 식칼이 되는

반대한다 반대한다 그대 쓰러질 때가 온다 쓰러짐마저 힘
일 때도 올 것인가 그대 미래를 믿듯이 순결함의 힘을 믿으
라 우리 이리도 슬프도록 싸우는 것은 또한 그대의 순결함
을 지키기 위함이며 죽은 자의 죽음을 우리가 우리들의 피와
살과 목숨으로 받아들이듯이 해방으로 받아들이듯이 그대의
짓밟힌 순결 또한 받아들이기 위해서 반대한다 받아들인다
반대한다 받아들인다 그대의 순결은 그 무엇을 받아들이고
더욱 순결해질 것인가 혁명적으로? 혁명적으로…!

눈꺼풀 위로 스쳐오는
그 입술 입맞춤은
가만히
빗물 쏟아져내리는 소리 같지요

귓구멍 속으로 밀려오는

그 입술 그 혓바닥은
살며시
채우며 넘치는 강물 같아요

나는 그대가 남성화가 아니라 좀더 앙칼지기를 바란다 여
자의 혁명적 여성과 남자의 혁명적 남성과 나는 다만 그대의
수치심도 괴롭더라도 괴로운 앙칼짐의 자리로 해방되기를
바란다 그대의 남성화 부끄러움마저 내팽개친 철면피가 장
하다 장하다 눈물겹다지만

안쓰러움은 보수주의일까 괴로운 집착?

나는 다만 그대가 충격으로 버리는 일뿐만 아니라 여성의
힘을 차근차근 놓치지 않기를 바란다 부드러움 속에 든 칼날
을 받아들임 속에 든 섬멸작전을

아름다움이 아름다운 채로 혁명에 기여하는 세상이 되기를
바란다 가위눌린 꿈일지라도
터질 듯한 가슴일지라도
버리는 것은 얼마나 비인간적인가

돌아갈 수 있을까 그리운 미래 앞으로 올 과거 따위
우리들의 정서는 우리들의 서정성은 우리들의 그리움은
봉건시대에 매여 있다 우리들의 꿈은 제국주의에 가위
눌려 있다 우리들의 사랑은 신음소리 아파 아파라

그러나 밑바닥에서 삶은
영등포 시장 과일 좌판 위에서
우동을 마는 아낙네의 거친 손바닥 위에서
밑바닥에서 삶은
철야작업 타이밍 알약을 먹는
미싱대 위의 파리한 여공 그 지친 눈동자 속에서
가위눌림이면서 동시에 해방의 정서였을까?

이 세상을 버팅기고 있는 것은
고층빌딩 번들거리는 안경 그 따위
화려한 것들 아니라
실상은 자그마한 눈물방울 아니었을까
위로 위로 치솟아 오르는

치솟아 고향에서 어머니로 그리움으로 그리고
설움으로 이어지는
눈물의 복고적 정서화가 아니라

어머니에서 한 여자에게 그리움으로 고향으로
다시 빼앗김의 정서로 역사의식으로 면면이 이어지는
그리고 설움과 분노와 사랑의 상호변증법적 상승으로
그리고
무기로서의 사랑
분단극복 미래지향 해방공동체에 대한 열망으로
결연히 이어지는
눈물 한방울
경험의 정서화 그리고
경험정서의 무기화

오오 추억이여 추억이여 핏발 서려라

그리운 당신
한국적인 슬픔이란 것이 있지
그 슬픔은 좌도 아니고 우도 아니다
어디 그뿐인가
우리들 모두의 가슴속에는
유리창에 부빈 얼굴처럼
입술과 코가
양볼과 눈 가장자리가
분간 못할 정도로 한데 문드러져
형체를 알 수 없는 어떤 짓밟힘의
두 눈 흡뜬 거역의 표정을 이루는
얼굴이
못박혀 있다.

  그리고 산 사람은 또 어떻게…

지금도 그는 주린 몸을 떨고 있으리
어느 비에 젖은 완행역 자그만 마을에서
철길은 눈물로 반짝일 것인가
자갈은 또 빗물에 젖어 저희끼리
몸 보듬고 있을 것인가

추워라 가난해라, 찬란하여라 그대.

7
장마 붉덩물 그쳤다
휩쓸며 할퀴던 물살도 그쳤다 잠수교
햇빛에 산산이 파헤쳐진
그대의 기인 통로여
상처받은 몸이여

황색예수3-예언, 그리고 아름다움을 위하여

그대와 나 부끄러운 몸
몸둘 바 모를 때
그것은 아직 젖어 있는 꿈만 같아서가 아니라
잠수교 목메인 감격만 같아서가 아니라
아직도 진정치 못하고 출렁이는 파도
아주 낮은 세상이 위태롭지만
아주 낮은 처지가 무척 소중한 것으로
문득, 갑자기, 내 뇌리를 때리는 것처럼
뻗어나간 그대 슬픔의
길이가 내게 너무도 가까이 있다 잠수교
내 얕은 삶의 깊이 속에서
까마득히 잊고 산 것이 이렇게 얕은 곳에서
안쓰럽고 아까운 것으로
그대는 나를 감싸고 나를 동참시키고
나를 상처입히고 있다
우리의 눈앞에 이리도 찬연한 모습으로 나타나
그것은 정말 꿈만 같아서가 아니라
그것은 정말 떠나간 옛애인의
생생한 살내음만 같아서가 아니라
우리 몸 쉽사리 깨우치게 하는
발바닥 밑 혈액이 도는 땅바닥
잠수교
따스한 흔들림 하나
그러나 굉장한 흔들림
굉장한 그대와 나의 부활
잠수교

왜 우리들의 성기(性器)는 손바닥 한가운데나 발가락 사이 아니면 털난 가슴 한복판에 떡하니 붙어 있지 않았던 것일까 형이하의 위치 감추어진 추합의 미학 그것으로 명동의 화려한 거리는 화장 짙은 여자들의 냄새가 코를 찌르는 것일까 애인의 갸름한 얼굴은 밤마다 사내의 털난 가슴 속에 파묻혀 있고 그래서 눈앞의 네온싸인 저리도 길길이 발악을 하겠지 치욕의 미학 아니면 연민의 삶? 그대가 아직도 악착스레 지니고 있는 2분법은 그 무엇? 형이상과 형이하의 생김새의 비극적 차이였을까 오버나이트 썩쎄스 원색뿐인 화장품 그 어질머리 뇌쇄시키는 드러냄의 충동은 그 무엇?

그대에 대한 나의 걱정은? 그대에 대한 나의 안심은 그 무엇? 소유에 대하여? 사랑에 대하여? 질투에 대하여? 해방에 대하여? 그대가, 그대를 통해서 내가 아직도 발빠져 있는 그 진흙창은 그 무엇? 욕망? 식민지? 그리움? 멀리 떨어져 있음? 떨어져 있는 그대와 나 사이를 메꾸고자 하는 그대의

피묻은 몸부림은 오늘밤 밤하늘을 비린내로 채울 수 있을 것이다 나는 다만 그대와 나의 사이에 대해서 채울 수 없는 그 릇으로 남아 있을 뿐 이 채울 수 없음이 하늘보다 더 크기를 포기하지 않을 뿐이다 그 피가 사랑의 피 해방의 피이기를 바랄 뿐이다 기다림으로 튀어나온 내 눈동자 속에서도 어지러운 별이 휘황찬란하다 채울 수 없음으로 지상의 모든 죄악을 괴로워하리라 그대를 사랑하는 백지장 같은 마음으로 그 위에 씌어진 그 위에 저질러진 모든 행위를, 고통이 힘으로 변할 때까지 혁명으로 변할 때까지 삶의 절실함은 승리할 수 있을 것인가 아름다움에서? 예술에서 예술의 무기화에서? 일하는 자는 아름다울 수 있을 것인가, 그 번잡한 땀냄새로? 하고 쓰는데 문밖에선 청소부 아줌마들이 계단을 물로 쓸고 있다 큰아이는 무서운 모양 내 방문에 와서, 아빠, 아빠, 집에 물이 들어오는데 어떡하지? 괜찮다 괜찮아 얘야 안심해라 그 물이 안방까지는 죽어도 못 들어오게 할께 주름살 찌든 못생긴 야구르트 아줌마도 분홍빛 안방까지는 못 들어오게 할께 빗질소리 써억썩, 아빠 아빠? 성병은 무슨 모습으로 오는가 크리스챤 디오르 랑꼼 화장품 불란서 패션 앙드레 김 화려하고 연약한 아픔과 같이 투명한 실크 옷감의 아름다운 육체로 오는가 성병은 무슨 표정으로 오 오는가 간절히 바라는? 못 참고 비비꼬는? 현기증 나도록 황홀한? 오오 우리들의 부모와 아내와 식구들이 살고 있는 이 식민지 낮과 밤이, 어둠과 빛이, 환성과 비명소리가 교차하는 도시에서 성병은 무슨 자세로 오는가 무릎 꿇고 얌전한 처분대로의? 헬프 유어셀프? 외세침략 관광기생의 자세는? 일본에서 고급으로 인쇄해온 각선미 날씬한 포스터는?

색즉시공이요 공즉시색이라

이임진왜란 때 죽차양에 뚫려었나
쭉 찌겨져지이기이느은 왜애 찌이저져
유우기오 동난 때 포타아네에 마자았나
우움푹 하아기이느은 왜애 우움푹해
겨엉제 개애바알 때 매여언에에 쏘여었나
시이커멓키이는 왜애 시이커어매

아아 성병은 얼마나 향긋한 내음으로
오는가 얼마나 보드라운 살결로 오는가 얼마나 상냥하고
요염한 눈짓으로 오는가
소름끼치는 방향으로

왜 우리들의 성기는 손바닥 한가운데나 발가락 사이
무끔과 함께 아니면 털난 가슴 한복판에 버젓이 마른

버짐으로 붙어 있지 않은 것일까 마지막으로 하느님은
단 한번 기쁨의 은밀성을 통해
우리들을 당신께 붙잡아두고 싶으셨던 것일까?
기쁨을 통한 속박
아니 쾌감을 통한 본능
은밀한 쾌감의 도구로 은밀하고 축축한 죄의식의 자리
그곳에 두셨던 것일까 그래서 시작되었을까 집을 짓고
안방을 짓고 구들장을 놓고 비단이불과 장롱을 짓고
담장을 쳐 외세침략을 막는
우리들의 음습한 가계사는?

우리들의 뇌리 속에서
바퀴벌레 그 흉칙한 벌레는
습기찬 집안, 은밀한 구석에서만 사는
어떤 끔찍한 것이지요
여러분들은 수풀과 산과 대초원이 있는 곳에 사는
바퀴벌레를 생각해보신 적이 있으십니까?

그곳에 두셨던 것일까 아내는 오순도순 사는 것이 뭐이 나
쁘냐고 둘만 오순도순 잘살자는 것이 아닌데 뭐이 나쁘냐고
그곳에 두셨던 것일까 넓은 들판 오곡백과 풍요롭게 익어가
는 그곳에 두지 않고 그곳에 펼치지 않고 아내는 제가 생활
에 찌들려서 그렇지 돈만 아는 여자는 아니잖아요 그곳에 두
셨던 것일까 공사판에 두지 않고 싸움터의 현장에 두지 않고
아내는 모든 것을 받아들이겠다 하고 삶의 찌듦을 아름다움
으로 받아들이겠다 하고 사실은 아름다운 아내 아름다움 속
엔 얼마만큼의 종교성이 들어 있는지 종교성 속엔 얼마만큼
의 피해의식이 들어 있는지 피해의식 속에는 얼마만큼의 강
자의 논리가 강자의 논리 속에는 얼마만큼의? 빼앗는 자의
종교 빼앗기는 자의 종교 뺏고 빼앗기는? 해방의 종교여 해
방된 종교여 간직하고 싶은 것 몰래, 혼자서, 나만이 것으로,
간직하고 싶은 고해성사(×꼴리는) 그 속에 얼마만큼 모두가
속박되어 있는지 가해자가 피해자가 모두 사랑에서 미움으
로 비인간화

왜 우리들의 성기는 손바닥 한가운데나 발가락 사이…

그것이 험상궂고, 초라하되 썩썩한 모습 그대로 백일하에
나와 있고 드러나 있다면 사랑은 얼마나 투박한 힘이
었던가 들판에서 곡식이 익어가는 아름다움처럼 건강한

뿌리째 뽑세 뿌리째 뽑세 잡초는 뿌리째
박서방 논도 김서방 밭도 잡초는 뿌리째

홀애비 것도 과수댁 것도 잡초는 뿌리째
무너진 흙담 빼앗긴 농토 잡초는 뿌리째
갈라진 논밭 버려진 들판 잡초는 뿌리째
우리들 세상 언제나 오나 잡초는 뿌리째
뿌리째 뽑세 뿌리째 뽑세 잡초는 뿌리째

어허 친일잡초 분단잡초 다 뽑으면
좋은 세상이 오기는 올랑가

그러나 가버린 농경사회 취바리는 받아들였다 잃어버려 핏
발 선 민족적 슬픔을 받아들이듯이 인간조건의 슬픔을 육체
는 서럽고 취바리는 받아들였다 모두 제몫으로 돌아갈 수 없
지만 돌아가서도 안되지만 슬픈 버림으로서 해결이었지만
단호한 받아들임으로서 구원이었지만 남존여비 아름다움은
해방되지 않았지만 취바리, 그 못나디못난 설움의 탈바가지
를 쓴 채

이년이 어찌나 뒷물을 아니하였는지, 오뉴월 삼복 더위에
조기젓 썩은 냄새가 나는구나. 이것 보게 여기 참 대단하구
나! 털은 왜 이리 기냐? 해금줄도 하겠구나. 아 이것 보게,
무엇을 씹는지, 짝짝 쭙쭙지 소리가 나는구나.

돌아갈 수 없고 돌아가서도 안되지만 슬픈 봉건시대였지만
아니라도 해방된 아름다움이 아닌
해방 못된 아름다움을 위해 이 괴로운 지상에서 살며
'지금 이곳'에서 미래를 지향하는 해방에의 예감이어야 하
지만
해방 못된 다수를 위해 그 확산을 위해
구원을 위해 해탈을 거부한다 나는 해탈을 거부한다

그러나
전리품이 아닌 생산의 그릇 귀중품이 아닌 삶에의 통로
습기차게 살아 있는 모든 것과
소중하게 죽어 있는 모든 것들을
사랑하기 위한
열린 문
더러운 욕망 아니라 소유욕 아니라
진실한 사랑에게, 진실한 사랑으로만 열린 문
개인이거나 혁명이거나
육체가 아닌 사랑에게만 열린 문 아니
육체의 사랑과 정신의 사랑의 일치
에게만 열린 문
광적인 집착 아니라

베풂의 해방무기화
상품물질 아니라 힘을 위한 협동이자 안식처

사랑하기만 한다면 사랑할 수 있으리

과거 고향 그리움으로의 길 아니라
땀흘리고, 피흘리되 영영 순결한
지독한 아름다움으로 열린 길이었다면
솟구쳐 하늘을 치는 산에서
파도처 덮칠 듯 일렁여대는 바다에서
사랑하기만 한다면
사랑할 수만 있다면
평화로운 마을에서 들판에서 손뼉치는 인가에서

사랑은 오오 죄책감에 물들지 않고
이데올로기에 물들지 않고
일상의 늪으로 도피하지 않고
백일하에 얼마나 힘일 것인가 해방을 위해 아름다움은
더러운 쾌감에 물들지 않고 순간적인 영원성에 물들지 않고
얼마나 생애적일 것인가 집적적일 것인가 3류영화 입간판
선정적인 무릎과 무릎 사이! 어쩔 수 없이 조금씩 열리는
그녀의 호기심! 그녀는 드디어 못 참았다! 행동시대 선언!
유리는 오늘도 집에 들어오지 않았다! 엄마, 죽고 싶어,
내 살결이 얼마나 보드라운데, 이렇게 함부로
이 따위 영화 선전문구에 몸 부르르 치떨지 않고?

미국식 프리섹스? 일본식 개방풍조? 웃기지들 말어 그
말에는 본토가 아닌 우리나라 식민지 상황이 들어 있는거
마이클 잭쓴이니 뭐니 본토 나라에서보다 우리나라 놈덜
숭내내는 거이 더 꼴불견이란 말여 우리들이 즈그들 나라
망하는 것까지 따라갈 건 뭐냐 말여 선진국 어쩌구 해싸
도 아 같이 망할 꺼까정은 없능겨 우리는 즈그들 나라만
큼 잘 살지도 못했구 잘 살라고 즈그들 나라만큼 죄짓지
도 않았어 으쨌거나 이제사 그 죄진 벌까정 좋다고 허겁지
겁 헐레벌떡 침을 줄줄 흘리며 "나도 좀 줍쇼!" 하고 자빠
졌능겨 자빠지기를 포르논지 뭔지 그 짐싱 같은 짓거리는
왜 보능겨

아아 잘못된 민주주의여 누리고 싶은 욕망 더하기
빼앗고 싶은 욕망 더하기 빼앗기고 싶은 욕망 더하기
은밀하게 비인간적이고 싶은 욕망 변태적 욕망 더하기
겁탈환상 그 위에 유린 강간환상 더하기 강한 자의
죄지은 자의 가해·피해망상이 떠받들어 지켜주는 체위

제국주의의 체위 버팅겨주는 이조시대의 체위 버팅겨주는
그것은

죄진 자들이 받아야 할 벌이지
우리들이 누릴 해방이 아니다 마침내
우리들이 간직할 사랑이 아니다

그러나 우리들은 치를 떨며 쾌감스러워한다 포르노를 보면
서 은밀하게 고통스럽고 안간힘 쓴다 자신의 영역을 지키기
위하여 큰 물건 콤플렉스 아니다 아니다면서 그 움켜쥔 손가
락 사이로 힘없이 빠져 흐르는 약소민족의 하얀 세월 쓰디쓴
상실 그 아픈 껍질 속 알맹이까지도 배어 있다 아름다운 이
데올로기가 빼앗김에의 숙명적 체험이 우리는 아름다움을
미래를 위한 힘이라고 생각하는가 덫이라고 생각하는가 가
정에 안주하기 위한 덫이라고 생각하는가? 서정성 있는 아
름다움 운운하며 화려하게 흘러간 시간의 과거에 대하여 흘
러간 유행가에 대하여

세녀,
우리가 현재
가진 것에 대해서.
우리가 현재
침거해 있는 가정에 대해서.
그 안온한
계란후라이 내음에 대해서.

아름다움을 빼앗기는 아픔을 도착된 쾌감으로 느끼며 다시
치를 떨고 다시 죄스럽고 다시 쾌감을 자학적으로 느끼는 그
식민지의 정서적 노예가 아닌가 우리는?

빼앗긴 것을 되찾는 길이
되돌아가는 길은 아니다

지금 이 한반도에서 속적삼마저 찢긴 채
선 채로 쓰러진 채로
아름다움은 미래를 향해
열릴 것

우리는?

아름다움의 껍질에 갇혀 우리는 정서적으로 일상적으로
과일껍질을 벗기며 술집에서 직장에서 가정에서 교회에서
디스코장에서 기피하고 있지 않은가 진보적 통일론을?

버리고 완성해야 할 것들에 대해 안쓰럽고 겁탈당하는
지주의 딸에 소름떨며, 폐감 느끼고 잘못 느끼고 있지
않은가 우리는 우리 시대의 전쟁을 전쟁의 피를 피의
성분을?

나날의 살아감 속에서
노점 상인의 생계투쟁 속에서
논밭처럼 갈라진 아낙네의 손바닥 위에서
전쟁의 피는 그 비참한 목숨 연명 속에서
강간의 피가 아니라
해방의 피다

아름다움은 왜 힘이 아닌가
아름다움이 왜 힘이 아닌가?

추신
달을 보며 살았지요.
화냥기처럼 끓어오르는
새빨간 태양은 말고
좁은 이마였던 초생달
서슬 푸른 목을 매는 보름달
달을 벗삼아 살았지요.
언젠가는 진정하게 푸른 봄날이 오리라
언젠가는 이글이글 타는 여름이 오리라
언젠가는 풍요로운 열매의 가을이 오리라
언젠가는 옷매무새 가다듬는 겨울 오리라
믿었지요, 지금은 헛된 총천연색이지만
그러나 배추를 움켜쥐며 차마 뒤틀리며
까무라치지는 못한 내
뿌리여요 앙칼진 뿌리
지금은 그렇듯허게 엉긴 네
습성이어요 모질디모진
여전히, 화냥기처럼 끓어오르는
새빨간 태양은 말고
달만 보고 사나요 그냥
사나요.

태양에서 핏자욱이 가실 때까지?

8
할배는 할배는
발뒤꿈치이 하고

할매는 할매는
팔뒤꿈치이 하고

낮이면 우리는 숨바꼭질을 했다 6·25때 파괴된 고철
탱크가 있는 양조장 달이 뜬 밤은 몰래 빼내도 빼내도
끝없이 지남철 솟아나오는 밤, 쉿, 들키면, 안돼, 낮이면
숨바꼭질을 했다 양조장 옆에 세위는 노깡 속으로 숨어
밖은 쩡쩡한 대낮, 어둠 속에서

  꼭꼭 숨어라 머리카락 보일라
  꼭꼭 숨어라 머리카락 보일라

노깡 속에서 어둠은 오히려 편했지 온몸을 감싸주는 것처럼
부끄런 몰골을 감춰주는 안온한 손바닥처럼, 어둠속에서

  누군가의 눈초리가 나를 발각할 때까지
  누군가의 털난 손이 내 어둠의 살을 더듬을 때까지

어둠은 내 몸이 됐다, 어둠 속에서

  누군가의 눈이 나를 알아볼 때까지
  누군가의 손이 나를 잡아줄 때까지

밤이었는가 밤이었는가, 지금은 밤이, 은밀한 밤이
이렇게 우리를 배신했는가, 밤이, 몸서리치는 밤이,
왔다, 꼭꼭 숨어라 머리카락 보일라
  쉿! 꼭꼭, 숨어라, 머리카락 보일라

나는 모른다 그때의 그 어둠이 신화였는지 아니면
동화였을까? 어둠은 이미 그때부터 우리를 속이고 밤은

  밤은 깜깜하게 요지부동이면서

우리를 바싹 뒤따르며 살금살금 발자욱 움직였던 것인지
나는 모른다 추억이었을까 빼앗김의 역사? 지금은 밤이,
어둠이 쇳소리를 내면서 도처에 잠복해 있다, 총칼과 살기.

  빛은?
  대낮은?

아침저녁으로 이를 닦는다 죄진 것은 내 이빨이 아닌데
이를 악물며 써억써억 비비다가 입술을 쇠창살 사이로 비
죽 내밀고 새하얀 치약거품을 배앝아내면서 아아 햇살 생
각한다 그대가 밝혀놓았을 그대의 치명적인 광명이여 충혈
된 그대 눈자위 속 광활한 벌판이여 이루지 못한 그대는 기
침의 테러리즘? 징역을 살면서 늘상 하는 일이지만 그대 오
무린 입은 솜씨있게 하늘을 향해 무사히 배앝아 올리지 못
한다 언제나 배앝음은 염치를 모른다 아름답지 않다 배앝
음은 깨끗함을 모르고 쇠창살 위로 묻어내리는 거품, 잇새
에 끼인 콩밥찌꺼·잇몸이 무너진 괴혈핏덩이·빨갱이야 너
는 피 섞인 거품은 내 얼굴 바로 곁에서 너는 빨갱이야, 어느
무기수는 앉은 자세에서 젓가락 두짝으로 날아가는 파리를
잡는다 느린 시간의 속도에 속속들이 익숙해지는 그 경지는
무엇? 서투른 나는 누구? 와 몸 섞고 있는지 슬픔? 혁명? 빨
갱이야 너는! 익숙해지고 싶지 않다 슬픔은 두 개로 갈라져
있다 엄연한 눈동자처럼 그러나 오히려 내가 여기서 기다리
는 것은 또한 슬픔의 거대한 정체가 낱낱이 드러나는 그 구
원의 오직 한순간? 밤마다 내 코가 박혀 잠을 청하는 동료
죄수들의 무좀 걸린 발바닥 사이에 있는 퀴퀴하고 뜨건 냄
새?

"내가 헐벗고 굶주리고 있을 때
너희들은 어디 있었느냐?"

빛은?
대낮은?

그냥 시골길이었어 관광버스 한 대 겨우 지나갈까말까 한
들길 자갈과 풀밭과 망초꽃 사이로 난 오솔길 정도였는데 국
민학교 적 소풍길 같았어 탄생 이전의 죽음에 가까운 아늑한
고요 지줄대던 햇살 섞인 시냇물 그러나 우리가 찾아가는 것
은 탄생 이후의 죽음 길은 갈수록 어떤 끔찍한 정적 그 사이
로 난 길 추억과 예감이 불길하게 교차됐다, 따스함에 소름
이 돋는, 미망(未亡)의 어른이 되어 걷는, 안도와 뉘우침과
힘없는 노여움의 길 그대는 죽었는가 그대는 떠도는 넋이 되
었는가 망월동 공동묘지 수천 명이 희생되었다는데 평화로
운 숲속에 고요 따스한 온 산에 아아 햇살 습기 축축한 흙은
살기(殺氣)로 영롱하다 밟는 잡풀들과 더불어 이슬 젖은 흙
내음 풋풋하다 부채살로 퍼지는 햇살 어머니 손 잡고 동무들
과 여선생님과 삶은 계란 도시락 리꾸사꾸 메고 원족 가던
이 길 탄생 이전의 죽음 탄생 이후의 죽음 그 사이 아늑한 고
요와 소름끼치는 정적 그 사이 꿈틀거리는 미모사 잎새 하
나, 밤송이 나무 밑, 풀밭 속에서

저만큼
지렁이 꿈틀만큼이라도
움직여주셔요. 제발. 당신의 고요.
당신의 거짓부리 고요.
가르쳐주셔요. 당신의 뉘우침과 배반.
탐욕의 반짝임이라도 보여주셔요.
참을 수 없어요. 당신의 고요.
색깔없는 잿빛 기다림의 세계.
두레패 농악 같은
산천초목 같은
당신의 총천연색을 보여주셔요.
핏속에 있는 아주 자그만
땀 속에 있는 아주 미미한
혁명같이
당신도 참으시면 안돼요. 이 세상의 고요.
참을 수 없는 정지.
참을 수 없는 지평선.
움직여주셔요. 당신의 고요.
당신의 거짓부리 고요.

그래 맞았어 그것은 슬픔의 힘이었다 그냥 시골길 관광버
스 한 대 겨우 지나갈까말까 한 풀밭과 망초꽃 사이로 난 오
솔길 정도였는데 그냥 소풍길이라도 좋았지 망월동 공동묘
지 수천 명이 희생되었다는데 그냥 잡초무덤 몇백 기만 봉그
마니 가여운 젖가슴처럼 봄날 뙤약볕을 받고 있었어 바람에
흩날리는 현수막이 한 개라도 있었더라면 초라할망정 기념
비 하나 세워져 있었더라도 그렇게까지 쥐죽은 듯 고요하지
만 않았더라도 하필 그날 뙤약볕조차도 죽음의 안온한 손바
닥처럼 그 잡초무덤 몇백 기를 감싸고 있지만 않았더라도 덜
그랬을 건데 갑자기 여자의 앙칼진 흐느낌이 땅에 쏟아져 이
늘을 찢었고 우리는 어느새 멍하니 눈물만 솟았지 덮쳐누르
던 그 울음의 무게 혹은 간신히 이를 악물고 혹은 아예 엎어
져서 이 순간만은 역사도 희망도 없이 대책도 없이 그저 망
연히 울고만 있었는데

신기하게도

그 망연자실한 슬픔은 힘이었어 우리들의 생애를 내내 규
정지을 그것은 총체적 폭발이었고 참담한 좌절이자 거대한
힘이었다 참혹하도록 아름답게 해방된 세상의 예감, 뇌가 씻
겨지는 아픔이자 기쁨 충격이자 감동 분단된 나라에 사는 한
쓰러움과 분단을 딛고 우리가 마침내 이룰 세상. 가면서 흘
려야 할 그 피땀들이 결코 헛된 것은 아닐 것이라는. 우리들

이 두 발 딛고 버둥거리는 이 땅이 어차피 그 피땀들로 인해
변혁될 것이다 그 슬픔 앞에서 너희들이 한 짓은 그 무엇?
중앙집권 속에서 너희들이 한 짓은? 물론 그랬ㅇ 일간스포
츠 만화 고우영 삼국지 열국지에서 나날이 일상적으로 큰 칼
로 졸개들의 머리를 십명씩 백명씩 수천명씩 무더기로 짜르
고 짤린 그 모가지에서 유인물 냄새 시커멓게 흘러 우리들의
안방에 흥건하게 고이는 피도 섬뜩한 이불속 블랙코미디 음
흉한 웃음 그 따위에 속지 않는 그 망연자실한 슬픔은 힘이
었어 우리들 모두의 운명을 규정지워버릴 그 거대한 슬픔 속
에서 다시 희망이 그 처참한 희망이 그 피 흘리는 역사가 되
살아났다 절대로 크지 않은 목소리로 그러나 단호한 일용의
양식 같은 목소리로 그랬어 광주에서 그 피의 5월에

하느님은 대낮의 밝은 햇살 혁명적인
슬픔의 아름다움
아름다움으로 우리를 옭아매려 하셨던 것은 아니다

  버릴 수 없으리 버릴 수 없는 이 지상에서
  아름다움이여 우리가 또한 이 식민지에서
  그대를 사랑하는 것이
  역사를 위해 뼈아픈 힘이 되어야
  하리, 뼈아픈 아름다움의 이 지상에서

  혁명적인 아름다움 속으로
  해방되고 싶다
  하느님에게로 이어지고 싶다

우리들의 미래가
눈부시게 떨리는 흔들림으로
아아 망설이는 몸짓으로
오더라도, 그대여 벗어날 수 없는 이 지상에서
우리들의 미래가
그대의 슬픈 아름다움을 꿰뚫는 그 속에 있나니

  이 세상 혁명 전야의 노래는 왜 모두 그리도
  슬펐던가. 거대하게, 웃음은 완성된 체제 속에서?
  슬픔의 방향감각이여 동참이여

저 길을 가야 한다
식민지의 밥과 물을 먹고 저 길을 가야 한다.
그대를 사랑하는 것은
분단에서
통일로 가는 길인가?
저 길을 가야 한다

저 크리스마스 캐롤과 네온싸인 출렁거리는
유혹과 흔들림의 거리를 가야 한다
낯익은 쾌락의 지옥을 꿰뚫고 가야 한다
사랑도 타락도 모두 아픔이리, 그대
이 저질러진 식민지에서
홍등가 불빛이 어둠과 단짝을 이루는 것과 같이
백화점 휘황한 조명이 침략과 단짝을 이루는 것과 같이
삶도 죽음도 모두 아픔이리, 그대 그러나
사랑한다 사랑한다 사랑한다 사랑한다
저 길을 가야 한다
그대를 잊기 위하여
그대인 길, 길인 그대
그대를 잊고 그대를 사랑하기 위하여
이 세상 온갖 아픔인 그대
이 세상 온갖 저질러짐인 그대
사랑의 개념을 위하여
그대인 길, 길인 그대
그대를 잊고 그대를 사랑하기 위하여
내 잊음 속에 그대를 살과 피와 미래로 받아들이고
하여 그대가 내 몸 속에 들어와
우리가 함께, 그대와 내가 함께 그대를 잊듯이
저 타락한 도시의 몸 속을 가야 한다
음침한 뒷골목도 가야 한다
저 길을 곧장 뚫고 가야 한다.
그대를 사랑하는 길이
그대를 통과하는 길이듯이
통과하며 그 통과 속에서 다시 그대와 동행하고
그대도 그대 자신을 스스로 관통하는 길이듯이
사랑의 체위가 그렇듯이
저 식민지 더럽혀진 오욕의 길을 가야 한다
피해가지 말고
넘어가지 말고
백안(白眼)으로 가지 말고
한없이 한없이 받아들이며 가야 한다
더러움은 아직도 우리를 더럽히지만
우리 쓰러져 흘린 피로 깨끗하리,
가다가 쓰러지더라도
쓰러져 흘린 피로 그대를 세례할 수 있으리
내 몸 속에 들어와 있는 그대가
그대와 내가
세례할 수 있으리, 그대 깨끗한 아름다움이여
저 허망한 인과들의 거리를 곧장 질러가야 한다

어쩔 수 없이 사랑하듯이
아름다움 속에 든
그 치욕과 고난의 역사마저도 사랑하듯이

   그대를 사랑하는 것은
   분단에서 통일을 사랑하는 것과 같이
   죽음으로 가는 길인가?

아내는 공무도하가 부르며 오순도순 살고 싶다고만 하고 종로통이나 을지로통 러시아워 때는 클랙슨 빵빵대는 소리 흐르는 인파 흐르는 네온싸인 흐르는 신호등이 꼭 흐르는 시시퍼런 강물만 같아요 달리는 택시와 버스와 택시는 그저 님 앞에서 휘황한 평행선으로만 씩씩거리며 달리고 건널 수 없는 강 건널 수 없는 평행선 달리는 자동차행렬 살기 띤 욕질과 운전대를 잡은 손목근육 힘줄과 호루라기 소리 신호등 껌벅대고 달리는 택시와 택시의 평행선 그 잠깐 틈난 새를 노려 그 빈틈을 노려보아도 님은 아직도 그 틈을 직각으로 재빨리 통과하는 법을 모르신다고 가로지르는 법을 모른다고 움직이는 것의 존재를 무시하고 움직임의 속도만 계산해야 하신다고 도회지 야박한 계산법을 아직 모르신다고 아직 달리는 차는 달려서 지나갈 차가 아니라 술취한 뒤꽁무니를 쫓는다고만 생각하신다고 님은 취객님은 그 눈 딱 감는 법 안심하는 법 치사한 배짱 그 장사와 삶의 구분법을 모른다고 아내는 공무도하가 부르며 오늘도 무사히 아이들 생각도 해야 한다고 우리 님은 어쩔 줄 모르고 공무도하 공경도하 달려가는 차는 쫓아 달려와 덮쳐오는 차로만 보이고 모든 것이 당신 책임으로만 보인다고 차와 차 사이의 운동 사이 님은 달리는 차보다 앞장서 먼저 뛰신다고 달리는 차와 같은 방향으로 그러나 달리는 차는 님의 걸음 걷잡을 수 없이 빠르고 양팔로 허공을 휘휘 저으며 사람 살려 사람 살려 우리 님은 소리 소리만 연방 비명 지르신다고 피난살이 걱정이사 걱정 개헌정치일정 걱정 우리 님은 사람 살려 사람 살려 소리소리만 연방 비명 지르신다고

돌아가고 싶더라도 그대를 사랑하는 길이
아니므로
사랑의 체위처럼?
사랑의 체위처럼.
그대를 뚫고 그대와 함께 그대를 지나가는 것
마침내 그대, 아내여 아름다움이여

돌아가고 싶더라도 그대를 사랑하는 길이
아니므로

추억이여 죽창 들고 일어서라

논둑길 따라 메뚜기 뛰놀고
봄날 햇살에 패인 웅덩이
이제 막 생겨난 개구리알이
아롱다롱 갈앉아 있었지
다롱다롱 떠 있었지

할배는 할배는 발뒤꿈치이 하고
할매는 할매는 발뒤꿈치이 하고

비 개인 날 질퍽한 발자욱 밑에서
피어오르던 봄날
두엄냄새도 코끝에 정다웠어라

식민지.
그러나 얼마나 숱한 피의 세월이
우리들의 과거를 또한
적시고 있는가
적시고 있는가

또한 사랑의 체위처럼?
또한 사랑의 체위처럼.

빼앗긴 아름다움의 추억이
비로소
핏발 선 무기가 될 수 있도록?

핏발 선 무기가 될 수 있도록.
핏발 선 힘이 될 수 있도록.

9

이력서를 쓴다 굳은 얼굴 표정의 명함판 사진 밑에 자필로 쓴다 생년월일이 언제고 본적은 어디고 한글 한자 병용으로 까만색 볼펜으로 쓴다 자술서를 쓰듯이 좋은 시 한 편 쓰는 것이 뭐 그리 큰 문제냐고? 창밖은 전신주 위에 흐린 비 내리고 빗방울로 축 늘어진 나뭇잎 아열대 폭풍에 흔들린다 본관은 어디 아버지 출신성분은? 산아제한 딸만 낳아 잘 기르자 종족말살 하자? 책상인 밥상 위에서 흑백논리로 쓴다 그리운 것은 그립다 이력서를 써도 이를 악물어도 보고 싶은 사람들은 보고 싶어, 창밖에 무수히 쏟아져 순환도로 아스팔트를 적시는 비! 비! 빗방울! 이대로 달려가고 싶어 우리들 그리움의 끝간 데는 어디? 신의주? 황해도 고향 마을? 결혼

했는가? 미혼인가? 병력필? 가족관계는? 종교는? 학력은?
이력서는 아직 젖지 않는다 우리들의 생활에서 이 이남(以
南)의 삶에서 그리움은 반국가적인가? 그리움은 비도덕적인
가? 그대를 사랑하는 것이 반윤리적인가? 이력서는 도무지
젖지 않는다 아이들만 무르팍으로 박박 기어오를 뿐 눈물이
나지 않는다 함께 가야 해 살아남아야 해 번식해야 해, 우리
뜻으로 그리 된 것은 아니니까 분단의 산물이지만 분단된 식
민지 밥을 먹고 힘을 키워야 하니까 분단 이전의 통일과 분
단 이후의 통일은 달라야 하니까 버릴 수 있는 것은 하나도
없어, 용서한다 모두 분단의 똥구멍도 털난 손도 용서한다
위의사항사실하나도다르지않음 확인함, 그것뿐이라니까
정말! 빨간 인주로 지장을 찍는 엄지손가락으로 맹서한다
참회한다 열 손가락으로 다시는 다시는

　　새빨간 지문에 백인
　　우리들의 생활은
　　피비린 그 무엇일 수 있을까

　　가장 절실한 것이 아름다워 보일 때
　　작은 절실함으로 하여 큰 절실함을 잊어버리는 과오를
　　범하지 않으려고 애쓸 때
　　'일상성'의 혁명을 생각할 때
　　용서받을 수 있을 것인가 우리는
　　이 미천한 우리들의 호구지책을?

시와 경제 지갑과 먹물 연애와 순결과 결혼과 출산과 핏덩
이 하얀 손수건 핏줄 번들거리는 노동자의 손목 사랑과 폭동
으로 그대를 사랑하는 것이 죽음으로 가는 길이며 죽음으로
가는 길이 만남으로 가는 길임을 나는 믿는다 이 갈라진 나
라에서 그대여 아름다움이여

　　후천직인 깨달음에 대하여
　　상처뿐인 삶이 지니는
　　구원의지의 엄청난 힘에 대하여
　　초라한 살림과
　　일상의 피에 대하여
　　피의 일상에 대하여
　　무기에 대하여

　　그리고 전쟁은
　　어느 평화로운 마을에서였을까

산천이 피로 물들고 튀는 살점 포탄소리 낯익은 식구들의
얼굴에 낭자한 피! 잘린 팔다리 나뒹구는 전쟁은 굶주림과
추위와 두려움과 함께 왔다 울창한 수풀 나뭇가지 사이로
가녀린 풀잎 이슬방울조차 피땀이 묻은 격전지에서 끈끈히
흐르는 피의 진흙밭 속에서 비틀거리며 그래도 한가닥 남은
엉겨붙은 목숨에 의지하며 걸었다 군화발에 걸려 잘린 다리
가 나오고 잘린 머리통이 나오고 철모 수통이 나오고 십자가
가 나오고 속창자가 나오고 그것까지 나왔지만 살았다, 추웠
다, 배고팠다, 하느님이 그 격전지에서 그랬듯이 그녀는 그
토록 처절했다 목숨이 목숨과 함께 죽음으로 해방되었듯이
아름다움은 처절함으로 해방되었을까 겁탈유린 벗거! 이 따
위 말로도 아름다움이 알몸과 치를 떤 것은 지옥의 쾌과도
같은 후방에서였다 캬바레에서 블루스 춤에서 퇴각중인 어
느 농가의 앞마당 머슴방에서 아름다움은? 스트립쑈 외국인
전용클럽에서 이태원에서 전쟁은 보고 싶은 연인에 대한
안온한 보수적 퇴폐적 가학적 피학적 그리움 기지촌에서
아름다움은 교묘하고 음흉하고 징그러운 눈빛과 침략근성
의 은밀한 쾌감과 축축한 죄책감이 동반한 살의(殺意) 목숨
은 배설물 처리한 크리넥스처럼 구겨지는 것 아름다움은
안간힘 섞인 집착일지라도 인간적일지라도 구겨져 쓰레기
통에 버려지는 것 털난 이방인의 손에 구겨진 화장품곽처
럼 그러나

　　좌도 우도 없는
　　격전지
　　목숨의 감자밭에서
　　아름다움은 마침내 해방되었다
　　피 묻은 목숨의 아름다움으로
　　죽음의 아름다움으로
　　헐벗은 아름다움으로
　　미인계의 아름다움으로. 아름다움은 무기였다 힘이었고
　　종교였다 끈질긴 목숨의 끈이자 봉건근성의 치유
　　녹을 품고 사는 표독스러운 앙칼진 생애
　　아름다움은 증오였으며 복수였으며 민족성이었으며
　　너그러운 깨달음, 마침내 아름다움은
　　무너지거나 빼앗기는 것이 아니라
　　죄진 자까지 받아들이며
　　용서하고 구원하고
　　스스로 완성되는 것이었다
　　피로 이데올로기로 물든
　　우리들의 가계사
　　그러나 그 괴로움이 어쨌든
　　우리들의 미래를 일구는
　　바탕이 될 것이다

신혼초야다
허구헌 날이었지만
오늘밤도
그녀의 오랜 숫처녀와 만나기 위해서
젖은 신부의 면사포와 화장기 짙은 몸짓과
그리고 고운 님 긴긴 밤새
끔찍이도 오래오래 그대를 기다리던
또 몇 겹의 두꺼운 껍질을
그대는 벗겨내야 하리라
그녀는 달아오르지 않는다 나는 안다
왜 거대한 아픔은 뭇 아픔의 감각을 마비시키는가
회복하기 위해선 왜 또 아파야 하는가를
나는 안다 그대는 두 손 호호 불며 떨던
긴긴 세월이었지만
그녀는 쉽사리 늙어 보이고
호락호락 달아오르지 않는다
그대의 반평생 감옥살이와
그녀의 조이고 놀라고 이젠 굳어버린 새가슴
어느날 그것도 갑자기 어느날이다
그대는 깨닫게 된다 녹임받을 몸은 그대가 아니라
그녀의 견디어낸 가슴이라는 것을
그리고
또 그만큼의 세월이 지나면 될까
그녀의
멎었던 숨통이 조금씩 트이면서
그녀의 맺힌 가슴속에서
무언가 봇물이 터지면서
그녀는 고요히 흐느끼기 시작한다
무서운 슬픔이
비로소 찢어질 듯, 입을 벌리고
그대 몸을 적시는 홍수가 된다
이제 오늘도 해는 저물고
행여 겁먹지 말라 그대여
그대가 맞은 님은 바로
잔물 얼룩진 우리 조국
그대가 껴안은 것은 너그러운 아픔의 항아리

자세히 보고
뒤집어 보면
불행한 우리들의 역사는
우리 대신 우리들을 이미 해방시켜주었던 것이다
슬픔은 이미 유전이다
혁명은 이미 우리들 혈관 속에

역사의 몸은 피를 철철 흘리며
아름다움을
아름다움의 속박으로부터
해방시켜주었던 것이다

자세히 보고
뒤집어 보면
얼마나 행복한가 이 괴로움은? 우리들 순결한 아름다움 속에
들어 있는 그 고통의 차원은? 치욕의 역사로 핏발 선 추억으로
들어 있는 것은 얼마나 괴로운 힘인가 역사가 역사의 알몸이
우리에게 남겨준 이 순결한 피투성이는 얼마나 아름다운
힘인가?

그대 순결한 채로 이 세상의 구원에 나서라
그대의 지금 청순한 순결 속에도 이미
한 나라의 온 생애가 들어 있느니
그대가 더이상 버리거나 내팽개쳐야 할 옷은 없느니

창녀의 신화
현모양처의 신화
버리고 나아가라 그대 아름다움이여 내가 그대를
괴로움으로 사랑하는 것과 같이
아름다운 채로 나아가라 빼앗김과 헐벗음의
역사가 이미 마련해준 그대의 자리. 이 세상은 이미
버린다고 해서 무엇이 이루어지는 세상은 아니다

전락하지 말라 선망하지 말라 사랑하는 기쁨만이 건강하나
니 순결하지 않은 세상을 위해 괴롭도록 순결하라 그대에 대
한 나의 안쓰러움조차 힘이 되기를 바라노니 오히려 되찾게
하라 그대의 영역을 그러나 전과는 다른 일하는 들판에서 전
쟁터에서 벼이삭 백합꽃 하느님의 아름다움이거나 사람의
아름다움이거나

나는 그렇지 않소 그리운 당신 매판적인 아름다움에 대한
증오가 일하는 들판을 찾고 그 들판을 통해서 봉건마을로
이어지는 그 '버림의 미학' 이 여성해방에 궁극적으로 도움
이 되리라고 믿지 않소

어머니
이 편지가 피로 덕지덕지 묻어 있음을 용서하여주십시오
총에 맞은 시체로 들판과 사막과 높은 산맥에 누운
동지들의 피를 찍어 나뭇가지로 이 편지를 쓰기 때문입니다
고통과 치욕과 분노로 견디던 필사적인 삶이

마침내 일어서, 쓰러진 그 최후 앞에
그 육신적 생애의 위대한 종말인 한 해방군의 시체 옆에서
저는 한줌밖에 안 남은 목숨으로 이렇게 쓰고 있습니다
이 지상의 마지막에 와 있는 제 시야 속에서
이제야 나무도 풀도 한낱 풀벌레도 모두 한몸인 거와 같이
체온이 아직 따스한 몸뚱어리, 팔다리 잘린 시체마저도
모두 처참한 아름다움으로 보입니다
그렇습니다 어머니
어머니는 그리운 고향이시지만
이제 미래로 가는 싸움터의 길목에서
기다리고 계셔야 합니다
부릅뜬 두 눈으로
죽어가는 제 시야 속에서도 보입니다
우리가 함께 다리 절룩이며 찾아가야 할
피에 얼룩진 미래의 모습이
목숨이 다할수록
기운이 다해갈수록 아름다운 그 모습이
희미할수록 아주 자알 보입니다
용서하십시오 이 편지를
이 편지의 색깔을 이 편지의 흐트러진 글씨체를 이 편지의
역겨운 비린내를
그리고 그 속에 언뜻언뜻 얼룩진
눈물자욱까지
용서하십시오 어머니

어디였던가
전쟁은 어디?
눈썹가 아니면 오른 뺨의 근육
항시 파르르 떨리고
불안했지만 필사적으로
남은 여생의 평화 같은 것
피난 때 큰일을 당하셨다는 원주 이모
그분의 잔주름 입가에 눈매에 잔잔한
미소의 깊이 같은 것
무서운 예감도 다스리는
안도의 한숨 같은 것
가녀린 가슴에서 무언가 짜릿하게
아프게
불행이 획득케 해준 너그러움
이따금씩
가슴을 욱신욱신 쑤셔대는 어떤
가슴 뭉클한 것
전쟁이 가져다준 가녀린 희생과

열림
아름다움이 이루어진 예감이었을까
아름답고 인자한 웃음이
나를 전율케 만든 것은
마음의 평화였을까
원주 이모는
이데올로기에 남편을 잃고 자식을 잃고
행복한 추억을 잃고
마음 한구석 비인 자리로
좀더 깊어진 삶

그러나 앙칼진 구원의지의 복수심으로
너그러움으로 사랑으로 마침내 승리한
전사의 아내
치열하게 너그러운
치열하게 너그러운
흔들리는 채로 완성된
원주 이모
명절날 세뱃돈을 쥐어주시던
그 따스한 손에서조차
어디었던가
전쟁은 어디?

아름다운 강산 시냇물 졸졸 흐르던 계곡 수풀 나뭇가지 사이로 나뒹굴던 시체더미 흩어진 살점더미 피비린내 발기발기 찢어진 군복 치마말기 따위야 흘러내리던 피바다 속에서 역겨워 살아남는 것이 죽어 흙 속에 파묻히는 일 못지않게 위대했던 순간 부끄러움에 몸을 가리며 오들오들 떨며 그러나 살아남아야 해! 그녀가 가장 억척스럽게 표독스럽게 악을 바락바락 지르던 그 순간에도 거짓된 순결의 개념에 피가 묻고 목구멍 풀칠이 묻고 살점이 튀며 늘어붙고 조기것 썩는 냄새마저 묻던 순간에 괴로워하겠는가 그대 괴로워하겠는가 빼앗김이 이토록 치떨리는 기억인가? 우리가 돌아갈 수 없는 곳으로 돌아가고자 하기 때문 우리가 지금의 현실에 안주하고자 하기 때문 전쟁은 물론 그 끔찍한 것이 그 숭칙한 것이 물론 많은 것을 ■빼앗아갔지만 기억에조차 우리를 묶어두는 것은 누구인가 괴로운 것은 ■빼앗김 자체보다도 ■빼앗김의 기억이다. 추억의 정서를 노예의 정서로 만드는 자들은 누구인가 스스로까지 노예로 만드는 그 우매한 지배자는 누구인가

마음속 깊이
파묻혀
그대를 파묻은 내 심장을

난도질해대는
그대 비수 같은
제 목숨의 먼지는
그대 만남의 눈부심에도
녹지 않았습니다
어찌합니까 그대 눈부신 만남에 내팽개친
체온 묻은 잠옷에 또한 묻었을
제 땀과 코피를 어찌합니까
깨물어도 수줍은 아픔의 끝까지
좀먹어도 수줍은 욕망의 끝까지
조강한 모시적삼 한 오라기씩
풀어헤치며 그러나 제 목숨의 먼지는
그대 만남의 눈부심에도 녹지 않았습니다

그대와 나는 언제나 싸울 것이다 목숨의 먼지와 비린 소금
기와 피와 초라해 보일 헐벗음과 그 확인의 치열한 과정에서
우리들 사랑은 언제나 서로 싸울 것이다 힘이 되기 위해서
미래 속으로 열린 사랑의 체위로 한몸이 되기 위해서 사랑이
통일이기 위해서

오늘 이렇게 내리는 비는
거리에 아스팔트에 마구 쏟아져내려도
내 마음속 가뭄을 적셔주는 것은
실상은 그대의 습기찬 눈물 한방울이다 그대여

10
영등포시장
땀수건을 두른 아낙네들이 벌려논 좌판 위에서
1,500원짜리 오징어가 무지무지하게 크다
내 삶이 왜소하기 때문이다
천진한 아이들의 얼굴보다
오징어는 크고 붉고 새까맣다
아낙네의 살아온 삶이 거대하기 때문이다
입을 벌린 서민들의 생계와
한몸이라는 듯이
오징어는 거무튀튀하고 비리고 다리마저 악착스럽다
우리들의 삶이 모두 저렇게
강인하고 질겨야 하기 때문이다

내가 노리는 것은 무엇인가
낯익은 모습으로 그대에게 접근하여
포복하며 그대 안방에서 그대의 살로 들어가
그대를 변화시킬 수 있는

아주 친근한 한 편의 시?

오징어는
우리들의 갈 길이 그토록 벅차다는 듯이
무지막지하게 크다 저 원양(遠洋) 오징어를
받아들이자 우리들 몸 속으로
질기게 질기게 씹으며

……

절벽에 서면
저 멀리 그리운 것만 살아 있는 것만 아젤다

내면인 고통에 일상성 혹은 구체성을 부여함으로써
과거의 기억을 현재화시키고 드러내 보이면서 어떤
비극적인 화해의 경지로까지 도달하는 방법.

추석이면 보름달이 퀘숀마크로 보인다
그렇고 그런 거라고 남들이 뭐래도
송편을 빚어도 그렇게 보인다 너무 하해서 믿을 수 없는
동그라미로 보인다 달만 보고 사냐고?
내 시력만 탓하면 그만이겠지만
거울 속에도 보인다 비굴한 웃음이 껌둥이 커닝햄과
영어회화를 하고 나면
암살당한 말큼 엑스에 대해서
내 혓바닥은 평상시에도 꼬부라진다 지나가는 말로
회화실력이 그렇게 좋은 줄 몰랐다고 얼버무리면 그만이지만
눈을 감아도 보인다 눈물 속에도 보인다
도처에 널려 있으면
빤한 비참은 비참이 아님?
새하얀 비참은 비참이 아님?
보인다 갑자기 보름달이 처녀 궁둥이처럼
보인다 갑자기 보름달이 양놈 배때기처럼
보인다 보름달이
조선 아낙네 눈물 콧물 저린 속적삼처럼 보인다
아아 송편은 어떤 앙칼진 눈물보쌈이다

고통의 보편적 차원.

과거의 사건이 주는 '과거로서의' 무의미한 내면적 고통을
탈각해버리고 새로운 사건으로서의 공동체적인 고통 속으로
동참하는 것.

그대

1986

4월에서 5월로

타는 꽃으로 달아오르는
새빨간 두드러기 같은
안쓰러운 엉덩이 같은
마구 발가벗긴
첫사랑 만날 회상 같은

개인적 기억으로서 4월사건에서
공동체적 체험으로서 5월 일상적 혁명으로의 발전.

'지금 이곳'에서
잊고 버림으로서의 화해가 아닌
새로운 동참의 결의로서의 화해.

결혼을 해서 애낳고 좀더 풍요롭고 좀더 너그럽고 좀더
먹고 사는 걱정하고 좀더 피땀냄새 나는 생활적 일상의
감수성을 체질적으로 익힐 것.

일상적 혁명과
혁명적 일상의
갈등적 방향제시적 중간.

밤을 새운 우리들 어둠과
아직은 너무도 큰
바깥 어둠이 합한 자리로
새벽이 오고 있어, 우리 밀알들의 새벽
망설이지 마, 그 삼켜버릴 듯한 고요 앞에서
우리들 하나가 쓰러지면
오랜 고통의 끝에서 새 살이 돋아나는
그 대낮의 싸움 속으로 우리는 가자
조용한 그러나 끈질긴
근육의 경련.
돌려받기 위해서가 아냐
다만 떨리는 희망의 기쁨으로
흐린 달 얼굴에 묻은 핏자욱
누군가가 또 빼앗겨, 빼앗겼으리라
그러나 핏발 선 두려움마저 불 켜진 눈으로 가자
가녀린 날갯짓만 조금 남은
벗은 몸을 떨며 가자
우리들의 몫은
크나큰 새로움이 탄생하기 위한
그 출산의

욕망과 고통과 땀과 피의 꿈자리
피투성이 생애
아직도 치유되지 않은 세상의 상처를 위해서
피고름만의 삶을 위해서 우리는 가자
부삽에 찍힌 채 부르르 떠는 살덩이
거기서 꽐꽐 솟는 핏줄기처럼 기운차게
우리는 가자

도대체 이 괴로운
그리고 괴롭기 때문에 열심히 살 가치가 있는
우리 시대, 분단된 나라에 부동산 투기까지 설치고
없는 돈 갈쿠리 손으로 박박 긁어들여 방위성금
우리 모두 자살하자는 핵폭탄 사들이고 36년 동안
우리들 부모 형제 누이 친척 조상님들 수탈해갔던
왜놈들한테 굽신대며 정치적으로 경제적으로 문화
적으로 군사적으로 "돌아와요 부산항에 그리운 내
형제여" 해쌌고 그걸 듣고 좋아라 다리 힘 풀어지며
오줌 질질 싸며 내 죄가 이제 사하여지는도다 침을 질질
흘리며 황홀감에 도취되어 나자빠지는 왜놈들 보고
모시겠습니다 아름다운 강산 푸른 하늘 뜬구름 너무 좋아
신문 잡지 라디오 텔레비전 할것없이 무슨 철천지 웬수나
돼진 것처럼 좇잡고 좋아라 하며

민족적 자존심의 열등감의 발로다!
천황폐하께서 드디어 사과를 윤허하셨다!

선망과 격렬한 증오로 물든 약소민족 열등감 자극해쌌고

어디 그뿐인가,

눈 감으면 코 베이는 것도 없는 놈뿐이라고 받을 돈 꽁꽁
묶어도 안 먹고 안 입으면 못 사는 서민생계에 관한 한 물가
또한 이 세상 하직하고 싶은지 아니면 아앗 뜨거라 싶은지
지도 잘못하면 이 세상에서 몰매맞아 죽을까봐 겁나는지 사
람 귀한 줄 모르고 하늘 높은 줄 모르고 고향 그리운 줄 모르
고 천방지축 들쑥날쑥 안하무인 고래고래 지랄발광 악을 쓰
며 번영의 빌딩과 함께 치솟아오르는 이 도깨비 잔치의 시대.

그러나 그러나
순박했기 때문에 흰옷에 죽창 찔려 피흘린 고난의 시대.
자유·평등·평화·통일을 이룸으로써
세계사적 진보에 기여해야 할
역사적 순교자적 권리와 의무를 지니는

217

숱한 민중들의 민중운동의 시대.
생계투쟁으로
생존투쟁으로
구원의지를 구현하는 시대.
우리 모두의 피와 살인 우리 시대에서
도대체 예술이란 무엇을 하자는 것인가 속속들이
아픔에 배여 흐느끼는
더러움에 물든
여인의 몸뚱어리?

주변에서 홍보수단이자
바탕에서
인간화과정.

괴로움의 토양을
변혁시키는 것.

결혼은 일방 우리를 일상 속에 가두지만
일방 아름다움으로부터 우리들을
해방시키기도 해. 그것이
일상 속으로의 해방이 되어야 한다. 그것이
아름다움 속으로의 해방이 되어야 한다. 아내는

아름답지만
장독대 같기도 한 여자. 한식 기와집
간장도 들어 있고
고추장도 들어 있고
된장도, 오이지도 들어 있는
장독대 같은 여자.
생활이, 바느질이 들어 있는
살림이 아름다움인 여자.

내 몸의 일부가 되고 내가 피와 살의 기억이 되고
내가 그녀의 반쪽이 되고 정서가 되고 뇌세포가 되면서
아내가 내게 가르쳐준 사랑은
해방이었지만 일방적인 해방이었다

 나는 안방에 있었어 그리고 나와 내 속에 들어 있는 내 아
내의 해방은 통로로서 해방이었다 아내를 통해 사랑하는
방법을 배웠지만 다시 아내를 통해 아름답다는

고통에 다른 마음자세로 도달했다. 이를테면 살을 섞어도
여전히 아름다움은 더럽혀진 침대, 그러나 그때는 이미
나 혼자가 아니라 나와 내 몸의 일부가 된 아내와. 아내와

아내의 일부가 된 한몸이, 그리고 나날의 월급과 생활
동침과 가계부와 절약에 힘을 합해서
아름다움에 대해 괴로워하고 사랑하는 거였다.

이를테면 사랑의 체위를 통해 내가 아내를 내 몸의 일부로
만들면서 아내에 대한 나의 소극적 소유욕에서 점차 해방되
었듯이 그리고 언제나 같이 한몸으로 있듯이 아내도 마찬가
지이듯이 식민지 그 괴로운 아름다움도 피해 가거나 그와 같
이 아껴두거나 버리거나 집착하거나 증오하거나 추억 속에
두려고 할 것이 아냐, 꿰뚫고 지나가면서 함께 데불고 우리
몸의 일부로 만들면서 그것으로부터 벗어나는 다시 말해서
단 일밀리미터라도 그녀를 그 허망한 매판의 찬란한 도시를
식민지 차원에서 해방투쟁의 차원으로 변혁시키는 지금 이
땅에서의 피흘림. 물론 완전은 아니고 부딪치면서 깨져야겠
지. 아니 그 사랑의, 관통의 체위가, 정말로 하느님에게도 이
어지는 적극적 해방의 길임을 깨달았던 것. 다름아닌 아내의
몸 속에서. 내가 이미 들어가 있는 아내의 연민의 몸 속에서.
그 짜고 비린

그대와 마침내 가장 가까운 곳에서 보이리
주름살 사이로 그대의 세월이 흐르는 것
그대의 몸과 몸 사이로
달거리가 흘러가는 것
육체의 원색성보다도 더 멀리
정신의 명징성보다도 더 멀리
흘러갈 것은 마구마구 흘러가라
용서하고 또 사랑하고 있듯이
우리 몸에 묻은 세상의 가장 추한 면까지
가장 습기찬 면까지
비리고 비린 목숨의 끝까지
보이리. 그대의 눈은 눈물 아롱져 있고
속일 수 없는 사랑, 이슬방울 떨어져
그대의 눈은 어느새
깨끗하고 맑은 순결의 아침.

아내를 통해 여자에게서 해방되었다 아니 여자에 대한
잘못된 통념에서 해방되었다 여자? 히히 고것 암컷이지,

끓는 냄비, 삶은 고구마 고것, 사내 맛을 알면 사족을 못
쓴다니까! 따위 몹쓸 죄많은 남자들이 만들어낸 관념 안돼
요, 제발. 어머! 아아! 했었더니, 고것 고 여대생처럼 반반
한 게, 따위. 그것에 자기도 모르게 피해의식 느끼는 편견,
자신도 스스로 괴로워하는, 그냥 에라 모르겠다 마구 쑤셔

1986

대니께, 지가, 벨 수 남? 한번 베린 몸, 끝장이지 안그래? 소문 나봐야 지가 손해니께, 그냥 착 달라붙더라니께, 남자야 물건만 크면, 한 번 더, 조금만 더, 당해야 쾌감이 더헌

뻽이여. 따위 그 모든 것이 독수리발톱처럼 날카롭게 아프도록 날카롭게 제몸을 둥 뒤로 감싸주시는 주님 오소서 따위. 잘못된 편견에서 그 보수적 남성지배이데올로기의 마각에서,

젊었을 때는 그놈을 참 많이두 미워했다우 그런데 사람이 참 이상한 거야, 이 나이가 되니까 글쎄 누구보다도 그 신랑이 보고

싫어지는걸. 따위의 봉건적 통념에서 어마, 사랑받겠어요, 따위. 부르주아적 편견에서 해방되었다. 깨달았다. 남성이 여성을 지배하는 것이 아니라 잘못된 이데올로기가 남성과 여성을 모두 노예화하고 있다는 것을, 아직 끝나지는 않았지만 이를테면 밑바닥 근육의 사내들의 정서까지도 침해하고 있는 편견. 이를테면

은근히 그러길 바란다니께! 몸 근지러서 어디 배기가디, 비오는 날이나 눈내리면 더해요, 꾹꾹 지그시 눌러주면 꼼짝 못해,

아암 여자가 벨 수 남, 따위의 편견에서

아마 생활의 힘이었을까 생활에 묻은 피와 땀과 때와 생계살을 섞는 생산과 기쁨의 행위가 세월과 만나고 다시 생활과 만나고 아이들의 울음 똥싼 기저귀와 만나는 현장에서 이제는 설사 아내가 유린을 당해도 물론 괴로운 더럽혀진 마음은 항상 피문은 침대겠지만 이제는 그것이 별로 중요할 것 같지 않다 빠듯하니까 아이들을 기르고 밥을 먹고 우리들의 미래를 키우는 일보다 더 중요할 것 같지 않다 식민지에서 실상은 실상에 대한 왜곡상보다 언제나 덜 끔찍하다 괴롭히는 것은 성욕을 채운 기쁨에 일그러진 아내의 얼굴 홍분을 채 수습하지 못한 아내의 벗은 알몸에 대한 환상·증오·쾌감·죄책감·다시 증오, 불 같은! 실상은 그렇지 않다 더럽혀진 침대 따위야 양놈들이 만든 거니까 남자들의 편견과 괴로운 노예근성이 만든 거니까 저지르며 쾌감을 누리던 상상력 그 죄의 대가로 받은 의처증 미리 마련되어 있던 고문틀이니까 주간 섹스문화가 그 뒤에 있고 제국주의 문화침략, 그 본토에도 없는 여자에 대한 추한 편견이 미리 훨씬 더 이전에 마련해논 터였으니까 정복하자마자 군령에 의거 모든 조선 여자는 겁탈하라! 명령조였으니까 궁극적으로 아내는 그리고 아름다움은 상상의 저질러진 일부가 아니라 생활과 목숨의 실체니까 아내가 유린을 당해도 그게 별로 목을 매달 만큼 중요할 것 같지 않다.

식민지 여자여 남자여. 아내는 아내의 몸은 내 일부이자 습관이자
드러난 가난의 누추한 이불이자 비린 살덩어리이자
폐결핵의 기침소리 핏덩이일 것이기 때문에.

그것이 더럽혀진 보르네오 장미회 침대로
내 뇌리 속에 스며들어 있지는 않을 것이다.
나는 아주 건강한 마음으로
복수할 거다.

11

강남터미날까지만 바래다주게 해달라고 약속한 아내와 값싼 여인숙을 찾다가 대낮 공룡같이 생긴 반포아파트를 만났어 노상강도를 만나듯 한쪽이 기죽는 것은 절대로 올바른 만남이 될 수 없다 걸릴 거 없이 확 트인 아스팔트 길 하며 여기저기 빵빵거리는 자가용들 하며 나도 모르게 코앞에 닥친 현실을 만나듯 만난 건 만났다고 쳤어 은폐되거나 함부로 지워질 수는 있는 것은 아니었으니까 내가 말했어, "반포야 반포야 니가 무슨 이조시대 선비냐 니가 무슨 단군할배냐 매판밖에 안되는 주제에 니 눈에 우리들 사랑이 무슨 하루살이 혼적처럼밖에 안 보이냐 여관 같은 거 여인숙 초라한 하꼬방 같은 거 동네에 하나쯤 지어놓고 살면 안되냐?" 물론 괴물이었다 내 말을 못 알아들을 만큼 귀가 거대했으니까 그리고 갑자기 아닌 밤중이었으니 착한 아내와 또 싸웠으니까 전셋방 문제 때문에 월급과 생활비 때문에 아이들의 장래 때문에 괴놈의 몸은 점점만 커지고 기어들고 싶었이 지끔만 기어들면서 오기가 났어 화내면 지는 건데 고결 못참고 또 말했으니까, "아니면 모처럼 서울구경 올라온 촌놈 물정 모르고 얼씬도 못하게 온 동네에다 전기고압선이라도 쳐놓든가 말이다." 실수한 거지 젠장할 창피하게시리 고걸 못 참고

바퀴벌레야
바퀴벌레야

내 몸의 만분지 일도 안되는 네 몸의 중량이
이리도 소름끼치는 것은
오로지 네 몸이 전신으로 새까맣기 때문이다?
아니다!
허름한 여인숙 습기찬 하숙방

219

황색예수 3 - 예언, 그리고 아름다움을 위하여

바퀴벌레와 사랑얼룩이 스멀스멀 기는
헌 이불 밑에서
무거운 몸으로 아내 위에서 열심으로
땀 흘리면서 나는 알았다

음습한 음탕과
축축한 기쁨 사이의
거리에서

......

누군가 오래 전부터 쉬지 않고
삯바느질 해온 소리 같은 것.
그렇다
이렇게 늘 가까운 거리에 있으면서도
너무 까마득해 보이는
잔인한 것. 희망은
좀더 허물어진 곳에서
좀더 얼룩진 자리에서

불행에 대한 상상은 상상보다 불행의 실상보다 더 몸집 비대해 보인다. 안방벽을 부수고 집 울타리를 부수고 도시 전체를 채우며 부수는 어떤 물컹한 살덩어리의 벌레괴물 같은 것. 우리들이 상상을 통해 쾌락의 죄를 많이 짓기 때문. 나는 아내가 유린을 당해도 유린이라는 말에 묻은 빼앗음의 강자의 지배 이데올로기와 빼앗김의 약자의 피해망상적 새디스트적 매저키스트적 쾌감에 물들지 않겠다. 고급주택파괴 가정파괴범 담당검사가 내린 아니 검사의 어여쁜 아내가 내린 사형선고에 몸부림치며 치떨리는 안도감과 쾌감을 느끼지 않겠다. 상상력은 무대장치다. 그것이 좀더 누추한 누더기로 헐벗은 하꼬방 곰팡내 나는 음습한 장판 위에서였더라면 아니 그럴 것이듯이. 물론 복수할 거지만 더럽히 흐트러진 고급 결백침대 향수내음 은은한 각선미 속옷 따위. 그 요염한 몸매 약탈의 환상에 물들지 않겠다. 영등포 시장바닥. 목숨처럼 끈질기게 줄지어 섰는 노점상 좌판 위 비린 생선 위에서. 비린내 질척한 땅. 입 벌린 목숨부지의 목구멍과 땀 젖은 속곳과 피맺힌 눈동자와 구둣살 배인 손과 생활에 찌든 주름살과 억척스러운 국수말이. 그 하나뿐인 목숨과 생계유지의 삶이 통쾌하게 부술 것이다. 그 갈수록 커져가는 피해의식의 쾌감.

그리고 가난이 이미 도처에서
그것을 부쉈기 때문이다

가난은 반체제다 국가도 어쩌지 못한다는 '죄악'? 가난의 실상은 우리를 얼마나 해방되게 하는가 그 쾨쾨한 삶의 신랄한 식초 냄새로 땀에 절은 생명본능으로 그래서 역사는 발전하고 진보한다는 것 간직하고 싶은 따위 귀족윤리에서 중산층의 자유 만끽의 윤리로 그 다음은? 프리섹스가 아니다 갈수록 사랑만이 중요해지는 해방의 윤리 세월성의 윤리로 다시 그 다음은 반(反)윤리가 아니다 아름다움은 해방적으로 아름다울 것 혁명적으로 아름다울 것 누가 누구를 사랑하는 사실만이 중요한. 버릴 것 하나도 없는 그리고 다시

상처받은 아내라도
아내는 이미 내 몸의 일부이기 때문이다

일상적으로 살을 섞는 일은
살 섞는 일을
밥이게 하며 반찬이게 한다
습관이게 하며 다반사이게 한다
그 귀중한 세월을 통해
사랑이 익어가는 낯익음의 힘이여. 그 힘이
숏타임 따위 그 은밀한 자본주의 빼앗음의 간직함의
빼앗김의 쾌감 이데올로기를 부숴버린다.
봉건적 거느림의 착각을 부숴버린다.
사람이 일생동안 감당할 수 있는 진정한 사랑의 몸의 숫자는
몇이나 될까?
몸과 마음으로
가슴과 정신으로 진정 사랑할 수 있는 사랑의
정신과 육체의 숫자는 몇이나 될까,
가슴을 아무리 확장시킨다 하더라도?
하나뿐이라면
거짓말이다. 당신만을 사랑해. 첫사랑.
옛날 애인의 추억도 있으므로.
그러나
몸을 통한 기쁨도
세월을 통한 낯익음을 거쳐서
진정하게 커간다는 것
생활은 사소하고 잡다한
부엌과 안방과 건넌방과 가재도구에서
생활은 친근하고 피비린 큰아이와 작은아이
출생과 육아와 열매성에서
생활은 그 슬하에서 성생활을
세월에 따라 흘러가는 그 몸의 기쁨의
연륜을
해방되게 한다.

정치문명사적 남성지배적 매저키스트 새디스트적
중산층의 정서적 오염에서 벗어나게 한다.
오염의 속박이데올로기에서

아내를 사랑하는 일은 아내에 대해서
안절부절못하는 일에서 해방되게 한다
낯익어가며 익어가는 사랑의 과정에서
중요한 것은 어차피 간직하는 일이 아니라
항상 넘치는 일이라는 것을 나는 알았다

마찬가지다 텔레비전 주간지 신문에 나오는 캬바레 제비족
바람난 중동근로자의 아내 따위 여관을 전전하며 몇차례 통
정, 캬바레에서 눈이 맞아, 몇 차례 협박 공갈 사취, 따위는
누구에게 무한한 쾌감과 수치와 불안감으로 오는가 주간지
를 읽으며 부르르 떠는 독자들은 그때의 쾌감과 불안과 아픔
을 느끼며 다시 아랫배가 팽팽해짐을 느끼며 다시 중요하고
다시 지켜야 할 가정이 지켜야 할 아내가 끔찍한 두려운 괴
물로 기묘한 안보논리로 바뀌어 방위성금을 내도 그것만으
로는 안돼, 그것들이 다시 빼앗김으로 인간힘을 써도 들이닥
쳐! 정서적으로 뼈아프게 자기집 대문을 부수고 안방문을
부수고 이불을 걷어차고 털난 가슴으로, 때문에 맨발로 덮쳐
오는 간직함의 이데올로기 실제로 목을 매고 싶은 충동을 느
끼는 것은 간통 당사자들? 소시민 중산층 독자들?

없는 자들은 없음으로 해방된다 '네 이웃의 아내' 어쩌고
외국영화 들여와
네 아내는 무사하냐? 선전선동 해싸도

가난이, 시커먼 오징어 좌판이
하층계급이 지니는
역사진보에 대한 당연한 권리에 대해서

몸을 파는 보수적 생계유지 수단이 아니라 미래를 위한 노
동문화의 예감이자 윤리. 일의 기쁨 생산의 기쁨이 다시 쟁
취되는 순간. 전망만 갖출 수 있다면. 다만 싸움으로 그 전
망을 구체화시킬 수만 있다면. 노동자가 라면 먹다가 쌀밥
먹는다고 노동자들의 싸움이 끝나는 것은 아니므로 노동문
화가 중산층화 된다고, 편입된다고 그 역사적 정당성이 끝나
는 것은 아니므로. 이 시대 가장 처참한 삶을 사는 밑바닥 인
생들이 갖는 진리의 권리랄까 제3세계 억눌린 사랑이 노동
이 되고 노동이 사랑이 되는 그 미래적 해방에의 예감. 그 속
에 그대 아름다움 또한 있으리니 본연의 모습으로 미래를 향
해 열린 모습으로

진정으로 사랑하는 노동
진정으로 노동하는 사랑
싸움의 피, 그 아름다운 피가
생산의 피, 그 비리디비린 피와
구분되지 않는
구분될 수 없는
아름다움의 시대.

어쨌거나 아내를 사랑하는 일은
넘치는 일이었다.
간직하는 일이 아니라 스스로
소유욕에서 해방되는 일이었다.
아내와 나는 한몸으로
이 식민지시대의 아름다움을 괴로워하기로 한 것이다.
아내도 또한
다친 아름다움이며 내 몸과 한몸이었으므로
오순도순 살고 싶다 했지만
아내의 몸 속에 내가 들어 있고 내 몸 속에 아내가 들어 있
으므로
아름다움을 속박상태에서 구원하는 일이
우리들 몸을 구원하는 일이었으므로
결혼은 넘치는 사랑을 통하여
사랑은 우리들의 도피처가 아니라
전진기지가 되기 위해서
생계는 야합이 아니라
해방의 무기가 되기 위해서
몸은 간직할 대상이 아니라
그 보수주의의 동전 뒷면인 프리섹스 몸을 파는
'미스터 굿바를 찾아서' 가 아니라
그 좆심 우선순위의 남성지배적 질병이 아니라
흘러넘쳐야 할 대상이기 위해서
단둘이 오순도순 살고 싶다 했지만
끝내 사랑은 해방되었을 거였다.

방종한 구미식, 벗기기식 성해방이 아니라 그 졸렬한 모방
인 일본식 관광기생이 아니라

싸움과 피의 개념이 섞인
공동체적 기쁨의 사랑으로

약탈과 약탈의 정신적 쾌감적 불쾌감적 죄책감적 불안감적
증오감이 교묘히 버팅겨주는 봉건시대
와 제국주의의 반역사적 야합이 아니라.

사랑이 몸과 정신의 기쁨으로
유물론과 초월성의 치열한 결합으로
몸과 정신의 기쁨이 미래를 위한 힘으로.
서로 사랑하는 사람만이 느낄 수 있는
아주 오래도록 갈수록 사랑해왔던 사람들만이
일용의 양식으로 느낄 수 있는
건강한 몸의 살섞음의 진정한 정신적 기쁨으로.
그것이 전진기지가 되는
건설의 공동체로
싸움하는 평화로
싸움과 평화가, 기쁨과 생산의 고통이
서로를 고양시켜주는
그 갈등이 고양이고 다양성이고
그 갈등의 고양적인 힘이 버팅겨주는 삶.
사랑하는 사람만이 기쁠 수 있고
사랑하는 사람만이 생산할 수 있다.
사랑하는 사람만이 즐길 수 있다.
연민과
아름다움을
어차피 필멸의 인간이므로
연민과
죄책감 없는 아름다움을.

일상적 혁명과 혁명적 일상 그 사이에 결혼이 있고 아내와의 사랑이 있고 혈연의 자식이 있고 세상과의 사랑을 위한 전진기지가 있고 생계가 있고 시가 있다면 우리가 쟁취할 아름다움은

내가 그대를사랑하는것이무기도되고근육질도되어야
할겁니다그대를위해사회를위하여안녕.

그리고
피흘리는 근육은
복수심으로 아름답다.
그리고 해방되었을까 사랑의 관계는?
사랑의 관계도
무너지는 것이 아니라
완성되는 것이었을까?

그대를 만나고 염탐질만 늘었답니다
따라온 길 슬금슬금 뒤돌아보면
아찔한 벼랑입니다 남이 행여 볼세라
주신 사랑 야금야금 짜금질댑니다

염탐질 눈치짓만 늘었답니다 이러다가
이러다가 당신이 너무 좋아서
당신이 당신인 것도 모르면 어찌하지요
만남의 깊숙한 그 가장 머나먼 지평선
낱낱이 헤아립니다 너무 좋아 너무 좋아서
당신 속에 제가 온통 상실되면 어찌하지요
만남의 드넓은 평야 그 줄기 뻗어간 산맥
으로 우리는 힘차게 발을 디딥니다만 우리
사랑이야 함께 나아가는 바탕입니다만

12
아름다운 아내
아내의 사랑과 몸과 생활은
모든 살아 있는 것들로 통하는 열린 문이었다.
어차피 이미, 아니면 문득
고향과 추억과 지난 생애가 모두 일부였듯이
그리고 그것을 미래를 위한 일부로 만들 수밖에 없었듯이
아내는 가장 힘찬
살아 있는
나아갈 삶의 일부가 된 것이었다.
아름다움에 살이 채워지고
피가 흘렀다.
온기가 흐르고 아름다움이 인간화되면서
아내에 관한 한
나는 아름다움에 대한 죄의식에서 해방된 것이었다.

아내와의 미학은 드러내 보이면서 해방시키는 폭로의 미학? 받아들이면서 전멸시키는 그런 것? 은밀히 감추며 죄의식 느끼는 그런 것 아니라 추한 것까지 슬픔까지 받아들이는 민중미학? 그게 다는 아니었지만 아직 봉건성에 뒤섞여 있는 잘못 저질러진 역사였지만 되돌아갈 수는 없으므로 추억일 수밖에 없는 그런 거였지만 개인의 해방과 공동체적 해방의지의 사이에서 순결한 구원과 타락한 사회 사이에서 또한 더러움의 구원과 구원의 더러움의 혁명적인 변증법에서 우리를 옥죄고 있는 그 그물에서 각자 벗어나는 일과 그 그물 자체를 민중들의 고통받는 공동체를 위한 탄탄한 버팀대로 변혁시키는 작업에 뛰어드는 일과의 연합전선에서 아내는?

아내와 사랑행위를 하며 신문을 본다
아침 신문을 본다 우리 스스로도 인간화되며
우리 스스로도 이 괴로운 지상에 머물자고
아내와 사랑행위를 하며 아침 신문을 본다

건드리지 말아요! 그 언저리에는 '돈 텃취' 무릎과 무릎
사이, 오늘 그대 앞에 내민 빈 술잔에 그 작은 입술로 사랑
을 가득 채워라 유리는 오늘도 집에 안 들어와, 엄마, 죽고
싶어, 내 살결이 얼마나 고운데 이렇게 함부로, 미스터 '좆
심 좋은 방맹이'를 찾아서…

아내와 살을 섞으면서
사랑과 사랑행위는
오히려 연민에 가깝고
오래 갈수록 사랑은
서로의 추한 자리를 받아들이는
낯익어야 가능한
필멸적인 인간조건의 기쁨인 것을 알았다.
기쁨에도 시간이 걸린다는 것을
아니 온 생애가 걸린다는 것을 알았다.
아주 편안하게
서로의 모자란 곳을 의논하며 채우는 기쁨.
안쓰러운 떨림을 받아들이고
습한 알몸을 받아들이고
슬픔의 짠맛을 받아들이고
비린 살덩이 속에 도사려 펄펄 뛰는 생명과
죽음의 시간조차 받아들이는 기쁨.
그리고 육체의 그것도.
진정한 기쁨에는
시간과
용서와
연민과
낯익어감과
받아들임과
사랑이 필요하다는 깃을 알있다.
그리고 그때의 사랑은
받아들이면서 꿰뚫리면서
그와 동시에 꿰뚫고 지나가는 사랑.
그때의 모순마저 받아들이고
모순에 묻은 피와 땀과 비린내마저 받아들이는
받아들이며 전진하는
관통의 사랑인 것을 알았다.
그후로 아름다움은
아름다움의 추함과 연민과 풍요로운 인간성이랄까
갈수록 넘쳐오르고 흘러내리는
보물단지라고 할까 그러나 거기서 머물 수 없는 아내.
아름다운 아내를 통해
가장 부끄러운 눈물을 들여다보고

가장 초라한 통로를 들여다보고
그것을 통해 세상을 보았다.
초라한 세상의 의미를 알았다. 아내는 비로소
건강한 아름다움 해방되는
아름다움이었다. 서로에게 낯익어 가면서
기쁨 또한 그윽해갔다.

공동체적으로?

아내가 몸을 더럽히더라도 설사 그럴 리는 없겠지만 나를 괴롭히는 것은 아내가 아니다 몸의 기쁨이 아니다 사랑이 아니다 아름다움이 아니다 더럽혔다는 말이 지니는 체제 온존 보수이데올로기적 자극효과 그것이 대중섹스문화의 본질임을 알았다 그리고 봉건주의와 제국주의가 굳건히 이어지고 서로 야합하는 장소 중 가장 괴로운 뒷골목이 바로 휘황찬란하기 때문에 우리들은 식민지에서 괴롭다는 것을 알았다 아름다움에 대하여 건강한 기쁨의 체위 아내를 통해 아니 아내와의 오래된 사랑을 통해 알았다 해방의 미학을 물론 일방적이고 일차적인 것이었지만 아내와 내가 함께 한몸으로 식민지의 아름다움에 대해 그 썩어가며 고름 질질 흘리는 어두운 뒷골목 스멀거리는 불광동 숏타임 골목에 대해 괴로워하고 사랑할 수 있는 그 사랑이 싸움이 되는 추함과 연민과 풍요성의 사랑 미학 아름다움이 익어가면서 그 열매인 아이들을 낳고 서로를 서로의 안쓰러운 구석을 들춰내면서 죄의식에서 해방되는 기쁨으로 가는 건강한 길 강간이니 겁탈이니 하는 말이 강요하는 도착적 기쁨과 강박관념과 피해의식의 소시민적 혼합에서 벗어났다 아내와 함께 기쁨에 이르는 길 최소한 잔치로서 사랑의 기쁨에 이르는 길 옛사람들은 왜 눈물과 웃음을 설움과 분노를 그리고 한과 원한을 뒤섞었겠는가 눈물도 우슴도 해탈도 아닌 아니 그 모두인 탈바가지를 쓰고 난간 이마에 주걱턱, 웅케눈에 개발코, 산통을 갓발른 관녁 같고 수염은 다 모지라진 귀얼 같고 상투는 다 갈아먹은 망좃 같고 키는 석자 세치 되는 영감이 울쑤에, 외쳤는가? 신명바람에 휩쓸려 얼쑤얼쑤 자기 것으로 할 수 없는 것들을 과감하게 버림으로써 어깨춤으로 해방감을 맛보았겠는가

그러나 나는 아름다운 아름다움도 버리지 않는다. 열매와 살기등등한 꽃과의 관계. 아름다움과 앙칼진 목숨과의 관계. 나는 사랑한다. 아름다운 아름다움도 무기가 되는 핏발서린 아름다움일 때까지 사랑한다. 슬픔으로 괴로움으로 사랑한다. 저 휘황찬란한 슬픔의 거리도 사랑한다. 그 안에 든 매독까지 사랑한다. 흘러가며 화려한 불빛에 씻겨가는 저 얼굴 없는 화장(化粧)의 하얀 얼굴들. 죽음의 그림자까지도 분

노하며 길길이 사랑한다. 번쩍이는 조명 나이트클럽 알몸들의 광란의 몸부림까지 사랑한다. 욕정적이고 요염하다. 죽음과도 같이 필사적인 저 아름다움의 시체까지도 썩은 냄새까지도 양공주 두 눈 부릅떠 외쳐 부르며 사랑한다.

돌아오라 만천하 식민지의 짓밟힌 처녀들이여
돌아오라 만천하 식민지의 빼앗긴 상처들이여
미친 듯이 해방의 그날 부르며 손뼉치며 돌아오라 만천하
매판의 빼앗긴 젊음들이여 순결이여
돌아오라 마침내 투쟁의 꽃다운 나이들이여
번영으로 저질러진 까페며 영화관이며 대사관이여

흘러가며 흘러가며 어디로?
서럽도록 휘황찬란한
눈물에 어리는 그대의 모습과도 같이

절망적이도록 화려한 몸짓들이여 껍데기들이여

살과 피로 돌아오라
체온과 액체로 돌아오라

해방. 아름다움. 예감. 꽹과리 소리.

처참한 목숨 속에 든
해방의지였을까?

식칼처럼 예리한
아름다운 얼굴과도 같이
살갗 치떨려
온몸에 곤두선 소름과도 같이
소름의 그 복수심 어린
비수와도 같이
소름끼치는
진저리치는
충동과도 같이 그러나
해방으로 가는
시퍼렇게 날선
식칼과도 같이
경악스러운
아름다움과도 같이

그리고 광목 폭 찢어진 죽음 속에서 보았다
아름다움의 한 완성을

그러나 그날도 교정 바깥에서 아름다움은 여전히 신음하고 있었지 혓바닥을 길게 늘어뜨리고 룸쌀롱이거나 비어홀 휘감아오던 들척지근해 이건 너무! 볼짱 다본 인생 인삼찻집 아줌마거나 보드라운 조갯살 따위 역겹고 달콤한 입술과 혓바닥으로 허기진 것도 아닌데 길게 축 늘어져 막장 흘러 흘러서 유행가처럼 척척한 중년여인의 돼지 같은, 징그러운 몸매로 낙지발 문어발 오리발 애들아 먹통 빼고 낙지 한 사라 아니면 일본에서 인쇄해온 삼성전자 까스렌지 선전포스터 속에서 늘씬한 다리 봉그슴한 젖가슴 보일 듯한 미니스커트 속에서 아니면 헬스클럽 싸우나탕 안마시술소 그 하얀 시트 밑에서 녹작지근한 뼈가 녹는 자살의 쾌감 속에서 아름다움은 여전히 배신당하고 있었다 헉헉, 돈 받고, 서비스로, 감창소리 소리지르며 단내 풍기며

그 아름다움을 되찾아 미래를 향해 되돌려줘야 해. 그리고 그 결심으로 마지막으로 여자인 아내 아내인 여자의 몸을 통해서 산이 보였다. 그 눈물겨운 산이.

"산이 생겨라!"

낯익어 투박하고
정이 철철 넘쳐흐르고
눈 들어보면 항상 있지만
마음속 아주 깊고 넓고 아픈
누추한 한 자리쯤 되는 것처럼
여전히 소중하고
안쓰럽고 푸근하고
다시 솟구치는 산
흘린 피 썩어들어 기름지고
완만하되 굳건한 산
역사인 산, 부드럽지만
단호한 생명의 젖줄인 산, 마냥 맘 좋을 것 같아도
한번 터졌다 하면 한반도
전체를 뒤집어엎을 것 같은 산
무서운 산 인자한 산
가도가도 언제나 있는
민중의 끝없는 고난처럼
익숙한 듯 가파르고
가파르되 사람을 결코 쓰러뜨리지는 않는
하느님 같은 산, 진실은
결코 높이 올라가 발견하는 것이 아니라
끝없이 끝없이 내려가 그 속에
그 민중의 함성 속에

그 무덤 속에
그 죽음 속에
살 섞으며 동참하는 것임을
오르는 사람에게 완만한 높이로
그리고 왕성한 수풀로
끈질기게 참을성 있게
그러나 준엄한 목소리로
안식과 기쁨 주며 일러주는 산
투박하고 힘있고 언제나 있지만
또한 언제나 정복과
싸움의 사랑인 산
친근한 일상인 산

그리고 그대의 그 치명적인 아름다움을 통해
나무가 보였다. 그 혼신의 나무, 희망의 양식인
나무가.

"나무가 생겨라!"

13
"나무가 생겨라!"

무엇이었을까
그 움켜쥠의 뿌리로
땅껍질을 꿰뚫고 나와
흙을 흙으로 모으고
산을 산으로 모으고
세상을 세상으로
갈쿠리 손으로 긁어모은 그
홍수로부터의 탈출
산사태에서 드러난
나무. 그 뿌리터럭이 움켜쥔 것은
사랑의 억척스럽고 모진
모성이자
근성이었을까 나무.
낯익은 세월의 깊고 깊은 이슬 속
사랑의 땀방울 속
오래된 습기 속에서
축축한 흙 속에서 나무.
숨결이 꺼칠한
숨결마저 껍질처럼 꺼칠해진 나무.
비탈 벼랑 악착스럽게
버팀김의 미학, 나무.

충혈된 심장의 나무.
내 고단한 고막 속에서 할딱거리는
나무. 사랑의 안간힘.
비명소리. 다시 돌아와도
나무. 다시 껴안아도 마찬가지였다 나무는
깡마른 어깻죽지
새파란 하늘 속으로 흐느껴
출렁여댈 뿐, 나무.
홀로 단둘이만 있어도
내게 아무것도 바라지 않는 투의
나무. 그냥 숨결만
새근거리지 않고
꺼칠한 나무.
가녀린 손.
그 가녀린 앙칼짐으로
버팅기는 세상, 나무.
의 세상의 눈물의
홍수 바스러져 흘러내리는
습기찬 흙 속에 나무.
붉은 눈 충혈된 나무.
뜨겁게 볼을 부벼도 꺼칠한
나무. 호흡 숨가쁜 나무.

두들기세요 나무의 심장을
너무 거칠지는 않게
부서지지 않게
두들기세요 나무의 가슴을
그 보드란 거친 숨결을

아름다움은
배반이었을까, 나무.
그 자그만 그러나 끈질긴
나무. 가녀린 숨결 속 그 거친
부드러움이
나무. 이 세상 홍수를 홀로 떠받치고
충혈된 나무. 그 나무는
완강한 땅껍질을 뚫고 나와
끈질기고
악착스럽고 징그런
사랑의 뿌리.
세상을 버팅기면서 그것으로
자신의 이파리를 키우고 열매와
수풀을 키우고 수분 가득한

나무. 그것을 자신의
생계의 미학으로 삼는
나무, 갑각류의
껍질의 나무. 그 껍질과
조갯살 속에 스며든
사랑 욕망과의
건강한 관계, 나무.
그 척박한
척박함의 힘,
나무.

그리고 아내 속에 든 나 내 속에 든 그대 그대 속에 든
아내를 통해 들이 보였다. 오욕과 영광의 들판이. 그
제3세계의

"들이 생겨라!"

젖가슴은 짓밟혀 찢기고 파헤쳐진 거친 들판 그러나 여전히 너그럽게 풀을 키우고 곡식을 키우는 풍요로운 어머니 대지였다 농약과 기름과 외세에 오염됐지만 우리들의 피 우리들의 살과 뼈를 키웠다 우리들은 식민지의 젖과 꿀과 떡을 먹고 자랐다 옛날로 돌아갈 수 없어 돌아가는 추억이 될 수 없다 이미 벌어진 싸움터 풍요로운 투쟁일 뿐 남북통일로 가는 잔치이자 아름다움이자 다시 투쟁일 뿐 추억조차 힘이 되어 솟는 어떤 미래에의 예감 그렇기 식민지였지만 어쨌거나 그 아름다운 흙가슴은 우리들을 젖과 꿀과 공기로 키웠다 어쨌거나 젖가슴은 우리들을 키우고 우리들에게 배반할 길까지 마련해주었다 배반이 아니다 더럽혀진 들판의 잡초까지 모두 거두어 우리가 나아갈 길은 버리는 길이 아니다 피해 가거나 돌아갈 수 없으므로 일제 36년 해방분단 40년 그 이전으로 돌아갈 수 없으므로 돌아가서도 안되므로 중공땅 만주국 한인마을의 강 강술래 시절로 댕기 땋고 그네를 뛰는 동네 처녀들 오순도순 살던 기억은 눈물 글썽거려 안타까운 추억이지만 식민지는 저질러졌으므로 가지 않았다, 역사가 그냥 역사인 것은 아니므로 사람이 그냥 사람인 것은 아니므로 저질러졌지만 그만큼 나아갔고 찬란하게 이룩된 3월 백성봉기 4월 시민봉기 5월 민주봉기 우리들의 달력 속에 밥 속에 우리들의 핏줄과 뼈대 속에 있으므로 우리는 구원의 진리로 나아갔으므로

앞만 봐야 해 뒤돌아보되
사람이니까 아름답게
뒤돌아보되
조금만 보고

앞만 봐야 해, 괴롭지만
괴로운 것도 힘이야
앞만 봐야 해

"세상이 생겨라!"

사랑이 생산일 수 있고 투쟁일 수 있고 기쁨일 수 있고 복수심일 수 있고 수확일 수 있고 땀 묻은 꽃이자 피 묻은 열매일 수 있는 세상 소유욕이 아니라 공동체인 세상 겁탈, 유린이 아니라 사랑으로만 가능한 기쁨의 세상 몸의 속박에서 해방된 세상 그 들판은 피가 흘러 썩고 고여서 썩고 그래서 땅이 기름진 생명을 키워내는 곳 나눠 먹고 함께 싸우고 살내음이 이슬 흙내음과 뒤섞여 함께 일하며 코를 찌르는 향기 풋풋하고 들끓는 곳 죽음과 삶이 서로 화해하며 다시 싸우며 부족함 없는 나라 지키기 위하여 팔다리 잘리고 목숨마저 잃고 이 지상을 떠나는 것이 마음속에서도 슬프지만 전혀 낯섬은 축복이자 영생인 땅 평화롭지만 버팅김의 긴장 팽팽하게 솟구쳐 근육심줄 떨리는 땅 죽음의 기억조차 삶을 깊고 살지게 하는 마을 혁명. 해방투쟁과 풍요성이 어우러진 농민군의 도시마을 건설과 벼이삭 벌판이 한데 어깨동무 전진하는 마을 건설의 치솟음과 벼이삭 고개숙임이 아름다움을 뛰놀게 하는 마을 오순도순 살되 단호한 의지의 마을 또다시 피비린 외세 침략이 오더라도 해방된 약소민족의 마을과 마을 연대를 이루어버리는 것만이 영원히 간직하는 길 죽는 것만이 영원히 사는 길 나아가자 외치는 마을 사랑하는 일만이 비리다 비린 목숨 영원히 아름답게 하는 길이며 진리이며 숙명인 마을 투쟁 속에서 당연히 괴로움 없이 아름다움도 아내와 딸들도 피해자가 아니라 무기인 마을 아름다워라 생산의 피 투쟁의 피 살기등등한 월경피까지도 모성본능 아름다움의 살과 피를 맛볼 수 있는 세상 들판에 소낙비 장대로 죽죽 내릴 때 회뿌연 안개벌판 은혜로운 빗줄기 두려움 없이 아픔 없이 받아들이는 벼이삭처럼 그 속에 그 탄생과 피투성이 이슬과 살기 속에 고개 숙이고 섰는 번득이는 순결한 복수심처럼 아름다움도 희망이자 구원이자 힘이 되는 마을 무자비한 세월 속에서 정정당당하게 나이를 먹는 마을 의로운 죽음은 영생이므로 나날의 삶이 곧 죽음을 준비하는 일이므로 나날의 싸움이 모여 그 최후가 사랑과 싸움의 집적이고 영원한 안식이자 영원한 삶이므로 우리들 사랑과 싸움이 우리들 생애에 끝나는 것은 아니므로 아름다움의 나이가 있는 세상 아름다움의 무참한 주름살이 있는 세상 마침내 죽음과의 싸움과 사랑과 밥을 위한 사랑과 싸움이 외세침략의 바닷가 지켜야 할 공동체의 갯벌 바닷가에서 마침내 마침내 노동이 투쟁이고 투쟁이 노동인 세상 피묻은 기폭으로 펄럭여댈 평화와 같이 박수

갈채로 물결칠 호미춤 낫춤과 같이 해방투쟁을 통해서 그 위에서 떨리는 구원의지로 해방된, 참혹하게 아름다운 세상 치열하게 너그러운 세상 아아 마침내 오고야 말 우리들의 세상.

"밭이 생겨라!"

그리고 물론 전쟁이 아닌
삶의 현장에서
과거가 아닌 현재에서
남의 나라가 아닌 이 한반도에서
예언이 아닌
밑바닥에서
밑바닥의 예언성 속에서
내가 만난 그 여자 속에서

다시 세상은 아름다웠다 산 넘고 바다 건너 전방 그 옛날 격전지 양구에서 그곳은 지금 격고지 전시적지(戰時敵地)다 민통선 근방 인가가 드문드문 나 있었다 야영지였을 텐데 단풍나무 산 자작나무 수풀과 오솔길과 나뭇가지 사이로 공비토벌작전 아름다움이 불쑥불쑥 소름끼치는 무서움으로 뇌리를 갈기는 새빨간 단풍낙엽과 풀밭이 사이좋게 누워 있고 깔려 있었다 우리들은 잠복조 땀 절은 군복 매복용 판쵸우의에 무좀난 군화발 터덜거리는 걸음걸이로 엠 16 소총 자동화사격장 근처에서 화약냄새 풍기며 사실 무서울 것이 없었으니까. 여럿이고 갈겨버리면 그만이었으니까. 살고 싶지도 않았으니까. 나는 화약냄새와 땀내와 전쟁의 냄새를 독하게 풍기는 육군병장 험상궂은 사내 갑자기 어디서 튀어나왔는지 화들짝하고 여자가 놀랐어, 나도. "어디서 많이 본 것 같은데?" "보긴 어디서 봤다구 그래요?" "그럼 왜 하던 짓 멈추고 화들짝 놀라냐? 바르대로 댓 쌍! 갈겨버리기 전에!" 내 총구 앞에서 그러나 그녀는 바르게 떨지 않았는데 살려주세요, 하지 않았는데 아아 그녀는 얼마나 해방이었는지. 이제는 오히려 내가 얼마나 살고 싶었는지. 살려주세요 살려주세요 제발 하고 싶었는지. "야, 이 새꺄! 어디 쏴봐! 쏴봐! 한 번 주면 될 꺼 아냐, 왜 껍껍하게 구니 이 새꺄!" 아아 나는 얼마나 고마워했는지. 그 드러낸 가슴 내팽개친 몸뚱이에 대해서. 바르르 떠는 죄의식의 쾌감 따위 전쟁 영화에 나오는 처녀, 순결, 겁탈의 논리가 와르르 부서지고 무너지고 박살이 나는 그 순간. 물론 너무 충격적이어서는 안되지만 얼마나 통쾌하고 감사했는지. 살아서 못 나가리라고 생각했지만 살려줘 살려줘, 외치고 싶었는데. 이제사 진정으로 순결(!)해진 그녀. 정말로 정말로 나는 그녀를 껴안고 싶었는데. 주책없는 눈물이 흐려고 그것도 물론 그녀에게 그렇게 보였을

리는 없지만. 짐승같이 색마 같은 개자식, 이 살얼음 같은 전쟁통에 개자식, 되게 밝히네. 그렇구 그렇게 보였겠지만. 슬픈 건 슬픈 거였지만. 돌이킬 수 없는 날들이었지만. 다시 눈물이었지만. 다시는 그런 여자가 생겨서는 안되는 세상이 되어야 하지만. 그 창녀를 나는 결국 껴안을 수 없었지만. 눈물을 흘리며, 싶었는데, 왜 전쟁이야기에는 예쁜 탤런트 겁탈 장면이 많이 나오는 것일까? 투쟁 혹은 전쟁에 대한 공포를 극대화시키려는 것일까 일상적 투쟁과 통일을 위한 민주투쟁까지 공포스럽게 만드는 것일까 물론 빼앗길 수는 없는 거지만 함부로 줄 수도 없는 거지만 우리들 간직할 것에 집착하도록 만드는 것일까 내 눈앞에서 내 흘러내린 눈물 앞에서 이 여자는 이미 벌써 전쟁 이전에, 전쟁 이전의 그 참담함 이전에, 가난과 슬픔에 입술 깨물고 짓눌려 이를 악물던 시절에 스스로 어쩔 수 없이 과감히 벗어버리고 내팽개쳐버렸는데. "야 이 새꺄! 내×지엔 구득살이 백었다 딱딱하게, 이 새꺄! 뭐 금테?" 빼앗겼으되 해방되었고 나름대로 해방시켜주지 않는가 우린 얼마나 행복한 세대인가? 슬픔의 계절 없이. 그 흐느낌의 세월도 없이. 그녀로 인해 해방을 느낄 수 있다면. 물론 잘못된 해방이지만 어쩔 수 없는 운명과 숙명의 엄청난 힘을 어쩔 수 없지만. 여차하면 모가지가 날아가고 가슴에 벌집구멍이 나고 굶어죽고 빨갱이로 죽고 부역자로 죽고 민란으로 죽고 오인 사살 오인 폭격으로 죽던 그 지옥 같은 전쟁통 무슨 처녀성이 문제였으리 인간은 물론 연약하지만. 그렇게 보수적이지도 않고 목숨 부지에 관한 한 오히려 동물적이고 파렴치하다. 피의 인간은 잔인하게 해방 지향적이다. 월맹 베트콩 미인계에 말려 부비트랩에서 죽창 찔려 죽은 병사가 얼마나 엄청난가. 아름다움은 거꾸로도 무기가 되는 것인데. 아름다움에 관한 한 전쟁의 실상과 파괴행위는 두려운 지레짐작보다 훨씬 작다. 아무튼

그때도 사람들은 살았고
아쉬움 따위 수치심 따위
정조 따위 생각할 겨를 없이
악착스럽게 살아남았다
주먹밥이 오히려 귀했다

저 브라운관에 비친 아름다움의 수탈과정은 6·25때 것이 아냐.
오히려 우리들이 만들어낸
이데올로기라는 괴물이야. 걸맞지 않게.
핑크빛 무드 속에.
안주하고 싶어하는.
킹콩의 사랑 같은 거야. 우리들이

아직도 중산층이라는 증거지.
우리들은 그 괴물의 노예인가.
아무런 희생 없이 어떻게 올바른 미래를 이루겠는가.
그러나 희생이 아니라
보상일 수도 있다.
역사가 우리에게 남겨준 것은.
지금 이 시간 이 시대 이 식민지의 시간 속에서
아름다움을 사랑하는 일은
고통이지만.
우리만의 것.
저질러진 역사가 우리에게 남겨준
우리만의
해방의 힘.
그 처참한 저질러짐의 힘으로
관통을 위한
삶을 위한 무기로.

앞서가라 나아가라 저 식민정책의 매음굴인 네온싸인
휘황찬란한 도시 속으로 그 음탕한 더럽혀진 자궁 속으로
그것까지 우리 것으로 만드는 일은 또 얼마냐? 오로지
사랑과 투쟁과 역사의 가르침으로만 가능한? 그런데 가난이
비참한 생활이 그 목숨의 전쟁을 통해서 스스로 해방되고
있지 않은가 한 여자의 과거, 한 여자의 타락해 가는
생애에 집착하도록 우리는 배웠다 반공교육으로 그리고
그 여자가 그 미친 여자가 백주에, 대낮에 내 총구 앞에서
다리를 벌리고 누워버렸던 것이다. 아름다움이란 이토록
처참한 것일까. 비린내 풍기고 값싼 화장내 풍기고 썩은
시체냄새도 풍기고 전쟁이 낳은 아름다움이란 저리도 멀리
떨어져 있는 자세로 이미 우리 몸속에 들어와 있는 것일까.

그대 순결한 채로 해방되라
그대의 순결함 속에 이미
빼앗김의 역사 전체가 들어 있느니

14
사실 나는 여자가 보이지 않았어.
술에 곤죽이 되어
파김치로 늘어진 몸을 일으킬 수도 없었으니까.
어렴풋이 생각날 뿐이다.
슬픔을 안간힘으로 가린 듯
아니 지금 생각해보면 그것도
기막힌 생계수단이자
무기였을 거였다. 눈물의 호소와 같은.

죽음의 색깔처럼 짙은.
얼굴껍질 화장의 흰 가면.
검은 눈썹.
빨간 루즈와.
맥주에 물들인 빨강머리 노린내 비슷한.
파마냄새 북한사람 같은.
크고 이질적인 눈매.
그런 것들이 어렴풋이 생각날 뿐.

벗으세요, 손님.
그래 알았다, 너 먼저 벗어라.

그리고 잠.

벗었어요 손님.
그래, 브라자도 벗어야지.

그리고 잠.

벗었어요 손님.
팬티는 뭐할라고 걸쳤냐, 금테 둘렀냐?

자 다 벗었잖아요, 돈은 친구분이 내셨어요.
자, 빨리 뛰고 손님 또 받아야죠.

알았다.

그리고 또 잠.

에이 씨팔, 뭐 이런 새끼가 다 있어?

잠.

하기사 저질러진 것에 대한
의미부여일 뿐
돌아갈 수 없음에 대해
그것조차 딛고 앞으로 나아가야 한다는 것일 뿐
어쩔 수 없는 위로의 말일 수밖에 없지만
그 여자가 무슨 해방을 위해 산다 어쩌구 하는 것도
내 사치심일 수밖에 없지만
저질러질 미래를 위한 위로의 말일 수밖에 없지만
끝까지 지킬 것은 지켜야 해, 더이상 빼앗길 수는 없는 거지만
고통을 겪으며
아름다움은 악씩빨랐다. 나중에 들었지만.

포주의 말. 야 이년아, 진짜 했냐?
증거가 있어야지 저 군바리 새끼
낼 아침에 일어나서 니 도망쳤다고
지랄발광하면 난 어쩌냐, 증거가
있어야지, 쌌다는 증거가.

여기 있잖아요, 여기.
콘돔 속에 정액 1그람.

그래, 거기 군화 위에 놓고 가거라.
싸긴 쌌냐, 정말로?

아이참
여기 증거가 있는데 뭘 그래요,
나도 빨리 몇 탕 더 뛰고
먹고 살아야죠.

아니 그래 이년아, 그게 물이지 정액이냐? 너 날 뭘로 보는
거야, 한 번 주면 될 꺼 아냐 이 새끼가 되게 겁주고 앉아 있
네, 야 새꺄, 자빠졌네 얼씨구, 그래, 살고 싶은 맘도 없으니까
갈겨봐, 이 새꺄. 개 값 치르고 너만 손해야, 난, 홍천에서 한
물, 양구에서 한물, 서면에서 한물, 갈 대로 다 간 년야, 이 새
꺄. 내 몸으로 지나간 애송이들이 너 같은 거 사단 군단 병력
이야 이 새꺄, 지랄하고 자빠졌네, 와봐, 와봐, 와봐!

자작나무 수풀 사이
사이좋게 누운 풀밭 위에서
난 그녀를 범할 수 없었지만
감히 못했지만 생각해보면
그녀의 막강한, 지독한 아름다움이 나를 범했다.
첫사랑이니
첫경험의 평생 잊지 못할
아프고 짜릿한 추억이니
얼마나 하찮은 것인가를 뼈저리게 사무치게
무릎뼈가 아프도록 알고 싶었다.
인간성 앞에서.
인간성의 비참한 순결 앞에서.

아름다움은 아름다워야 한다
내 뇌리 속 한 겹
백지장 같은 그대
그 백지장을 물들인
이 세상의 죄악으로

이 세상의 온갖 고통으로
그대 끝까지 순결하라
아름다움인 채로 일어서라
사랑을 통해
미래를 향하여
질병이 아니다
아름다움은 아름다워야 한다

양놈들은 그래도 즈그들 끼리끼리 나름대로는 꽤 했어. 아
강간당했다고 여자를 일생 동안 더러운 물건 취급하듯 하는
사회는 아니잖아 적어도? 텔레비 방송에 나와 솔직히 그 고
통을 토로하게 하고 또 위로받곤 하잖아?

아냐, 그것만으로는 안돼. 더구나 그들은 지들밖에 몰라.
그리고 즈그들 스스로도 해방되지 못했어. 백인종끼리만 노
력할 뿐이지. 도저히 참지 못한다구

백인종과 흑인종 사이의 관계를
백인종과 황인종 사이의 관계를
흑인종과 황인종 사이의 관계를

그들도 침략만 하는 게 아니다 세상이 어디 그렇게
불공평한가? 침략당해 있다 그들의 정서도 죄와 벌
피해망상증 변태성욕 바리에이숀클럽 하이쏘사이
어티 펜트하우스 카플즈 플레이보이 플레이걸 호모
레스비안 그룹섹스파티 그 정도는 약과다 그들도
땅만 빼앗았지 스스로는 무언가 빼앗긴 정신병환자

식민지 부분에 대해서는 그들도
속수무책이야 부조리연극이니
다다이즘이니 잔혹극이니
자신의 아름다움에 대해서 속수무책이야
세기말이니 전위니 모두

그려두, 불쌍한 건 우리들뿐이구
이유 넘겨먹는 건 중간상인뿐여.
아 그 통일교 피가름 어쩌구 한 것이
다 뭔디?

동양의 신비한 나라다, 히피의 원산지다, 계룡산 예언자다
어쩌구 하면서 사이비 한국적인 걸루다가 일장훈시 할라치
면 아 돈은 많아도 골탱이는 텅텅 빈 양놈들 우루루 몰려와
서 환상적으루다가 구원해주쇼 몽땅 바칠 텡께, 목숨만 구원

해주쇼 해쌌지. 그 몰려든 양코백이 인파들을 그럴듯하게 코
닥칼라루다가 확대사진으로 찍어서는, '자 봐라, 교주님께서
그 위대한 서양 국민들을 이만큼 감동시켰느라!' 매스콤 동
원해서 쎌레발 죽이면은 아 한국엔 또 좀 많은감, 그 얼빠진 중
산층 미국파대예찬론자들이? 그리저리 얼쩡진 사람들 사이
를 왔다갔다하기 수십 번이면 아 태평양 횡단 보잉 747 비행
기삯밖에 더 들겠는감? 그러는 동안 한미친선조약도 체결했
겠다, 양쪽 나라에서 신도수가 폭발적으로 눈덩이만큼 불어
난다 이 말이여.

워디 통일교뿐인가?

물론 더 음흉한 속셈이 그 뒤에 도사리고 있겠지 그 놈들이
위면 놈들인디 세상을 지 손바닥 위에 놓고 들여다보는 징헌
놈들 아닌감? 하지만 적어도 문화적으루다가 말할짝시면 그
렇지 않느냐 이거여. 해방이 다 뭐여, 너무 안온하고 편안하
니께 그런 생각도 없을 테지,
오늘날.

아름다움이 힘이 되고
해방되는 것은
제3세계 약소민족 해방투쟁 속에서뿐이다.
아름다움도 힘이 되고
해방되는 것은
그 고난의 현장 속에서뿐이다.
이미
저질러진 것.
그것을 관통하면서 저질러진 것까지 구원하고
데불고 가는
관통의
투쟁. 남은 힘으로 남은 부딪침의 힘으로.
깨뜨림과
깨어짐의 힘으로.
북소리 꽹과리소리.
남은 혈연과
남은 공동체의 힘으로.
다시 부딪쳐
깨어지는,
깨어지면서 이루는
만남의 윤리로.

세상은 아름다움뿐인가 저질러진 아름다운, 고통뿐인가?
아름다움만이 문제는?

세검정에 가보면
푸른 하늘 밑 흰구름 밑에 있다는
청운양로원이 있다.
세검정 올라가는 확 트인 아스팔트 길목에는
아스팔트처럼 허리가 굽은
노인네들이 있다.
허리를 굽힌 채로 그 노인네들은 나타나
아스팔트처럼 검고
메마른 목소리로
길가는 사람들의 소매를 붙잡는다.
백원이나 한 이백원쯤 달라고 하신다.
아스팔트처럼 까칠한 그 손가죽의 감촉.
이미 전시대 허름한 아스팔트가 되어버린 그 노인네들은
그러나 불쑥불쑥 나타난다.
버스를 타고 고향으로 달려가고 싶으셨을 노인네들은
그러나 다음날에도 다시 불쑥불쑥 나타나
아스팔트의 몸짓으로
백원이나 한 이백원쯤 달라고 하신다.
구걸이 아니다.
하늘 밑으로 펼쳐진 북한산
그 든든한 경치가
사변통에 죽은 아들놈 가슴처럼 믿음직하기 때문이다.
가다가 다시 돌아오게 하기 때문이다.
그런데 이제 이곳에도 외국공관이 들어선다
관광지로 개발된다 문화단지가 들어선다고 난리다.
장관 다녀가고 외무부 고급관리 다녀가고 코쟁이들 자가용
몰고 다녀갈
꽉 짜인 신식 아스팔트길이 들어서기는 서겠다.
어쩔 것인가.
노인네들은 어쩔 것인가.
청운양로원쯤 사시다가 고향생각.
그러나 다시 돌아와
헐렁한 아스팔트가 대충대충 남아 있는 수풀과 어울려 있는
이 세검정 동네에서 오도가도 못하고
그냥 구시대 무상원조시대의 누덕옷으로
누더기투성이 아스팔트인 채로 남아
그냥 백원만 이백원만 하시는 노인네들은 어쩔 셈인가.
세상이 점점 화려해지는 것은
가족이 없는 노인네들에게는 도움이 되지 않는다.
분단되어 있는 젊은이들에게도 도움이 되지 않는다.
병든 광채만으로 어떻게
가슴속 허전한 자리를 메꾼단 말인가.
날씨도 점점 추워지는데

1986

마음속 비인 자리는 여전히 빈 수풀을 찾아 헤매고
세검정 높은 지대에서 부는 바람은 벌써
북만주 벌판 살을 에고 가랑이를 찢는 혹풍한설이다.
이제 겨울이 오면
나무들은 가슴을 닫아 잠글 것이다.
새벽거리에
얼어죽은 시신도
한 두서너 다섯 있으면 어쩔 셈인가.

그대 시퍼렇게 날선 식칼로 아름다움이여
두 손이 두 팔다리가 떨리는 이것은
못견디게 덜덜덜 떨리는 이것은
이제 아름다움으로 우리가
누군가의 심장을 찔러야 하기 때문이다

세상은 아름다움뿐인가 저질러진 아름다움의 고통뿐인가?

......

그때 그 어지러운 절망감의 끝에서
와자지껄한 시장바닥을
헛바닥 늘어뜨린 지친 개처럼 헤매다가
나는 보았다.
비에 젖고 있는 목공소
그 우람한 나무들을.
비에 젖어 축축한 몸으로 나무들은
하늘로 두 손을 뻗을 듯
가지가 생기고
거친 껍질 속까지 물기가 배이며
모가지가 생기고 축축한 머리칼이 생기고
나무들은 다시 살아났는데
뿌리 내리고 살던 산언덕을
혼신의 힘으로 기억했을까.
그 우람한 낙락장송 수풀 속으로
독립군들의 군가소리가 들려왔다.
햇살은 부채살로 흩어지고 찬란하게
떠오르는 태양.
밥 짓는 야영지 연기와 깃발이 펄럭여대며
나무들은 제각기 잎사귀를 흔들어댔다.

문득, 생각했다

   저 목공소 비에 젖고 있는 나무들이
   저토록 아름다운 것은
   우리가 저 나무들로
   무언가를 세워야 하기 때문이다

내가 말한다

좋 은 꽃

〈지울 수 없는 노래〉 이후 여기저기 발표했던 것에 신작(新作) 몇 편을 보태 시집으로 엮는다. 언제까지 쓸 것인가. 언제까지 쓸 수 있을 것인가. 언제까지 쓰기만 할 것인가? 역사발전에 알알이 박힐 치욕의 아픈 실점, 그런 것들을 생각한다. 아름다움의 윤리(倫理)에 대해서 생각한다.―1985년 여름

제1부

씻음에 대하여

아침 숲 속 안개
샘물에 얼굴을 씻으며, 씻겨져내리는 귓가에
보이는 것에 대한 그대의 자그마한 비명소리 듣는다
땀흘리고 분노하고 사랑하는 것
그게 후줄그레한 씻음의 행위라고, 나는 말했지만
그대는 믿지 않았다. 세상은 참 더러워요.
추해요. 치사해요.
아침 한기 온몸에 소름
바다에 바위와 풀잎이 투명한 샘물에 얼굴을 씻으며
입김이 호호 냇물 위로 서리는 그 속에서
그러나 나는 오늘 다시 깨닫는다
보이지 않는 것에 대한 따스한 믿음을
결코 포기할 수 없음을
얼굴을 씻고 가슴을 씻고
가슴에 묻은 사랑의 소금기를 씻고
다시 사랑하기 위하여, 빼앗겼던 것을 씻듯이
내 가슴에 묻었던 그대의 얇은 가슴마저 씻으면서
근육에 배인 아픔만큼은
씻어내릴 수 없음을 다시 깨닫는다
그것은 정말 얼마나 벅차고 소중한가
추운 날 가난한 사람들의 입김이 그렇듯이
씻음은 결코 잊을 수 없는 것들을 생각케 한다
어떤 갈 길 같은 것.

나무

나무는 숨결이 꺼칠하다
충혈된 심장이
내 고단한 고막 속에서 할딱거린다
다시 돌아와도 마찬가지다
나무의 깡마른 어깻죽지가
어느새 새파란 하늘로 출렁여대면서
홀로 있을 때
그러나 나무는 나에게 아무것도 바라지 않는다는 투다
나무는 그냥 숨결이 꺼칠하다
우리가 뜨겁게 볼 부빌 때까지
우리가 나무의 출렁이는 어깨를 잡아채 부여잡고
우리의 눈물로 이렇게 서서
아름다움은 배반이었다, 말할 때까지
나무의 호흡을 거칠게 두드릴 때까지

나무는 그냥 숨결이 꺼칠하다
나무의 충혈된 생애여, 우리들의 미학이여

나무·둘

이 겨울 복고적인 것은 나무들뿐이야.
내린 눈이 녹는 나무껍질은 축축해지면서
다시 본래색대로 거무튀튀해져. 그 옛날
부챗살로 퍼지던 햇살 사이로 우렁차던
독립군 군가소리처럼 창칼의 빛 하늘로 치솟고
이 겨울 복고적인 것은 나무들뿐이야.
나머지는 모두 가지에 걸린
확성기뿐 선거공약뿐 이 겨울.
눈은 뒤덮어버릴 듯 시내버스 위로 내리고.

아름다움을 위하여

그대를 보내고 나무 한 그루 무참히 쓰러진 빈 들에 서서
안절부절 못하는 것은 우리가 식민지에 살기 때문이다 아름
다운 그대 빈 들엔 온통 나무 한 그루 쓰러진 손아귀에 긁힌
상처자욱이다 이제 벌판에 비가 마구 쏟아져 드러난 뿌리가
흠씬 젖어도 그대 헛된 미모의 일생은 가슴 아파라 빼앗긴
식민지에서 우리는 잠시 서성대리라 아름다움에 대하여 길
길이 나무는 쓰러지고 우리들의 생애는 남았다 살 속까지 꺼
칠해진 투박한 생애 상처투성이 희망 진정으로 아름다운 것
은 힘이 되는 아름다움뿐 한 가닥 남은 핏줄 땀흘린 근육 척
박한 땅 노을진 다랭이밭 따위 식민지 찬란한 도시의 성병
따위 삶은 계란에 묻은 학살당한 실핏줄 따위 역사를 위하여
찢어지는 것은 못난 가슴일 뿐 그것을 여린 고막으로 아프게
알고 싶다 거대한 도착의 굉음이며 여인네의 몸이며 발기발
기 찢긴 사랑이며 그대를 보낸 빈 들에서 나무는 쓰러져 흩
날리는 낙엽뿐 다만, 눈물겹도록, 그대의 아름다움도 이 빼
앗긴 식민지에서 앙칼진 무기가 되는 일생이도록 떨며 맹서
하고 싶다

시대정신이여 해방의 미학이여 아름다움의 생애여

꽃

마치 어느 머언 나라의 윤회설 속에 있는
이승과 저승의 관계처럼
너의 아름다움은
너의 슬픔의 아랫도리에 대한
안쓰러움에서부터 시작된다
이대로 시간이 부패해버리고

저승이 내 발밑에 징검다리처럼 다가와도
그때도 너의 향기는 더욱 진하고
참을 수 없을 것.
눈부셔 항상, 너의 아름다움은
내 눈 앞에 코 앞에 쨍하게 버텨설 것이다
그런데
너를 사랑하는 것은
너의 그 아랫도리의
그 어둡고 깊은 연민 속에서 이루어진다
무너져내린 너의 헐벗음 속에서
헐벗은 너의 노여움 속에서
이루어진다
무너져내린 너의 굶주린 절망 속에서
작은 뉘우침의 손이 큰 뉘우침의 가슴을 마구 두들겨댄다
작은 사랑이 큰 사랑을 마구 노여워한다
작은 아픔이 큰 아픔을 마구 노여워한다
그런데
너를 사랑하는 것은
서로가 가슴을 갈기갈기 찢으며
서로가 서로를 적시고 용서하는
피의 세례 속에서 이루어진다
비리디 비린 행위 속에서
나는 또한 신선하게 다시 태어나
이승과 저승을 모두 너의,
복수심 같은 아름다움으로, 예감하고 있으니
더이상 빼앗길 무엇을 두려워하겠느냐
더이상 연민할 무엇을 아쉬워하겠느냐

다시, 꽃

아직은 내 곁에 둘 수도 없고
버릴 수 없네, 꽃은 새가슴 새난대는 향기를 지니고
연약한 허리, 하얀 허벅지를 지니고
흔들려, 속이파리채 파르르 떨리는 동안
흔들려 흔들려 참을 수 없이
그러나 내게는 땟국 젖은 입술이 있어
갈라져 두터운 손바닥이 있어, 사내의 털난 가슴
거칠은 호흡, 열매를 바라는
숨가쁜 욕망 피비린 혁명이 있어
꽃에게 줄 것은, 순식간에, 짓눌러 부숨.
그러나 꽃과 나 사이엔 빼앗긴 식민지가 있어
분내 나는 프랑스가 아메리카 성병이 있어
칼날 숨긴 유혹과, 도취와, 타락과, 메스꺼움과, 아름다움
과, 지배, 피지배

아아 왈칵 쏟아질
하룻밤 영등포 밤거리 푸줏간처럼 싯뻘건 홍등가
반역의 속창자가 갈비뼈를 송두리째 부수는
부수고 피엉긴 채로 달려가고 싶은
한 나라의 설움을 아스라져라 껴안듯이
그러나 다치지는 않게
그러나 상처받지는 않게, 꼬옥 품에 안듯이
쏟아지는, 무너져내리는,

좋은 꽃

이렇게 생생할 수야 전생의 그대, 욕망의 흔적이
이길 수 없는 싸움에 지쳐 흐려진 내 이생의 눈망울을 때리는
그대 잎사귀의 원색,
그 순결한 운명에 짐지워진
피할 수 없는 충동을.
피 흘려 지금은 다만 그대를 건드려 보기 위한
손가락의 마구떨림과 그대의 그 아직도 의연한 자태 사이
내 비인 주먹과 그대의 그 복수심 같은 아름다움 사이
숨이 막히는 공간 속에 갇혀서
나는 와들들 떨려 그대의 그 진한 향기도 참지 못하고
그대도 아아 조금씩 눈물 반짝이며 흔들리며 섰나니, 그대의 꽃잎
자꾸자꾸 벗어버리는 고운 살결 같은
그대의 경련 벌써 끝없이 들키고 있음!

설운 몸, 수습하기도 전에
경미한 흔들림으로 그대가 내 발에 흘린
그대의 향기 그 피비린 맛에
나도 막강한 설레임만으로
그대를 사랑하기
훨씬 이전에.

앙칼진 복수심으로 내 눈을 때리는
아름다운 꽃,
좋은 꽃.

시·하나

잊지 않고
너를 찌르면
보인다
너의 온 생애의 피.

칼이 아니다
보이지 않는

좋은 꽃

눈물 속 반짝이는 살기가 아니다
어느 한쪽의 사랑도 될 수 없는
그대 몸 내 몸뿐이더라도
다칠 수 없는 이 지상의 사이에서

가까울수록 저미도록 아픈 것이 있던가
멀수록 두 손 끝에 안타까움 이리도
생생한 것이 있던가

묻는다 잊지 않고
너를 찌르면
불현듯, 깊은 밤에 잠깐씩
보인다 너의 피
불볕 대낮 찬란히
보인다 너의 피
온 생애의 피.

시·둘

응 그건, 그들이 아직 너를 관상용으로만 보고 싶어하기 때문이지
너의 피와 땀과 더러움에 개입하기 싫다는 거야
바라는 것은 참신함뿐이야 그들은
몸 섞기는 싫다는 거지
응 그건,
나는 한몸이 되고 싶기 때문이지
같이 가고 싶기 때문이야
더러운 혈관이 깨끗한 식물보다
최소한 따스하다는 것을 알기 때문이야
중요한 것은 우리들의 생애야 너의 일생으로
그들의 피와 살과 뇌세포가 되는 일이지
개입하는 일이야 서로의 삶에
모자란 만큼 피와 땀과
비린내나는 살덩어리로

시·셋

어둠 깊고 진하며
떨리는 눈썹조차 무겁고
다시 노여운 눈썹일 때
갈 길 험하고 막막하며
목숨도 차라리 벗어버리고 싶은
진흙탕길 검정 고무신일 때
부드러움조차 힘없고
다시 상처받은 부드러움일 때
양심도 파리목숨처럼 흔들리고 싶을 때

사랑도 차라리 지워버리고 싶은
자갈밭 아픈 발바닥일 때

우리라는 말을 창조하듯이
갈 길 기어코 열렬한 기쁨으로 되새기듯이
철거될 판자집을 세우듯이
서로의 찢어진 살점, 바느질로 꿰매주듯이
이 헐벗은 가난을 기어코
끈끈하고 황홀한 우리들의 공동체로 되새기듯이
희망의 뼈대를 세우듯이
따스한 껴안음과 투철한 결의가
가녀린 열림과 핏발 서린 앙칼짐이
우리들 희망의 조촐한 뼈대라는 듯이

아내

— 서부이촌동

원효대교 공사장 빈터에는 건설의 쓰레기가 매일매일 쌓여가고
아파트 칠층까지는 구절양장
문을 열면 아내가 먼저 와
손에 묻은 백묵가루를 씻어내고 있다
행주로 훔쳐내도 목이 쉰 구한말 역사
백묵가루 묻은 수업시간이 정리되지 않는다
전봉준과 5월 광주가 눈앞에서 흩어지고
비좁은 방안은 항상 어지러
역사와 살림이 구별되지 않는다
그 사이를 틈타 백묵가루는 아내의 땀구멍을 파고들었을까
가래가 되고 쉰 목소리가 되고 결핵이 되고
산산이 하얗게 부서져내릴 것 같은
아내가 보인다
그러나 아내는 어느새 내게 젖은 몸이다
슬픈 그러나 부서지지 않는
습기 찬 몸이 다가와
생활의 아픔을 요긴한 양식으로 삼는 법을 가르쳐준다
안타까워한다 찬 손으로 쌀을 씻으며
소중해한다 우리들의 몸은 세상의 불결뿐이라는 듯이
미움은 아직 패배라는 듯이
한강물 잔파도가 아내의 몸을 핥는 서부이촌동
밤마다 피에 얼룩진 꿈을 꾸는 못난 남편의 머리맡에서
아내는 아직도 손에 묻은 백묵가루를 훔쳐내고 있을까
그러는 사이 잔파도는 아내의 땀으로 변하고 있을까
세상이 우리를 좀먹기 전에
우리가 세상을 받아들여야 한다는 듯이
아직도 사랑은 승리라는 듯이

1985

피비린 역사가 모여 생애가 되고
피비린 생애가 모여 역사가 된다는 듯이?

아내의 입술

일어나지 못한 출근의 잠자리에서
아내는 목이 말랐다, 입술이 타고
내 입술도 갈라진 입술, 수십번씩 짓눌러 부비며
아내는 생각하는 것일까 척박한 우리들의 땅에 대하여
이룩해야 할 사랑과
사랑의 피와 씨앗에 대하여
우리네 사랑 축척이 적실 어디로 향해야 하는지
아내도 알고 있는 것일까 갚아야 할 미움에 대하여
복수심 같은
아름다움에 대하여
아직도 일어나지 못한 출근의 잠자리에서
아침마다 타는 아내의 입술
그 갈라진 입술은 하루종일 내 목덜미에 붙어 있다
이루지 못한 생계
이루지 못한 생애
이루지 못한 미래
그러나 또한 갈수록 습기 차는 사랑에 대하여

바다

배고픈 눈으로 보면
바다는 햇볕과 눈물을 글썽여댔다
파도가 철썩철썩 어지러이 부딪쳐와
모래를 움켜쥔 거품의 손가락이
한줌씩 한줌씩 자꾸자꾸 놓치고
바다는 굶주린 눈이었다 시시퍼런 물깊이로
슬픔마저 집어삼키던 바다
사랑하는 이여 이제 내 아내로 내 곁에
따스한 체온으로 와닿아 있는
혁명이여
그대와 내가 이렇게 흡족한 사랑행위를 마친
소금 맛, 이 시대 우리가 맨발로 딛는 이 모래밭 앞에서
바다는 그지없이 망망한 옥색빛 철철 넘치고 있나니
가슴속까지 출렁여대는 바다
이제 세월이 흐르고 산전수전 우리가
힘겹게 아들 셋 딸 셋쯤 독하게 거느리고
다시금 이 바다 앞에 선다면
바다는 또 무엇으로 거친 숨 몰아쉬겠느냐
피와 땀 묻었을 바다
바다는 또 무슨 표정으로 격한 어깨 출렁이고 있겠느냐

제설작업

살아도 오히려 힘에 또 겨울
벅찬 아픔과 감동의 시대였느니라
연병장에 엄청나게 쌓인 눈산더미를 보며
일요일 제설작업 나는 그런 생각을 했다
넉가래를 밀면
우리 힘만으로는 암만해도 모자랄 것 같은
눈은 지금도 쌓이며 넉가래 끝에서
묵직한 사랑의 감동이다
시력만으로는 감당하지 못할 하얀 반짝임. 눈물.
살아도 내사 다는 못 살고 돌아갈 시대
80년대까지 이렇게 산사태로 밀려오는 눈을 치면서
나는 그런 생각을 했다 죽어도
밀어도 밀어도 80년대까지 밀려드는 눈은
우리 자라다 만 키의 어깨를 넘칠 듯, 넘칠 듯
우리 서툰 넉가래질을 덮쳐 삼킬 듯,
그러나 눈발 속에서 아이가 운다 배가 고파서
살려주세요 소리같이 그러나 이대로 물러서지마셔요
소리같이 윙윙대는 눈보라 현수막 흩날리는 전쟁구호
뒤에 저희들이 있다는 듯이
눈은 아직도 쌓이고, 넉가래질은 서툴고
땀에 흐려진 시야 주먹으로 닦아내면
담벼락에 엉겨붙은 하얀 잔설
풍경엔 핏자국이 묻어 있다
아름다움엔 피와 살기가 묻어 있다
온통 하얘지는 세상에 일렬종대
그대는 아직도 고통에 갇혀 지내고
연병장에 쌓인 눈을 밀면서 생각한다
우리가 우리로 살아 남은 것은
우리의 앞이 무언가를 했기 때문이다
무언가를 안했기 때문이 아니다

축대

축대 밑에서 축대에 몸을 기댔다
봄 눈이 녹는 해빙의 돌덩어리 축축한
봄이 와도 몸을 기댄 것은 몸 큰 시커먼 기차 그 위로 다니는
축대가 아니라 내 지친 육신이다
축대의 위험이 사람의 어깨에 몸을 기댄 것은 아니다
위에서 아득히 먼 곳에서부터
기대임당하고 있는 축대의 키는 너무 거대해 보인다
기대고 있는 나의 높이는 너무 왜소해 보인다
갑자기턴넬이소리로꽉차터질듯고막찢으며기적소리빠앙쏜
살같이덮치며지나가고무너져내릴듯그러나

237

너무차이나는것은항상위험하다는듯이
기댐과기대임당함의경사가한데어울려축대가기울고내키가
쓰러지고위험의거대한경사축대와내가허물어지는 저 앞 의
광활한 쓰러짐!
눈을 감고, 눈 감으면, 눈앞 깜깜한, 어둠마저 무너지고, 그러나,
눈뜨면, 다시, 환한 세상, 아무일도, 없는, 세상에,
세상에 신문팔이 소년이 내 앞에 나타났다
주택복권 발표
고학생 군대식 경례
돌아보면 축대는 아직도 거대히
계급도 높게 버티고 서 있으면서
세상에 별걱정 다하며 산다고 하고

나는 여전히 온 몸에 땀을 뻘뻘 흘리며

한강·넷

어제 억수처럼 비 내리고 나는 한강에 나갔었다
비내려도 한강은 아직 온통 말라 갈라진 터진 입술 젖가슴
흩어진
시선으로 한강은 이부자리를 채 개지 않은 채
어지럽게 꿈틀거리고 있었다 어제 비 내리고 그래도 나는
붙잡고 늘어질 것이 누님의 치맛자락밖에
없었다, 꿈이 깨지 않았나봐, 눈뜨면 한강은
온통 젖은 슬픔의 모습
늘어져 지친 하이얀 기나긴
끈질김, 으시시, 떨리는, 오한이 들어, 아파요 누님?
그래, 토해도 토해도 속이 개운치를 않구나, 몸 속에 온통
꾸정물이 들어 있는 것 같아, 누님, 새벽인데요
누님, 충혈된 눈동자 같은 해가 꾸정물 배때기 위로 마구마
구 솟아요
곤두솟아 오르는데요 누님,
누님, 누님? 누님!

새벽도 살내음이 비릿하고 상긋할까?
목숨의 냄새, 오염의 냄새, 살아감의 냄새, 버팅김의 냄새
새벽의 피도 차츰차츰 썩어가고 있을까, 그래도 목숨은 여전히
그 무엇보다도 찬란할까?

햇살 따라 일렁대는 은빛 잔물결
그곳에 황금빛 잉어떼 살고 있을까

신선한 야채장수가 강둑을 지나갔다
예비군이 지나갔다 생선장수가 강둑을 지나갔다

신선해지기 위하여
그들은 슬픔의 내장을 한강에 퍼질러버렸다, 위대함이란
온갖 썩은 것들을
받아마신 역사였을까 썩어감의 역사 사람들은 그날그날을
근근이 살아갔고
한강은 토해내도 토해내도 꾸정물
새벽바람에 속이 울렁거렸다
어릴 적 예방주사를 맞던 뇌리처럼
자갈밭개울물흐르는소리마저얼어붙은한강
풀잎에바람스치는소리조차쉿내를풍기는한강
직할하천한강 두깨의 한강, 슬픔으로 내 키를 넘치는 한강,
신음소리로 말라붙어 내 발바닥을 핥는 한강
누님, 누님? 누님!

피를 보여주세요 당신의 산 피 죽은 피
목숨을 보여드릴께요 저의 죽은 목숨 펄펄 산목숨
핏소리의 신선함을 보여주세요
목소리의 앙칼짐을 보여주세요
앙칼짐 속에 갇힌
빼앗긴 굶주림의 목소리를 보여주세요

그래, 누님의 눈물 속에는
참고 견뎌온 오욕의 역사가 잠겨 있었는데
해님은 반짝
병아리는 짹짹
나는 왜 거기에 내 하찮은 슬픔만 보탰던 것일까
그래, 누님의 눈물 속에는
견딜 수 없는 아픔이 아픔만으로 견디며
아직도 잠겨들고 있는 중이었는데
왜 나는 하찮은 눈물 글썽임 따위로
온세상을 뒤흔들려고 했던 것일까 슬픔의 수위가 차오를수록
비명소리는 낮게 무겁게 내려쌓이고
살기랄까 어떤 복수심 같은 거
아니면
후회랄까 어떤 죽음 같은 거
어떤 돌이킬 수 없음의 힘없는 아름다움 같은 거
애야 애야 내가 몸이 성치를 않구나
내가 어서 일어나야 할텐데
일어서서
이 모든 아비규환의 동란의 비명소리만이라도 네게 들려줘
야 할텐데
지금은 보이지 않는 들리지 않는
내 하이얀 광란의 배에 잉태된

사랑의 더러움의, 더러움의 구원의
구원의 앙칼짐의
굶주림의 비명의 칼날의
사랑 소리. 학살 소리. 아아 다시 살아나는 소리.

제2부

철길·둘
-하인천

희망도 헛된 보람도 결국
끝장나는구나 하인천역에 내리면
저렇게 사지가 짤리운 채
철길은 땅 속에 모랫더미 속에
파묻혀버리는 구한말시대
만남의 바다는 한참 더 가야 있다
어스름한 역전 불빛 아래로 막차 인생
끼리끼리 움츠린 얼굴로 희망은 초라하다
철길의 생애는 주름살로 지고
한참 더 가도 바다는 그 광활함으로
우리에게 길을 가르쳐주지는 않을 것이다
철길의 막다름 앞에서 희망의 끝장 앞에서
마치 잘못 죽었다 살아 돌아온 사람처럼
나는 깨닫고 있는 것인가, 아주 오래된 기억처럼
삶은 좀더 치열해야 했음을
싸움은 좀더 절실한 사랑이어야 했음을
희망은 초라하다, 그러나 희망의 생애는 위대하다
나는 바다로 가고 싶지 않다
아니 바다로 가서 벌벌 뛰는 고기가 되고 싶다
입맛 다시는 바다
피비린 맛을 본 바다
조금 더 먼저 끝나준 하인천의 희망의 끝장 앞에서
20분마다 전철은 다시 떠나고
나는 돌아가야 한다 저 초라한 가로등 빛에 몸 기대며
만남의 바다는 내가 도망쳐온 그 자리에 있다

파시

바람이 쌩쌩 몰아친다
오늘도 돌아가는 사람들의 마지막 표정을 나는 놓쳤다
바람은 아직도 돌아가지 않고
시장바닥을 휘몰아치며 비린내를 다시 물씬 일으킨다

아직 잠들지 않는 천막 몇 개가 바람에
뚫린 구멍 사이로 흔들려
뒤척이며 끼리끼리 남루한 살거죽을 부비고
아직 꺼지지 않은 백열등 몇 개가 군데군데 밤을 밝혀
늦게 도착한 바람은 또 끼리끼리 밤을 새워 분다
바람은 내 늦게 도착한 싯직의 고막을 쥐어뜯으며
이 병신아 이 병신아 너는 차라리 내 밑에서 나뒹구는
낙엽이나 발뿌리에 차이는 돌맹이나 되라고 맵차게 운다
바람은 아직도 돌아가지 않았다
모두 끝난 신촌시장, 그러나 아무것도 끝나지 않았다
누가 끝낼 수 있으랴 우리네 찌든 얼굴을
우린 믿는다 우리네 텅 빈 마음을
우리가 바라는 것은 드디어
억만장자가 아니라 최소한의 입에 풀칠, 식솔들의 생계유지
바람은 아직도 돌아가지 않았다
아무도 없이 다 파하고
밤 늦은 신촌시장, 바닥엔 널판대기, 상자곽, 배춧잎새 나
부랭이만 질펀해
오늘 나는
돌아가는 사람들의 마지막 표정을 보지 못했다
내가 떠나도 늦은 바람은 또 밤을 새워 불리라
어둠 앞에서 이 어둠 앞에서 밀려 떠내려가도
늦게 도착한 바람은 또 끼리끼리 밤을 새워 불리라
온 몸에 온 살결에 어둠의 가시가 배이도록
이젠 더이상 물러설 수 없다는 듯이

영등포

오늘도 영등포시장엔 휘황한 불빛과
바닥에 널려진 질척함 그리고
악다구니만 요란해
핏줄 솟구친 사내들이 씨근덕거렸고
국수를 마는 아낙네들 더 거친 숨결
네온싸인 아우성 너무 요란한 속에서도
숨가쁘게
아무도 그날을 잊지 못했다
역사는 엄연하지 않았다 방둑을 때리는 해일과 같이
사람들이 밀려들었다 소방차 싸이렌 솟구쳐오르며
인파를 갈렀다 쓰러지고 솟구치고 충혈된 눈동자와
마구 웃는 이빨들이 부딪쳤다 핏방울이 튀는 소리를 내며
역사는 소란하기만 했고
그 밑을 흐르는 더 거대한 고요
흘러가지 않았다 바위에 부딪는 급류처럼
아무도 그날을 잊지 못해 몸부림쳤을 뿐

짓밟혀도 죽어도 그날을 잊을 수는 없었을 뿐
오늘도 영등포시장엔 쓰러지는 번영, 솟구치는 비명소리
그리고
악다구니만 요란해
아무도
저질러지는 역사를 바라볼 틈이 없었다 영등포

다시, 자갈치시장에서

그녀는 아무것도 믿지 않았다
총성이, 울렸다 최루탄 연기 속에서
비명소리가 들렸다, 총알보다 더 아프게
고막을 찢고, 눈물로 감쌀 틈도 없이 가슴이
찢어졌다 죽은 것은 그녀가 아니고 도무지
깜깜한 밤 믿어지지 않았다 믿지 않았다
돌아보라 두 눈 뜨고 차마 못 볼 모습 밤
돌아오라 오죽하면 차마 살아서 못 돌아왔으리
밤 믿지 않았다 피흘린 얼굴도 잘린 몸뚱이도

밤이면 아들의 민주주의가 돌아왔다
그것은 하얀 수의를 입고 반듯이 누운
피묻은 그녀의 잠이었다 참으로 목숨은 모질고
못된 그리움만 살아 길길이 날뛰는 잠 속

겉은 평온했다

그녀는 필사적으로 잠에 빠져들었는데
겉은 백열등 창백한 불면이 베갯머리를 맴돌고
있을 뿐이었다

목숨에 배인, 비린 내음만 생생해
젖은 생선처럼 축축한 흐느낌인 듯하다가
다시 욱신욱신 쑤시는, 움직일 수 없는
핏발 선 노동의 질긴 육신
몇 가닥일 뿐이었다

최대포집

중학교에 갓 들어가고 나서
까까머리 쓰다듬으며 다른 학교에 들어간 까까머리
상규네 집 앞에서 물벼락 맞은 곳.
흠씬 젖었어도 상규녀석은 체전 성화 마라톤을 뛰다가
신문에 얼굴 나왔다고 거저 좋아하던 마포 골목
최대포집.
그때 바께스를 든 채로 어마 이를 어쩌지 하며

누나같이 하얗게 웃던 노란 한복.
아아 그 최대포집
빚쟁이를 피해 야간도주를 했다는
내 옆자리 상규는 소식 모르고
지금도 만나면 누나 같을까.
그러나 그 누이는 간 데 없고
그 누이가 자랐을 입결은 아줌마와
아줌마의 억센 팔뚝 노릇을 하는 가시나.
그때 내 나이가 조금만 더 컸더라면
추억은 힘이었을까
억척스러운 사랑이었을까 앙칼진
슬픔이었을까 추억은 성년식이었을까
목메인 이별 아아 추억은
잃어버린 것들을 삶의 뼈대이게 한다
산전수전의 생애.
버팅기는 슬픔의 뼈대.
돼지갈비 굽는 연기에 눈물 글썽이는
추억과 노동의 최대포집

해질녘, 공사판에서

어둠 내리네
손에 든 것은 산소용접기 하나
불꽃 하나 이 어둠 속에서 가다듬는 공사판
인부여 인부여
내리는 어둠에 싸여
산더미처럼 쌓여진 철근덩어리들은 막강하게 그대 곁에 머물고
그대 근육을 짓누르고
홀로 섰는 기중기의 육중함
어둠은 아직도 내려
그대 핏발선 근육을 짓누르고
근육이 있어 어쩔 줄 모름은
그대뿐.
그대와 우리뿐.
어둠은 아직도 내려 쌓이고
서러운 힘 더욱 불끈불끈 치솟아
산소용접기에서 튀는 불꽃.
눈동자에서 튀는 살기.
어둠 내리고
어둠이 깊을수록
철근덩어리가 막강할수록
산소용접기에서 튀는 살점의 불꽃
인부여 인부여

다대포

바다, 막힌 바다
열린 모래밭
모래 위에 세월자욱 병든 부모와
헤어진 간첩 출몰의 바다
앞바다, 부산 사투리
뛰노는 아이
남해바다
얕은 바다, 눈부신 햇살
흙묻은 발 밀려오는
얕음의 눈부심
다대포, 막힌 바다
열린 수평선
가로선 양쪽 산등성이
다리 절며
펼쳐진 바다
매립지에 사는 공장 누이야
비린 갯내음 바다
폐수 악취 나는 바다
펼쳐진 우리들의 삶
썩은 강과
썩은 바다와
썩을 수 없는 삶, 바다
다대포

지하철 정거장에서·둘

열차가들어옵니다전광판에불이켜지고턴넬은갑자기소음
으로꽉차빵앙하는소리지하철정거장무너뜨리며열차는섰다
10초동안문이열리고수많은사람들동시에타고내리고금세문
이닫히고열차는떠나간다 왜 희망은

약속을 지켜주지 않는 거냐 동대문에서 서울역에서
그 북적거리던 인파 인산인해 보따리

발바닥이아프도록기다리는사람들에게문이열려도기다리
는사태는벌어지지않았다순식간에승객과기다림의역할뒤바
뀌고열차는떠나간다 왜 희망은

너무 큰 소리에 질겁을 하는 거냐 안양역에서 수원역에서
치를 떨며 찢어지던 거대한 고막의 핏발

그해겨울이지나고봄이왔다지만것짓말마라발바닥아픈사
람들에겐몽둥이가왔다쩌라시유인물이바람에바다에나뒹굴

며흩어지고쓰러지고피투성이희망은큼지막한활자로마구짝
혀나오고그위를짓밟힘의끌려감의비명소리가덮쳐누이야눈
물얼룩졌다 왜 희망은

소리없는 절망만큼도 이루어지지 않는 거냐 절망의 폭력
불발탄이냐 부산에서 광주에서 제주도에서

기나긴추위의연속선지하철정거장우리는서성거렸다기다
림의발바닥아픔이굳어전신이돌로변할때까지 왜 희망은

빼앗겨야 하는 거냐 피와 살마저 그리고 사랑마저
선 채로 굳어 돌이 된 채

기다림의 따스한 혈관을 되찾고 싶다
기다림의 피멍든 살덩이를 되찾고 싶다
기다림의 앙칼진 사랑을 되찾고 싶다

다시 시작하라 추위여 어둠이여
기침이여 함성소리여

부천 가는 길
-채광석 형께

어스름 저녁
피곤한 별들이 하나씩 둘씩 떠오른다
못다 쏟은 설움이 노도처럼 밀려드는
부천행 시외버스 정거장 인파
기다려도 그대의 식구 서서 기다림은 영영 끝이 없을 것 같은
그대의 오랜만 서울행은 끝나려 한다
별은 더욱 졸리운 눈을 비비며 떠오르고
떠오르는 눈시울 붉은 젊은날
앞 뒤로 짐을 짊어진 촌닭 같은 마누라와
새우처럼 굽은 등으로 그대 아이를 움켜안은 그대 모습이
인파 속에서 자칫 흘러가려 한다
마지막 생애처럼
아님 이루지 못한 생애처럼
그대는 그대 아이를 거머쥐고 있다
모처럼의 만남이 술주정 음담패설로 변할 때까지
집들이 잔칫상이 난장판으로 뒤집힐 때까지
그대의 악악거림은 젓가락 두들겨대며
용케도 용케도 울부짖지 않았다
어떤 숨죽인 흐느낌
그리고 그대의 오랜만 서울행은 이제 끝나려 한다
별이 간신히 보이는 한강 이남

간신히 간신히 보이는 생계의 인파 속에서
그러나 이제 그대는 오로지 남은 술주정으로
그대의 아이를 끌안고 있다
그 모습은 별이 영영 보이지 않는 강북에 사는
나를 이 밤 내내 잠 못 이루게 할 것이다
인파는 부글부글 끓어오르고
그대와 그대의 못생긴 아내와 그대의 생애인 아기를
이제 자칫 휩싸이려 한다
오랜만의 악수가 개새끼 섭새끼 술상 뒤집을 때까지
산다는 것이 이토록 비굴한 일일 때까지
우리는 매만 맞으며 살아왔다
산다는 일 또한 더욱 매서운 회초리로
우리의 찌든 얼굴을 따갑게 때려왔다
그러나 이제 더욱 시들고, 더욱 아름다운 모습으로 별이 뜨고
별의 끄트머리엔
피가 묻어 있고, 비린내가 묻어 있고
우리네 하찮은 한숨소리가 묻어 있다
그대가 더욱 아스라져라 아기를 껴안고 있는 것은
술취한 애정 때문 아니라 몰인정한 세파의 휘몰아침 때문
아니라 어떤 안간힘 때문 아니라
다시 싸우기 위해서임을 나는 안다
삶의 어려움은 그 따가운 애정으로
우리를 단련시켜왔음을 나는 안다
밤은 끝내 저물지 못하고
땀에 찌든 그대 얼굴 곁을 서성거리며
그대의 식솔들이 차에 오르기를 기다린다
잠은 끝내 오지 않고 내 몸을 휘감고 보채며
그대의 무사귀가를 졸라댄다
이제 복작거리며 악악거리며 밀며 밀리며
덜컹거리며 기진맥진한 그대 부천 가는 길도 막바지쯤
이제 그대는 알리라 비비대며 밀쳐내는 그 동행들끼리의
맘내리는 살부빔 속에서
만나는 삶과 노동과 별처럼 피곤한 미래
무엇이 무엇과 만나고
무엇이 무엇과 결단코 헤어지는지
또한 그대를 못살게 굴며 졸라댈
또 한 묶음의 나름대로의 피와
또 한 묶음의 나름대로의 살기와
또 한 묶음의 나름대로의 사랑과
천근만근의 한숨소리, 아아 살아 펄펄 뛰는 한숨소리

언덕 위에 장터
-임재경 선생께

용산시장 어드메쯤인가
대낮에도 가랑이를 벌리는
여인숙 숯타임 굴레방다리 똥오줌이 질긴 목숨과 뒤섞인
질펀한 진흙길을 지나
좌판들이 눈부시게 벌어진 장터거리였는데
배추 쓰레기, 머리에 두른 때절은 수건들의 운집, 소금기
묻은 악다구니가
삽시간에 이루어논 그 언덕빼기 장터는
그 뒤로 버팅겨 선 건물이 없어서 이조시대
저자거리라고 해도 좋았다
서울이나 중소도시 어디서나
앞엣것보다 더 높은 고층건물이 뒤를 딱 가로막고 서서
현대화는 하늘을 등에 짊어진 모습으로 우리 시야의 눈을
반쯤 가리며
뭔가 우리를 안심시키려 드는
경제개발 1차 2차 5개년계획
그래서 우리는 반쯤 장님이 되는 법이다
그런데
그 저자거리의 끝간 데는 언덕이 흐리디흐린 하늘과 맞닿아
그 언덕 너머로는
꼭 푸르디푸른 바다가 있을 성만 싶었다
바다가 있고 외딴 섬이 있고
아니 최소한 오염에 몸을 망친 한강의
시원하고 넓게 펼쳐진 울음소리라도 있을 것 같았다
그것은 혹시
어떤 삽시간에 무너져내릴 듯한
까마득하고 무시무시한 절벽, 그렇다
내가 느낀 것은 어떤 진원지였다
사람들이 이조시대
콩 심은 백설기 순대 생선 과일 엿판 좌판 마구마구 벌려놓고
퍼질러 앉아 하루벌이도 안되는 그 장사를 견디는
똥배짱의 진원지
사실 실제로 실제로 언덕을 넘어가보면 그 바로 밑은
자동차 빵빵거리는 세상
리어카꾼들이 용달차가 악악거리며 얼을 빼는
용산 수산물 야채시장이다
그렇다
앞이 짐짓 보이지 않음은 우리들에게
불안이 아니고 희망이다
불안은 이미 상습적이다

"내 복에 웬 난리여!"

1985

비
-아내에게

나는 어젯밤 비와 동침을 했다
서울역 용산 동부이촌동에 내리던 비는
눅눅한 아내 안방까지 쫓아 들어와
내 곁에 누웠다, 나는 축축했다, 그리고
역시 이 세상은
기쁨보다도 눈물 축축한 일이 많을 거라고 생각했다
아내는 다리가 아프다고 했다
축축함은 어떤 때 구원이 되는지…?
장작개비처럼 말라비튼 아내
으슬한 한기를 몰아내기 위해
아내와 나는 결코 한몸·사랑·활활 타는 싸움·적시는 빗소리
아내는 내내 다리가 아프다는 신음뿐
이부자리 옆으로 비에 흥건한
아스팔트 포장도로가 붉은 빛에 반짝였다
슬픔은 어디에선가 또 다시
축축하게 잉태되고 있을 것이다
슬픔의 둔중한 무게
슬픔의 가슴을 치는 치명타
비는 밤새 부슬부슬 내렸는지
나는 뒷잔등이 마구 쑤셔 견딜 수가 없었다
차창 밖으로 보이던 그 아우성의 인파의 웃음소리 같은
비명소리가
내 시야 속을 비집고 들어왔다, 고막을 찢고 들어와
비명은 내 뇌리 속에서 은밀하게 수런거렸는데
그 축축한 수런거림은 태워도 태워도 타지 않는
피묻은 상처 같은 꿈, 그러나 나는 내일 또다시
식은땀 적신 불면에서 어수선하게 일어나
비내린 길을 밟아야 한다
그리고
슬픔에게 슬픔의 몫을 주되
너무 슬퍼지는 말아야 한다
길고 하이얀 목덜미쯤, 너무 드러난 듯싶더라도
가다가 마침내 쓰러지더라도
아무렇지도 않게 아무렇지도 않게
슬픔의 힘과
힘이 되는 슬픔
슬픔의 꿈과, 꿈의 습기와
가도가도 평생 다 못 갈 길
끝내 인간으로 갈 수 있도록
내내 질척한 땅에 발가락 적시며
내내 피땀의 인간이도록

겨울노래

겨울은 추워, 나무들은 일제히 발가벗기우고
우리들은 저마다 외투 껴입는 겨울은
첫눈길을 밤새 걸으며 걸으며
우린 너무 사소했어, 우리의 하찮은 일상생활에 대하여
월동준비, 오일파동, 고추 마늘값에 대하여
너무 무거웠어 두툼한 손이 바지춤을 비집고 나와
겨우겨우 얼굴에 물칠을 하고 입에 풀칠을 하고
남들 보기 남새스러워서
겨울은 숨가빴어 우리들 곁엔 아무도 없었는데
숨가쁠 아무것도 만들어내지 못했는데

따스한 뺨을 부비며 부비며
그러나 아무도 용서받지 못하는 겨울

삽시간에 핏기 가신 낙엽의 색깔을 눈여겨보면서
이젠 고백해야 해, 이 겨울에 우린 한 개의 사랑도
완성시키지 못했음을

헐값의 분노, 완벽하지 못했던 미움

이젠 느껴야 해, 몸으로
이 겨울의 어둠 그 어느 한구석 자리는
우리들의 못다 이룬 사랑으로 채워져 있음을
차갑게 아주 차갑게

행여 새가슴에 눈치채일라
그러나 아무도 눈치 못 챈 겨울에, 겨울에

옛시

비가 온다… 와서 가스등을 적시고 포장도로를 적시고
바닥에 흩어진 네온싸인 고궁돌담과 서성이는 내 발목
까지 적시고, 늙고 깊은 나무뿌리까지 적시면
빗방울에 튀며 흩어지는 불빛 불빛 불빛
하늘과 땅 그리고
별 속에 고인 웅덩이 속에
두 개의 얼굴이 웃고 울어
이따금씩 우린 죽었구나고 생각한다
그 옛날 백제땅에 살고 있다는 너
나는 빗속에 고개 꺾여 죽어 있다

4월 노래

눈물 한 방울 걸린
눈꺼풀 열면
보여라 안타까운 표정들
잡힐 듯 온누리에 손에 와 닿을 듯
아아 미치겠더라 산과 바다에
4월이여 하늘과 인가(人家)에
진달래꽃 개나리꽃

제3부

4월에

봄 언덕 비개인 날씨 샛노란 개나리
화냥기 타는 곱사등 설움이
무거워서 무거워서 아퍼라
수풀 뒤덮인 흙덩이 밑에서 살내음 울렁거린다
그리운 입김 아지랑이로 피어오르고
아침 눈부신 햇살 속에서
너는 병신춤만 추고 있어라
이 땅을 위해 이 땅에 파묻힌
사랑도 못 참아, 이렇게 화사히 피는 봄
이렇게 화사하게 이렇게 화사하게
아침 햇살의 눈부신 피울음
너는 병신춤만 추고 있어라
지랄
병신춤만 추고 있어라

신경통을 위하여·하나

내 갈비뼈 끝에서 무너져내리는 소리는
그냥 무너져 쏟아지지 않고
내 구부러진 등 위에 응어리째 고여서
척추마디 쿡쿡 쑤시는 신경통된다

신경통은 날더러 밤을 새우며
그 몰매맞아 까무라치던 날을
잊어서는 안 된다고 한다

한자리에 잠시도
차분히 앉아 있지 못하고
내 주먹이 팔을 돌려 시원스레 진압할 수 있는

그런 위치는 살살 피해 신경통이 쿡쿡 쑤시듯이
그건 절대 복고주의와는 무관하다고 한다

신경통은 잊을래야 잊을 수 없는 것들을
차마 잊고 있는 사람들을 위해서
오래오래 신경통인 채로 남아 있겠다고 한다

너의 어여쁜 살점을 축내더라도
굳이 따지자면
아픔은 사랑보다 먼저 가야 된다고 한다

신경통을 위하여·둘

그후
신경통은 나를 계속 괴롭혔다
등골을 태우며 강을 이루고 산맥을 이루고
등줄기를 반으로 가르면서
그러나 활짝 갈라질 수 없는 아픔 같은 것
갈라져 강물이 고인 틈새로 이빨 시린 바람
세월이 흐르고
흐르는 세월이 신경통은 쿡쿡 쑤시며
심상치 않다고 했다
나무는 자꾸 가슴이 아프다고
산은 차마 눈뜨고 보지 못하겠다고 했다
물고기와 산짐승들이 철모르고 뛰놀았다
아득히 멀고 저리지만
버릴 수 없이 소중한 아픔
일상생활의 편애가 된 아픔
갈 길 또한 멀었다
한반도는 영원히 불구가 되려는가

영작

푼돈이나 얻어쓰려고
어줍잖은 실력으로 돈많은 회사
선전 팜플렛 영작일을
떠맡았던 일이 영영 소화불량이다.
한영사전을 뒤져 시설은 이스타블리쉬멘트, 기여하다는
콘트리뷰트.
업적은 어취브멘트, 제품은 메뉴팩튜어 혹은
아티클, 혹은 굿즈.
이따위 상호간 짓거리에 이틀을 꼬박 매달리니
말이라는 것이
실물과 조금씩 어긋나기 시작해서
시설과 이스타블리쉬멘트의 차이는 불과

몇 센티밖에 안돼 보이던 것이
이젠 대낮의 가로수도 가로수라는 말과
저만큼 어긋나 보이니 어쩌냐.
생각도 생각이라는 말과 어긋나
콩글리쉬인지 잉글랜드 코리안인지
말이 잘못인지 문화가 잘못인지 이러다가 이러다가
내 몸 속 갈비뼈들이 갈비뼈끼리 어긋나
우리나라 산산조각 박살날 것 아닌지
그러면 어쩌냐.
이틀 동안 밥먹고 똥싸는 시간만 빼고 못 견디고 빙글빙글
도는 내 두뇌 속에서도
그러나 또렷한 것은
더러운 돈 몇만원 벌었다는 생각뿐 아니라
펩시콜라 퍼모스트 아이스크림 빙그레
애들아 그거이 큰일날 물건이더라

아내에게

아내는 곰곰이 생각해봐도
이렇게 우리가 달포 만에 한 두서너번쯤
만나면 옷을 벗고
껴안고 자야 한다는 나의 법칙을
믿지 못하겠다고 한다
돈에 속고, 사랑에 속고
아껴서 모두 모아두었던 걸, 조금씩 축내면서
내 몸도 바닥나면 헌신짝마냥 버리는 거 아니냐고
몸 근지런 날이면 더욱 그런다

하긴
믿기지 않는 게 어디 알몸뿐이랴
요즘 세상에 아내여 믿지 않아도 좋다
절망도 수도요금도 믿을 수 없고
나의 과거, 선거공약, 이 세상의 모든 것
믿지 않아도 좋다

그러나 사랑은 뺏고 빼앗기는 것 아니라
사랑은 주고받는 것 아니라
하면 할수록 사랑은 늘고
넘친다, 다시 시작하기 위해서
그대와 내가 헐벗은 전체로 만나지 않으면
우리가 무엇과 만나겠느냐
무엇과 만날 수 있겠느냐

이사

살다보니 쓰잘데없는 살림이 걱정꾸러미만큼 늘었다
버릴 수도 없어 대충 꾸리는 보루바꾸 위를
두살 난 아들놈이 혼신의 힘으로 기어오른다
비좁은 틈새는 몸으로 밀치고
엎어지면서 뒤우뚱 발을 헛디뎌 갸우뚱
세개씩 네개씩 쌓인 박스 위를 억척스럽게 기어오른다
주인집한테 전세돈 받느라 이사할 집에서 돈 독촉받느라
두세 시간 중간에 껑겨 시달린 게 천년 세월 같으다
다시복덕방할아버지와구전씨름살림살이사법서사토지대
장등기
를옮기고모자란돈은융자원손에서와오른손에경제그리고
경기도 광명시 광명동 제일 아파트 7동 203호
어두운 창문 속으로 전철이 땀을 뻘뻘 흘리며 기어간다 그
래그래
이곳은 벼락도 가까우니 역시 시골은 시골이구나
그렇게 사는 거다 아현동 새서울 아파트 가스폭발 사고현
장처럼 우왕좌왕
연기 솟구치고 도처에서 공사중 벽돌덩어리가 떨어지고
사는 게 전쟁이라 불안과 초조 사복으로 잠복근무중
아이놈도 애비 볼일 없을지 이미 아는 것이다.
엎어져 뒤통수가 깨져도 울어싸도
지 혼자 지힘으로 일어서야 할 것을 이미 알고 있는 것이다
온 빰에 흘러내리는 쓰린 눈물땀을 훔쳐 닦으며
그러나 아가야 아가야 너는 부디
서울을 출세하는 곳이라고 생각지 말거라
본디 바쁘고 들떠 있고 번잡하고 타락한
그러나 네가 끝내 돌아가야 할 고향이라고 생각하거라
가서 싸워야 할 전쟁터라고 생각하거라
본디 우리나라 사람들은 그렇지 않았다

시내뻐스를 타고
 -정규화 형에게

떨쳐버리지 못한 것들과 그냥 마구 흔들리며
나는 나 아닌 것들을 짓밟으며 이만큼 살아왔다
희미한 차창밖으로 보이는 온세계 화려한 흐느낌도 흔들려
살아왔다는 것은 내가 짓밟혔다는 뜻이며
누군가가 또 내 발에 짓밟혔다는 뜻이다
네온싸인에 어린 내 눈물이 불타오른다
떨쳐버리지 못한 것은 무겁구나 걸쳐진 옷처럼
사람들이 노도와 같이 지쳐버린다
아아 나는 왜 버릴 것 아직도 연연해하며
흔들리며 이만큼 살아왔는가

매달린 팔이 딸자식처럼 아프구나 근육마저 무겁고
이렇게 매달린 손목의 힘
그리움으로 버티나 배짱으로 버티나
짓밟은 설움과 짓밟힌 분노가 강을 이룬
화려한 밤의 잔인한 광채 속에서
시내뻐스를 타면 흔들리지 않게
누군가가 빽빽이 힘센 근육과 그리운 체취들이 한데 어울려
억세게 찻속을 비집고 들어왔으면 좋겠다
만원뻐스 속에서도
흔들리지 않게, 흔들리지 않게

3월에 눈

이런 눈을 우린 그냥 끝내준다고 해
3월중순도 넘어 하늘이 무너져내리듯 돌멩이만한 눈덩어리가
파룻파룻 물오른 풀줄기의 목덜미를 갈기고
겨우내 은밀하게 준비했던 봄 색깔을 삼시간에 죽여버려
화창했던 봄날씨가 피작살난 색깔이 게 보이지
보이지? 눈은 초록풍경을 지우고 사랑 아픈 흔적을 지우고
눈물 속 비명소리의 반짝임도 지우고
끝내 간직해야 할 어떤 가슴 뭉클한 것도 지우려고 해
반동이야 이런 눈을 우린 그냥 끝내준다고 해 큰일났어
금세 햇볕이 나고 눈이 녹고 질펀해진 땅이 다시 반짝여대도
나는 봄 만나면 일러줘야겠어 죽으라 죽으라,
그러나 다시 살려거든
봄아 봄아 천둥번개 눈 번쩍 뜨이는 눈부심의 폭우 너도 끝내주는
세상을 뒤흔들 진달랫봄으로 와야 한다구, 함께 가야 한다구
세상을 적실 피철쭉 봄으로 와야 한다구, 함께 가야 한다구
아직 초저녁인 겨울 화끈하게 짓눌러부수며 와야 한다구, 함께
가야 한다구

서울역에서

비올 듯 흐린 날씨가 내 눈 안으로 티눈처럼 꽉차 들어왔다

누가 말했다 등 돌리지 마 너의 생애야
아비규환의 조국이야 다시 만나기 위해선
좀 추워야 해 다시
이루기 위해선
좀 습기차야 해 너의 희망이야
등 돌리지 마 너의 아내야
너의 비참이야 함께
살기 위해선 좀 지저분해야 해
앞만 봐야 해 우글거리는 가난이야 좀
붐벼야 해 함께 일어서기 위해선

눈 돌리지 마 너의 밑천이야 너의 무기야

물방울 떨어져 발가락 사이에
티눈으로 박히다

원주여자
-아름다움에 대하여

너는 나보고 개새끼라고만 그러는구나
몸 파는 너를 보고 불쌍하다는 나를 보고 막무가내
불쌍히 여기는 그 못된 버릇을 버리라는구나
여자야 어두운 원주역 학성동 길
비 내린 가로수처럼 늘어섰던 여자야
여자야 거대한 미움의 응어리 속 가까울 수 없는 외딴 섬
질펀하면서, 여자야, 그러나 내가 무슨 영혼주의를 하겠다는 것은
아니다 다만 그대가 삶에 대해 지치고 아프고 설워 보일 때
우리가 미움과 위선과 교활함에 대해 이야기할 때
이 습기찬 하숙집에서 돈에 대해
몸 팔음과 안 파는 입술, 사랑의 가능성에 대하여
한 개인의 비극적인 생애에 매달려 있을 때
내가 사랑에 대해 이야기하려는 것은
사랑은
전쟁처럼 온다는 것이다
우리가 절망에 대해 이야기하는 것은
절망은 보다 억척스러운 꿈과 맞닿아 있기 때문
우리가 녀세포 묻어나는
불안에도 지쳐 있을 때
우리가 고향집 풀밭 때문은 치마폭에도
매달려 있을 힘이 없을 때
사랑에 대해 이야기하는 것은
아름다움에 대해, 무기에 대하여
……

너는 나더러 개새끼, 개새끼라고만 그러는구나

희망에 대하여

오늘 밤은 여전하다
웅성거리는 체온으로 희망은 한 겨울 초라한 복장
검은 하늘에서 찬 별이 흔들리고 슬픔은 아직
익명이다
오오 절망은 여전히 찬란하다
성병은 습기 우글거리는 우리 몸 속에
있는가 크리스챤 디오르 향기 속에 있는가
우리를 덮친 어둠은 따스하다

1985

그대 눈 펑펑 쏟아지는 밤
따스함 속에 갇혀 그대 흡족해하지 말라 삶은 계란의
껍질을 벗기며
따스한 절망감으로 창 밖을 내다볼 때
눈은 길잃은 자들을 더욱 헐벗게 하고
어둠으로 부유한 자들을 더욱 화목하게 한다
오늘 밤 이 어둠의 눈발 속에서
흩날리는 함성 속에서
발 시리고 마음까지 시린 사람들은 여전히
서로의 시린 체온을 그리워할 것이다
그것만이 사랑이라고 생각할 것이다
울며 굶주려 차가운 가슴으로 새벽을 기다리며
절망은 여전히 따스하고
희망은 여전히 차갑다고 생각할 것이다
우리는 죽고
그래도 별의 온기는 미미할 것
그래도 세상은 여전히
얼어터진 희망의 주먹밥을 씹으며 조금씩
세상다워지고 있을 것이다
눈물이 소금 대신 섞인 주먹밥
분노를 포함한 사랑
희망이여 따스함에 물들지 않은
우리들의 소망이여
우리들의 거칠은 미래여

단양에서

바람도 발걸음도 잠시
숨 죽인 저녁
산그림자가 지는 태양을 따라가고 있다
태양 끝에서 햇살이
때문에 치마끝처럼 흘이지고 있다
시시퍼런 강물
가야 한다 가야 한다
파도가 바위에 산산이 몸을 부딪고 있다
산등성이로 다닥다닥 붙은 다랭이밭
슬픔은 인간이 사는 마을의 몫.
장관이었다 슬픔에 잠긴
비옥한 농토가
목메이는 타관객지
아름다운 산하 단양 구담포가
물에 잠기고 있었다
이사채비는 땅없는 농부가 하고
흙묻은 손으로, 슬픔은 역시 자연의 몫.

자연과 함께 견딘 사람들의 몫이라
해지는 어스름녘, 바람 부는 이 땅에 살지 않아도
흙에 섞인 땀내음 맡은 사람이면 안다
누구도 이 땅을 색깔도 냄새도 없는
땜귀신 물귀신에게 내주고 싶지 않다
우리, 식구끼리 동네사람끼리 어울려
대대손손 조상 모시며 이 땅에 살고 싶다

서귀포

불로초 구하러 선남선녀 300명을 보냈다는
진시황도 보내고
내지의 온갖 수령방백도 보내고
서귀포 사람들은 산 하나 보고 산다
사면이 바다로 둘러싸여
돌아올 자들만 돌아오게 하는 서귀포
거센 바람이 아슬하게 쌓아올린 돌담 사이로 불어
들며나고
유채꽃 만발 무성한 보리밭 노랑 파랑 파도가 마음 온통 설
레놓는
한라산 슬하, 서귀포에서는
돌아와 쉬는 사람들만이 느낄 수 있는
산이 베푸는 안도의 숨소리를 너도 들을 수 있다
섬 중앙에 완만하게 그러나 치솟아오른
한라산은 의젓해 끄떡 없이
슬하에 수천 수만의 동네와 인적과 토벌대 은밀한 오솔길
들을 거느리고
한없이 역사의 뒤안길로 가라앉을 줄도 안다
옥색 망망 바다 파도는 끊임없이 출렁거리고
온 섬 온 하늘이 숨죽인 노을로 출렁거릴 때
서귀포 사람들은 산 하나 보고
멀지않은 시절 반란의 기억도 낯익은 일상사에 뒤섞여버린다
유달리 많은 과부들이 전복을 따다가
여행객들의 카메라 렌즈 속에서 포즈를 잡아주는 것은 그
때문이다
그러나 밤은 쉽사리 그들의 일상을 지우고
별이 보이는 여인네의 밤은 서귀포로 돌아와
다시 눌러앉았을 한라산을 생각케 한다
역사의 얼룩은 주름진 한라산의 몫
그녀들의 아픈 기억이 모여
한라산의 습기찬 생애를 이룬다는 듯이
먹고 입고 자식을 키우고
바다에 몸을 맡기는 그 모든 것이
눈물에 젖어 힘을 이루는 기억의 한라산이라는 듯이

247

또한 안개 흐려진 서귀포
돌아오지 못한 이들은 모두 저 의젓한 한라산
보이지 않는 수풀 깜깜한 이슬 촉촉한
잊혀진 삶의 뼈대를 이룬다는 듯이
아아 한라산은
어둠이 덮친 밤마다 서귀포의 모계사회로 돌아온다

4월에, 통일로
-4·19 23주년 기념시

이것은 그리움인가 절망으로 가는 사차선 도로인가
길은 아스팔트 탄탄대로로 뚫려
보이지 않누나 흙 한덩어리의 짓밟힘, 들리지 않누나 짓밟
힘의 비명소리
가도가도 멀리만 보이던 산이
두 발을 담가도 두 손을 씻어도 흘러만 가버리던 강이
돌아오는 길 도처에 숨어 숨죽여
가슴을 치는 것은 무엇인가 두들겨맞듯이 눈물줄기 쏟아져내려
너는 흘러가고 나는 돌아왔지만
간 것도 돌아선 것도 만남은 아니다
헤어짐도 아니다 이 길은 길이 아니다
분노와 분노가 만나지 못하는
복받치는 바다와 울컥이는 하늘
절실한 소망과 억울한 사연이 만나지 못하는
아아 식구와 식구가 만나지 못하는 철책선 판문점
무너져내리지 못하는 푸른 하늘
낯선 나라 사람들의 서성댐
다만 헤어짐이 헤어짐과 다시 헤어지는
이 길은 통일길이 아니다
위로 확 트인 하늘이여 갈라져라
찢어져라 이 길은 절망을 확인하러 가는 길이다
배앓아라 분단의 비명소리를
오늘도 통일로는 위로 위로만 달리고
이름 모를 무덤 은폐된 슬픔들과 더불어
계절마다 피는 진달래꽃은 외치고 싶다
외치고 싶다 이것은 그리움인가
이것은 사랑인가 이것은 투쟁인가
이것은 통일로 가는 길인가

세검정에서·하나

세검정에 와서 살고부터
가도가도 인적 드문 곳에서 이렇게
북한산 바라보면
왠지 이렇게 아둥바둥대고

산다는 게
부질없는 일 같으다
북한산은 비바람에 제 이마를 내놓고
저렇게 의병장, 효수된
상투 튼 머리 같은
이마가 비바람에
저렇게 힘찬 바위로 다시 태어나고
나는 이렇게 사는 안달하며
빈 길에 혼자 서 있는 게
부질없다. 북한산 바라보면
북한산 중턱에 드문드문 들어섰는 별장 하며
북한산 입구로 곧장 쳐들어가
북한산 온몸의 내장을 확 뚫어버릴 듯한 기세이다가
그냥 배시시 북한산의 발치까지도 못 가고
그냥 옆구리만 살짝 스쳐 지나가는 아스팔트 포장길 하며
내가 이렇게 계산에 밝은 눈으로 바라봐도
북한산은 여전히 선선히 웃는 모습으로
제 버팅겨 선 몸, 비바람에 다 내놓고
나더러 나더러 자꾸 헛된 문화라고만 하고
그냥 선 채로 북한산 바라보면
왠지 이렇게 꾸며놓고
사람 산다는 게
부질없는 짓 같으다
북한산 바라보면
북한산은 영영 상투 튼
의병들의 효수된 머리 같으고
불끈불끈 솟아오르고

세검정에서·둘

시간이 없더라도 북한산 환히 보이는 세검정 언덕에 와서
눈보라 온 세상을 휩쓸어버리는 것을 지켜볼 일이다
온통 눈을 치며감는 회백색 눈보라
세상은 아무것도 보이지 않고 다만 삽시간에
세상이 세상을 말살하는, 온천지 비명소리만 들게 될 것이다
겁에 질린 시선으로, 으어으어 울부짖는
바람에 곤두솟은 나무수풀이 꺼이꺼이 몸을 부딪는
아우성의 휘날림! 어디선가 아주 먼데서 겨우오는 듯한
가쁜 숨결뿐
그렇다, 역사는 역사의 말살 외에, 아무것도 기록해주지 않
는다
그러나 아아 저것 보아라 세상의 끝장 속에서 삽시간에 하
늘이 맑게 개이고
개인 날의 그 더욱 새파래진 북한산

눈부셔, 그 더욱 서슬 푸른 아름다움을 보아라
우리가 쓰러진 그 아픔의 결과는
우리가 쓰러져, 토해낸 피숨결은 자라나
축축한 땅이 되고 더욱 새파래진 하늘의 일부가 된다
흐린 날 지나면 북한산이 더욱 북한산다워지는 것을 바라
볼 일이다
이제 세상을 떠난 사람이여 그대의 떠남으로
세상은 이미 그대가 있었던 세상은 아니다
그대 죽음으로 더욱더 하늘다워진
저 푸른 하늘 보아라 북한산 보아라
그리고 마침내 치솟는
온세상 산천초목 짓푸른 울컥임들을 보아라

제4부

사랑노래·하나

멀리 있어도 그대는
제 지친 겨드랑을 만지는
보드란 젖가슴의 향긋한 무게로
항상 남아 있습니다 단 한번
낙엽이 마지막 바람에 뒤채이는
오늘 밤만큼은 저 하늘의 별이
수많은 것과 같이
그대를 생각합니다 수없이
헤어지는 연습을 위하여
죽어서 진정 살아남기 위하여
오늘 밤만은 정말 뜬눈입니다

사랑노래·둘

무수히쏟아져내린별빛일순간의기쁨속에서소유한다는것쯤
한줌손쉬운어둠으로으로서로를으깨어서로를가장가까운자리에
놓아두는것이지요마는죽은듯우리는눈꺼풀닫힌듯하므로차
라리봄날에살진개울물건너듯사뿐히이승과저승사이를넘나
들기로해요그오래된관계들리지않고곰팡이냄새도없고전혀
눈에보이기만하는그런세상그런눈으로바라보기로해요우리
의축축한육체적아픔을잡으려도서로달아나기만하는아니버
리려도액체없이달라붙기만하는아주머언개울물건너아직이
른봄밭부스운광경이겠지요향그럽고힘차고퀴퀴한사랑이
죄가되지않는세상사랑이게걸스러운육욕되지않는공동체의
그날이오기까지는

사랑노래·셋

너와 만남에
너와, 만남의 현장에서
만남이 아닌 만남 이전의 것 모두
잊는다 문득 창 밖은 세상 슬픔을 덮는 눈 내리고
너와 만남의 불사름!
나는 전생 안타까움의 껍질을 벗고
너와 얼음 지치던 그 논둑, 사잇길에서
욕망과 빈혈로 온몸이 가벼웁다

너와 만남에
너와, 만남의 시련에서
만남이 아닌 모든 건 과거가 되고, 씻어내야 할 것이 되고
아아 너와의 만남에
만나면 만날수록, 이 몸 바쳐
우린 순결해진다 너는 나 아닌 것들을 잊고
나는 너 아닌 것들을 잊고
용서하고 구제하고
우린 우리 아닌 것들과 만날 채비를 한다
우린 우리 아닌 것들과 만날 채비를 한다

사랑노래·넷

오늘
나는 스스로도 주체 못하는 내 불안한 삶에
나름대로 불안한 그대의 존재를 삽입시키려고 하나
삽입시키기 훨씬 이전 그대는 좀더 큰 사랑으로
내 여린 품속을 파고들어와, 헤비집고 들어선다
드릴 것은 온갖 하찮은 눈물덩어리 그 위에
피묻은 노동 한 점뿐
그러나 그대는 그것만으로도 괜찮다 괜찮다 하고
다만 그대가 돌아간 어두운 정거장 내가 홀로 서서
홀로인 것의 설움과 그대가 휩싸여 사라진 어둠 그리고
그대의 몸조심에 대한 나의 터무니없는 불행을 못 참고
서 있는 나에게 그대는 왜 나의 그 좁디좁은 불안의 근성
그 구석자리나마 그대가 들어설 자리를 마련해놓지 않으셨
냐고 한다
겉으론 나 하나의 사랑만 갈구한 듯 보이는 그대의 소극적
인 소망이
왜 모두에의 사랑을 추구한다는 나의 싸움의 개념보다
더 처절해 보이는가?
더 커 보이는가?
그대가 돌아간 밤은 여전히 더 커 보이고 더 오래돼 보이고
나도 자부할 것은 기실 그대를 열심히 사랑했다는 것

나는 기실 아무것도
믿음도 의심도 완성시키지는 못했나보다
아니면 그대는 단지 내 여린 품속의 어떤 자리의
아주 사소한 소유권만을 주장할 뿐인데
왜 나는 사랑이란 말조차 입에 담지 못하고
다만 그대의 위대하고 낯선 크기에 놀라
사랑을 사랑의 자식으로 삼지 못하고 있는가?
만남이여 또 다른 삶에의 놀람이여 놀람의 행복이여

사랑노래 · 다섯
- 겨울, 동정제

겨울이 되니 고생살이 튼다
뒤뚱거리며 걸을 만치 발뒤꿈치가 튼다
잔디밭처럼 트더진 내 얼굴 두 뺨보다야
어릴 적 호호 불던 손가락 끝 아니냐고
손톱 밑에서 놀란, 여린 핏방울 꽃이 핀다
그렇다, 마른 때 껍질 벗는 무르팍을 태우고
마지막 발바닥 틈새에 고여 적시는 눈물
쭈그려 흘린 눈물보다야 소름이 돋는 순간의 아픔 찢으며
가야 할 길 이토록 벅찬 것 아니냐고
살이 튼다 끝내 버려야 할
한 가닥까지 타오르는
비린 목숨이여 빼앗김이여
손톱 아래 핏방울의 반짝임
튀며 갈라지는 꽃이
갈라지며 핀다

그것은 마치
죽도록 견디며 가야 할 나의 피곤한 싸움이라는 듯이
그것은 마치
자유를 위해
빼앗길 것이, 떨쳐버릴 것이
이렇게 아프게
기쁘다는 듯이

사랑노래 · 여섯

입고 왔던 모든 옷 챙겨 빨아냈다는
그대의 흐느낌도 묻었을 편지가 왔다
따뜻한 내장까지 비추던 그대 투명한
환속에 빨래
일상의 빨래, 햇빛에 바싹바싹 오그라지고
헤어짐의 손끝에 아직 남은 그대 몸살의 향기에
나는 기진하여, 남은 사랑으로 습기차 지낸다

그대가 남겨주고 간 온 하루해
그러나 나의 일상은 피와 땀이다
달든 소근거림도 묻었을 빨래
그러나 나의 사랑은 참호전이다
두 발이 썩고
두 팔이 썩고
표적을 겨눈 두 눈이 썩는

사랑노래 · 일곱

핏자욱
뒤범벅된
그대 얼굴은 이제
장마비
그대 다시는
걷잡을 수 없으므로
쏟아져내리는
행인들의 거리에
다닥다닥 붙은 간판에
가난한 추억에
옹기종기 모인
비닐 우산들 그대 얼굴은
장마비 그대
지금은 간 곳 없어도
낯익은 거리에
흙 패인 발자욱마다 고이는 물방울
반짝일수록 아픈
상처, 그대 죽어서
찢긴 창자로
보리밥알 바닥에 흩뿌리며 그대 죽어서
반짝일수록
그리움은 피가 되고
살이 되는 그대를
잊는다는 것이
이렇게
온 뺨을 적셔대는
숱한 가게 간판과
주름진 얼굴 속에 숯검댕 속에
반짝이는 생계 걱정 속에
장마비
5월에 핏빛
6월에 장마비

사랑노래 · 여덟

초라한 모습으로 그대 앞에 서리라
평생을 간직하려 했으나 포기해버린
미망의 껍질들이 물살에 저만치 떠가고 있다
눈부시게 허망한 그대여
내 발은 누추하다 사랑의 잔해 위에서
영원한 사랑 아아 안타까운 살덩어리
채울 수 없어라 내 헛된 두뇌는 가볍고
발 밑을 흐르는 개울물 출렁거려 현기증난다
내 팔은 연약하다 떨리는 나뭇가지 위에서
내 가슴은 할딱거린다 껍질 거친 땅 위에서
이대로 헐벗고 지치도록 매맞은 몸으로
그러나 헤어지는 사랑처럼 억수같이 쏟아져
그대 앞에 다시 서리라 만신창이 두 팔다리로
그대를 꿰뚫고, 부서지며, 다시 그대와 함께
가기 위하여, 관통, 피묻은, 버리지 못할 생애
피할 수 없는 갈 길 쓰러져, 일어섬이여 공동체여
힘이 되는 사랑이여

공해시 · 하나

오늘 내리는 이 눈이 아무리 아름답다 하더라도 이 눈이 그대의 집을 덮고 식구들을 덮고 마침내 그대의 육신과 잠마저 덮쳐버린다면 아무도 눈을 아름답다 하지 않으리 온 세상을 덮고 발목 빠지는 눈이 말세처럼 차창 밖에도 간판에도 단말마 쏟아지는 이 눈물 속에 핵먼지가 끼여 있다면 눈사람의 흰 둥이와 빨갱이 우리를 달디단 입맞춤에도 수은독이 묻어 있다면 날큼한 침처럼 진땀을 쥐며 헤어지는 우리들의 따스한 악수에도 이따이 이따이 뼈가 녹고 있다면 우리들 서로 그리움에도 껍질처럼 납가루가 묻어 있다면 겨울 쓸쓸한 뜨락에서 축축히 젖는 눈망울에 농약이 묻어 있다면 그대 우리들이 마시는 음료수와 우리가 나들이하는 교통수단과 입 헤벌린 구두창과 주룩주룩 내리는 산성비 잠들고 싶은 베갯잇에조차 아황산까스가 묻어 있다면 그래도 우리는 다시 만나 사랑하겠지만 징그럽겠지만 식초처럼 축 늘어진 육신과 살점이 녹은 액체로 흘러흘러서 허우적거리며 뼈가 드러난 팔다리로 그대를 껴안겠지만 갈비뼈는 갈비뼈끼리 백태누깔은 까뒤집힌 채 곰배팔이도 끼리끼리 다만 눈물겹게 독하디독한 참사랑 오른팔 쩔라 보낸 하느님처럼 에미애비보다 지지리 못난 자식 처절한 복수로 키워 강대국이 우리를 죽여서 죽여 말살하더라도 우리 죽어도 죽어줄 수 없겠지만 징그러운그러나 진하디진한 사랑으로 살겠지만 억센 희망 곁에서 시커먼 공장폐수가 흘러간다면 피피엠이 뭔지 모르지만 우리들 목숨과 사랑과 삶과 죽음과 미래를 위한 공동체 하다못해 오늘날 느그들의 선거공약도 헛된 독재와 같이 산업재해 인명살상의 피가 묻어 있다면 오늘도 주룩주룩 산성비 내리고

공해시 · 둘

밥솥이다 이것이 우리들의 휴전선 혹은 동두천에서 몇십년 흐른 세월 철조망 밑 녹슬은 철모처럼 철마는 달리고 싶고 밥솥 녹슬은 우리들의 밥솥이다 바닥을 이토록 갉아댄 異物質은 우리들의 내장도 이렇게 갉았으리 밥솥 바닥을 갉고 내장바닥을 갉고 우리들 번식의 요도를 갉고 우리들 그리움의 목청을 갉고 아아 우리들 맑은 정신의 뇌세포까지 갉았으리 어떤 자가 독을 밥이라고 하는가 그리 참으며 우리는 밥을 먹고 살았다 독을 먹고 독을 품기 위하여 어떤 자가 수은을 우리들을 생명의 식수라고 하는가 그리 참으며 우리는 물을 마시고 살았다 중금속 섞인 식민지 우리들의 식사 매판자본의 시대 때려부수기 위하여 어떤 자가 도대체 어떤 자가 이 피눈물 나는 고물철기시대를 선진조국 참된 미래라고 하는가 뻔뻔스런 밥솥 뻔뻔스런 우리들의 위장 새빨간 거짓말이다 어떤 자가 우리를
선량한 백성이라고 일러바치는가
선량한 백성이라고 일러바치는가…?

공해시 · 셋

너희들이 화려한 토요일밤 텔레비전 투나잇 쇼를 볼 때 미끈한 허벅지와 서구식 가랭이 벌리는 식민지 가여운 무희들의 광란하는 율동을 볼 때 너희들이 킬킬거리는 요정기생의 허벅지를 베고 또다시 무료한 삶과 장미빛 인생에 대해 양주 잔을 들 때 너희들의 삶은 무엇이었던가 우리들의 허리 졸린 식구들은 무엇이었던가 우리들의 허벅지는 온통 고름투성이 쇠파리 끓고 너희들의 정액이 느물덕지 묻은 쓰레기 배설물 처리장이 아니다 우리들의 넓적다리는 핵먼지 묻어 음흉한 버섯꽃 피는 제국주의 차마 눈뜨고 못 볼 구석이 아니다 우리들의 왕피부병은 아니다 너희들의 뇌리에 뇌리의 사지에 고문을 앞딘으로 꽂힐 치열한 사랑이다 싸움이다 너희들이 온갖 영화와 부귀와 고층건물에 대해 꿈꾸고 있을 때 임대료를 계산하고 있을 때 우리들의 두 다리는 너희들의 죄값이다 돌아오지 못하는 다리 돌아오게 만드는 고통의 다리 남북분단의 다리 너희들이 헐벗고 비천한 우리들을 경멸할 때 고름투성이 다리 너희들의 젖은 육신은 무서운 전염병이다 찬란한 그리움의 뼈대 헤어져 버팅기는 남북통일의 뼈대 식민지 거간이여 거간꾼들이여 그대 우리들 순결한 몸을 팔아 무엇을 얻었으며 무엇을 이루었는가 서럽고 휘황한 우리들의 도시? 화장품 내음 풍기는 우리들의 병든 고향? 그대 불쌍한

그대들이여 우리들의 대물린 땅과 인간된 권리를 짓밟고 그
대들은 헛된 정신까지 팔아먹고

골빈 껍데기로 어느 바람에 흔들리고 있는가?

공해시·넷
이 손은 구원을 기다리는 손이 아니다
야윈 살구죽에
콩을 심은 듯한 반점들 그 사이에서
뼈마디가 녹으며 아파라
아파라 가려움이 점점이 백여 이 손은
열심히 일하고
하루 벌어 하루 먹은 일용의 양식
그 양식을 위해 죄를 짓지 않았다
이 손은 용서를 구하는 손이 아니다
이 손은 하늘을 향한 손이 아니다
아니 두 가지 죄를 지었다 한반도의
남쪽에서 태어나 가난한 손으로 열심히 일한 죄
그리고 일용할 양식을
아내와 식구들과 소중하게 나눠먹은 죄
그 속에 독이 있었다 죄가 있었다
죽음에 한 발을 딛은 이 손은
저질러진 손이 저지른 손을 찾는 것이다
저질러진 역사가 저지른 역사를 가르치는 것이다
참회하라 선택하라 우리는 어느 쪽…?

공해시·다섯
아파 아파 아파라 우리들은 뇌세포마저도 공장 폐수에 오
염당한 것일까 시키먼 염산 찌꺼기에 뒤섞인 채 눈앞이 이리
도 깜깜한 것일까 머리거죽은 하얗게 말라터져 갈라신 밭도
위에 잡풀더미처럼 아파 아파 아파라 머리카락들은 소리 소
리지르며 우리들 손가락 사이를 빠져 달아나나 비명소리 소
리지르며 우리들은 심장의 박동마저도 오염당한 것일까 가
위눌린 채 분노에 치떨어야 할 심장이 뛰지 않는다 웃옷을
젖히고 앙상한 갈비뼈를 드러내도 반점인 피부뿐 우리들
심장은 멎고 우람한 기계소리만 우리들의 육신을 움직이게
할 뿐, 괴로울 뿐이다 나이를 먹는다는 것은 세월과 함께 오
염당한다는 것일까 주름살 사이로 나이를 먹는 기쁨 사이로
중금속 카드뮴 몇 피피엠 따위 낯설고 무서운 말들이 꿈틀꿈
틀 기어다닌다 복종하라 복종하라 박자 맞추어 세상을 예찬
하라 고함지르며 공장의 기계들이 그 끔찍한 환호성을 지르
며 삐그덕삐그덕 돌아갈 때 우리들은 기죽어 말 못하고 아파
아파 아파라 신식 개량식 주택과 새마을 사업이 들어오고 신

경통 다리 절룩이며 우리들은 아파 아파 아파라 총천연색 난
사(亂射)하는 제국주의 앞에서 즐비한 외제깡통 앞에서 높디
높은 양키들의 코 밑에서 그러나 썩은 육신뿐이더라도 우리
들은 녹아서 문드러진 뼈 대신 플라스틱을 갈아끼고 휘청거
리며 걷더라도 지친 살림 누추한 식구와 맨구들짝인 흑백시
대의 안방뿐이더라도 색깔도 음울한 알약 강대국의 진통 마
취제뿐이더라도 이룰 것이다 비참함뿐이더라도 죽음뿐이더
라도 이룰 것이다 우리들만의 피문은 두레패 농악 깃발을 그
미래지향적인 투쟁의 북소리를 우리들 가진 것과 누릴 것,
이 땅이 바다 우리들의 통일된 한반도뿐이므로

공해시·여섯
그래 그래 그랬다 이 개새끼들아 우리들은 가난한 나라에
태어나 뻔데기도 먹고 대장균 득실거리는 아이스께끼도 먹
고 살았다 소라고동 쭉쭉 빨아대며 침흘린 대장염도 감기처
럼 앓고 살았다 그나마 없는 집 아이는 못 먹고 뜨인 양말 한
켤레 없이 찢어져 입벌린 고무신 철삿줄로 꿰매고 북만주 벌
판 헤매듯 추위 견디며 살았다 그래 그래 그랬다 이 개새끼
들아 누덕옷 입고 주먹밥 씹으며 시린 잇빨 깨물며 악착같이
살았다 해방이 오고 만세소리 새 시대가 오고 무지막지한 강
대국이 왔다 근대화공장 아이스크림과 팝콘과 화학섬유와
앙드레 팬션과 M·16 소총이 외계인처럼 왔다 세상은 나아졌
는가 우리네 살림은 그래 그래 그렇다 이 개새끼들아 화사한
옷을 입고 오늘도 아이들은 웃고 있다 교실에서 아이들은 여
전히 천진난만하다 대답하라 아이들의 유년은 나아졌는가
아우슈비츠 독가스 뿜는 살인공장 담을 낀 학교에서 운동장
에서 그늘 밑에서 거대한 참음의 나무조차 벌겋게 말라죽은
아이들의 유년은 나아졌는가 살벌한 세상을 견디는 것은 나
무뿐이다 죽음으로 참혹한 세월을 견디는 것은 뼈가 녹는 신
경통 가려워라 긁는 살갗이 붙붙어, 붙붙은 분신자살처럼 활
활 타는 듯 화끈화끈한 피부병의 아픔 속에서 결석한 짝들의
텅텅 빈 결상 사이로 그대들의 유년시절은 자랐는가 썩은
땅 죽음의 악취 코를 찌르는 놀이터에서 그대들의 꿈과 동심
은 자라났는가 우리들의 삶 유년은 가난했지만 비참하지 않
았다 건강하게 우리들은 삶의 질병을 치렀다 그대들의 병은
그 무엇? 죽음의 질병? 꼬부랑말 하나 몰랐지만 옳고 그른
것을 배웠다 피문은 갈 길을 예감했다 우리들의 유년은 비참
했지만 파리하지 않았다 희망은 억세디억센 가시밭길 위에
발톱 물장구치던 추억 사이로 햇볕 반짝여 출렁대던 물고기
비늘과 동무들어 어울려 징검다리 놓던 유년 봄은 유독까스
에 오염되지 않았었다 땡볕에 그을린 검은 피부 건강한 팔다
리 촌스런 이빨로 웃는 여름은 싱싱한 잉어떼가 거슬러 올라
오던 생명과 양식과 공동체의 놀이터 맑은 물 밑에 드러난

252

바위의 시원한 가슴 이끼 낀 사이사이로 달아나던 미꾸라지
차 가잿발조차 정답던 우리들의 유년,

그대들의 유년은…?
이제 이 검붉은 공장폐수의 도랑가에는
생명이 깃들지 않는다
역사를 더럽히듯 이 도랑을 더럽힌
더러운 손조차 이곳을 찾지 않는다
도랑물과 그 곁에서 함께 검은 색으로 썩은
대지는 누구에게나
살기등등하다

용서할 것인가 어머니 대지는 우리들의 배반을?

해방이 되고 분단 40년이 흐르고 그 사이에 무엇이
흘러갔던가 우리들 외세침략과의 투쟁 사이사이로
선진조국창조 농촌근대화 서울로 간 누이 전쟁과
살륙과 겁탈과 식민지 경제 침략 그리고…?

세월이 흐르고 강물이 흐르듯 우리들 추억의 뇌리 사이로
시커먼 공장폐수가 흐르고 말 것인가 우리들은 슬픈
눈물도 검은색으로 흘릴 것인가?

투쟁하라 죽음과 투쟁하듯이 공해와
투쟁하라 제국주의는 우리들 모두의
죽음이므로.

황색예수2

평야
-동학혁명 기념시
둘러보아도 소리쳐보아도
아무리 파리 같은 목숨일지라도
핏덩이 울컥 배앝으며 벼이삭처럼 쓰러지는
그렇다 호남평야는 전면전이다
가도 가도 끝없는 벌판 펼쳐진 삶 펼쳐진 목숨의 싸움터
죽창 든 채 낫과 부삽과 돌멩이 든 채
선 채로 두 팔 두 귀 짤릴지라도 동지여
선 채로 부릅뜬 눈 뽑힐지라도 동지여
더이상 더이상 참혹한 행군의 대열 무너뜨릴 수 없는

그렇다 호남평야는 완벽한 전면전이다
하늘 마구 푸르르고
우리가 짐승처럼 으어으어 울부짖으며
뽑혀진 두 눈을 콱콱 쑤시는 타는 햇빛
흘러내린 핏줄과 벌떡거리는 근육과 땀내와 쇳소리와 부딪
는 번쩍임!
넉넉한 평야 아아 척박한 젖가슴
이 피끓는 목숨의 평야
이 피맺인 황금 벼이삭 벌판에서
그대의 귀에 들려라 그 고부 동학 농민군의 함성
수풀처럼 쓰러지는 소리 아아 일어서는 소리!

맹서
이것은
피투성이 희망이
피투성이 채로 나를 바라고 있다는 뜻이다
돌아가자
돌아가자
밤새 소근대며 잠든
남겨두고 온 머리맡에서
누가 내 정수리에 못질을 해대고 있다
밤을 새워
밑도 끝도 없이 다만 피투성이
희망이 내 머리맡을 맴돌고 있다는 뜻이다
깜깜한 고요 속에서
두 눈이, 두 팔이, 두 다리가, 가슴이 떨리는 이것은
피투성이 희망이
피투성이 채로 나를 바라고 있다는 뜻이다
잠깨어 돌아가자
잠깨어 돌아가자
안되면 몸이라도 팔자 거름이라도
되자
절망은 아무 변명도 되지 못한다

해 방 서 시

글이랍시고 쓴 지 5년도 채 못된 주제에 타인의 묶음을 통해 시선집을 내면서 나는 또 한번

생각한다. 밥으로서의 문화와 무기로서의 문화에 대하여, 그리고 그 둘의 상호갈등·상승적 만남이 바로

문화운동인 것에 대하여, 어차피, 여기 실린 졸렬한 글들이 없더라도 그리고 있더라도, 상관없이 역사는 진

보할 것이다. 그 진보를 위해 나는 쓰고 또 쓸 것이다. 쓸 필요가 없거나, 쓸 수가 없을 때까지-1985년 1월

해방序詩

우리는 대대로
푸르디푸른 하늘만을 섬기며 살고 싶었습니다
날새면 해노래 들판에서 평야노래 호미 셋으며 호미노래
우리는 대대로
흰옷에 흙 묻히고 맨발로 사는 순박한 백의민족이고 싶었습니다
봄이면 모심기노래 가을이면 추수노래 보름마다 달노래
그러나 우리의 바다는 피바다
우리의 삶은 피묻은 삶이었습니다
지금 우리들의 노래에는 살기가 묻어 있습니다
젖가슴 같은 어머니 대지 위로 침략의 창칼이 꽂히고
외국산 탱크가 가죽군화가 허리를 짓밟으며
마침내 도려냈습니다
땅에서 솟아나온 피가
우리의 억눌림과 흰옷과 빼앗김과 가난을 적셨습니다
그리고 이제 우리는
허리 잘린 한반도에서 피묻은 목숨 다하며 사는 것입니다
그러나 그것만으로 다는 절대로 절대로 아닙니다
우리는 농토와 양식과 처자와 순결한 삶과
아름다운 추억마저 빼앗겼지만
억눌리면서 희망의지와
빼앗기면서 구원의지와
헐벗으면서 가난의 근육 불끈불끈 솟는 힘과
피묻어 처참하게 아름다운 흰옷을 얻은 것입니다.
이제 우리가 외세의 침략에 맞서 싸우는 것은
더이상 빼앗길 무엇이 있어서가 아니라
더이상 억눌릴 무엇이 있어서가 아니라
더이상 간직해야 할 무엇이 있어서가 아니라
버림받은 세상을 구원하기 위해서입니다
싸우는 것만이 구원하는 길입니다
해방된 공동체를 위하여 통일을 위하여
우리는 이 두동강 난 한반도에서 피묻은 발 버텅겨
싸우며 명심해야 합니다
우리는 이 땅에 밭갈고 씨뿌리며
이 땅을 우리 아픈 몸의 일부로 삼고
살면서 명심해야 합니다
싸우는 것만이 사랑하는 길입니다
탐욕과 학살의 비린 살점 묻은 쇠붙이 그 위에
물들어 썩은 제국주의의 세상천지이기 때문입니다

호미셋이

셋어도 호밋날에는 묻어 있다 할배 얼굴이
육신 썩은 땅내음 이슬 묻은 풀내음
셋어도 호밋날에는 묻어 있다 검은 땀이
등덜미 터진 논밭 무쇠근육 타는 해
셋어도 호밋날에는 묻어 있다 비린 살점이
붉은 피 묻은 곡식 죽창의 땅 적신 피
셋어도 호밋날에는 묻어 있다 산과 들판이
일과 밥과 자유와 평등과
셋어도 호밋날에는 묻어 있다 흙가슴이
셋어도 호밋날에는 묻어 있다 눈물 콧물이
셋어도 호밋날에는 묻어 있다 우리들 미래가

내내 풍요롭도록
내내 즐거웁도록
다시는 빼앗기지 않도록
다시는 살륙 없도록
내내 평화롭도록
타는 해에 호미 셋어라 무쇠근육에 호미 셋어라
솟는 살기에 호미 셋어라 죽은 얼굴에 호미 셋어라
빼앗긴 땅에 호미 셋어라 흙가슴에 호미 셋어라
우리들 목숨 호미 셋어라 우리들 무기 호미 셋어라

핵반대노래

그러나 우리는 살아남는다
제3차 세계대전 핵폭탄이 터져도
그러나 우리는 살아남는다
물집 생긴 살갗으로 포도송이로
뒤틀린 얼굴 두려운 눈빛 그러나 빙신같이 빙신같이 침흘리며 껴안는
사랑도 처절한 사랑, 그러나 좀더 구원인 사랑
외눈박이로 팔병신으로 앉은뱅이로 곱사등이로
사랑하리라 우리 헐벗은 마음으로 잿빛 허허벌판으로
사랑하리라 우리 헐벗은 몸으로 헐벗음으로
헐벗고 빼앗긴 자는 살아남는다

강한 힘이 약한 힘을 쓰러트리는 저 백열의 하늘
아아 힘이 힘 스스로를 쓰러트리는 저 적열의 하늘
삽시간에, 온 천지가, 오 산천초목이, 뜨거움과 목마름과 헐벗음으로 바뀌고
그러나 죽어도 우리의 가난은 살아남는다
그러나 죽어도 우리의 약함은 살아남는다

그러나 죽어도 우리의 짓밟힘은 살아남는다

갈기발기 찢어진 살점 피눈물로 꿰매며
강한 자여 그대의 힘으로 우리의 약함을 없앤다고 생각하
지 말라
힘이 쓰러뜨리는 것은 그대 스스로의 힘뿐
힘이 스스로 무너져 처참할 때
가장 헐벗은 자는 살아남는다 강한 자여
힘으로 살아남을 수 있다고 생각하지 말라
백두산에서 한라산까지
마침내 우리는 헐벗은 사람으로만 살아남는다

아프리카 검붉은 핏줄 고통에 일그러진 얼굴로
아시아 굶주린 노동 파리한 얼굴로 강한 자여
힘으로 그대 향수 뿌린 탐욕의 얼굴을 숨길 수 있다고 생각
하지 말라
그대도 마침내 살아남는 것은
살거죽 벗겨진 헐벗은 사람으로만 살아남는다

강한 자여 그대의 뉘우침으로
짓밟는 자여 그대의 발바닥으로
빼앗는 자여 그대의 손아귀로
침략하는 자여 그대의 총칼로
가진 자여 그대 그 썩은 재물의 악취로
핵전쟁을 막으라 헐벗음을 막으라

五月哭

푸르디푸른 조선의 하늘 아래서
우리는 끝까지 우리의 인간성을
배반하지 않았습니다
젖가슴 잘리고 대포 총 칼에 흐트러진 살점으로
낯익은 거리에 피바다로 흐르면서도 우리는
끝까지 배반하지 않았습니다 우리의 소망을
끝까지 배반하지 않았습니다 우리의 믿음을
끝까지 배반하지 않았습니다 우리의 근육을
우리를 배반한 것은 백주의 대낮이었습니다
그 대낮에 끔찍한 일이 저질러졌던 것입니다
은밀한 죄악의 밤조차 진저리쳤던 대낮이었습니다

그러나 쓰러진 자는 다시 살아 이렇게 외칩니다

그해에 우리는 무엇을 보았는가 쓰러진 자의 거대함

상처투성이 목숨의 찬란함 보았는가 그해에
무엇을 보았는가 쓰러지고 또 쓰러지는
목숨 다해 피 철철 흐르는 붉은 태양 보았는가
자유여 가난이여 목숨이여 공동체여
무엇을 보았는가 이 골목 저 신작로에 쌓인 시체더미
그 위로 치솟는
반역이며 총칼의 이빨이며 웃음소리며
보았는가 어둠의 얼굴을 어둠의 정체를
어둠의 개백정을 어둠의 양민학살을
찬란함이여 비린내여 펄펄 살아 뛰는 목숨의 비명소리여

지치고 지친 목숨의 끝
죽음이 끝내 한줌 남은 목숨보다 위대한 시간
쓰러짐이 인산인해로 나뒹구는 피비린내 끓는 학살의 끝
그렇다 우리는
결코 더이상은 물러설 수 없는
우리들 가난의 힘이 스스로 목창으로 치솟아
푸르디푸른 하늘을 이루는 것 보았다
우리들 쓰러짐이
정의와 간사한 도배들 확연히 갈라놓는 것 보았다

쓰러지고 일어서고 또 일어서는
우리들 가난의 공동체여, 짓밟힘이여, 신음소리여
차라리 목놓아 울부짖을
맨땅이 갈라질 함성소리여
아아 그렇다 우리는
피맺힌 굶주림이 스스로 불끈불끈 솟는 근육을 이루는 것
보았다
피맺힌 것은 분노뿐 아니라 사랑뿐 아니라
굶주린 목숨 그 자체인 것 보았디
그것이 백성임을
그것이 우리임을 보았다

아아 피맺힌 자유, 피맺힌 제3세계여 공동체여
피맺힌 평야, 핏발 서린 눈동자여
아아 피골상접이여 사막이여 위대한 싸움터여

푸르디푸른 조선의 하늘 아래서
우리는 끝까지 우리의 인간성을
배반하지 않았습니다
젖가슴 잘리고 대포 총 칼에 흐트러진 살점으로
낯익은 거리에 피바다로 흐르면서도 우리는

끝까지 배반하지 않았습니다 우리의 소망을
끝까지 배반하지 않았습니다 우리의 믿음을
끝까지 배반하지 않았습니다 우리의 근육을
우리를 배반한 것은 백주의 대낮이었습니다
그 대낮에 끔찍한 일이 저질러졌던 것입니다
은밀한 죄악의 밤조차 진저리쳤던 대낮이었습니다

모가지의 노래

통과했을까 나는 다시 들었다 봄날에
두려움을 찢고 아름다움을 찢는
꽹과리 소리 깽맥깽맥깽맥깽맥 캥캐캥캥캐캥!
봄날 봄언덕 풀밭에서 보았다 교정을
꽹과리 캥캥캥 소리에 너희들이 가슴 설레며 모이고
모여서 마침내 시대의 장관을 이루는 것을
아지랭이 언덕 소나무 가지 위에 목을 매단 채
머리 풀고 맨몸에 땡볕 받으며 바라보았다
눈부셔 신비한 꽹과리 소리는 하늘을 찢으며
저도 찢어져 내릴 듯
그러나 너희들은 모였다 깽맥캥 깽맥캥
잔치굿판도 깽맥캥 망나니 춤도 깽맥캥
그 소리는 오늘도 불현듯 두근거리며
아지못할 두려움의 정체도 두근거리고
백일하에 흩뿌린 속창자, 내팽개친 죽음의 깃폭
두려움에 사로잡혔던 사람 한둘이 아니라
아아 우리 전부가 이렇게 인산인해를 이루고 모이고 함께
흘러서
깽맥캥 깽맥캥 깽맥캥 깽맥캥
이 찬란한 대낮 같은 자유를 외친다
다시 살아 바윗덩어리에 엉덩이를 기댄 착각
그러나 죽어서 이미 너희들의 피문은 미래
이제 군화발에 짓밟혀 너희들은 다시 흩어지리라
끌려가리라 괜찮고 통곡하지 마라 너희들의 죄가 아니다
간직해다오 그 사소한 살아 있음의
두려움 속에
맨주먹 외치는 목젖 터지는 가슴 깊숙이 산맥과 마을
어깨동무 출렁임 그 드높이 하늘과 바다
깽맥캥 깽맥캥 깽깽맥캥 캥캥 깽맥깽맥캥캥
오늘의 이 피가 피를 부르는
두려운 두려운 삶의 떨림
그 소리의 분노와 환희와 설움과 해방을
헤어져 있어도 항상 같이 있을 수 있도록
갇혀서도 항상 자유로울 수 있도록
우리 언제나 함께 나아갈 수 있도록

4·19

살다 보면 오는구나 이런 날이 다시
어둠 뚫고 백일하에 드러난 기나긴 행렬에 섞여
내 등어리는 쏟아져내리는 자유에 흠뻑 젖는다
진압대는 폐파포그를 마구 쏘아대고
우리를 포위하고 밀고 밀리고
그러나 밀려도 밀려도 밀려날 수 없는
외침이 이리 길구나 짓밟혀 세멘바닥에 코피를 쏟으며
한없이 쓰러지면서 분단된 나라 그래도 푸른 하늘 치솟아
그래도 그래도 한결같은 자유의 행렬이 이리 길구나
찢겨진 맨살이 드러난 어깻죽지를 맞잡고
우는 것은 몽둥이에 맞아 터진 내 얼굴 아니라
우는 것은 구둣발에 짓밟혀 찢어진 내 귀창, 네 입술 아니라
조국이다 부모형제다 우리가 사랑하는 모든 것 지금은 너
무도 멀리 있는
지금은 숨죽여 흐느끼고 있는
상처투성이 우리의 나라
진압대는 폐파포그를 쏘아대고 마구 포위하고
닥치는 대로 우리의 성난 가슴을 두드려댄다
비여 비여 백일하에 쏟아지는 해방이여 우리의 기쁨이여
쓰러지고 또 일어서리라 짓밟히고 또 부둥켜안으리라
비는 억수로 내리고 마구 흩어지는 대열 흔들리지 않게
하나가 되자 노래 속에서 앞서서 가노니 외침 속에서
쓰러진 자 일으키며 땅을 치며 흩어졌던 봇물이 다시 줄기
를 이루며
거세디거센 해일로 덮칠 때
아아 우리가 바라는 정의만큼은 이렇게 끝도 없이 외치고
싶다
우리가 바라는 통일만큼은 이렇게
백일하에 드러나 외치고 싶다
자유여 정의여 진리여 우리 밑도 없이 끝도 없이
눈물 흐르는 춤을 추며 전진하리라

김상진

겨울의 대지 살점 묻은 바람 계엄령의 조국
4월도 노란 개나리 5월도 빨간 철쭉꽃 겁없이 피고지고
부릅뜬 눈 덮쳐온 고향 풀밭 아아 어머니 흩어지는 하늘에
갈아라 그대 서슬 푸른 칼을 갈아라
푸른 하늘에 갈아라 척박한 황토에 갈아라
그대가 가르고 또 가른 한날 육신의 배때기는
하얀 광목폭 깃발 찢어져 휘날림
핏빛 푸르디푸른 하늘과 산과 바다
주린 목숨에 갈아라 떨리는 두려움에 갈아라

우리네 겨울날 헐벗고 구차한 목숨에 갈아라
벌거벗은 함성 맨땅이 갈라지고 산과 강과
분노의 바다가 치솟아 하늘을 꿰뚫는 죽음
갈아라 그대 서슬 푸른 칼을 갈아라
분단된 나라에 갈아라 피범벅 알몸에 갈아라
난자당한 사랑
난자당한 생애
그대는 하얀 광목폭 깃발 찢어져 휘날림
흩날려, 그대의 피는 우리 모두의 피를 부르고
피에 젖는 우리들의 생계와 평화
자유와, 평등과, 통일과, 해방과,
민주대한 금수강산 진달래 피철쭉 만발할 때까지
내뱉을 창자에 갈아라 쏟아져 오는 죽음에 갈아라
피비린 노동이여 가난의 공동체여 두 주먹 불끈 쥔 인산인해여
그대가 백일하에 가른 한낱 육신의 배때기는
하얀 광목폭 깃발 찢어져 휘날림
아아 핏빛 푸르디푸른 하늘과 산과 바다

전태일

그대의 몸은 지금도 온통 화염에 싸여 길길이 뛰고
우리들의 한반도와 강산과 공장과 안방은 온통 생살이 타는
석유냄새다 마침내 그대,
항상 싸움하는 노동이여
그대를 생각하며
시푸르딩딩한 식칼을 보는 두 손은 떨린다.
저것으로, 저 스스로도 몸 떨고 있는 역사의 살기로
우리는 그대를 죽인 누군가의 심장을 찌르거나
분하디분한 우리의 가슴을 찔러야 하기 때문이다.
우리들 짓밟혀 이리 처참한 함성으로도 그대는 돌아올 수 없고
우리들 핏줄 목메인 그리움으로도 그대 대답할 수 없는 것은
단지 웬수 같은 가난만이 그대를 죽인 것이 아니라
단지 허리를 꺾는 비참한 작업환경만이 그대를 죽인 것이 아니라
저질러진 역사 전체가, 그 가위눌린 신음 속에서,
그대를 죽음으로 선택했기 때문이다.
그대 죽음의 화염병이여
그대의 몸은 지금도 온통 화염에 싸여
길길이 뛰고
우리들의 낯익은 거리와 휘황찬란한 매판의 빌딩과
최저생계의 하꼬방은 온통 생살이 타는
석유냄새다 마침내 그대, 항상 싸움하는

노동이여 역사의 에너지여
싸우게 하라 종로에서 청계천에서 해진 작업복을 입은 채
지하상가에서 잘린 젖가슴 피묻은 꽃으로 피는 광주 금남로에서
싸우게 하라 기름 묻은 주먹으로 쇳가루 섞인 핏줄로
폐결핵 피묻은 가래 마산에서 부산에서 그 이름 모를 근육의 아우성으로
그대의 몸은 지금도 온통 화염에 싸여
길길이 뛰고
우리들의 공장과 직장과 학교와 법원과 면회는 온통 생살이 타는
석유냄새다 마침내 그대.
오오 그립고 그립고 처절하게 그립더라도 그대여.
불평등과 착취 앞에서
부자유와 억압 앞에서
군사독재와 부정부패 앞에서
남북분단과 식민잔재 앞에서
그 모오든 현재의 저질러진 죄악 앞에서
이루지 못한 미래
완성되지 못한 그리움 앞에서 그대
싸움하는 노동이여 역사의 에너지여 죽음의 화염병이여 그대
추억도 그리움도 핏발 서리게 하라 혓바닥까지 타는 우리들의 생계 속에서
지나간 날들이여 죽창 들고 일어서라
일어서서 꽂혀라. 저 거짓과 신음소리와 분노의 땅 위에
외쳐라. 강인한 말달리로 오지 않는 미래를 향해
굽이굽이 피흘릴 길일 갈 길을 향해
추억이여 핏발 서려라. 대대로 이어져온
전통이여 가문과 가문이여 노동자, 노동자여 죽창 들고 하늘을 보라.
전태일 열사 그가 버리디비린 인간의 하늘이다

박종만

무엇이었을까 시체도 빈소도 쎄브란스 영안실도 없는 죽음 여느때처럼 하얀 까운의 의사와 간호원과 소시민 환자들 접수창구에 붐비고 사납금 인하하라 노동생계 보장하라! 펄럭여댈 플래카드도 흩뿌려댈 찌라시도 없이 다만 풍문과 왜곡된 신문기사로만 들리던 그렇게 실상 죽은 것은 이미 죽은 자가 아니고 살아 있는 우리들 모두가 한번씩 죽은 것 죽은 자의 기억 속에서 우리들 모두가 죽어 살아난 죽음 의인의 죽음은 항상 생명으로 가는 길인 것 광주혁명에서 부마학살에서 실상 죽은 것은 수천 수만의 죽은 자들이 아니라 우리가 살아서 수천 수만 번씩 죽어 다 살아난

해방서시

것 그러나 이제 다시 외치지 않고 결코 부르짖지 않고 다만
놀랄 것은 없다는 듯이 결코 울부짖지 않고 악쓰지 않고 강
요하지 않고 다만 아주 당연하다는 듯이 아주 당당하게 속
삭여대는 죽음 다만 기다리다 기다림의 죄만으로 끌려간
텅 빈 운동장엔 마지막으로 몸을 뒤채이는 낙엽뿐 살점이
타버린 시커먼 재마저 공중으로 흩날려 살점 타는 내음 속
의 문득문득 눈물 글썽거림뿐 다만 예리한 비수처럼 어떤
반짝이는 날카로움처럼 우리의 고막에 소근거리는 속삭임
으로 우리의 고막을 찢는 다만 선명한 핏자욱 하나 늘상 다
니는 거리에서 안방에서 학교에서 술집에서 애인과의 서양
식 식사에서 갑자기, 불쑥, 번득이는 번개처럼, 느닷없이,
게릴라처럼, 낯익은 얼굴로 우리들의 뇌리에 와서 꽂힐 죽
음 만원버스에서도 자정 지난 한시택시 속에서도 니기미
씨팔 팔자좋은 년놈들은 술취해 흥청망청 놀아나고 씨부랄
것 농사나 짓지 자동차 운전은 좆빤다고 배웠나 귀가길 운
전사 살기 돋친 농담 속에서도 우리들의 곁에 오래오래 머
물러 있을 죽음 그대 목숨의 피며 생명의 젖줄인 자동차 기
름으로 그대의 몸 불살랐으므로 결코 결코 소란스럽거나
아우성 함성이거나 플래카드 휘날리는 기념탑이 지금은 아
닐지라도 우리들의 혈관 속에 이미 우리들의 밥 속에 들어
와 있는 죽음 최저생계의 노동자 것만이 아닌 할복자살의
학생전사의 것만이 아닌 죽음 마침내 낯익은 모습으로 우
리들 곁에 있게 된 죽음 모두의 생명 속으로 받아들여야 할
죽음 우리 모두가 치러야 할 죽음 삶이 갈라는 계층과 계층
을 한데 묶는 죽음 기름진 자양분 잔치음식 같은 죽음 그
대 육성으로 모든 운전기사들이 되살아난 죽음 운동계층의
탄생 마침내 우리 모두의 일상생활이자 운명인 죽음 그날
이 올 때까지 섯!

    우리들 핏속에 든 석유냄새와도 같이
    우리들 석유 속에 든 불바다와도 같이
    우리들 불바다 속에 든 죽음과도 같이
    우리들 죽음 속에 든 해방과도 같이

일그러진 그대 고통의 얼굴이 지금은 차라리 그냥
살기 묻은 어여쁜 꽃인 것은 우리들의 싸움이
도처에서 아직 끝나지 않았기 때문 그렇다 나는
다시 본다 부엌의 식칼을 그 아름다운 살기를
저 식칼이 저리도 서슬 푸르게 아름다운 것은
다시 우리가 저 식칼로 누군가를 찔러야 하기 때문이다

1985

회 복 기

이 시의 대부분은 내가 가장 어려웠던 시기에 씌어졌다. 나는 이 시가 어려운 시기를 보내고 있다고 스스로 생각하는 사람들에게 조금이나마 '힘'과 '용기'로서의 보탬이 될 수 있기를 바란다. 약해지고 싶은 충동, 나날을 버팅겨나가는 것의 의미를 얕잡아보고 싶은 충동, 자살이거나 소시민적 삶으로의 도피이거나, 아니면 초월 혹은 해탈이거나, 하여간에 눈앞에 펼쳐지면서 온몸을 덮쳐오는 '괴로운 삶의 실상' 들로부터 벗어나고 싶은 충동, 그러한 충동들이 심하게 느껴졌을 때, 이 시의 대부분은 씌어졌기 때문이다. 시대의 추악함 앞에서 대책없이 흔들리는 가녀린 인간이되, 끝까지 인간성을 버리지 않으며 그 흔들림의 의미를 캐묻는 일은 고통이지만 이 한반도에 사는 자의 할 일이며 궁극적으로는 축복이기도 하다는 명제, '억눌린 자의 구원의지' 혹은 '역사발전에의 참여 권리'라는 명제를 위해 이 시는 아주 깨알만한 부피와 의미로 씌어진 것일 게다. 이미 결단했거나 앞서 가고 있는 사람들은 이 시를 읽을 시간도 그리고 필요도 없을 것이다. 그런 의미뿐만이 아니라, 나는 이 시가, 아니 내가 쓰는 모든 글이, 10년에 한 번 정도 아주 짧게 이 땅을 비추다 가는 '봄날씨' 때 필요한 것이 되기보다는, '봄날씨' 사이의 기나긴 암흑기를 의미있게 '참고 견디는' 데 아주 조금이라도 도움이 되는 것이 되기를 더 바란다. 물론 과욕

일 것이다. 이분법일지도 모른다. 어찌됐거나, '좋은 세상이 곧 온다'는 말을 설득있게 그리고 감동적으로 전파시키는 일이 좋은 세상이 오는 속도를 가속화시키는 데 도움이 되는 것일 수 있다면, 이 시대 문학정서의 설 자리는 아마도 거기일 것이다.

문학에 있어서 나는 '좋은 세상이 곧 온다'는 말이 객관적으로 타당하냐 그렇지 않으냐 하고 너무 많은 시간 동안 따지고 가리고 분석(?)하는 사람들을 별로 좋아하지 않는다. 중요한 것은 좋은 세상이 곧 와야 한다는 우리 모두의 희망이기 때문이다. 그리고 물론, 시에 있어서 논리란, 흩어진 것들을 꿰뚫어 한데 모으는 선동으로서 정서적 관통력이며, 그와 동시에 해방된 인간정서를 창조해내는 감동·충격 효과로서 세뇌력이기 때문이다. 오늘날 시의 정신은, 영원성의 정신이 아니라 운동의 정신이며, 초월의 정신이 아니라 '침잠·스며듦·갈김'의 정신이며, 신화의 정신이 아니라, 더럽고 귀한 삶의 정신이다. '혁명적 일상'과 '일상적 혁명' 사이에 시는 있다. 그 시의 모습은 아름답고 힘찬 연결고리의 그것이다. 그리고 다른 소중한 것들이 시말고도 무수히 있다.

맵차디 맵찬 책들만 골라 내시는 함영회 사장님께 이 책이 혹 누가 되지 않을까 송구스럽다.-1985년 5월

회복기

서시
－탄생의 노래

나는 쭈그리고 있었다
색깔도 땀도 없는 사타구니 밑으로 미열(微熱)의 이마
나는 아무 냄새도 맡지 못했다
사람들이 나를 격려했지만
그들은 이미 별이 된, 깜깜한 우주의 일부분이었다
(그들의 웃음은 음흉해 보였다)
나는 쭈그리고 있었다
다 자란 기성복과 발보다 큰 구두를 신고
나는 헐벗지 않았지만
모든 건 아직 끝인 것처럼 보였다 그때－네가 왔다
처음은 여린 핏줄의 통증으로
그리고 온몸에 번지는 뜨거움으로
너는 수동적이었지만
끈끈했던 탯줄의 입김은 아직 내 덜미에, 너는 소근거렸지만
소근거림이 내 굽어진 척추신경을 타고 내려가
나는 소스라쳤다, 온몸을 펴면서
몸에 걸쳐진 것이 너무 무거웠으나
나는 피묻은 우주 속에서 내가 사는 동네를 찾아냈고
내가 살 수 있는 집을 찾아냈고
내가 사랑할 수 있는
아니 결코 양보할 수 없는 내 사랑의 영역을 금 그을 수 있었다
그것은 너와
네가 그 설움의 문이 되는 것들, 그러나
이제는 네가 다시 웅크리려 한다
이제는 네가 다시 거부하려 한다
좀더 헐벗고
좀더 자유롭기 위해서
나는 헛된 목숨을 버려 끈질긴 생애를 얻었다
괴로움과 싸움과 더러움과 일상의 생애,
그러나 그것은 너와
네가 그 불멸성의 문이 되는
모든 살아 있는 것들을 위해서

제1부 나의 살던 고향은

서시
－고향에

장마비는 가고
어연, 없이 사는 마포 강둑 밑 위험수위를 간신히 넘긴
철렁한 가슴,
그리고 타는 응어리
눈 밑에 주름살로 굳어 남는다

그 해의 장마비

장마가 지면
밤섬은 해마다 물 속에 잠겼다
물살이 차올라서 흙 위에 표시된 위험수위 위를 마구 덮쳤다.
둑이 터지면 서강 일대는 물론이고
서강 일대를 휩쓴 홍수가 다시 철로길을 넘어
우리가 살던 대흥동 전답일대도 삽시간에 물바다
으레이 여름은 밤섬사람들이 물난리를 피해
강 건너로 미리 넘어와 살곤 했지만
어느 해던가 물살 위로 간신히 솟아오른
단말마같은 나뭇가지 밑에
웬 사람이 바둥바둥 매달려 있는 것을 나는 보았다
온통 붉덩물이던 급류에 휘말려
가재도구가, 지붕이, 꿀꿀대는 돼지가 떠내려갔다
발을 동동구르며
아낙네의 비명소리가 떠내려갔다
파도가 자신을 주체 못하고 떠내려갔다.
물살은 금방이라도 우리를 덮칠 기세
'그래도 산 것이 물에 빠져 죽으면 동네에 전염병 귀신이 돈단 말여,'
억센 근육의 사내들이 돼지를 산 채로 건져내어
밤을 새워 태웠지만
태워도 태워도 장작불에 벌겋게 달아오른 동네 장정들의
얼굴 위에서
두려움이 다시 그들을 덮치고 있었다
두려움은 검붉은 색깔이었고
그 속에서 사내의 살기 돋친 눈동자가 침몰하고 있었다
강물은 날이 갈수록 불어나고
물살은 최고 위험수위를 몇 미터씩 넘쳐올라
내 발 밑에서 거대한 침을 흘렸다
'영광이는요, 집이 물에 잠겨서
학교에 나오지 못했어요.'

1985

'아녜요. 선생님. 운동장에 영광이네 식구들이 와서 살아요.'
학교수업이 끝나면 우린 운동장에 천막을 치고 사는
영광이를 위하여
찬송가를 꼬박꼬박 불러 주었다
'하늘 높은 곳에는 영광,
땅 위에서는 평화.'
용강국민학교 운동장에 수재민 텐트가 꽉 차 들어와
발디딜 땅이 운동회날 만국기 흩날리던 때처럼 한뼘도 없
어 보였고
바람에 나부껴 속이 환히 들여다보이던 텐트들, 그 밥짓던
냄비들이
내 눈을 통해 내 뱃속으로 꽉 차 들어왔다.
이상하게 배도 고프지 않았다.
장마가 저질러는 그 참상을 가슴속에 품고 지냈는지
나는 밤마다 잠자리가 축축했다
한강 철교 위로 성냥갑처럼 묶여져 지나가는 기차들이
동화책 그림처럼 신기했다
물살은 금방이라도 내 발 바로 밑을 어지러이 떠내려가고
영광이는 제 입보다도 훨씬 큰
미제 군용 스푼으로 억척스레 냄비밥을 퍼먹었다
영광이가
미제 군용 스푼보다 더 위대해 보였다

와우 아파트

와우는 누워 있는 소.
'선생님 그 소는 일어서지 않나요?'
우린 학교에서 한문시간에 그렇게 배웠다
그래 와우산은 정말 누워 있는 것 같아
언제나 무척 편안해 보여 오래 전부터
와우 아파트 공사가 시작되기 전
우리는 여름방학 때 그 산으로 곤충채집을 다녔었다
방아깨비 노는 풀밭 사이를 뒤지며
아카시아 꽃잎을 따서 훑어먹고
몽롱해진 정신으로 다시 풀밭에 누워
수풀에 꽉 찬 매미소리가 푸른 하늘을 떠받들고 있는 것을
보았다
와우 아파트 공사가 시작되고 망치소리가 귀를 때리고 산
주변에
목책이 쳐지고 입산금지 팻말이 세워졌지만
와우 아파트가 무너져내린 다음에도 우리는
와우산으로 곤충채집을 가지 않았다
그렇다, 그것은
일어섬의 참모습이었다

하늘에 거대한 구멍이 뚫린 듯, 희망이 산산박살난 듯
와우 아파트는 무너져내린 다음에도
와르르 소리를 여전히 외치고
와르르 소리는 그 밑에 다다다닥 붙어 있던
판잣집들을 아직도 덮치고 있었다
거대한 것이 약한 것을 짓누르고 있었다
아니 무너져내림이 무너져내림을 덮치고 있었다
약한 자들의 설움이
약한 자들의 분노를 덮치고 있었다
사람들은 아직도 꿈틀거리고 있었다
'천벌을 받은 게야',
'우리네 같은 바다 상것들은 그저 금방 무너져내릴 것 같기
는 해도
조상대대로 살아온 마당 널찍한 기와집이 제격인 게야',
그러나 동네에는 마당이 없는 집도 있었고
초가집도 있었고
천벌은
살아남는 사람들도 받았다
신음소리들이 밤에도 선명하게 꿈틀거렸다 '동네가 망하려
는 게야.
양놈들이 나라를 집어삼키더니
그 바람에 미쳐 무슨 신식
도깨비같은 집 속에서 살겠다고
나라가 망쪼가 들은 게야.'
산산이 무너져내린 폐허 속에서
순간간에 목숨을 잃은 사람도 사람이지만
살아남는 사람들은 더 비참했다
'당해야만 하나 어이구 당해야만 하나
이러구 견디구 살아남아서
누구 좋은 일 또 해줄꼬.'
아등바등 버팅기며 눈물 뿌리채 삼키며
배가 고프고 하늘이 노랗고 허기가 지는 것은 이제
이미 오래된 습관이 되어버렸다
소름이 불쑥불쑥 곤두선 머리를 때렸지만
배고픔은 더 거대했다 깜깜한 하늘이 조금씩 무너져내리는 밤에
누군가가 두려움을 노여움으로 변화시키고 있었다
눈물이 타는 불꽃으로
변했다 살가죽 앙상한 근육에 핏줄이 불끈불끈 치솟았다
아비규환의
아우성소리 아우성소리가 함성소리로 변했다 함성소리가
피를 부르고
피가 다시 피를 불렀다 몽둥이를 불렀다 헐벗음이 끼리끼
리 모여

265

회복기

거대한 흘러감의 장관을 이뤘다 와아와아
당해야만 하나 우리만 당해야만 하나
먹을 것을 달라 입을 것을 달라 한강이 그 힘찬 흐느낌의
물살로
껴안고 발을 동동 구르며 앞으로 곤두박질쳤다
보름달빛이 서슬푸른 살기를 내뿜어댔다
와아 와아
견딜 수 없는 배고픔이 모여
견딜 수 없는 힘을 이루고
털난 근육들이 뿜는 살기가 하늘의 별빛에까지 솟구쳤다
와아 와아
그러나 그들은 마침내 개처럼 끌려갔다.
채 진압되지 못한 흥분이 어둠 속으로 잦아들며
쓰러져 꿈틀대는 비명소리를 적시던 그날 밤
동네 입구에선 어린애들과 여인네들과 노인네들이
모닥불에 오한과 두려움을 태우고 있었다.
 '수동이네도 죽고
영희네도 일가족이 몰살했대.'
장례를 처러줄 가족이 없는 집은
동네에서 대신 처러주었지만
진짜 아무도 없는 사람은 어떻게 되었는지
우린 아무도 몰랐다
수동이네도 죽고
이상하게 나는 내가 살아 있다는 사실을
갑자기 뼈저리게 깨달았다
그리고 낯익은 얼굴들이 으깨진 시체로 모닥불 주위를 떠
다니고
벌겋게 달아오른 살아 있음의 두려움.
활활 번지는 모닥불의 광란을 떠나려 떠나려 안간힘 쓰고
있을 때
살아 있다는 것은 더 비참했다
 '그래도 한강 나루터까지 고깃배가 척척 들락거리구
새우젓 팔아먹고 살던 때가 좋았어.'
 '그땐 마포가 얼마나 변화가였었다구,
그 철둑길 밑에 있는 경보극장이 우리나라에서 몇번째로
생긴 극장인데 그래.'
6·25가 터지고 철조망이 강줄기의 허리를 짤라는 다음부터
새우젓 냄새는 오래 전에 사라져버렸고
그 경보극장에서는 객석까지 오줌지린 냄새가 났다
 '킥 킥, 왜 이래, 이 애가, 간지러.'
 '에이쌍! 학교고 뭐고 때려쳐야지.'
부모없는 가시내들의 킬킬대는 소리가
극장 어둠 속에서 들렸다

그해 마포에서는 복수공천을 했어도
야당후보만 둘 당선됐다
와우는 누워 있는 소.
그러나 와우 아파트가 무너져내리고
희망은 누더기 옷을 걸치고 다녔다
희망은 산산이 부서진 몸을 끼워맞추며
허름한 천막 속에서 깡통밥으로 연명해갔다
그 해 나는 교과서에서
구한말의 역사에 대해 배웠다
와우는 인내의 역사로 커진 눈망울을
아직도 선량하게 꿈벅이며
일어서려다
아예 무너져내린 것이다

방역작업

철따라 뇌염 콜레라 온갖 전염병이 돌았다
어느날 갑자기
달수네 집 주변에 새끼줄이 처지고
낯선 사내들이 험상궂은 얼굴로 입구를 막고 서 있었다
아이가 태어나도 새끼줄은 쳐 있었다
사내가 태어나면 고추가 주렁주렁
계집애가 태어나면 새까만 숯이 대롱대롱 매달렸다
새끼가 쳐진 집들은 하나 하나 늘어갔다
나는 사람들이 갑자기 입을 다물고
무언가 쉬쉬하며
만나서 장기도 두지 않고
정자 밑에서 부채질하며 이야기도 나누지 않고
그냥 각자 집에 틀어박혀서
무언가 숨기고 있을까봐 겁이 났다
소름이 끼쳤다 아는 사람이 다니지 않는 낯익은 동네는
동네를 한바퀴 돌며 방역차가 소독약을 뿌리며 지나갔다
사람들이 그 틈에 우루루 몰려 나왔다.
방역차는 하얀 연기로 마을을 덮쳐버릴 듯, 너무 많이 뿌려
우리 집도 순이네 집도 하얀 연기에 가려
무슨 꿈나라에서 온 백설공주 백설왕자처럼
보이고, 그 외엔 아무 것도 보이지 않았다
 '저런 저런 죽일 놈들, 진작에 와서 뿌릴 일이지.'
 '겨우 일 저질러진 다음에사 와서 뿌리면선.'
 '아주 몰살을 시킬 작정인가비여.'
 '우리들 몽땅 돌림병 환자로 보이는 게지!'
방역차는 하얀 연기를 끝도 없이 마구 살포하며
뭔가 자기가 살고 있는 세상에
이런 창피한 구석이 있었다는 듯이

그 사실이 무섭다는 듯이
눈앞에 나타난 비참을 마구 짓이기며 지워버렸다

'신난다, 야 저것 봐라!
꼭 영화 속에 나오는 것 같애,'
우리는 일요일마다 학교 운동장에 하얀 천막을 친
노천극장으로 놀러 갔다
슬픈지 기쁜지도 모르고
영화는 항상 신기하고 꿈만 같아서
몰래 뒷구멍으로 들어가 훔치려다, 들켜버린 꿈
방역차 소독연기는 희한하게 온 동네를
하얀 연기로 감싸고, 우리들은 방역차 뒤꽁무니를 쫓아다니며
연기 안에서 숨바꼭질을 했다
아주 가까이 있어야 얼굴이 보였고 그때마다
우린 키들키들 웃었지만
정작 숨는 일은 항상 실패했다
혼자만의 은밀한 장소에서
우리는 항상 부끄럽고 지저분한 얼굴을 들킨 표정으로
얼굴을 가리고 다녔다
그땐, 우리의 몸이
얼마나 슬픈지도 모르고 그랬다
'개새끼들,
진작 좀 와서 뿌려주지.
이제 와서 저렇게 생지랄을 부릴께 뭐냐 말이다.'
방역차가 올 때쯤이면 정말
동네에 새끼줄을 쳐놓은 데가 열 군데도 넘었다
험상궂은 사람들이 길목을 가로막고 있었다.
'얘, 들어가지 마, 들어가면 귀신이 나온대,'
'저리 가라, 저리 가! 어휴!
이 동네 아새끼들은 정말
지독사리 더럽네.'
귀신도 무서웠지만
동네 근처 어른들의 우리를 피하는 눈초리는 더 무서웠다
우린 달수네 집을 들어가지 못하고 난 다음부터
다른 애 집에서도 만나지 않았다 방안에 갇혀서
나는 방구석에 깨진 거울 속에 비친 나의 얼굴과
초라한 몰골을 보았다
달수가 전염병에 걸려
거적때기에 싸여 구르마에 실려나가는 것을 나는 보지 못했지만
우리가 이렇게 더럽게 하고 사는 것이
처음으로 무섭고 슬프고 분통이 터졌다
침을 뱉으며 세균, 전염병, 쥐, 이런 것들에 대해서

소름이 끼쳤다

'에헤해 저것 봐라,
눈탱이에 정통으로 맞았다.'
골목싸움을 하다가 저편의 어떤 아이가
내게 죽은 쥐의 시체를 던졌다
둔중한 그 시체는 매섭게 나의 눈초리를 때렸고
쥐의 눈알에는 구데기가 득시글거렸다
나는 보름달을 생각하려고 애썼다
보름달보름달쟁반같이둥근달환한달보름달보름달
그러나 나는 밤마다 쥐눈을 뜨고 밤마다 쥐털이 소름처럼 돋고
밤마다 페스트에 걸려 살이 문드러져갔다
보름달누나의하얀이빨치마폭정월대보름달
잠에서 깨어 얼굴에 물칠을 할 때마다 눈을 마구 문질러대서
눈자위가 문둥이처럼 부어올랐다
보름달하얀엉덩이환한미소여선생님의하얗디하얀젖가슴
'에헤해 저것 봐라,
눈탱이가 쌥탱이가 되었네.'
'쥐독이 오른 게야,'
학교에서는 쥐독에 대해서 가르쳐주지 않았다
'새끼줄 안에 들어가면 안돼요, 큰일나요 너도 죽어.'
죽을 때까지 그 안에 있어야 해요, 안돼요, 제발, 새끼줄 안에 들어가면…
여선생님은 항상 어떡어떡하면 안된다는 것만 가르쳤다
가르쳐주지 않았다 우리들이 더욱 겪어야 할 슬픔에 대해서
죽음에 대해서 쓰러짐에 대해서
우리들은 숨어다니는 게 놀이가 되고 습관이 되고
숙제가 되어버렸다
그때 나는 친한 동무들 몇을 잃고
어린 날의 꿈은 그때 그 소독연기에 휩싸여
엔진소리를 내며 어디로 사라져버렸는지
꿈의 얼굴엔 항상 구데기가 파먹은 쥐의 시체의 흔적이 배어 있었는지
꿈의 집 주변엔 항상 음산한 새끼줄이 쳐 있었는지
지금도 나는 새끼줄만 보면
무당과 귀신과 푸닥거리와
그때 죽었던 동무들 생각난다
하얗게 눈 내린 순결한 벌판에서
난 그때 우리를 덮치던 몰살의 연기 생각난다
아직도 아직도 내 몰골이 나는 부끄러
끝없는 인파 속으로 몸을 파묻지만
어린 날의 그 방역차 연기 속에서처럼
추억과 나는 항상 들켜서 만난다

회복기

복날

그 해 복날에
우리 털난 사내들을 따라 노고산에 올라갔다
노고산에 올라가 내려다보면
한없이 가라앉은 한식 기와집 지붕들
더이상 가라앉을 수 없을 때까지 가라앉는
어떤 억눌림의 곡선의 아름다움이
끈질기게 거리를 버팅기고 있었다
바람은 뜨거운 한숨 같았다
어른들은 개를 잡으러 올라갔다
털난 사내들은 검둥이의 목을 잡아 끌고 올라가
목을 조르지 않고,
개 패듯, 패서 죽였다
여럿이서 몽둥이를 들고 둘러서서
발길로 차고 짓밟고 몽둥이로 내리찍고
검둥이는 보이지 않았지만
온 천지에 울려퍼지는 검둥이의 깽깽대며 우는 소리가
귀청을 뚫었다, '아! 아프겠다.'
깽깽대는 소리가 끝나 메아리마저 잦아들었을 때까지
털난 사내들은 몽둥이 찜질을 멈추지 않았다
산꼭대기에서 바람이 숨을 멈추고
'저건 너무 잔인해.
검둥이가 갑자기 어떤 끔찍함처럼
우리를 덮치고, 우리 위를 스멀스멀 기어다닐 것만 같아,'
그러나 내가 눈을 감고 있는 동안
어느새 바람이 불기 시작했고
바람 속에 검둥이의 살덩어리가 타는 역겨운 냄새가 배어 있었다
'그냥 목을 조르지,
왜 저렇게 패댔을까?'
검둥이의 그 악바리 깽깽 소리는
털난 근육들 자신의 슬픈 목소리인지도 모르고
왜 저렇게 모질게, 안간힘을 다해
아님 스스로 그걸 알아서 그랬을까?
하여간 그들이 살아온 억울함이 그랬듯이
그들이 당한 가난이 그랬듯이
검둥이는 자기 목숨의 대가보다
훨씬 더 많은 몽둥이 세례를 받았다
'아 그럼, 그럼 자네 말이 꼭 맞구만 그려.'
'우리네같은 놈들이 복날이나 이렇게 산꼭대기에 올라와,
개고기 한점 안 씹어보면
어디 가서 냄새라도 맡아본단 말여?'
검둥이는 모닥불 위에서

제 몽둥이보다 훨씬 더 새까맣게 끄실러져서
드러난 이빨이 추할 정도로 하얬다
죽은 동물의 시체는 태워도 태워도
이빨이 하얘서, 내장이 새빨개서 더 추해 보였다
이빨에 묻어 있던 개거품이 내 뇌리에 묻어났다
'개새끼는 개새끼라니깐.
금방 뒈질 걸 모르고,
금방 살점이 찢겨질 걸 모르고
죽을 때까지 깽깽깽 지랄발광
애를 먹인다니까.'
그러나 애를 먹인 것은 검둥이의 목숨이 아니라
어른들의 봇물터진 설움이었다
그것은 분노였다 마침내 마침내 스스로의 가슴에
불심지를 당길 분노, 위험한 털난 가슴의 불끈불끈 솟아오를 힘.
'추해.
죽음의 몸뚱아리는 이빨의 개거품은
추해!'
나는 그때 개새끼에 대한 집착을 버렸다
그리고 살고 싶었다
역겨운 냄새가 바람결 속에 배어
구역질이 나더라도 현기증이 나더라도
모닥불에 온몸을 끄실림당하며
검둥이는 사지가 점점 더 벌어져갔다
'개새끼는 개새끼라니깐,'
가을이 복병처럼 숨어 있다는 복날
어디선가 불쑥불쑥
수풀이 머리칼처럼 곤두섰다 사방에서 숭칙한 물체들이 다가와
가슴을 털달린 손으로 덮쳤다, '필요없어, 필요없어, 다아
이까짓 것은 아무것도 아냐. 굶어죽지 않으려면 잔인하게 살아남아야 해.'
'그래도 이놈아,
두다리 짜악 벌리고
개팔자가 상팔자다, 이놈아.'
우리같은 놈들은 천한 쌍놈으로 태어나서
어디 너만큼 팔자 편하게 두다리 펴고
피곤한 몸 시원히 뻗어볼 수 있는 줄 아느냐 이놈아
'옛다, 너도 막걸리나 한잔 처먹어라.'
그때 그 털난 근육들이 나에게 건네준 것은
눈물이었다, 아아 그것은 피보다 진한 사랑을 위한
혼탁한 눈물이었던 것이다

성묘

외할머니는 후취셨다. 아버지는 단신 월남하시고
6·25때
아버지는 군인 어머니는 마포 알부잣집, 후취 마누라 셋째딸
추석날이면 우리는 산길을 따라서
성묘를 갔다. 외할아버지 할머니 자식 손자 모두 모두
4, 50명 가량의 식구들을 데리고
첫째집 식구 둘째집 식구 한데 어울려
떨어진 밤송이 주우며 도토리 까먹으며 다리가 천근만근이
되도록
우리는 한없이 가을 숲속 단풍길을 들어갔다.
지금 보면 이상하다. 그 묘는 외할아버지의 첫째부인 묘였는데
'어이구 영감님, 첫째 마누라는 끔찍이두 생각하시우.' 하
시면서
외할머니께서 그 많은 식솔들 무릎 밑에 다 거느리시고
다 아껴주시고 다 보살펴주신 것 보면
지금도 외할머니는 거대하고 자상해 보이신다.
스스로 헐벗으셨으나 발치에 있는 모든 동네 다 거느린
노고산처럼.
그때 그 묘자리는 꾸불꾸불 산길을 넘고
외국인학교 철조망을 멀리 바라보며 또 넘고 아득히 먼 거
리였는데
지금은 연희동 홍은동 차다니고 집들어서고
뼈까번쩍하는 맥주집도 많이 들어차서
차타면 30분도 안걸리는 거리이지만
그때 그 묘자리는 지금은 없다.
외삼촌이 경영하는 고무공장에서 불길이 치솟고
타다 만 철근 뼈대만 시커멓게 서 있는 자리에서
사람들이 고무와 서로 엉겨붙은 시체더미들을 실어냈을 때
나는 어렸지만
이 공장터에서 연기와 잿더미를 헤치고 다시 일어선다는 것은
뭔가 끔찍한 일이라는 것을 직감했다.
과연 외삼촌은 말술 주정뱅이가 됐고
고함지르며 세간살이를 부술 때
그 와중에서 외할아버지가 돌아가셨다.
벽제 화장터에서 화장을 시켜드렸는데
그때 외할머니께서는 당신의 참아온 일생의 처음으로
대성통곡을 하셨다. 외삼촌을 부여잡고, '아이구 아이구
이 놈아 이 양반은,
아랫목에 뜨거운 기운만 조금 있어도 펄쩍 뛰시던 양반인
데 이놈아,
저 뜨거운 속에서 뜨거워서 뜨거워서 저를 어쩌시리 이놈아,
아이구 아이구 이 놈아,

네 애미가 죽어도 저 불덩이 속에 처넣겠지 이 놈아.'
그해 다음 해 외할머니마저 돌아가셨다.
그때도 우리는 화장터로 갔고
참다가 봇물처럼 터진 울음을 이번엔 외삼촌이 터트렸다.
외삼촌네는 응암동 산번지,
우리는 삼선교 다 쓰러져가는 한식집, 전세살이였다.
돌아가시기 몇일 전쯤, 외할머니께서는 우리 집에 와서 며
칠 계셨었는데
어느 날인가 밤중에 개가 쥐약 삼킨 쥐를 먹다가
밤새 컹컹 울부짖으며 발악을 해대고 거품을 토하다
새벽에서야 숨을 거두었다.
무서워서, 우리는, 그냥, 어쩔줄도 모르고
새벽에 쫓겨 달아나던 어둠이
어스름 속에서 어느 틈속 골목길을 거슬러와
우리들의 뒷덜미를 덥석, 덮치고
기분 나쁜 새벽빛 속에 죽어 있는 두 개의 시체가
사시나무처럼 떨던 우리를 또한 거대하게 덮치고 있었지만
그 음산하고 희미한 탄생의 예감 속에서
정작 주검을 처리하신 것은 할머니셨다.
내내 무표정이시다가
마지막으로 한숨을 길게 쉬시며
개의 시체를 집어들고, '어디에다, 묻어나줘야지,' 하시던
목소리
그 목소리는 앙상했지만 천근만근의 무게였다.
그때 우리는 모두
죽음에 임한 사람이 남의 죽음을 소중히 거두어주는
거룩한 순간을 보았으나
눈물은 정작 할머니가 돌아가시고 화장을 지내드리고
할머니의 잿더미를 한강물 따라 뿌려드릴 때
폭포수처럼 쏟아져내렸다.
회색 잿더미와 폭포수.
나는 외할머니를 따라 어릴 적에
성묘를 매년 다녔지만
그때부터 바로 그 외할머니의 성묘를 다녔던 것이 아닌가
하는
착각에도 놀라지 않을 때가 있다.
그 착각은 그래서 좀처럼 지워지지 않는다.
마치 그 외할머니가 돌아가신 것이 아니고
죽은 것은 어떤 평화스러움이라는 듯이
그와 마찬가지로 외할머니가 돌아가셨다면
그것은 한 5천년쯤의 아주 오래된 일이라는 듯이
할머니는 유구한 그러나 아주 생생한
역사가 되어버리신 것이다.

회복기

제2부 슬픔을 위하여

술먹어라. 술먹어라. 그리고 새벽 4시에 매음굴을 빠져나오는
오입쟁이의 부끄러움을 느껴라 무서워하라. 무서워하라.
그리고 슬퍼하라. 우스운 일로 하향. 정신의 과포화 상태를 이기기
위함이다. 감정의 폭발상태를 이기기 위함이다.
권태와 나태와 무기력함을 이기기 위함이다. 창밖은 눈.
천안에서 어느 환상적 감상주의자/1974년 0월 0일

길은 멀고, 앞서 간 동구 밖 그대의 희디흰 바램의 목덜미는
야위고 야위면서 그대의 키는 쑥쑥 자라납니다.
1975년 0월 0일 정환

비노래

하필이면
하필이면 이런 날 비가 와서
나는 저 비인 개천에 당장
붉덩물 흘러넘치는 것 봅니다
비에 씻겨지면서 바라봅니다
홍수의 넘치는 사랑 속에서
아우성과 이름모를 울부짖음과
인파의 아비규환 속에서
거품의 이빨과, 회오리바람과 소용돌이가 씻겨져내리고
그날 그 우뢰같던 함성소리가
씻겨져내리는 소리 들립니다
말하시오 무엇이 우리를
죽어 피 토하며 배알은
한 떨기 꽃이 되게 합니까
그리고 누가 이렇게 늦은 4월에 살아남아
살아남은 한 떨기 꽃을 바치게 합니까
무덤 앞에 꽃을 드리는 여인의 머리카락이 비에 젖습니다
이런 날 다시 내리는 비는
이젠 적셔줄 것입니다 우리의 가난과
투명한 아픔과
희망의 뿌리를
젖은 생선같이 싱싱한
우리네 삶의 뿌리
흐느끼지 마시오
눈물은 더이상 아무도 잠재워주지 못합니다

눈물노래·하나

그대는 어느새
혹시 그대도 모르게 외딴 들에 서서

그대의 육체와 그대의 설움은
혹시 내가 눈치 못챈 사이에
세상의 고통을
더 안쓰러워하고 있는 것입니까
내 텅 비인 분노로 활활 꺼안으면
그대도 또한 활활 타올라 뼈도 못 추리게
사라질 것만 같아 망설입니다
그대는 한줌의 재가 될 수 없어
내 한줌의 손아귀 속에서
나는 나의 눈물로 그대를 자꾸자꾸 적십니다
불은 점차점차 매운 연기가 됩니다
그대는 그 매운 연기의 신열 속에서
어느새 눈물이 되고 고통이 되고
고통은 그대의 몸을 적십니다
눈물은 그대의 몸을 넘칩니다
온 몸에서 온 뺨에서
그대와 나는 걷잡을 수 없는 홍수로 만나
이렇게 견디고 있습니다
그리고 견뎌야 합니다

눈물노래·둘

돌아보면
세상은 비 내리고 어둠 내리고 슬픔 내리고
그러나 내릴 것 마침내 내리지 못하고
쫓겨와 누울 자리도 축축하구나
그래도 목이 메여 편도선 붓는
우리들 사랑, 끝난 자리도 축축해
그대의 시들은 육체는 뼈만 남고
온몸을 부비며 부비며
뼈만 남은 육체가 부딪쳐 핏멍이 들도록
부벼도 부벼도 그러나 그대는 눈물 애써
참고 마련한
슬픔의 투명한 육체.
편도선 붓는 목소리로 아직은 부를 것 못내 부르며
몸을 다시 살위도 눈물 겹구나
어두운 밤, 맑은 정신이 아아 눈물 겨워라
잠 안오고, 식은 땀 죽죽 내리는
그대의 눈물, 애써 끝난 자리도 축축해
홍수 지난, 함성이 지난 눈자위처럼 축축해
세상은 아직도 비 내리고 어둠 내리고 슬픔 내리고
그러나 다시
시작하기 위해서
다시 사랑하기 위해서

눈물 짓무른 아픔을 부비며 부비며
그대 슬픔의 홍수가
봇물처럼 마침내 터져
내몸 적실 수 있도록
내몸 태울 수 있도록

눈물노래·셋

껴안으면
껴안으면, 그대 내몸을 관통해
잔등까지 흥건히 적시는
눈물, 이제는 다 타버린 눈동자 속
그대 이제는 영원히
방황하지 못함의 눈물.
내 이루지 못한 꿈 속에 안타까이 포착된
그대 꼼짝 못함의 눈물.
그대가 겨우겨우 버텨온 세상의 무게
우악스런 무게
버텨온 눈물
눈물의 비참.
그대의 비참한 뒤로
그대의 높디높은 어깨 위로 부서져내리는
그대의 작은 키
그대의 작은 키 위로 부서져 내리는
나의 거대한 슬픔
거대한 그대의 영혼.

바다

슬플 때나 괴로울 때
내가 꼬불쳐놨던 바다
오늘도 쫓겨 돌아온 내 앞에서
바다는 내가 퍼붓는 슬픔으로
밀리며 도망치며 나를 위로하고 있다
오지 말라고 오지 말라고

길에서

나는 거리에 그냥 서 있었는데
건너가시오맹인용신호등이 공습경보처럼 울리고
이상하게 사람들은 꼼짝도 않더군
그 무서운 고요.
길 건너에서 세상 저편 끝이 가라앉고 있었어
나도 꼼짝않고 서서
내 몸무게만으로는 쓰러져내리는 도시의 저편을
지탱할 수 없다는 것을 깨달을 수 있었을 뿐

나는 꼼짝않고 거리에 그냥 서 있었는데
사람들은 영원히 움직이면서
또한 영원히
꼼짝도 않는 것 같았어
나는 그 자리에 굳어버린 발걸음을 옮길 수도 없이
그냥 너를 불러야겠다, 공중전화박스로 가야겠다…
무너져내리는 세상을 내 한몸의 몸무게로 수평저울의 이쪽에서
겨우겨우 견디고 있다는 생각은 허황된 착각이었음을
분명히 깨달으면서
나는 우리라는 말의 털끝만큼을 겨우 생각해냈을 뿐이었는데
나는 거리에 그냥 서 있었는데
이래서는 이래서는 정말 안되겠다 생각하면서
거리에 그냥 서 있었는데

길잃기·하나
―이병창에게

관악산 서울대학교 고층건물의 기나긴 복도 속에서
길을 잃은 사람들은 모두 옥상으로 올라오더군
바라보면 건물은 온통 육중한 시멘트 덩어리, 쇠기둥의 튼
튼한 연결.
꽉짜여진경제개발제1차2차3차5개년계획거대한직사각형
의늘어섬
우리는 길을 잃고
길잃은 사람들은 모두 높은 옥상까지 올라와
나는 이쪽 옥상에서 너는 저쪽 옥상에서
길잃은 눈빛이 잠시 만나
튼튼함의 꼭대기 위에서
너는 나를 보고 어쩔 줄 몰랐지 들켜서
나는 너를 보고 어쩔 줄 몰랐지 들켜서
너의 뒤에도 공룡 아가리 어둡고 기인 복도와
수많은 유리창 부서져내리는 햇빛의 산산조각과
아차 실수면 육중하게 닫혀버릴 것 같은
화재확산방지용 시커먼 철문이 음흉하게
닫히고, 뒤에 눈 달린 너의 뒤통수를 갈기고
오늘 우리는 관악산 서울대학교
한줌 햇볕처럼 산산이 부서지지도 못하고
눈부셔 눈이 부신 하늘 아래서
너무 튼튼한 건물이 너도 두려운 것인지
너무 잘 짜여진 각본이 너도 두려운 것인지
너는 아직도 나를 보고 흔들려
나는 아직도 너를 보고 흔들려
흔들려 흔들려 무너져내릴 듯 손을 내밀며 와서 짜릿하게
닿을 듯.

너무도 잘 짜여진 조직, 엄청난 거리.
나는 이 옥상이 되어 너는 저 옥상이 되어서
눈빛이, 온 신경이 촉촉히 젖어

길잃기 · 둘
― 다시 이병창에게

육교를 지나면 발 밑에서 시멘트 바닥이 두근두근
발 밑 세계의 온 전신이 휘청거리고
속이 울렁거려, 놀란 내 그림자는
난간을 뛰어넘어 자꾸자꾸 밑으로 추락한다
그림자는 스무개씩 백개씩 떨어진다
수많은 인파에 섞여 길을 건너면
최소한 겁없이 달리는 차에 치여 죽지는 않는다
글쎄 그럴까?
고속도로를 바치고 섰는 엑스자형의 거대한 철근덩어리는
너무 의연해
그 밑에 있으면 최소한 흔들리는 세상의 맨꼭대기에 있다가
전복당하는
그런 꼴을 당하지는 않는다
글쎄 그럴까 글쎄 그럴까
철근덩어리는 저 혼자 킬킬거리며
나는 당신들이 만들어논 도시를 버팅기며 서 있을 뿐
다녀도 다녀도 길이 낯선 철기시대
아픔도 전혀 나같이 하찮을 아픔에게 길을 묻는 당신은 도대체
......
육교를 지나면 시멘트 바닥이 흔들거리고
속이 울렁거려 내 그림자는 자꾸자꾸 밑으로 뛰어내린다
위태로운 내 몸의 몸무게와는 상관없는
그림자가 스무개씩, 백개씩 뛰어내린다

키자라기

굴뚝은
언제나 어디서나 하늘 끝까지 솟아 있었다
절망은 언제나
의연하게 솟아 있었다 동네 고무공장 굴뚝을 보면
시커먼 연기가 아찔해 올라가 보지도 못하고
올라가지 않아도 밑에서 보면
굴뚝은 먼 옛날 까마득하게 사라진 기억처럼
하늘 속으로 내 키는 왜 이리 왜소
하나 어릴 적, 높고높은 계단이나 낭떠러지 위에서
거대한 높이에 놀라 손아귀에서 힘이 빠지고
떨어져도 끝이 닿지 않는 끝없는 떨어짐 속에서
발디딜 곳을 찾아 한없이 식은땀 흘리며

나는 깨어났었다. 키가 자라는
이부자리 어지러운 꿈.
자라도 하늘에 좀더 가까워지는 듯한
교회당 첨탑 끝같은 상쾌한 키자람 아니라
머리는 머리쪽 다리는 다리쪽으로 제멋대로 늘어나서
가운데 척추가 늘어나고 뱃속이 텅 비어 아픈
(어떤 잘못 자란 경제개발 5개년 계획 같은)
악몽이었다. 나는 난쟁이로 남고
여름이면 횟배를 심히 앓았다
그나마 어린 날의 꿈은 사라져버렸다
지금도 이 굴뚝 시커먼 연기뿜는 근대화의 흉물 밑에서
가위 눌리며 신음소리도 못내고
나는 자라나고 있는 걸까 절망의 높이와 깊이
허위적거리면서 잡아줄 손도 없이
쓰러지면서
현기증 나, 나는 키만 크고 있는 걸까 정말로
움켜쥔 손아귀 끝에서 힘은 점점 빠지고
이 거대한 굴뚝 거대한 욕망의 무게에 짓눌려 신음하면서
나는 자라고 있는 걸까.
아닐꺼다 아닐꺼다
내 나이때는 그저
싸워야 키 큰다더라

서울역에서

개찰구에서
슬픔처럼 쏟아져 나오는 인파.
내 마음은 그대, 한때의 그리움 속에서 명멸하는
한줄기
폭탄.

너에게

그래 우리가 죽순마냥 쑥쑥 자라서
늦은 구름 한 점만 있는
하늘 밑, 정2품 소나무쯤 의젓이 선다면
서서 떨어져 흐른 벌판의 너비를 삼킨
그러나 티끌도 녹일 심장 속 어느 방 안을
그냥 서로 눈짓만 태워 본다면
......
아니다
안달과 피젖는 몸부림으로
그때에도 내 뿌리는 네 뿌리와 엉길 것이다
그때에도 내 삶의 소금기, 찌들린 때는
생선비늘처럼 반짝일 것이다

반짝이다, 반짝임 마쳐
흙으로 돌아갈 것이다

동트기 전
공사판 소음소리 새벽에 깨어 일어나
보면 보인다.
슬픔에 다리를 놓아주는, 밤을 새우는 공사판 인부들.
한강이 갈가리 찢겨진, 한강의 현장을 보여주는 게
보인다. 갈가리 찢겨진 한강의 복부가 달빛에 찬연한 가운데
어디선지 불쑥불쑥, 더운 심장이 더운 팔뚝으로
무더기로 일어나
부둥켜안고 부르르 눈물을 억제하지 못할
더운 심장, 더운 팔뚝들의
끝없는 몸살.
보면 보인다 보면 보인다.
지금이라도 당장 일어설 것만 같이
지금이라도 당장 일어설 것만 같이
물결이 마구 흐트러지면서 마음 설레면서
아아 저 물결, 찢겨진 근육의 물결!

봄노래
봄은 태깔부터 틀리게 온다 옥신옥신 어깨 쑤시며 치솟는
가로수 둥터진 벌판 그때의 함성소리 봄은 참으로 고움구나
그때의 피흘림 쓰러진 어깨위로 일어서는 곱고 앙칼진 목소리
터진 옆구리 쑤시는 신음소리 초가집 기와집 지붕들이 울려다
보아도 일어서 내려다보아도 일어서 시구문밖 모든 원한맺힘도
일어서라 진달래 타는 언덕도 저자바닥도 일어서라 온통
색깔의 함성소리 봄은 태깔부터 틀리게 온다
요란스럽게 아픔 부르며
온통 산불이 되는 봄의 태깔 울긋불긋한
울음소리 불자동차 싸이렌 소리도 치솟아 찢는
어둠의 불길 아아 일어서라 겨우내 숨죽였던 것은 모두
미친 듯, 일어서는 아지랑이 벌판
온 산천 온 누리에 현기증 나도록
쓰러진 비명 일으켜 그치지 않도록
들리지 않는 목소리로 고막을 터뜨리며
온몸 부르르 떨며 비로소 비로소
비로소 봄은 태깔부터 틀리게 온다
비로소 눈물 콧물 흘리며 온다
비로소 얼싸안고 부둥키며, 스크람짜며 온다
봄은 겨우내 온 천하를 싸그리 짓뭉개며 온다
쓰러지되, 아주 쓰러지지는 말도록
미워하되, 아주 미워지지는 말도록

사랑이되,
아주 용서하지는 말도록

제3부 사랑을 위하여
함께 지내지 못한 날들은 항상 쓸쓸합니다.
멀리 있어도 마음은 언제나 함께 있습니다. 새해에도 우리
열심히 살아요, 건강하길, 좋은 일들 많이 일어나길…
1976년 0월 0일 당신의 OO

비오면 울다 못해, 하나 못한 남저지 마음으로 시를 쓰는
정리하는 버릇을 나는 버렸다. 사랑만으론 모자란 거친 살부빔의
방울지는 땀과, 부끄럼만으로는 찢어지지 않을
부끄럼의 피뭍은 껍질과, 모자란 마음만으론 메꿀 수 없는 모자람의
거대한 구실 안에서, 마침내 아픔이 몸을 풀듯이 단식하는
마음으로 새벽부터 시를 쓴다…
1977년 0월 0일 정환

서시
— 너를 보내고
네가 나의 흡족한 생애의 껍질 속을 비집고
홀몸으로 들어왔을 때
그때 비로소 나는 무언가 잃어버리고 왔다는 것을 깨달았다
눈탱이가 붓고 입술이 부르터지고
너를 만난 흔적이 너무 깊지만
나는 내 갈비뼈가 없어진 것 같은 허기를 지금도 옆구리에
생생히 느낀다
너를 만나고, 너를 보내고
그것은 마치
쏘늘리고 시달림받는 고통의 참맛을
너를 얻은 뒤에 너와 함께
이렇게 음미하듯이
만남은 만나도 모자라고
삶은 항상 모자라
나는 모자람으로 가슴 부풀어 지낸다
너를 만나고
아아 욕심과 사랑과 혁명과 뭇 세상 아픔의 모자람
부디 두려워하지 말라
모든 인류와, 모든 문제와의 헐벗은 만남
단 한번 뜨겁게 만나
다시, 헐벗음으로 헤어질지도 모른다는
예감이여

회복기

모자람으로
너를 만나고, 너를 보내고

광복절 일기
-하나
오늘
사랑은
고린 발고락으로 문질러대는
개발쇠발 사랑이다
남이 본다 대낮은
빨개지는 엉덩빡지 자지러질 부끄럼만 살짝 가려
도라이 기질에 맞게 설계했다는 뺑끼통
그 가느다란 허리처럼 휘어질 나무 판때기 위에서
종일 몸을 세우는 연습을 했다.
두 발로 뒤우뚱 갸우뚱
익숙해질 수만은 없는 안타까움으로
괜한 주체성만 들썩거리다

오늘나는신문지쪽지위에박혀있는사진속에들어있는어느
체코여자체조선수의아름다움을밑셋개로던져버렸다수줍
음고운맵시로하얗게하늘차면선명한날개펴며청순한봄나
비표정을짓던그여인은30킬로그램도안된다는결벽심한몸
매그결벽의한계에대해서 나 는 절 규 했 다!

문제는 티없는 아름다움을 포기하는
양자택일의 영웅적 절망감 아니라
해산의 탯줄같은 절실한 삶의 엉김
두근대는 허벅지 근육으로 버팅겨 서는
털난 습성.
꽃이 지는 정조를 초월하는
열매의 피비린 후천성 속에서
아름다움을 본다는 근본적 참여의
미학이다

-둘
3일을 우라지게 비만 온다 푸른옷들은 오늘도 바깥운동을
나가지 못하리라 했다 담당은 겨우 3일짼데 뭘 그러냐 웃으며
말했지만 날이 보통날이냐 개자식아 눈을 회휘 번득이며
3일씩이나 3일씩이나 하며 연방 목젖 가장자리쯤에서 치눌러
꾹꾹 삼키면서도 푸른 옷들은 무엇에 주린 표정이었다
하늘 밑 참새떼들은 배짱처럼 듬직했던 푸르디푸른 지붕
하늘에서
비가 새며 물방울이 뚝-뚝- 떨어지기만 해도 벌써 여린 품으로

떨며 불안해오더니 화살처럼 물이 줄기를 이루자 검정기와
밑으로
숨으며 어릴 적 제 에미가 가르쳐주었던 홍수이야기를 기
억했다
신화적으로 생각하는 것, 그건 이미 참새떼들의 오래된 버
릇이다

검정기와-그 밑에 푸른 우리들이 살았고 땡볕만 배운
검은 살덩어리들이 비오면 항상 있는 모든 땀구멍으로
독한 연기를 뿜었다
그것은 싯누런 웃음소리 같았다

그렇다 아직은,

나야 해방은커녕 동란도 경험 못하고
코 큰 놈들끼리 휴전인가 지랄인가(싸움은 누가 붙여논 건
데 말이다) 개수작 부린다는 소문만
마포, 새우젓 개울가 순박한 물결이 마구 일어서는
벌거벗은 함성소리
어렴풋한 물결 울 엄니 배꼽 뒤에서
응애응애 울지도 못하고 들은 좆만한 놈이지만
광복이 애시당초 늦어진 이상
내가 새파랗다는 건 8월 15일 일기를 쓰는 데 별 결격사유
가 되지 않는다고
일기로 쓰면서
다시, 자유는 쟁취해야 하는 건데
거저 주는 자유는 웰콤이라는
이젠 서글프게 우리말이 다 되어버린 영어단어만큼이나
강요되기 쉽다, 그리고 찬바람 거센 내고향
적화는 강간의 피와 군화자욱에 의한
와전된 적화
와전된 분단이라는
비밀스러운 상식을 눈치채는 때
그래, 북녁 남녁은 허리 동강난
우리네도 잘 아는 춘향이의 앙칼진 모습으로
본색을 드러내 보이는
황홀한 때.
광복 동란 비극 휴전이라는
어휘의 이국성과 그 이원적 사고방식은
본국으로 철수된다, 송환된다, 열을 올려봐도
……
그것뿐이다 아직은 개뿔 좆이나
8·15도 비오면 푸른 옷들은

광복절이 광복절이 되는 마당에
방에서 발만 동동 굴러야 한다

－셋
돌아보라, 활활 타는 눈시울로
두고 온 길은
라일락 마구 꽃 피워 오르는
봄날씨다 봄날씨
아직은 어릴 적, 방아깨비 노는 풀밭
하늘 밑으로 푸른 굴레 씌워진
내 몸 아아 한복만큼
하얗고 핏멍울진 설움이여
신음 겨워 내사
밟히며 짓밟히며
차마 요절을 하랴 시악시처럼
까무라치지도 못할
사랑이여
알거지처럼만 남은
자유여 자유여
울부짖으며 밖으로 드러내 보이는
온몸 온통 묶인 마음으로
사랑은
오늘 손톱을 다듬는
깊은 곳에서 자유는
고린 발고락으로 써억써억 문질러대는
얼굴같은 벽
개발쇠발 사랑이다

단식노래
－남자가
밤이면
너와 날아서 만날 수천 수만의 은하를
단식하는 밤이었다

뼈만남기셔요단단한걸로갈아야해요썩어질내장일랑배앝
아버리셔요아프게찢어져내린하늘조각조각반짝이는석영
구슬로살속을가득채워야해요그립다고달그락들거릴걸요
살껍지는온통수만개의눈알이휘번뜩내몸은온통감시예요
옷을벗는동경…

머언 길을 간다 앓는 자, 유괴당한 혼백을 네가 찾느냐 발
톱까지
잃어버린 건 사랑일 뿐 그리도 헤매임일까 설레임이었을까

아직 스스로 응시하는 불안의 해골 거품처럼 부서져내리는
나의 살, 덩어리, 비린 살로는 영영 못간다는
피안(彼岸)의 가느단 줄 위를 세며 내가 간다
사랑은 필경 뿌리, 피고름 묻어나는 만큼의 모진 목숨일 뿐

…으레껏
맹서하는 밤이면
너와 맞닿을 수억의 길을
단식하는
지새우는 밤이었다

단식노래
－여자가
온몸이 아팠어요 애당초부터
제 지친 내장 속 경미한 이기심의 비린내 자욱마저도
태워주셔요 당신의 굶주림으로(그 거대한)
온몸이 아팠어요 특히 물리쳐버리지 못한 제 여린 심장 한
구석이
말짱한 제 정신에 묻은 무분별한 사랑의 살기마저도
지워주셔요 당신이 당신의 그 경악스런 절망의 몸짓으로

비로소
제가 이렇게 온 욕심의 굴레를 벗어버리고 있는 동안
비로소
제가 이렇게 온 아픔의 신경을 집중시키고 있는 동안
오셔요 어서
오셔요 당신이 채워주셔요
당신의 진정한 삶과 불안의 핏줄.
당신을 당신이게 하는 당신의 유일한 목적과
세상을 세상이게 하는 세상의 수많은 배반을
나도 삼키고 싶어요 조금씩
당신을 살아남게 하는 그 기나긴 여름의 횟배앓이
나도 앓고 싶어요 당신 마음껏

비로소
제가 이렇게 새롭게
야위고 눈만 커진 표정으로
온 천지가 말개지는 것을 바라보듯이

당신도
오셔요
놀라서
어서

회복기
―둘이서

가을 하늘
벽오동 새삼 푸르다

오는
몸살… 다시

놀라움보다도 더 커진 눈동자로
식은 땀 엉그는 회복의
감자를 삶는
명징성이여

겨울엔 내사 막달라 마리아의 허벅지라도
되려나 보다
수줍음 들뜬 처녀로 앗기고 나서

안간힘, 흩어진 앞섶, 빗물에 파인
곤한 새가슴
모두 버리고 나서
두렵지 않다 껍질을 벗는
눈물 방울이여

눈물겹지 않다 내사 조금씩 낙엽지면
추위타는 별처럼
헤아픈 추파라도 마구
던져댈까 보다

뼛속까지 간지럼타는 몸살, 그 회복의
숱한 갈매기 안식을 그어 지나간
시악시 버선코의 곡선이라도
될까나 보다

벽

너와 갈라져 있는 동안은
사는 벽과 살리우는 벽
다 함께 벽이지만
벽을 벽이라 배우는 것도
벽이다
그 벽은 전혀 수십년만큼이나 흘러내린 강물이다

누린 빈대가 억척스레 빨아먹은
네 피 내 피로 얼룩진 벽

너와 함께 있는 동안은
벽을 벽이 아니라고 우기던 자기속임에도 벽이었다
칡뿌리맛같은 어떤 우격다짐으로
매움게 산다는
사랑은 너와 참여하는 시간 속에서
하마 소름이 돋는 알량한 온화
뒤집어보면 끔찍한 굴복정신으로
몇 겹의 벽일 수 있었다
너와 갈라져 있는 동안은
기다림 부푼 설레임도 뜬구름같은 벽이지만
길은 다시
거대한 자궁이 된다

눈내린 새벽, 하얀 자유에게

자유여
껴안을 네가 없으니 이렇게
좁은 국산제 침낭, 고린내 절은 꽃담요에 눌러 싸여서
답답하게 생각지 않니 하다못해
여남은 힘은 봄, 여름, 가을, 겨울, 허벅지 밑으로
줄기줄기 타락한 네가 넘쳐 흐르지 않았니
구정물처럼 자유여
손 잡아줄 네가 없으니 이렇게 눈내린 새벽부터 울다
땟국에 젖은 아이얼굴로 몸부림친 하늘
더덕더덕 찢겨진 푸른 옷으로 한 점만
마냥 서 있고 싶어져야 하지 않니
그래 이리도 눈내리는 새벽 벌판
공연히 부는 바람일 것 같으다
자유여 너의 주먹 나의 콩밥 너의 눈총 나의 쓸모
우린 다시 처음부터 싸움해야 한다
우리의 이별연습을 이별준비를 이별변명을 그리고
이별 합법화를
그러나 자유여 우린 만나서
불꽃 튀는 눈부딪침으로 서로 만나서
눈처럼 내린 자유를 만들지 말자
그리고 생산의 모든 불결과 터진 목젖
피문은 살덩이와 사는 아픔을 버려서 젖은 땀
눈물도 메마를 치떨리는 해산(解産) 그 목마름의 희열을
버려서
눈내린 새벽, 하얀 자유를 찾는
파리한 거역의 몸짓들에게
니기미 씨팔
자유는 내가 어른이 되고 또 되는
(나의 애인이 아니라)
자유는 나의 여편네다

1985

자유에 대하여
꿈은 밤마다 다가와 울고 가는 살
덩어리

우린 눈탱이가 섭땡이 될 정도로
매만 맞으며 살았어

니주가리 송판 삐빠빠 룰라

대낮같이 환한
이 모오든 식민지 분위기의
서툰 구리무 냄새만 나는 꿈.

우린 눈탱이가 섭땡이가 될 정도로
매만 맞으며 살았어

울리불리 삐빠빠 룰라

불덩이같은 말만 참지 못하고
토해냈었어

혀 짤라 혀를 짤려도 도로 삼키지는 못할
뼈아픈 말.

아아 삐빠빠 룰라 삐빠빠 룰라

늘씬하게 내 얼굴인지도 모를 정도로
매만 맞으며
아직도 살아 아직도 끝내 살아
보리고개 맨땅을 가르는
가위눌린 꿈.

지금도 내 목젖은 뜨거워
참을 수 없이
시퍼렇게 멍든, 낯익은 비명들이
가래처럼 들끓고 있어

니주가리 송판 삐빠빠 룰라

그래도 너는 나더러 노래만 부르라고
노래만 부르라고?

맞아죽을 노래
그래 아프다
네가 아프게 발길질하는 내 허리 내 갈비
내 척추뼈 마디마다
혁명의 골수까지 사무치고 쑤시고
다시 아프다

전신이 관절염으로 울어도
그러나 문제는 역시 사랑
미워하면 만나도 아프지 않고
미움은 아무것도 비롯하게 하지 못한다
맞아도 맞아도 내 아픔은 미워할 줄 모르고
뭇 세상 아픔의 배만 만삭이 된다
짓이겨 터질
탄생의 그날까지
그래 아프다

미움으로 아프지 않고
사랑으로 아프다

별을 헤는 시인에게
겨울이다 치마폭처럼 찬바람 받는
창문을 닫자
창문을 닫자, 이렇게 많구나 싶던 푸른 하늘이 퇴색하여
닫힌 창문 철창 저편으로 오그라들지도 모른다는 걱정을 하며
창문을 닫자
그리고 우리 모두 그렇게 떠돌다 아주 작아져서
가야 할지 모른다는 생각을 하며
창문을 닫자
창문을 닫지
그러나 별을 헤는 시인이여
하늘은 항상 벌어논 만큼 있다
소름이 돋는 삭발로 망설이며 기웃거려 보는
철창 저편에
우리가 벌어논 하늘이 있다
그리고 별을 헤어보지 않아도
그 하늘은 벅차디벅차다
갇힌 것은 땅에 발을 딛은
그대 몸
조금씩 사소한 것부터 이기고 싶은 마음으로
창문을 닫자, 고질적인 건성피부 살비듬을 긁으며
변변한 별똥조각이라도 줍고 싶은 마음으로

277

창문을 닫자
올 겨울은 좀더 억세게 춥기를 바라며
창문을 닫자
이 비닐 창문을 닫자

한 사람

푸른 옷으로 걷는 길은
땡볕이었네, 아아 뜨거운 발바닥
사랑은 발자취를 남기지 못했네
하늘 밑으로 땅거미 길게 드리운
구차스러운 모가지
목숨 한모금.
뜨겁게 그 몸 내팽개쳐
얻은 것도 잃은 것도 목소리였네
껍데기만 남아
그래도 맨살이 맨살로 부딪치는
목소리는 남아
푸른 옷으로 아예 걷는 길은
땡볕, 뜨거운 발바닥이 타는 벌판
사랑일랴고 이게 설마
사랑일랴고

두 사람

봄이면 절로 녹을 얼음이지만
소한에 깬다 성미깨나 급한
식은 눈칫밥만 먹고 살 팔자
사방 3미터도 안되는 중앙사 방화수통이 쩡쩡 얼어붙어
얼음의 층이 대륙처럼 겹겹이 쌓이고
그 팅팅 부은 비만(肥滿)의 손가락들이 시멘트 벽을
아귀처럼 늘어붙었을 때
우린 아니꼽기만 했다 첨부터
공연한 히스테리 아니냐고
쟁기를 든 그와 쓴웃음도 건네봤지만
너무 멀어 그런지 그가 사는 철창은
내 것보다 훨씬 더 좁아 보이는 것이
왠지 아픔에는 한발 앞서 가는 것같이
그의 등이 너무 굽었다고 생각한 적이 한두번이 아니라
하여간 구한말 때부터 자갈밭, 맨땅을 일구어냈을
낡은 쟁기, 부삽을 들고
우린 이 밤 새면 다시 얼어붙을
얼음을 깬다 악이 받쳐서
죄진 건 나의 슬픈 근육이 아닌데
패이면 패일수록 불꽃이 튀는

아아 저 피비린 얼음의 살을 보아라
살과 살이 부딪쳐 튀는 핏발!
내가 못살, 내가 다는 못살고 돌아갈
무너져내림의 뜨거운 노래!
불꽃의 춤이 타는 이마끝을 적시는
처절한 사랑 속에 봄이 오듯이

우리는 또한 소한에 얼음을 깬다

결혼노래

-남자가

제가 한여름 싯뻘건 태양을 벗겨진 등 위에 짊어진 채
어쩔 줄 몰라
사랑도 살림도 어쩔 줄 몰라
초저녁 그냥 산들바람 부는 목숨의 감자밭에서
어쩔 줄 모름 식히고 있을 때
당신은 문득 당신의 안집, 뜰안을 가지런히 정돈해놓으시는
땀배인 일손을 멈추고
그냥 저를 손짓해 주시면 돼요
날갯죽지를 다친 한마리 도요새같은
그러나 갑작스럽고 쑤시는 듯한 당신의 안겨움.
당신은 이 여름의 정열과 무성함과
또한 이 찌는 듯한 무더위와 잔걱정과 빨랫감과
삶의 귀찮은, 또 다른 의미에 대해서
그냥 넌지시 일러주시기만 하면 돼요
제게, 되도록 찬찬히
그러나 적나라하게

-여자가

제가 이렇게
부끄럼 묻은 제 참음의 살갗을 살우어
드러난 부활로 당신 앞에서 다시 눈이 부시게
보여드리는 것처럼
당신도 당신 숨겨두신 그 아픔 모든 것
헤아릴 수 없을 만치 제게 주셔야 해요
제가 이렇게 아파서 비명을 지르며
그러나 끝내 항복하고 당신을 받아들이는 것처럼
당신도 오래된 당신의 귀 이, 안질 따위는
털끝만치도 괘념치 말으셔야 해요
당신은 당신 아프신 곳을 속속들이 아신다는 듯이
당신은 당신 아프신 이유를 속속들이 아신다는 듯이
당신은 당신 사나흘 정도 몸살의 손톱, 발톱을 다듬고
다시 한번 일어서실 채비를 차리셔야 해요

당신 무딘 아픔의 언저리에서
칼날 세워드리는
저의 보드란 손길
당신 성나고 거친 호흡과
저의 보드란 손길
당신의 거대한 일어섬.

- 둘이서

우리는 알고 있지요 가을 하늘 푸른 구석에 끼인 이끼를
우리는 알고 있지요 우리들 깨끗한 사랑에 묻은 먼지를
좌절하지 않아요 우린 이 아침 우리들의 할 일에 대해서
좌절하지 않아요 우린 지난 밤 우리들의 행위에 대해서
짜릿한 소금의 맛에 대해서
우리는 알고 있지요 순결과 땀의 상관관계를
우리는 알고 있지요 얼마만큼 버려야
또 얼마만큼 얻는지를
포기하지 않아요 우린 우리들 선사시대부터 있던
우리들 차지할 것에 대해서
포기하지 않아요 우린 우리들 사랑과 증오의
필요한 분배율에 대해서
일상생활에 배인
끊임없는 투쟁에 대해서
검은 머리가 파뿌리 될 때까지
가시밭길에서
둘이서.

제4부 우리 세대의 전쟁

더러는
시악시 웃음처럼 붉게 번지고
더러는 전쟁이고
마구 숨고
마구 숨는 산에서
단풍과 공비

올해도

크리스마스랑 설날 설빔은 면데서
그냥 기분만 내야겠습니다
참다운 싸움도 한번 해보지 못한 이 늦은 계절의
절망입니다. 철부지 눈은 막무가내로 내리고,
태어날 것 아직 미완성으로 남는 이 해가 지는 마당입니다.
떨림과 막연한 가슴부품으로 봄을 기다리던
털난 원시인들의 그 기나긴 겨울 축제입니다.

섭섭해도 그냥 지내는 맘 올해도
크리스마스랑 설날 설빔은 그냥, 헤어진 채로
지내야겠습니다. 36년간 기다리던 아니
반만년을 하루같이 기다림만으로 기다리고
견디던 조선의 숱한 아낙네들의
습한 옷깃을 우리도 올해는 여미야 합니다
1978년 0월 0일 정환

의아해하는 너에게

이렇게 또박또박 친구집 주소나 적어두라는
줄 쳐진 베스트 퀄리티 수첩 월중 계획표란을
깨알만한 글씨로 메우며
네 생일은커녕 무슨 어려운 수학공식을 풀듯
시를 쓰는 괴이한 습성은
어쩌면 일년에 한번 가지고는 모자란
씨. 피. 엑스. 훈련인지도 몰라

어쩌라고 그런다냐 뭐 그런 따위 말
하늘 늘 푸른 하늘에 흰구름 한송이 뭐 그런 따위 말
나도 많이 써보았어 그렇지만
나만 해도 바람 홀날릴 머리카락도 없이 이 복잡한 세상 허
위허위
달려온 것이
벌써 5년이야
그리고 또 얼마가 될지도 몰라
그리고 그건 대학때 무슨 술값 짜장면 값처럼
떼어먹을 수 있는 것도 아니고
그렇지 않니 우리네 삶은 생각보다는
계산이 많이 들고
혁명은 좀더 반낭만적인 거 아닐까?

99%의 사랑과 1%의 계산
이렇게 말하면 너무 계산적일까?
혁명+사랑=99.5%
계산=0.5%

그러나 그건 정말 얼마나 일방적인 공식인가
좀더 긴장해야겠어
좀더 준비해야겠어
혹시 아랑들롱을 닮은 국적불명의 애새끼나 아닌지
정말 사랑인지, 혁명인지
좀더 계산해봐야 될지 몰라
이틀 저틀을 비비고 북적거려보면서

회복기

동면 자동화 사격장에서

몇 번을 이곳에 와서
무르팍이 아플 때까지
엎어지고 또 쏘아댔는가
표적은 넘어가고 나는 쓰러지고
그러나 가슴에 끝까지 지워지지 않는,
뚜렷한 미움의 증거처럼 남는
복부 최하단을 겨냥하라는 저 200미터 바깥
우리네 상반신 크기의 표적.
이 여름은 잔인하고 무덥고
내 겨냥하는 소총의 반동에 밀려 패이는
쓰린 눈물자욱에 끼는 연기 질겁한 두드러기가
치솟아올라
다시 질겁한 치솟아오름에 묻은 화약냄새의 신선함.
이 여름은 더욱 잔인하고 무덥고
죽여도 죽여도 솟아오르는
저 표적과 내 마음 속 쌓인 미움의 치열함을
어쩌란 말이냐 도대체
그냥 서만 있어도 땀이 온몸 위를 꿈틀대며 기어가는
동면 자동화 사격장.

소리에 놀란 풀잎이 저마다 흐트러지는
동면 자동화 사격장에서

넘어져도 넘어져도
끝내 서로 포기하지 못하고

크리스마스를 위하여

오 크리스마스
우린, 꺼져가는 내무반 뻬치까를 살리기 위해서
밤을 새워 욕심의 재를 퍼낸다 우리시대의 절망
한없이 눈내린 밤은 살결처럼 맑고
퍼내다 보면 드러나는 것은 뻬치까의 갈비뼈.
다시
맑게 드러난 것은 모두
우리 시대의 절망.
그래도 당까에 퍼낸 재를 실어나르는 일은 왠지
송장치르는 것 같으다 오 크리스마스
또한 부활, 탄생, 기쁨, 이렇게 한 사나흘쯤
일년 중 날잡아 축하한다는 것은
얼마나 의미심장한가 이 시대의 크나큰 절망에
태어날 감격스런 탄생을 위해서
그 아름다운 연습을 위해서

오 행복한 크리스마스 뻬치까
그리고
행복한 새해.

설상행군

군화발 속에서 열 발가락 옴짝달싹 갇히우고
우린 이렇게 설상행군을 한다
무르팍까지 젖어드는 축축한 얼음의 추위
눈초리를 마구 때리는 매운 가지 헤치며
가도 가도 끝없는 눈내린 벌판
우린 이렇게 온몸이 빠져드는 설상행군을 한다
두 뺨에 얼어붙어, 쓰린 눈물 아플 때까지
가는 것이 내가 아닐 때까지, 오는 것이 네가 아닐 때까지
어둠 지나 더 큰 어둠, 눈물 지나 더 깊은 눈물
여럿이 떠난 우리의 대열은 보이지 않는다
밤이 깊을수록
앞서가는 자의 발뒤꿈치밖에 보이지 않는다
등 위에 걸쳐진 배낭 두 손으로 떠받들고
온몸이 마비되는 이 채찍질같은 추위, 얼어붙은 행진
우린 다만 체온으로 이 눈발을 견디며
다만 이 추위만으로 우리가 우리임을 안다
갈수록 시야가 흐려지고 그러나
두 눈에 화살처럼 들어와 백히는 이 눈빛의 치떨리는 살기.
쏟아져내리는 천근만근의 잠 그러나
우리는 다만 가야 한다는 생각만으로
우리는 다만 누군가가 어디서 다만 체온으로 이 세찬 눈발
을 견디며
흐트러진 육체, 찢어진 옷가지
선 채로 선 채로 꼼짝없이
기다리고 있으리라 믿으며
그 믿음을 버리지 못하며
쌓인 눈에 군화발이 무릎까지 빠지는
설상행군을 한다
하이얀 슬픔의 끝.
어두운 절망의 끝.
얼어붙은 슬픔에 좆뿌리를 말뚝박는
어두울수록 보이지 않는
보이지 않을수록 여럿이 되는
여럿이 될수록 은밀해지는
푹푹 빠지는 설상행군을 한다

새벽기침

나는 기관지가 약하다 약한 내 기침소리는 제 주제를 모르고
상황도 모른다 새벽공기에 더욱 한철 만나서 마치 무슨

밤을 새운 밀담이라도 있었다는 듯이
새벽이면 무슨 몰아쉰 숨을 쉬어야 할 만치
나는 기침 때문에 못살겠다
아침 그 순결한 내음의 땅덩어리 위에 시꺼먼 가래침.
이게 정말 뭘 아는지 기침은
소리만 가지고는 남의 신경조차 자극하지 못한다는 것을
요즘 세상에 아는지 모르는지 기침은
어떤 면면히 이어져 내려온 기침의 역사를
혹시 안다는 듯이
나는 기침이 나서 못살겠다. 특히 새벽이면
낙엽에 스민 지구의 몸냄새를 싹싹 쓸어내면서
기침은
나는 하나만 알고
둘은 모른다는 듯이
셋까지 아는 기침의 경지를
나는 이해 못할 거라는 듯이

제설작업장에서
지성이 아니라 야성이다
하얗게 눈내린 날은 짐승처럼
서 있는 나무를 갈긴다
이렇게 눈 덮여 서 있는 모습도 꼭 내 꼴 같애
피는 피를 부른다는 듯이
넉가래로 나무의 끓는 가슴팍을 갈긴다
(제설작업은 일단 포기한다)
삼킬 듯, 눈은
내려
쌓이고
나뭇가지는 흔들려 흔들려 그러면 안된다 안된다면서
쌓인 눈 쏟아져내리고
쏟아져 사라져버리는
종말에도 유독 푸른
늘 푸른 나무의 나타남.
희한해서 하도 울부짖는 소리같이
나무를 갈긴다

유격장에서 부른 여름노래
구둣발에 채이면서 짓밟히면서
뒹굴면서 보이는 하늘이 그리 좋더라
짓밟혀 가슴 풀어 헤친 하늘이 그리 좋더라
열심히 살겠다
그래도 이 더위가 지겨운 것은
빼앗겼기 때문일 거다 아마

타오르는 갈증만큼
뒹굴어도 뒹굴어도 채워지지 않는 이 사랑의 허기는
더욱 입을 벌려라
쓰린 눈, 흐려짐의 속박, 쉰 냄새 땀에 절은
란닝구 늘어붙는 죄많은 몸뚱아리와
지치지 못할 아픈 삶의 종교 속에서
자유는 하늘 보이는 만큼만 있더라
자유는 하늘 빼앗은 만큼만 있더라
뒹굴면서 보이는 하늘이 그리 좋더라
짓밟히며 보이는 하늘이 그리 좋더라

올 여름은 누가 뭐래도 이열치열이다

요즈음
전쟁이 난단다 홀부르큰지 함부르큰지 하여간 뭔가 크기는
큰 나라
사람이 다녀갔다고도 하고 큰 나라 사람을 만나고 왔다고
도 하고
휴전선 동북방에 북괴병력총집결중이라고도 하고
둘이서, 셋이서, 발걸음, 멈칫, 기웃기웃, 조심조심, 쉬쉬하면서
사람들은 전쟁이란 낱말을 골목길 바닥에 흘리고 다닌다
놀랄 건 없다는 듯이, 하기사 변소깐에 눌러앉아 신문이나
구문의
전쟁이야기들 새삼스럽게 읽어보아도 이제 와서 목숨이
뭐가 아깝나 목숨에 붙은 너절구레한 정내미가 아깝나
이를테면 고생바가지 아내와 식솔과 칼라텔레비전 못다 한
효도 못다 채워준
섹스 따위 출세해야 되는 건데 살아온 것이 부끄럽나 제대로
살아보지 못한 목숨이 부끄럽나
큰 나라의 체면이 위신이, 이데올로기가 그리도 큰 문제냐
시니면 이내로 변소깐에 눌러앉아
딸딸이라도 칠 것이냐 사랑은 저리도 멀리 있고
사랑은 최소한 둘이서, 아님 그 이상이라야 하는건데
겨우겨우 살아 있음을 확인하기 위해서
이대로 나 혼자, 혼자서 싸움할 것이냐, 파란만장할 것이냐

썰매
―유영재에게
골목길을 나서다
간밤, 취한 눈이 덜 깨인, 부어오른 눈으로 정신없이
아이들이 눈 쏟아져내리는 비탈 위에서
썰매를 타고 내려오는 걸 본다
밤 새워 내가 취한

회복기

반체제 데모를 하다 잡혀간 친구들의 이야기는
아직도 내 하숙집에 개어놓지 않은 채로
어지러이 널려져 있을까
정신없는 눈으로 바라보면
부어오른 눈두덩이만큼 커진 눈동자가 내 머리 속으로 더
처박혀
기어 들어가는 것은 아닌데
어지러이 흐려진 내 시야 속에서
비탈은 원래의 제 각도보다도 두배쯤 더 경사져 보이고
하늘은 더 암울해 보이고
그때, 그 하늘 꼭대기에서 무수한 절망이 벽처럼
한꺼번에 무너져 내리듯이
아이들이 썰매를 타고 내려온다
내 어지러운 시야의 아주 멀리서
아이들은 썰매를 타고 내려와
내 발끝까지, 코끝까지 내려온다
눈은 펑펑 쏟아져 내리고
아이들은 썰매를 손에 들고 미끄런 비탈길을 미끄러지지 않고
신나게 올라간다
점점 멀어져 보인다. 개미처럼 보인다, 다시 거짓말처럼 내
움직이지 않는 시야의 아주 먼
아주 아득한 끝으로 사라진다.

골목길을 나서다
나는 평지 위에서
아차 실수로 눈밭에 쓰러지고.

97 군사 우체국

나는 너에게 보내줄 것이 있다
97 군사 우체국엘 가면
너에게 보낼 것을 달아보는 저울이 있다
달아보면 주머니를 탈탈 털어도 쓰다 만 수첩 속의 일기와
십원짜리 동전 몇 개, 심이 약한 국산제 샤프펜과
그대의 편지 한장뿐
그리고 땀에 절어 쉰 내 몸의 냄새뿐.
저울은 내 사랑이 모다
1킬로그램도 안된다고 한다
나는 운다 사랑이여. 어둠의 흉계는 눈물 속에서 더욱 잘
보이고
내 살아 있음의 소포더미 이 사소한 무게 앞에서 살아 있음
의 크나큰 사랑에 나는 운다. 사랑이여
일상의 찌꺼기들 앞에서 그것의 사소한 기쁨 앞에서
나는 속절없이 울고

눈물흔적에 어둠의 흉계가 묻어난다.
그러나 우리가 사는 것은 몇백톤의 어둠을 위해서가 아니라
사람이 사는 것은 다만 몇푼짜리의 희망으로 견디는 것
털어도 털어도 먼지만 나는 내 비인 주머니 속에
무언가 아직도 웅크리고 있는 속에
두려움은 여전히 소름끼치는 곳곳에서 번득거리고
어둠의 행각은 여전히 여기저기서 낄낄거리고
그러나 사랑은
맨 밑바닥에 신음소리로 깔려
어둠이 무거울수록 두려울수록
눈물을 보이지 않기 위해서
흐느낌을 발설하지 않기 위하여
내가 갇혀 있는 곳에는 97 군사 우체국이 있다
나는 너에게 보낼 것이 있다

논산의 아이들

논산의 아이들은 어느 사이에
훈련소 주변 우리들의 전쟁연습을 눈에 익혀두었는지
이젠 가난한 전쟁 뒤에 오는 설운 나이짓까지 몸에 배어서
당신은 우선 그 아이들의 비굴한 표정에서
뭔가 아이들의 비참한 진심을 발견했다고
속아 넘어가서는 안된다.
속아 넘어간다는 것은 얼마나 비인간적인가?
그 아이들을 사랑하기 위해선 우선
건빵을 위해 손을 내미는 그 아이들의 눈물 글썽임 가장자
리에서 번뜩이는
밤새 날을 세운 칼날의 존재를 눈치채야 한다
절망은 항상 가진자들의 편한 식량이었다.
그 아이들이 자기들끼리 만나면
칼은 자신을 감싼 눈물의 옷을 벗고
서로서로 부딪치며 번득여댄다.
그때 비로소 아이들은
자기들이 흘릴 진정한 눈물의 몫을 알며
자기들이 무기로 삼을 속임수의 표정을
놀램으로, 목숨의 뜻으로 다시 한번 받아들인다.
그 아이들을 사랑하기 위해선 우선
무기로 삼는 속임수와 우리를 옭아매는 속임수를 구별해야 한다
그 아이들의 덕지덕지한 눈으로 보면
대낮에 찬란한 태양도 속임수.
눈물 얼룩진 표정을 지으며 아저씨 아저씨 나 건빵 한 봉지
만, 하는
논산의 아이들을 사랑하기 위해선 우선
수풀 속에서 불쑥불쑥, 문득문득, 아니면 논바닥에서

거짓말처럼 말짱하게 나타나는
우리들의 어설픈 전쟁놀음이 없어져야 하지만
문제는 당신네들이 누구를 용서해줄 처지에 있다고 감히 믿는
그 마음가짐이다.
당신네들이나 우리들이나 용서는 쟁취하는 것 아닌가?

원주
절망을 절망답게 절망하기 위해서
한 알의 밀알이 썩기 위해서
원주여 너의 음탕은 차라리 양심이다
너의 여인네들의 필사의 음탕한 몸짓 속에 갇히면
우리네들의 유치한 순결도덕은 거짓말이다 원주여
싸구려 여인숙과 교회당이 한 자리
외박용 콘돔과 철난 아이들 때문은 얼굴이 한자리에 있는
원주여 너의 내친 골목
내치고 다 버리고 헐벗은
그러나 목숨만이 가장 위대한 것임을 아는
질기고 질기고 질기게 살아남는 것의 의미를 아는
아아 마침내
견디는 것이 가장 귀중한 것임을 아는 원주여
원주여 어느 무허가 하숙집 무너져내린 골방에 갇혀도
너무 커서 너무 커서 머쳐 이해받지 못한
거대한 사랑 원주여

첫눈 오는 밤
첫눈 오는 밤 행여
미끄러지지 않기 위해서
우리는 긴장한다 방한복 방한화 철모에 군장을 걸치고
우리는 긴장한다 하얀 눈의 낭만과 결백과 용서와
온몸 감싸주는 싸늘한 사랑의 의미까지
우리는 포기한다

포기했지만 우리는
잊지 않는다 첫눈 내리는 밤의 가난한 마음들과
남아 있는 사람들의 구차스런 삶의 연명방법과
남아 있음의 그 폐부를 찌르는 아픔들을

살아 남는다는 것은 얼마나 신기한가
그러나 우리는 미워하지 않는다

첫눈 오는 밤
우리는 눈의 긍정적 의미를 포기했으므로
행여 남아 있는 그대 미움의 살을 도려내기 위해서

연습하라 그대여
미끄러지지 않기 위한

좀더 피나고 어리숙한 방법들을

깔빼기
어릴 적, 외할아버지네 사랑채, 뒷마당가에서
깔빼기 치던 생각난다
아이노꼬 구슬로 한 눈을 가린 외눈박이 신세로
난 그애의 구슬을 노렸고
그애도 나를 노렸지만
난 특등사수였다 적당히 넘어지는 쓰러짐의 과정
어느 아차의 순간에 구슬은 내 손아귀를 벗어나고
대개는 부딪치며 끼리끼리 사랑을 하듯
조각이 튀고 유리구슬엔 조금씩
경험의 얼룩이 졌다.
그때에 비하면
우린 너무 모른다 우리의 적에 대해서.
우린 너무 모른다 우리의 사랑에 대해서.
우린 너무 모른다 사랑과 투쟁의 필요충분조건에 대해서.
허구헌날 내쫓기듯, 서울 운동장 여름 땡볕 밑에서
아무개 학교 무슨무슨 운동시합에 아우성 생난리를 치고
여름은 왜 그리 지리했던가
왜 웅어리는 웅어리인 채로 텅 빈 쏘주잔 속에 남는가
두눈을 부릅떠 봐도 분간하기 힘든 세상에
어느 놈이 내 눈, 내 코, 내 귀 다 베어가고
철부지였지만 어릴 적
깔빼기 치던 생각난다.

공비
때아닌 공비 두 마리가
아니 공비 두 명을 잡으러 미쳐 돌아다니는
이 단 며칠간의 밤, 수색매복작전이
시도 교과서도 배운 사랑도 몽땅
개뿔, 좆이라 한다

하긴 공비는 어느새 사람처럼 보이지 않는다

텐트 치고 철책 참호 속에서 땀에 절은 원시인생활을 하면서
사랑은 때만 남고
나는 좀더 우람한
좀더 시끄런
좀더 싸움인 사랑을 발견한 것일까

회복기

전쟁이다. 사랑은 뺏고 빼앗기는
좀더 강한 자가 차지하는 것일 수도 있음을
나는 알겠다.
그리고
이 밤에, 이 두려움에

나는 좀더 사랑하고 싶다.
나는 좀더 사랑하고 싶다.

비무장 지대에서 하룻밤

-저녁

어스름 산 속으로 숨는 산들의 거대한 몸짓
산불이 나면
밤은 항상 불타는 자리에서
음산하게 웃고
우리는 바라본다.
월동용 깔깔이, 동내의 상하, 방한복 외피 내피를 껴어입고
판쵸우의로 등 뒤의 한기를 가리면서
어둠 속에, 우리의 자신도 지워버리고
그러나 우리는 바라본다.
어둠이 삽시간에
마지막 별 한 개의 반짝임마저 지우려는 것을
바라보는 우리의 눈은 습기차다.

-밤 열한시

어둠이 추위까지 몰고 와
어둠이 아닌 것 모두를 적이라 한다.
보이지 않는 것 모두를 적이라 한다.
참호 속에, 웅크린 우리.
어둠이 우리에게 가르치는 것은
살갗이 맞닿는 지척의 사랑뿐
우리 우리만을 아스라려 껴안고
우리 등 뒤로 싸늘히 쓰러져내리는
바람소리 몇 점, 풀잎에 바람이 스치는
껴안음의 소리에도
놀라 총을 갈겨댔다. 소스라쳐 크레모아를 터뜨렸다.

-아침

역시 그랬다
어제 우리를 덮친 것은
쫓겨난 바람소리들의 울부짖음이었다.
화약냄새에 놀라 북으로도 못가고
남으로도 못가고

떠돌다 지쳐 우리들의 두려움을 덮친
바람의 넋, 넋의 기나긴 손톱.

아침.
전설처럼 하얀 안개가 덮여 있는 북한강을 따라
새벽부터 일찍 공비정찰용 헬기가 뜨는 걸 보면서
판쵸 깔고 누워도 잠이 오지 않는다.
며칠을 닦지 못한 이빨로
얼어터진 주먹밥을 씹는다.
내 꿈은 한기가 들린 것 같다. 내 등은 이 땅의 축축한 절망에
침식당한 것 같다.
울어도 울어도
뜨거운 울음이 나오지 않는다.
오들오들 전신으로 떨면서
철책선 쪽은 해도 더욱 늦게 뜨는지
한뼘만한 양지 속으로 내 몸 새우처럼 웅크리며
선잠이 든 나의 고막을 때리는
공비정찰 헬기소리는 항상 허탈하다.
꿈속에 마구 푸르른 하늘에
까마귀떼 치솟아 오르는 비무장지대.
풀잎이 풀잎의 기척에 놀라 소스라치는
온통 새파랗게 물든 비무장지대에서는
낮과 밤의 온도가 믿을 수 없을 만치 다르다.
낮과 밤의 사람의 모습이 믿을 수 없을 만치 다르다.
낮과 밤의 마을의 모습이 믿을 수 없을 만치 다르다.
낮과 밤의 한치 앞이 믿을 수 없을 만치 다르다.
낮과 밤의 철책의 모습이 믿을 수 없을 만치 다르다.
비극은 항상 질서정연하지만
낮의 비극과 밤의 비극이 믿을 수 없을 만치 다르다.
선잠 든 나의 꿈속에서
엄청난 아름다움이 엄청난 비극과
혼연일체가 되는 것이
질서정연하다.
일사천리다.
철책은 엄연하다.
선잠 든 나의 꿈속에서는
그러나 분명치 않은 것이 있다.
바람이 내 뺨을 어루만지는지
아니면 내 뺨을 갈기는지
아니면 흐느낌으로 내 온몸을 덮치는지
저쪽에서 희미한 포성소리
아군의 것인지 적군의 것인지

오 이 대낮의 고요.
평화로움인지, 질식할 듯한 폭풍 전야인지
도대체 오늘 부는 이 바람은, 오늘 흔들리는 이 풀잎은
제뜻으로 불고 있는지.
제뜻으로 흔들리고 있는지.

제5부 끝노래

만남의 못다한 노래

나는 나는 이까짓 몸
온몸을 발라당, 눈알을 히까닥 뒤집고
까무라칠 거지만요
까무라칠 거지만요
이 화냥기 부푼 가슴
내 이 삭신을 꽈악 적셔
(허리는 절딴나고)
년놈들 몸섞여 흐르는 껴안음의 홍수
내 몸 속엔 익사한 한강이 떠내려갈 거지만요
지금은 개처럼 질질 끌려가지만요
지금은 개처럼 질질 끌려가지만요
이젠
나타나주셔요 제발
겁먹은 얼굴이라도 좋아요 제발
다시 놓쳐도 좋아요 제발
밀며 밀리던 아우성으로 저를 찾던
이 폭파된 철교 위, 억세디 억센 손으로
억세디 억센 손아귀의 힘으로
그 눈먼 네 애미 네 애비의 식칼 든 목소리로
ㅣ티니주셔요 세발
별빛이라도 좋아요 제발
눈빛이라도 좋아요 제발
목소리뿐이라도 좋아요 제발
넋걷이뿐이라도
보름달뿐이라도
좋아요 제발.

넋 걷는 노래

그대가 날 세웠던 것은
한낱 증오의 비수가 아닙니다
그대가 이를 악물며 가른 것은
한낱 육신의 배때기가 아닙니다
그것은 하늘입니다 바다입니다
온 산, 온 언덕이 허물어지는
한갓 사랑의 어깨 출렁임보다도 깊은
온 세상, 쓰러짐의 한 모퉁이에서
쓰러지기도 전에 나는 그대의 쓰러짐 위로
와아 와아 분연히 일어서는
번득여대는 사랑의 칼솜씨를 봅니다
찢어진 하늘에서 별이 무수히 쏟아져내립니다
그대의 숙연한 죽음 앞에서
나는 이제야 모든 것이 환히 보입니다
그대의 죽음은 모든 사람의 살아 있음을
더욱 더 살아 있게 하였습니다.
그대의 찢어짐으로 함성들이 눈물을 흘리며 모입니다
그대의 죽음 위로
살아 있는 것들이 더욱 살아
용솟음치고 있습니다.
찢어진 하늘에서 바다에서
이제는 아주 잘 보이는
상처를 꿰맨 아픔들이
모여서 인산인해를 이룹니다
그것은 하늘에도 있고 땅 위에도 있는
은하수 별빛입니다
온 천지 목숨의 풀바답니다.

황색예수 2 - 공동체, 그리고 노래

이 글은 전 3부로 계획된 〈황색예수전〉 중 가운데 토막이다. 인용된 성경 구절은 모두 「사도행전」 중에서 뽑은 것이다. 부제를 '공동체, 그리고 노래'로 한 것은 요사이 활발하게 일고 있는 '공동체'에 대한 논의에 자그마한 '정서적 보탬'이 되보고자 한 필자의 욕심과 '시의 노래성 획득'에 대한 필자 나름대로의 소박한 열망이 한데 어우러질 수 있다고 생각했기 때문이다. '제3세계적 공동체 건설'은 사회경제사적인 논의의 차원만으로는 이루어지지 않는다. 특히 분단을 극복하고 통일을 달성하는 '지금 이곳'의 당면 과제에 있어서는 더욱 그렇다. 사회경제사적 논의에 정서적인 차원의 작업이 병행, 그 본질적 바탕을 이루어야 하는 것이다. 노래가사가 되든 '노래성'을 획득하든 간에, 통일을 향한 정서적 작업으로서의 시가 변증법적으로, 갈등적으로, 그리고 상호상승적으로 노래를 지향할 때, 그것이 통일운동에 기여할 바는 적지 않다고 나는 감히 생각한다. 그것은 일상성을 통해 감동적으로 그리고 충격적으로 우리들의 '분단된 감수성'을 세척하는 일이며 '분단에 익숙한' 우리들의 정서를 '통일에 익숙한' 그것으로 만드는 작업이기 때문이다. 여기에 실린 한 분단 이후 세대의 글이 그 작업에 천만분지 일이라도 감당할 수 있는 것이라면 나는 더 바랄 나위가 없겠다. 다만 이 점만은 감히 분명히 하고 싶다. 우리 시대의 「사도행전」은 그런 시각에서 읽힐 수 있으며 의당 그렇게 읽혀야 한다. 어줍잖게, 궁상맞게, 오늘도 또한 그리운 사람들이 더욱 그립다.—1983년 4월

서시
-길노래

앞서 간 동구밖
밀밭에 산들바람 가슴을 적셔와
나는 보인다, 그대가
기다림으로 말하고픈 것
감아도 축축한 두 눈에
부딪혀온다, 그대가
그 희디흰 목덜미만으로 증거하려는 것

수천번 수만번을 떠나도 어른거려
돌아보면 바로 동구밖, 언제나
그대의 돌아섬은 신작로가 수수나무
길게 꾸불텅하게 누운 길
그러나 하늘 끝까지 닿아 있다
땅 끝까지 닿아 있다 조선의 길
그대의 서슬푸른 돌아섬

길은 멀다
앞서간 동구밖
그대 희디흰 바램의 목덜미는 야위고
야위면서 쑥쑥 자라고

제1부 공동체

사도들의 질문에 답함
"주님, 주님께서 이스라엘 왕국을 다시 세워주실 때가
바로 지금입니까?"
1장 6-7절

하늘나라는 여러분의 힘으로 다가옵니다
개나리 피고 봄이 오듯 하늘나라도 오고 있지만
진달래 피듯이 여러분의 피흘림으로 더욱 아름답게 다가올
것입니다
하늘나라는 예정되어 있으나
예정은 과거도 미래도 아닙니다
나는 시간 속에도 있고 시간 밖에도 있고
시간 전에도 있고 시간 후에도 있고
나는 시간이기도 합니다.
돌아가는 팽이를 보듯 나는 시간 속에서
바삐 돌아가는 내 자신을 바라봅니다
당신의 과거 속에도 있고 현재 속에도 미래 속에도 있는데
그것은 돌이킬 수 없는 것이 아니라 한 존재의 양면입니다
세상이 험난하여 이젠 다 틀렸구나
포기하지 말고 힘써 피흘려 당신들의 하늘나라를 꾸미시오
하늘나라는 옛날에 예정되었으나 지금도 예정하고 있고
미래에도 예정될 것입니다
나는 여기에 당신들과 더불어 함께 있으나
그와 동시에 당신의 미래 속에도 같이 있고 과거 속에도 같
이 있습니다
당신도 마찬가지이기 때문입니다
과거와 미래는 당신들로부터 한두 발자욱씩 떨어져 있는
것이 아니라
당신 위대한 생애의 일부를 이루는 떼놓을 수 없는 부분입
니다
이제 여러분이 이 지상의 현재에서 의롭게 피흘리며 산다
는 것은
여러분이 선택받았다는 것을 뜻합니다
그것은 예정이 변경된다는 뜻이 아니라
예정 속에 과거 현재 미래가 모두 들어 있다는 뜻입니다
비로소 초월주의가
이 지상, 이 순간의 중요함을 일깨워줍니다
내가 당신의 현재 속에 치열하게 있기 때문입니다
당신의 과거와 미래가 모두
당신의 이 순간 기나긴 결단 속에 치열하게 있기 때문입니다

믿는 사람은 모두 함께 지내며 그들의 모든 것을 공동소유로
내어놓고 재산과 물건을 팔아서 모든 사람에게 필요한 만큼 나누어
주었다. 그리고 한마음이 되어 날마다 성전에 모였으며
집집마다 돌아가며 같이 빵을 나누고 순수한 마음으로 기쁘게
음식을 먹으며 하느님을 찬양하였다.
2장 44-47절

마당밟이노래

밟아라 밟아라 설운 세상
보름달 밝은데 우리네 가난
밟아라 밟아라 농협빛 독촉
발자욱 모이면 큰힘이 된다
밟아라 밟아라 푸른뜰 밟아라
노동이 모이면 새세상 온다
밟아라 밟아라 썩은 세상
우리가 모이면 대명천지
밟아라 밟아라 설운 세상
밟아라 밟아라 썩은 세상

모심기노래

모를 심자 모를 심자 우리 어매 가슴에다
모를 심자 모를 심자 우리 어매 손금에다
모를 심자 모를 심자 우리 어매 주름살에
모를 심자 모를 심자 우리 어매 다친 허리에

모를 심자 모를 심자 산천초목 눈물진 곳에다
모를 심자 모를 심자 휴전선 피어린 곳에다
모를 심자 모를 심자 비료공장 농약공장에
모를 심자 모를 심자 양놈 로스케 판치는 세상에
모를 심자 모를 심자 썩은 강에 썩은 바다에
모를 심자 모를 심자 화약냄새 번지는 벌판에

모를 심자 모를 심자 어진 목숨 키우듯 모를 심자
모를 심자 모를 심자 숨진 어매 모시듯 모를 심자
모를 심자 모를 심자 죽은 세상 살리듯 모를 심자
모를 심자 모를 심자 좋은 세상 오라고 모를 심자

…어허 이 모 저 모 다 심으면 핵폭탄도 다 없어질랑가

평야노래

저 갈대밭에 쓰러져 피흘릴지라도
쓰러져 벼이삭처럼 핏덩이 뱉을지라도
넉넉한 아아 척박한 젖가슴일지라도
우리가 짐승처럼 으어으어 울부짖을 때
햇빛조차 잔인해 두 눈 곽곽 쑤셔댈지라도
하늘 마구 미친 듯이 푸르지라도
저 갈대밭에 쓰러져 죽창 찔릴지라도
파리같은 목숨, 선 채로 두 팔 두 귀 짤릴지라도

아아 평야 평야 황금 벼이삭 벌판
펼쳐진 싸움터
피끓는 목숨의 평야

와이 에이치 여공

예수께서 하늘로 올라가시는 동안 그들은 하늘만을 쳐다보고
있었다. 그때 흰옷을 입은 사람들이 갑자기 그들 앞에
나타나서 이렇게 말했다. "갈릴래아 사람들아, 왜 너희는 여기에
서서 하늘만 쳐다보고 있느냐?…"
1장 10-11절

청천벽력으로
떨어졌네 거짓으로 쌓아올린 빌딩 아스라히

떨어진 것은 한떨기 꽃이 아니라
폭탄이었네 아아 너의 치맛자락에 휘감겨
터진 것은, 절망 아니라 눈물 아니라
꿈이었네 빼앗김에 대한 떳떳한 분노
용기에 대한
위대한 표현정신 아아 순아 이렇게 사는 것은 마냥 지겹고
살아남는다는 게 온통 비상이고 훈련이고 자살이지만 순아
버린 건 끝내 네 목숨이 아니다 순아
언제쯤 다시는 굶주리지 않을 세상을 위하여
언제쯤 다시는 억눌리지 않을 세상을 위하여 순아 너는
한떨기 폭탄으로 터지고
너의 죽음으로 우리 모두가 죽어
우린 이렇게 다시 태어났지만 순아
돌아오지 않았다 이 구차스런 세상으로
순아 너는 눈물 뿌리채 흩뿌려, 마다하고 돌아오지 않았다
이 세상 어느 때 어느 곳에서
너를 다시 만날 수 있겠느냐
너를 다시 마주 대할 수 있겠느냐

아아 더욱 더 꽃다운 너의 얼굴, 순아

순천역

마침내 오순절이 되어 신도들이 모두 한곳에 모여 있었는데 갑자기
하늘에서 세찬 바람이 부는 듯한 소리가 들려오더니
그들이 앉아 있던 온 집안을 가득 채웠다. 그러자 혀 같은 것들이
나타나 불길처럼 갈라지며 각 사람 위에 내렸다.
2장 2-4절

기적을 울려 연기 뿜으며
눈물 일그러진 얼굴, 주름살에 핏발 곤두선 눈동자
놓쳐 버린 열차는 떠나갔다
그 속도가 야윈 정갱이를 후리쳤다
폭음에 젖긴 정적이 혼비백산 달아났다
흩뿌리고 지나간 남은 불빛이
뿔뿔이 여생을 목놓아 울었다
기다림들아 기다림들아
어머니와 아내와 누이와 피범벅의 딸들아
쭈빗쭈빗 곤두선 머리카락이
숨겨진 혼백 속 칼날을 불렀다
피를 부르고 그날의 함성소릴 불렀다
기다림들아 기다림들아
아비규환의 아우성소리가
난자당한 지아비 지어미들을 다시 찢어발기고

황색예수2-공동체, 그리고 노래

흩어지지 말자, 헤어지지 말자
포기하면 안돼, 이대로 맨손 맨가슴으로 개죽음 당하면
열차는 마지막 남은 피울음마저 뿌리치고 들뜬 상경길
버려진 슬픔이 잔인한 흐느낌의 기억과 만나는
순천역 철길도 비에 백열등 빛에 젖어 반짝였다
우리는 또한 여생을 어깨 출렁이며 울기만 할 것인가

밤바다

우리는 바람을 뚫고 나갈 수가 없어서 바람이 부는 대로
배를 내맡기고 표류하기 시작하였다.… 태풍에 몹시 시달리다 못해
이튿날에는 화물을 바닷속으로 집어던졌고 또 그 다음 날에는
선원들이 배의 장비를 제 손으로 내던졌다. 여러 날 동안 해도 별도
보이지 않고 태풍만이 거세게 불어닥쳐서 마침내 우리는
살아 돌아갈 희망을 아주 잃고 말았다.
27장 15-20절

바다는 수상했다 바람도 온 세상이 깜깜하게 숨죽이고
달도 칠흑같이, 사라진 것들만 처절했다
모두 무너져내리고, 그래도 마지막 살아남은
아직도 귀에 생생한 비명소리같이
파도는 피맺힌 그리움 한 줌 움켜쥐고
파도 그 손아귀의 잔해가 슬금슬금 모래밭을 기었다
아아 무너져내린 마음은 독했다 살아남은 마음은 무서웠
다. 이를 악문 채
파도는 저렇게 쉴새없이 철썩여대고
가슴이 이리도 두근대는 것은
죽은 자여 부끄러움인가 사라진 자여 분노인가
고요히 그러나 거대하게 넘실대는 진저리치는 운동
살아 있는 날이 끝나고 이제 죽어 어둠을 당하고 있는
몸서리치는 아우성 행군의 고요
절망은 가장 소름끼치는 몰골로 숨고 있었다
아무도 아무 빛도 없이 다만 거품만 하얗게 아가리를 벌린
밤바닷가
파도는 나를 아랑곳하지 않고 쉴새없이 벽차게 밀려왔다
그러나 한 발자욱도, 다가서지 않아서 두려운 파도
내 늦게 도착한 발자욱마다 길을 비키는 파도

부마(釜馬)여 부마여 죽은 자여 사라진 자여
흐느껴다오 통곡해다오 왜 말이 없는가
파도여 내 비명소리가 숨겨진 너의 비명소리를 부르지
파도여 네가 손아귀에 움켜쥐고 뱉알지 못하는 것은
사랑인가 원수인가 파도여 너의 이 광활한 펼쳐짐 앞에서
살아 있음이 무섭지 않게 해달라 너의 벌거벗은 통곡 앞에서

사라진 자들은 저리도 철썩이며 뒤채이고
숱한 눈물의 아들로 다시 태어나 일어설 수 있도록
파도여 부끄럽지 않게 해달라 빼앗길 것 아직 남아 있음을
소금기 굳은 몸을 털며 분연히 너와 내가 시원한 울음바다
로 만나
나의 깊은 곳 출렁임도 마침내 들켜버린 듯이
너의 깊은 곳 불의 칼도 마침내 들켜버린 듯이
너의 깜깜한 절망도 아아 너의 어쩔 수 없는 사랑도 들켜버
린 듯이
그때엔 정말 쓰러진 몰골이 처참한 얼굴을 찾고 찢겨져 잔
인한 팔다리를 찾고, 짓밟혀 생생한 시
체더미가 되고
그러나 내가 다시 바다 그 뜨거운 눈물의 아들로 태어나
다시 한번 일어설 수 있도록
다시 한번 일어설 수 있도록

함성노래

그들은 놀라고 또 신기하게 여기며 "지금 말하고 있는
저 사람들은 모두 갈릴래아 사람들이 아닌가!
그런데 우리는 저 사람들이 하는 말을 저마다 태어난 지방의
말로 듣고 있으니 어찌된 셈인가?…"
2장 7-9절

나라에 가슴 벅찬 함성소리였다
거리도 운동장도 온통 들끓던
솟구치던 기쁨의 대열이었다
해방시대 비포장 자갈밭 진흙길

나라에 가슴 벅찬 통곡소리였다
언땅에 발바닥 달려 외치던
외마디 비명의 인파였다
솟구쳐 쓰러지던 아아 한가닥 희망이었다

질긴 목숨이었다
헐벗은 기쁨이었다
흙내음이었다 척박한 황토에
쓰러져 돌아갈 짓푸른 하늘이었다
우리가 바라는 것은 자유였다
우리가 바라는 것은 민주였다
우리가 바라는 것은 통일이었다
……

1984

단식노래

"…그런데 저 사람들이 지금 하느님께서 하신 큰 일들을
전하고 있는데 그것을 우리는
저마다 자기네 말로 듣고 있지 않은가?"
2장 11절

잠든 자를 깨우는 경건함으로
이 밤 너의 맘 모든 것을 탕진하라
온통 미움으로 살찐 죽은 세상
지치고 지친 우리 목숨의 끝까지
우리 희망의 끝까지

말라비튼 몸으로 현기증으로
헐벗음과 찬서리와 노동과 순결이 만나리
이 새벽에 우리 새벽에

곤한 자를 깨우는 더 나은 사랑으로
이 밤 너의 맘 모든 것을 탕진하라
온통 화려함으로 뒤덮힌 갇힌 세상
지치고 지친 우리 목숨의 끝까지
우리 희망의 끝까지
말라비튼 몸으로 현기증으로
가난과 입김과 생계와 탄생이 만나리
이 새벽에 우리 새벽에

용산역

"베드로야, 어서 잡아먹어라." … "절대로 안됩니다, 주님.
저는 일찍이 속된 것이나 더러운 것은 한 번도
입에 대어본 적이 없습니다." … "하느님께서 깨끗하게
만드신 것을 속되다고 하지 말라."
10장 13-15절

이 희뿌연 안개 속을
겁없이 찾아왔다 초라한 상경보따리 흘러간 유행가 찾아올
사람 아무도 없어 보이고
얼굴 없는 여인들 아무렇게나 겨드랑이를 잡는 용산역
겁없이 찾아왔다 얼굴 없는 여인을 위해 안개는 갈수록 짙
어가고
이제 안개가 깜깜한 밤으로 바뀌면
도시는 그 음흉한 빛으로 화장 짙은 얼굴을 가릴 것이다
아아 겁없이 찾아왔다 더러움을 위하여
생계를 위하여 안개는 짙게 깔리고 목이 터져라 외쳐부를
것도 없이
뿌리치고 떠나는 기차의 경적소리 남은 마음들만 덜컹여

호남선 대합실에 염천교 밑에 살아 꿈틀대는 목숨
누더기만 남은 목숨이 뿌리채 뽑혀 찬바람에 흩날려댄다
목숨의 안개, 필연의 안개 속을
겁없이 찾아왔다 떠남이 필연적이듯이
만남도 필연적이라면, 용산역에서는
몸팔음도 필연적이라면
충남이, 이 바닥 에끼마 색씨장사 시장바닥을 휘젓고 다니
다 왔다
5년만 지나면 나도 출감한다던 충남이 그도
나오자마자 이 바닥 내팽개치고 떠난 것일까
아니면 초라히 떠나는 자들 그도 서러워
개찰구 앞에서 버스정거장 앞에서 여인네들 그리움 솟구칠 때
마침내 마침내 그 얼굴 표정이 살아날 때
충남이는 마침내 그들이 되어
감옥보다 더 비좁은 방에서 화투를 치며
겁도 없이 찾아온 내 가슴
이리도 이리도 후리치는 것일까
걷잡을 수 없이 아아 물밀듯 덮쳐오는 것일까

무문토기노래

"아나니아, 왜 사탄에게 마음을 빼앗겨 성령을 속이고
땅 판 돈의 일부를 빼돌렸소?…당신은 사람을 속인 것이 아니라
하느님을 속인 것이오!" 이 말이 떨어지자
아나니아는 그 자리에 거꾸러져 숨지고 말았다.
5장 3-5절

원시인의 손가락 사이를 빠져 흘러간
물살과 미꾸라지를 닮은
한 마리 고대수류양용 열대어를 담아두기 위하여

모든 사연스런 흘러감과
사랑과 만유인력의 법칙을 격리시키기 위하여
혼자 있기 위하여
흑백의 태초에 눈도 귀도 구멍도 없는 네가 만들어졌나

너로 인하여
평화의 물살이 허공에 떠받쳐져 고이 썩고
또한 얼마나 많은 피와 고정관념이
너의 텅 빈 심연 속에서 소유되고
또한 바쳐지고 있나
또한 약탈되고 있나
또한 학살되고 있나
또한 분단되고 있나

291

깨어져라
쏟아져라
깨어져라 쏟아져라 흑백의 무문토기

우리 시대의 간음

그의 아내가 그 동안에 무슨 일이 일어났는지도 모르고
들어왔다. 베드로가 그 여자를 불러놓고
"당신들이 이 땅을 판 돈이 이게 전부란 말이오?" 하고 묻자
"예, 전부입니다." 하고 대답하였다.
5장 7-8절

원주시 학성동 즐비한 하숙집 근처에서 만났다
꼭 내 아들 착한 얼굴을 닮았다며
고기 몇 점 더 얹어주던 함경도 순대국집 아줌마
어떤 안쓰러움처럼 아님 어떤 죄갚음의 구실처럼
그 아줌마는 굳이 내게 경월소주를 따랐다
그럴 리가 없다며 굳이 내 나이를 깎듯
한줄기 순대를 과감히 잘라내지 못한
순대국집 아줌마가 살아왔을 세상은 아마 각박했을 게다
두세 겹 정도의 속임수로는 심상 들키고
눈 베고 코 베가는 세상, 그 세상이 순대국 속에서 혼탁한
얼굴을 하고 있었다
우리는 혼동했다 항상 위험한 그러나 인간적인 혁명
아줌마가 바랬던 세상은 우리가 키워왔던 세상은 아니다
그러나 그것이 무슨 속고 속이는 행위는 아닌 것처럼
어떤 몸을 바 모름처럼
나는 순대국집 아줌마와 혼탁한 세상 속에서 눈을 맞췄다
아직도 기쁜 일보다는 슬픈 일이 더 많을 것이라는
그녀의 말에 젊은 나는 어서 통일이 와야지요 하고 더듬거렸고
엉뚱하게 사랑에 대해 아름다움에 대해 다시 생각했다
악다구니로 살아온 세상에서
인류만이 천륜이 되는, 슬픔의 언저리를 더듬는
눈웃음 정도의 간음에 대해서 생각했다
그대와 나를 갈기는
눈물의 테러리즘
이 세상이 악착스럽기만 한 동안
겉으로만 착한 나의 얼굴과
아들과 아줌마의 매몰차지 못한 마음이 만나는
원주 군부대 학성동 하숙집 옆 순대국집 대낮
우리들의 간음은 용서받아 마땅하다

제2부 4월과 5월

자술서

그들은 두 사도를 앞에 세워놓고 "당신들은 무슨 권한과
누구의 이름으로 이런 일을 하였소?" 하고 물었다.
4장 7-8절

나는 쓴다 자술서 위에
태어나 비굴하게 살아온 일생 샅샅이 쓰라는
자술서 위에 아아 그 백지 거대한 삼켜버림의 공간 위에
태어난 곳은 어디 태어난 날은 언제 아버지 성명 ○○○ 어
머니 성명
○○○ 친한 친구는 누구 써도써도 사실 나는 자유를 위하
여 한 일이
없구나 백지는 내게 뭔가를 윽박지르고
결혼했다고 쓴다
취직했다고 쓴다
사랑했다고 쓴다
괴로워했다고 쓴다
아아 그러나 자유라는 말 평등이라는 말 통일이라는 말
얼마나 선명하고 피묻어 황홀해, 부끄럽지 않아도 스스로
솟아나오는 말이냐 아무것도 적힐 수 없는 그 공간 속에서
그래 그렇다 자술서는 나더러 너도 이제는
떳떳한 자술서를 위하여
너도 이제는 자유·평등·평화·통일을 위하여 좀더 열심히
투쟁하라고 하는 것이다
살으리라 오른손으로 왼손으로
발바닥으로 깨진 이빨 사이로 오 자유
떨리는 글씨체로 쓰기 위하여
아아 그러나 그때도 나는 자유라는 말 거대한 사랑 앞에서
기죽고 창피해 얼굴 달아올라
바로 서지 못하고 앉지 못하고 엉거주춤
자유를 말할 것이냐 눈물 어린 그대 얼굴 같은 자술서 위에
모진 채찍질 어깨를 후리치고
내 흐린 시야 속에서 자술서 백지는 어지러이 흩어진다
내가 지금 휘갈겨 쓰고 있는 것은
눈물인가 분노인가 자유인가
아아 지리멸렬한 사랑의 폭발인가

선지피

"…우리는 보고 들은 것을 말하지 않을 수가 없습니다."
하고 대답하였다. 그들은… 두 사도를 처벌할
도리가 없어 다시 한번 경고하고 나서 놓아주었다.
4장 20-22절

그때 온몸으로 그대 흩뿌리던 피가
해장국 속을 둥둥 떠다닌다
밤을 새운 새벽 작살낸 것은 쏘주뿐
혼탁한 하늘 그때 마지막으로 부릅뜨던 그대 눈동자 두 개
떠다닌다 똘똘 뭉쳐진 것들은 똘똘 뭉쳐서
우리를 노려본다
우리는 아직도 세상이 변하리라는
희망을 버리지 못해서 괴롭다
혼탁한 것들은 온통 혼탁해져서 우리를 노려본다
지치고 토하며 얼싸안고 비틀거리다 찾아온 어둔 새벽 시장골목
그러나 번뜩이는 노동의 핏줄 근육들
어두운 얼굴 어두운 피곤
그러나 확실한 것은
이제 곧 아침이 온다는 것이다
그대가 마련한 아침
우리가 일어서야 할 아침

계엄령

대사제와 그의 일당인 사두가이파 사람들은 모두 사도들을 시기하여
들고일어나 사도들을 잡아다가 자기네 감옥에 처넣었다. …
"감옥문은 아주 단단히 잠겨 있었고 문마다 간수들이 지키고 있었는데
대문을 열어 보니 안에는 아무도 없었습니다."
5장 17-24절

거리에 짙게, 무겁게
깔린 어둠이
아직도 채 자라지 못한 내 설움의 키를
누른다
누른다
내 아주 작은 크기도 참을 수 없이
숨막혀, 가슴 답답해
그러나 진땀 흘리며, 아직은 꼿꼿이 서서
나는 자꾸자꾸 등이 굽는다
돌아와 방문 잠그고 누워도
시름시름 등이 굽는
잠자리. 거리에 짙게, 무겁게

10미터 간격으로 쫘악 깔린
어둠에, 어둠에.
아파트 옥상 위에 올라서 보면
강과 강변도로가 아득한 데서부터 나란히 바로 발밑에까지
닿을 듯, 이어져 있고
어지러이 나와 내 투신(投身) 사이를 가로막고 넘실대는
벽을 밀면 아파트 전체가 기울어져 고스란히
넘어가 버릴 것만 같아 현기증 난다
아내는 밤마다 잠을 설쳤다
용서해줘요, 안 그럴께요, 다신
전신이 땀에 젖은 잠꼬대 속에서
아내도 알고 있다는 말일까?
우리는 미친 듯 되풀이했다 사랑을
밀어도 밀어도 아파트벽은 넘어가지 않았다
사랑도 수상한 사랑 밤은 그 은밀스런
밀고의 밤.
아내는 밤마다 잠을 설쳤다
아내는 알고 있다는 말일까?
사랑은 아픔의 단비였을까? 죽죽 내리는 땀
새벽은 오고 있을까, 이 완강한 어둠에 갇혀?
밀착된 얼굴의 밤. 증명의 밤.
이처럼 끌려간 동지 소식
깜깜한 밤에

어느날 갑자기 서부이촌동 서민아파트 7층 꼭대기
온동네는 깜깜절벽이더군
어둠은 완장을 두르고
비로소 어둠 속에서 고함을 지르더군
불켜라! 불켜!
잠시밖에 우리는 놀랄 필요도 없었어
후다닥 엉겁결에 무드 등불까지 끄면서
우리네 세상은 애당초 새까맣다는 것을
나는 창문 열어젖히고 확인할 수 있었으니까
무심히 피곤한 별 몇 개 떠 흘러가는 한강
남은 것은 없었어 오로지 가슴에 치미는 불꽃 한덩이
진실로 진실로 귀중하다는 것을 알았어
이제 온 세상은 군밤장사 남폿불마저 꺼지고
하마터면 저 하늘의 별빛까지 위태할 뻔했던 이 밤
이름모를 고함소리만 도처에 잠복해 있는 이 밤
이제 우리는 어둠 속에 깨인 눈으로
어둠 안에서 깨인 눈으로
어둠의 실체를 실물로 보고 있었어
슬플 것은 없었어 잠시 포근했을 뿐

그리고 소스라쳤어
그리고 사랑했어 뜨끈뜨끈한 몸을 휘감고
오로지 가슴에 남은 불꽃 한덩이
진실로 진실로 헤어져 있는 사람들을 잇고 있는 밤
네온싸인에 눈동자에 칼라텔레비젼에 속지 않는 밤
깜깜한 어둠의 아가리에 질겁을 하면서
그래도 그래도 아는 것이 힘이다
모르는 것이 약은 아니라며
우리는 우리의 깜깜 무인지경 속을 양팔로 더듬으며
겨안을 비명소리를 찾아다녔어
그리고 그리고 어둠이란
정말 지긋지긋한 거라고 생각했어
그리고 열렬히 열렬히 사랑을 했어

이때 스데파노가 성령이 충만하여 하늘을 우러러보니 하느님의 영광과 하느님 오른편에 서계신 예수님이 보였다. 그래서 그는 "아, 하늘이 열려 있고 하느님 오른편에 사람의 아들이 서계신 것이 보입니다." 하고 외쳤다. 그러자 사람들은 크게 소리를 지르며 귀를 막았다. 그리고 스데파노에게 한꺼번에 달려들어 성 밖으로 끌어내고는 돌로 치기 시작하였다. 그 거짓 증인들은 겉옷을 벗어 사울이라는 젊은이에게 맡겼다. 사람들이 돌로 칠 때에 스데파노는 "주 예수님, 제 영혼을 받아주십시오." 하고 부르짖었다.
7장 55-60절

비
빗줄기 쏟아져
행인들 마구 흩어지다
세종로 국회의사당 별관
최루탄처럼
펼쳐진 생애의 아스팔트
찢겨진 광목폭 깃발 위에 핏자욱
눈부신 태양 여름날
아닌 밤중
번져가는 비명소리
입가에 핏방울
위에 마구 소낙비

"형제들이여! 우리들에게로 오라! 그리고 다 같이 행진하자! 북의 형제들과 함께 광휘로 가득찬 조국의 내일을 토의하기 위해 남북학생회담의 광장으로 나오라! 역사는 이 순간 우리들의 편이다. 가자! 북으로, 오라! 남으로, 만나자 판문점에서."
1961년 5월 3일 서울대 민통련 대의원총회 선언문에서 인용.

하기식
우리들은 일어섰는가 광장에서 사무실에서
일어섰는가 종로 일가에서 술집에서, 태극기는 휘날리고
무너져야 할 것은 왜 무너지지 않는가
우리들은 일어섰는가 밥벌이 취직자리 여자의 사랑 몇마디
그리운 것들 그리운 향기에 끝까지 연연해했는가 부정부패
인권유린은 판을 치고
우리들은 이렇게 일어서 있는가
정지된 거리여, 오오 서 있는 사람들이여
우리들의 사랑은 발길을 멈추고 녹이 스는
서로가 썩어가는 참호전인가
평화인가 태극기는 흩날려, 쓰러지며, 찢어져라, 펄럭여대는데
땅속에 발가락 옴짝달싹 처박고 이대로 이대로 선 채
우리들은 일어섰는가 너는 너대로 나는 나대로
얼굴을 돌렸는가 자유여 참상이여
언론이여 위대한 표현정신이여
인산인해 신문을 든
떨리는 두 팔이여 빛나는 눈동자여

잔디 태우기
이른 봄 아닌 밤중에 불볕 잔디 탄다
탄다 탄다 돌아온 교정에 잔디 탄다

솟구쳐, 쓰러지는 잔디의 키!
바닥을 핥으며, 다시 치솟는 봄의 불길!

이른 봄 아닌 밤중에 불볕 잔디 탄다
탄다 탄다 돌아온 교정에 잔디 탄다

솟구쳐 쓰러지는 우리들의 몸!
바닥을 핥으며, 다시 치솟는 우리들의 혀!

망연히 찢긴 강물 위에
치솟아 울리는 꽹과리 위에
피묻은 깃발 위에
탄다 탄다 돌아온 교정에 잔디 탄다

절망노래
아무래도
제 모가지는
머리칼 끝에 걸린 한낱
땡볕의 빈혈 그 사소한 무게마저도

배겨날 힘이 없는 것 같아요
아무래도 제 모가지 속 뼈의 계단은
찢어진 사랑의 승천 그
마른 번개만큼의 헛된 무게도
견디지 못해 부서져 내릴 것 같아요
그 기나긴 단식의 복도

누가 제 손바닥에
시원한 피솟는 바람구멍 뚫어주셔요
제 절망이 마지막인 것처럼
이 현기증을
무마시키면 안된다는 듯이
누가 제 발바닥에
시원한 피솟는 바람구멍 뚫어주셔요

비참함이 힘이잖아요 그 피눈물
아버지 아버지… 아버지? 아버지!

소망노래
모두가 당신 뜻대로 되었습니다
그대를 그렇게 괴롭받게 하고
괴로운 우리들을 모이게 했던 운동장에서
어둠은 저편으로 물러나고
지금은 낙엽이 바람에 뒹굴고 있는 것이
선명하게 보입니다
모두가 당신 뜻대로 되었습니다
지금은 삼천리 방방곡곡에 뿔뿔이 흩어져
모두가 당신 뜻대로 되었다고 할 때입니다
아주 깊은 산골짜기에 핀 아주 보잘것없는
꽃이파리 하나에까지
우리가 걸어온 그 오욕의 발자욱 하나에까지
시름시름 몸살을 앓던 애틋한 사랑
함성소리가 있었습니다
비명소리가 있었습니다
그러나 모두 당신 뜻대로 되었습니다
어둠은 사라져 버렸습니다
낙엽이 바람에 뒹구는 이 계절에
죽음의 연습이 시작되는 이 계절에
더욱 생생하게 쓰러진 낙엽은 온몸을 뒤채이고
휘날리고
모두가 당신 뜻대로 되었습니다

신경통을 위하여
사울은 스데파노를 죽이는 일에 찬동하고 있었다.…
한편 사울은 교회를 쓸어버리려고 집집마다 돌아다니며 남녀를
가리지 않고 끌어내어 모두 감옥에 처넣었다.
8장 1-3절

내 등 뒤에서 신음하는
한 나라의 신경통을 진압하기 위하여
나는 오늘 내 등덜미를 사정없이 후리친다
자명한 논리는 자명한 데로 치고
자명하지 못한 신경통은 그렇지 못한 데로
손이 안 닿는 곳은 아내의 약한 주먹으로 아내 힘이 못 미
치는 곳은
손에 잡히는 몽둥이로 사정없이 두들겨
내 등의 어중간한 입장은 몽둥이에 두들겨맞는다
그래도 멎지 않는다 갈겨도 갈겨도 신경통은 못살겠다고 쑤시고
진압되지 않고
왜 신경통은 도망을 다니나 이곳을 치면 그런 것 같기도 하고
다시 딴데가 쑤시고 마침내 마침내 시원히 내가 내 몸을 갈기면
쫓기고 쫓는 몸이 한데 멍들고
눈물이 핑 돌도록, 양팔이 마비되도록
그래도 신경통은 날씨 궂은 날이면 다시 살아나
왜 신경통은 자기가 신경통이라는 사실을 참회하지 못하나
한 나라의 반란처럼
폭력으로 다루면 안된다는 듯이
신경통은 아직도 내 손이 닿지 않는 등 뒤 한구석에서
오히려 몸 하나 제대로 간수 못하는 내 양심을 준열히 꾸짖
으면서
잡힐 듯 말듯
그러나 생생한 것이냐
아아 어중간한 폭력이냐 끈질긴 사랑이냐
폭력의 사랑이냐

무교동에서
"사울아, 사울아, 네가 왜 나를 박해하느냐?"…"당신은 누구십니까?"
9장 4-5절

쥐새끼만도 못한 인생이라고 그랬지
개돼지 신세만도 못하다고 그랬다
언놈이랑 무슨 술을 어디서 처먹었는지
현기증 나서 개지랄같이 빙빙 도는 무교동
그런데 행주치마에 눈물 콧물 얼룩진 전주집 간판 아래 유
리창 속에서

돼지머리 하나 번질거리며 부유하게 웃고 있었다
중국 항일운동 기념 사진첩
만주 항일비적의 효수된 머리처럼
우리나라 어느 시골 사람들은 돼지를 잡을 때 간지럼을
시켜서 웃으면서 죽은 돼지가 맛있는 고기를 남긴다고 하지만
그날 그 무교동에서 돼지만도 못한 내 목덜미를 친
그 웃음의 도낏날은
무엇이었을까 죽음이었을까 갑작스러운 오복 중의 하나
초췌한 의병장 효수당한 머리칼과 감긴 두 눈과는 달리
돼지머리는 내가 그를 씹어 삼켜도 웃고
새우젓에 찍어들고 그와 함께 따라 웃어도 마냥
그렇게 유들유들 웃고 있었는데 어떤 저질러진 역사
내 뒤통수를 쳤을까 무엇일까 역사책 속에만 있는 줄 알았던
그 효수의 역사가 다시 살아나
바로 내 눈앞에 내 코앞에서 다시 저질러질 것 같은
예감, 돼지머리는 내가 그렇게 빤히 들여다보아도 상관없이
그냥 그렇게 복스럽게 웃고 있었지만
또다시 버팅겨 서는 피울음의 역사 앞에서
지나간 역사책 속의 사진은(물론 그들은 모두 비참하게 죽어갔으나)
어떤 한 세대를 흡족히 감당해냈다는 듯이
술취한 무교동 개돼지쥐새끼만도 못한 우리들의
뒤통수를 언제라도 갈기겠다는 듯이

다시, 꽃

사울은 땅에서 일어나 눈을 떴으나 앞이 보이지 않았다. 그래서
사람들이 그의 손을 끌고 다마스커스로 데리고 갔다.
9장 8-9절

아직은 내 곁에 둘 수도 없고
버릴 수 없네, 꽃은 새가슴 새근대는 향기를 지니고
연약한 허리, 하얀 허벅지를 지니고
혼들려, 속이파리째 파르르 떨리는 동안
혼들려 혼들려 참을 수 없이
그러나 내게는 뱃국젖은 입술이 있어
갈라져 두터운 손바닥이 있어, 사내의 털난 가슴
거칠은 호흡, 열매를 바라는
숨가쁜 욕망 피비린 혁명이 있어
꽃에게 줄 것은, 순식간에, 짓눌러 부숨.
그러나 꽃과 나 사이엔 빼앗긴 식민지가 있어
분내 나는 프랑스가 아메리카 성병이 있어
칼날 숨긴 유혹과, 도취와, 타락과, 메스꺼움과, 아름다움과, 지배, 피지배
아아 왈각 쏟아질

하룻밤 영등포 밤거리 푸줏간처럼 싯뻘건 홍등가
반역의 속창자가 갈비뼈를 송두리째 부수는
부수고 피엉킨 채로 달려가고 싶은
한 나라의 설움을 아스라져라 껴안듯이
그러나 다치지는 않게
그러나 상처받지는 않게, 꼬옥 품에 안듯이
쏟아지는, 무너져내리는.

몸살에 대하여

"사울 형제, 나는 주님의 심부름으로 왔습니다.
그 분은 당신이 여기 오는 길에 나타나셨던 예수님입니다.
그 분이 나를 보내시며 당신의 눈을 뜨게 하고 성령을
가득히 받게 하라고 분부하셨습니다." 그러자 곧 사울의
눈에서 비늘 같은 것이 떨어지면서 다시 보게
되었다. 그는 곧 자리에서 일어나 세례를 받은 다음
음식을 먹고 기운을 회복하였다.
9장 17-18절

작년치 남은 몸살이 있나 보다
잃어버렸던 수많은 모습들이 다시 형체를 갖추어
내 앙상한 손가락 사이로 빠져 나간다
화려한 춤을 추며 빠져 나가는 것이
그들은 흡사 내 눈물을 강요하려는 듯
아직 헤어지지 못한 키작은 그림자들이
내 가녀린 고막 내게 가까운 쪽에서
때늦은 바람으로 변하고 있다
바람은 계속 소리로 변하고 있다
그것은 아주 희미한
비명소리
문득 세상은
버릴 것이 하나도 없어 보인다
봄날의 이른 아침 풀밭처럼 땀식은
내 오래된 몸살의 이마 위
다 자란 노랑애벌레의 이슬먹은 모습이
아주 가깝고 예쁘고 소중하다
문득 세상은 버릴 것이 하나도 없어 보인다
작년치 남은 몸살인가 몸살은
이렇게 빚쟁이처럼 매년 와서 미안하다고 한다
그리고 몸살인 채로 그냥 일어서라
일어서라 그냥
함께 가면 된다 한다
내 몸은 온통 풀내음에 신음중
바람은 계속 소리로 변하고 있다
그것은 비명에 섞인 함성소리이다.

제3부 베드로와 바울

강노래
-베드로의 말·하나

물 위에 떠있는 것들을 바라보라
흘러가는 것은 덧없고
흘러감 위에 행여 햇빛 반짝일지라도
떠있음은 더없이 덧없음을 바라보라
핏줄 세워 눈 신경 곤두세우고
부릅떠, 떠있는 것들이 흔들림
바라보면 떠있는 것은 오히려 나뿐인 것같이
내가 두 눈 부릅떠 내 자신을 바라보듯이
흐려져 시야에 보이지 않고
감당하지 못하고 그러나 바라보라
떠 있는 것 모두 사라지고 덧없는 것 모두 보이지 않는다
그제사 선명하게 시력에 와서 부딪치는
물결 아아 밀려 들어오는 물결을 바라보라
물결은 우리 생각보다 훨씬 더 과격해 보인다
물결은 우리 생각보다 훨씬 더 거대해 보인다
흘러갈 것 다 흘러가면 이제사 보이는
어떤 흙과 노동과 근육의 역사처럼
물결은 정지해 있기도 하고 흘러가기도 한다
박제된 해일처럼 우리 시야를 때리는
흘러감의 고요를 바라보라
고요함의 진상을 바라보라
진상의 변치 않음을 바라보라
변치 않음의 흘러감을 바라보라
아아 흘러감의 벅찬 감격을 바라보라

잠수교
-바울의 말·하나

집중호우로 잠수교는 잠기고
아무것도 아닌 내 앞에서
진실은 위태롭구나 언제나 목전에 임박해 있는 공룡시대
어떤 거대한 것이 물 표면에 끔찍한 등덜미를
드러낼 듯 말듯
흙탕물 위로 넘실대는 파도 위로 간신히 솟아오른
철근은 진실이 부서진 잔해처럼 보인다
숨어 있을 때
진실의 얼굴은 흑백이자 피투성이다
장마 그치고
어둠 그칠 때까지

진실은 두려웁다 먼 옛날 트로이 유적처럼 소름끼치는 역사
붉덩물 난리통 속 그 꿈틀대는 음흉함처럼
위태로웁다 오 내 맘 들뜨고 또 떨림이여
햇볕에 활짝 드러날 잠수교여 누가
진실을 스스로 감당한다 하겠는가 진실은
스스로 진실의 음험한 몰골에 저렇듯
흔들리고 있지 않은가

비노래
-베드로의 말·둘

멀리 있으나 그대가 내 품에 깊이 파묻혀
밤을 새워 곱게 거칠게 파고 묻어는
그대의 세찬 울음 비가 내린다
빗속에서 흔들리는 그대의 모습
흔들려 흔들려 내 슬픔을 파헤쳐놓는
칼날같은 그대 울음의 홍수, 통곡의 붉덩물
흘러가도 내 품에 깊이 파묻힌
그대의 눈물 콧물 얼룩진 얼굴
오늘 비 내리고 온몸 축축히 젖으며
온몸이 온몸 축축함을 주체 못하고
축 늘어진 어깨에도 걸리는 그대 울음의 무게
통곡의 무게 머리칼의 무게 눈 앞에 흐려진
시야의 무게 흔들림의 무게 쓰러짐의 무게
멀리서 멀리서 무너져 내리는
그대의 고운 그러나 난자당한 모습
아름다운 그러나 잔인한 추억의 무게
쏟아지는 비 그대 벅찬 아픔의 무게
그대는 멀리 있으나
쓰러진 그대는 항상 내 곁에
적나라한 비극이다

이 풍진 세상을 만났으니
-바울의 말·둘

세상한테 한번 멍석을 깔아봐라
세상의 습기는 물론 우리의 마른 양심보다 거대하지만
아직은 곰팡이 슬게 하지 않는다(너는 벌써 내 말을 오해)
그대가 깡마른 나뭇가지에서 축축한 살덩어리로 변해가는
기나긴 동안 빼앗김에 대해서 나는 눈물 한방울 흘리지 않는다
(너는 벌써 화난 표정)
생각해 보라 생각해 보라
우리네 이 축축한 살림살이에 눈물 한방울 보탤 한뼘의
마른땅이 남아 있는가 우리의 양심 우리의 불타오름으로도
세상은 세상일 뿐 변하는 것 하나도 없고

그대는 어느새 눈물 글썽이고 있지만
그대의 눈물 글썽임 우리의 눈물 한방울 아낌으로 세상은
홍수를 모면하고 있다
하면 누가 세상을 세상답게 살아가고 있는가
눈물인가 눈물 한방울 아낌인가
어쩔 수 없어 그대에게 발붙일 곳을 주지 못하는 세상에게
한번 멍석을 깔아봐라
설움 많고 한많고 겁많은 세상
그러나 원한 앙칼진 세상
세상은 생각보다 그대를 많이 닮았을 게다
세파에 시달려 뼈다구만 똘똘 뭉친
그대의 말라비틀 쭉쟁이 눈물짓을

세상 또한 스스로 세파에 시달린다

산노래
-베드로의 말·셋

아아 저 북한산
눈에 휩쌓인 북한산
발꿈치부터 조금씩
무너져 주저앉는 북한산
몸 떨려 저 거대한 허물어짐은 아아 저 북한산
거센 울음 떨치며
울음 딛고 눈덮인 온몸을 터는 북한산
무너지는 온몸을 딛고 버팅겨
부르르 떨며
부시시 다시 일어서는 북한산
근육심줄 불끈불끈 솟은 북한산
일어서기 위하여 가장 초라한
솟구치기 위하여 가장 가여운
제 몸의 바탕을 허무는 북한산
온몸 버팅겨
두 눈 부릅떠
눈 속에서 눈보라 속에서도
푸르름 다시 일깨워 서는 북한산
몸 떨려 세상은 온통 눈보라 속에 휩싸이고
휩싸임 속에 잠들고
아아 다시 보이는 더 짙푸르게 보이는 북한산

눈내린 풍경
-바울의 말·셋

오오 어느날 불현듯 산더미처럼 쌓인 눈 속을
여고생 둘이서 재잘대며 미끄러지는

어마 닥터 지바고
그러나 그런 영웅은 일상생활과 무관해
새하얀 눈 밑에 깔린 신음소리 눈 녹은 곳마다 드러나는
아스팔트는 흠한 검정색이지
헐벗은 사람들 제 살갗을 좀 더 추위에 내놓고
떠는, 눈녹은 진창에서 쓰레기처리장 폐유깡에 군불 피우고
구멍 뚫린 막장갑 시린 손 호호 불며 숯검댕이 얼굴
어마 닥터 지바고
그러나 너는 그 위대함의 정체도 잘 모르고
서양문명과 닥터 지바고를 오해하고 있어 혁명의
냄새도 변절도 모르고 그 대륙성의 의미도 모르고
다만 총천연색칼라텔레비젼쯤 되면만사·오케이.
그러나 아직 이곳은 흑백시대 약소한 한반도 남쪽
새하얀 눈 속에 더욱 더 드러나는
누더기, 빈부의 차, 이 계절에 더욱 따스한 가난의 숨결
숨결의 피비림.
지하도에구세군악대화려한금속성찬송가들리고명동에는
눈먼부부가수두쌍가거라삼팔선운다고옛사랑이아암자그만
고통이수없이모이면더욱위대해거대해처참해확연해

오오 산더미같이 쌓인 눈. 우리들의 오만.
우리들의 작업. 눈 쓸기. 드러내기. 서로 부둥켜안기. 더러
움과 하나 되기.
그리고. 그리고…?

롤라스케이트장에서
-바울의 말·넷

아이들이 롤라스케이트를 타고 있다
스스로를 돌려 롤라스케이트를 탄 아이는 앞으로 나아가고
가면서 둥그렇게 비닐 쳐진 원을 돈다
나는 아직도 롤라스케이트를 탈 줄 모른다
아직도 세상이 돌고 돈다는 이치를 깨닫지 못한 것일까
그랬더라면 이렇게 해가 저물 때까지
번화한 영동네거리 네온싸인 빙빙 돌 때까지 안달을 하고 서서
아이들이 롤라스케이트를 타는 것을 보고 있지만은 않을
것이다
제 몸무게 하나 주체 못하고
내 발은 왜 아픈가 아이들이 어둠 속에서
희미한 형태로 롤라스케이트를 타고 있다
탈수록 원을 그릴수록 밤하늘 어둠 깊은만이 가고
발길을 옮기지 못하고 빠져드는 발바닥의 아픔 속에서
세상이 빙빙 돌도록
아이들이 롤라스케이트를 타고 있다

왜 내 발은 이리도 아픈가
떠남의 아픔인가 머무름의 아픔인가?
충동인가
결단인가
버림인가 온통 껴안음인가

아직도 자리를 뜨지 못하는 내 구둣발 끝에
유난히 날카로운 어둠 한자리
이슬 묻은 생채기를 긋다

아들노래
-베드로의 말·넷
아들아 아들아 다 자란 내 아들아
겨울이 오고 미친 바람이 불고
모두 휩쓸려간 황량한 벌판의 끝에 서더라도
마침내 겨울이 오고 계절이 뒤바뀌는
역사의 순환논리에 너는 귀기울이지 말거라
네 몸이 겨울이 될지언정
네 팔이 폭풍에 마른 가지처럼 뚝뚝 부러질지언정

아들아 아들아 다 자란 내 아들아
사랑이 오고 생활이 오고
품에 안은 네 여자의 자궁처럼 진실이 추해 보이더라도
역사와 시대의 종말과 고통의 선례에 대해 수근대는
못난 늙은이들 귓속말에 너는 귀기울이지 말거라
네 몸이 겨울이 될지언정
네 팔이 흑풍에 마른 가지처럼 뚝뚝 부러질지언정

아들아 아들아 다 자란 내 아들아
내가 누리는 순간 속에 창조와 죽음과 부활이
그리고 구원이 동시에 있으나
역사는 앞으로 앞으로 진보할 뿐이다
내가 죽고 나의 혁명인 네가 또 죽더라도

아들아 아들아 끌려간 내 아들아
아들아 아들아 끌려간 내 아들아

이별노래
-베드로의 말·다섯
잊지 못하리 못내 그대의 젖은 눈망울
때묻은 붕대 묻어나는 피고름
살아 있음의 오랜 상처
잊지 못하리 못내 그대의 젖은 눈망울

눈물에 타는 눈썹 남은 살덩이 치떨려
목쉰 목숨만 거칠게 남으리
나는 그대를 부르네 치명적인 그대의 슬픔을
나는 그대를 부르네 내민 손끝을 타오는 설움으로
버리며 사랑하는 아픈 길
맡겨진 삶의 소름 떠는 잔칫밤
나는 그대를 부르네 그러나 그대 사로잡으면 내 품에
사로잡히지 않으리
그대의 기침이여
기침의 테러리즘이여 그대의 광활한 가슴이여
그대를 그토록 광활하게 한
온 세상 풍파의 정체여
잊지 못하리 못내 그대의 젖은 눈망울
그 젖은 눈망울 잊지 못함으로
내 평생을 가리라. 버리며 사랑하는 아픈
척박한 조선의 길

이별노래
-바울의 말·다섯
그대 만남에 당한 내 타는 살갗의
향긋한 허물 벗겨짐
헤어지는 마당엔 뜬소문도 없지만
아름다운 것은 그래도 한꺼풀로 남는다
우리가 경험한 모든 것
만남의 불사름과 만남의 홍수
만남의 회복기와 만남의 상처
잠겼던 눈 뜬 사이에 세상은 그리도 많이 변했지만
모든 건 조금씩 타다 만 껍질로 벗겨져 있다
소생하라 부디 번식하라
헤어지고 또 헤어지는 이 공복 이 갈증으로
세상은 의미없는 아우성만 나고
너와 나를 잇는
다시 만날 소망뿐이구나
다시 만날 소망뿐이구나

한편 요빠에는 다비타라는 여신도가 살고 있었다.
그 이름은 그리스 말로 도르가, 곧 사슴이라는 뜻이다.
그 여자는 착한 일과 구제사업을 많이 한
사람이었는데 그 무렵에 병이 들어 죽었다. 그래서
사람들은 그 시체를 깨끗이 씻어서 이층방에 눕혀놓았다.
리따는 요빠에서 가까운 곳이어서 베드로가
리따에 있다는 말을 들은 신도들이 그에게 사람을 보내어
지체하지 말고 와달라고 청하였다. 그래서 베드로는
곧 그들을 따라나섰다. 베드로가 요빠에 이르자

사람들이 그를 이층방으로 안내하였다.
과부들이 모두 베드로에게
몰려와서 울며 도르가 살아 있을 때에
만들어두었던 속옷과 겉옷을 보여주었다. 베드로는
사람들을 방에서 모두 내보낸 뒤 무릎을 꿇고
기도를 드리고 나서
시체 쪽으로 돌아서며 "다비타, 일어나시오." 하고
말하였다. 그러자 그 여자는 눈을 뜨고 베드로를 바라보며
일어나 앉았다. 베드로는
그 여자의 손을 잡아 일으켜세웠다.
9장 36-41절

사랑노래
-남자가
보이는 것은 어둠
보이지 않는 것은 어둠의 열기.
밀림.
먼 데서부터 그 중간으로
헤쳐도 헤쳐도 해진 옷깃에 걸리는
칡넝쿨
손.
그 수줍은
바램의 가시.
또한 머무를 수 없게 만드는

장마노래
-여자가
허름한 옷가지 위에 장마비
그러나 당신은 제 걱정에 젖은
축축한 속옷도 괜찮다 괜찮다시며 떠나셨지요
드린 것은 밤새워 적신 베갯머리맡
습기뿐
당신이 타면 저는 젖고
긴긴 밤새 홀로 시름으로 여민
제 젖은 내장의 내복도
당신은 따시다 따시다시며 떠나셨지요
허름한 옷가지 위에 장마비

사랑노래
그대를 만나는 것은 항상
그 까마아득한 만남의 현기증입니다
한치의 잘못 디딤에도 발 밑
무수한 돌멩이 굴러내리는 소리!

텅 빈 내장 속에 가난한
아픔의 먼지까지도 바란다 합니다
버려진 가슴 한구석에 녹슨
누추한 과거까지 바란다 합니다
낭떠러지 위에서
겁먹지 마셔요 그대,
만남은 항상 과격한 것
살아남기 위하여
사랑은 또 다른 혁명을 낳느니
그대, 만남의 체위는 항상 연습일 뿐
다만 중간쯤만 되는 연습일 뿐.

가을노래
여름은 강렬했습니다
제 알몸을 태우고 처녀성을 태우고
가슴에 남은 한가닥 지푸라기 같은
욕심마저 태워버렸습니다
풀잎에 가을바람이 붑니다
바람에 해맑은 정신이 씻겨집니다
기다림의 햇살 같은 때벗음이여
가을의 만족스런 열매됨이여
그러나 그대
발설하셔요 그대
그대가 간직한 혼탁한 호흡을 다시
번잡한 삶의 헐벗은 비명소리를 다시
허기진 사랑의 비명소리로
너무 맑은 정신이 두렵습니다
너무 차가운 겨울이 두렵습니다
너무 이별인 세계가 두렵습니다
너무 해탈인 육신이 두렵습니다

우리가 따로따로 몸을 챙기는

흙노래
내가 살던 목숨의 감자밭
더럽혀진 생애 흙이여 척박한 젖가슴이여

우리 아무것도 되지 못하리 흙이여 더럽혀져
열린 육신이여
흙은 눈앞을 꽉 찬 눈물 속에서
무너지고, 흩어지고, 악취나고
우리 일용의 양식을 거두지 못하리

그러나 흙이여 어머니여 썩어감의 구원이여
움직이지 않는 선동이여
조국의 검은 미래 대낮의 학살이여

그러나 흙이여 여름날 우리가 그대 가슴에
쓰러져 토해낸
핏덩이 또한 썩을 때
썩어서 거름이 될 때

우리 갈수록 흙이 되는 사랑으로
우리 갈수록 열매가 되는 사랑으로
피비린 풍요로움의 운동으로
바라보리, 아직 씨뿌리지 않은 마을 벌판

우리 두 눈에 꽉 차리 아아
어머니, 대지 위에 펼쳐진
땀흘린 사랑의 풍경

흙이여, 핏발선 육체여, 죽음이여

갈수록 흙이 되는 사랑
갈수록 노동과 근육과 힘과
함성이 되는 사랑

흙이여, 싸움의 어머니여

내가 살던 목숨의 감자밭
버려진 생애 흙이여 메마른 자궁이여
부끄럽지도 않으리 이제 우리 사랑함으로

우중결혼식노래
-며럿이서
그대 가슴도 울음 참지 못하고
간신히 둘이서 돌아서 있는 우중결혼식
비는 유리창 밖 흔들리는 나뭇가지 사이로 내리고
또한 나란히 돌아선 그대 출렁이는 어깨 사이에 내려
퍼부어 적신다, 사랑이여 기다림이여

숨죽여 참지 못하고
그대와 우리들 사이 모든 빈틈으로 파고들어와
으시시 몸을 떠는 이 떨림으로
그대와 우리를 힘주어 껴안게 하는 우중결혼식
그대들 축축한 두 눈도 반짝여

축축함 속에서 반짝이는 그대 사랑이여 갈 길이여
빼앗겨도 빼앗겨도 다시는 숨길 수 없는 사랑
이제 마주 보지 않고 둘만 보지 않고
모든 것을 받아들이는
모든 것이 갈 길인
습기 찬 슬픔마저 축복인 그대
우중결혼식

서울길
"빨리 일어나라."…
그러자 곧 쇠사슬이 그의 두 손목에서 벗겨졌다.
"허리띠를 띠고 신을 신어라."…
"겉옷을 걸치고 나를 따라 오너라."…
그들이 첫째 초소와 둘째 초소를 지나 거리로 통하는
철문 앞에 다다르자 문이 저절로 열렸다.…
천사는 어느새 사라져버렸다. 그제야 베드로가 정신이 나서
"나는 이제야 사실을 알았다.…" 하고 말했다.
12장 7-11절

서울길은 뻔뻔한 탄탄대로인 줄만 알았었다
서대문 독립문서 일본제국 중앙청 오는 길 그 음산한 두 눈의
횡뚫린 터널이 나는 싫어
그러나 뒷길로 가면 사직공원 올라가는 뒷골목길은 이조시대
꼬불꼬불 구절양장 앞이 안 보일 듯
그러나 항상 닿아 있고 갈라져 있고
가파르고 그러나 무리하지 않고
구멍가게 노인네들도 서울 사투리도 꾸불꾸불
불쑥불쑥, 도처에, 그러나 다정하게
'여리로 사뭇 올라가 바아, 옛길이 빠르긴 빠를껴,
가다가 샛길 나는 데서 다시 물어 바아'
이 서울길은 탄탄대로에 밀려
숨죽여 울고 있다 얽혀 있다 따스하게
우리네 퇴죄퇴죄한 생활사처럼
어떤 조직적인 뇌신경처럼
가파르되 가쁜 숨 넘을 정도는 되고
이어질 듯 끊어질 듯
쫓기는 자에게 열리고
쫓는 자에게 닫히는
이 길은 정답지만 은밀하다
이 골목은 좁지만 넉넉하다
우리의 가난은 헐벗었으나 풍요롭다
어떤 눈물 앙칼진 삶의 뿌리
어떤 외국나라 총칼 잡은 군대라도

짓밟힌 것은 탄탄대로뿐
아아 끝없는 잠행의 밀림은 서울길에도 있다.

감격스런 울음을 위하여

우리는 그곳 사람들과 함께 바울에게 예루살렘으로
올라가지 말라고 간곡히 권하였다. 그러자 바울은 "왜들 이렇게
울면서 남의 마음을 흔들어놓는 겁니까? 주 예수를 위해서
나는 예루살렘에 가서 묶일 뿐만 아니라 죽을 각오까지도 되어
있습니다." 하고 대답하였다.
21장 12-14절

여기는 아직 약소민족의 나라
이별이 쉽고 사랑이 쉽고 미움이 너무 쉽다
추위가 쉽고 철책선이 쉽고 가시철망에 묻은
피묻은 살점이 너무 쉽다
눈발 평평 쏟아지는 사계청소 지뢰철거작업을 끝내고
조립식막사 내무반 화목 빼치카에 둘러앉아 졸린 눈으로
그러나 우린 아직도 이 세상의 살벌함에 대해 잠담을 한다
흙문은 훈련화로 숯검댕이 얼굴로 두터운 방한복으로
이 겨울에 우리를 감격시키지 못하는 것은
80원어치 연말연시 대통령 하사특식 국기게양대 밑에
색바랜 채 버려진 독립유공자의 때문은 장갑 역경을
딛고 일어섰다는 신진재벌의 입지성공담 그러나
우리는 감격하지 않는다 평행으로 마구 휩쓸려가는 눈발속에서
이구동성 외칠 것 외치기 위하여
왜 뿌리없는 감격은 된서리에 이내 시들고
분단이 되고 친일분자가 되고 소시민이 되는가
우리는 배웠다 인천 부두에서 이태원 뒷골목에서
워싱턴에서 유엔에서 역사는 다만 되풀이되고 제국주의
프로투 세계챔피언이 나와도 그 기쁨이 왜 슬픈가
우린 감격하지 않는다 조간신문을 펼쳐들고 석굴암 신라
정신과
평생을 같이 살고 싶다는 저명한 외국 관광학자의
감상문이 실린 문화면 톱기사에 온몸 부르르 떨며
무슨 철천지 원수나 된 것처럼 못내
무슨 한많은 인생이 비명에 간 것처럼 못내
감격하지 않는다
그런가?

어둠 속에서 시린 발들을 부르는, 부르는 소리 아침한탄
강따라안개·단풍다는산·공비전쟁·조립식막사·판츄오의
모포쓰고잠복·주먹밥·갈대밭·야간사격·보름달·이마에
핏자욱

여기는 아직 약소민족의 나라
세차게 쥐어뜯는 눈발마저 평행으로 마구 흩날리는 철책선
남으로도 못 가고 북으로도 못 가고
가시철망에 묻어 썩은 피엉긴 살점은 왜 망망바다를 향해
있는가?
손들엇! 뒤로 돌앗! 암구호! 공비…? 아니면…?
이 떨리는 두려운 약소민족의 수하에
이별이 쉽고 사랑이 쉽고 미움이 쉽고 감격이 너무 쉽다

제4부 공동체노래

그 많은 신도들이 다 한마음 한뜻이 되어 자기 소유를
자기 것이라고 하지 않고 모든 것을 공동으로 사용하였다.…
그들 가운데서 가난한 사람은 아무도 없었다. 땅이나 집을
가진 사람들이 그것을 팔아서 그 돈을 사도들 앞에 가져다놓고
저마다 쓸 만큼 나누어 받았기 때문이다.
4장 32-36절

헤엄칠 수 있는 사람은 먼저 뛰어내려 육지로 가라고
명령하였다. 그리고 나머지 사람들은 판자쪽이나
부서진 뱃조각에 매달려 육지로 가라고 명령하였다. 이렇게
해서 우리는 모두 무사히 육지로 올라오게 되었다.
27장 43-44절

"여러분은 오늘까지 열나흘 동안이나 마음을 졸이며
아무것도 먹지 않고 굶어왔습니다. 자, 음식을 드시오. 여러분은
머리카락 하나도 잃지 않을 것입니다.…"
27장 33-35절

바울은 셋집을 얻어 거기에서 만 이년 동안 지내면서
자기를 찾아오는 사람을 모두 맞아들이고 아무런
방해도 받지 않고 하느님 나라를 아주 대담하게 선포하며
주 예수 그리스도에 관하여 가르쳤다.
28장 30-33절

갈길노래·기다림노래

이만큼 사는 것도 꿈만 같아라
살아갈 일 하나하나 손꼽아 보면
눈물겨워라 우리가 끝내 버려야 할 것들

이 세상에 하찮은 우리 둘이서
여럿이서 해야 할 일들, 그리고

저 하늘 수많은 별들 속으로
사라져버리는 것 눈물겨워라

시간을 따져보며 손꼽아 보는 일을
나는 아주 잘해요, 정말이에요
하루 해가 밝아오는데

야윈 그대는 그 머나먼
산 너머 물 건너에 있고
나는 밭둑에 투박한 손으로 앉아 있고

시간을 따져보며 손꼽아보는 일을
나는 아주 잘해요, 정말이에요
하루 해가 저무는데

해노래

해를 솟게 하자 저 산 저 젖가슴 속에서
해를 솟게 하자 저 바다 저 애기집 속에서
핏덩이 해를 솟게 하자 두 눈 부릅뜬
짤린 머리 해를 솟게 하자 머리칼 치렁한

우리가 손짓하지 않으면 해는 솟지 않으리
우리가 밭갈고 씨뿌리지 않으면 해는 솟지 않으리
우리가 피흘려 근육으로 싸우지 않으면
우리가 헐벗어 알몸으로 사랑하지 않으면
우리가 함께 온 힘으로 밧줄 당기지 않으면
해는 솟지 않으리 해는 솟지 않으리

해를 솟게 하자 저 산 저 젖가슴 속에서
해를 솟게 하자 저 바다 저 애기집 속에서
금덩이 해를 솟게 하자 우리의 미래
아기얼굴 해를 솟게 하자 우리의 희망

바다노래

그대 이제는 진정
이별의 바다가 아니라
만남의 거치른
세파의 잿빛 겨울바다
땀과 소금의 바다
기름이 둥둥 떠 있고
수입곡물 하역하는 외국상선 떠 있고
갯벌이 있고 주름살 찌든 아낙네가 있는
더러운 인천바다

그러나 그것은 그대
내가 그대에게 드릴, 가슴속 아끼고 아껴두었던
내 목숨의 바다
내 생애의 바다
이제 다다름에
고단한 싸움 속에 갇힌 바다
그러나 노동의 바다
그대 이제는 진정
이별의 푸른 바다가 아니라
억센 노동과 질긴 핏줄의 바다
투쟁하는 공동체의 바다

보름달노래

보름달이다 여인네야 여인네야
우린 이리도 환하게 속살 드러내놓고
걱정의 마른 버짐 피우며 살아왔구나
보름달이다 여인네야 여인네야
고향마을 정자나무 실개천에 용이 나고
주름살 조리복소니 얼굴 펴며 웃는 보름달이다
솔잎 따서 송편 빚으며 여인네야 여인네야
긴긴 세월 참아온 눈물로 흩뿌려버린
가난의 강물 흐르는 보름달이다

여인네야 그대 허리를 가른 강 여인네야
떠밀려 떠밀려 살오른 비수처럼 몸던져버린
뺑덕어멈 여인네야 향단이 여인네야 미얄할미 여인네야
몸살 앓는 생넋을 건질 넋걷이 보름달이다
혀뿌리까지 타올라 춤출 보름달이다
여인네야 발기발기 상처로 해진 맨몸들아
우린 이처럼 밝은 이별로 보듬고 있구나 여인네야
그대는 그쪽 머나먼 곳에서
우린 이쪽 머나먼 곳에서
오 두근대는 못살고 돌아갈 보름달이다

휴식노래

밤은 언제나 술렁거린다
생계비 키를 넘고 임금은 오르지 않는
노동자들의 밤.
밤은 언제나 술렁거리고
뼈가 시린 추운 날씨 솟구치는 고향생각
쉴 새 없는 기아수출 야간작업 특별잔업
하여 밤은 언제나 술렁거린다
백열등 밑에서 헝겊더미 속에서

힘을 내라 흥부야 착한 흥부야
노동자들의 밤은 언제나 술렁거린다
재봉틀에 손마디 문드러지는 달밝은 밤
졸림과 절망과 깜깜함의 밤이 지나면
피흘려 싸우는 나라, 태양의 세상이 온다
그때는 눈부신 노동으로 온다
그때는 우리 그 착한 눈물과 땀과 피
그 황홀한 얼룩짐 밟으며 온다
밤은 언제나 술렁거린다
집채만한 파도처럼, 산더미만한 해일처럼

사랑노래

헤어지면서 헤어지면서
마구 두들겨대는
아아 내 품에 너의 갈비뼈
너는 말문이 막혀서
나도 말문이 막혀서
그러나 내 품에 너의 갈비뼈
네 품에 나의 갈비뼈
그 요란한
부딪치는 갈비뼈!

생일노래

우리가 어느 날 갑자기
밤하늘에 수많은 별 반짝이는 것 발견하듯이
그대의 생일은 순간의 깨달음으로 부딪쳐오나니
이제 별이 저렇게 환히 빛나는 만큼
그대는 건강한 몸과 마음으로 우리 앞에 서 있고
세월이 헛되이 부서져
그대와 우리의 조촐한 일생이
행여 오색찬란한 생일잔치 아니더라도
그대는 하늘에 너무 노여워하지 말라

그대의 생일과
그대의 건강함은
우리도 몰래 어느 날 반짝여대는 기쁨
별이 저렇게 수많음으로 반짝여대는데
행여 그대와 우리의 살림이
미리 준비되고 오래오래 기억되는 반만년 역사
길이길이 빛날 사건 아니더라도

그대여 우리의 착한 이웃이여

결혼기념노래

껴안으면 그대 한줌도 안되는
뼈만 남은 그대의 부드러움이여
가난함으로 내가 그대를
안타까워하기 훨씬 이전에
사랑하기 훨씬 이전에
그대는 벌써 세상 짠맛을 알아차리고
스스로 내 사랑함을 안타까워하노니
내 사랑함으로 그대의 얼굴 볼수록 까칠해지고
그대는 언뜻 한보름쯤 세상걱정과
세상풍파와 격리된 듯했으나 그대여
우리의 보금자리는 맨끝에서
초라히 비바람에 이마를 드러내고
버텨 서 있으니
간직할 수 있는 것
간직할 수 없는 것
간직함의 보수성과
바퀴벌레와 연탄까스와
모든 공사판 망치소리에 대하여
뼈만 남은 그대의 부드러움이여
아내여
깊고 깊은 울음으로도 채울 수 없을
그대의 광활한 받아들임을
나는 짐작할 수 없어라, 헤아릴 수 없어라

화장노래

태워라 어허이 한많은 육신
한 사내의 죽음이 한 여자의 죽음이
차갑게 미움인 세계 녹일 수 있도록

태워라 어허이 축축한 습기
한 사내의 가난이 한 여자의 사랑이
기어이 이별인 세상 풀 수 있도록

태워라 어허이 뼈시린 한기
한 사내의 옥살이가 한 여자의 일생이
조촐한 우리네 소망 이룰 수 있도록

태워라 어허이 사무친 그리움
한 사내의 불길이 한 여자의 물길이
치솟아 흘러흘러 고향땅 밟도록

태워라 어허이 한많은 육신

한 사내의 죽음이 한 여자의 죽음이
기어이 서러운 세상 재만 남도록
이제와 우리만 끼리끼리 남아
그대의 뜨거움에 펄펄 뛰고 있나니
타오르시라 활활 타오르시라

통일노래

우리는 이 땅에 땀내나는 발디디고 삽니다
기다림으로 아픈 발가락들이
억센 노동의 손가락 감싸고 한데 어울려
비린내 젖은 희망을 노래할 날 올 것입니다

우리는 이 땅에 피묻은 발 버팅겨 싸우며 삽니다
어두운 수풀 속에서 시린 이빨들 빛나고
물기어린 눈동자가 이 참호의 도시에서
불켜진 창문처럼 빛날 것입니다

우리는 이 땅에서 어둠에 등덜미 절리며 삽니다
어둠이 내미는 악수의 무게는
참으로 달고 무거울 것
그러나 우리는 어둠을 상처로 알고 삽니다

우리는 이 땅에 밭갈고 씨뿌리며
이 땅을 우리 아픈 몸의 일부로 삼고 삽니다
버림받은 슬픔이 인산인해 이루며
흩어진 사람들을 모을 것입니다
참으로 참으로
밝은 대낮은 화려하지 않습니다
진정한 만남의 기쁨은
눈물 콧물 피와 땀바답니다

우리가 두동강난 몸으로 사는 이 땅
우리가 두동강난 혼으로 사는 이 땅
우리 어서 빨리 흙을 본받아 통일해야 합니다
우리 어서 빨리 어머니 본받아 통일해야 합니다
우리 어서 빨리 헐벗음 본받아 통일해야 합니다
우리 어서 빨리 저 들판의 곡식 본받아
통일해야 합니다 통일해야 합니다

꿈노래

내 꿈은 조선땅에 뿌리를 내려라
내 꿈은 진달래밭에 뿌리를 내려라
내 꿈은 휴전선에 뿌리를 내려라
내 꿈은 오월 피밭에 뿌리를 내려라
내 꿈은 식민지 심장에 뿌리를 내려라
내 꿈은 끈끈한 삶에 뿌리를 내려라

오오 꿈이 흙내음 뿌리를 내리는
아픔은 꿈을 깨게 하고
깨어난 꿈이 또 꿈속이라도
살아야 할 목숨이 있고 발길질이 있다
아름다움의 습기가
살내음 비린 사랑이 있다
비명소리가 있다
서둘러 가자 서둘러 가자

내 꿈은 한맺긴 생애에 뿌리를 내려라
내 꿈은 치솟는 그리움에 뿌리를 내려라
내 꿈은 수치스런 역사에 뿌리를 내려라
내 꿈은 원한과 부활에 뿌리를 내려라
내 꿈은 고통과 희망에 뿌리를 내려라
내 꿈은 싸움과 구원에 뿌리를 내려라

황색예수 - 탄생과 죽음과 부활

이론의 여지가 있겠지만, 내가 보기에, 서양에서 우리나라로 전파되어 어느 정도 토착화 과정을 거친 기독교 혹은 천주교는 한반도 전역을 덮친 거대한 그물이다. 그 그물 밖으로 물러나서 그 존재 자체까지 무시할 수도 있겠지만 이 시대를 버팅겨 가고 있는 우리로서는 그 거대한 그물의 거대한 덮침의 정체와 자체 위험성과 미래를 위한 잠재적 가능성에 대해 끝없이 직시하고 모색하기를 게을리해서는 안 된다. 이 글은 그런 질문과 질타와, 끝없는 가능성 모색의 자그마한 결과이다.

우리도 이미 그 일원이 되어 있는 제3세계 약소민족들의 민중운동에 기여하기 위해서 종교는 자신의 그물이 현재 우리를 옭아매고 있는 상태라는 점을 스스로 반성해야 한다. 그리고 그 그물이, 강한 자의 사재도구로 전락하고, 힘없고 가난하고 약한 자를 희롱하는 몇푼짜리 선심과 환상놀음이 아니라, 바람직한 미

래를 향해 함께 나아가고 있는 대다수 민중들의 고통받는 공동체를 위한 '버팀대'로서 그물이 되어야만

종교는 이 시대 이 나라에서 존재이유를 부여받을 수 있다는 사실을 절감해야 한다.

이 글은 우상화된 예수, 우상화된 개인적 고통에 대한 고발이며, 잘못된 성(聖)-속(俗)의 이분법적 개념

규정에 대한 수정작업이며, 현세기복적 재벌 종교의 반민중성, 미래지향적 구원종교의 관제적 반역사성

에 대한 규탄이다. 그리고 가난한 민중들의 공동체 속에서, 쫓겨난 오늘의 예수를 확인하고, 이루어지지

않은 미래의 어렴풋한 모형을 찾으려는 '의미 찾기'이다. 그것은 성서에 나타난 탄생, 사랑, 부활, 구원의

진정한 의미를 찾는 작업과 무관하지 않으리라 믿는다. 도움말 주신 박태순 선생님, 그리고 어려운 일 함

께 해나가시는 박병서 사장님께 고마운 마음 이루 다 표현할 수 없다.-1983년 정초에

서시

그대는 살과 뼈와 피비린 인간의 모습.
인간됨의 가장 비참한 모습.
사람들은 믿지 않는다
그대는 하늘 그냥 늘 푸른 하늘일 뿐
그대 못박힌 손발의 상처에
갈수록 아픔이 생생한 살이 돋는 사랑을
사람들은 믿지 않는다.
그대도 어쩔 수 없다, 사랑의 힘은 그대를 다시 태어나게 하고
우리가 그대의 사랑을 확인할 때
(그것은 항상 너무 늦었을 때)
그대가 확인하는 것은 우리의 돌아선 뒷모습.
그것은 그대의 위대한 슬픔
그대는 슬픔의 시공을 초월하여 있으나
처절한 비참 속에 더욱 처절하게 있어
6·25 전쟁이나
죽창, 도끼, 학살, 참상의 끝.
세상이 그대를 버릴지라도
그대는 어쩔 수 없다 버리지 못하고
그대의 가슴은 그대를 버림까지 품고 있으니
그대의 거대한 포옹 속에서
그대를 버린 사람들은 가시처럼 그대를 찌른다
그대 육신의 가슴을 찢어져라 찌른다
그러나 그대는 바로 찢어질 수 없는
깜깜한 사랑의 힘
그 자체.
언젠가 손끝, 발끝, 황홀한 마주침같이
입맞춤같이, 아주 가까운 귓전의 입김소리같이

제1부 성년식(成年式)

세례 요한의 말
광야에서 외치는 이의 소리가 들린다.
"너희는 주의 길을 닦고 그의 길을 고르게 하여라."
마 1장 3절

나는 죽음으로
이 세상의 추악함을 증거하였다
이 세상의 아름다움도 증거하였다
아아 두 동강난 조국의 아픔

나의 죽음 연후에야 너희들은
놀라 주위를 돌아보았다 그리고
너희들은 둘로 확연하게 갈라졌다
설움 짓누르며 하늘나라를 준비했고
시시덕거리며 지옥나라
아직도 나는 어느 외로운 쇠창살 감옥살이나
뙤약볕, 발바닥이 뜨거운 공사판에서
삶의 어려움을 증거하고 있으나
눈을 감은 사람들은 아직도 눈시울이 뜨겁고
눈뜬 사람들만이 죽어서
살아 있다 죽음으로 내가 증거한 것은
나의 사랑과 너희들의 불의와 거짓과
상처투성이의 삶.
그리고 아직도 이렇게 텅 빈 손으로
내가 너희들을 구하고 있음.
나는 아직도 아아 사랑은 너무 외롭구나며
거칠고 황량한 빈 들의
외치는 소리로 남아 있다

탄생의 서
"내가 율법이나 예언서의 말씀을 없애러 온 줄로 생각하지 말아라.
없애러 온 것이 아니라 오히려 완성하러 왔다."
마태 5장 17, 18절

나는 이천년 전 베들레헴의 더러운
말구유간에서 태어났으나
지금도 그대의 비참한 슬픔을 위하여
가난한 시골집에서도 태어납니다
나는 사랑을 위해 그대 생애 속으로 들어왔으나
좀 더 큰 사랑을 위하여
그대 생애의 순간 속에서
태어나고 괴롭받고 또 부활합니다
나는 사랑을 위하여 역사를 택했으나
다시 사랑을 위하여
당신의 생애를 택합니다
이것은 그대 절망의 찰나가 그지없이 길다는 뜻도 되지만
사랑이라는 말을 완성하기 위해서
당신 온 생애의 수없는 부활이 필요하다는 뜻도 됩니다
그대의 역사는 지금 내 눈앞에서
반바퀴도 채 못 돌고 있지만
그러나 나는 불변은 아닙니다
변치 않는 것은 모든 것은 변한다는 사실뿐
내가 불변이라고 해도 그대는 변하고 있으므로

그대는 그대의 변함으로
나의 변치 않음을 증거해야 할 것입니다
나는 지금도 어느 여관방에서 애비없는 자식으로 태어나고
지금도 그대 오만의 죄 속에서
그대와 함께 죽어갑니다
나의 탄생과 죽음과 부활의 역사는 아니나
내가 사랑하는 당신들의 역사를 위해서
끊임없이 저질러지고 또 구제받아야 되는
어떤 찰나의 참상인 것입니다
그건 당신의 혁명을 위해서
그건 당신의 인간됨을 위해서
배반을 위해서, 부활을 위해서
마침내 그대와 내가 동시에 필요한
사랑의 완성을 위해서

어머님에게

그때 하늘에서 "너는 내 사랑하는 아들, 내 마음에 드는
아들이다." 하는 소리가 들려왔다.
마 1장 11절
"누가 내 어머니이며…?"
마 3장 34절

어느 날
그 억센 가난의 힘에 못이겨
몸을 허락하신 어머니
어머니, 어머니를 성스럽게 하기 위해서
어머니의 순결을 위해서
사람들은 어머니의 껍질을 벗깁니다
하이얀 알몸이 나타날 때까지
갈비뼈가 드러날 때까지 벗깁니다
입혀드릴게요 어머니 제가 그 땀절은 옷으로
그 동학혁명 아낙네의 찢어진 옷으로
그 아기를 안은 시골 아낙네의 젖비린내 묻은 옷으로
어머니
가난하고 억센 힘에 눌려
허락하시고 나를 낳으신 어머니
어머니 그러나 이제 내가 죽는 것은
어머니의 곁을 떠나
어머니의 가난으로
다시 태어나기 위해서입니다
가장 가난한 것이 가장 힘일 수 있는
세상을 위하여 저는 태어납니다
견딜 수 없이 힘센 것이 나타나기 위하여

참을 수 없이 벅찬 것이 나타나기 위하여
어머니 저는 어머니 곁의 숱한 눈물로
자꾸자꾸 태어납니다

머언 길을 간다. 잃는 자, 유괴당한 혼백을 네가 찾느냐
발톱까지 잃어버린 건 사랑일 뿐. 그리도 헤매임일까, 설렘이었을까
아직 스스로 응시하는 불안의 해골, 거품처럼 부서져내리는
나의 살, 덩어리. 비린 살로는 영영 못간다는
피안(彼岸)의 가느단 줄 위를 세며 내가 간다
사랑은 필경 뿌리, 피고름 묻어나는 만큼의 모진 목숨일 뿐

태풍주의보

그제야 생각이 나서 친척들과 친지들 가운데서
찾아보았으나 보이지 않으므로 줄곧 찾아 헤매면서
예루살렘까지 되돌아갔다
루 2장 44, 45절

바람이 분다 숱한 사연의 거리에
바람은 내가 이렇게 갈 곳 없이
그냥 이렇게 기다리고만 서 있어도
불어올까
바람은 내 마지막 남은 우산살마저 꺾고
빗속에 내논 외투를 마구 흔든다.
바람은 내 몸집이 들어갈 만큼 큰 빈자리를 만들어
나는 그 빈자리에 휩싸여 뿌리채 뽑힌다
내가 바람에 날아가도
바람은 계속 불어올까
불어올까, 바람은 집채만한 파도를 몰고와
내가 아직 연연해하는 것들을 쓰르리는데
그것은 낯익은 간판, 잘 들리던 다방, 술집 여종업원 따위
나도 쓰러질 듯, 몸을 가누고
내가 이렇게 그냥 쓰러져 맨살을 빗속에 내놓고 나뒹굴어도
바람은 계속 불어올까
바람이 분다 숱한 사연의 거리에
바람은 내가 이렇게 갈 곳도 없이
그냥 이렇게 아무 말 없이
기다리고만 서 있어도
불어올까

바람의 발톱

그러자 예수는 "왜 나를 찾으셨습니까? 나는 내 아버지 집에
있어야 할 줄을 모르셨습니까?" 하고 대답하였다.
루 2장 49, 50절

소경의 손을 잡고 마을 밖으로 데리고 나가서 그의 두 눈에 침을
바르고 손을 얹으신 다음 "무엇이 좀 보이느냐?" 하고
물으셨다. 그러자 그는 눈을 뜨면서 "나무 같은 것이 보이는데 걸어
다니는 걸 보니 아마 사람들인가 봅니다." 하고 대답하였다.
마 8장 23, 24절

요샌 보인다.
움직이는 바람의 소리가
들린다. 나는 앓고 있다. 내 짧리운 발가락들이 공중에 둥
둥 떠다니는 게
보이지 저 산꼭대기에 아직 남아 있는 신음소리가 들리지.
그래 앓고 있는 건
너뿐이 아냐. 내 발가락 새에서 샘솟는 피가, 너를 감싸주
는 그 비린 내음이
시원하지 않니? 일어나라 일어나

앓고 있는 건 나뿐이 아냐. 나도 알겠어, 이젠.
우리를 만나게 하는 것은 아픔뿐인 것을
우리를 일어서게 하는 것은 아픔뿐인 것을
우리를 앞서 걷게 하는 것은 아픔뿐인 것을

요샌 보인다.
움직이는 바람의 터진 발톱 끝이
조금씩.

목숨의 바다
"도대체 이 분이 누구인데 바람과 바다까지 복종할까?"
마 4장 41절

먼데서
아주 먼데서부터 바다가 뒤척이며
뜨거운 사랑의 체온으로 비가 내린다

출렁이며 내논
가슴채 밀려온 파도의 부서짐
그 깊은 속, 하고많은 우뭇가사리들의 사연 불사름 같은
질긴 목덜미 만의 하얀 흐들먹임이
젖은 등을 뜨겁게 두드렸을까

온다 먼 데서, 아주 먼 데서부터
반역의 귀를 짧린 피문은 바람이 몹시 일고
상처투성이 바다가 울컥이는 내장을 마구 배알아낸다
기다림의 바다, 아아 타는 목숨의 바다

바다 그 뭇매질에 터진 어깻죽지 위를
먼데서 아주 먼데서부터 새벽잠 못 이루며
뜨거운 껴안음의 몸살로 비가 내린다

밀물
예수께서 일어나 바람을 꾸짖으시며 바다를 향하여
"고요하고 잠잠해져라!" 하고 호령하시자 바람은 그치고
바다는 아주 잔잔해졌다.
마 4장 39절

밀려도 밀려 들어와도
종일, 내 키를 넘지 못하는 파도
가슴에도 못차고
그러나 가슴은 벅차고
바다여 너도 종일을 이렇게 내 하잖은 사랑 뇌쇄시키는
폭력으로 물밀듯 쳐들어와도
왜 우리들 철썩거림의 경계는 이리도 확연
하냐, 까무라치지 못하냐.
너는 거대한 바다인 채로, 나는 한마리 가여운 짐승인 채로
우리의 사랑도
출렁거리냐, 아아 투신도 못하게
넘실거려, 가까이 왔으면
우리의 만남도 손끝이 발끝이 닿을 수 있도록
마찰할 수 있도록
조금만 더
밀려왔으면

썰물
"왜 그렇게 겁이 많으냐? 아직도 믿음이 없느냐?"
마 4장 40절

바다는
소금기 끈적끈적한 사랑이나마
단 한발짝, 더 용서하기 위해서
가도가도 끝없는, 광활한 욕망을
우리 앞에 펼쳐 보인다
부끄럽게 눈이 부시게
돌아가는 것은 언제나 우리가
두려워서 돌아갈 뿐이다
흙묻은 발로 그냥 그대로
달아날 뿐이다

혹한을 기다리며

그 뒤에 곧 성령이 예수를 광야로 내보내셨다. 예수께서는 사십일
동안 그곳에 계시면서 사탄에게 유혹을 받으셨다.
마 1장 12, 13절

그때쯤이면 내 마음도 곤두선 몸짓도
헐벗겠네
헐벗겠네 대지여 내 성냄의 뿌리
내 한낱, 초조한 발자욱의 의미조차 받아들일 수 없는
얼어버려 닫혀버린 너의 알몸, 흐느껴 갈라지지도 못하고
대지여 너의 얼음백인 사랑 위에 젖가슴 위에
대지여 너의 귀터진 나뭇가지 피울음 위에
헐벗겠네 뜨거운 사랑도 모진 목소리도
대지여 3도 동상 고름 질질 흐르는 짤리운 내 발가락의
안타까움으로도 움켜잡을 수 없을 땅
너의 거대한 쓰러짐 위에
너의 거대한 헐벗음의 사랑 위에
너의 차디찬 분노 위에서
헐벗겠네 내 사랑도 아주 작은 사랑의 찌꺼기로
그러나 헐벗음으로 다시 일어나
대지여 너는 나의 여자, 나의 엄적, 나의 추억, 나의 패배
그러나 훌훌 벗고 맨몸으로 다시 일어나
선 채로 얼싸안고 부둥켜안고서
그때쯤이면 내 마음도 곤두선 몸짓도
헐벗겠네 아아
헐벗을 수 있겠네

고통의 우상화에 대해서

"나 때문에 모욕을 당하고 박해를 받으며 터무니없는 말로 갖은 비난을
다 받게 되면 너희는 행복하다. 기뻐하고 즐거워하여라."
마태 5장 11, 12절

그대는 매일매일 나의 고통을 눈여겨 들여다보고
나만 들여다보고 있으면
나의 고통은 어느새 당신의 우상이 됩니다
태초부터 나는 당신의 곁에서
아주 친근한 시대의 아픔으로
항상 당신의 아픔이 되려고 합니다
그러나 그대는 나의 고통의 우상화 속으로 들어가버리고
당신이 있던 자리에는 내가 있고
내가 있던 자리에는 당신이 있습니다
그래서 우리는 멀리 떨어져 있습니다
그대는 나만을 곰곰이 생각하다가

나의 사랑을 우상화하고
나의 살과 눈물을 우상화합니다
그래서 나는 그대에게서 먼 곳으로 쫓겨나 있습니다
고통은 소우주가 아닙니다
고통은 곳곳에 널려져 있습니다
나의 고통의 소우주 속에서
당신은 매일매일 옷을 젖으며
나의 죽음을 뼈저리게 흐느끼고 있겠으나
나는 당신의 우상화 속을 나와
신음하며 도처를 떠돌아다닙니다
나를 찾으려거든
그대는 나의 고통으로 인하여 세계를 고통으로
파악하지 마시오
오히려 세계의 고통, 그대의 주변 약한 자들의 비명소리 속에서
흩어진 나의 시신을 발견하시오
그러면 나는 바로 그때
당신 일상의 울음소리로
통곡하며 있을 것입니다

사랑에 대해서

"너희는 세상의 소금이다. 만일 소금이 짠맛을 잃으면
무엇으로 다시 짜게 만들겠느냐?"
마태 5장 13절

나는 운동입니다
발 밑이 깜깜토록 아무것도 안 보일 때까지
달리는 바퀴, 아스팔트의
질주입니다
너무 빨라
숨이 막혀, 먼 데를 바라보면
옷 벗은 나무가 기니깁니나
민대가리 산이 지나갑니다
나에게 가까우면 가까울수록
그대는 무섭고 두려워
숨가빠, 그러나 내가 멈추면
큰일납니다 그대는 호흡이 가빠오르고
그러나 사랑이 멈추면 큰일납니다
나의 매정한 운동중에 한방울 빛 반짝이는
불쌍히 여김의 눈물을
잊지 마시오 부디
물질을 물질이게 하는 것
그대들을 그대들이게 하는 것
나는 운동입니다

나에게 가까우면 가까울수록
그대는 헉헉거립니다
그러나 아주 가까이 오시오
좀더 가까이 오시오
내곁에 아주 아주 가까이 있으면
나는 그대의 속력이 됩니다
때로는 너무 무거운
그러나 내가 멈추면 큰일납니다
내가 멈추면 사랑이 멈추면
그대는 그대가 아닙니다
해체됩니다

사랑으로서의 지진에 대하여

"이런 재난은 하느님께서 세상을 창조하신 때부터 지금까지
없었고 또 앞으로도 다시 없을 것이다. 주께서 그 고생의 기간을
줄여주시지 않는다면 살아남을 사람은 하나도 없다.…"
마 13장 19, 20절

눈여겨 보면, 흔들리는 것은
저 혼자 떠는 내 비인 주먹뿐만 아니라
도시계획 불도저에 밀리는 흙벽, 신설등 다리 밑
천막 사는 마음서부터
하늘로 흡수된 고층건물의 맨꼭, 민방위 훈련을 하는
날지 못한 어떤 표정의 소시민스런 웃음까지
아스라히 흔들리고 있구나

고막의 꿰맨 상처를 찢고 들어도
터지는 핏방울 속에 동요하는 것은
숨죽여 흐느끼는 내 어깻죽지뿐 아니라
낯익은 거리엔 더 큰 아픔의 그림자들이
누구인지도 모르고 판치고 있구나
울부짖고 있구나
지진이여 지진이여 우리 바라는 것은
패전 일본의 동경을 뉴우요오크와 닮게 만든
너의 얄팍한 보수적 파괴근성이 아니라
다만 너의 그 거대한 갈라짐의 인간적인 한(恨)
거대한 삼켜버림의 사랑의 위협 속에서
부디 살아 있는 자만이라도 아픔의 생생한 상처를 찾게 해달라
떠도는 아픔의 주소를 찾게 해달라
단 한번, 절망의 끝, 그 까마득한 지구의 애간장 속에서
흔들리며, 좀더 엄청나게 흔들리면서
남은 것은 엉겨붙은 사랑뿐일지니
사랑의 아귀다툼이여

제2부 행전(行傳)

내가 사랑에 대하여 이야기하려고 하는 것은
사랑은
전쟁처럼 온다는 것이다
우리가 절망에 대하여 이야기하는 것은
절망이 전쟁을 몰아오고
전쟁은 곧
사랑이기 때문이다

"내가 세상에 평화를 주러 온 줄로 생각하지 말아라.
평화가 아니라 칼을 주러 왔다…"
마태 10장 34절

사두개인들의 부활에 관한 질문에 답함

"칠형제가 다 그 여자를 아내로 삼았으니 부활 때에 그들이
다시 살아나면 그 여자는 누구의 아내가 되겠습니까?"
마 12장 23절

우리가 총이나 칼이나 아니면
울화로 죽고 나서 다시 만날 때
우리는 그 치열한 함성으로 다시 살아나리니
전라도에서 경상도에서
너희는 너희 생애중의 어떤 형태로 다시 살아나는가 묻고 있으나
그리운 것들만 산산이 부서진 조각들로 다시 살아나
네 앞에 찬란한 살과 뼈로서 나타나게 되리라
아름다움은 가장 아름다웠던 그때 그 순간
서울에서나 이름없는 베들레헴의 한 시골집에서나
너희 생애의 가장 찬란했던 순간
죽어도 못잊을 순간은 너희의 눈과 코 앞에서
다시 한번 너희들의 상처로 나타나리라
눈을 감아도 눈시울을 적시는 뜨거운 눈물 속에서
아무도 빼앗지 못할 너희들만의 것은 드러난다
사랑이므로 그리움이므로
그것은 코흘리개 시절의 엄마, 차마 감기지 않는 두 눈을 감으시며
네 두 손을 마지막 남은 호흡처럼 거머쥐던
백발이 성성한 어머니, 어머니
어릴 적, 고만고만하게 커 보였던 국민학교 운동장이나
산동네 굽이굽이 골목길 패싸움
진실로 너희가 가슴속에 차곡차곡 쌓아놓고 다니는

지나간 나이와 얼굴과 낯익은 장소, 낯익은 말씨
그리움이 숨겨져 있는 모든 가슴들은 살아나
전봉준이도 춘향이도 유관순이도
한사람의 각자는 그리워하던 모든 것을 보게 되고
그리움의 각자는 제각기 그리워하던 것들을
보게 될 것이다
나는 너희들에게 나자렛예수로, 사람의 아들 예수로
다윗의 자손, 골고다 언덕, 그리고 엠마오의 예수로
이 모든 것으로 너희의 그리움 속에서 부활하리니
너희도 너희의 찬란한 생애의 모습을 그리움의 가슴속에서
그것은 이승의 슬픔 속에서
분연히 살아나리라 함성 소리로 피울음 소리로
너희들은 사랑스러운 자식으로도 살아남고
님으로도 살아남고 용감한 싸움터의 병사로서도 살아남고
살아남은 사람들의 가슴을 갈가리 찢어놓던
너희들의 난자당한 시체로서도 살아남을 것이다
수천 수만개의 너희가 각기 그때의
생생한 살과 뼈와 피비린 냄새와 몸짓으로
살아나리라 아아 그때도
그리움은 여전히 상처이겠으나
사랑도 또한 상처이니라 사랑으로 살은 사람은
수천 수억의 몸으로 살아남고 그렇지 못한 사람은
결국 한개의 분자로도 살아남을 수 없는 자
그렇다 하면
사랑의 기억과 미움의 기억과는 어떤 차이가 있겠느냐
너희가 묻고 있으나
미움의 기억 속이 곧 지옥이니라 그렇다 하면
어머니만도 수천개 사랑하는 여인도 수천 수만개의
나이와 얼굴과 주름살과 키와
가슴을 찢는 울부짖음으로 살아나서
그리고 그 수천 수만의 각자마다에 너희가
너희의 모습과 키와 울부짖음으로 또한 수천 수만개씩 뇌
리에 사무쳐 있어
결국 우리는 수천 수만 수억배의 모습으로 엇갈려
만나지 않겠느냐 그렇다 하면
너희는 그러면 인구가 지금보다 수천 수만 수억배로 늘어나서
(그리움은 모든 사람의 일상사이므로)
지금보다 세상이 숨막히지 않겠느냐
발디딜 땅이 어디 있겠느냐 너희는 또 묻고 있으나
그것은 다 인간사일 뿐
그리움이 많을수록 사랑함이 치열할수록
부활의 나라는 더욱 넓어지는 것이니라
그리움, 사랑, 이런 것들은 너희가 이 땅 위에서

가장 소중히 실천할 일이나
그것은 부활에 대한 예감일 뿐
이승의 차원과는 다른 것이니라
너희의 마음 속에만 있고
너희의 그리움 속에만 있고, 슬픔 속에만 있고

몸통에서 분리된 모가지의 노래

소녀가 나가서 제 어미에게 "무엇을 청할까요?" 하고 의논하자
그 어미는 "세례자 요한의 머리를 달라고 하여라." 하고 시켰다.
그러자 소녀는 급히 왕에게 돌아와 "지금 곧 세례자 요한의 머리를
쟁반에 담아서 가져다 주십시오." 하고 청하였다.
마 6장 24, 25절

명동이나 뒷골목, 대한민국 어디서나
난 인파 속에서 항상 에너지를 느낀다

사람들은 나를 알아보지 못했고
난 그냥 이렇게 사는 법도 있으려니 했다
내가 분리되지 않았을 때

내가 분리되기 위한 그 삐그덕이던 나사의 회전
그건 터무니없는 강제였지만
이제 내 머리카락을 적셔내리는 피가
성난 인파를 또 저렇게 적시는 것을
그리고 내 몸뚱어리가 내가 아니면서
그 속에 기꺼이 섞여지는 것을
보면서
나는 멀어졌지만
전보다 더 가까워졌다

죽여도 국녀노 몸통에서 분리된 모가지의 노래는
더욱 가깝고
몸뚱어리는 여전 몸뚱어리로 성난 인파 속에 남는다

못박기

예수께서는 그 여자에게 "여인아. 네 믿음이 너를 살렸다.
병이 완전히 나았으니 안심하고 가거라."
마 5장 34절

누군가 쓰러져버린 말 못할 불행이
그녀의 새가슴을
찢고 있다
금이 가도록 살점이 튀도록

못을 박고 있다
그녀는 얼굴에 핏기가 싹 가신다
가슴이 철렁 내려앉는다
눈언저리 아직도 굳어지지 못한 근육이
파르르
떨린다
누군가의 말 못할 비명소리가
차마 돌이 되지 못한 그녀의 여린 가슴에서
살점을 도려내고 있다
먼 옛날 그녀 자신의 아픔의 기억은 그저 그뿐
이제는 잊어버린, 아주 낯익은 상처로
그녀의 슬하에 머물고
이젠 멀리 물러서서
누군가의 이름없는 불행을
모든 알려지지 않은 슬픔을
그녀는 그녀의 야윈 새가슴 속으로
자꾸자꾸 한도 없이
받아들이고 있다
이젠 돌이킬 수 없는, 그녀 삶의 의미라는 듯이
그녀의 넘치는 새가슴을 산산조각 내려는 듯이

자갈치 시장에서
"너희 중에 누구든지 죄없는 사람이 먼저 저 여자를 돌로 쳐라."
요 8장 7절
"다른 사람들은 더 넉넉한 데서 얼마씩 넣었지만 저 과부는 구차하면서도 있는 것을 다 털어넣었으니 생활비를 모두 바친 셈이다."
마 12장 44절

이젠 아무것도 숨기지 않는다는 듯이
여인은 덥석 쥔 손으로 접시를 내놓는다
바윗덩어리 같은 눈물을 훔쳐내리던 그 큰 손이
어느새 커다란 슬픔 뒤에 남는
어떤 비릿한 삶에의 위안처럼
이젠 아무것도 없이
다만 광어뼈 튀긴 거나 실컷
줄 수 있다고 한다
줄 수 있다고 한다

집 헐기
"지금은 저 웅장한 건물들이 보이겠지만 그러나 저 돌들이 어느 하나도 제자리에 그대로 얹혀 있지 못하고 다 무너지고 말 것이다."
마 13장 2절

온갖 풍상
이만큼 점잖게 버텨온 것도
순전히 서릿발 서린 오기였다는 것을
나는 알겠다 꽃무늬 금간 기와를 몇장만 뜯어내도
햇볕에 해골처럼 드러나는
이조시대 삼베옷 입은 가난의 골격이여
오백년 견더냄의 미학이여

차라리 썩어 문드러진 것은 쥐똥 거미줄
그래도 삶은 헛된 것이 아니라는
어떤 긍정적인 사랑의 추한 면임을
또한 그것의 어쩔 수 없음도
나는 알겠다 네가 망치를 합한 나의 몸무게에
휘청거리지 않아도 왕조는 바뀌고
걱정의 습기 마를 날 없던
흙벽이며 도배지며 언땅이 두쪽 나도
폭발하지 못한 장마비

그러나 우린 이렇게 힘든 망치를 손에 쥐고 있지 않으냐

귓전에 남아 있는
모종의 기나긴 상식, 그 속창자까지
뙤약볕에 내동댕이치기 위해서
정말 한발 몸부림의 건축물로
일어서기 위해서

공사장에서
아직도 햄머, 철근콘크리트, 부삽에 돌 부딪는, 바윗덩어리 부셔져 튀는 소리
귓속에 들린다 공사판을 대충 끝내서
우리는 자갈더미 위에 앉아 땀을 식히고
잠시만 쉬면
거대한 크레인 소리는 귓속에서 가만히 침몰해 가고
훨씬 먼저부터 사라지기 시작한
어떤 관습처럼 면연한 소리가
자갈더미 속에서 들린다 침몰 이후의 고요한 함성으로
불끈불끈 솟아오른 안면의 핏줄에
부벼보면 자갈의 아픔은 시원스럽고
우리 잠시 쉬는 도중에
시원한 감촉은 어느새 땀식은 뉘우침같이
혹은 번득여대는 깨우침같이, 노여움같이
거대한 크레인 소리보다도 더욱 거대한 소리로
내 귓속, 안이한 고막도 터쳐 버리고

모든 게 넘치고 흘러내리고
햄머, 철근 콘크리트, 바윗덩어리 부서져 튀는 소리, 크레
인 소리
들리지 않는다 아아 들리지 않는다

원효대교 공사장에서
믿을 수 없이 거대한 힘을 합하여
내 상식의 면전에서 너무 무겁게
망치는 내리친다 철근이 산더미처럼 쌓인 공사장
무수한 팔뚝에 핏줄, 불끈불끈 솟은 함성
콘크리트 덩어리가 숨막힐듯 높이 올라가 하나씩 둘씩 차례로
교각이 삽시간에 강물을 건너고
교각은 크레인 소리, 덜크덩 소리, 쇠와 쇠가 부딪는 소리
뿌리치고 강을 건너간다 서부 이촌동
화물차는 고속도로를 접어들며 밤이나 낮이나
갑자기 속력을 내고

다리여 다리여 너의 그 거대한 힘의 역사로
우리가 과연 슬픔에
다리를 놓을 수 있겠느냐

여기는 원효로 강 건너는 여의도
가난과 사치가 만나게
견우와 직녀가 만나게
슬픔과 슬픔이 물결 출렁이면서 서로 건너와
그 아우성 흔들리는 한가운데서 만날 수 있도록

성찬 회상 일기
"너희는 내가 굶주렸을 때 먹을 것을 주었고 목말랐을 때 마실
것을 주었으며,… 감옥에 갇혔을 때에 찾아주었다."
마태 25장 36절

설날(구정)같은 특별한 날은 과에서 따로 사과나 계란 두개
운좋으면 돼지비계 같은 특식이 나오곤 했지만,
사내들만 모이는 방도 그냥 지내는 마음이 섭섭하여
구매하는 물건들(미원이나 설탕, 빠다나 고추장)을 사서
공장에서 몰래 빼오는 수구레 고기와 바꿔먹곤 했다.(육공
장은 수구레장)
오스트레일리아라던가 하여간 먼 데서 배 타고 왔다는
그 딱딱하고 시커먼 고기는 방부제 약물에 찌들 대로 찌든
모양새였지만
그래도 짐승 본연의 땀 오줌 똥냄새는 우라지게 나서
큼지막하게 덩숭덩숭 짤라낸 걸 눈을 켜고 둘러앉아도

다섯점 넘겨 먹는 이가 드물었다.
하긴 석점만 먹어도 씹는 사람은 이미 사람이 아니라
목구멍 밑 깊숙이까지 구역질나는 소시궁창 냄새로
움매에 하고 뺑끼통에서 몰래 소울음 흉내를 내보는
사람이 있더라는 무기수의 이야기 아니라도
정작 눈 온 황소라면 자기 못된 냄새를 이렇게까지 자의식하진
못할 거라, 어허 못할 거라
하여 이 허이연 수음의 똠물처럼 남아도는
피빠진 고기는 대개 영리한 쥐를 잡는 미끼로 쓰곤 했다.
(여기 것은 억센, 털난 팔뚝만한 것이 괭이도 보고 달아날
지경이지만
입맛은 고급이라 썩어도 고기 아니면 꼬임에 들지 않았다.)
비닐봉지로 가느다랗게 줄을 꽈서 수구렐 매어달고 창살
밖으로
고 또랑또랑하게 생긴 눈망울의 앞다리나 모가지, 나긋한
허리께를
나꾸어 챌 땐
손마디 마디에 갈빗대의 가녀린 숨쉼까지도 느낄 듯하여,
얼마나 눈물겨웁게
우린 기뻐 소리쳤던가 약은체해봐야 하늘처럼 믿는 천장은
밤낮 쿵쾅여대는 널판때기, 썩은 마룻바닥일 뿐, 놀음은 항상
전쟁처럼 들릴지도 모를 일이다.
이런 날 한번씩, 우리는 쥐벼룩 옮은 가려운 몸으로
모두 화해하곤 했다.
(너는 야윈 얼굴을 싸매고
썻음의 바다에라도 다시 뛰어들고 싶었을 테지만)
내가 화해한 손은 한 손가락 모자란
어색한 악수.(그는 액까마, 뚜룩잽이, 노름으로 한 손가락
을 짤렀다)
이런 날 다시 우린
(너는 실망 많은 그대 없는 세상
해탈의 춤이라도 추고 싶었을 테지만)
석기시대 지층처럼 쌓여져 있는 얼굴의 때를
한겹씩 벗겨주고는
결핵의 핏덩이 같은 웃음을 헤프게 웃곤 했다

칼잠예수
"주님, 저희가 언제 주님께서 주리신 것을 보고 잡수실 것을
드렸으며 목마르신 것을 보고 마실 것을 드렸습니까?"
마태 25장 37절

살이 등 부딪힐 때는 샛노란 고름처럼 땀이 흐른다.
밤이 되면 우린, 아닌게아니라 무디어진

마음이 좁아서
복숭지뼈를 겹쳐 밤을 새며 칼잠을 자야 했다.
왼쪽이든 오른쪽이든
한 어깨만 눕혀 그렇게 아침까지
긴긴 밤을 잤다.
사랑할 줄을 안다.
우리들의 비음 섞인 비역, 무릎에 머리를 고이는 내외맺음
도 맺음이지만
도대체 신경질, 쌍욕, 거짓말의 다툼부터
골통을 빠쉘 구타, 살인, 강간, 독신의 침 배앝음까지
미치게 그리운 거다, 통째로 삶을 사랑한다는
벌거벗은 몸짓이.
다시 비싼 개부랄티 정력제를 상습 복용하는
여기말로 돈 많은 벰털부터
시래깃국 건데기조차 못 건져먹는 찌그러진 개털까지
뭔가 같은 걸 발견하고 싶은 거다. 해와를 닮은, 뒤가 구린
대변 냄새라던가(내 뒤가 이렇게 구린 줄 사람들 보는 데서
똥눠 보니 알겠다) 배부른 만큼이나 드문 설사, 아니면
귀찮도록 가볍게 긁을 잔 피부병이라도
같은 몸부림이고 싶은 거다.
사랑일 줄을 안다.
전과 18범 노인이 아직도 어린애 같은
해학과 모순과(사회 꾸정물 들을 시간적 여유가 없었으니
당연한 일일 텐데도 그렇다)그 아이로니는
우리가 사랑이 되는
유일한 무기.
자면서, 우리들은 뜀박질을 시작했다.
비좁은 방, 신경질, 쌍욕, 거짓말의 다툼 속에서
좀더 밀접하게 치열하게 사랑이기 위해서
한번 자봐라, 너도 버선 신은 무동춤 같기도 할 예수칼잠을
밤새 너의 두 발목에
서릿발 같은 대못이 들어와 박히질 않나.

그들은 게세마네라는 곳에 이르렀다. 예수께서 제자들에게
"내가 기도하는 동안 여기 앉아 있어라." 하시고 베드로와 야고보와
요한만을 따로 데리고 가셨다. 그리고 공포와 번민에 싸여서
"내 마음이 괴로워 죽을 지경이니 너희는 여기 남아서 깨어 있어라."
하시고는 조금 앞으로 나아가 땅에 엎드려 기도하셨다.…
"시몬아, 자고 있느냐? 단 한시간도 깨어 있을 수 없단 말이냐?
유혹에 빠지지 않도록 깨어 기도하라. 마음은 간절하나 몸이 말을 듣지
않는구나!"… "아직도 자고 있느냐? 아직도 쉬고 있느냐? 그만하면
넉넉하다. 자, 때가 왔다. 사람의 아들이 죄인들 손에 넘어가게 되었다.
일어나 가자. 나를 넘겨줄 자가 가까이 와 있다."
마 14장 32~42절

가을에

무슨 말로 아플 수 있으랴
소름 돋는 예감과
다만, 파란만장한 삶에 집착할 뿐
무슨 말로 채울 수 있으랴
사랑한다 사랑한다 사랑한다 사랑한다
그러나 수천마디 사랑의 되뇌임도
흩어져 내리는 매듭 하나 수습치 못하고
이 계절에 헤어져 헤어지면서
무슨 말로 완성시킬 수 있으랴
무슨 말로 사랑할 수 있으랴

입추

오늘 밤은
바람이 유난히도 설레게 분다
가을이 한발짝, 성큼 다가와
오늘 밤, 바람이 유난히도 설레이게 불고
나뭇가지에 붙어 있는 잎새의 극심한 흔들림이
더없이 소중하고
안타까워 보임은
사랑인가.
그렇다면 방 전체에 불 밝혀놔도
전신을 엄습하는 이 공포는 사랑인가
나의 신혼에, 나의 사랑의 시작이자 끝인 시각에
어떤 소스라친 발견처럼
혹은 어떤 반짝이는 갈채소리처럼
나뭇잎새는 바람에 저리도 몸을 뒤채이고
흔들리며 흔들리며 매정한 눈물 한방울 그 바람에
흩뿌릴 때까지
그대 눈물의 뿌리 송두리째
뽑힐 때까지
떨리며 내가 바라보는 것은
사랑인가, 낯설음인가
가을에 우리가 나무같이 굳건한 사물을 사랑하는 것은
그리고
나뭇잎새같은 일순의 흔들림에
안타까워하는 것은
웬일인가 전신이 부르르 떠는 사랑, 마구 흔들리는 낯섦,
사랑은 흔들리지 않고
매어달려 마구 흔들릴 수 있는 사랑
그런데
이 밤, 오늘 따라
바람이 몹시 심하게 불고

1983

마치 나 대신 흔들려준다는 듯이
가슴 설레며 이 불안의 소중함을 안쓰러이 그냥
주체하지 못함은 웬일인가
사랑인가 패배인가
용서인가, 아니면 나의 무기력에 대한 분노인가
나뭇잎은 나의 흐려진 얼굴을 볼 틈도 없이
바람에 마구 발길로 채이고
나를 보지 못하고, 듣지도 못하고
그러나 그 움켜잡은, 그 격한 흔들림 몇개가
나의 전신을 뒤흔들어대는 것은 웬일인가
사랑인가. 이 덜덜거리는 흔들림은
애써 머물러 있고자 함은

추수

고개 숙인 벼이삭 고개 꺾이다.
다 거두어 들이고
말없이 짚더미로 눕다.
모두 끝나다.(볏짚 사이로 습기찬 그리움이 반짝이다)
겨울이 산 뒤쪽에서
거대한 약탈자처럼 보이고
그러나 진실은 진실로 아름답고
처절해 보이다.
사라지면서 마지막으로
드러내 보이는.

그것은 마치
쪼들리고 시달림받는 고통의 참맛을
너를 얻은 뒤에 너와 함께
이렇게 음미하듯이
만남은 만나도 모자라고
싶은 항상 모자라
나는 모자람으로 가슴 부풀어 지낸다.

그때 마리아가 매우 값진 순 나르드 향유 한 근을
가지고 와서 예수의 발에 붓고 자기 머리털로 그 발을 닦아드렸다.
그러자 온 집안에 향유 냄새가 가득 찼다.
요 12장 3절

예수의 발

나르드와 머리카락과 마리아의 여성의
가장 소중한
달아오른 얼굴로, 떨리는 손끝으로
오 예수
성스러운 그대 발꾸락

여성의 가장 부끄런
(그러나 당신은 만지면 앗-뜨건
닿으면 불 같은, 그런 살이었으므로)
마리아는 그녀의 가장 깨끗한
(그리고 가장 부끄런)
머릿결로 당신의 발바닥을
지금도 씻겨드린다
씻겨드린다. 발가락 사이의 손가락
그러나 그것은
성스러움이 가장 생생하고
싱싱한 때.
가장 생생한 거리와 냄새로
가장 귀한 것이
가장 가까운 것으로
가슴에 울려퍼지는 때.
얼굴이 달아오르고 가슴이 방망이질 치고
가장 성스럽기 위하여
가장 인간스러운 것을
당신이 보여주신 때.

철쭉꽃, 5월에
저는 몸을 망치고
당신은 너무 화사하다고 나무라기만 하셔요.

그 날 그 하늘 찢어진
저를 부르던 소리와
이렇게 먼 산, 먼 언덕까지 메아리쳐 와 닿던
그 날 그 자유에의 유혹.

그러나 저는 이렇게 몸을 망치고 망치고
당신은 화사한 저의 꽃잎사귀에 배인
사내의 몸냄새가 저의 가녀린 목줄기에 찍힌
구둣발 자욱 소리를
알아차리지도 못하셔요.

활짝 핀 꽃이파리보다도 많은 짓밟힌 경험과
버팅겨 뻗은 제 뿌리보다도 깊은
빼앗김의 상처.

그러나 저는 이 늦은 5월까지 살아
나이든 누님의 눈밑, 잔주름같이
다시 당신을 유혹하고 있어요
오셔도 오셔도 더욱 멀어지는,
이렇게 먼 산, 먼 발치에서.

317

당신이 오셔서
다신 짓밟힘 아니라
다신 빼앗김 아니라
제 몸 깨끗이 씻어주시길.
당신의 살기와 당신의 세례.
당신의 야유와 당신의 사랑.
당신의 치욕과
당신의 무기.

몸서리치는 노래
우리들의 사랑법은
시대의 가장 여린 풀잎으로 이 땅에 눕기.
안타깝기. 서로 보듬기. 가장 몸서리칠 태풍의 예감으로
치떨기. 우리들 가장 여린 허리의 흔들림 덕택으로
서로 껴안기. 강하고 무딘 것들을 위해
미리
몸서리쳐주기.

끝노래, 벗은 칸나
흩어지며 살랑이며
허리를 미는
바람동이 몸쓸, 바람이 일면
나는 살래살래 댕기 문 입술로
빨갛게 발시린 몸을
쏟을 거야요.
한번쯤.

모가지 구부리며
호들갑스런 풀밭.

아직 엉너리치는 바람.

꽃잎이 지는 정조라 하셔요.
열매맺던 몸사림이라 하셔요.

하물며 다시 흩어지며 살랑이며
키자란 바람의
오장육부를 뿌릴 성화라면

주어도 주어도 새로 새파란
불따구니가 시려
시든 꽃잎사귀에 싸인 내 몸을
쏟을 거야요.
온통.

봄비, 밤에

"그러면 너희는 나를 누구라고 생각하느냐?" 하고 예수께서
다시 물으시자 베드로가 나서서 "선생님은 그리스도이십니다." 하고
대답하였다.
마 8장 29절

나는 몸이 떨려
어릴 적, 내 여린 핏줄의 엉덩이를 담아주시던
어머님 곱게 늙으신 손바닥처럼 포근한 이 비는
이젠 내 마음 정한 뜻대로
떠나도 좋다는 의미일까.

산은 거대한 짐승을 가린 채 누워 있고
봄비에 젖고 있어. 나는 몸이 떨려.

그러나 새벽이면 살레살레 앙칼진 개나리를 피워낼
이 밤, 이 비의 소곤거림은
혹시
이젠 외쳐야 된다는 말일까.
이젠 외쳐야 된다는 말일까.

불

"너희가 청하는 것이 무엇인지나 알고 있느냐? 내가 마시게 될 잔을
마실 수 있으며 내가 받을 고난의 세례를 받을 수 있단 말이냐?"
마 10장 38절

불은
불타오른다 꺼질 줄 모르고
내 습기찬 눈동자의 몽롱한 시야 속에서
불은 죄많은 자기의 육신까지 태워버린다

눈물을 닦아내도 아아 타누나
타누나, 그대의 봇물터진 울음.
불은 마침내 이성을 잃고
산더미처럼 집채처럼 태워버린다.

불타라. 불타라. 불타라. 불타라.
쓰러지며 불은 불타오르고, 그러나 태울 수 없는
우리의 축축한 사랑이 이미 타버린
그리움의 거대한 그림자조차 무엇으로
적시겠느냐 아아 그리워하겠느냐
불은 걷잡을 수 없이 불타오르고
불 스스로 세력마저 태워버리고
불의 쓰러짐은 스스로 아비규환의 비명소리마저 태워버린다.
불타라. 불타라.

너와 내가 이 화재앞에서 다만 태울 수 없는 몸짓으로 남아
봇물터진 그리움으로 남아
무엇을 또 태우겠느냐.
무엇을 또 부르겠느냐.

입성

"호산나! 주의 이름으로 오시는 이여, 찬미받으소서!"
마 11장 10절

가자가자 피흘리며 곤두서 가자
눈물덩이, 설움덩이 떨치며 가자
뿌리치며 손맞잡고 몰켜서 가자
귓전에 남아 있는 아직도 부릅뜬
부모 형제, 조국 산하 부르며 가자
꺾인 허리, 부러진 다리, 짓밟힌 심장
가자가자 피흘리며 곤두서 가자
흩어져 말고 쓰러져 말고 밀며 밀리며
너도 나도 만세소리에 일어서 가자
가자가자 피흘리며 곤두서 가자
아우성 속에서 싸이렌 속에서 누군가 쓰러지고
쓰러지면 누군가가 다시 일어나
매맞아 터진 어깨로 부딪혀 가자
연기 속에서 이름도 모르는 피를 훔치며
호루라기 속에서 힘없이 원통한 붕대를 처매며
우리를 부르는 것은 눈먼 분노가 아니다
우리를 분노하게 하는 것은 하늘이 아니다
하늘은 항상 약한 자의 편
가자가자 저 창칼의 숲을 달려서 가자
불끈불끈 솟는 핏줄이 거꾸로 솟아
바닥에 부딪는 이마를 또 한번 칠 때
가자가자 저 하늘을 곤두서 가자
쓰러짐으로 몸부림으로 곤두서 가자
갑돌이도 갑순이도 울면서 가자
전라도도 경상도도 울면서 가자
가자가자 피흘리며 곤두서 가자

최후의 고백

"나는 분명히 말한다. 너희 가운데 한 사람이 나를 배반할 터인데
그 사람도 지금 나와 함께 먹고 있다."
마 14장 18절

나의 몸, 나의 피를 그대에게 줍니다
나의 살, 나의 뼈를

그대에게 줍니다
흐트러진 내 눈물의 시야를
갈기갈기 찢어진 내 꿈의 잔해를
나는 그대에게 보여줍니다
그대는 나의 혁명이어야 합니다
나의 절망이 그대의 몸 속에서
피가 되고 살이 되고
내가 그대의 혁명이었듯이
그대 또한 나의 혁명이어야 합니다
한번쯤 이루어버린 사랑의 업적을
업적의 시든 시체를 나는 그대에게 줍니다
몸부림과 불끈불끈 솟아오른 핏줄 근육의
한많은 몸뚱어리를 그대에게 줍니다
일용의 양식으로 걱정거리로
나는 항상 그대의 곁, 그대의 속에서
용솟음칠 것입니다. 차마 이루지 못한 꿈
그대의 가슴도 갈가리 찢길 것입니다
나는 그대의 가슴에 못을 박습니다
지워지지 않는
지울 수 없는
그 날의 그 아픔 그대로
나는 그대 곁에 있을 것입니다. 아주 초라한 모습으로
그대가 너무 춥지나 않게
그대가 너무 지치지나 않게
그대가 너무
초라하지나 않게
나는 항상 그대의 속에서
부글부글 끓고 있을 것입니다.

달아나라 누군가 너희의 잠을
웃음의 이빨로 덮치고 있다.
오는 것은 비웃음이 아니다 소문이 아니다
북만주 벌판 바람같이
아우성 지친 몽둥이 세례같이
오는 것은 아아 백주에 날뛰는 것은 꿈이 아니다
누군가
게릴라처럼 달아나라
너희는 잠에서 깨어나
나를 배반하라
문을 닫아도 두 눈을 감아도
겨울은 이미 너희의 가슴 한가운데에
세상은 세상의 간계를 숨기지 않는다
세상은 이미
세상의 추악한 얼굴을 숨기지 않는다

제3부 부활

갈길
"유다인의 왕 만세!" 하고 외치면서 경례하였다. 또 갈대로 예수의
머리를 치고 침을 뱉으며 무릎을 꿇고 경배하였다.
마 15장 18, 19절

통증이 와.
현기증 나.

너를 보면 내 몸 속에서 어떤 날림으로 세운
철근 콘크리트 덩어리가
와르르 무너져내리는 소리
들렸어.

피를 봐야겠어. 내 번잡한 영혼의 얼룩을 씻어내리는
신선한 피.

나에게 뜨거운 너의 피를 보여줄 수는 없니
너의 뜨거운 살아 있음을 보여줄 수는 없니.

이대로 만남을 시시하게 청산할 수는 없어.
몇 천년을 가슴 속에서 징징 울던 칼이
이제 외치고 있어. 사랑과 칼과 만남의 흔적에 대해서
그 피비린 관계에 대해서.

시몬이라는 키레네 사람이 시골에서 올라오다가 그곳을 지나게 되었는데
병사들은 그를 붙들어 억지로 예수의 십자가를 지고 가게 하였다.
마 15장 21절

조금씩
양보해야 해. 다시 일어서려면
둘리라야 해. 다시 튼튼히 일어서려면
다친 무르팍에 호 불어주는 그 입김, 그 온기로
찢어진 이마를 첨매주는 적삼봉대, 그 피로
절망과 쓰러진 사랑의 노래라야 해.
그 선명한
얼룩진 두 뺨의 눈동자라야 해.

못박기
마침내 그들은 예수를 십자가에 못박았다. 그리고 주사위를 던져
각자의 몫을 정하여 예수의 옷을 나누어 가졌다.
마 15장 24절

좀더 손끝이
손끝에 닿게
못끝이
살갗에 닿게
마지막으로 당신에게 드리는
이 아픔
아스라지도록
껴안을 수 있게
당신의 가슴에 나도
못을 박을 수 있게
혼자 아주 버려진 아픔으로
누군가가 아주 먼데서 와서
조일 수 있게 꼬옥 꼭 조일 수 있게
제발 다시는 헤어지지 않게
못끝은 나의 살을 찢고
당신의 가슴을 찢고
찢어짐과 찢어짐이 떨어지지 않게
서로 만나게
깜깜절벽과 깜깜절벽이 만나
불꽃이 튀게
가슴을 쥐어뜯으며 울부짖으며
억센 가슴이 탈난 사랑을 만나듯
좀더 손끝이
손끝에 닿게
우악스럽고 아주 우악스럽게
못끝이 그대의 사랑
갈라지면서 쓰러지지 않는
찢어지면서 헤어지지 않는
못나고 못난 뜨거움으로 변하게
뜨거움으로 불타오르게
핏줄이 터지는 아픔
들끓어오르게, 들끓어오르게

몸통에서 분리된 모가지의 노래 2
예수께서는 큰소리를 지르시고 숨을 거두셨다. 그때
성전 휘장이 위에서 아래까지 두 폭으로 찢어졌다. …
"이 사람이야말로 정말 하느님의 아들이었구나."
마 15장 37-39절

그리운 것들은 아직도 살아서
꿈틀거리고 있구나. 지금은 육신조차 선 채로 벌거벗긴 채
견디지 못할 때
여름 땡볕 견디는 온몸으로도 견디지 못하고

잔등 위 불타는 신음소리조차 힘겨워 힘겨워
아아 비리디비린 목숨조차 힘에 겨울 때
억수같이 땀흐르며 그리운 것들은 아직도 살아서
꿈틀거리고, 훔쳐내려도 훔쳐내려도 그리운 것들은
내 못박힌 손등 위에 쓰라린 망막 위에
아롱져 있구나
그것은 그리운 이름들이다
아직도 차마 살은 분노가 거리를 메우고
타는 불볕 속에서 더욱 뜨겁게 불타오르는 기다림
쓰라리고 찬란하고 생생하고 잔인하게 그리운
찢어진 얼굴들이다
못 돌아오리라
그대 이제는 다시 못 돌아오리라
두 눈동자에 꽉 차 들어온
하늘, 가슴 쥐어뜯는 푸른 하늘에 두 눈이 마구 시리며
이제는 다시 못 돌아오리라 한줌에 꼬옥 잡히는
내 나라, 내 땅 따스한 흙의 온기에 두 뺨 부비며
이제는 아아 피비려 이 땅에 살아남지 못할 그대
눈물의 그대. 핏방울의 그대.
그대 이제는 다시 못 돌아오리라
이제 그리운 사람들은 가고
아직도 살아 있는 사람들만 남아
그리운 것들을 아파해야 할 때
전신을 짓밟히며 난자질당하며
눈물이 핑 돌수록, 목이 메일수록
목이 터져라 외쳐 불러야 할 때
그리운 것들은 쓰러진 기억의 껍질 위를 피어오르고
기어다니고 질질 흐르고
살아 있는 사람들만 비참하게 남아
갈가리 찢어진 목청으로 외쳐부르는 소리
그 소리는 내 터진 고막 속 아주 먼 데서부터
벅차디 벅찬 힘+ㅇ소리보 또한 파도쳐 오는구나
아아 나는 가고 너희들은 물결치며 오는구나

또 여자들도 먼 데서 이 광경을 지켜보고 있었는데 그들
가운데에는 막달라의 마리아, 작은 야고보와 요셉의
어머니 마리아, 그리고 살로메가 있었다. 그들은 예수께서 갈릴래아에
계실 때에 따라다니며 예수께 시중들던 여자들이다.
마 15장 40, 41절

그 여자들은 각기 하나씩 추도시를 썼다.
맨 나중 것은 누가 썼는지 확실치 않다.

거들떠보지 않는 노래

세상은 너의 살기를 거들떠보지 않는다
세상은 너의 사랑을 거들떠보지 않는다
세상은 너의 식솔을 거들떠보지 않는다
세상은 너의 평화를 거들떠보지 않는다
그 평화에 대한 너의 집착
그리하여 세상은
너의 죽음을 거들떠보지 않는다
삶도 치욕도 그저 그뿐
아아 세상은 너의 잔재를 거들떠보지 않는다
그 암담했던
너의 과거

그래도 버린 건 세상이 아니라

그래도 버린 건 세상이 아니라
바로 너다 세상을 버린 건
너의 버림으로도 세상은 울지 않지만
세상은 한치의 사랑도 양보하지 않는다
너의 버림으로도 세상은 끄덕치 않더라고
너는 울부짖겠지만
세상은 어느 해 저문 골목, 선술집에 앉아
모르는 사람에겐 등만 보이고
어느새 열 손가락이 다 아픈 것을 안다
네가 모를 뿐이다
다만 네가 모를 뿐이다

다시 쓰는 추도시

그대의 죽음은
우리를 다시 한번 진실과 피의 관계에 대해서
경악케 합니다
우리는 봅니다 왜 진실은 피묻은 진실이어야 하는가를
그대가 죽음으로 증거한 것은 이 시대의 보이지 않는 속박
그대의 죽음으로 우리는 새삼 눈을 뜨고
놀란 눈으로 주위를 돌아봅니다
그대의 죽음으로 우리는 불안을 얻었지만
그대의 죽음으로 우리는 좀더 사람다워지기 위한
사랑을 얻었습니다
마치 그대의 죽음이 우리를 죽음의 상태에서 멀어지게 하고
그대의 영원한 안식이
우리를 끊임없이 끊임없이
움직이게 하는 것처럼
그리고 그대 죽음의 행위가
완전한 자유의 상징인 것처럼

부활제

너를 기다리면서
나는 타오르는 불길을 본다
하늘 끝으로 이젠, 무너져내린 계단 위에서 외마디 비명처럼 네가 치솟고
마침내 네가 쓰러지던, 그 기나긴 단식의 복도.

너는 너 아닌 것들을 한치도 구원하지 못한 것처럼 보이고
그러나 난 다시 일어서려 한다

일어서려 한다 너를 배신하면서
너는 믿지 않겠지만
그러나 세상은 한치도 변한 것이 없어 보이고
난 다시 일어서려 한다

네가 쓰러진 그 자리에서
쓰러져 단지 거름으로 썩는
바로 그 자리에서

안식일 다음날 이른 아침 해가 뜨자 그들은 무덤으로 가면서 "그 무덤 입구를 막은 돌을 굴려내줄 사람이 있을까?" 하고 말을 주고받았다. 가서 보니 그렇게도 커다란 돌이 이미 굴려져 있었다.… "…예수는 다시 살아나셨고 여기에는 계시지 않다. 보라, 여기가 예수의 시체를 모셨던 곳이다.…" 여자들은 겁에 질려 덜덜 떨면서 무덤 밖으로 나와 도망쳐버렸다. 그리고 너무도 무서워서 아무에게도 말을 못하였다.
마 16장 2-8절

눈, 나뭇가지, 너, 나, 그리고 고통

우울한 날이시면
나무들을 보셔요. 눈 내린 아침.
나무들은 잘 하고 있어요.
나뭇가지의 짐은 하얗고 푹신하고 축 늘어지고
저렇게 환하게 서 있을 수가 있어요 글쎄
멋져요. 나뭇가지가 있는 아침은 춥고
화사해요. 눈이 펑펑 쏟아지는 아침은
온 산, 온 경치가 새하얀 이 아침에 온통

피를 생각하는 사람은 우리들뿐이라는 듯이
고통이 아름답지 않은 사람은 우리들뿐이라는 듯이

동계 훈련
-겨울, 복지부동

아 저 새까만 우리 소망의 하늘에
터질 것, 끝내 터져버린 조명탄 낙하
얼어터진 맨땅에 엎드려서
그러나 난 주고 있는 거야
내가 견뎌온 모든 것
내가 고삐잡고 있는 내 끓는 내장 속의 모든 것
복지부동 자세로
맨뺨을 때리는 얼음의 살기
드러난 살갗에 와 닿는
너와, 실패한 사랑의 쨍쨍한 입김
겨우, 웅크리지 못해
그러나 나의 성기는 불을 토하고 있어
나는 삽입하고 있는 거야
나를 버팅기고 있는 내 설움의 모든 것
또한 서러움을 이기지 못하여
나는 너를 녹이고 있는 거야
내가 살아온 모든 것
내 설움이 너를 녹이고
너의 체온이 다시 나를 녹일 때까지

동면

너무 오래 잤어

진실로 오래오래 누워 있으면
제 자리에 있는 것은 하나도 없이
살덩이는 천근만근 바닥에 늘어붙고
뼈는 뼈대로 땅바닥에 밀착하려고 해서
우린 아주 차가운 짐승처럼 누워 있어야 해

일어나라 일어나
봄이 왔어. 봄의 코끝에 묻은 향기가 너의 누운 발바닥을 간지럽히고
소문의 바람에 네 누운 귀가 쫑긋쫑긋거리지 않니?

둘이 누워 있어도
진실로 오래오래 누워 있으면
팔을 못 쓰게 돼 너는 오른팔을
나는 왼팔을
(팔을 못 쓰면 싸우는 데는 끝장이야)
온몸이 저려 너무 오래 잤어

일어나고 싶지 않아. 이대로 추운 땅이 되고 싶어
하잘 것 없는 들풀 따위로 눕고 싶어

일어나야지 일어…

회복기의 노래
봄이 오나봐
내 밤새 지친 발가락 사이에서
들리지 바스스 얼음 부셔져내리는 소리
땅 속 깊은 곳, 어느 못다 내린 용암의 뿌리가
거꾸로 와서
우린, 사랑으로 눈덮인 산이 녹는가봐
(홍성엔 벌써 네번째 지진)
녹다 못해
타오른 산으로 진달래 피나봐
현기증나면 냄새 맡아봐
내 손톱, 짜개진 틈새로
새어나는 비린 피
내 색깔도 냄새도 없던 동상이 녹는
비린 봄의 내음새를
간질, 이간질대면서
기다리다 못해
봄이 오나봐

도마에게
"내 손과 발을 보아라. 틀림없이 나다! 자, 만져보아라."
루 24장 39절

만져보아라 이제는 내가 내 품에 품고 다니는
낯익은 끈적끈적한 상처를
너의 손으로 직접 손가락 집어넣어라
나의 상처 구멍 속에선
들리지, 보이지 않는 아우성 소리가
보이지, 들리지 않는 가난에 찌든 얼굴들이
아직도 따스하지
그러나 나는 보이는 것과 들리는 것을 만나게 한다
모오든 비명소리가 내 상처 속에서 목소리를 되찾고
모오든 헐벗음이 내 상처 속에서 헐벗음으로 나타난다
만져보아라 너의 손으로 직접 손가락 집어넣어보아라
그러나 나를 믿는다는 것은
귀 기울여
정성껏 귀 기울이면 들리는 소리를 듣는 것이다
정성껏 살피면 보이는 것을 보는 것이다

이제 나는 의심 많은 너의 곁에 보이지도 들리지도 않을 것이나
귀 기울여
주위의 신음소리를 살펴보아라
그곳에 내가 생생히
꼿꼿하게 아직도 살아 있다
황홀한 가난으로 살아 있다

끝노래, 새벽
이제 새벽은
흰옷을 입고 어둠을 양손으로 밀어내는
수줍은 몸짓으로 오지는 않을 것이다
이제 새벽의 옷깃에는
핏덩이가 엉겨 있을 것이다
우리는 누구나
새벽이 우리가 잠든 사이에
어느 틈에 와 있어주기를 바란다

새벽은 이제
어둠을 산산조각으로 까부수는
비명소리로 올 것이다

혼미한 두뇌세포가 흔들린다
수없는 어둠의 산산조각들이
다시 갈라지는 것이 보인다
그들은 흐린 빛깔로 우리 앞에 다가와
눈부신 태양의 피흘림을 펼쳐 보일 것이다
이름 부를 수 없는 모든 것들을 외쳐 부르는
수많은 양팔벌림의 장관을 펼쳐 보일 것이다

깊은 욕망이 짧은 아픔을 짓누르듯이
교통의 생애가 죽음을 서무하듯이
이제 새벽은 그렇게 매일매일
힘들이며 올 것이다
그것은 이별의 새벽이 아니다
아픔의 기쁨 곁, 아니면 기쁨의 아픔 곁
영원토록 우리 곁에 머물러 있을 탄생의 피비린 눈부심이다

우리가 일어서야 할 피비림.
우리가 이룩해야 할 눈부심.

지울 수 없는 노래

여기에 실린 글들이 희망보다는 절망에, 일어섬보다는 쓰러짐에 더 많은 비중을 두고 있음을 독자는 용서해주시기 바란다. 그러나 참담한 절망 속에서만 절실한 희망이, 진정한 쓰러짐이 있어야만 가슴을 치는 일어섬이 이룩될 수 있다는, 작지만 매운 진리를 나는 아직 포기하지 못한다. 기실 나는, 한데 어우러져 사는 소박한 형태의 공동체적 삶에 대한 열망, 진정한 노동 의미의 재창조, 6·25동란으로 인한 분단 상처의 극복과 통일을 위한 새 설계, 잘못 인식된 서구문명의 파기작업 등등의 당면과제에 대해 한 일이 별로 없다. 그런 것들은 일생을 바쳐야 겨우 그 일부분만을 이룰 수 있는 일이라는 엄연한 사실을 감안하더라도 나의 게으름은 명백히 심각한 것이다. 그러나 나는 아직 살고 있을 뿐만 아니라, 그런 것들을 성취하려는 욕망을 아직도 버리지 못하고 있다. 시력에 비해 시기상조인 것이 분명하지만 모처럼의 기회다 싶어 감히 내보았다. 이 시집에는 1980년 '글터'에 나온 후에 씌어진 작품들 외에, 그 이전 즉 수감생활과 군대생활 때 씌어진 것도 다수 포함되어 있다. 그때의 경험은 내내 내 글과 행동의 바탕이 될 것이다.

시집을 꾸미느라 애써주신 '창비' 식구들 모두에게 두루두루 고마운 마음 전하고 싶다.─1982년 9월

지울 수 없는 노래
-4·19 21주년 기념시

불현듯, 미친듯이
솟아나는 이름들은 있다
빗속에서 포장도로 위에서
온몸이 젖은 채
불러도 불러도 대답 없던 시절
모든 것은 사랑이라고 했다
모든 것은 죽음이라고 했다
모든 것은 부활이라고 했다
불러도 외쳐 불러도
그것은 떠오르지 않는 이미 옛날
그러나 불현듯, 어느날 갑자기
미친듯이 내 가슴에 불을 지르는
그리움은 있다 빗속에서도 활활 솟구쳐오르는
가슴에 치미는 이름들은 있다
그들은 함성이 되어 불탄다
불탄다. 불탄다. 불탄다. 불탄다.
사라져버린
그들의 노래는 아직도 있다
그들의 뜨거움은 아직도 있다
그대 눈물빛에, 뜨거움 치미는 목젖에

취발이
받아들인다는 것은
그대 슬픔도 한숨도 다 받아들이는 것이다
이제 내 곁에 돌아와
아직도 차마 두 눈 감지 못하는 그대여
그대가 떨며 은밀히 키워온 그대 몸 속의 치명적인 씨앗에
바치는
그대 슬픈 짓밟힘 앞에
그대 짓밟힌 육체의 화려함 앞에 바치는
나의 이 한줄기 분노를
어찌 맨주먹으로 훔쳐내리고 서 있을 수밖에 없으랴
못견뎌 저승에서 끝내 살아온 듯만 싶게
부석한 얼굴 밤새 뜬눈으로 돌아와
아직 내 곁에서 무너져내리지 못하는 그대여
그대여 또한 그대가 내 품에서 두 눈 부릅뜬 상처로
나의 무딘 가슴 방망이질할 때
받아들인다는 것은
그대의 절망도 비참도 남은 몸짓도
다 받아들인다는 것이다
혼자서

나는 그대 눈물의 끝장을 기다린다
또한 그대 몸 안의 숨은 부끄러움에 몸둘 바 모르는
나의 이 한 불꽃 분노를
어찌 눈물로 식혀낼 수밖에 없으랴
어찌 눈물로 재울 수밖에 없으랴
내 곁에 누운 것은 눈물이 아닌
분명한 그대의 몸이다
지울 수 없게 살아남은
뼈아픈 그대와 나
거대한 생명의 폭포수다

탈
가톨릭농민회관 건립기금 1만원을 주고 산 저 탈바가지가
안방까지 따라 들어와 웃고 있다
동학란 때도 6·25 학살 때도 그냥 웃으며 바라보았을 저
늙은 중의 탈이
밤이나 낮이나
내가 아내와 그짓을 벌이다
고개를 잠시 들어 보아도 웃고 있다
저 웃음은
아내를 덮치는 나의 동작이
쓰러짐이기도 하고 아니기도 하다는 것을 안다는 듯이
옆얼굴이 설움인 웃음이다
원래 웃음이 저랬을까 아니면
몇백년쯤 전부터 어떤 저질러진 역사를 오래도록 보아온
피맺힘마저 닳아버린 얼굴이 만든 웃음일까
이 뒤로도 내내 저 웃음으로 남을 저 탈의 표정은
이상하게도
우리가 서러울수록 서러워지는
우리가 기쁠수록 기쁨에 넘치는
당하고 난 뒤의 산전수전
어떤 눈물도 설움도 모두 받아들이는 웃음일 것 같기는
하다
저 탈은 신경조직이 없었던 관계로
해탈하지 않을 수 있었을까
하여간 아기의 남은 배꼽줄이 떨어지기를 애타게 기다
리는
우리 신혼부부의 방에서
저 탈은 이조시대에서 우리들의 안방까지 불쑥 쳐들어와
어떤 변하지 않는 것 뒤에 숨어 있는 충동
우리더러 우리더러 짠물 콧물 섞인 혁명이 되라고 한다

성탄

그해 겨울, 그날의 부근 동안을
난 내내 청계천 6가에서 살았다
칠흑같은 밤이 술렁거렸고, 땀에 찌든 막벌이꾼들의 치미
는 근육덩어리들이
반짝였다, 어물전에 산더미처럼 쌓인 생선의 비늘들이
진압치 못해 축축한 성욕처럼 온 세상 위를 꿈틀대며 기어
갔다
그리고 밀어닥친 홍수처럼, 아님 밀려난 흥남부두처럼
사람들이 파란 불도 없는 횡단보도를 마구 건너갔다

보따리가건너갔다비틀거리는어깨들이건너갔다물샐틈없
는크리스마스캐롤들이건너갔다생계유지걱정무겁게매달린
자식새끼이덕지덕지건너갔다큼지막한헤드라이트불빛들이
사방에서마구덮쳐얼굴을갈겼다도대체숨쉴틈을주지않는이
땅은누구땅이냐핏발불끈솟아오른리어카꾼의험상궂은육질
이그틈을비집고건너갔다김이모락나는순대가건너갔다홍어
점이건너갔다이조시대민중의수탈을절인오줌냄새가건너갔
다그북새통을쫓겨나못비킨다못비켜키자리는죽어도못비킨
다아나네가보따리를움켜쥐고길을건너갔다차량의홍수가흐
르는밤거리희미한백열등밑에서맹인여가수의마이크목소리
가축축이젖어들었다오늘도걷는다마는청계천6가내가쫓겨
나는것이아니다좀더끈끈한삶그래도우리들의희망은희미한
가로등과버린내내일의가난을어쩔수없을지라도성시반짝이
는것은살아있는것들일뿐산다는것은얼마나위대한가물샐틈
도없이사람들이횡단보도를넘쳐흘러갔다.

그해 겨울, 그날의 부근 동안을
난 내내 청계천 6가에서 살았다
어제와 마찬가지로 오늘도 가난의 뱃속에서 희망의 씨앗이
잉태됐고
나는 온통 시끄러운 아수라장 속에서 알았다
반짝이는 것은 비참이 아니라 목숨이라는 것을
목숨은 어떤 비참보다도 끈질기다는 것을
현실은 어떤 꿈보다도 더 많은 희망을 품고 있다는 것을
성스러움의 끈적끈적함을, 끈적함의 견고성을

어느 무명 코메디안에게

어쩌면 남북통일보다도 힘든 일인데
어색한 조명, 텅빈 무대의 공간 위에서
그대는 서투른 몸짓으로 막간의 어색함을 메꾼다
눈은 격고지 부대일수록 심하게 내려
그대와 우리를 가르고 있다
어색한 조명 속에서 눈발이 미친 듯 흩날려댄다
그대는 아직도 서투른 말로써 막간의 어색함을 메꾼다
그것은 이미 오래된 숙명임을 알고 있으나
이 순간만은 배가 고파서가 아니라
이 순간만은 처자식이 딸려서가 아니라
거대한 숙명을 이기듯이
그대는 서투른 언사로 막간의 어색함을 메꾼다
북괴를 초전에 박살내야죠
근무태세는 똥도 누지 말아야 합니다
너는 너대로 우리는 우리대로
이렇게 어색한 만남에 진땀 흐른다
그러나 행여 허망하다는 생각은 하지 말거라
문선대 공연은 끝나고 눈발은 여전히 흩뿌리는데
삽시간에 전쟁비상이 걸린 듯이 우리가 각자 군용트럭에
몸을 싣고
병참은 병참으로 수색은 수색으로
3대대는 3대대로 1대대는 1대대로
온 천지에 경적을 빵빵 울리며 삽시간에 흩어지는
헤어짐의 장관을 보이더라도
그대는 헤어짐의 노래를 단원끼리 무대 위에서 아직도 부
르며
안녕히 가십시오. 감사합니다. 눈발 흐트러지는 속에서
행여 허망하다는 생각은 갖지 말거라
낯익은 가난의 해진 옷감을 스스로 꿰매듯이
우린 우리의 상처를 스스로 바느질하리라
그대가 보여준 어색한 만남의 감동을
처절하게 기억하리라
눈발은 마침내 스스로도 장관이 되어 흩날리고
군용트럭에 실려 떠나는 우리들의
흔들리는 어깨 뒤에서
그대들이 부르는 서툰 노래는
뜨겁고, 뭉클하기만 하다.

이태원에서

어느날 밤 버스가 이태원 정거장에 멈추어 섰을 때
거리를 흘러가는 숱한 외국인들과 양공주들과 아메리칸
웨스팅하우스 장교 전용클럽 화려한 네온사인의 홍수 속에서
난 여자의 자궁에 대해서 생각해 보았지
비가 쓰려져내린 거리를 촉촉히 적셔주고 있었고
짙은 루즈를 바른 얼굴들이 촉촉한 속에서 빛나고 있었다
버스는 심장을 두근거리며 덜컹대고
내게 뭔가를 강요하는 듯했지만
난 슬퍼할 수만은 없었다 이토록 처절하고 찬란한 목숨의

우글거림 앞에서
 비는 부슬부슬 조금씩만 내리고 있었고
 더러워서 아름다운 조국의 땅거미가 쏟아져내린 네온사인
불빛에
 뼈만 남은 앙상함을 송두리째 드러낸 모습은
 슬픔보다도 더 눈물겨웠으니까
 조금 거세질 듯한 빗발이 움켜쥔 손가락처럼 내 얼굴 위
를 흘러내렸다
 그리고 갈수록 빗발이 거세게 차창을 때렸을 때
 버스 엔진 고동소리 터질 듯 숨결 거칠어졌다
 복받칠 눈물도 없이, 완고한 절망도 없이
 어느새 흐려진 내 시야를 두 눈 부릅떠 바라보며
 난 가난한 나라의 비참한 삶이 한많은 강물 같은 것은
 남자나 여자나 마찬가지려니 생각했다
 아름다움의 원초적 의미란 무엇일까
 안간힘 속에서도 시야가 흐려지며 문득
 그 화장 짙은 여자의 아름다움은 더욱 생생해져갔다
 버스가 허리를 휠 정도로 덜컹거렸고
 몸부림치는 짐승에게처럼, 화살처럼 비가 차창에 들어와
꽂혔다
 아아 오늘밤 내가 저 여자와 온몸으로 껴안고 있다면
 아메리카는 또 그 거대한 화려함을 쇠몽둥이처럼 휘두르며
 풍요의 향긋한 향기와
 풍요의 더욱 무지막지함을 강요할 터이지만
 그때쯤이면 나는 그 화려한 아메리카의 허리를 칭칭 동여맨
 우리들의 비린내 나는 가난이
 더 끈끈하고, 더 위대한 것이라는 이야기를
 그녀와 밤새 이야기할 수 있을 것이다
 온통 하얗게 쏟아져내리는 빗속에서
 그 진정한 흐려짐의 찬란함 속에서
 난 그녀의 오만함이 마구마구 덜컹거리는 것을 보았다
 난 나의 완고함이 마구마구 덜컹거리는 것을 느꼈다
 그리고 흐려진 내 시야의 차창 속에서
 덜컹거림이 덜컹거림을 으스러져라 껴안고 있었다.

봄길
봄길 거닐면 현기증 나서 나는 미친다
길가엔 흐드러지게 웃어버리는 진달래 꽃밭
몸은 이미 옛날이 아니고 그러나 다가서 보면
손끝에 묻어나는 그 고운 고갯짓 같은
꽃잎 속으로 숨는 어떤 가여운 탄생의 가녀린 떨림
꽃잎 밖으로 솟아나는 어떤, 이젠 성취했음의 남은 살기
핏방울.

그러나 몸은 이미 옛날 몸이 아니고
봄길 거닐면 어지럽고 토할 것 같아 나는 미친다
햇볕만 쨍쨍 내리는 봄 하늘의 진공의 기쁨 속에서
봄의 잔치의 불길은 걷잡을 수 없이
어질어질한 내 육신의 쓰러짐은 일으킬 수도 없이
그러나 나는 단 한번
나와 관계 맺은 모든 살아 있는 것들을 연연해해야 하는 것
이냐
지금, 미치도록…?

경운기를 타고
사람이 가난하면
이렇게 만나는 수도 있구나 털털거리는 경운기를 타고
너는 그쪽에서
나는 이쪽에서
오래도록 깊이 패인, 너의 주름살로 건너오는
터질 듯한 그리움이여
너와 나 사이를 가르는 삼팔선 같은,
먼지의 일렁임이여

그러나 우린 어쩌다 이렇게 소중한 사이로 서로 만나서
피난보따리만한 애정을 움켜쥐고 있느냐
움켜쥐고
어쩔 줄 몰라하고 있느냐
설움이며 울화의 치밈이며
흔들리면서
그냥, 마구 흔들리면서

마포, 강변동네에서
해마다 장마때면 이곳은 홍수에 잠기고
지나간 물살에 깎인 산허리 드러낸 몸을 보면서
억새는 자란다 그 홍수 치른 여름 강가 태우는 땡볕
억새는 자란다 떠내려가는 흙탕물은 한없어
영영 성난 바다만 같아 보이고
움켜도 움켜도 움켜잡히지 않는 발 아래 한줌의 흙
뿌리는 이대로 영영 이별만 같아 보이고
죽음같이 빨려 들어가고만 싶은 진흙창 속으로
그러나 억새는 자란다 기어들듯 말듯
모기 같은 속삭임으로 땅에게 마지막 이별에게
가지 마셔요 저는 당신의 애기를 가졌어요 당신처럼 설움
뿐이지만
당신처럼 활활 타오르는, 당신처럼 언제나 떠나가고 싶어
하지만

1982

당신처럼 제 뇌리에서 지워드릴 수 없는
질긴 생명의 씨앗이 제 안에서 꿈틀대고 있어요
모두 당신 거예요 이 흠뻑 젖은 제 육신의 꿈과 숙명
그리고 당신의 모질지 못했던 과거 이제 돌이킬 수는 없어요
억새는 자란다 그 여름 홍수 지난 온몸이 뜨거운 검은 땡볕
의연히
알고 있는 걸까 억새는 물과 불이 만나서 생긴 제 육신의
상처를
알고 있는 걸까 억새는 아직 못할 고통이 주는 삶의 참뜻을
알고 있는 걸까 억새는 이젠 헤어져 있는 모든 사람들의
다시는 헤어질 수 없음이
그녀의 가슴 속에서 만나서
다시 한번 그녀의 가슴을 도려내고
다시는 떠나갈 수 없음이
다시 한번 떠나가고 있는 줄…?

가난하고 피난 내려온 사람들의 판자집에 들어선
하필이면 이 마포, 강변동네에서.

월동준비

격고지 월동용 물자가 카고네트에 실려
산골짝, 어디선가 불쑥불쑥 헬기가 뜨고

이상하게 헬기의 프로펠러 소리는 먼 데서부터 가까이
가까이서부터 먼 데로 미리 예감할 수 있는
그런 식으로 들리지 않는다

죄진 가슴처럼 철렁 내려앉으며
왜소한 우리들의 덜미를 낚아채는 헬리콥터
소리.
우리들은 이 겨울의 문턱에서
헬리콥터 뜨는 논밭으로 수없이 흐트러지는
벼이삭일 뿐이다

숙인 고개를 더욱 숙이며 바람에게
수없이 많은 바람을 허락해주는
수없이 많은 통로를 허락해주는
벼이삭, 그 용서일 뿐이다
벼이삭, 그 곡식됨일 뿐이다

허락해도 허락해도 모진 바람은
마구 일고

있지도 않았던 길이 그 바람에
한가운데서 마구
생겨나고.

절망에 대해서

자동차 헤드라이트는 눈도 없고 코도 없고
발설의 입도 없고
다만 나는 아직도 어두운 밤 뒷골목길에서
뒤에서(혹은 앞에서) 오는 자동차 헤드라이트를 두고 차분히
걷지 못한다
돌아보면 자동차 헤드라이트는 내 왜소한 그림자를 삽시간
에 삼켜버리고
다시 토해내고, 토해낸 그림자는 갑자기 산더미만해지고
헤드라이트와 내 그림자는
골목 저편 끝으로 아주 조그맣게 사라져가는 것을
보면서 나는 게가 된다 담벼락 끝으로 설설 기어오르는
헤드라이트는 다만 번쩍거릴 뿐인데
뻔뻔스레 번쩍거릴 뿐인데
헤드라이트의 절망과
내 몸 속, 그립고 또한 아주 왜소한 나의 절망이
그리고 절망의 절망이
일순의 거대한 시대를 지나
골목 저편으로 어둠을 몰고 사라져가는 것을
나는 다만 한 마리 비겁한 게처럼 설설 기면서
지켜볼 수 있을 뿐이다
나는 아직도 어두운 밤 뒷골목길에서
뒤에서(혹은 아무데서) 오는 자동차 헤드라이트를
그대로 두고

안심하지 못한다. 참지 못한다.

양구에서

여름이면 폭우로 파로호는 넘치고
물난리를 피해 세간살이 아주 멀리 떠나는 연습을 하면서
전쟁통이면 뿔뿔이 흩어져버릴
양구 사람들은 토박이가 하나도 없다고 한다

내외살림의 아주 은밀한 곳까지 드러나는
도로변에 미닫이 문 하나 사이에 두고
다닥다닥, 붙어 산다

미닫이에 달린 깨진 유리창 속에서
아낙네는 가난에 찌든 젖을 물리고

329

지울 수 없는 노래

때묻은 가슴과
미움까지
모든 세상에 흡사 모든 것을 내보여주면서
모든 것을 허락하는
아낙네는 또다시 이곳을 떠날 채비를 차린다고 한다
그리고 그것은 우리가 이제 유리창 밖에서 이곳을 떠나고
헤어지고 만나는 것보다는
훨씬 더 절실하다고 한다

양구는 수복지구

이사

악다구니로 애걸복걸로 다시 어거지 잡기로
건져내봐야 낡은 장롱, 금간 장독, 허름한 옷가지와
쓰다 버릴 판때기 몇 개뿐
짐차에 실려 이 굽이 저 골목길을 그냥 지쳐 흔들리다 보면
멀리 지나는 산은 치솟는 산이 아니라
이 땅에 엉겨붙은 산이다 견뎌온 가슴이야 항상 치며 저렸고
뭔가 나아져서가 아니라
착함은 약함의 구실이 될 수 없다 이대론 더이상 눌러살 수 없다며
우린 정든 시골을 떠난다 떠나도 떠나도 그냥 보내는
돌아선 저 산의 야윈 몸짓, 야윈 어깨가 우린 밉지만
궁상맞고 구차스러운 건 이미 우리의 죄가 아니란 것쯤
우리도 이미 알고 있다 온몸에 패인 상처까지 파고드는
오늘의 이 먼지는 마침내 서럽고
너희는 우리더러 바보라지만
우린 바보가 아니다 너희가 너희이고
우린 다만 우리일 뿐이다 비웃지 마라
비웃지 마라 온몸에 쥐날 정도로 떨리는 이 지진, 이 조그만 차체의 흔들림 속에서
종일, 이마에 바람만 바람다웁고
우린 왠지 이사다니는 게 신명이 난다
털털거리며 옮겨다니는 게 신명이 난다
오뉴월 태양에 황금빛깔 벼이삭으로 영그는
찌든 내 살갗의 살기.
땀 흘리며 당분간만은 참아 기다려
돌아오리라 기어코
이 덜덜거리는 흔들림을 마구 흔들며
돌아오리라 끝내
이 덜컹거리는 무너져내림을 마구 휘두르며.

기마전

앙상한 나뭇가지가 눈 섞인 바람의 매운 정에 함부로 흔들린다
바람은 차고 눈 덮인 연병장 아니라도 겨울은 황량하다
"초전박살"
"때려잡자 김일성" "일당 백" 등 현수막에 씌어진 전쟁구호가 일진의
돌개바람에 마구 흔들리고 양편에 우-아- 함성으로 일어서면
돌개바람은 연병장에 쌓인 눈덩이를 휘몰아 우리의 눈을 때리고
귀를 떨어져라, 때리고 다시, 치떠도 치떠도 감기는 맹렬한 안전의 눈보라 속
저편은 아 아득히 보이지 않는다 꿈만 같은 우-아- 함성뿐
일어서는 함성소리뿐, 영차, 영차 우-아- 함성 들린다 보이지 않는다
호루기 소리 들린다 보이지 않는다 삽시간의 눈보라 속에서
한 사내의 근육이 한 사내의 가슴을 부여잡고 부둥켜안는다
돌개바람은 미친 듯, 미친 듯 눈을 휘몰아와
근육은 파르르 치떨리는 근육을 짓누르고
서로를 무너뜨릴 듯, 얼싸안을 듯, 만남 같기도 하고 혼전 같기도 하고
돌개바람은 미친 듯, 미친 듯
천년 맺힌 한처럼 해일처럼 사내의 가슴을 덮친다
아무도 무너지지 않는다
누가 적나라히 무너질 수 있으랴
누가 누구의 등에 업혀
싸울 수 없는 싸움을 통곡으로, 통곡을 사랑으로 승화시키고 있느냐
사랑은 수없어, 뿔뿔이 흩어지고
눈보라 후려치고 어디선가 호루기 소리 들리면
우린 우리의 흩어진 몸뚱아리를 수습코
또다시 어디로 어디로 업혀갈 것이냐
뿔뿔이 흩어질 것이나 이빨을 악문 채
"초전박살" "때려잡자 김일성" "쳐부수자 공산당" "무찌르자 북괴군"
미친 돌개바람이 현수막을 마구 쥐어뜯는
이 눈 덮인 연병장
기마전을 마치고 나서

1982

모내기

이 세상 모든 것이 제힘으로 사는 게 아니다

흙 파먹고 농사나 지으리라
모를 심는다
살기 위해서 모는 벌써 심기 시작한 내 손아귀를 벗어나
논바닥에 물을 댄 진흙창 속에서
그 질펀질펀한 땅 속으로 뿌리내리기 위해서
한줌에 다섯개, 여섯개씩 뭉쳐서 떨어지지 않는다
그 뿌리의 안쓰런 엉켜 있음.
그래도 모는 그 허공같이 공허한 진흙창 속에서
공중곡예를 하면서 뿌리내린다
바람이 불수록 세상이 어수선할수록
모는 진흙창 속에서 살기 위해서
다섯씩 여섯씩 뿌리 내린다

연약한 뿌리가 꺾이지 않게
세 손가락에 빗대어 직각으로
사정없이 푹 꼽아줘야
사정없이 사랑해줘야 산다는
모.
그러나 논물 밑에 젖은 땅, 젖은 가슴이 푹신푹신 숨쉬며
흙묻은 손으로 나를 사랑해주소,
사랑해주소, 나를, 그대의 땀방울 맺힌 근육으로 하는
논바닥, 논바닥 아아 땡볕에 드러나
타는 갈증 갈라질 논바닥.

엄지와 검지 손가락 사이에 모의 털난 뿌리를 쥐어잡고
진흙의 몸 끝에 대기만 하면서
부끄럽게 살짝 대기만 하면서
나는 이제야 알겠다 모가 아슬아슬하게 공중곡예를 하면서
이쪽 바람에도 쏠리고 저쪽 소문에도 넘어지고
그래도 그래도 살아남는 것은 모의 재주가 아니라
내가 이렇게 살아 있는 것이 나의 잔꾀가 아니라
오히려 거대한 거대한 땅의 우매함 같증,
우매한 사랑 때문이라는 것을

모는 단숨에 두세 줄쯤 건너
허공 같은 바탕 위에
벌써 굳건히 서 있다
뜨지 않고 눕지 않고 똑바로 서 있다
등이 타는 뙤약볕 밑에서

올해도 농사는 땅의 억셈, 포옹의 힘에 달려 있다.

사랑노래·하나

날마다
그대 이리도 거리끼는 것은
우리들 사랑에 섞인
액체 때문일 거다 아마 그 어쩔수없음의 어마어마한 액체

멀리서
나는 그대의 가장 초라한 곳을 벗긴다
가난에 찌든 화려한 영혼을 보듯이
그대의 가장 부끄런 눈물을 들여다본다
헐벗은 사람들과 만난다 그대 몸 속의
가장 순수한

그리고 이제는 스스럼없는
그대 몸 바깥의
모든 세상의 헐벗음과 만난다
모든 습기와
모든 절망과
그대 몸 바깥의
가장 치열한

그대는 그대의 내장을 감추지 않고
나는 나의 내장을 감추지 않고

사랑노래·둘

그대 가까이 있음이 주는 기쁨은
내 물건의 통로를 빠져 달아나
내 물건의 끝에서 저만치 멀리 떨어져 있어
채식으로 맑아진 내 고통의 눈에 보인다
그 보이는 것의 끝이

그대 지금은 멀리 떨어져 있으나
보이지 않는 그대가 주는 위로는
귓가에 선명한 내 심장의 고동소리 바로 옆에서
무엇보다도 나를 가슴 뜨겁게 하고 있어
나는 단식으로 가벼워진 내 몸에 그 무게를 느낀다
그 보이지 않음의 엄청난 무게.

보여도 보여도 끝이 없는
가까이 있음의 한계여
멀리 있어도 무거운
사랑의 크낙한 땅덩어리여, 영역이여.
붙들어다오 그러나 그대는 멀리 있고

331

행여 이 몸이 날아가지 않도록
아절히 쓰러질 듯도 한, 비 그친 날 물살
이 징검다리 위에서

사랑노래·셋

먼 데서 가까운 데서
비오듯 태양이 타네요
찌는 듯한 더위를 저에게 주셔요
8월도 한나절 어느 한많은 광복절 같은
기쁨의 절정을 저에게 주셔요
그대가 또한 제게 바랐던 것은
아픔의 절정, 깨달음의 절정, 만남의 절정, 분단되어 있음
의 절정
그리고 참음의 절정이었겠으나
지워지지 않아요 그대를 만난 여름, 자갈밭 뜨거운 땡볕.
제 끝에 묻은 채로 있을 그대의 신선한 입김은
그리고 제 발목에 새겨진 샌달 끈 자욱
그대는 혹시 몹시 지루해도 하실 겨울 해 긴긴 밤을 내내
제가 저 혼자 남은 온기로 지워내야 하듯이
부서지지 않아요 그대가 제게 빼앗겨버린
그대의 은밀한 신음이 밴 공기는
태양이 타는데
먼 데서 가까운 데서 태양이 타네요
찌는 듯한 불볕 더위를 저에게 주셔요
그 활활 타오름의 세례를 저에게 주셔요
그대와 다시 만날 눈물 뒤범벅
아아 가르쳐주셔요 그대
앙칼진 사랑의 무기를
태양이 타는데
그대와 진정 다시 만날 수 있도록

사랑노래·넷

그대는 알고 있다 사랑이라는 말의 어두운 골목과
차지해야 될 또 하나의 존재의 침범과 불안의 식량을
알고 있는 그대가 내게 해드린 사랑이란 말은
칼날처럼 내 가슴을 파고들어와
피문은 그대의 얼굴을 나는 가슴 속에 파묻고
나의 가슴은 그대를 받아들인 아픔으로 젖어진다
그대 칼날의 찌르는 사랑과 젖어지지 못하는 삶이여

그대는 알고 있다 사랑이란 말의 강한 자의 횡포와
소유본능과 파괴근성과 서로의 살이 닳아빠지는 꿈의 상실을

알고 있는 그대가 그러나 내게 해드린 사랑이란 말은
칼날처럼 내 가슴을 헤집고 들어와
나의 심장은 치명적인 그대의 사랑을 받아들인다
받아들인다 그대 치명적인 칼날의 사랑과
그대를 위하여 살아남는
나의 노래여.

봄비, 밤에

나는 몸이 떨려
어릴 적, 내 여린 핏줄의 엉덩이를 담아주시던
어머님 곱게 늙으신 손바닥처럼 포근한 이 비는
이젠 내 마음 정한 뜻대로
떠나도 좋다는 의미일까

산은 거대한 짐승을 가린 채 누워 있고
봄비에 젖고 있어 나는 몸이 떨려

그러나 새벽이면 살래살래 앙칼진 개나리를 피워낼
이 밤, 이 비의 소곤거림은
혹시
이젠 외쳐야 된다는 말일까
이젠 외쳐야 된다는 말일까

눈물에

제2한강교에 안개비 내리고
눈이 흐려 그대의 우는 모습
보이지 않는다 그대의 행적, 그대의 거친 사랑
그대 눈물의 껍질 위에 부딪쳐오는
보이지 않는 강물, 보이지 않는 파도, 보이지 않는 다리
조금 보인다
공사를 중단하고 제 거대한 키를 가누지 못하는
기중기의 슬픔의 무게.
우리들 사랑은 얼마만큼 헤매다가
또 얼마만큼 헤어져 서성거리고 있는지
제2한강교에 안개비 깔리고
못다 이룬 꿈은 빗속에 한없이 꿈틀거린다 고백하라
고백하라 너의 아직도 살아있음을, 살아있음의 분노를
살아남음의 사랑을
이제는 눈물 글썽여
네가 차마 버리지 못하고 떠난 모든 것을 고백하라
그대 눈물 글썽임의 껍질 위에 떠 있는
그대도 아직 방황하는
흐려진 눈앞의 광경
은 모두 제 위치를 떠나 있고

1982

그대의 우는 모습
보이지 않는다
보이지 않아도 마구 흔들리는
흔들리는 세상의 어깨.
그대의 가냘프고 하이얀
기나긴 기다림의 목.
모든 것은 조금씩 떠나 표류하고 있다
흐려진 눈앞의 시야 속에서
뿌리는 스스로도 제 목소리를 아파하고 있다
그대의 우는 모습 보이지 않고
다만
목소리, 목소리, 아아 외치는 목소리.

철길

철길이 철길인 것은
만날 수 없음이
당장은, 이리도 끈질기다는 뜻이다.
단단한 무쇳덩어리가 이만큼 견뎌오도록
비는 항상 촉촉히 내려
철길의 들끓어오름을 적셔주었다.
무너져내리지 못하고
철길이 철길로 버텨온 것은
그 위를 밟고 지나간 사람들의
희망이, 그만큼 어깨를 짓누르는
답답한 것이었다는 뜻이다.
철길이 나서, 사람들이 어디론가 찾아나서기 시작한 것은
아니다.
내리깔려진 버팀목으로, 양편으로 갈라져
남해안까지, 휴전선까지 달려가는 철길은
다시 끼리끼리 갈라져
한강교를 건너면서
인천 방면으로, 그리고 수원 방면으로 떠난다.
아직 플랫포옴에 머문 내 발길 앞에서
철길은 희망이 항상 그랬던 것처럼
끈질기고, 길고
거무튀튀하다.
철길이 철길인 것은
길고 긴 먼 날 후 어드메쯤에서
다시 만날 수 있으리라는 희망으로
우리가 아직 내팽개치지 못했다는 뜻이다.
어느 때 어느 곳에서나
길이 이토록 머나먼 것은
그 이전의, 떠남이

그토록 절실했다는 뜻이다.
만남은 길보다 먼저 준비되고 있었다.
아직 떠나지 못한 내 발목에까지 다가와
어느새 철길은
가슴에 여러 갈래의 채찍 자욱이 된다.

유채꽃밭

내가 그대의 허망함을 눈치채기도 전에
그대가 나의 未亡의 눈앞에 펼쳐논 온통 샛노란 불볕, 벌판
그대는 내 앞에서 그대의 몸가짐을 흐트러며 출렁이면서
그대의 마음도 눈이 부시게 흔들리고 싶을 때
그러나 그대가 일용의 양식으로 머금고 배앝아 낸
입술에 배인
고운 피, 거친 숨결이
나는 보일 것도 같게 반란으로도 모자란, 학살로도 모자란
그대는 아직도 동요하지 않는 한라산 슬אה서
이제껏 조바심내며 출렁거리며 바람에 몸 식혀 왔나니
아아 그대가 내 앞에 마련해논 광대한 벌판은 벌써 미쳐버
린 색깔로
내 앞에서 끝도 없어라
내 앞에서 끝도 없어라

마침내 강심장으로 돌아온 사랑 앞에서

어둠을 밝히기 위하여

어둠을 지내는 내 손은
어둠에 익숙해졌다
밤이슬에 얼굴에
나는 내 손을 부빈다
그래도 내 손금, 내 손톱 속에서
어둠의 행각은 지워지지 않는다
이 밤, 어느 잠 못 이루는 골목, 구석길에서
너의 어둠, 나의 어둠에 몸서리치고 있을
그대여 그대여
어둠에 젖는 내 손 내 팔의 마지막 남은 온기로
나는 너를 부른다
힘에 겨워 너를 부른다
언제쯤 환한 새벽이 손바닥처럼 다가오면
너에게 달려갈 것인가
달려가 너의 새벽이 되어
환하게 안길 것인가
아직도 어둠에 몸닳고 있을
그대여 그대여

타는 봄날에

타는 봄날에
가랑비나 기다릴 일이 아니다
아니다 가랑비는 적셔주지 못한다
힘없는 눈물일 뿐, 힘없는 사랑일 뿐
적셔주지 못한다 빼앗긴 대지의 한을
그래도 오늘 이렇게 내리는
가랑비여 저 힘없는 사람들을 보아라
청계천 어물시장에서, 걸쩍한 욕지거리 속에서
네가 베푸는 아주 사소한 사랑 속에서
가난한 얼굴들이 갑자기 눈동자 반짝이는 것 보아라
기름 묻은 근육에 핏줄 불끈불끈 솟는 것 보아라
타는 봄날에
가랑비나 기다릴 일이 아니다
아니다 다만 가랑비는
가랑가랑 내려서
아스팔트에 깔려 들끓던 수많은 것들이
이제사 다시 설운 김을 내뿜고
설움이 모여 사랑이 되고 사랑이 모여서
분노가 되고
우리는 애국가라도 부르며 일송정 부르며
우리는 우리의 맺힌 한을 모아야 한다
우리는 우리의 맺힌 사랑을 키워야 한다

길잃기

목숨을 걸고 살아오지 못한 것이 부끄러워
길은 저렇게 아스팔트 길이다
삶이라는 것이 오로지 목숨을 거는 일일 텐데
그렇지 못하다면
가슴의 구멍처럼 확 뚫린
확 뚫려 그 속을 길잃은 바람이 쌩쌩 지나가는
저 아스팔트 길밖에 무에 또 남을 것이 있겠는가
마지막 이빨 악물지 못한 것이 부끄러워
길은 저렇게 확 트인 아스팔트 길이다
이제 텅 비고 깜깜한 아스팔트 길에 남아
쏜살같이 내 앞을 지나가는 저 속도를 보아라
보아라 혼자 가도 여럿이 가도
우리를 마구 덮치는 이 막강한 힘을 어쩌란 말인가
이렇게 이렇게 살아남은 것이 못내 부끄러워
길은 저렇게 아스팔트 길이다
쫙 깔렸다
여보게 여보게 왜 말이 없는가
왜 말이 없는가 몸조심이나 잘하게 마누라쟁이는 잘 사는가

누군가가 공중전화 박스에 그냥 두고 간
아직도 부르고 외치는 소리.
목숨을 걸고 살아오지 못한 것이 부끄러워
길은 저렇게 저렇게 아스팔트 길이다

바퀴벌레

바퀴벌레 한 마리가 천장에서 떨어져
무참히 잠든 내 영혼의 이마를 때린다
달아난다, 잡히지 않으려고
바퀴벌레도 아닌 밤중, 바퀴벌레는 그도 홀로 깜깜해
저도 반짝이는
슬픔이라는 듯이
고요하고 그러나 억센
털난 다리로 씩씩거리며
달아난다
소스라쳐 내가 놀라는 것은
아직도 내게 돌려줄 것이 많기 때문이다 소름끼치는
동산 부동산.
바퀴벌레는 내 이마에서 떨어져
털난 다리는 갑자기 커 보이고
내 몸통보다도 커진 다리의 근육이
무식하게 일자무식하게
내 신혼의 벽지 위를 짓누르고 다닌다
어떤 소중한 두려움 같은
그러나 그 자체로는 슬픈
흉악한 사랑의 깜깜절벽
소름끼칠 여유도 주지 않는
그러나 바퀴벌레는 숨가쁜 진실이다

빈대 걸음마

달아오는 얼굴로
고백컨대 여인아
불과 수일밖에 안된다 그와 내가 서로
온몸을 부비며 싸우기 시작한 것은
(하기사 해와 달은 서로 싸움하는 것이냐 사랑하는 것이냐)
시작 이전은
생피로 문질러진 벽을 만나는
까무라친 놀램 그리고
그의 누린내에 끊임없이 발작하는
나의 빈혈성 현기증…
사실 좀더 솔직히
그 과정의 일, 일테면
온몸을 서럽도록 맵시있게 떠받고 있는

1982

가냘프고 기인 모기다리, 그가 지어낸
균형의 요사스럼보다는
내장도 생략한 빈 뱃속을
아귀 같은 흡혈로 굶어도 굶어도 삼년을 견딘다는
빈대, 그 우악스런 방법을 더 아껴주고 싶어한
밑지 않은 탄생의 경험도 고백해야 하지만
하여간 동란 기념 전시회장에서나 구경할 수 있는
외국산 탱크 그 숭칙한 몰골을 배운 빈대
그와의 싸움을 결심하는
다시 모든 풍경이 풍경으로 머물지 않고
처절한 근본적 참여를 연습하는
정녕 껍질을 벗는 순간!
사랑 역시 아픔으로 깊어지리라
믿기 시작한 것은 창피스럽지만
별로 오래된 일은 아니다
썩은 나무 천장이나 벽, 구멍 뚫린 틈새에서
막무가내로 떨어지는 빈대
그의 몰염치를 꼬옥꼬옥
손으로 눌러 파괴하는 동안
나는 걸음마를 배운다 불면으로 열심히 그러나
마침내 익숙해지지 않기를
몸부림으로 안달하면서

내 무좀

나는 아무래도 이놈의 발가락을 몽땅 짤라낼까부다
근질근질한 정도가 아니라
이간질 이간질 정도가 아니라
이건 완전한 가려움으로
죽여주는 거, 시원해서 미치겠는 거
아무래도 아무래도 이놈의 발가락들은
덮축이 닳아 시멘트바닥에 칠릭칠릭 쇳소리를 울리는
2년 된 내 결혼구두 속에서
백주의 대낮에 나를 휘청거리게 한다
갚지 못한 외상값처럼 휘청거리게 한다
이루지 못한 사랑행위처럼 휘청거리게 한다
기쁨은 기쁨이고
시원함은 지긋지긋한 시원함이고
병은 병이고
냄새는 고린내 극치의 냄새인데
이들은 분명 따로따로 엄연하게 갈라서야 하는 것인데
2년 된 내 결혼구두 속에서
사랑, 눈물, 피비림 이 모든 것들이 한데 어울려
나를 비틀거리게 하는 이 무좀은 도대체 무엇인가

무엇인가 이 근질근질한 백주의 대낮은
한데 어울려 썩는 내 발가락 살갗
아아 가려라 지긋지긋하게
가려워 시원히 긁는 속에
비참은 도대체 아랑곳없이 곳곳에 널려져 있고
도대체
발가락이 내 뗄 수 없는 일부인지
무좀이 내 뗄 수 없는 일부인지
몸이 썩는 기쁨과
기쁨이 썩는 병
나는 아무래도 내 무좀 난 발가락을 몽땅 짤라낼까부다
나는 아무래도 내 무좀의 기쁨을 몽땅 짤라낼까부다

닭집에서

닭 한 마리 발을 벌린 채 기름 속에 펄펄 끓는 동안
이상히도 고요한 밤하늘 바라보며
아내와 나는 우리네 살림살이에 대한 걱정을 한다
닭은 한 마리에 2천 5백원
하늘로 삐죽삐죽 솟아오른 노점상 천막들 사이로
바람이 불고 흔들리는 하늘에 별이 몇개 간신히 반짝인다
아내와 나는 잠시 그것이 안타깝다
그러나 닭집 여편네는 임신중
백열등 빛이 질펀하게 흐르는 시장바닥
그녀는 칼솜씨 하나로 닭 모가지를 싹둑싹둑 자르며
피에 범벅진 손으로 자신의 아이를 키우고 있다
우리는 또 잠시 소스라쳤지만
뱃속의 피에 또 엉겨 있을 그녀의 아이가
태어나서 자기를 낳아준 백정어미를 탓하지 못하리라는
것을
나는 그녀의 당당한 표정에서 읽을 수 있다
아니 그 표정에 섞인 어떤 안간힘 속에서 읽을 수 있다
바닥에 흩뿌려진 닭 내장 비린내
닭이 죽어 그녀의 아이를 살리지 않는다면
그 칼은 언제라도 우리를 찌를 수 있다
우리가 별을 보고 있는 순간에도
칼은 무참히 닭 배때기를 찌르고
아내와 나는 살림살이에 대한 걱정을 상관없이 한다
질펀한 시장바닥을 흘러가는 백열등 빛
머리에 두른 수건에 묻은 비린내가 코를 찌르고
별은 이제 하나도 안보였지만
나는 그 여편네와 우리네 사이에
어떤 인연처럼 끈끈한 (혹시 핏덩이 같은) 그 무엇이 치밀어
우리들을 맺고 있음을

지울 수 없는 노래

백열등 불빛밖에 남은 것 없어도 알아차릴 수 있다
증오이거나 사랑이거나
소매 스치는 인연이거나 닭 배때기를 함께 찌르는 목숨의 뜻이거나

홍은동에서

아무래도 이 축대는 무너져내릴 것 같다
산의 허리를 빼수어서 바윗덩어리 양옆으로 밀어붙인
밀어붙여 간신간신히 내놓은
이 길은 길이 아니다
배반이다 쌓아 올려진 흙, 바위, 나무뿌리들은 출렁출렁 넘쳐
철책을 넘어 흘러내리고
흐른다는 것은 자세히 보면
살벌하고 뜨겁게 내리치는 함성
길은 다시 길이 되려고 외치고
이쪽 바위와 저쪽 바위가 만나 산산이 부서지는 함성이로
지체야 낮아도 좋다
못나도 좋다 한데 어울려 살 수만 있도록
만나게 해다오 껴안게 해다오 철책 사이로 수없이 양팔을 내어 흔들며
아무래도 이 축대는 무너져내릴 것 같다
한데 모여라 모여라 모여라 소리 어디선가 들리고
와르르 쿵쾅 우지끈 뚝딱
헐벗고 쫓겨난 것들이 끼리끼리 만나
서로를 파묻고 서로의 품에 파묻히는 소리 들리고
먼 데서 부릅뜬 주먹이 부릅뜬 주먹을 만나는
주먹의 아비규환의 사랑소리도 들리고
아무래도 이 축대는 무너져내릴 것 같다
흐른다는 것은 자세히 보면
무섭고 아찔한 저 꼭대기
낭떠러지 산사태인데
아무래도 아무래도 이 축대는

태양의 나라

태양의 나라에는 그 누가 살까
뙤약볕 대낮에 눈 시린 나라
사흘 굶은 친구 눈에 빈대떡 같은 나라
활활 타오르는 이글이글 불타오르는
태양의 나라에는 그 누가 살까

피 흘리며 피 흘리며
버팅겨 섰는 나라

쓰러짐 위에 우리가 건설할
불끈 솟는 근육 위에 우리가 건설할
똘똘 뭉쳐 살아갈 나라

아아 헤어짐 없이 갈라섬 없이 배고픔 없이
푸른 하늘에 우뚝우뚝 곤두선 나라
푸른 하늘에 우뚝우뚝 곤두선 나라

마장동 시외버스 정거장

오늘처럼 영하 15도의 날씨가
몰인정한 두 뺨을 갈길지라도
떠나갈 것은 떠나야 하고
다다를 곳에는 다다라야 한다
산다는 것은 추위보다 더 춥고
그러나 슬픔보다 더 뜨거운 체온
가난에 찌든 얼굴들이 반짝인다
생생한 비린내가 코끝에서 쨍하다
오늘처럼 영하 15도의 맵찬 날씨가
더 야멸찬 두 뺨을 갈길지라도
두고 갈 것은 두고 가야 하고
찾아갈 곳은 찾아 떠나야 한다
가자, 잠시 머물면서
질긴 생계 걱정과 위대한 삶의 뜻이
복작거리며 한데 어우러져
전쟁 같은 장관을 이루고 있는
추운 날 마장동 시외버스 정거장.

겨울 복날

세검정 다리 밑에서 허름한 차림의 사내 둘이서
개를 두 마리씩이나 나무막대에 걸어
불에 끄슬리고 있었는데
왜 나는 무턱대고 그것이 훔친 개임에 틀림없다고 생각했을까
생각했을까, 나를 올려다보는 그들의 눈초리는
내려다보는 나보다 더 의젓해 보였는데
늠름해 보였는데, 해볼 테면 해보라는 듯이
그들의 눈에는 광기가 아닌
또렷한 살기가 번득이고 있었는데
검댕이 묻은 그들의 아직도 배고픈 눈초리에서
내가 본 것은
측은함이었을까, 복수였을까
도대체 왜 나는 그 백주에 대낮에, 몰래, 슬쩍, 아니면
재빨리, … 이런 따위의 음흉한 말들만 기억에 떠올렸을까

1982

동정이었을까 부끄러움이었을까
하얗게 눈내려 쌓인 벌판, 모처럼 개울물 풀린 자리 옆에서
끄슬려도 끄슬려도 개의 내장은 더욱 새빨갛고
이빨은 더욱 새하얗고
몸뚱이가 시커매진 개의 시체를 보면서
사내의 억센 두 손이 그 개의 내장 속을 자신있게 휘휘 저
었을 때
개고기라면 질색하던 나의 자존심이
흔들렸을까, 왜 그리 침흘렸을까
도대체 왜 그리 속이 후련했을까
아름다움이란 하나의 습관일 뿐일까

서강에서

오늘 밤 서강은
왜 이리 떠도는 불빛들이 많은지
시끄러운지
우리는 모여서도
변변한 사랑 모의 하나 못하고 말았다
흩어진 것들은 끼리끼리 흩어져 있고
오늘 밤
왜 이리 갈 곳 없는 것들만 요란한지
바람은 바람대로 불어대고
낙엽 뒹굴어대고
그 어느 것도
우리를 위하여 몸부림쳤던 것은 아니었는데
오늘 밤 서강은
왜 이렇게
할 일이 없는지
서러운지
눈물 나는지

눈물노래

그대 슬픔의 아랫도리를 적시는 물기.
아랫도리에 고인
그대 슬픔의 물방울.
아랫도리를 넘치는
그대
슬픔의
홍수
속에서
하늘은 마냥 맑습니다
푸르릅니다
변치 않고 언제쯤

사랑의 결실도 이렇게
푸르겠지요.
저렇게 저렇게
마냥 하늘은 벌써부터
푸르기야 푸르지요마는

장마비

지붕 새고 그대 좁게, 좁게 접어둔 시름의
무릎을 적시는
장마비 내린다

나의 가난 속에서 환하게 빛나는 그대의 초라함.

속옷까지 젖어드는
발가락까지 마구 뒤집어쓸 사랑의
습기.

아아 그대의 은밀한 내장 속 순결한
아픔의 홍수여

안타까움 새는 조인 가슴속으로
흥건히 흥건히
장마비 내린다
남은 것은 사랑할, 헐벗은 몸뿐
헐벗은 사랑뿐
그대는 환히 빛나고
장마비 내린다

여름노래

그대가 가난한 내 앞에서 펼쳐 보이는
그대 이제사 드러난 절약의 종아리도 채 못 적시는
한여름, 걷어올린 개울 물장구침이여

그대가 정성껏 제게 드린
그 사소한 살아 있음의 기쁨, 깊이의 얕음이여

개울에 비껴 비친 햇살은 흐드러만 져
햇살 저편은 벌거숭이로 물쌈하던 어린 시절, 반짝여대는
추억들의 부서짐.
그래도 나는 가난하고
그대 참음의 발바닥에 느껴지는 자갈밭의 무딘 아픔.
그러나 그러나 나는 이제 알겠다

지울 수 없는 노래

그대가 진정 가난한 나를 사랑하는 줄
그대가 진정 나의 의로운 가난을 사랑하는 줄
그대가 진정 이렇게 얕은 기쁨 속에서
깊이 깊이 나를 사랑하는 줄

그대 어색한 고개 도리질에, 눈물빛에

신년송

사람 사는 게 뭐 다 그렇데
거리엔 못다한 함성과 들뜬 크리스마스 캐롤
곶감 장사와 기름값, 김장값 폭등과
이대로 헤어질 수 없는 흥남부두 유행가로
온통 시끌벅적하데
아내와 나도 그랬어, 안타까움 섞인 한숨 한꺼번에 날려보내고
잠시 마주보며 어색하고 미안하고 환한 웃음을 주고받았어
올해도 설날 설빔은 그냥 맨입으로 때워야겠어

그러나 그러나
오늘 저 해 뜨는 것 좀 보아 눈부셔 피묻은 머리카락 치렁치렁 늘어뜨리며
오 저 눈부신 해 좀 보아 마지막 거머쥔 목숨처럼
떠오르는 아아 저 곤두선 쓰러짐!
아아 저 곤두선 목숨의 찬란함!
올해도 설날 설빔을 또 그냥 맨입으로 때우면서
올해는 정말 몸 부비며 살아야겠어
해는 저렇게 우리 살아 있음의 아픔, 살아 있음의 사랑 깨우쳐주기 위해서
눈부신 핏발이 서린 눈동자로 오는데
길길이 펄펄 뛰며, 차마 아직 사라져버리지 못한
뜨거운 가슴의 두근댐처럼
올해는 정말 통째로 부둥켜안고 살아야겠어
산다는 일에 이를 악물고
버팅긴다는 일에 피를 토하고
해는 저렇게 저렇게
우리 전신의 기둥을 송두리째 뒤흔들며 오는데
감격처럼 살아오는데

지하철 정거장에서·하나

말하라 우리가 이젠 벅찬 한줌의 먼지로 서서
열차가 도착하는, 발 밑의 지축을 울리는 경적소리
그 몰고 오는 풍파의 장엄이나마
온전히 온전히 가슴 설레지 않고
받아들일 수 있는가

열차는 기다림 속 무언가 가여운 떨림을
산산조각 내는 속도와 방향으로 들어온다
이 조그만 도착의 운동에도 흩날려대는
갈채 같은, 환호 같은 슬픔의 나부낌!

그러나 진실은
훨씬 더 우람하고 시끄럽고
두려운 소리로 온다

아직도 버팅겨 있음의 뿌리를 송두리째 뒤흔드는
전율의 함성으로 온다

기다려라, 우리가 바라는 것은
훨씬 더 아픈
훨씬 더 심장이 터질 듯 벅찬
감격으로 오리라

지하철 정거장에서·둘

나는
네가 이렇게 말짱히 살아서
내 앞에서 눈이 부시게
나타나 서 있는 것만 해도
그저
말문이 떨리고 목이 메고
꿈만 같구나
열차는 떠나가고
열차의 기적소리는 우리의 상봉을 마구 뒤흔든다
너의 설움도 흔들린다
너의 사랑도 흔들린다
너의 분노도 흔들린다
너의 타락도 흔들린다
얼핏 내 눈물 속에서
친구여 너의 몸은 몹쓸 병이 들고
매 맞아 터져 너의 가장 소중했던 것의 가장 깊은 곳에서
희망은 곪고 썩어 역겨운 냄새가 코를 찔러도
친구여 나는 네가 이렇게
사지가 둘로 동강나는 아픔을 치르어내고
생생한, 살아 꿈틀거리는 비린 몸짓으로
서 있는 것이
못난 내 앞에 떳떳이 버팅겨 선, 한 약소민족의 침묵으로
견디고 견딘 그 참음의 몸무게로
마침내 마침내 나를 격하게 짓이겨대는 것이
그저

1982

장하기만 하구나 눈물겹구나
네 수척한 수천 수만 개의 표정이
안쓰러워 행여 슬퍼 보여서
열차는 시끄럽게 떠나가는데
시끄러움은 도처에서
반짝여대는데

바다에 와서
그대, 단맛 쓴맛의 바다에 발을 담근다
바다는 이제야 발을 담근 내 지친 생명의 시작을
적신다. 파도를 몰고와
부딪치며 거품은 내 무릎까지 튀어오르고
그냥 멀리서 바라보면
바다는 바다의 진면목을 보여주지 않는다
그냥 아득히 먼 곳에서
바다는 풍랑과 난파사고와 끝없이 멀리 있음의
위대한 업적.
아 그러나 우리가 만일 한두 치쯤 발이라도 담그고
바다의 깊이를 용서해줄 때
바다는 또한 얼마나 지극한 정성으로
내 발의 아픈 상처를 아물게 해주는가
바다는 격한 파도의 일렁거림을 숨기지 않고 밀려와
내 닫힌 가슴의 문을 세차게 두드린다
거품은 얼굴까지, 어깨의 뒤에까지 튀어오른다
그대 호시탐탐의 바다에 발을 담근다
아 내 냉정한 마음의 부질없음이여
바다는 또한 내 빈틈의 틈새를 비집고 들어와
전신을 사랑으로 흔들고 있지 아니한가
갈 곳도 없이 쫓겨와 그냥 바다에 이르른 나에게
바다는 내게서 훔친 사랑에 대하여
한없이 감격하고 있지 않은가
한없이 감격하고 있지 않은가

한강·하나
꽃 한 송이를 피우기보담은
종일 한강에 나가서
한강이 한강인 채로 한강 본연의 모습을 드러내 보이는
황홀히 부활하는 순간을 오래오래 바라본다.

종일 보고 있으면 한강은 내 앞에서
노을에 발그레 상기된 고백의 몸짓으로 자기는
반포 아파트의 화려한 고층빌딩을 비추는 화장 짙은 강 표면이나

제3한강교 밑으로 흐르는 천하디천한
세월의 배 지나간 자리가
아니라고 한다.

바로 내 발끝 앞에서 바삐 흐르는 강물은 나를 보고
나는 강물을 보고
나는 흐르며 잠시 눈물 반짝이는 강물에게 나도
그대가 생각해주는 만큼 순진한 놈은 못된다고 했다.
그러나 사랑한다고 했다.

사랑하는 사이 앞에서
모든 흘러감은 운동에 속하지 않는다.
모든 생활의 때는 타락에 속하지 않는다.
물은 높은 곳에서 낮은 곳으로 흐르고
도회지 깊은 밤, 쾌락과 배설의 찌꺼기, 껍질, 똥, 오줌,
담배꽁초, 껌종이가 흐르고
모든 버려지고 업수임받고 가라앉는 것들의 슬픔은 강으로
흐른다.

그러나 사랑하는 사이로 종일을 서 있으면
슬픔은 신비스럽게 오래된 아픔의 무게가 되어 고이고
움직이지 않고 처연한 강 중심의 바깥에서부터
물결은 철썩, 철썩여대면서
한강은 고요하지만 거대한 몸부림, 용틀임의 털끝, 가장자리쯤에서
조금씩 조금씩 구역질을 하고 있는 것이 보인다.
그리고 미미하지만 사랑하는 사이로
부끄러워함과 배앓아냄은 아주 귀한 운동이다.
물결은 배신을 배앓아내고 오염된 생선을 배앓아내고
혼인빙자 간음의 씨앗을, 네발 달린 사산아의 두개골을 배
앓아낸다.

그리고 흐르는 강과 생활에 바쁜 내가 사랑하는 사이로
그렇게 오래오래 서 있으면
강물은 점점 얕아지면서
익사한 비명소리는 점점 높아지면서
그러나 아아 눈물이 핑 돌 것 같은 강바닥의, 흙가슴의, 그
리움의 온기가 느껴지고
웅덩이는 군데군데 모여서
네게 줄 것은 내가 견뎌온, 내게 남은 것은
몽땅 그대에게 드릴
아픔이 남겨준 아름다움뿐이라고 한다.

꽃 한 송이를 피우기보담은

지울 수 없는 노래

늙고 찌든 젖가슴에 봄비 촉촉히 적시는
아주 오래된 위안을 구하러 온 나에게
강물은 저는,
업수이 여겨보는 것처럼, 얕은 흐름의 동요이거나
아니면 달빛 반짝이는 물 표면의 정지가 아니라
어떤 아픈 전설 같은, 그러나 아주 생생한
기억의 일부분일 뿐이라고 한다.
일사후퇴, 동학당 시절보다도 아주 먼
그러나 아직도 서로 사랑하는 사이로.

한강·둘
-슬픔에 대해서

서부 이촌동에 살고부터 교통은
원효로 4가에서 강변도로로 접어드는 90도 각도로
꺾어지는 골목에서
5톤, 10톤씩이나 되는 화물트럭들이 밤이나 낮이나 급커브
를 돌면서
속력을 낸다 특히 밤이면 널판때기 빈깡통, 사이다 빈병,
코카콜라 헤드라이트 불빛.
5톤, 10톤의 속도를 주체 못하는 가벼운 것들은 화물차에
서 떨어져내리고
내팽개쳐진 것들은 내팽개쳐짐의 속도로 내게 달려와
빈병은 빈병의 가벼운 속도와 무게로 바닥에 떨어져 튀는
유리조각으로
깨어짐의 더 가벼운 반향으로 나의 무딘 안면에 가벼운 상
처를 내고
나는 밤길 거리에서 이유없이
전신을 두드려맞는다 갑자기 눈앞에 헤드라이트 불빛에 아
무것도 안 보여
밤이면 특히 무거운 화물트럭들은 눈앞에
이 어둠을 이해하지 못하고
수없이 내팽개치고 달아난 수많은 헤드라이트 불빛은
그냥 허공에 돌아갈 곳 없는 불꽃으로 남아
아닌밤중에 온천지는 소리만 요란한 불꽃놀이다, 이상하게
어둠이 너무 진한 밤이면
거대한 것들이 약한 자들을 마구 끝없이 짓눌러대는
슬픔이 너무 찬란해
갑자기 불빛이 온 천지에 벚꽃놀이처럼 만발하여
그냥 만발한 것들은 대개 방향감각을 잃듯이
모처럼의 광명이 내 뇌리의 어두운 골목을
무게와 속도와 빈깡통으로 때리는
이 모든 기적이 나는 슬프다 모든 걸 백일하에 드러내보
이는

쫓겨난 도시의 골격. 더 나은 더 고도의 산업화에 밀려
화물트럭 헤드라이트의 홍수도 이제는 거대한 고층건물 도
시계획에 밀려
서부 이촌동 강변도로 쪽으로 흘러왔다 슬픔의 서열이여
내 가슴의 뚜껑을 열지 못해
마구 두드려대는 슬픔의 편치력이여
서부 이촌동 서민아파트 7층 꼭대기에
전세집과 허드렛짐과 아내의 가여운 사랑을 살림으로 들여
놓고서부터
움직이고 흐르고 떠도는 것들의 슬픔이 더욱 확연해
나는 밤거리 어두운 골목길에서 이유없는 매를 맞으며
몸둘 바 모른다

그런데
서부 이촌동에 와서 살고부터
칠흑같이 더 깊은 밤, 한강은
비 젖은 철거민, 천막촌의 체온이 모락모락 피어오르는 모
습으로
내 7층 아파트 꿈속을 비집고 들어와
한강의 도도한 역사의 흐름 옆에서
15평 아파트 속, 내 잠자리는 꿈으로 축축이 젖는다 등이
채 마르지 않은 채로
한강은 나에게로 와서 나에게
왜 나는 저의 아픔이 들어설 자리를
내 가슴, 뜨거운 심장 속, 한 어두운 구석자리나마
마련해놓지 않았느냐
내 몸을 휘감고 몸을 보챈다

흐르는 한강의 보이지 않는 아픔 곁에서
도시계획에 밀려난 자동차 헤드라이트 불빛, 아픔이 휘황
찬란하게
흐른다 나는 이불 속에서 구부러진 등을 자꾸자꾸 움츠리고
내 아픔의 비명소리가 도시계획에 쫓겨난 자동차 헤드라이
트 불빛의
아우성소리에 밀려, 강으로도 못 가고
그냥 서부 이촌동, 서민아파트, 맨 꼭대기, 15평 좁은 방 속
의 잠자리 속의
꿈 속에서
내 아픔은 아직도 외치지 못하고
오! 나는 너를 사랑한다 슬픔의 추방이여 숨죽인 비명소리로

도시여 도시여 내 아픔의 가벼운 무게에 대한
그 아파트 옥상, 날개에 대한

발 디딜 자리를 나에게 조금만 다오
한강이여 한강이여 내 아픔의 비중에 대한
그 내재적인 사랑의 비명소리에 대한
적극성을 나에게 다오 너의 강 표면에서 아직은 떠돌이로
도는
불빛이, 물빛이, 아아 아픔과 아픔이 서로 가슴을 여는
사랑으로 만나
내 잠자리는 밤마다 밤마다 젖어도 좋다 통렬하게 내 등덜미를
태워도 좋다. 태워도 좋다.

한강·셋
한강은
더 이상 그대 슬픔의 젖줄이 되기를
허락하지 않는다

허락하지 않는다 그대 울음도 그대의 절망도

가슴속에서부터 갈라져버리는
한강의 사랑이
그대도 참지 못할 거대한 파도가
그러나 그대로 꼿꼿이 서

강변에서 아직도 떠나지 못한
그대의 깊고 더러운 잠을
그대 나름대로의 사랑을

무수한 창칼같이 찌르고 있다.
무수한 창칼같이 찌르고 있다.

한강에서
영창이는 마누라가 또 제왕절개를 했다고 한다
수술비 마련하느라 이리 뛰고 저리 뛰고
그 전라도 정읍 사투리 써가며 허둥지둥 그 난리 어떻게 치
르었는지
모르겠다고 말도 말라 한다
학교 다닐 적 술이 유난히도 쎄던 그놈
언제나 내가 먼저 곯아떨어지면 나를 업고
맨발로 허겁지겁대던 그
그때 내깔기던 그 사투리 입원수속 사정하면서도 썼을까
썼을까, 그때 내가 업혀 그놈 등에 밴 땀냄새 맡던 생각
하며
그때가 좋았능기라 어렸을 적 철모르고 술 푸던 때가 좋았
능기라

이제 해질녘 한강에 나와 고생살이, 나와 그놈만 한다는 표
정으로
하나 둘 어렴사리 떠오르는 별빛 보자니 궁상맞고
물 위에 흐르는 그 빛, 아름다워 눈 튀어온다.

막걸리
그 중년 여자는 내내 중앙청 타령이었는데
무교동 어느 술집에선가
이러지 마요 손님, 내 중앙청은 아직도 쌩쌩하다요
물건도 물건 나름이지 그걸 가지고 얻다 대요 손님,
그 중년 여자는 내내 중앙청 타령이었는데
나는 한여름 찌는 듯한 더위 아니라도
탁한 막걸리 마실 때마다 그 여인 생각난다
생각난다, 막걸리의 구역질 속에서 떠오르는 그녀의 몸뚱
아리 중앙청
그러나 맑게 개인 푸른 하늘이 고향 어디엔들 있으랴
평소에 별빛처럼 아롱진
영롱한 아름다운 우리네 생활이 어디 있으랴
아아 고생 바가지 막걸리, 곪아터진 고름 질질 흐르는
한가운데서 끈끈하게 살아 숨쉬는
비린내 싱싱한 우리네 삶밖에
무엇이 또 남아 있을 수 있으랴
그날도 슬플 것은 영영 없었다
그녀의 그 냄새 묻은 몸짓은
그녀의 그 새우젓 묻은 치마폭은
다만 잃어버리고 잃어버리고
그때서야 잃어버린 것들의 귀중함을 알며
잃어버린 상태의 치열함을 살아가는
어떤 '의미 찾기'였을 뿐이다
원효대사처럼
나는 그 여자가 투쟁해낸 중앙청과 믹킬리늘
벌컥벌컥 들이마신다
그날도 취할 리야 영영 없었다

서오능 가는 길
내가 사는 구산동서 한 정거장만 더 가면
서오능이 있다는데
나는 아직도 서오능엘 가보지 못했다
일요일이면, 한가할 때면 가보리라
서오능이란 데가 있으므로, 아직 실업자이므로 꼭 가보리라
여기 살던 소설가 박씨도 꼭 가보라 했지만
나는 아직도 서오능이란 데를 가보지 못했다
그리고 세월이 흐르고

어둠은 더욱 깊어갔다
형광등에 스탠드까지
방으로 쫓겨와 온 방 온통 불밝혀놔도
어둠은 끝내 밀치고 들어오려고 안간힘이었다
필사적인 내 손바닥에 어둠이 묻어났다
그러나 마루에 나가면 현관문 밖에서
현관으로 내쳐 나가면, 대문 밖에서
어둠은 내내 항상 끝내 밀치고 들어오려는 시늉만 하고
있음이 분명했는데
나는 아직 대문 밖을 나가보지 못했다
물론 그때도 어둠은 우리 동네 동구밖쯤에서
밀치고 들어올 시늉만 하고 있겠지만
세월 흐르고 어둠 더욱 깊어가고
나는 아직 서오능엘 가보지 못하고
집에 처박혀 이렇게 시를 쓰고 있다
걸어서 가더라도 한 정거장
서오능엘 가면
어둠은 또한 산 너머 멀리 화전쯤으로 밀려나
밀치고 들어올 시늉만 하고 있을 것이 분명한데

지하철 공사장에 다녀와서

그곳에 가봤어? 왜 우리 둘이 팔짱을 끼고
댕기던 자리.
낯익은 장소가 거대한 기계의 손아귀에서 산산이 파헤쳐지
는 모습은
슬픈 가관이더군
공사중지하철대우개발공사중죄송합니다
나는 반복되는 그 팻말을 읽으며 그 길을 다시 한번 가봤어
포크레인이란 기계의 주먹 참 대단하더군
산더미처럼 쌓이고 산더미만큼 파놓은 구덩이 위로
철근다리를 해놓았는데
걸어가다 아차 떨어지면 즉사하고 말 높이
그놈은 참 의젓하고 무섭고 숨막히는 놈이더군
그리움의 가슴을 파헤치는 일뿐 아니라
그놈은 그 그렁그렁하는 목소리로
우리가 느낄 슬픔까지도 강요하는 듯했어
슬픔에 우리를 꽁꽁 매달려고 했어
아무것도모르는것이상책이다아
그놈 참 왜 그리 짐짓 무뚝뚝하던지
그러나 나는 속을 수 없었어 공사중지하철
보행에불편을드려죄송합니다대우회전대우개발
그런, 반복되는 글씨를 읽으며 우리 옛날에 잘 다니던 왜
그 길을

다시 한번 걸으며
저질러진 일은 저질러진 일
슬픔에 몸을 묶어놓아서는 안된다는 생각을 나는 했어
비극을 비극으로 받아들인다는 것.
비극을 일상품목의 하나로 만든다는 것.
매일 그 길을 다니듯이
비극은 어디에나 널려 있다는 것.
진실을 밝혀야 해, 온몸으로
추억으로 거짓을 감싸면 안돼
저질러진 것에서 도망가면 안돼, 항상
피할 수 없는 그 자리
못다 이룬 일은 끝내 추억이 될 수 없다는 것.
근처에 도사리며 우리를 노린다는 것.
나는 그런 생각을 했어

너에게

그대 상냥 아픈, 만남의 산산이 부서짐이여
내 몸 아스라져, 그대 발 앞에 드리는
거센 물결 같은, 조그만 앙싸움이여
그러나 사랑은 집착하지 않고
이별하지 않고
우리 촉촉한 단비로 적시고 있구나
다시 돌아볼 수 없는
가야 할 이 길, 모퉁이에서

열쇠

뒷골목 어두운 길에 버려진 열쇠 하나를 나는 주웠다
성냥알보다도 길이가 짧은 이 열쇠는
그리 중요하지 않았을 자물쇠를 열고 닫느라
제 몸에 밴
굴욕적인 빛깔로 내 손바닥 위에서 반짝인다

닳고 닳은 이 이빨은
회장실이나 허술한 사무실 따위의 자물쇠
열쇠였다는 것의 슬픈 표현이다
마음만 먹으면 항상 열 수 있는 것.
그래도 닫아놓고 다녀야 안심이 되는 자물쇠
여럿 달린 열쇠 중의 하나였을 것이다
어둠에 버려진 것이 또한 그렇다

열쇠는 내 손바닥 위에서 반짝인다
꿈틀거린다
어둠이 또한 그렇다

뒷골목 어두운 골목길에서 주운, 버려진 열쇠 하나를
나는 끝내 다시 버리지 못했다

그것은
되찾을 것이 아직도 우리에게 있다는
결심을 위해서이기도 했다
그렇다면
욕망은 끝없는 고통이 아니다

열쇠는 아무리 작아도 열쇠다.
자물쇠가 아니다.

이씨

이씨 만나고 나면 나는 온몸이 욱신욱신 쑤신다
그가 웃음띤 얼굴로 일어서서 나에게 등을 돌릴 때
나는 그가 생각보다 외모보다는 훨씬 더 뜨거운 아픔들을
지니고 있구나 하고 느끼는 것이지만
나의 전신을 수도 없이 강타하는 것은
실상은 부드러운 그의 말씨이다
그가 하는 말 중에는 민주라거나 투쟁이라거나
민중이라거나 자유라거나
이런 문자 그대로 황홀한 말들은 하나도 없다
그래서 내 몸은 수없이 두드려맞은 것처럼
더욱 욱신욱신 쑤시는 것일까
그가 내게서 등을 돌리면
나는 그냥 헬렐레 하다가도
아차 싶은 때가 한두번이 아니다
그러면 그는 벌써 다방문을 나서고 있는 것이다
열을 올리긴 내가 다 올려놓는데
나 혼자 이렇게 온몸 쑤시는 것은
그가 나보다 더 많이 아팠기 때문이라는 것은 확실하다
어쩌자 나는 그의 잔잔한 눈초리를 덮는 안경의 눈알 속에서
번득이는 살기 같은 것을 느끼기 때문이다
더 많이 아파하고
그랬기 때문에 더 잔잔히 살기를 품고 있는
이씨가 나보다 더 질기게 싸우리라는 것도
그래서 분명하다, 그렇지만
다음번에 만나도 나는 열을 올릴 것이다
그러면 그는 그냥 부드러운 말씨로
나의 설익은 살갗을 욱신욱신 쑤시게 만들 것이다

육교를 건너며

육교를 건너며
나는 이렇게 사는 세상의
끝이 있음을 믿는다
내 발바닥 밑에서 육교는 후들거리고
육교를 건너며 오늘도 이렇게 못다한 마음으로
나의 이 살아 있음이 언젠가는 끝이 있으리라는 것을
나는 믿고
또 사랑하는 것이다
육교는 지금도 내 발바닥 밑에서 몸을 떤다
견딘다는 것은 오로지 마음 떨리는 일.
끝이 있음으로 해서
완성됨이 있음으로 해서
오늘, 세상의 이 고통은 모두 아름답다
지는 해처럼
후들거리는 육교를 건너며
나는 오늘도 어제처럼 의심하며 살 것이며
내일도 후회 없이
맡겨진 삶의 소름 떠는 잔칫밤을 치를 것이다
아아 흔들리는 육교를 건너며
나는 오늘도, 이렇게 저질러진 세상의
끝이 있음을 믿는다
나의 지치고 보잘것없는 이 발걸음이
끝남으로, 완성될 때까지
나는 언제나 열심히 살아갈 것이다

언 땅을 파내며

삽질도 곡괭이질도 이젠 이력이 났다
얼어붙어 굳어버린 바위는 곡괭이로 부수고
군데군데 남아 있는 따스한 흙은 삽으로 퍼올린다
팔힘만으로는 안되는 것이
어깨힘, 삽자루를 꽉 잡은 손아귀힘만으로는 안되는 것이
온몸 온 근육신경을 곤두세워 성난 핏발 불끈불끈 솟아오르며
나는 꼭 그놈 대갈통을 뿌수어버리듯이
곡괭이질을 한다 악이 받쳐서
우리가 바라는 것은 단지
흙 한덩어리의 보드라움뿐
그러나 얼음에 휩싸인 세상은 너무 잔인해
귀에는 귀, 눈에는 눈이라는 듯이
두눈 부릅떠 삽질을 한다 퍽퍽 소리나는 곡괭이질을 한다
삽질도 곡괭이질도 이젠 이력이 났다
내가 찾는 것은 노다지가 아닌 어떤 한줌의 따스함

그런데 이 바위는 꼭 그놈 우악스런 가슴팍만 같아
후줄근히 비오듯 땀 흐르는 내 가슴패기가
그 바윗덩어리를 짓눌러버릴 듯이
사랑도 억눌림도 으깨어버릴 듯이
정수리처럼 보이는 곳은 곡괭이로 치고
옆구리처럼 생긴 곳은 삽으로 찌른다
아니 아니다 살다보면
삽으로 조심조심 떠서 바닥에 내려놓
그리운 얼굴도 있는기라, 더운 가슴도 있는기라
가난한 이름들도 체온으로 살아
숨쉬고 있는기라
비오듯 땀 내리고 억울한 심장 터쳐버리고
곡괭이로 삽으로 마구잡이로 내리치면
근육은 선 채로 굳어 돌이 되어버리고
돌이 돼버린 근육이 정신없이 쉴 새 없이
나도 아닌 것이 너도 아닌 것이 부서져 튀는 바위 속에
누가 내 이름을 부르는구나, 빼앗긴 사랑을 외쳐 부르는구나

초복

콧구멍으로 땀구멍으로
나는 너를 못살게 굴어야겠다
열려 있는 모든 구멍으로
더위도 이대로는 못살겠다 하며
펑펑 쏟아지는 초복 더위.
눈물도 못된 것이
슬픔도 못된 것이 비명소리도 못된 것이
펑펑 쏟아져
거리에 홍수 났다
구멍이란 구멍은 모두 코를 벌름거리고
이 초복, 푹푹 찌는 더위에
적어도 사랑하고 몸 비비려면
못져도 후줄근한 장마 지겠다
이렇게 태우고 또 태우다가
사랑은 빈껍데기만 마른 오징어처럼 남겠다
요놈아 더위야 이 번잡아
나도 너를 못살게 굴어야겠다
이 여름을 덮친
백주에 날벼락 같은 불볕 속에서
나도 내 몸이 말라 비트는 사랑으로
너를 덥게 푹푹 찌게 만들어야겠다
남아서 못난 사람들끼리
살아서 장한 사람들끼리
사랑하고, 꾀죄죄한 살 비비면서

K에게

나는 슬픔의 비중을 아직 모른다
가난이 지긋지긋해 밤업소에 나가는 여공의 수기보다
몰락한 지주의 딸이 아비의 종놈에게 겁탈당하고
겁탈당한 아씨마님이 욕정에 윤락가에 몸을 던지는
대중문화, 텔레비전 브라운관 앞에서, 그 웃기는 보수주의
의 선전물 앞에서
나는 아직도 몸부림처 분노한다 용서하라
용서하라 나에게 아직도 빼앗길 것, 아니 돌려줄 것이 남아
있음을
. 나의 소름끼침을 돼먹지 않은 결벽증을
용서하라 이젠 그러지 않으마
티없는 아름다움 앞에서 지레 겁먹지 않고
간직해야 할 것에 대해서 소름끼치지 않고
건강하게 생각하마 모든 사랑의 기쁨을
지금은 오염되어 있는
섹스의 기쁨까지
용서하라 용서하라
나는 이제야 깨닫는다 무엇이 문제이고 절망인지, 역사인지
큰 아픔과 미세한 아픔, 그 거대한 비극성과 무력감
아픔의 나눗셈과 곱셈과
대우주 소우주 그 기발한 속임수.
용서하라 지금 내가 닫혀 있는 바로 이 자리에서
그리고
떨어져 네가 홀로 싸우는 그 자리에서 사랑은 시작되고
너와 내가 우리를 이루어
아무것도 없이
비로소 아무것도 없음에 대하여
진실로 진실로 분노할 수 있을 때까지

두드러기

두드러기가 돋는다
추운 날이나 아니면 비위틀리면
후덥지근한 때도 극성스레
두드러기가 돋아난다
자세히 보면 두드러기는 솟아오른다
자세히 보면 두드러기는 치솟아오른다
나는 그 변덕을
모처럼 두드러지는 자유를
사랑하기로 각오한다
두근대는 가슴팍 너와 건네던
보이지 않는 자유와
악착스레 삶을 사랑하는 자유

틈새를 비집고
독을 품고
칡뿌리 맛 같은 어떤 우격다짐으로
번지는 몸부림으로
피 돋는 가려움으로
두드러기가 불끈불끈 솟아오른다
가만히 누워서 그를 달래는 것은
그를 사랑하는 방법이 아니다
그를 진압시키는 방법도 아니다

회복기

새벽풀 내음에 손을 적셔도
그대 심장에 패인 상처는 어쩔 수 없다
두 눈을 부릅떠 감아도 흐르는
뜨거운 눈물 어쩔 수 없다
억세지 못하고 끝나버린
아우성소리의 꿈틀거림 속에서
너는 쓰러져 있고
자욱한 먼지와 바람과 그리고 약간의 이른 풀냄새
너의 삶은 안달이었다 변하지 않기 위한 분노
새벽풀 내음에 적신 손짓으로
나는 너를 부른다
그러나 외쳐 부르지는 않는다
외쳐 부른다면 너의 심장에 패인 상처는
상처라 해도
아직 살아, 뜨겁게 살아
샘솟는 너의 피는 어쩌란 말인가
아아 때려죽여도 용솟음치는 너의 피!
너는 쓰러져 있고
새벽풀 내음에 적신 손짓으로
나는 다만 너를 부른다
나는 다만 너를 부른다
나는 지칠 수 없는 삶의 불안 속에서
다만 살아
부를 수 없는 너를 부른다

아주 늦은 오월노래

오월이면 혹시 제 시들어 지친 몸에도
쑥나물 캐는 산색시 흩어진 앞치마자락처럼
새파란 풀내음이 뚜욱뚝
묻어날지도 모르겠어요
살비듬이 쏟아져내리는 내 가려운 겨드랑 옆에서 새싹이
돋는

늦은 봄 쭈그린 저녁이에요
오월이면 혹시
땅 속, 굵디굵은 눈물의 뿌리 밑둥치에서
몹쓸 병 얻은 내 사타구니 언저리에서
향긋한 풀내음이 피어날지도 모르겠어요
타오르는 해, 메마른 땅, 피가래가 끓는 목마름의
삽질이에요, 그리고
억센 털, 뿌리내림과 사지의 짤림과 빼앗겨 내쫓겨난
헐벗음의 앙칼진 한, 그리고
다만 터질 듯 견디내는
끊어지고 다시 이어지는 힘줄.
오월이면 혹시
풀입파리 흠씬 적시는 이슬
새벽 흙내음 가득히
개나리보다 늦게 그러나 훨씬 더 처절한 아름다움으로
꽃피울 수 있을지도 모르겠어요
좀더 조금 더 늦은 봄을 기다리는 것일 거예요 다만
기나긴 밤의 끝이 와도 오지 않는
좀더 조금 더 늦은 봄을 기다리는 것일 거예요 다만

가을에

우리가 고향의 목마른 황토길을 그리워하듯이
내가 그대를 사랑하는 것은
그대가 내게 오래오래 간직해준
그대의 어떤 순결스러움 때문 아니라
다만 그대 삶의 전체를 이루는, 아주 작은 그대의 몸짓 때문일 뿐
이제 초라히 부서져내리는 늦가을 뜨락에서
나무들의 헐벗은 자세와 낙엽 구르는 소리와
내 앞에서 다시 한번 세계가 사라져가는 모습을
내가 버리지 못하듯이
나 또한 그대를 사랑하는 것은
그대가 하찮게 여겼던 그대의 먼지, 상처, 그리고 그대의
생활 때문일 뿐
그대의 절망과 그대의 피와
어느날 갑자기 그대의 머리카락은 하얗게 새어져버리고
그대가 세상에게 빼앗긴 것이 또 그만큼 많음을 알아차린
다 해도
그대는 내 앞에서 행여
몸둘 바 몰라하지 말라
내가 그대를 사랑하는 것은
그대의 치유될 수 없는 어떤 생애 때문일 뿐
그대의 진귀함 때문은 아닐지니

우리가 다만 업수임받고 갈가리 찢겨진
우리의 조국을 사랑하듯이
조국의 사지를 사랑하듯이
내가 그대의 몸 한 부분, 사랑받을 수 없는 곳까지
사랑하는 것은

천막 세우기

멀리 숲 언덕을 오르내리는
지 엠 씨 군용트럭은 힘겨운 엔진소리를 내면서
25인 소대용 천막을 우리 앞에 내팽개친다.

천막은 얼음 박인 땅 위에 맨살로 주저앉으며
풀썩, 사지를 뒤틀고
다시 움직이지 않는 전사자가 된다.

줄을 당겨라
줄을 당겨라

신명난 춤을 흔들며 하늘로 치솟는 지줏대.

우린 잘생긴 나무만 골라 미끈한 버팀대를 세우면서
버릴 건 버리는 연습을 한다
미운 건 때려부수는 연습을 한다
줄을 당겨라 영차 줄을 당겨라 영차

이 죽어 있는 고통의 세상에
버팅겨 있음의 의미는 무엇인가

줄을 당겨라 천막이 잠든 세상처럼 부스스 일어나면서
우리 눈앞에
마침내 눈부신 기적으로 나타날 때까지.

동계훈련

황량하지만
겨울은 거추장스럽고
너는 곧 당황하게 된다 눈 덮인 산의 그 백치 같은
눈부신 단순성에 대하여
껵입고 또 껵입어도 마음만 시린
방한모 방한화 방한복 외피 내피
무릎까지 으슬으슬 젖는 설상행군을 하면서
땀방울 맺히는 아름다움에 대한 콤플렉스를
너는 곧 극복하게 된다 어차피 사랑
행위의 비린내를 수반하고

삶은 99%가 거추장스럽다는 사실에
너는 곧 익숙해지게 된다 문제는
너를 지탱하는 네 그 튼튼한 갈비뼈대의 구조와
너를 냉동시키는 백석 983 영하 25도의 얼음의 산과의
몇백억 겁 같은 차이를
네가 알아차리는 데 있다 며칠째 이빨의 때 한번 시원스레
벗겨내지 못한
우리들의 조상
겨울 곰 같은 표정으로

늦가을 노래

저문 날, 저문 언덕에 서면
그래도 못다한 것이 남아 있다
헐벗은 숲속 나무 밑, 둥치 밑에
스산한 바람결 속 한치의 눈물 반짝임으로
마지막인 것처럼, 가랑가랑 비는 내리고
그래도 손에 잡힐듯
그리운 것이 있다
살아남은 것들이여 부디
절규하라 계절이 다하는 어느 한숨의 끝까지
우리들 사랑노래는 속삭여지지 않는다
기억해다오 어느 외침의 미세한 부활과
절망과 거대와
그리고
어떤 질긴 사랑의 비린 내음새를. 안녕.

하기식

누가
기를 내린다
보라 아래로 푸른 목숨의 하늘이 다하는 팔랑임!
그러나 팔랑이는 것은 모두 거대하다
흔들리는 것은 모두 거대하다
보이는 것과 보이지 않는 것.
들리는 것과 들리지 않는 것.
보고 듣는 세상은 풀잎, 흐들먹임마저 얼어붙고
소란스럽지만 고요히 고요히
몸을 떠는 것은 그러나 거대하다

이 몇백년 광년 속의 너와 나
모진 목숨이 다할 때까지.

청혼을 위한 서시

너라면
비릿한 내음 풍기는 동대문 어물시장 한가운데나
아니면 외국 기자가 운좋게 카메라에 잡아
무슨 꼬부랑말 전시회선가 일등상을 타먹었다고
월남 다니던 사람들 입에 오르내리는
설움겨웁게 오르내리는
대국 폭탄에 박살난 대동강 철교
그 우글거리는 피난민들 사이에서 만날 수 있겠다

만날 수 있겠다 애인이여
나뭇잎 틈새로 속살거리는 바람
불란서 향수를 뿌린
서구식 키쓰의 매끈한 입김 아니라
부두 노동자의 가래 묻은 고향 그리움과
이빨 냄새 토하는 삶의 몸부림으로
만날 수 있겠다
땀으로 범벅지는 이마, 이마를 부비며
이렇게 살았다는 이야기를
이렇게 산다는 이야기를
뜬눈으로 해야 하리라 우리는

너라면 함께
티없는 하늘, 흔적 없는 바다에 서서
어쩌면
어색해지는 얼굴일 수도 있겠다

겨울, 너에게

그대, 만남의 설레임 속 은밀한
기쁨의 내장까지 시리고 시린
아리고 아린 겨울 입맞춤의 바람, 그 깨물어대는
송곳니여
그대, 내 몸살의 이마에 와닿는
상긋한 서릿발의 내음
끝으로
침묵이여 사랑이여
좀더 싸늘해다오
싸늘함의 진도를 알고 싶다
싸늘함의 끝장을 보고 싶다
이 모든 살아 있음의 한계를
두려운 사랑의 입맞춤으로
사랑의 온몸 더듬기로.

오페라/시극 한국현대사 김구

열려라, 미래의 나라

✿❂✿ 죽음의 의미에 대한 연구. 그 의미가 현대적으로 깊어지는 것에 대한 연구. 삶의 비극성의 의미에 대한 연구… 단군-고조선에서 현대에 이르는 나의 한국사 공부는 갈수록 그런 방향으로 귀결되었다.

정도전 같은 '행복한 혁명가'에서 임경업, 김구, 전태일 같은, '죽음이 의미심장한' 대목에 더 애정이 간다. 문학적 애정뿐 아니라 역사적 애정 또한… 전태일은 소설/시나리오로 썼었다. 김구는 이렇게 오페라/시극으로 쓴다. 임경업전은 어떤 형식으로 쓰게 될까… -1999년 5월

오페라/시극 한국현대사 김구-열려라, 미래의 나라

등장인물

김구 sprech-stimme(bass, 목소리로만 등장)

백범일지 인물
김구(tenor)
백범 모(alto) ⇒ 한국 현대사 인물로
참빗장수(buffa-bariton)

가공인물
김구 2시간 : 남자(bariton)와 여자(mezzo-sop)
현재 2시간 : 남자(tenor)와 여자(soprano)

한국 현대사 인물
유관순(soprano)
김수임(soprano)
전태일=노동자들
김일성(tenor)
이승만(bariton)
암살자(그림자로만 등장)
chorus & dancers & orchestra

synopsis

prologue
제1막 역사의 장
 제1장 육체의 반란
 제2장 해외파와 국내파
 제3장 무엇보다 기나긴 시간
 제4장 낭만주의자 하나, 현실주의자 셋
interlude
제2막 죽음과 희망, 그리고 아름다움의 장
 제1장 건국신화
 제2장 유혹을 이기다
 제3장 아름다움의 비극
 제4장 상부구조와 하부구조
epilogue
앙코르 : '그후' 2인무 '러시아에 관한 명상' 중 epilogue

김구는 점차 다가올 죽음을 예감하면서 죽음 직전 두 시간(김구의 시간) 동안 과거를 반추하고 있다(백범일지의 시간). 같은 두 시간 동안 일제 밀정 노릇을 하던 남자와 그를 사랑하는 여자는 민족의 추적을 피하며 갈등하고 있다. 김구의 두 시간 동안 회상의 핵심 줄거리(sprech-stimme)는 환국에서 윤봉길 등 의사 봉안식과 인산, 장례식에 이르는 과정이다(죽음과 희망과, 아름다움의 시간). 그 두 시간 동안 민중운동 출신으로 민중의 과거와 미래에 회의적인 남자와 신세대 여자가 서로 갈등하며 애증을 진전시키고 있다(현재의 시간). 역사적인 인물들이 그들의 문제에 끼여들고 문제를 역사적으로 반영하거나 평가하면서 스스로 자신의 역사적 의미를 구현해간다(역사의 시간). 이 '시간'들'이 여러 겹으로 겹쳐지면서 김구의 죽음과 나라, 그리고 다음 세대를 위한 희망의 총체를 아름다움으로 형상화하는 과정이 이 작품의 줄거리다.

무대연출에 대하여

· chorus는 좌우 사다리형으로 배치되어 신세대와 구세대 역사와 당대와 현제, 통일문제의 외화와 내화에 있어 변증법적인 매개고리 역할을 하고 종종 군중, 행인 등 엑스트라 역할도 수행한다.
· 안무는 부수·삽입적이 아니고 본질적이다. 등장인물과 춤꾼(들)이 역사를 음악의 육체로 형상화해낸다.
· 무대미술은 단순하면서도 과감하고 현대적인 표현주의. 즉, 자연주의적 재현이 아니고 '임정청사'(해방·분단 50년의 제문제), '3·8선'(=죽음의 선) '감옥'(희망의, 시대착오성의, 마음의) 등등의 역사·당대·현재적 의미를 다중적으로 상징하는 방식이 구현된다. 이 무대장치물들을 후에 장식·배지·열쇠고리·셔츠 등을 통해 일상적인 김구 상징물로 발전시킨다.
· slide는 surrounding 방식으로 구현되고 각 slide 밑에 밝고 현대적인 활자의 시적 caption을 단다.
· 조명은 역사-현대 상징적 조명과 극-상황적 조명을 중첩시킨다.
· oratorio 형식을 가미, 한국현대사 인물군은 양쪽 chorus 사이 중앙에 위치, 그곳에서 등·퇴장한다. 양쪽 chorus 계단(2단)보다 단을 하나 더 높이고 위에서 조명. 반면 chorus는 밑에서 조명. 현대사 인물군 및 백범 모 총 6인은 아래를 천으로 가리되 개별문을 설치하여 단독으로 등·퇴장이 가능케 하며 그 천에 실제 초상을 새긴다.
· 백범일지의 인물들은 배우-soloist로서 극을 주도하고, solo, recitative, 중창, 합창 등을 이룬다. 가공인물들은 배우-singer로서 극을 주도, solo, recitative, 중창, 합창 등을 이룬다. 한국현대사 인물들은 각각 soloist로서 최소한 한 곡의 solo(+합창)곡을 갖고, 백범일지-가공인물들의 사건에 적극 개입한다. solo/합창곡 동안 무대인물들은 일정 형태의 흔들림으로 반응한다.

막이 오르면 spot on.

prologue

김구 목소리(이후 spot-mono) : 신규식이 죽고 나서 내 마음은 크게 흔들렸다. 참위 출신. 을사조약 체결 때 음독자살. 강제 합병 때 다시 음독자살을 기도. 손문에게 대한민국 임시정부 승인을 받아낸 혁명가. 그는 우리의 분열상을 우려하며 단식하다가 순국했다. 국모를 시해당한 분노로 왜군 장교를 난도질로 저며버린 나. 복역중 탈옥하여 마곡사 승려가 되었다가 기독교에 입교한 나. 앞으로 더 많은 왜적을 죽여야 했던 나. 그리고 이제, 죽음을 기다리는 나. 아, 하늘이여, 내 생애가 끝내 아름답도록 도우소서.… surr.slide 한국근대사(slide out.)

조명 dim on.
합창단, 등장인물, 무용단, 전원 무대에 있다

ten+bar : 우리는 언제 슬픔을 알았나.
chorus : 우리는 언제 슬픔을 알았나.
bar+alto : 추위는 점차 이길 수 있었다.
chorus : 우리는 언제 슬픔을 알았나.
alto+mezzo. : 배고픔은 점차 이길 수 있었다.
mezzo+bar : 맹수는 점차 물리칠 수 있었다.
chorus : 그러나 죽음은 눈에 보이지 않았지.
ten+mezzo : 죽음은 눈에 보이지 않았다.
bass+sop : 그것은 내몸 안에서 자라고 있는 것이 아닐까.
ten+sop : 백년 천년 십만년 전 우리는 언제 슬픔을 알았나.

합창 '나라 1'(다 같이)

　갈 수 있을까 우리들 마음에
　머나먼 미래의 나라 갈수록 먼 나라
　우리는 언제 슬픔을 알았나

　　공무도하 공무도하 미래를 향해 뒤집힌다
　　공무도하 공경도하 미래를 향해 뒤집힌다

　사라져 더욱 찬란한 멸망의 빛
　무지개 그 빛을 품고 슬픔에서 태어난
　춤과 노래 언제 슬픔을 알았나

　　공무도하 공무도하 미래를 향해 뒤집힌다
　　공무도하 공경도하 미래를 향해 뒤집힌다

　노래의 가슴에 펼쳐지는 나라
　미래의 나라 언제 슬픔을 알았나
　미래의 나라 언제 슬픔을 알았나

　　공무도하 공무도하 미래를 향해 뒤집힌다
　　공무도하 공경도하 미래를 향해 뒤집힌다

조명 out.

제1막 역사의 장

제1장 육체의 반란

조명 on.
'일본이 항복했다' '왜놈이 물러갔다!' 환호와 동시에 오케스트라 터지고 난무가 이어지다 정지.

spot-mono : 아! 왜적이 항복! 하늘이 무너져내렸다. 천신만고의 참전준비도 다 허사다. 장차 우리는 발언권을 갖지 못할 것이다.… surr.slide ─ 대한민국임시정부

음악이 점점 더 진지해지고 액정화하면서

군무 '우리는 언제 슬픔을 알았나'. 이것은 chorus와 등장인물이 자기 자리로 배치되고(등·퇴장) 제1장 무대가 설치되는(혹은 드러나는) 과정이기도 하다.

dim out/on.

감구 시간 ─ 남자, 여자, chorus+

chorus : 쳐라, 쳐라, 도망쳐라. ('쳐라'의 느낌이 채찍질 같을 것)
남자 : 시골로, 아니, 심심산골로.
chorus : 쳐라, 도망쳐라, 조선의 백성이 너를 쫓는다./남자:일본으로, 지옥불 속으로,
남자+chorus : 쳐라, 아, 도망칠 곳이 없어.
여자 : 차라리 우리 죽어요, 우리의 사랑을 이룰 수 없다면.
남자 : 죽으면 끝장이야. 어떻게든 살아야 해.
여자 : 차라리 당신을 내 가슴에 묻게 해줘요. 당신은 저를 사랑한 것이 아니었나요.

chorus : 쳐라, 쳐라, 을사오적 친일 매국노 왜놈의 주구들…
남자 : 이렇게는 살 수 없어. 나는 일제의 밀정.
여자+chorus : 저를 사랑한 것이 아니었나요.
남자 : 지금은 그런 얘기를 할 때가 아냐.
chorus : 아름다움의 비극. 너희는 낙랑공주 호동왕자였더냐.
여자+김수임 : 죽음이 두렵지 않아. 그때 그 사랑이 죽음이라고 해도 좋았던 것을.
여자 : 얼굴을 마주보고 온몸을 치떨며 사랑의 절정을 향해 치닫던
김수임+이승만 : 아름다움의 비극.
여자+남자 : 그러나 육체는 믿지 못하지.
이승만 : 국토는 배워간다. 근대의 표정을. 신기루처럼 화려한 근대식 건물들.
남자+이승만 : 조선호텔. 큰 식당과 사교실. 프랑스식 요리. 아름다움의 비극.
전태일 : 근대의 표정 경부선과 경의선 철도가 뻗고.
김일성+chorus : 그건 만주침략의 교통로.
전태일 : 조선은행 한성은행 동양척식회사
김일성+chorus : 조선 농토를 빼앗는
유관순 : 서양식 학교와 은행건물, 일본식주택, 덕수궁 석조전…
여자+유관순 : 위압적인 웅장한 조선총독부. 북악산 아래 경복궁 가로막으며
김일성 : 하늘에서 보면 대일본제국 일장기, 고통의 시야에
김수임 : 그러므로 민족을 해방을 혁명을 사랑하는 것만 영원하다.

　　한 사내를 사랑하다(+chorus) 사내는 혁명이 되고 전쟁이 되고
　　한 사내를 사랑하다(+chorus) 사내는 지령이 되고 암호가 되고
　　이 한몸 슬픈 육체는 썩어 교수대 바람에 흔들거리며

chorus : 그녀 이름은 김수임 사내는 이강국.
여자 : 그녀는 아름다운 신여성.
남자 : 그는 차세대 공산주의 지도자.
남자+여자 : 원한의 3·8선. 북에 있는 사내를 위해 미군장교와 동거하며 남로당을 돕다가 발각,
남자 : 여자는 6·25 전쟁 전에 사형당하고
여자 : 사내는 전쟁 후 미국의 간첩으로 몰려 사형당했다.
김수임 :

　　한 사내를 사랑하다(+chorus) 사내는 비정해지고 야비해지고

　　한 사내를 사랑하다(+chorus) 사내는 여자 몸 팔아 정보를 사고
　　이 한몸 슬픈 육체는 썩어 교수대 바람에 흔들거리고

여자 : 아냐, 나는 죄가 없어. 나는 사랑으로 순결해요.
남자 : 내가 밀정인 줄 그녀는 알지도 못했다.
남자+여자 : 우리가 서로 진정 사랑했다면 우리는 구원받을 수 있을까.
백범 모 : 폭정으로 생매장당한 중경 교장구 밀매녀들을 보았느냐. 죄없는 여자들의 타락과 죽음을.
chorus : 카자흐스탄 크질오르다 주 엄동설한 허허벌판에 스탈린 지하 대숙청. 일본간첩 누명을 쓴 조선의 빨치산 영웅들.
김수임 : 보지 못했다. 나는 화려한 사교계 여왕 노릇에 눈 멀어 보지 못했다. 화려한 혁명에 눈멀어 민중의, 여자의 비참을 보지 못했다.
남자+여자 : 우리들은 보지 못했다.
남자+여자+chorus : 누가 역사를 보았는가. 누가 역사의 진실을 보았는가.
전원 : 희생양. 역사의 희생양. 실패한 역사의 희생양.

dim out.

제2장 해외파와 국내파

dim on.
백범일지 시간 – 김구, 참빗장수, chorus+

배경음, 동학주문 '지기금지원위대항/시천주조화정/영세불망만사지'. 그것이 점차, 음악적으로 '양반–상놈 깨어나라 2천만 조선 동포 깨어나라'로 변화·이전하면서.

이승만+김일성 : 조선왕실은 힘이 없다. 조선왕실은 힘이 없다.
참빗장수 : 창수. 동학을 하여보니 무슨 조화가 나던가.
김구 : 악을 짓지 말고, 선을 행하는 것이 조화… 너는 참빗장수, 나는 황화장수… 중국으로 가자.
참빗장수 : 어허 창수. 자네가 세상을 아는가.
　　(buffa-catalogue) 양반 되려 했으나 풍수, 관상, 좆도 안되고 땅문서, 솟장, 축문, 혼서지나 쓰다가
김구 : 그러나 내 맘 속에 원대한 꿈 있네. 나는 황화장수, 너는 참빗장수.
참빗장수 : 어허, 창수. 자네가 세상을 아는가.
　　(buffa-catalogue) 사형수 징역살며 강도, 좀도둑, 강간, 잡

범, 선생질 하고 소리 한자락 배우고 후장 똘마니 꼬셔 탈옥 하고 인천 찍고 부산 돌고 평양 찍고 압록강 건너다 얼음물 빠져죽고 살고 창수 자네가 중국을 아는가, 왜놈 더러운 걸 아는가.
김구 : 내 이름은 백범 김구. 어머니는 /chorus : 주몽의 어머니는 아들에게 정치를 가르쳤다.
참빗장수 : 온달의 어머니는 눈먼 봉사
chorus : 그분이 백성을 알았지. 그분이 백성의 마음이었다.
김구 : 의병들은 모두 이름없이 산과 들에 뼈를 묻고
김일성 : 신돌석은 태백산 호랑이 신출귀몰하며 왜놈 때려잡는 호랑이.
chorus : 신돌석은 아기장수 어릴 적에 날개를 찢긴 아기장수.
김수임 : 비극은 우리 내부에 있다, 있었다.(+chorus) 비극은 조선 역사 내부에 있다, 있었다.
유관순 : 독립군들은 모두 이름없이 산과 들에 뼈를 묻고(+chorus) 순사 온다. 아이야 울음 뚝 그쳐라.
참빗장수 : 죄도 없는 쇠좆매 태형 아흔 대 재판도 없는 사형집행관.(+chorus) 순사 온다. 아이야, 울음 뚝 그쳐라.
이승만 : 을사오적. 그러나 친일파는 많다.
참빗장수+이승만 : 그렇게 조선에는 기나긴 어둠이 깔리고.
chorus : 아주 낯익어지고(+김구) 어둠 아주 일상적인 어둠, 의욕 자체를 마비시키는 어둠.
참빗장수 : 눈에 보이지 않는 어둠. 의상과 구분되지 않는 어둠. 기나긴 고통의 어둠.
김구 :

가장 천한 백정과 무식한 범부, 내 이름 백범. 감옥에서 뜰을 쓸고 유리창을 닦으며 내 이름 백범.
우리나라 독립하여 정부가 생기거든 내게 그 집 뜰을 쓸고 유리창을 닦게 하라.
그후에 나를 죽게 하라. 그후에 나를 죽게 하라.
가장 천한 백정과 무식한 범부 내 이름 백범.
그후에 나를 죽게 하라. 그후에 나를 죽게 하라.

참빗장수+전태일 : 무엇에 맞서 싸우나. 갈가리 찢긴 혼돈과 분열 속에서. 허무와 맞서.
chorus : 허무와 맞서 싸운 자 임경업도 있다. 중국 대륙을 호령한 조선의 영웅.(+이승만) 그러나 아내는 옥에서 죽고 명제국은 이미 기운 달.
chorus : 허무와 맞서 싸운 자 김원봉도 있다. 대동통일에 진력한 무정부주의자.(+김일성) 그러나 민족의 골육상쟁을 보고 두 눈을 찢었다.
김구 : 꿈을 이루지 못했다. 그러나(+참빗장수) 우리 생애의 보

편이 되고 현대가 되고 의미가 되었다.
참빗장수 : 신파와 구파, 개화파와 위정척사파, 해외파와 국내파, 중국파와 소련파, 민족파와 계급파, 창조파와 개조파,
김구+chorus : 누구냐, 누구냐, 진정한 애국자는 누구냐.
이승만 : 김구, 자넨 나를 잘못 알았어.
김구 : 나도 형님을 잘못 알았소.
김구+이승만+chorus : 우리는 우리를 잘못 알았다. 아, 건국과 피살, 건국과 피살.
참빗장수 : 해가 진다. 해가 지지 않는 나라에.
이승만 : 미국은 풍요로운 신세계.
김일성+chorus : 그러나 제국주의다, 제국주의다.
김일성 : 소련은 해방된 나라.
이승만+chorus : 그러나 군사독재다, 군사독재다.
참빗장수 : 중국은 혼돈의 나라. 이탈리아에서 독일에서 그리고 일본에서 파시즘.
김구 : 어디로 가는가 약소민족아. 수난의 약소민족아.(+chorus) 투쟁과 해방의 약소민족아.
이승만 : 미국은 거대한 부와 희망의 나라. 억압에서 해방된 민주주의의 나라. 김구, 아는가 건국과 피살. 찬란한 미래가 낡은 과거를 살해하리라.
이승만 : 아는가 건국과 피살. 찬란한 미래가 /chorus : 아는가. 너는 위대한 2인자를 알지 못한다.
참빗장수 : 을지문덕. 고구려를 구하고 고구려 속으로 사라지다.(+chorus) 가야 출신 김유신. 그는 영원한 2인자. 그렇게 사라지다. 신라의 영혼 속으로.
김구 : 2인자. 그를 통해 다음 세대가(+전태일) 앞선 경험을 배우고 새나라를 건설한다.(+백범 모) 그때 2인자 옛것으로 누추하지 않고(+유관순) 새것으로 경박하지 않은 2인자.
유관순+전태일 : 이어주는 자. 스스로 다리가 되는 자. 이름없는 자 역사가 되는 자(+chorus) 역사상 진정 위대한 인간은 모두 영원한 2인자 세상의 주인은 백성이므로.

조명 out.

spot-mono : 주은래·동필무 제씨가 송별연을 하였고 장개석 주석과 송미령 여사도 송별연을 하였다. 융숭하고도 간곡한 송별연… surr.slide 중국혁명사

조명 out.

제3장 무엇보다 기나긴 시간

조명 on.
현재 시간—남자, 여자, chorus +

여자 : 아-아, 난 정말 행복해. 아이, 에엠, 프리, 아이 에엠 화이어!
남자 : 이제 그곳에 아무도 가지 않네. 우리가 함께 모여 있던 곳.
여자 : 아이, 엠, 불타는 정열의 소유자 /김일성 : 장미빛 환상에 취한 시민들은
남자+이승만 : 낡은 옷을 벗듯 벗어버리자. 민주화운동의 기억을.
남자 : 무엇보다 기나긴 이 시간이 두려워 나 홀로 찾네, 우리가 함께했던 곳.
김수임 : 슬픔으로 깎아지르듯 아름답고(+남자) 아, 무덤이다. 그곳은 아름다움의 무덤.
여자 : 찬란한 거리에
남자 : 사라진 눈물울 속에
남자+여자+chorus : 무엇보다 기나긴 멸망의 시간을 나는 보네. 그때 집어삼키지.
남자 : 거대한 멸망의 소용돌이가 집어삼키지.(+이승만) 절망도 희망도 혁명조차 집어삼키지.

전화벨 소리

백범 모 : 전화 개통이 사흘만 늦어졌어도 내 아들 창수는 사형당했다.
chorus : 아름다운 시절과 가난한 시절과 슬픈 시절 사이, 내게 번민이 있었네.
남자 : 첫 여자 여옥을 그는 몸소 염습했다.(+chorus) 어머니는 식모를 하며 옥바라지.
유관순 : 아 슬프고 아름다운 시절.(+백범 모) 첫째 딸은 갓난 적에 죽고, 둘째 딸은 일곱살에 죽고.
여자 : 끔찍한 시절. 끔찍한 시절.(+chorus) 아 슬프고 참혹하고, 아름다운 시절.
전태일 : 어머니, 나의 어머니. 모든 이의 어머니. 상해 중국사람 쓰레기통 배추떡잎 뒤지시던 어머니…

조명 out.

spot-mono : 중경을 떠나 상해 땅을 밟았다. 13년 만이다. 비행기가 착륙한 곳은 홍구신공원. 우리를 환영하는 동포가 장내에 넘쳤다. 그는 없다. 물론. 이제야 보인다. 도시락 폭탄을 들고 공원을 서성이던 그가, 이제 보인다.…surr. slide '열사+여성수난사 1'

여자 : 당신은 뼈만 남은 영혼, 나는 아름다운 육체.
남자 : 아 아름다움의 배반.
여자 : 망한 것은 모두 이유가 있기 때문.(+이승만) 망한 것은 모두 망할 수밖에 없었던 까닭.
전태일 : 아 미래. 그것은 왜 갈가리 찢긴 채 다가왔는가.(+여자) 갈가리 찢겨 찢으며 다가왔는가.(+chorus) 통일도 분단도 되기 전에.
이승만 : 김좌진 죽다, 1930년 공산주의자에 의해. /김일성 : 홍범도 죽다, 1943년 제2차 세계대전
남자 : 스탈린 치하 소련에서 청산리대첩의 두 영웅 그렇게 죽다.
김수임 : 아 미래의 전망. 그것은 왜 그리 갈가리 찢긴 채 왔는가.
여자 : 이 꽃에는 향기가 없다.
chorus : 선덕여왕이 말했지. 이 꽃에는 향기가 없다.… 그러나 벌써 진동하지 온 천지에 여왕의 향기가.
백범 모 : 벌려라 치마폭. 앞세대가 주는 신세대.(+전태일) 미래의 꿈을 받아라. 벌려라 치마폭.
남자 : 아, 아름다움의 배반. 왜 내게 그게 허락되지 않는가.(+유관순) 신세대의 희망의 미학.
유관순 : 천부인 세 개. 눌러앉은 앞세대가 신세대 개척자에게 주는 문명의 선물.
chorus : 너는 무엇을 주려 하느냐. 절망밖에 없다.(+여자) 는 무엇을 주려 하느냐. 절망밖에 없다.
남자+여자 : 너는 무엇을 주려 하느냐 절망밖에 없다.(+김일성) 너도 아직은 낭만의 시간일 뿐.(+이승만) 알지 못하지. 기나긴 혁명의 시간.
여자 : 이곳은 어디인가. 사람과 사람들 사이 무거운 어둠 고이는 곳.
남자 : 청계천 시장통 불로 눈물을 태워 영원한 사랑을 세운 노동자의.
여자 : 누구?
남자 : 전태일. 가난했던 추억을 아프게 태우면서(+여자) 동시에 감동의 눈물로 적신 사람.(+김수임) 피비린 눈물과 찬란한 전망의 비극적인 관계.(+유관순) 그것에 절망하지 않고 희망의 규모를 더욱 크게 만든 사람.
chorus : 그의 자리, 그의 빈자리 여전히 검고.
여자 : 이곳은 어디인가. 건물과 건물 사이 아름다운 황혼 지는 곳.(+남자) 그렇게 우리들의 희망을 밝히는 사람.
chorus : 전태일. 그의 이름은 희망.
백범 모 : 길이 거쳐온 것은 모두 길 안에서 세상을 이루니.
/chorus : 전태일. 그의 이름은 희망.

전태일+이승만 : 그 길이 노동과 세계 사이에, 언어처럼 있고, 보이지 않는다.
남자+백범 모 : 하지만 그것만이 죽음은 아니지.
여자+chorus : 수족을 결박당해 천장에 매달리고 고통이 있을 때는 살아 있지만.
백범 모 : 정신을 잃었다가 다시 넋이 들어.
여자 : 고요한 겨울 달빛 받으면 얼굴과 몸에 냉수를 끼얹는 감각뿐.
남자+백범 모 : 무슨 일이 있었는지 기억이 없다.
남자+여자 : 무슨 일이 있었는지 기억이 없다.(+chorus) 무슨 일이 있었는지 기억이 없다.

조명 out.

spot-mono : 화강산 어머님 묘소와 아들 인의 묘소에 꽃을 놓고 법조계 공동묘지에 아내의 무덤을 찾고 상해에서 10여 일. 그리고 미국 비행기로 본국을 향해 떠났다. 이역에 묻힌 동지들은 함께 갈 수 없었다. 그들은 가슴에 묻어야 한다.··· surr.slide '열사+여성수난사 2'

조명 out.

제4장 낭만주의자 하나, 현실주의자 셋

조명 on.
백범일지의 시간 – 김구, 참빗장수, chorus+

도시락 폭탄 시험장. '쾅' 하고 폭음소리 들리면 chorus 멈칫 뒤로 물렸다가 환호하면서

chorus : 폭탄이다. 도시락이다. 폭탄이다. 도시락이다.
김구 : 아, 나라를 위하는 길은 이리 험하구나. 육체의 반란. 내 안에 죽음이 자라나도다.
참빗장수 : 당신은 이름만 남은 임시정부 주석. 이 길밖에 없다.
chorus : 이 길밖에 없다. 나라를 살리기 위해.
김구 : 광복군, 광복군이 있어야 한다. 광복군을 세워야 한다.
chorus : 당신은 현실주의자.(+참빗장수) 고구려 동천왕은 낭만주의자.
참빗장수 : 그 밑에 현실주의자 신하 셋. 왕은 기상을 드높이고 백성은 그를 우러렀다.
김구 : 중생의 마음속 부처를 찾아서는 길.
이승만 : 정치란 차선이지. 최선은 이상에 불과하다.

참빗장수 : (buffa-catalogue) 오랏줄로 뒷짐 결박 천장에 대롱대롱 매다는 고문, 화로에 쇠꼬챙이 달구어 맨살 지지는 고문,
김구 : 진흙 속에서 연꽃이 피는, 진리에 다가서는 길.
참빗장수 : (buffa-catalogue) 센 손가락에 막대 끼우고 짓이기는 고문, 거꾸로 매달고 코에 물을 붓는 고문···
김구 : 진흙탕 현실 속으로 깊이 파고들수록 더 깊은 진리에 도달하는 길.
참빗장수 : 그러나 결국은 굶기는 고문이 제일 힘들지.
chorus : 민중의 고문이 제일 힘들다.(+김구) 현실주의, 더 깊은 진리에 도달하는 길.(+이승만) 현실주의, 더 깊은 진리에 도달하는 길.(+김일성) 현실주의, 더 깊은 진리에 도달하는 길.
참빗장수 : 차라리 파락호에 떼부자 김주경과 허랑방탕 놀며 한평생 술로 지낼 것을.
김수임 : 혁명가 레닌 '모든 권력을 소비에트에게!'(+김일성, chorus) 혁명가 레닌. '모든 권력을 소비에트에게!'
참빗장수+김수임 : 인터내셔널 노래(처음에 어설프다가, +chorus로 정상화되고 얼마 후 급격히 중단.)
김구 : 박은식, 신채호는 회개한 유학자.
유관순 : 시일야방성대곡. 독살된 고종 장례식은 3월 1일.(+chorus) 평화시위와 대학살.
chorus : 바야흐로 피바람이 불 참인가. 다시 봉건적 분노가 폭발할 것인가.
이승만 : 아니다. 민주주의다. /chorus : 다시 봉건적 분노가 폭발할 것인가.
김일성 : 수난과 영웅적 투쟁이다. /chorus : 다시 봉건적 분노가 폭발할 것인가.
참빗장수 : 차라리 활빈도에 섞여 나쁜 놈들 혼내주고 가난한 사람 재물 나눠주고 그렇게 호탕하게 살아볼 것을
chorus : 그렇게 호탕하게 살아볼 것을.
김구 : 압태도는 전라남도 남쪽. 원산은 함경남도 북쪽 항.(+김일성) 영흥만 안팎으로 20여 섬 거느리고 수심은 깊고 물결은 잔잔하다.
chorus : 수심은 깊고 물결은 잔잔하다.
참빗장수+유관순 : 압태도에 농민이, 원산에 부두노동자가 살았다.
김일성 : 지주와 자본가 그리고 일제에 맞서 싸우네.
김구+유관순+전태일, chorus : 조선 민중아. 민족해방투쟁 지도부 분열이 너무 무거운, 분열이 너무 무거운 조선 민중아.
김구 : 기나긴 절망의 시대 희망을 스스로 담지하라.
전태일 : 기나긴 침묵의 시대 스스로 관통하라.
김일성 : 조선 민중아. 스스로 대통일 조선 민중아.

chorus : 민중은 거대한 희망의 토대. 우리는 왜 그것에 뿌리내리지 않는가.
참빗장수 : 그랬더라면 30년대 중국 대륙 황량한 항일전쟁 벌판에서 허전하지 않았으리라.
chorus : 절망하지 않았으리라, 1945년 해방의 공간에서.
참빗장수 : 망국의 설움에 기대지 않고
김일성 : 스스로 분열하며 헛되이 대동통일 울부짖지 않고
chorus : 떨어지지 않았으리라, 참혹한 동족상잔의 나락으로.

조명 out.

spot-mono : 개인의 자격으로 들어왔지만 수십만 동포가 서울시가로 시위행진을 하며 임시정부를 환영한다. 참으로 찬란하고 성대한 환영식. 부끄럽고 미안하다. 나는 이만한 공로를 짓지 못하였는데… surr.slide '일제 식민지사 – 국내'

김구 :

　　산에 오르면 눈앞에 바다 좌우는 푸른 솔 붉은 가을잎
　　바다 건너 내 조국 그리운 어머니
　　선 채로 이 자리에 굳어 돌이 된다면

　　아아 돌이 된 시간. 돌이 된 시간. 갈 수 있을까. 죽음을 너머 그리운 조국 땅 밟을 수 있을까.

chorus : 아아 돌이 된 시간. 돌이 된 시간. 역사와 미래 사이 식민지의 생애.

조명 out.

spot on.

interlude

spot-mono : 그날 나는 보았다, 민족의 운명을. 3·8선 한 비명의 메아리를. 삼천만 동포에게 읍소한다. 미소 강대국의 영향력을 배제한 남북 협상을 통한 통일의 길을 모색한다… 김구. 그는 귀국 후 오로지 통일을 위해 살았고 그것이 불가능한 세상에서 통일을 베고 죽었다. 그렇게 그는 통일의 죽음. 죽음의 통일… surr.slide. '6·25전쟁 및 한국분단사'

dim on.

합창+군무 : '이 소리 울리는 곳마다'

　　이 소리 울리는 곳마다 더러운 마음 사라지고
　　착한 마음 피어나 우리나라 태어난 인간은 물론
　　짐승들까지도 바다에 이는 잔잔한 물결처럼
　　골고루 복 받기를, 그리하여 고통에서 벗어나기를…

　　아이를 바치고 에밀레 에밀레 에밀레 종소리 울려퍼진다

　　이 소리 울리는 곳마다 더러운 마음 사라지고
　　착한 마음 피어나 우리나라 태어난 인간은 물론
　　짐승들까지도 바다에 이는 잔잔한 물결처럼
　　골고루 복 받기를, 그리하여 고통에서 벗어나기를…

　　음악의 극치인 에밀레 에밀레 에밀레 종소리 울려퍼진다

dim out.

제2막 죽음과 희망, 그리고 아름다움의 장

제1장 건국신화

dim on.

김구의 시간 – 남자, 여자, chorus +

chorus : 뿌리깊은 나무는 바람에 흔들리지 않느니…(+남자) 하느님에서 난 사람이 사람의 세상을 만들었네.
남자 : 아 용맹한 약소민족의 운명이여. 삼국시대 세 나라 (+chorus) 더 큰 세 나라(+) 알고 있을까. 더 큰 세 나라.
백범 모 : 송진 아주까리 기름에 놋그릇 숟가락 공출.(+) 노예노동 수백만명 중국 남양전선 일본 군대 위안부.
chorus : 언제까지인가 진정 언제까지 일제의 패망은 언제 올 것인가. 절망은 거대하게 이어지고.
남자 : 의식과 기억의 저편에서 오는 그 패망을.
chorus : 우리가 알아보기는 할 것인가.
남자 : 부재와 공허, 가장 두려운 공포와 굶주림의
chorus : 습관 속에서, 습관 속에서.
이승만 : 히로시마 나가사키 원자폭탄 투하. 도시 전체가 폐허다. 십수만명이 즉사하고(+chorus) 죽음의 재가 하늘을 덮었다.
여자 : 소식은 그렇게 왔어요. 초근목피의 농촌에 흥청망청

유곽지대에.
남자 : 떨리는 일황의 라디오 방송.
유관순+김일성 : 나라 전체가 만세와 함성소리로 들끓고
chorus : 그러나 외세 온다. 북에 소련군, 남에 미국군, 해방
의 날 외세가 온다.
김일성 : 약소민족 해방이다. /chorus : 해방의 날 외세 온다.
이승만 : 대한민국 독립이다. /chorus : 독립의 날 외세 온다.
남자+전태일 : 이어지는 것은 잔재.(+chorus) 이어지는 것은 잔재.
남자+전태일 : 이어지는 것은 희망.(+여자) 희망, 무엇의?
백범 모 : 기미년 만세 소리에 그는 떠났다. 농촌을. 더 큰 세 나라를 위해.

조명 out.

spot-mono : 나는 3·8선 이남이라도 돌아보리라 하고 우선 인천에 갔다. 스물 두 살에 사형선고를 받았다가 탈옥하고 마흔 한 살 적에 다시 장기수로 찾아왔던 곳. 옥중의 이 불효를 위해 부모님이 걸으셨을 길에는 그 눈물 흔적이 남아있는 듯하여…

이승만 : 내게로 오라. 나를 따르라.
김수임 : 그대 마음은 오직 1인자. 모든 동지가 적이 되고(+chorus) 너무도 끔찍한 마음의 지옥.
남자+여자+이승만 : 그것은 지도자의 운명. /chorus : 너무도 끔찍한 마음의 지옥.
여자 : 한 나라를 건설하는 일. 위대한 미래를 설계하는 일.(+남자) 얼마나 많은가, 할 일이.
chorus : 이승만은 이씨 왕조의 후예. 배제학당 영어교사. 프린스턴대 철학박사.
김일성 : 미제의 꼭두각시.
남자+이승만 : 그것은 약소민족 지도자의 운명.
백범 모+유관순 : 아니다. 그대가 원하는 것은 1인자. 그것은 결코 나라가 아니다.(+여자, chorus) 그것은 결코 미래가 아니다.
chorus : 떡을 깨문 석탈해. 이빨이 많은 유리왕자.
이승만+남자 : 누가 이빨이 더 많았나.
여자 : 누가 그걸 미리 알았나.(+chorus) 석탈해. 현명한 자가 2인자. 그렇게 문화가 정치를 키운다.
남자+여자 : 이승만. 그도 종신형을 선고받았지만 길은 처음부터 달랐지.
chorus : 그게 문제가 아니지. 악착같은 권력욕, 집요한 음해공작.
전태일 : 박용만은 이승만 박사의 경쟁자.(+백범 모) 교육자. 무장투쟁론자. 하와이 독립군을 양성하고 북경 대본공사 개간 사업을 벌이며(+chorus) 군자금을 마련하려 했던 사람.
chorus : 비극이 온다. 박용만의 비극. 조선의 비극. 그러나 또한 미국의 비극.(+유관순) 마침내 이승만의 비극.(+여자) 그 비극 속으로 들어가겠는가.
여자 : 당신은 그 비극 속으로 걸어 들어가시려는지요.(+유관순) 6·25 전쟁통 한강다리 폭파하고 내팽개쳤다. 서울 시민 공산군 수중에.
남자+여자 : 그때 시간은 몽고군 말발굽 아래 백성을 내맡긴 고려 시대 무신정권(+chorus) 강화천도 아니었더냐. 강화천도 아니었더냐.
여자 : 어떻게 이렇게 생각해보면(+남자) 우스꽝스럽고 거대한 모순이 눈물겨운,
chorus : 아름다운 비극에 이르는가. 아름다운 비극에 이르는가.
남자 : 입맞춤. 위대한 입맞춤.
여자 : 그것을 통해 영혼은 최고의 육체에 달하고
남자+여자+김수임 : 사랑은 정확히 육체와 영혼의 중간을 관류하고,(+chorus) 일순 그 경계를 허물고, 아, 순간 속의 영원.
전태일 : 삶 속의 죽음.
남자+여자 : 누구?
chorus : 삶 속의 죽음.(+전태일) 철의 시간과 공간 이어지는 시간과 공간.
전태일 : 아주 먼 옛날부터 지금까지 신화는 있다.

신화, 역사보다 희미하지만 역사보다 무거운.(+chorus)
신화, 전해지지 않지만 역사보다 복잡한.(+백범 모)
강철이 닻을 빚어낸 신화.(+chorus)
강철 속에 더 거대한 닻의 길, 길 속에 길.(+김일성)
신화, 강철이 노동을 배반하지 않고
신화, 노동이 강철을 배반하지 않는
신화, 강철이 닻을 빚어낸 신화.(+chorus)
몇천년 이어져, 보이지 않고, 겹쳐지는(+이승만)
강철의 길. 그 속에 닻의 길.(+유관순)
그 속에 세상의 길. 그 속에 인간의 길.
신화. 강철이 닻을 빚어낸 신화.(+chorus)

dim out.

오페라/시극 한국현대사 김구-열려라, 미래의 나라

제2장 유혹을 이기다

조명 on.
현재 시간—남자, 여자, chorus+

남자 : 수치스러워.
여자 : 무엇이?
chorus : 무엇이 수치스러워. 치부가 스스로를 부끄러워하며.
여자 : 자기가 태어난 곳으로 다시 들어가고 싶어.
남자+chorus : 기를 쓰는 사내와 같이.
남자 : 전쟁은 무엇 때문에 벌어졌을까?
여자 : 무엇 때문에(+백범 모) 미소의 야욕 때문에? /이승만 : 박헌영은 국내파, 무정은 중국 빨치산 연안파.
여자 : 무엇 때문에(+유관순) 민족의 분열 때문에? /김일성 : 여운형 합작파, 송진우 민족파, 김규식 외교파.
남자+여자 : 아니다, 아니다. 우리는 유혹을 이기지 못했다.
김수임 : 아시아 신생국 비극은 있다.(+chorus) 이승만 국부는 독재자. 아시아 신생국 비극은 있다.
이승만 : 분열을 일리도 있다.
남자 : 그러나 제주도 4·3항쟁 때 우리는 보았지.(+유관순) 좌를 떠나 토벌대와 항쟁의,(+여자) 수난의 민중이 선과 악으로 대비되고,(+전태일, 백범 모) 그 대비가 성스러운 빛을 발하는 순간을.
남자+이승만 : 운명인가. 부정부패도 동족상잔도.
chorus : 운명인가. 어느 것이 형벌이고, 어느 것이 필연인가.
김일성 : 항미원조보가위국. 미제에 맞서 조선을 돕고 가족을 지키며 나라를 위한다.(+chorus) 항미원조보가위국. 미제에 맞서…(반복)
이승만 : 유엔에서 우리를 돕기로 했으니 국민 여러분은 안심하고 계십시오.(이승만 육성)
여자 : 그날 셋째 날 새벽 세시. 이승만은 극비리에 서울을 떠나고(+남자) 방송이 나오던 저녁 11시. 수유리 고개 북한군 탱크가(+chorus) 아비규환 칠흑 어둠 속 거대한 굉음소리 틀리고 한강 철교 끊어졌네.
여자+백범 모 : 국부야, 국부야, 노망든 국부야. 국민을 내팽개 치고 어디로 갔느냐.
chorus : 교사야, 혁명의 교사. 누가 증오를 가르쳤느냐./북한군이 밀고 내려가면 반이승만 민중봉기가 일어날 것이 다.(박헌영 육성)
김일성 : 남한군 수뇌부 썩어 국민방위군 배급(+여자) 식량, 의복, 신발에 여비까지 착복했다.(+남자) 50만 명 중 10만 명 이 굶주려 죽고 병들어 죽고(+chorus) 남은 사람들도 뼈만 남았지. 전국에 전쟁터로 아닌 곳에 죽음의 행렬이 이어지고

백범 모 : 경상남도 거창군 신원면(+남자) 공비 토벌한답시고 마을 사람 전원을 몰살시켰다.
여자+이승만 : 공무원과 경찰 가족은 뺐지.
유관순 : 마을사람 전원을 몰살시켰다. 북한은 유엔군 융단폭격으로 초토화하고(+chorus) 교사야. 혁명의 교사. 네가 가르친 것은 혁명 아니다.
여자 : 네가 가르친 것은 굶주림을 견디는 증오.
남자 : 네가 가르친 것은 전쟁의 사회주의. 전쟁 속에 태어나
여자 : 전쟁과 더불어 성장하고
남자+여자 : 전쟁 중 피비린 꽃을 피우는 사회주의다.

정지.

spot-mono : 그 다음으로 공주 마곡사를 찾았다. 정당사회 단체의 대표로 나를 마곡사까지 따르는 이가 350여명이고 마곡사 동구에는 남녀 승려가 도열하여 지성으로 나를 환영 한다. 48년 전 머리에 굴갓을 쓰고 목에 염주를 걸고 출입 하던 길이다.… surr.slide '사회주의사'

이승만 : 그때 김구가 무슨 통합운동을 하고 광복군을 만든다 고 하였지마는 다 소용없는 일.
남자 : 마산은 6·25 낙동강 전선 병참기지.(+여자) 그곳에서 함성은 터졌다.
김일성 : 참상이 있었다.(+남자) 발췌개헌 백골단 땃벌떼 민중 자결단.(+여자) 이승만 박사는 우리의 국부. 우리의 교사…
김수임 : 농촌에서는 보릿고개. 도시에는 미군에 몸을 파는 양 공주들.(+여자) 대규모 소요는 없었다.(+남자) 굶주림과 헐 벗음의 기억이 너무 무거웠기 때문.(+전태일) 전쟁의 기억 이 너무 끔찍했던 때문.
chorus : 그리고 사회 전체가 썩어간다. 전망이 없다, 미래 전망이.
남자 : 참상이 있었다. 그리고 근대화.(+chorus) 병참기지 마산의 중학생 김주열.
여자 : 과도한 늙음에 과도한 젊음이 맞섰다.(+chorus) 세례 요한의 죽음. 예수는 누구인가.
유관순 : 아름다운 참혹.(+여자) 그것이 충분히 젊은, 새로운 세력을(+남자) 사태의 해결자로 불러 세우지.
남자+전태일 : 불러 세우지. 학생, 임금노동자, 그리고 실직자 와 거지들.(+chorus) 4·19는 찬란한 이름. 그러나 추상명 사, 추상화의 명사…
김일성 : 전인민의 무장화,(+chorus) 천리마운동, 3대혁명 붉은 기 쟁취운동, 속도전.
이승만 : 굶주린 빨치산식 주체사상.

여자 : 4·19 세대는 신세대, 신세대.
남자 : 페레스트로이카 고르바쵸프도 신세대.
여자 : 그는 절망한 신세대.
chorus : 불쌍한 문무왕. 용은 짐승의 응보인데 어찌 용이 되려 하는가…
백범 모 : 나는 세간의 영화를 버린 지 오래요. 불쌍한 문무왕.
여자 : 그렇게 평화의 음악 만과식이 태어났다.
남자 : 음악은 시간 자체의 궁극적인 평화 지향으로 되고.
여자 : 그렇게, 슬픔에서 태어난 음악이 세상을 지고지순한,
유관순 : 피비림이 없는.(+전태일) 끊임없이 세계의, 새로운 차원의 겹을 펼치는.
남자+여자 : 시간으로 흐르며 시간을 액정화시키는.(+백범 모, 유관순, 김수임) 음악의 권력으로 세상을 다스리는.
chorus : 진혼미사곡, 진혼미사곡.

dim out.

제3장 아름다움의 비극

조명 on.
백범일지 시간 – 김구, 참빗장수, chorus +

참빗장수 : 이 사람 창수. 도대체 어디까지 갈 것이여.
김구 : 어디까지 가면 중국은(+chorus) 더이상 아름다움의 비극이 아닌가.
참빗장수 : 인도 천축국까지 갈 것이여?
김구 : 어디까지 가면 미국은 어디까지 가면 소련은(+chorus) 더이상 아름다움의 비극이 아닌가.
chorus : 그러나 유관순. 16세에 죽은 이화학당 1년생.(+김구) 부모는 독립만세 시위중 죽고, 그녀는 복역중 옥사.
김일성 : 시체는 석유상자 속에 토막나 있었다.(+이승만) 목불인견이다, 차마 아름다움의 비극.(+chorus) 아름다움의 비극?
유관순 : 아니다. 상처, 아프디아픈 아름다움의 상처.(+chorus) 우리 가슴에 예리하게 그어진.(+김구) 해방의 날까지 결코 지울 수 없는.
참빗장수 : 중경 기후는 지독하지. 9월 초생부터 운무가 끼어 별을 보기 드물고.(+김구) 기압이 낮은 우묵한 땅. 지변의 악취가 흩어지지 않는다.
chorus : 공기가 심히 불결하다.(+백범 모) 우리 손자도 그래서 죽었소.(+김구) 7년 동안 동포 80명이 죽었다, 폐병으로.
김구 : 그때 나는 중국 거지.

참빗장수 : 무슨 소리. 그때 당신은 경무국장-내무총장-국무령을 거쳐 대한민국 임시정부 주석이었다.
chorus : 대한민국 임시정부 주석이었다.
김구 : 어머니, 사형수였던 제가 사형집행까지 했더랍니다.(+유관순) 17세 조선인 소년이 상해에 왔더랍니다.
백범 모 : 누가 인륜을 모른다 하겠는가, 자네는 넓적다리 살 공양한 효자.(+참빗장수) 그 소년은 왜 영사관 앞잡이. 임시정부 특파원을 미행했다.
김구 : 돈 10원을 받은 죄로 미성년자를 처단했더랍니다.
백범 모 : 얼음산에서 왜놈을 도륙했을 때 너는 의병대장 신돌석.(+이승만) 이완용 저격한 이재명 단총 접어두었을 때 자넨 섣부른 열혈을 말렸다.(+참빗장수) 노동자 이봉창 윤봉길에게 폭탄을 주었을 때(+chorus) 그대는 임시정부의 주석. 독립운동의 마지막 보루.
김구+chorus : 그들은 가슴아픈, 위대한 기념물. 가치와 시간의 전도 속에서.
chorus : 장개석에게 무관학교 광복군 양성을 부탁했을 때 그대는 주석. 대한민국 임시정부 주석.
백범 모 :

조국을 위해 쓰라 단총 두 자루 내가 주었다
생일상 차리지 말라 단총 두 자루 자네에게 주었다

김구 : 어머니, 어머니, 이 피비린 손으로 제가 평화시대의 지도자라 할 수 있겠는지요.

백범 모 :

백성의 염원 받으라 단총 두 자루 내가 주었다
백성이 창조한 희망 단총 두 자루 자네에게 주었다

김구 : 어머니 이 미련하고 아둔한 놈이…
chorus : 세상 천지에 나같은 자도 있을까. 일찍 죽는 것만 같지 못하다…(+김구) 백의종군 길 어머니 부고를 받고…
백범 모 : 그러나 이순신. 그가 죽으매 대성통곡이 나라를 흔들며.(+chorus) 그는 백성이 창조한 희망의 미학.
참빗장수 : 끔찍하게 난자된 명주의 시체는 길바닥에 버려져 있었지.(+김구) 경호원 한태규의 소행이 틀림없었다.
참빗장수 : 애국심은 열렬했지만 사내를 너무 탐했어.(+김구) 활빈당에게 내가 배운 그 수법으로 명주는 살해당했다.
참빗장수 : 죽어도 싼 그 자식은 끝내 죽지도 못하고..
김구+이승만 : 교활한 놈. 옥에 갇히자 탈옥을 선동한 후 간수에게 미리 알리고.

오페라/시극 한국현대사 김구-열려라, 미래의 나라

김구+김일성 : 교활한 놈. 일제히 옥문이 열리자 총으로 여덟 명을 쏴죽이고 그 공으로 풀려났다.
chorus : 그 공으로 풀려났지. 가치와 시간의 전도 속에서.
이승만+김일성 : 김구, 너도 역사다, 한국 현대사. 지리멸렬한 한국 현대사.
chorus : 위대한 한국 현대사.
참빗장수 : 가흥에서 기차로 노리언까지 거기서 다시 서남으로 산길 5, 6리, 8월 염천에 굽 높은 구두를 신고(+김구) 주씨 부인은 저를 안내했지요. 젊고 아름다운 부인.
김구 : 주씨 부인의 정성과 친절에 꼭 감사하리라.
김구 : 저는 영화를 찍고 싶었습니다. /chorus : 무엇으로? 무엇으로?.
김구 : 꼭 내 자손이 감사하게 하리라. /유관순+김수임 : 무엇으로? 무엇으로?
유관순 :

영원히 푸른 나무를 닮으며 백성들은 자란다.(+김구) 그렇게 홍익인간의 나라, 나이를 먹는다
영원한 청순한 누이 닮으며 여자들은 자란다.(+전태일) 그렇게 참혹과 광채, 나이를 먹는다
그렇게 아름다움은 나이를 먹는다.(+chorus) 그렇게 아름다움은 나이를 먹는다

조명 out.

spot-mono : 서울에 도착하자 윤봉길·이봉창·백정기 세 분의 유골을 담은 영구를 태고사에 봉안하고 내가 친히 잡은 효창공원 자리에 매장하기로 하였다.… surr.slide 1919년 10월 이후 미소-경쟁사-미학적 관점에서

암전.

김구 :

아 3·8선. 죽음의 선. 내가 베고 누울 선. 한 비명의 메아리.

dim on.

옛날에는 최후의 저지선. 중국과 일본이 그 너머를 두려워한다. 큰 세 나라 중단선. 그러나 지금은 아 3·8선. 죽음의 선. 내가 베고 누울 선. 한 비명의 메아리.

군무 : '그릴 수 없는 그림'

조명 out.

제4장 상부구조와 하부구조

조명 on.

김구의 시간-남자, 여자, (후에) 현재 시간-남자, 여자, chorus+

남자 : 새가 나는 것을 보고 날기를 꿈꾼 사람들이 있었어.
chorus : 암살자 온다. 해상왕 장보고 죽인 암살자.
여자 : 그래서 꿈의 역사, 비행의 역사가 시작되었다.
chorus : 암살자 온다. 홍경래 여운형 죽인 암살자.
남자+여자 : 그러나 우린 몰랐다. 새는 가벼워서 날지만 비행기는 무거워서 난다는 것을.
chorus : 비행기는 무거워서 난다는 것을.

정지.

김구 mon : 내가 마지막이기를 바랄 뿐. 우리 세대가 마지막 이기를 바랄 뿐.

남자+여자+chorus : 모든 것은 중력 때문에 시작되었다.
남자+여자+현남자+현여자 : 모든 것은 중력 때문에 시작되었다.

현재시간-남자와 여자, 좌우에서 등장하면서

현남자 : 그만 됐어요, 아버지. 눈물을 보태세요.
현여자 : 그만 됐어요, 어머니. 눈물을 보태세요.
chorus : 눈물의 상부구조, 꽃에서 꽃으로.
남자+현남자 : 사랑을 포괄하고 극복하면서
여자+현여자 : 시간이 스스로 사랑을 이루는 일.
전태일 : 이야기는 얼핏 너무도 머나먼 흘러간 세월의 강.
남자+현여자 : 그만 됐어요, 아버지. 눈물을 보태세요.
여자+현남자 : 그만 됐어요, 어머니. 눈물을 보태세요.
김수임 : 스스로 사랑의 육체가 되는 일.
유관순 : 습기가 제거되고 위대한 고통이 액화된(+남자, 현남자, 여자, 현여자, chorus) 시간과의 사랑. 시간과의 사랑.
여자+현여자 : 육체가 가장 아름다운 영혼의 사랑에 이르려는 비극적인 몸짓.
남자+현남자 : 모든 비극을 껴안는 자. 그는 아름다움의 육화.
chorus : 눈물겨웠고, 비극적인 아름다움이 태어났다.
현여자 : 아름다움의 비극이 아닌
남자 : 가상현실이 아닌
여자+현남자 : 비극적인 아름다움.
chorus : 그게 영혼의 영원의 실재.
남자 : 세상이 자기 자신에게 가 닿는 그 길을(+여자) 후대가

1999

걸 거예요.
현남자 : 고통은 이틀 동안 2백년.(+현여자) 역사는 늙지 않아요.
남자+현남자+여자+현여자 : 천년 지나 천년만큼 아름다워요.

정지.

spot-mono : 사람들이 구름같이 모여들어 태고사로부터 효
창공원까지 인산인해를 이루어 교통이 차단되고, 서두에는
애도의 비곡을 아뢰는 음악대가 서고, 다음에는 화환대·
만장대가 따르고 상여는 여학생대가 모시니 옛날 인산보다
더 성대했다. … surr.slide '김구 장례식' + tape 육성

김일성 :

나는 용맹한 나라 고구려의 후예.
오라, 붉은 마음 그대 내게로 오라,
빨치산 깃발 흩날리던 그때 그 시절
헐벗고 강성한 시대로 오라.

chorus : 그러므로 빛의 찬란한 명멸의 비극을 찬란한 미래
와 혼동하지 말라.
이승만 : 나는 자넬 죽일 수밖에 없어.(+chorus) 분단을 통일
을 죽일 수밖에 없다.
전태일 : 일본은 6·25전쟁의 최대 수혜자.(+여자) 헝그리 복서
가 동양타이틀을 거머쥐고 환호하던 시절(+chorus) 일제
산재와 이승만 정권의 폐해를 보고 북쪽 사정에 혹했으나
미래를 보지 못했다.
백범 모 : 중국의 야만적인 문화대혁명 시절(+남자) 소비에트
혁명과, 8·15해방, 그리고 5·16을 보았으나(+남자) 미래
를 보지 못했다.
김수임 : 한강의 기적 샴페인을 터트리던 시절(+현남자) 미래
를 논했으나 알지 못했다.
chorus : 과거의 역동적 종합인 현재. 그것이야말로 미래로
가는 통로. 소비에트가 망하고 언론은 아나키가 지배한다.
현여자 : 나날이 극적이지만 하나도 극적이지 않은.(+현남자)
극적인 것이 당연하고 그래서 지겨운(+남자) 기다림이 없
고, 기다림의
현남자+현여자 : 의미가 없다. 그렇게 자본주의가 홀로 자신의
공허를 바라본다. 그러므로 (+chorus) 상상력 신화가 역사
를 낳고 역사가 미래를 낳는 상상력.
유관순 : 3월에서 4월까지 41년이 걸렸다.(+여자, 현여자) 독립
만세 소리가 민주주의 함성으로 울려 퍼지는 데 41년이 걸
렸다.

전태일 : 4월에서 5월까지 19년이 걸렸다.(+남자, 현남자) 참혹
이 빛으로 참혹의 빛으로 영그는 데 19년이 걸렸다.
chorus : 6월의 항쟁까지 7년 걸렸다.(+이승만, 김일성) 그러
나 6·25 동족상잔. 그것은 아직도 있다.
chorus : 그리고 8월은 아직 오지 않았다. 해방의 날은 아직
오지 않았다. /현남자+현여자 : 시대는 소기의 목적을 달성하
지 못하지.
chorus : 그러나 죽음과 슬픔의 눈물이 시간 속을 스며들면
서 /남자+여자 : 이름보다 더 거대한 희망을 키우고
유관순+전태일+chorus : 5월도 6월도 그렇게 더 거대한 희망
을 키웠다. 그렇게 더 거대한 희망을 키웠다.
남자 : 암흑, 참혹과 빛, 그리고(+여자) 참혹의 빛(+현여자) 빛
과 참혹이 화해한다. 그리고 외친다.
현남자 : 내 참혹했던 삶에 몰두하지 말라.
남자+여자+현남자+현여자 : 나의 죽음을 위해(+김수임, 유관순)
만들어다오.(+전태일) 참혹을 빚은, 아름다운 빛의 세상을.
chorus : 참혹을 빚은, 아름다운 빛의 세상을.

조명 out.

조명 on.

epilogue

불교풍—죽음을 모시는/부르는, 유장한 관현악곡, 그것을 따라 막이 쳐
지고 피살 장면의 그림자극. – '탕!' 소리 후 slow video 형식, 다음
'탕' 소리까지.

spot-mono : 오는가, 정말 오는가. 죽는가, 내가 정말 죽는
가, … 분단에 죽어 통일 속으로. 스스로 통일이 되어. 나는
우리나라가 가장 아름다운 나라가 되기를 바란다. 나는 뼈
만 남은 영혼. 미래는 아름다운 육체. 하느님, 집을 짓고 생
각합니다. 그 집의 뜰을 쓸고 유리창을 닦는 청소부가 되게
하소서.

암전—정적 후, dim on.

합창 '미래의 나라 2'(다 같이)

노래는 언제 기쁨을 알았나 희망의 언어인 노래
가슴에 솟구치는 김구의 나라 멀수록 아름다운 나라

열려라 미래의 나라 슬픔의 지배에서 해방된

오페라/시극 한국현대사 김구-열려라, 미래의 나라

우리는 언제 우리는 언제 기쁨을 알았나
열려라 미래의 나라 시간과 중력에서 해방된
우리는 언제 우리는 언제 기쁨을 알았나

문화의 권력은 눈에 보이지 그 속에 보이지 않게 /열려라 미래의 나라 슬픔의 지배에서 해방된
새겨진다 꿈의 미래 사랑의 미래 행복의 미래 /열려라 미래의 나라 시간과 중력에서 해방된
노래는 언제 기쁨을 알았나 희망의 언어인 노래
가슴에 솟구치는 김구의 나라 멀수록 아름다운 나라

열려라 미래의 나라 슬픔의 지배에서 해방된
우리는 언제 우리는 언제 기쁨을 알았나
열려라 미래의 나라 시간과 중력에서 해방된
우리는 언제 우리는 언제 기쁨을 알았나

문화의 권력은 눈에 보이지 그 속에 보이지 않게 /열려라 미래의 나라 슬픔의 지배에서 해방된
새겨진다 꿈의 미래 사랑의 미래 행복의 미래 /열려라 미래의 나라 시간과 중력에서 해방된

orchestra full—dim out.
dim out.(대미)
조명 on, staff 소개
맨 마지막 안무 소개 중 encore '그후' : 2인무 '러시아에 관한 명상'
중 epilogue
조명 on인 채 screenfall.

찾 아 보 기

? | 텅 29
GI 블루스 | 순 16
K에게 | 지 344
1월 | 노 65
1988년 6월, 사랑하는 나의 조국 | 우 170
2월 | 노 51
3월 | 노 43
3월에 눈 | 좋 246
4월 | 노 38
4월 노래 | 좋 244
4월에 | 좋 246
4월에, 통일로—4·19 23주년 기념시 | 좋 248
4·19 | 해 258
4중창 | 노 77
5월 | 노 37
5천 마일의 여행 | 순 15
5행시 | 텅 2812년 뒤, 결혼 | 회 117
6월 | 노 48
7월 | 노 62
8월 | 노 60
9월 | 노 56
97 군사 우체국 | 회 282
10월 | 노 45
11월 | 노 54
12월 | 노 41
家系 | 회 116
가로등 | 노 56
가슴 | 노 80
可視 | 텅 29
가을 | 노 78
가을노래 | 황2 300

가을에 | 노 50
가을에 | 지 345
가을에 | 황 316
가장 빛나는 깜깜함 | 순 18
角質 | 순 14
갈길 | 황 320
갈길노래·기다림노래 | 황2 302
감격스런 울음을 위하여 | 황2 302
감사 | 노 62
감상적 | 노 64
강 | 텅 27
강노래—베드로의 말·하나 | 황2 297
강물 | 노 43
개와, 인간의 혁명 | 순 8
거들떠보지 않는 노래 | 황 321
거리에서 | 노 62
거울 | 노 56
거인국과 소인국 | 순 16
건국과 피살 | 순 14
검붉은 눈동자 | 기 152
검은 대륙 | 순 17
겁탈이 아니고 착취다 | 기 155
게르니카 | 순 13
겨울, 그리고 | 노 38
겨울, 너에게 | 지 347
겨울노래 | 좋 243
겨울 밤·1 | 텅 28
겨울 밤·2 | 텅 28
겨울 복날 | 지 336
결혼과 추문 | 순 18
결혼기념노래 | 황2 304
결혼노래 | 회 278

경악 | 노 38
경악의 이면 | 순 11
경운기를 타고 | 지 328
계엄령 | 황2 293
고도를 기다리며 | 순 15
고르바쵸프 | 기 166
고무 호스 | 순 9
고별 | 노 54
고전적 | 노 62
고층아파트 | 노 70
고통의 우상화에 대해서 | 황 311
고형렬 | 텅 32
골리앗 | 사 121
공비 | 회 283
공사장에서 | 황 314
공해시·넷 | 좋 251
공해시·다섯 | 좋 251
공해시·둘 | 좋 251
공해시·셋 | 좋 251
공해시·여섯 | 좋 251
공해시·하나 | 좋 251
과학의 심장 | 기 156
광대 | 순 14
광대 채플린 | 순 9
광복절 일기 | 회 274
교사여, 역사와 민중 속에 영원하라 | 우 175
교차로 | 노 76
교황의 죽음 | 순 19
구로공단 전철역 | 노 59
구멍의 거품 | 순 21
毆打 | 회 109
군무 | 텅 30

일러두기

각 시를 표기한 원칙은 다음과 같다. '가로등 | 노 56' 일 때, '가로등'이란 제목의 시는 《노래는 푸른 나무 붉은 잎》, 56쪽에 있다는 것을 뜻한다.

군중	텅 27	길잃기·둘 ―다시 이병창에게	희 272	너에게	지 342
권투 선수	순 8	길잃기·하나―이병창에게	희 271	너에게	희 272
궤도	노 67	김상진	해 258	너에게 또 너에게	노 55
귀	노 69	깔때기	희 283	넋 걷는 노래	희 285
균열	순 21	꽃	좋 234	네가 돌아올 곳에	사 120
그 나라를 멀리에서 찾지 말라	기 159	꿈	노 36	노동자	노 63
그날 그대 촬영기사, 또한 이름없는 자여	꿈과 행복의 생산양식 위에	기 157	노동자의 벗	기 160
	우 183	꿈길	노 46	노을	텅 26
그날, 전율이 사라진다	기 154	꿈노래	황2 305	노인	노 57
그는 이미 죽고	사 120	끝까지 붉은 음악	순 19	노인	희 117
그대	노 41	끝노래, 새벽	황 323	논산의 아이들	희 282
그래	노 77	나무	노 47	놀라운 것과 당연한 것	사 121
그래도 버린 건 세상이 아니라	황 321	나무	사 127	눈, 나뭇가지, 너, 나 그리고 고통	황 322
그리움	노 66	나무	좋 234	눈내린 새벽, 하얀 자유에게	희 276
그림자	노 36	나무	텅 32	눈내린 풍경 ―바울의 말·셋	황2 298
그림자	텅 27	나무·둘	좋 234	눈물꽃	노 58
그분	희 106	나비	기 165	눈물노래	지 337
그 사람	노 39	나찌와 푸른 천사	순 12	눈물노래·둘	희 270
그 카페	노 42	난생 처음	노 71	눈물노래·셋	희 271
그 해의 장마비	희 264	난파	노 42	눈물노래·하나	희 270
그후	희 116	남과 여	순 18	눈물에	지 332
近況	희 107	낭만적	노 54	눈물이 울고 있다	사 123
금주령	순 10	낮게 드높게	사 121	눈부심	노 64
금혼식의 야만	순 19	내 마음 먼 곳	노 39	늙은 청년	순 21
기마전	지 330	내 무좀	지 335	늦가을 노래	지 346
기억이 녹는 시간	순 13	내 소망	노 79	다대포	좋 241
기차는 세상을 기차로 만들며	기 155	내일	노 47	다모토리	노 41
길	희 109	냉가슴	노 52	다시 강이 흐르는 이유	순 22
길군악	노 50	너	텅 27	다시, 꽃	좋 234
길에서	희 271	너는 불타오르고, 우리는 마침내 일어선다	다시, 꽃	황2 296
길, 음악의	텅 31	해방의 나라로	우 174	다시 쓰는 추도시	황 321
길잃기	지 334	너를 원한다	순 9	다시, 자갈치시장에서	좋 240

365

찾아보기

단식노래 | 황2 291
단식노래-남자가 | 회 275
단식노래-여자가 | 회 275
단양에서 | 종 247
달빛 | 노 36
닭집에서 | 지 335
당산역 | 텅 30
당신 | 노 44
당은 뜨거운 죽음으로 자유 | 기 158
당이여 길이여 | 기 158
대열 | 회 109
대장정 | 순 12
대중적 | 노 58
더 깊은 진실은 | 사 120
도둑고양이의 죽음 | 우 178
도마에게 | 황 323
돌이킬 수 없는 | 기 162
동계훈련 | 지 346
동계 훈련-겨울, 복지부동 | 황 322
동면 | 황 322
동면 자동화 사격장에서 | 회 280
동서남북 | 순 15
動搖 | 회 112
동지 | 노 43
동트기 전 | 회 273
두 기자 | 순 18
두 사람 | 회 278
두뇌에 대하여 | 사 126
두뇌와 심장은 | 기 157
두드러기 | 지 344
들판에서 | 우 172
등 | 회 117
디아길레프의 재정 | 순 9
딸에게 | 노 60
땅 끝 | 노 72
떠남 | 노 67
뚱보왕의 자동차 | 순 8
라일락 지는 4월에서, 칸나꽃 피는 5월까지
 | 우 176
로큰롤 | 순 15
롤라스케이트장에서-바울의 말·넷 | 황2 298
마당밟이노래 | 황2 288

마장동 시외버스 정거장 | 지 336
마지막 지도자 | 순 21
마포, 강변동네에서 | 지 328
막걸리 | 지 341
만남 | 노 52
만남의 못다한 노래 | 회 285
만장 | 텅 26
滿場 | 회 109
말 | 순 10
맑은 집 | 회 117
맞아죽을 노래 | 회 277
매장·1 | 텅 26
매장·2 | 텅 26
맹서 | 종 253
먼동 | 노 66
먼 훗날 | 노 44
메이데이의 노래 | 사 122
멸망 | 노 54
名作 | 회 109
明澄 | 노 63
모가지의 노래 | 해 258
모내기 | 지 330
모심기노래 | 황2 289
목구멍 | 노 61
목숨의 바다 | 황 310
목재단지 | 텅 30
몸살에 대하여 | 황 296
몸통에서 분리된 모가지의 노래 | 황 313
몸통에서 분리된 모가지의 노래 2 | 황 320
못박기 | 황 313, 320
墓碑銘 ·1-조성애 | 우 172
墓碑銘 ·2-文松勉 | 우 172
墓碑銘 ·3-趙城晩 | 우 173
墓碑銘 ·4-성완희 | 우 173
무교동에서 | 황2 295
무덤·1 | 텅 26
무덤·2 | 텅 27
무문토기노래 | 황2 291
무쇠의 고향 | 기 152
무엇이 새벽을 열고 | 기 161
무지개 | 텅 28
無知와 自發 | 순 11
물 속은 얼마나 끔찍한가, 불 속은… | 순 17

물리 속으로 | 순 16
미망 | 순 17
미완 | 텅 30
밀물 | 황 310
바가텔 | 노 63
바다 | 종 237
바다 | 회 271
바다노래 | 황2 303
바다에 와서 | 지 339
바둑에 대하여 | 기 160
바람과 함께 사라지다 | 순 13
바람의 발톱 | 황 309
바퀴벌레 | 지 334
박종만 | 해 259
반성 | 노 56
반성 | 회 116
反轉 | 노 61
반주 | 순 15
발자욱 | 노 66
밤바다 | 황2 290
밤샘 | 노 79
밤이 깊고 몸이 깊다 | 사 120
밥상 | 노 70
방역작업 | 회 266
백년 전 겨울 | 순 13
백년 전 내란과 패전 | 순 10
백만원 | 회 107
벽 | 노 68
벽 | 순 21
벽 | 회 276
변주 | 노 53
별 | 노 40
별 | 사 125
별 | 텅 31
별 | 회 107
별, 기타 | 노 69
별밤 | 텅 30
별을 헤는 시인에게 | 회 277
보름달노래 | 황2 303
보석상 | 텅 28
보체크의 죽음 | 순 11
보통사람들 | 순 19
복날 | 회 268

복숭아 | 노 73
腹話術師의 無線電送 | 순 11
봄 | 노 73
봄길 | 지 328
봄노래 | 회 273
봄밤 | 노 40
봄비, 밤에 | 지 332
봄비, 밤에 | 황 318
봄의 제전 | 순 9
부천 가는 길—채광석 형께 | 좋 241
부활제 | 황 322
분단과 비합에 대하여 | 사 127
불 | 황 318
불멸의 역사 | 기 162
不惑 | 회 105
붉은 것은 충천연색이다 | 사 144
붉은 여자 | 사 124
비 | 노 42
비 | 사 124
비 | 황2 294
비—아내에게 | 좋 243
비극적 | 노 40
비극적인 육체 | 순 9
비노래 | 회 270
비노래—베드로의 말·둘 | 황2 297
비디오와 오디오, 수퍼마켓 | 사 140
비명을 지르는 간호원 | 순 16
비무장 지대에서 하룻밤 | 회 284
비상구 | 텅 28
비올롱 | 노 51
悲壯 | 노 58
빅4 | 순 15
빈대 걸음마 | 지 334
빌딩 속 계단 | 노 74
빨간 자동차 | 노 71
빨치산 위로 核 버섯구름 | 순 14
사도들의 질문에 답함 | 황2 288
사두개인들의 부활에 관한 질문에 답함 |
  황 312
사랑 | 노 73
사랑 | 텅 29
사랑과 빛과 평화 | 순 18
사랑과 진실 | 사 122

사랑과 투쟁은 둘이 아니다 | 기 161
사랑노래 | 황2 300, 304
사랑노래 1 | 노 49
사랑노래 1 | 희 104
사랑노래 2 | 노 49
사랑노래 2 | 희 105
사랑노래 3 | 노 49
사랑노래 3 | 희 106
사랑노래 4 | 노 49
사랑노래 4 | 희 106
사랑노래 5 | 희 106
사랑노래 6 | 희 106
사랑노래 7 | 희 107
사랑노래 8 | 희 108
사랑노래 9 | 희 109
사랑노래 10 | 희 112
사랑노래 11 | 희 112
사랑노래 12 | 희 113
사랑노래—남자가 | 황2 300
사랑노래·넷 | 좋 249
사랑노래·넷 | 지 332
사랑노래·다섯 | 좋 250
사랑노래·둘 | 좋 249
사랑노래·둘 | 지 331
사랑노래·셋 | 좋 249
사랑노래·셋 | 지 332
사랑노래·여덟 | 좋 250
사랑노래·여섯 | 좋 250
사랑노래·일곱 | 좋 250
사랑노래·하나 | 좋 249
사랑노래·하나 | 지 331
사랑에 대해서 | 황 311
사랑, 육체적 | 텅 27
사랑으로서의 지진에 대하여 | 황 312
사랑은 목표로 되고 | 기 153
사랑의 안팎 | 희 111
사랑, 정신적 | 텅 27
사소한 참사 | 순 22
사진 | 텅 29
社會的 | 희 116
산노래—베드로의 말·셋 | 황2 298
살로메 | 순 8
살아 있는 영혼 | 순 13

삼중주 | 순 10
상실 | 노 44
새벽 | 노 43
새벽기침 | 회 280
새벽비 | 노 68
새벽에 | 사 125
색깔 | 노 67
생각하는 사람 | 순 8
생계 | 노 58
생애 | 노 64
생애 | 텅 28
생일노래 | 황2 304
서강에서 | 지 337
서귀포 | 좋 247
서시 | 황 308
서시—고향에 | 회 264
서시—길노래 | 황2 288
서시—너를 보내고 | 회 273
서시—美人 | 기 165
서시—탄생의 노래 | 회 264
서오능 가는 길 | 지 341
서울, 겨울 | 텅 31
서울길 | 황2 301
서울역에서 | 좋 246
서울역에서 | 회 275
서울 6백년 | 회 116
서정의 통로 | 기 162
서정적 | 노 45
석탄난로 | 노 60
선지피 | 황2 293
설상행군 | 회 280
성묘 | 회 269
성장 | 노 63
성찬 회상 일기 | 황 315
성탄 | 지 327
세검정에서·둘 | 좋 248
세검정에서·하나 | 좋 248
세계의 두 얼굴 | 순 20
세레나데 | 노 78
세례 요한의 말 | 황 308
세상은 지금보다 찬란하리라 | 기 162
세수 | 노 58
세월 | 노 42

367

찾아보기

세월 | 희 112
소나기 | 노 74
소녀 | 노 45
소리 | 노 75
소망 | 텅 27
소망노래 | 황2 295
손 | 희 116
손짓발짓 | 노 73
송년 | 텅 29
쇠뜨기풀 | 사 126
수박 | 노 78
수풀 | 텅 26
순금의 기억 | 순 22
순천역 | 황2 289
숫자 | 희 110
숯검댕 | 노 79
슈퍼마케트 | 노 76
슬픔과 재단 | 기 156
시간보다 기인 여성의 곡선 | 순 20
시내뻐스를 타고-정규화 형에게 | 좋 245
시·둘 | 좋 236
시·셋 | 좋 236
詩眼 | 텅 32
시청 앞 세기말 | 텅 30
시·하나 | 좋 235
신경통을 위하여 | 황2 295
신경통을 위하여·둘 | 좋 244
신경통을 위하여·하나 | 좋 244
신년송 | 지 338
신비 | 노 62
新入 | 희 117
신촌시장 | 노 71
신코페이션 | 순 10
失明 | 노 68
심상치 않지? | 기 162
深化 | 노 46
썰매-유영재에게 | 희 281
썰물 | 황 310
쓰레기 | 노 75
씻김 | 노 55
씻음에 대하여 | 좋 234
雅歌 1 | 노 37
雅歌 2 | 노 37

雅歌 3 | 노 37
雅歌 4 | 노 37
아내 | 기 165
아내 | 좋 236
아내에게 | 좋 245
아내의 입술 | 좋 237
아들노래-베드로의말·넷 | 황2 299
아름다운 절망 | 노 46
아름다운, 젊은 국가? | 순 17
아름다움을 위하여 | 좋 234
아름답지 않은 것은 | 기 156
아무도 | 노 41
아스팔트 | 노 55
아주 늦은 오월노래 | 지 345
아침 | 노 69
아흔아홉 살 소망·1 | 텅 32
아흔아홉 살 소망·2 | 텅 32
악몽 | 순 11
안경 | 희 114
안 보여 | 노 79
애상 | 노 50
애수 | 노 57
야수와 미녀 | 순 12
약속 | 노 57
약한 고리는 강하기 위해 | 기 153
양구에서 | 지 329
양들의 침묵 | 순 21
양화대교 | 텅 30
어느 무명 코메디안에게 | 지 327
어둔 산 | 텅 27
어둠을 밝히기 위하여 | 지 333
어린이·대·공원·1 | 텅 26
어린이·대·공원·2 | 텅 26
어머님에게 | 황 309
어서 오라 | 기 157
어제 | 노 65
어제의 동지 | 순 12
언 땅을 파내며 | 지 343
언덕 위에 장터-임재경 선생께 | 좋 242
얼굴 | 노 66
얼굴 | 텅 29
얼음으로 죽은 자 | 순 13
業種 | 희 113

없는 것 사랑하기 | 텅 30
여름노래 | 지 337
여성은 죽은 혼 | 순 8
여왕가의 코뿔소 | 순 16
여우 | 노 52
여행 | 노 39
역 광장 | 텅 31
역사 | 노 44, 66
역사, 음악의 | 텅 31
연안부두 | 텅 26
연하장 | 희 105
熱狂 | 노 67
열쇠 | 지 342
熱唱 | 노 64
영등포 | 좋 239
영상 | 노 54
영웅 | 노 68
霙의 감옥 | 순 21
영작 | 좋 244
예서 살자 말하자, 함께 가자 말하자 | 우 175
예술의 현실계투에 대하여 | 사 125
옛시 | 좋 243
오늘밤을 위하여 | 사 125
오래된 근황 | 텅 28
오르간 | 노 69
五月哭 | 해 257
오이디푸스 | 텅 31
온몸 부둥켜 맹세한다 | 기 155
올디스 | 희 104
와우 아파트 | 희 265
와이 에이치 여공 | 황2 289
완전한 인간 | 기 161
요즈음 | 희 281
요크셔의 도자s | 순 20
용광로 쇳물은 | 기 154
용산역 | 황2 291
우리가 누추하다는 말은 | 기 153
우리가 없다면 | 사 120
우리들의 깃발은 | 기 154
우리들의 나라, 노동자 세상 | 우 177
우리들의 어머니는 아직 | 기 158
우리 시대의 간음 | 황2 292
우리에게 | 노 79

368

우리의 나라 | 노 48
우리의 뉘우침은 | 사 121
우리 이 투쟁과 생산의 민족해방세상에 동
　지여, 그대를 깃발로 세운다 | 우 171
우박 | 노 77
우주와 장벽 | 순 16
우중결혼식노래—여럿이서 | 황2 301
｡음, 그리고 빛 | 기 165
｡크림 | 노 51
｡旦 | 회 106
　주 | 회 283
｡녀자—아름다움에 대하여 | 좋 246
｡효대교 공사장에서 | 황 315
｡동준비 | 지 329
｡격장에서 부른 여름노래 | 회 281
유언은 散文이다 | 텅 31
유채꽃밭 | 지 333
유토피아·1 | 텅 26
유토피아·2 | 텅 27
육교를 건너며 | 지 343
肉聲 | 노 36
육체의 영혼은 파리떼 | 순 19
倜化 | 노 55
倜化 | 회 110
은막 속으로 사라지다 | 순 20
｡악에 | 노 71
｡악은 무너지지 않는 | 순 22
｡낭 | 노 53
｡해하는 너에게 | 회 279
｡것은 | 노 75
｡곳에 | 노 72
이 땅을 퍼 담는다, 노동자 | 기 162
이름 | 노 43
이별 | 노 41
이별 | 회 116
이별·1 | 텅 28
이별·2 | 텅 28
이별노래—바울의 말·다섯 | 황2 299
이별노래—베드로의 말·다섯 | 황2 299
이사 | 좋 245
이사 | 지 330
理想 | 노 57
이슬 | 노 47

이씨 | 지 343
이제 들판을 보리라 | 기 161
이태원에서 | 지 327
이 풍진 세상을 만났으니—바울의 말·둘
　| 황2 297
인류에 대한 범죄 | 순 19
인생 | 노 36, 74
인적 | 노 56
인천 항만로 | 텅 30
입맞춤 | 노 39
입맞춤 | 텅 31
입성 | 황 319
入跡 | 회 108
입추 | 황 316
잎새 | 사 125
자갈치 시장에서 | 황 314
자본은 인간적인가 | 기 159
자술 | 황2 292
자유에 대하여 | 회 277
灼熱 | 회 116
잔디 태우기 | 황2 294
잠수교—바울의 말·하나 | 황2 297
潛行 | 회 111
장례와 매춘 | 순 12
장마노래—여자가 | 황2 300
장마비 | 지 337
장미 | 노 47
재즈 싱어 | 순 11
全貌 | 노 72
戰士 | 회 105
전사의 시간 | 순 14
전선은 눈물을 향해 | 기 156
전태일 | 해 259
전화 | 노 78
전환 | 텅 26
절망노래 | 황2 294
절망에 대해서 | 지 329
절정 | 텅 29
정거장 | 텅 27
정거장 | 회 115
정글 | 순 17
젖은 눈동자 | 노 41
제설작업 | 좋 237

제설작업장에서 | 회 281
종말 | 회 117
좋은 꽃 | 좋 235
左派 | 회 117
죽은 자 | 노 70
죽은 자 通信 | 회 108
죽음 | 노 36
죽음의 빛 | 순 12
죽음의 전화 | 순 22
중세의 신 | 순 17
중심과 함정과 서정에 대하여 | 사 128
증오와 지진 | 순 11
지울 수 없는 노래—4·19 21주년 기념시 |
　지 336
지하철 공사장에 다녀와서 | 지 342
지하철 정거장에서·둘 | 좋 241
지하철 정거장에서·둘 | 지 338
지하철 정거장에서·하나 | 지 338
진눈깨비 | 노 55
眞理力 | 순 8
진보적 | 노 47
鎭魂 | 노 74
질주 | 사 129
질주하는 시대 | 기 152
질투 | 노 51
집 | 노 72
집결지로 | 기 153
집어삼키다 | 순 21
집 헐기 | 황 314
찬가, 그날 | 기 167
참외 | 노 76
참호전 | 순 10
창문 | 노 49
蔡光錫 | 기 166
천막 세우기 | 지 346
철공소 | 노 42
철길 | 노 44
철길 | 사 126
철길 | 지 333
철길·1 | 텅 27
철길·2 | 텅 28
철길·3 | 텅 28
철길·둘—하인천 | 좋 239

찾아보기

철길 위에 쓴다 | 기 152
철길, 절망에 대하여 | 사 131
철의 장막 | 순 14
첫눈 | 텅 30
첫눈 | 희 104
첫눈 오는 밤 | 회 283
첫사랑 | 노 43
청혼을 위한 서시 | 지 347
첼로 | 노 51
초복 | 지 344
초혼 | 노 50
초혼 | 텅 29
총성과 신화 | 순 8
최고의 사랑은 | 기 157
최대포집 | 좋 240
최후의 고백 | 황 319
추석 | 텅 31
추수 | 황 317
추억 | 텅 30
추억의 기차 | 기 152
추의 에로티시즘 | 순 20
축대 | 좋 237
출근 | 노 59
취발이 | 지 336
치열한 만큼 넓다 | 기 159
카루소의 죽음 | 순 10
칼잠예수 | 황 315
코미디언의 자살 | 순 17
크리스마스를 위하여 | 회 280
클라리넷 | 노 76
키자라기 | 회 272
타는 봄날에 | 지 334
탄생 | 노 40
탄생 | 텅 31
탄생의 서 | 황 308
탈 | 지 336
태양의 나라 | 지 336
태풍주의보 | 황 309
텅 빈 극장 | 텅 30
텅 빔 | 노 64
통금 | 텅 29

통일노래 | 황2 305
티스푼 | 노 76
파괴된 동상 | 순 16
파도 | 텅 32
파도 | 희 111
파시 | 좋 239
파업 | 노 61
罷場 | 회 116
편지 | 노 44
편지, 희망에 대하여 | 사 135
평야—동학혁명 기념시 | 좋 253
평야노래 | 황2 289
평화와 꽃 | 기 154
폐허 | 순 14
포근한 여자 | 희 117
포도 | 노 70
포옹 | 노 45
포옹 | 텅 31
포클레인 | 회 115
폭풍 | 노 65
폭풍우 | 노 40
표정 | 노 53
푸른숲 | 노 54
프롤레타리아 | 사 120
피땀의 꽃 | 기 158
피땀의 빛 | 우 170
피부색 | 순 13
피비린 채로 나이 들다 | 순 9
피아노 | 노 78
하기식 | 지 346
하기식 | 황 294
하나의 2人舞와 세 개의 1人舞 | 하 84
하늘 | 노 61
하늘과 땅 | 순 20
하모니카 | 노 73
하얀 치아 | 노 67
한 사람 | 회 278
한강·넷 | 좋 238
한강·둘—슬픔에 대해서 | 지 340
한강·셋 | 지 341
한강에서 | 지 341

한강·하나 | 지 339
한국현대사 김구—열려라, 미래의 나라 |
　한 350
함성노래 | 황2 290
항가빠시 | 노 48
해 | 노 48
해노래 | 황2 303
해방序詩 | 해 256
해질녘, 공사판에서 | 좋 240
핵반대노래 | 해 256
햇살의 표정 | 노 80
행진곡 | 희 110
헌책방 | 희 115
헤드라이트 | 텅 29
혁명적 | 노 59
형님 | 노 60
호미셋이 | 해 256
혹서 | 텅 31
혹한을 기다리며 | 황 311
昏睡 | 텅 29
홍은동에서 | 지 336
화살은 두뇌이자 심장이다 | 기 155
화장노래 | 황2 304
환희 | 노 53
황색예수3—예언, 그리고 아름다움을 위하
　여 | 황3 188
황혼 | 노 38
회복기 | 지 345
회복기—둘이서 | 회 276
회복기의 노래 | 황 323
후대에게 | 노 65
후배 | 희 110
후회 | 노 75
휴식노래 | 황2 303
흐린 날 | 노 71
흙노래 | 황2 300
희망 | 노 67
희망 | 텅 26, 29
희망에 대하여 | 좋 246
희망의 나이 | 희 115
흰눈 | 노 52